XINSHIJI ZHONGGUO JINGJI BAOGAO

新世纪

中国经济报告

——2001~2006年重点领域十一项研究成果

主　编：李晓西
副主编：张　琦　曾学文　张生玲

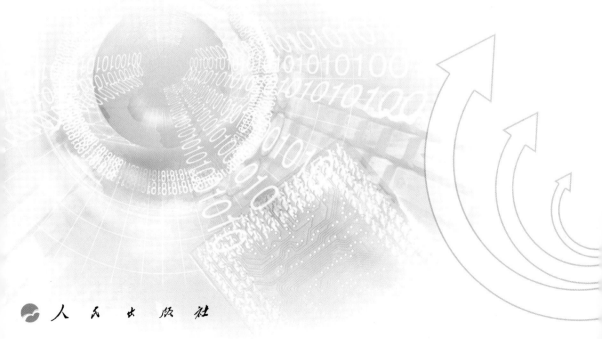

人民出版社

XINSHIJI ZHONGGUO JINGJI BAOGAO

序　言

　　2001 年 6 月 1 日，我从国务院研究室调到北京师范大学。在学校领导及有关部门的关心和支持下，组建了经济与资源管理研究所。我所以"聚贤为国、励志成才"为宗旨，力求联系国家经济发展的现实，组织科研活动，培养和锻炼人才，服务和报效社会。

　　在这一拥有百年历史的著名高等学府里，我所迅速成长。五年来，在学校和社会各界的大力支持下，我所整合校内外各种研究力量，完成国家社科基金、国务院税则办、国家发改委、商务部等重大项目 20 余项，各项课题均得到委托单位的好评，产生了良好的社会效益，其中《2003 中国市场经济发展报告》荣获北京市第八届哲学社会科学一等奖和第十一届孙冶方经济科学奖（著作奖）。教育部周济部长在教育部社会科学委员会第二次工作会议的报告中，肯定了我所在市场经济地位研究方面为国家重大决策所做出的贡献。教育部袁贵仁副部长也曾积极评价我所的科研成果并提出重要指导意见。商务部有关领导多次表扬过我所联系实际进行科研的努力。北京师范大学刘川生书记和钟秉林校长对我所研究重大经济问题、服务政府与社会的科研方向也给予了高度评价。各级领导充分肯定我所的研究方向和成果，这对我所全体师生既是鼓舞，也是鞭策和压力。

　　在我所庆祝成立五周年前夕，特将五年来的主要科研成果编集成书，向社会汇报。为呼应我所编著的汇集 2001～2004 年季度经济形势分析的《新世纪中国经济轨迹》一书，特以"新世纪中国经济报告"为书名，配套成姊妹篇问世，均请人民出版社编辑出版。

　　《新世纪中国经济报告》含有五年来的 11 份调研报告，全面地反映了我所对新世纪中国经济改革与发展的理解与认识。这 11 个课题均来自国家部门或地方政府的委托，题目具有鲜明的时代气息。每一个课题均很重要，我们丝毫不敢怠慢。根据课题的要求与特点，我们精心组织了研究团队，确定了课题联系人，依托校内外各种资源，凝聚专家和课题组成员的

才华，力求有创新观点，力求有利于解决实际问题。值得欣慰的是，我们的努力获得了所有委托单位的肯定。比如，国务院关税税则委员会办公室对《重点产业竞争力研究报告》的评审意见是："我们认为，该报告理论依据可靠，可操作性强，由 20 个子因素指标构成的'产业竞争力指标体系'有助于我们分析了解我国重点产业的国际竞争力水平，对关税工作的进一步开展有重要指导意义"；中国宏观经济学会曾委托我们完成《中国区域经济收入差距及趋势研究》，这是为"十一五"规划做的准备工作。他们来函说："我们认为，你们的工作非常认真，提供的资料十分丰富，观点也颇具新意。据我会所知，国家发改委规划司对你们的成果也给予了很好的评价"；商务部国际经贸关系司认为我所完成的对南部非洲关税同盟经贸发展的研究报告，"是一项优秀的研究成果，作为委托方，我司对研究成果表示满意"。各课题完成后，委托与被委托方都成了朋友，信任在加深，合作在持续，这比什么都宝贵，我要对各委托方——今天的合作伙伴——表示衷心感谢。

形成本书稿，可谓历时五年，聚贤过百，是众多研究人员优势之集中展现，是社会各方智慧之合力结晶。此次编辑成书，我请张琦副教授、曾学文博士、张生玲博士做了前期工作，我对全文进行了统审和定稿。

五年锻炼与探索，我们更加成熟和自信。新的研究任务接连不断。目前，我们正在组织力量完成国家社科基金、教育部等委托的重大项目。我们将继续努力，多出精品，多育英才，让学校和社会各界更满意。

最后，感谢中国出版集团领导的关心，感谢人民东方书业有限公司总裁张文勇博士的大力支持，也感谢人民出版社何奎、王珏等编辑付出的辛勤劳动。没有他们的支持，本书不可能在短短两个月内完成编辑工作，并以高质量的形式与读者见面。

北京师范大学经济与资源管理研究所所长

2006 年 3 月 31 日

目 录

CONTENTS

目 录
CONTENTS

目 录
CONTENTS

目 录
CONTENTS

目 录
CONTENTS

目　录

CONTENTS

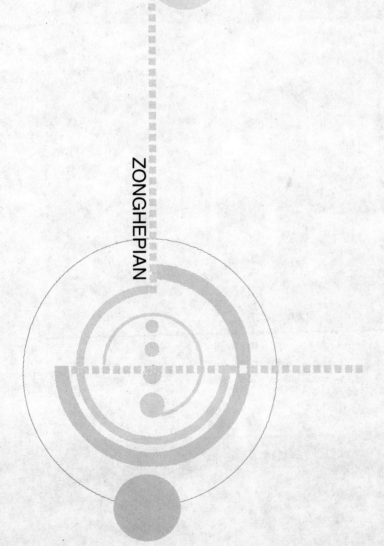

综 合 篇

ZONGHEPIAN

课题一 我国经济发展所处的
阶段、特点和规律

课题简介

2005 年 7 月，受中国国情研究会委托，我们承担了《我国经济发展所处阶段、特点和规律》课题，课题组在李晓西教授的领导下，组成了一个由博士后和博士为主的研究团队，历时 7 个多月，终于完成了最后的研究报告。

经济发展阶段判断的命题是一个具有理论意义和现实意义的重要问题，特别对处于经济转型过程中的中国，更是一个亟待解决的紧迫命题。本研究报告充分体现了课题组的集体智慧与努力。课题组成员克服资料收集上的困难，经过多次的研讨和数番改稿，最终形成我国经济发展阶段研究的独特视角，即将经济发展阶段研究分成收入、城市化、产业、消费和科技五个基本方面。在此基础上，课题组成员从不同角度搜集资料和文献，进行国际比较，运用国内外经济发展阶段理论，得出了我国目前处于"工业化和城市化'双中期'区间"的重要结论，并重点通过对"双中期"区间的最新时点——2003 年进行特征归纳后，从上述五个方面进行了国际间横向比较，得出我国最新的国际排位。

基于经济发展阶段的特征，本报告提出了现阶段我国经济发展的双重性规律，即从收入、城市化、产业、消费和科技五个方面均存在总量指标较好而人均指标不容乐观的现象，并提出了对外的大国战略和对内的强国战略。

我国经济发展阶段与规律研究是一个十分艰难且现实指导意义很强的研究课题，涉及范围广泛。本研究报告肯定存在着不足和漏洞，希望我们能在今后的研究中进一步完善。

本报告写作分工情况如下：

本课题组组长李晓西教授负责统审并撰写总论；北京师范大学经济与资源管理研究所的博士后刘文军、李静、鞠正山和龚春刚分别承担了收入、城市化、产业发展和消费四个部分的写作；曾学文、陈玉京两位博士分别承担了科技和战略两个部分的写作；张江雪博士搜集整理数据并参与总论部分，裘越芳硕士搜集并整理数据；中国社会科学院研究生院王诺博士承担了本课题联系工作，并负责搜集、整理数据和参与总论部分写作。

课题在研究过程中，得到了中国国情研究会领导和专家姚景源、李晓超、张仲梁的指导与支持，张洁、赵曾琪认真负责地完成了课题的联络工作。另外，中国社科院财贸所何德旭教授，国务院研究室副司长侯万军博士，国务院发展研究中心金三林博士、北京师范大学周波博士等参与了本课题的部分讨论，提出了许多宝贵的意见，在此一并表示感谢。

一国经济发展是持续不断的过程，对这一过程做出阶段性划分，有利于准确把握不同时期的特点，更好地掌握经济运行的规律。中国经济发展正处于关键转折时期，使得对我国经济发展所处阶段及其特点和规律的研究更加具有现实紧迫性。本课题立足世界经济的过去与未来，运用多种参数指标，进行国际比较，总结出了中国经济发展的阶段、特点和规律，并提出政策思路和建议。

一、总论

经济发展是指随着经济增长而出现的经济、社会和政治结构的变化，包括产业结构、城市化进程、收入分配、发展均衡、消费模式、科技进步、社会福利等多方面内容。我们根据国内外关于一国经济发展阶段的理论和中国发展阶段的现实，选择工业化和城市化作为核心指标，对比美国经济发展历程，得出我国经济发展处于"工业化和城市化'双中期'区间"的判断；并在此基础上分析了"'双中期'区间"中国经济发展的五大特征；概括出我国经济发展的双重性规律，提出了中国经济发展战略思路。

（一）中国经济发展正处于"工业化和城市化'双中期'区间"

经济发展阶段的判断，在国际经济学界已有众多创新的理论，其中，尤以工业化和城市化为标志的判断成为最具有影响的两种观点。一般而言，主张工业化阶段分期的学者，把城市化作为工业化中的一个要素；反之，主张城市化发展阶段分期的学者，把工业化作为城市化的一个要素。作为一个发展中大国，我们认为中国经济发展单纯用工业化阶段或城市化阶段都难以完整地概括，因此，在研究中国经济特征基础上，在充分借鉴经济学界观点后，我们提出中国正处于"工业化和城市化'双中期'区间"的结论。下面，我们从以下方面来讨论这个重要的结论。

1. 借鉴国际经济学界判断经济发展阶段的理论

国际上在划分经济发展阶段上最有影响的理论有：克拉克（Colin Clack）的三次产业理论，钱纳里（H. B. Chenery）和霍夫曼（W. G. Hoffmann）的工业化阶段理论，罗斯托（Walt W·Rostow）三次产业升级的成长阶段理论，刘易斯（Willam Arthur Lewis）的城乡二元经济发展模式等。我国学者也从城市化发展程度、科技进步程度、制度建设等方面提出过发展阶段的理论。

根据对比研究，我们认为，工业化和城市化的两种分类，对我国经济发展阶段的评断确实是重要的。由于我国在建国后走上了工业化，近几年又提出了新型工业化道路，因此，工业化进程及其带来的产业结构升级对判定我国经济发展阶段既重要，也实用。当然，工业化并不是说工业在国民经济中比重越高就越好，或说工业作为第二产业并不是越高越好，在近代，第三产业即服务业比重上升成为新的更为重要的指标。因此，工业化中工业比重的指标将会出现一个拐点，工业比重曲线及其优劣判断将呈现不连续的特点。为此，我们也曾考虑用"非农化"来反映发展阶段，因为这个指标是连续的，从农业经济高占比到现在的低占比，是明显地反映了经济发展的不同阶段。但是，"非农化"是一个用否定句而不是肯定句反映的判断，作为阶段判断，最好的还是"是什么"而不是"非什么"。因此，我们在比较后，仍然认为工业化比重是最能反映经济发展阶段的核心指标，当然，需要设计出拐点指标来加以配套。

另一方面，我国是一个典型的城乡二元结构突出的发展中大国，13亿人口中近8亿在农村，城乡收入差距日趋扩大等一系列现实问题明显突出，城市化问题不可忽视，越来越重要。就中国经济发展看，工业化并不能完全包容城市化，这一点与西方国家只用一个核心指标来判断是不同的。刘易斯的二元经济发展模式及其理论，高度重视发展中国家的城市化过程，其观点在世界经济学界有广泛影响，对我们判断中国经济发展阶段确实有启发作用。把城市化从工业化中独立出来，或说把工业化与城市化并列提出，是由中国国情所决定的。本报告将两个方面结合起来，用工业化和城

市化两个指标判断我国经济发展所处的阶段，可能较之一个核心指标的判断，更全面、更准确。

我们也看到，有一些学者提出了其他一些指标如消费结构、科技实力等来判断发展阶段。比如，有罗斯托提出的"大众消费时代"，也有以轿车在家庭中的使用率为标志的消费结构变化反映的经济发展阶段；还有美国学者 E. Triyakian 教授提出的信息化、智能化等反映的经济现代化，以科技成果的现代化阶段来反映经济的现代化程度等。本报告中，借鉴和吸收了多方面的意见，不仅运用了反映工业化、城市化的指标进行分析，而且还从收入、消费、科技等方面全面地考察了我国经济发展特点、规律，并对"双中期"进行了验证和充实。事实上，收入水平决定了国家（或地区）相应的工业化和城市化进程；消费结构变化在相当程度上反映了工业化和城市化进展的阶段；而科技实力和水平则与工业化、城市化相互促进和影响。

2. 中国经济发展处于工业化中期

对工业化进程的研究，国内外成熟理论研究已有很多，这里我们从理论和实践两个方面分析我国的工业化进程。在实践方面，我们选择了经济发达、同为大国的美国作为参照物，来对比判断我国当前的经济发展阶段；在理论方面，我们参照钱纳里等著名学者的发展阶段理论，通过同类指标对比，来判断我国所处的阶段。

（1）我国工业化程度与美国工业化中期阶段程度相当

经反复研究，我们确定选用以下四个指标反映工业化程度，并进而判断经济发展阶段。这四个指标是：第二产业占 GDP 的比重、第三产业占 GDP 的比重、第二产业就业人数比例、第三产业就业人数比例。现将中国 2004 年这四个指标与美国同数值的时期进行对照（见表 1 - 1）：

表 1 - 1　中国 2004 年指标与美国同数值的时期对照表

单位：%

指　标	中　国		美　国	
	年　份	数　值	数　值	年　份
第二产业占 GDP 的比重	2004	46.2	38	1950～1960
第二产业就业人数比例	2004	22.5	30	1900
第三产业占 GDP 的比重	2004	40.7	32—58	1820—1870
第三产业就业人数比例	2004	30.6	32	1900

资料来源：1. 有关中国统计数据来源于《中国统计年鉴 2005》。2. 美国第二、三产业占 GDP 比重和美国第二、三产业就业比重来自《2005 年中国现代化报告》。

　　从上表数据和美国经济发展阶段的划分①，可以看出我国第二产业占 GDP 比重对应于美国 1950～1960 年的水平即美国工业化后期阶段，而其就业比重对应于美国 1900 年的水平即工业化初期阶段。因此，可认为我国现阶段经济发展处于工业化中期区间。同时借助于三产占比的对照，可以看到，我国第三产业就业相当于美国 1900 年即工业化初期的水平。但三产产值占 GDP 比重相当于美国 1870 年以前的水平，也就是说还达不到工业化初期水平。可见，我们讲中国现阶段经济处于工业化中期的判断并不很精确，也有误差，应是一个"区间"的概念。

　　（2）我国工业化程度指标符合钱纳里多国模型工业化中期阶段判断

　　在现有的国内外经济发展阶段理论中，钱纳里的工业化阶段理论是目前应用最广泛的。他和塞尔昆（M. Syrquin）在《发展的型式》（1975）一书中，分析比较了 1950～1970 年期间 101 个国家（地区）经济结构转变的全过程，揭示了收入差异与工业化、城镇化及就业结构之间的互动关系，勾画了经济增长过程中产出结构与就业结构转变的"标准型式"，请见表 1-2：

表 1-2　多国模型中城市化率与工业化率在不同收入水平的标准值表

经济发展时期	工业生产份额（%）	工业劳动力份额（%）
工业化前期	21.5—27.6	16.4—23.5
工业化中期	27.6—33.1	23.5—30.3
工业化后期	33.1—37.9	30.3—36.8

　　注：根据《发展的型式》（H. 钱纳里和 M. 塞尔昆著，李新华等译，经济科学出版社，1988 年，第 31—32 页）一书中的表格整理而来。

　　从上表中得知工业化前、中、后期工业比重分布，我国 2004 年工业占 GDP 比重为 46.2%，已进入后工业化时期；但我国 2003 年第二产业就业比重 22.5%，处在工业化前期，如果考虑信息技术发展对就业比重的促降影响，即根据新情况修改只截止到 20 世纪 70 年代的钱纳里模型，那判断工业化的就业比重就应该有所降低，我国就业指标也就接近工业化中期。

―――――――――

① 美国经济发展阶段划分：1987 年以前属农业社会；1870～1910 年属工业化初期阶段；1910～1940 年属工业化中期，其中，1910～1920 年属于工业化初期向工业化中期转换的时期；1940～1970 年属工业化后期阶段；1970～1992 年属后工业社会；1992 年进入现代社会。

总而言之，从钱纳里多国模型的工业化阶段分期理论看，我国经济处于"工业化中期区间"的结论是可以成立的。

3. 中国经济发展同时处于城市化中期

美国著名经济地理学家诺瑟姆（Ray M. Northman）在总结世界各国共同发展经验的基础上，建立了反映城市化进程的"S"形曲线规律模型。他根据城市人口占总人口比重即城市化率来判断，以25%、59%、75%为分界线形成四个阶段，而在25%和75%之间又可称为城市化的中期阶段，因而可划分为初期、中期、晚期三个阶段，中期中又有前后期的差别。在每一个阶段都有不同的经济内涵和表现。一般来说，在城市化率尚未达到25%以前，城市化的物质基础薄弱，规模小，发展缓慢，是大发展的准备阶段和打基础阶段；在25%—75%之间的阶段是城市化飞跃发展时期，第三产业进入增长阶段；75%以后的阶段，经济社会各方面发展渐趋成熟，速度明显下降，进入城市化的晚期。在50%前后两个阶段也有不同特点，在此之前的城市人口增长速度具有递增趋势，呈指数曲线攀升；在此之后增长速度具有递减趋势，而呈对数曲线扩展，同时城市分布和城市规模也开始发生扩散和缩小的变化（饶会林，1999），参见图1-1。

我国城市化更准确地讲是城镇化，因此，城镇化数据更有代表性。我

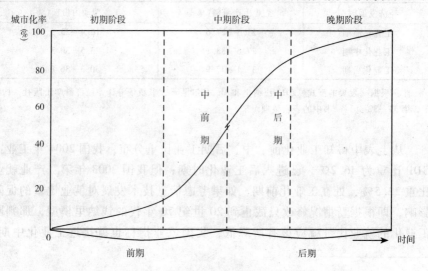

图 1-1　城市发展阶段性的理论曲线

资料来源：饶会林：《城市经济学》（上卷），第 63 页，东北财经大学出版社，1999 年。

国 2003 年、2004 年城镇化率分别为 40.53%、41.76%，处于上图中城市化中前期框内。

综上，定位我国经济发展在工业化和城市化"双中期"区间，是有理论根据的，也是符合我国国情的。这一判断，对认识我国经济发展的特征和规律，进而对经济发展战略的选择，是非常重要的。

（二）""双中期'区间"最新时点（2003）关键特征归纳及国际比较

中国作为一个处在工业化和城市化"双中期"的大国，经济发展有着自己的特点和规律。在对中国经济阶段定位的基础上，在国际比较中，我们来进一步分析和归纳中国经济的关键特征。

本课题组在半年多时间里，经过多次讨论，在综合比较各种理论观点的基础上，提出了五个可进行指标化的关键特征：国民收入水平、产业发展结构、城市化程度、消费水平以及科技实力。这里，鉴于工业化和城市化的重要性，我们把产业发展结构、城市化程度两方面的特征列入进来。表面上看，判断发展阶段时已用过这两种指标，似不再用同类指标为宜。但我们这里所用工业化与城市化指标已更为具体，与判断经济发展阶段时所用的工业化和城市化指标有所不同，可谓二级指标；其中，产业发展结构指标侧重产业结构的升级，城市化程度的衡量指标则侧重城市人口比率的提高。国民收入水平、消费水平以及科技实力这三个关键特征对衡量和描述经济发展具有重要意义。一般条件下，经济发展程度越高，国民收入水平和消费水平就越高，科技实力也相应越强。

下面，我们把国民收入水平、产业发展结构、城市化程度、消费水平和科技实力等五个关键特征进行指数化处理，分别得到收入指数、产业发展指数、城市化指数、消费指数和科研发展指数等五个特征指数，并对每一特征指数的测度选取两个核心指标："收入指数"选取"按汇率法折算的人均 GDP"和"按购买力平价法计算的人均 GDP"；"产业发展指数"选取"农业占 GDP 比重"（逆指标①）和"服务业占 GDP 比重"；"城市化指数"选取"城市人口占总人口的比重"和"二、三产业就业量占总就业量的比重"；"消费指数"选取"最终消费支出占 GDP 比重"和"人均居民最终消费支出"；"科技发展指数"选取"研发经费占 GDP 的比例"和"每百万人中从事 R&D 研究和技术人员比例"。利用这些指标，我们把中

---

① "逆指标"是数值越小越好，越小则反映相应的发展水平越高。

国的数据与高收入国家、下中等收入国家①的相关数据进行比较，得出一组数值。请见表 1-3：

表 1-3　我国经济发展五大特征指数测度表

序号	测度指标	高收入国家	下中等收入国家	其中:中国	中国与高收入国家比较指数	中国与下中等收入国家比较指数
	收入指数				**0.12**	**0.93**
1	按汇率法折算的人均 GDP(美元)	30184	1547	1274	0.04	0.82
2	按购买力平价法计算的人均 GDP（国际元）	29570	5580	5796	0.20	1.04
	产业发展指数				**0.37**	**0.84**
3	农业占 GDP 比重(%)(逆指标)	2	11	12.5	0.16①	0.88②
4	服务业占 GDP 比重(%)	71	52	41.5	0.58	0.80
	城市化指数				**0.50**	**0.75**
5	城市人口占总人口的比重(%)	80.0	50.0	39	0.488	0.780
6	二、三产业就业量占总就业量的比重(非农就业量占总就业量的比重:2001 数据)	96.1	69.5	50	0.520	0.719
	消费指数				**0.37**	**0.74**
7	最终消费支出占 GDP 比重(%)	78.1	69.7	55.4	0.71	0.79

---

① 根据世界银行按照收入划分经济体的方法，将世界上 208 个国家和地区划分为高收入经济体、下中等收入经济体、上中等收入经济体和低收入经济体四类。其中，高收入经济体主要以美、英、法、日等国为代表的、人均国民总收入超过 9386 美元的 54 个国家和地区，中下等收入经济体主要以中国、印度尼西亚、巴西、古巴等国为代表的、人均国民总收入在 765—3035 美元之间的 56 个国家和地区。中国属于下中等收入国家，因此将中国各项指标值分别与高收入国家和下中等收入国家的算术平均值进行比较。

续表 1-3

序号	测度指标	高收入国家	下中等收入国家	其中:中国	中国与高收入国家比较指数	中国与下中等收入国家比较指数
8	人均居民最终消费支出(2000年价格/美元)(%)	17013	710	485	0.03	0.68
	科技发展指数				**0.34**	**0.82**
9	研发经费占GDP的比例	2.43	1.01	1.22	0.50	1.21
10	每百万人中从事R&D研究和技术人员比例	4389.89	1694.78	742.49	0.17	0.44

资料来源：1."按汇率法折算的人均GDP"根据《国际统计年鉴2005》相关数据计算，为2003年数据；"按购买力平价法计算的人均GDP"数据来自《国际统计年鉴2005》，为2003年数据；

2."农业占GDP比重"和"服务业占GDP比重"数据来自《05世界发展指标》，为2003年数据；

3."城市人口占总人口的比重"数据来自《国际统计年鉴2005》，为2003年数据；"二、三产业就业量占总就业量的比重"根据《国际统计年鉴2005》相关数据计算，为2001年数据；

4."最终消费支出占GDP比重"和"人均居民最终消费支出"数据来自《国际统计年鉴2005》，为2003年数据。

5."研发经费占GDP的比例"数据来自《国际统计年鉴2005》，为2002年数据；"每百万人中从事R&D研究和技术人员比例"数据来自《国际统计年鉴2005》，高、中等收入国家分别为1999年、2001年数据，中国为2002年数据。

注1：由于"农业占GDP比重"是逆指标，①和②分别为高收入国家、下中等收入国家的数据指标分别与中国相关指标的比值。

注2：以上收入、产业发展的相关数据已根据2006年1月9日统计局公布的最新调整的历史数据调整过。

从表1-3可以看出，在国民收入方面，中国的收入水平相当于发达国家平均值的12%，这说明与其还有相当大的差距；中国与下中等国家收入指数为0.93，处于下中等收入国家的中上等水平。在产业发展方面，中国的产业发展水平相当于发达国家平均值的37%；中国与下中等收入国家产业发展指数为0.84，处于下中等收入国家的中下等水平。在城市化发展方面，中国的城市化发展水平相当于发达国家平均值的50%；中国与下中等收入国家城市化指数为0.75，处于下中等收入国家的中下等水平。在消费水平方面，中国的消费水平相当于发达国家平均值的37%，也就是其中下

等水平；中国与下中等收入国家消费指数为 0.74，处于下中等收入国家的中上等水平。在科技发展指数方面，中国的科技投入和产出的综合水平相当于发达国家平均值的 34%；中国与下中等收入国家科技发展指数为 0.82，处于下中等收入国家的中上等水平。这里的指数反映出一种有前有后的情况，与高收入国家比，各指标均有差距。这些比较告诉我们，我国处于高收入国家工业化、城市化双中期区间，但具体在收入、消费、科技、产业结构和人口非农化等方面，差距有大有小，情况各有不同，需要我们在实践中具体问题具体对待，有针对性地缩小差距。

在分类比较基础上，我们进行了一个综合性比较，即从这五大关键特征的综合角度，看我国 2003 年与高收入国家、中下收入国家相比有多大差距。请看表 1 - 4：

表 1 - 4　五大特征综合指数比较表

序　号	测度指标	中国与高收入国家比较指数	中国与下中等收入国家比较指数
1	收入指数	0.12	0.93
2	产业发展指数	0.37	0.84
3	城市化指数	0.50	0.69
4	消费指数	0.37	0.72
5	科技发展指数	0.34	0.82
	综合指数	0.34	0.82

资料来源：根据表 1 - 3 计算整理。

从表 1 - 4 中可以看到，中国经济发展的综合指数为 0.34，表明中国经济发展水平为高收入国家平均值的 34%，是一个相对低下的水平；中国与下中等收入国家综合指数为 0.82，相当于我国经济发展处于下中等收入国家的中上等水平。

结合表 1 - 3 与表 1 - 4 分析，还可以看到，与高收入国家相比，我国经济的城市化指数和消费指数高于综合指数；与下中等收入国家相比，收入指数和产业发展指数高于综合指数。这一结果的形成原因是多方面的，本报告的分报告中将分别对此进行进一步论述。

（三）作为一个大国现阶段经济发展的双重性规律

在阶段划分和特征分析中，我们都发现在经济发展的国际比较中，有一种双重性现象在我国反复出现，按哲学上把这种反复出现的现象称为

"规律性现象"的定义，我们下面就分别从五大特征进行分析，来探讨是否有一种规律存在。这个分析是从总量和人均（或比率）两方面同时开始的。

1. 收入现象的双重性

我们从总量和人均量两方面入手，对我国在世界上的排位进行比较分析。在总量方面，我们选择"按汇率法折算的 GDP"和"按 PPP 计算的 GDP"两个指标；在人均方面，我们选择"按汇率法折算的人均 GNI"和"按购买力平价法计算的人均 GNI"两个指标。请见表 1－5：

表 1－5　2003 年我国收入现象的双重性

序号	测度指标	世界	其中:中国	中国与世界比较比例	中国在世界中的排位
总量	按汇率法折算的 GDP(亿美元)	364606	16409	0.05	6
	按 PPP 计算的 GDP(亿国际元)	518160	74673	0.14	2
	综合				4
人均	按汇率法计算的人均 GNI(美元)	5510	1100	—	134
	按购买力平价法计算的人均 GDP(国际元)	8190	4980	—	119
	综合				126

资料来源："按汇率法折算的 GDP"和"按 PPP 计算的 GDP"根据《国际统计年鉴 2005》整理计算而来。"按汇率法计算的人均 GNI"和"按购买力平价法计算的人均 GDP"根据《05 世界发展指标》整理。

从上表可以看出，2003 年，中国 GDP 总量占世界 GDP 总量的 5%，居第 6 名；而经过购买力平价调整后，占世界总量的 14%，居第 2 名。从人均来看，中国按汇率法折算的人均 GNI 居世界第 134 名；按购买力平价法计算的人均 GNI 居世界第 119 名。综合比较，中国收入现象呈现双重性：按总量收入居第 4，居世界前列；按人均收人居第 126，仍然落后。

回顾改革开放以来，我国 GDP 由 1979 年的 4038 亿元增长到 2004 年的 136515 亿元，增长了 32.8 倍，按可比价格计算，年均增长 9.3%，增

长速度为世界之最，位于世界第 6 位。我国人均 GDP 在 1978 年为 379 元，2004 年达到了 10561 元，年均增长 8.1%。但在城乡之间、地区之间和不同行业之间的收入差距日益加大。综上所述，有喜也有忧。

2. 产业发展的双重性

我们从总量和比率指标两方面入手，对我国在世界上的排位进行比较分析。在总量方面，我们选择"商品和服务进口额"、"商品和服务出口额"和"非农业增加值"三个指标；在比率指标方面，我们选择"农业占GDP 比重"和"服务业占 GDP 比重"两个指标。请见表 1－6：

表 1－6　2003 年我国产业结构指标及与其国际比较

序号	测度指标	世界总量	其中:中国	中国与世界比例	中国在世界中的排位
总量	货物和服务进口额(亿美元)	84953.2	4506.1	0.05	4
	货物和服务出口额(亿美元)	87140.8	4860.3	0.06	4
	非农业增加值	350022.0	12044.5	0.03	7
	综合				5
比率	农业占 GDP 比重(%)(逆指标)	4	15		75
	服务业占 GDP 比重(%)	68	33		125
	综合				100

资料来源：1．"商品和服务进口额"、"商品和服务出口额"和"非农业增加值"根据《国际统计年鉴 2005》数据计算而来，均为 2003 年数据。2．"农业占 GDP 比重"、"服务业占 GDP 比重"数据来自《05 世界发展指标》，为 2003 年数据。

注：比率指标中的排位表格含义为"中国在世界中的排位/参与排位的国家数"，以下表格同。

从上表可以看出，2003 年，中国商品和服务进口额、商品和服务出口额均居世界第 4 位；非农业增加值占世界总量的 3%，居世界第 7 位。从比率来看，中国农业占 GDP 比重在《05 世界发展指标》统计的 137 个国家中居第 75 位（由于该指标为逆指标，所以按照倒数排序）；中国服务业占 GDP 比重在《05 世界发展指标》统计的 137 个国家中居第 125 位。综合比较，中国产业发展呈现双重性：中国产业总量水平居世界的第 5 位，名列前茅；但农业比重偏高与服务业比重偏低，因而，产业比率指标居第100 位，还是很落后的。

回顾我国产业结构的变迁，从 1978 年改革开放之初到 2004 年底，第一产业比重降低了 15%，我国第二产业比重基本稳定，第三产业比重增长了 17%，三次产业结构比例达到 13.1：46.2：40.7①，表明经济结构日趋合理；但较之于美国工业化中期阶段第一产业和第三产业占 GDP 比重分别达到了 7% 和 55%，我国第三产业比重仍然偏低，且事实上，也不及下中等国家的平均水平。

3. 城市人口的双重性

在总量方面，我们选择"城市人口总量"；在比率方面，我们选择"城市人口占总人口的比重"和"第二、三产业就业量占总就业量的比重"两个指标。请见表 1-7：

表 1-7　我国城市化指标及与其国际比较

序号	测度指标	世界总量	其中：中国	中国与世界比例	中国在世界中的排位
总量	城市人口总量（百万）	3015.7	498	0.17	1
比率	城市人口占总人口的比重	49	39		107
	第二、三产业就业量占总就业量的比重		50		32
	综合				70

资料来源：1. "城市人口总量"和"城市人口占总人口的比重"数据来自《05 世界发展指标》，均分别为 2003 年数据。

2. "第二、三产业就业量占总就业量的比重"来源于《国际统计年鉴 2005》，为 2001 年数据。

从上表可以看出，2003 年，中国城市人口总量为世界的 17%，居世界第 1 位。从比率指标来看，中国城市人口占总人口的比重在《05 世界发展指标》统计的 151 个国家中居第 107 位；中国第二、三产业就业量在《国际统计年鉴 2005》统计的 32 个国家中居最后一位。综合比较，中国城市人口呈现双重性：中国城市人口总量居第 1 位，城市人口比率指标居第 70 位。

更进一步分析可知，中国城市人口在 2003 年达到了 4.98 亿人，在世界各国中高居榜首，占高收入国家城市人口的 66%，占下中等收入国家城市人口的 38%。因此，从绝对量上看，中国是一个城市人口的大国。从相

---

① 数据来源于 2005 年中国第一次经济普查。

对量上看，中国的城市化水平与世界水平相比，还有很大的差距；与高收入国家相比，中国的城市化指数是 0.50；与下中等收入国家相比，中国的城市化指数是 0.69。这表明中国的城市化水平仅是高收入国家城市化水平的一半，是下中等收入国家的 69%，在世界上还处于比较落后的地位。

4. 消费水平的双重性

我们从消费的总量和比率指标两方面入手进行比较分析。在总量方面，我们选择"最终消费支出"；在比率方面，我们选择"最终消费支出占 GDP 比重"和"人均居民最终消费支出"两个指标。请见表 1 - 8：

表 1 - 8　2003 年我国消费指标及与其国际比较

序号	测度指标	世界总量	其中:中国	中国与世界比例	中国在世界中的排位
总量	最终消费支出(亿美元)	288038.98	7850.18	0.03	7
比率	最终消费支出占 GDP 比重(%)	—	55.4		36
	人均居民最终消费支出(2000 年价格,美元)(%)	3278	485		36
	综合				36

资料来源：1. "最终消费支出"根据《国际统计年鉴 2005》数据计算，为 2003 年数据；2. "最终消费支出占 GDP 比重"、"人均居民最终消费支出（2000 年价格/美元）"数据来自《国际统计年鉴 2005》，均为 2003 年数据。

从上表可以看出，2003 年，中国最终消费支出为世界的 3%，居世界第 7 位。从比率指标来看，中国最终消费支出占 GDP 比重在《国际统计年鉴 2005》统计的 37 个国家中居倒数第 2 位；中国人均居民最终消费支出在《国际统计年鉴 2005》统计的 41 个国家中居第 36 位。综合比较，中国消费水平呈现双重性：中国消费总量水平居第 7 位，消费比率居第 36 位。

进一步分析我们可知：我国最终消费量从 1990 年的 11365 亿元上升到 2004 年的 75439 亿元，但最终消费率 2004 年为 53.6%，低于 2003 年世界消费率平均水平 77%；按可比口径，2003 年我国人均居民最终消费支出仅 485 美元，大大低于世界平均值 3278 美元，仅占高收入国家的 2.85%。因此消费对国民经济增长的拉动作用没得到很好发挥。

5. 科技实力的双重性

我们继续从总量和比率指标两方面入手，对我国科技实力在世界上的排位进行比较分析。在总量方面，我们选择"研发经费总量"和"R&D 研究人员总量"两个指标；在比率方面，我们选择"研发经费占 GDP 的比例"和"每百万人中从事 R&D 的研究人员数"两个指标。请见表 1-9：

表 1-9 我国科技指标与国际比较

序号	测度指标	世界	中国	中国在世界中的排位
总量	研发经费总量	7662	155.56	6
	R&D 研究人员总量	—	813107.49	2
	综合			4
比率	研发经费占 GDP 的比例	2.4	1.22	13
	每百万人中从事 R&D 的研人员数	—	633	26
	综合			20

资料来源：1."研发经费占 GDP 的比例"数据来自《国际统计年鉴 2005》，为 2002 年数据；"每百万人中从事 R&D 研究和技术人员比例"数据来自《国际统计年鉴 2005》，为 1995~2002 年数据。2."研发经费总量"、"R&D 研究和技术人员总量"数据根据《国际统计年鉴 2005》的相关数据计算而来。

从上表可以看出，中国研发经费总量居世界第 6 位，R&D 研究和技术人员总量居世界第 2 位。从比率指标来看，中国研发经费占 GDP 的比例在《国际统计年鉴 2005》统计的 36 个国家中居第 13 位；中国每百万人中从事 R&D 研究人员比例在《国际统计年鉴 2005》统计的 42 个国家中居第 26 位。综合比较，中国科技实力呈现双重性：中国科技实力总量水平居第 4 位，比率指标居 20 位，属中等水平。

综上，我们看到，2003 年中国经济按国民收入、城市人口、产业发展、消费以及科技五个方面总量指标在世界上的排序分别为第 4、第 5、第 1、第 7 和第 4 位，综合排序达到新的高度，位居世界第 4 名，高于仅排 GDP 总量指标的排位，表明中国确实成为了举足轻重的大国。但若按人均量排序，这五大指标分别排在第 20、第 36、第 70、第 100、第 126 位，综合排序为第 70 位，还是比较落后的。

（四）中国经济发展战略

分析中国经济发展所处的阶段、特点和规律，目的是要明白我们的发展战略。既然我们已处在"工业化、城市化'双中期'区间"，既然我们

已成为世界举足轻重的大国，我们就应立足大国国情，制定相应的战略；既然我们五项关键指标在"双中期区间"的先后排序很不同，因此，就有必要对居于位次后面的指标进行更多关注，努力提升之并使之与位居先进的指标协调看齐；既然我国经济具有总量强人均弱的两重性规律，我们就需要固强壮弱、以强带弱。下面，就这三方面提出三大战略设想。

1. 大国发展战略

中国经济发展进入工业化、城市化"双中期区间"的新阶段，这在中国经济发展史上是第一次。由于中国经济在改革开放以来的快速发展以及全球化进程的加快，中国在世界上的影响力得以极大提高，已成为影响世界经济的大国。现在到了认真研究作为一个大国的发展战略的时候了。

（1）大国安全论。从历史上看，政治经济新大国的产生将对世界上旧有的大国格局有重大影响，因此，已有的大国将会或明或暗地制定针对新大国的政治经济战略。从维护我国政治经济安全角度看，从为创造和维护中国和平发展的国际环境角度看，我们认为要研究与我国政经利益相关程度高的大国的发展动向与经济战略，在研究经济问题基础上提出与外交相关的思路。一是对日本。随着日本经济的复苏，随着日本军国主义思潮及其行动的主流化，随着中国与日本在国际政治经济领域主导权之争的加剧，随着中日围绕领海领土之争的尖锐化，随着日本领导层日益以进攻姿态对待中国，迫使我们不得不提出要防止日本威胁中国政治经济的防卫战略和应对策略来。二是对美国。美国是一个号称民主的国家，在第二次世界大战中是中国的盟国，是日本的敌国。美国上层对日本军国主义复活也是有所警惕的。加强与美国的沟通与理解，拆散或钝化日美的军事合作是非常重要的。近些年的实践证明这是有可能的。虽然这其中有大量问题要研究，有大量对策要选择。三是对欧盟。对欧洲的合作是有共识的，也是有成效的，坚持下去很重要。大国安全是多方面的，能源安全、金融安全及各种经济安全，也有政治安全，都需要进一步研究。总之，要保证中国整体发展的稳定性，防止打乱中华民族在工业化、城市化中期基础上的腾飞进程。

（2）大国权责论。作为一个政治经济上有影响的大国，我们的角色要从国际法规的遵守者向制定者转变，从局部利益如一国或某集团利益保卫者向国际公则和法理的捍卫者转变。参与国际规则制定，需要提高我们提出和解决问题的主动性，需要进一步明确参与不同类型和不同场合国际事务的原则立场和灵活性空间。成为有权利并负责任的大国，同时需要在观念上有新的思维。比如，在国际贸易中，要善于把一些维护公权和公平贸易的旗帜打出来，向他国表明我们不是光争自己的利益，要用双赢、共赢的观点求达共识。在国内政策方面也要有新思维，比如，从只关心国内经济稳定发展向关心国内外经济综合发展转变；从习惯于仅从国内经济角度看经济政策影响转变为逐步习惯于将我们的经济发展调控体系置于全球范围内，习惯并愿意和竞争伙伴国交流与争辩；从强调发展中国家在知识产权上的诉求，要支持和维护知识产权的国际规则等。

总之，我们要站在举足轻重的大国角度来看待世界，看待中国与外国关系，看待外国人对中国的担心，看待中国经济政策的国际影响；站在举足轻重的大国角度来处理各种对外政治经济关系中的矛盾；要站在举足轻重的大国角度来全面审视中国对外开放，总结成功经验，与时俱进，改善和完善政策；要站在举足轻重的大国角度来做好对外商务工作。

（3）大国外援论。这是针对大国对中小国家的战略而言的。大国尤其是有了经济实力的大国，天然地负有支持中小国家发展的责任，同时，也天然地会成为中小国家团聚的核心并发挥主导作用。要强调与中小国家政治、经济、文化的合作、互利与共赢。中国现在对亚非拉中小国家的各种援助，在国际上是有影响力的，对中国外交有重要的正面作用。中国对外提供紧急救灾援助，则是中国援外的一个重要组成部分，体现着对国际社会负责任的精神。中国参与国际紧急救灾援助的能力不断提升，也是中国经济和社会不断发展和综合国力不断增强的结果。总之，向中小国家提供力所能及的帮助，显示了中国政府是一个负责任的政府，中国是一个可信赖的大国。

今后，如何根据中国经济实力的提高，加大对外援助的力度；如何总结多年外援的正反经验，提高外援的政治经济效益；如何优化外援的结构，形成有利于中国和平崛起的外部环境；如何配合中国在新经济阶段的各项战略，形成我国与中小国家的互利互惠，共同发展；如何在广交中小国家朋友时，不损害与美国的关系，都是需要深入研究的。

2. 均衡发展战略

由于中国经济发展处于"工业化和城市化'双中期'区间"，而区间也就意味着我国经济在产业发展时序、城乡结构比重及国内外市场上还存在较大的差异，因此，本报告提出均衡发展的战略思路，均衡发展战略包括三个方面：三次产业协调发展战略；城乡统筹发展战略；国内外两个市场均衡发展战略。

（1）三次产业协调发展战略。三次产业协调发展不是走西方国家发展的老路，而应该根据经济全球化发展趋势和我国经济的比较优势，走一条新型的工业化发展道路。第一，加快传统农业的技术改造和体制转换，推进农村经济结构的调整和产业化经营，形成科研、生产、加工、销售一体化的产业链，坚持走农业可持续发展的道路；第二，发展具有先进技术和与我国比较优势相结合的制造业。广泛运用先进制造技术、信息技术和新材料技术，发展高技术含量产品和高技术行业，最大限度地利用资源和减少环境污染。同时，综合考虑我国劳动力等方面的比较优势，把增加就业机会作为制造业可持续发展的重要因素，为庞大的就业大军创造新型产业和提供更多的就业机会；第三，以服务业的结构升级作为"十一五"调整三次产业结构的突破口。鉴于当前第三产业过于依赖"生活型"服务业的低质结构，"十一五"时期应将加快发展金融、保险、咨询、物流等知识型服务业或"生产型"服务业，致力于服务业的结构升级和增强服务业的竞争力，作为调整三次产业结构均衡发展的突破口。把握住服务业国际转移的新机遇，将我国入世承诺的开放服务贸易作为发展现代服务业的加速器，把承接服务业转移作为对外开放政策的重要内容，消除服务业当中仍大量存在的政策障碍和体制障碍，宽领域地开放服务业市场。

（2）城乡统筹发展战略。二元社会结构性问题的解决是中国实现全面、协调和可持续发展的一个关键，消除城乡二元结构是实现中国社会公平的战略要点。仅仅靠传统意义上的农业不可能改变农村落后于城市的现状，必须在制度上改变城乡二元供给制度，改变农村公共品供给状态——由以农民为主到由政府为主；明确政府在农村公共品供给上的责任，界定政府、农民、社会中介机构在提供农村公共品上的分工。统筹城乡经济发展的重点在于促进工业企业进军农业领域，农业领域运用工业理念进行生产营销和管理，把农业作为工业生产第一车间，树立品牌观念和特色意识，调整产业结构，培育和发展具有较大规模和较强竞争力的优势产业基地。培育龙头企业，采取提升壮大、培育发展、引资嫁接等方式，实现贸工农一体化、产加销一条龙，形成城乡经济良性互动。另外，鼓励城市企业带着资金、信息、技术参与农业开发，开办农产品精深加工和系列加工。政府加大对农民的支持力度，缩小城乡差距。要合理调整国民收入分配格局，更多地支持农业和农村发展；以"工业反哺农业、以城市支持农村"为指导，建立城乡互动的协调机制；为进城务工人员进城创造良好的制度环境，让农民进得来，留得住；深化土地、金融等改革，为农村经济发展注入新的动力。

（3）国内外两个市场均衡发展战略。一方面，要坚持把扩大内需作为经济发展的根本立足点；另一方面，要抓住国际产业转移和世界经济发展的难得机遇，更好地利用国际市场、国外资源。国内外两个市场均衡战略的一个重要因素是积极促进国内外优势互补。它包括以劳动换资金，充分发挥劳动力资源优势，积极引进国外资金；它也包括用劳动换资源，积极扩大劳动密集型产品出口，相应扩大资源型产品进口；它还包括以市场换技术，通过开放国内市场，引进技术带动产业结构调整升级。同时，把"引进来"与"走出去"更好地结合起来。要综合研究开放型经济条件下国家经济安全的应对策略和机制，增强我国抵御外部冲击和风险的能力，如建立产业预警和保护机制、国家石油战略储备制度等。要及时研究当前贸易摩擦增加、外资增幅下滑等问题。

3. 以强促弱战略

从第三部分的双重性可以看出，中国作为一个发展中的大国，在国民收入水平、产业发展结构、城市化程度、消费水平以及科技实力这五方面都表现出了一定的"双重性"。因此，我们要实施以强促弱的战略，发挥其有优势的一面，带动相对处于劣势的方面。该战略包括经济强国战略、刺激内需战略和科技兴国战略三个方面。

（1）经济强国战略。中国经济已经成为世界经济极为重要的组成部分，已被视为世界经济大国。这是我国改革开放所带来的巨大成就，是我们值得骄傲的。但是我们也应该看到，我们现在并不是经济强国。中国迅速成为世界经济大国，是以中国劳动力便宜为基础的，是通过劳动力低成本优势而融入世界经济的，因而中国的产业链基本上属于劳动密集型的产业结构，并不是技术密集型的产业结构。我国企业的竞争力水平还比较低下，甚至没有全球性的大企业，这是非常不利于我国经济的持续高效发展的。因此，我国要成为世界经济强国，就必须注重经济增长质量和效益，在继续发挥我国劳动力便宜的成本优势的同时，注重技术创新，推动我国产业结构的升级，从目前的劳动密集型的产业结构上升为技术密集型的产业结构。在利用外资的过程中，要通过外资的引进而带动我国经济的提升，不能单从就业、税收及 GDP 增长上考虑引进外资，而是要考虑外资对我国经济的提升作用，从而处理好引进、利用和依赖的相互关系，确定好依赖度，将依赖程度控制在应有的范围内。

（2）刺激内需战略。刺激内需是我国经济增长的基本战略，通过刺激

内需来调整我国的消费结构和促进产业结构升级，提高人民群众的生活水平和生活质量。目前，要特别强调农村消费的有效刺激。通过加大财政政策的支出，更多地支持农村基础设施建设，创造出更多的消费需求，使农村消费这块最大的存量消费得以有效地启动。在刺激内需的过程中，也需要积极有效地发挥财政政策的作用。在当前总体消费由于受居民收入及其他因素的影响暂时不能大幅度提高的情况下，必须要发挥财政政策促进总体消费的作用。建议考虑将财政政策由以前较多地侧重促进投资功能转变为更多地侧重促进消费功能方面来，实现财政政策功能导向的再次转变。在财政支出方面，特别是国债资金的使用上更多地投向农村，更多地投向社会保障，更多地投向社会公益事业，更多地投向转移支付。同时政府投入在社会发展方面的支出增加一些，增加对基础教育、医疗等方面的支出，这将对活跃内需有着重要的作用。

（3）科技兴国战略。提高自主创新能力。自主创新能力弱化是近年来普遍关注的一个重要问题，但必须明确，引进技术和自主创新并不矛盾，关键在于建立有效的机制，使自主创新有足够的动力。一是要坚持把提高自主创新能力摆在全部科技工作的核心位置，优化整合科技资源，加强国家基础研究和应用基础研究基地建设，把握科技发展的方向和前沿，集中优势资源，在若干有比较优势、对国民经济发展有重大带动作用的领域实现突破。二是要建立和完善以企业为主体、产学研相结合的技术创新体系，促进科技资源向企业转移，依托核心企业建立行业技术开发中心，加强原始性创新、集成创新和在引进先进技术基础上的消化、吸收和创新，努力在若干产业发展领域掌握一批核心技术、拥有一批自主知识产权、造就一批具有国际竞争力的企业和品牌。三是要增加对战略性高技术、涉及核心竞争力的关键技术和产业发展共性技术的政府投入，发挥政府采购对企业技术创新的激励作用，构建和完善技术扩散机制，加快推进产业技术进步。四是要积极参与国际科技合作，充分利用国际科技资源，并与提升我国自主创新能力有机结合。通过不断提高自主创新能力，提高技术进步和创新对经济增长的驱动作用，为转变增长方式和增强我国竞争力创造条件。

二、分别考察我国经济发展五大关键特征

在综合分析了"工业化和城市化'双中期'区间"的五大关键特征的基础上，结合我们对双重性规律和发展战略的认识和思路，分别对国民收入水平、产业发展结构、城市化程度、消费水平以及科技实力这五方面进行更为具体的剖析，采用定性与定量结合的办法，就其特点、指数测度、政策思路等方面，做进一步的论证。

（一）收入指数及我国收入分配的特点、规律和战略政策选择

本部分从收入的总量和结构两个方面，分析了我国现阶段收入分配领域的特点，认为从总量来看我国已经成为经济大国，而且收入水平还有进一步提高的趋势；但是以城乡差距、地区差距和行业差距为代表的收入差距日益扩大。从按人均 GDP 和按购买力平价法计算的人均 GDP（美元）两个方面设计收入指数，测算出我国收入水平与高收入国家、中等收入国家的比较指数，并提出"追求效率、重视公平"的总体战略设想。

1. 现阶段我国收入分配领域的特点

（1）收入增长迅速，中国已经成为世界经济大国，但尚未成为经济强国

从 GDP 总量指标看，改革开放以来，我国经历了持续 20 多年的高速发展，GDP 由 1979 年的 4038 亿元增长到 2004 年的 136515 亿元，增长了 32.8 倍，按可比价格计算，年均增长 9.3%，增长速度为世界之最。

经济的高速发展使得我国在世界经济中的地位显著攀升，在全世界 GDP 总量的份额不断提高，由 1978 年的 1‰左右上升到 2004 年 4%，成为世界第六经济大国，中国的大国地位进一步显现。而且，从近年的发展趋势上看，美国、日本、德国、英国、法国和中国呈现出了彼消我涨的态势。表 1-10 显示，美国仍然是世界上独一无二的经济强国，但经济总量占世界 GDP 总量的份额在下降，由 2000 年的 31% 下降到 2004 年的 28.6%，世界第二经济强国日本也由 2000 的 14.9% 下降到 2004 年的 11.2%，德国基本维持在 6% 左右，英国和法国大体各占 4%—5% 的份额。主要发达国家除美国外，其余国家的 GDP 年平均增长率均在 3% 以下，而日本在这一期间则是负增长。与这些发达国家比，中国以其高速度增长日益显示出崛起的势头，正在逼近英国和法国的经济总量，在世界经济中的份额也由 3% 上升到 4%。上述事实充分表明，中国在新千年的国际竞赛中已经初步确立了经济大国地位。

表 1-10　2004 年世界前六大经济大国 GDP 情况表

	美国	日本	德国	英国	法国	中国
GDP 总量(亿美元 当年)	117000	46000	27000	21000	20000	16507
GDP 占全世界的百分比%	28.6	11.2	6.6	5.1	4.9	4
2000~2004 年 GDP 年增长率%	4.56	-0.3	1.7	2.3	3.4	8.5
2000~2004 年占世界 GDP 份额变化区间%	31.0—28.6	14.9—11.2	6.0—6.6	4.4—5.1	4.1—4.9	3.4—4.0

资料来源：中国的数据来自《2005 中国统计年鉴》，其他国家 GDP 数据来自世界银行网站。

　　但还应该看到，由于我国人口众多，占世界总人口 20%，摊薄了国民的收入水平，人均 GDP 不到高收入国家的 4%。因此，从总体上看我国距离经济强国的距离还非常之远。

　　（2）收入差距问题日益凸现，城乡收入差距尤其明显

　　①我国收入分配差距在拉大

　　基尼系数是国际上衡量一个国家收入分配差距的重要指标，一般认为该系数值在 0.2 以下表示绝对平均，0.2—0.3 之间表示较为合理，0.3—0.5 之间表示表示差距较大，0.5 以上说明收入差距相当悬殊。有研究表明，2003 年我国的基尼系数达到了 0.45—0.5 之间，超过了 0.4 的国际公认的分配不良警戒线，不仅高于发达国家，也高于人均 GDP 在 1000—2000 美元国家 0.406 的水平（见表 1-11）。

表 1-11　人均 GDP 在 1000—2000 美元国家的基尼系数

国　　家	人均 GDP(美元)	基尼系数
阿尔及利亚	1630	0.353
白俄罗斯	1190	0.217
保加利亚	1560	0.264
哥伦比亚	1910	0.571
厄瓜多尔	1240	0.437
埃　　及	1530	0.289
危地马拉	1670	0.558
约　　旦	1750	0.364
哈萨克斯坦	1360	0.354
摩洛哥	1180	0.395

续表 1 – 11

国　　家	人均 GDP(美元)	基尼系数
巴 拉 圭	1300	0.577
秘 　鲁	2000	0.462
菲 律 宾	1050	0.462
罗 马 尼 亚	1710	0.311
俄 罗 斯	1750	0.487
泰 　国	1970	0.414
中 　国	890	0.456

资料来源:《世界银行发展报告 2003》,中国财经出版社。

　　另据世界银行的调查,中国的收入不良指数(即收入最高的 10% 人口所占有的收入百分比与收入最低的 10% 人口占有的收入百分比的倍数)在 2002 年达到了 22.1,与一些主要的发达国家和发展中国家相比较,我国高于主要发达国家(见表 1 – 12),低于巴西和俄罗斯,这表明我国的收入分配差距程度较高。

表 1 – 12　中国和 12 个国家收入不良指数比较

国家	中国	澳大利亚	加拿大	法国	德国	日本	意大利	英国	美国	俄罗斯	印度	巴西
收入不良指数	22.1	12.7	8.5	9	7.2	4.5	6.2	12	16.9	22.8	9.6	68.6

资料来源:表中中国的数字根据《2003 中国统计年鉴》计算得出;其他国家的数字是根据《2003 年世界发展报告:变革世界中的可持续发展》第 242—243 页的数字计算得出。

　　②城乡居民收入差距拉大需要引起高度关注
　　改革开放后特别是 1996 年以来我国城乡居民收入和生活水平显著提高,但城乡居民间的收入差距拉大也是不争的事实。表 1 – 13 显示,1996 年以来,我国城乡居民的收入差距总体上呈现出扩大趋势,城乡居民名义收入差距比从 1996 年的 2.51∶1 扩大到 2004 年的 3.21∶1。这样的差距在世界上是最高的几个国家之一,如果考虑到城镇居民还享受诸如住房、医疗、教育等福利因素和各种津贴、奖金等隐性收入,这一差距估计达到 4.5—5∶1。

表 1 – 13　1978 ~ 2004 年城乡居民收入对比

年　份	城镇居民（元）	农村居民（元）	城乡收入比
1978	343.4	133.6	2.57
1992	2026	784	2.58
1996	1926.1	4838.9	2.51
1997	2090.1	5160.3	2.47
1998	2162	5425.1	2.51
1999	2210.3	5854	2.65
2000	2253.4	6280	2.79
2001	2366.4	6859.6	2.90
2002	2475.6	7702.8	3.11
2003	2622.2	8472.2	3.23
2004	2936	9422	3.21

资料来源:《2004 中国统计年鉴》, 2004 年的数据出自国家统计局《2004 年国民经济和社会发展统计公报》。

广大的中国农民为我国的工业化做出了巨大贡献，却没有与城镇居民共同分享现代化的成果，这一状况如果不及时加以调整，势必进一步加剧我国城乡二元结构状况，难以实现党的十六大提出的建设惠及十几亿人口的全面小康社会的总目标。

③地区居民之间收入差距扩大

从区域 GDP 总量看，西部与东部地区的差距进一步拉大。表 1 – 14 中数据显示，四大地区在 GDP 总量上存在的差距呈不断扩大趋势，尤其是东部与西部的差距日益加大，西部地区 GDP 总量水平只占东部地区的 30%左右。

表 1 – 14　GDP 总量水平的地区分布

单位：亿元

地　　区	1999 年	2000 年	2001 年	2002 年	2003 年	2004 年
东部地区	45435	51016	56354	62786	73273	88433
中部地区	18126	19788	21529	23158	26345	32088
西部地区	15347	16650	18242	20165	22951	27373
东北老工业基地	8737	9743	10626	11393	12954	15133
西部占东部百分比	33.7%	32.6%	32.3%	32.1%	31.3%	30.9%

资料来源：根据《中国统计年鉴》数据整理。

注：东部地区包括北京、天津、河北、上海、江苏、浙江、福建、山东、广东、海南 10 个省区；中部地区包括河南、湖北、湖南、安徽、江西、山西 6 个省区；西部地区包括陕西、甘肃、宁夏、青海、新疆、四川、重庆、云南、贵州、西藏、内蒙古、广西 12 个省区；东北老工业基地包括辽宁、吉林、黑龙江 3 个省区。

从人均 GDP 看这一差距也非常明显。表 1 – 15 显示，东部人均 GDP 与西部人均 GDP 之比由 1999 年的 3∶1 扩大到 2004 年的 3.2∶1。西部人均 GDP 仅为东部的 31%。人均 GDP 最高的上海已经达到了 5649 美元（当年美元），最低的贵州仅为 435 美元，最高的和最低的之间的比例达到了 13∶1。

表 1 – 15 人均 GDP 的地区分布

单位：元

地　　区	1999 年	2000 年	2001 年	2002 年	2003 年	2004 年
东部地区	13384	14883	16269	18482	20695	23592
中部地区	5101	5521	5948	6700	7451	8396
西部地区	4445	4814	5273	5965	6656	7406
东北老工业基地	8029	8878	9676	10707	11737	13180
西部占东部百分比	33.2%	32.3%	32.4%	32.2%	32.1%	31.4%

资料来源：根据《中国统计年鉴》数据整理。

GDP 增长率的区域差距也非常明显。尽管西部地区 GDP 增长速度在加快，但 1999～2004 年 5 年间，东部地区的 GDP 增长速度平均高于西部地区近 2 个百分点（见表 1 – 16）。

表 1 – 16 GDP 增长速度的地区分布

单位：%

地　　区	1999 年	2000 年	2001 年	2002 年	2003 年	2004 年
东部地区	9.86	10.51	9.96	11.27	13.23	14.13
中部地区	7.87	8.86	8.87	9.53	10.59	12.73
西部地区	7.26	8.49	8.79	10.02	11.35	12.76
东北老工业基地	7.95	8.72	9.16	10.08	10.84	12.3

资料来源：根据《中国统计年鉴》数据整理。

从四个区域的 GDP 总量占全国的比重来看，东部沿海地区占比在 50% 以上且逐步扩大，西部地区占比仅在 17% 左右且逐步降低（见表 1 – 17）。

表 1 – 17　不同区域 GDP 总量占全国的比重分布

单位：%

地　区	1999 年	2000 年	2001 年	2002 年	2003 年	2004 年
东部地区	51.9	51.5	52.8	53.4	54.1	54.2
中部地区	20.6	20.4	20.2	19.7	19.4	19.7
西部地区	17.5	17.1	17.1	17.2	16.9	16.8
东北老工业基地	9.9	10.0	9.9	9.7	9.6	9.3

资料来源：根据《中国统计年鉴》数据整理。

④行业间收入差距较大

金融、电信、电力、通讯、新闻出版等垄断性行业的收入水平明显高于其他行业。表 1 – 18 显示，收入最高的证券业是收入最低的农业的 6.1 倍。而且这只是名义差距，由于行业间存在着收入不透明等因素，实际差距还远大于此。

表 1 – 18　2003 年行业职工平均工资

单位：元

农、林、牧、渔业	6969
电力、燃气及水的生产和供应业	18752
航空运输业	33377
邮政业	18907
电信和其他信息传输	30481
银行业	21783
证券业	42582
保险业	22576
其他金融活动	31651
新闻出版业	26917

资料来源：《2004 中国统计年鉴》。

⑤不同收入群体分布形态不够理想，中等收入阶层的比例不高

我国不同收入群体分布形态不够理想，呈现出两头大、中间小的分配格局。据统计，户均金融资产最多的 20% 家庭拥有城市金融资产总值的比例目前约为 66.4%[①]，而户均金融资产最少的 20% 的家庭拥有城市金融资

[①]　国家统计局城调总队课题组：《家庭金融资产的分布》，中国统计信息网，2002 年 9 月 27 日。

产总值的比例仅为1.3%，户均金融资产在中等和中等偏上的40%的家庭仅拥有城市金融资产总值的27%（见表1-19）。

表1-19 金融资产总值在城市居民家庭中的分布情况

按户均金融 资产排序分组	第一组 （20%）	第二组 （20%）	第三组 （20%）	第四组 （20%）	第五组 （20%）	合 计
金融资产合计	1.3	4.9	9.8	17.6	66.4	100.0
一、人民币金融资产	1.4	5.2	10.2	18.5	64.7	100.0
其中：储蓄存款	1.2	5.0	10.4	18.7	64.8	100.0
国库券	0.3	3.0	8.4	15.8	72.5	100.0
股票（A股）	0.4	3.0	6.2	15.4	74.9	100.0
二、外币资产	0.3	0.9	4.9	5.8	88.1	100.0
其中：储蓄存款	0.2	0.9	4.3	5.4	89.1	100.0
手存现金	2.7	0.9	27.9	14.1	54.5	100.0
股票（B股）	0.0	0.0	0.0	26.8	73.2	100.0

资料来源：中国统计信息网。

中等收入和中等偏上收入群体所占比重较小，当前全国城镇居民中这两部分人群合计只占总人数的28.62%；而低收入和中等偏下收入群体相对过大，全国城镇居民低收入户占到约31.79%，中等偏低收入户占32.36%，两部分合计为64.15%（见图1-2）。

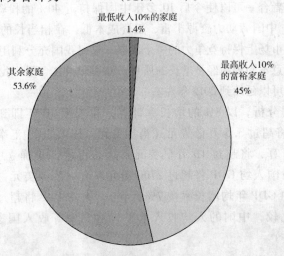

图1-2 不同比例家庭占财产份额

资料来源：国家统计局城调总队课题组：《家庭金融资产的分布》，中国统计信息网。

收入分配差距的扩大抑制了消费需求和投资需求，使平均消费倾向和边际消费倾向逐渐下降，制约了消费需求的增加，而消费需求不足又制约了投资需求的增加。收入分配差距过大严重地制约了我国消费的升级换代，削弱了经济增长的内生动力，不利于我国经济的持续健康发展。

（3）未来10年内中国GDP将保持较高增长率，经济大国地位将进一步巩固，并初步确立经济强国地位

根据国际经验，在经济起飞阶段，靠高投资率、高储蓄率，GDP总量将维持几十年的高速增长，二战后日本、原西德以及亚洲的新加坡、韩国和中国台湾、香港经济起飞（以8%—10%左右的年均增长率持续高速增长）的持续时间大致为25年左右，其后将转为中速（5%—7%）增长。

改革开放以来，中国经济以年均9.3%的高增长率高速增长了20多年，2003年我国人均GDP达到了1000美元。根据国际经验，进入1000美元的阶段后经济增长速度将放缓，但中国有着自己独有的发展优势，这些优势可以支撑中国经济在10—20年内继续保持8%—10%左右的较高发展速度。其理由主要有三点：其一，中国拥有近13亿人口，潜在的国内市场容量巨大，而且中国地域辽阔，东部、中部与西部之间，大城市、中小城市与农村之间的需求呈阶梯性和连续性特点，从而可以大大推迟经济持续高速增长最终所面临的市场需求不足这一瓶颈约束；其二，中国的国内年储蓄率超过35%，利用外资已位居世界第二，二者合一可以使今后10多年中国保持近40%的投资率（总投资/GDP）；其三，中国劳动力资源丰富，工资成本低，在相当长的时间内这仍将是我国在国际市场上保持竞争力的一个武器。只要我国充分利用这三大比较优势，并同时注意不断提高经济增长的质量、知识和科技含量，我国经济的持续高速增长完全可以延续到2015年左右。

根据这一分析，以8%的增长率计算，在未来10年即到2015年，我国GDP总量将超过3.5万亿美元（当年美元，按1:8.27汇率折算），若按购买力平价计算，将超过10万亿美元，这必将进一步确立中国的大国地位。届时，我国人均GDP将超过2700美元左右（当年美元，按1:8.27汇率计算，人均GDP年均增长率按7%计算），人均PPP将超过10000美元，若进行动态比较，中国的人均收入水平将达到中等收入国家的平均水平（10000美元①）。

---

① 根据世界银行2003年的分类，中等收入国家的人均国民收入水平大体在6500美元，以4%左右的增长率计算，到2015年中等收入国家的平均水平大体在10000美元左右。

2015～2020年，按年均6%的增长速度，GDP总量将有可能超过4.5万亿美元（当年美元，汇率按1∶8.27计算），若按照购买力平价计算将达到近15万亿美元，成为名副其实的经济强国。我国人均GDP到2020年将达到3400美元（当年美元，按1∶8.27汇率计算，人均GDP年均增长率按5%计算），按购买力平价法计算将近15000美元，这意味着届时我国将进入上中等收入国家的行列。党的"十六大"报告中提出的2020年全面建成小康社会的发展目标完全可以实现。

（4）收入水平进一步提高，但收入分配差距将长期存在

根据库茨涅兹的"倒U型"收入分配假说，在由传统经济向工业经济的发展初期，随着经济快速增长，居民收入分配差距将逐渐拉大，当经济发展到一定阶段后，收入分配差距达到最大值，并随着收入水平的进一步提高，收入分配差距将逐渐缩小。目前我国正处于经济快速增长和经济体制、经济结构的转型过程中，收入分配差距拉大的问题将长期存在，得出这一判断的理由有三点：

①从国民收入初次分配看，中国经济正在进入产业结构转型期，由于主导产业的更迭和市场机制还有待进一步完善，新兴的主导产业、垄断产业与传统产业间的收入差距势必进一步拉大，特别是对拥有众多农业人口的中国来说，农业从业人员与现代产业从业人员之间的收入差距有可能继续拉大。

②从国民收入的再分配看，由于我国用于收入调节的税制体系尚不完善，以及国家财政用于转移支付的能力有限，国家财政还没有足够实力平衡居民的收入差距。

③从制度外分配看，在体制转轨过程中，政府权力参与资源分配的状况短期内难以根绝，利用公共权力的设租和寻租行为聚敛不义之财，转移国有资产等活动加大了社会不合理分配。另外，在市场经济法制不尽完善的情况下，"地下经济"、非法经济如走私贩私、毒品交易、假冒伪劣、掠夺式开采矿产资源等活动将不同程度存在。因此，制度漏洞导致的制度外分配将有可能进一步加剧社会的不公平分配。

2. 我国收入水平的衡量

经济活动由生产、分配、交换和消费四个环节构成，一国经济发展阶段决定着国民收入水平的高低，反过来，国民收入水平也从一个侧面映射出一国经济发展所处的历史阶段。收入水平与经济现代化演进过程呈同向运动，即伴随经济发展收入经历由低向高的线性发展过程。考察我国经济

发展所处的阶段，收入水平是重要的衡量指标。

（1）收入指标体系及收入比较指数测算方法

为了从收入方面衡量我国经济发展所处的阶段，我们设计的收入指数测算指标包括人均 GDP、按购买力平价法计算的人均 GDP（人均 PPP）。按照国际通行的统计方法，GDP 是按照汇率法将一国的经济总量折合成便于国际比较的美元，人均 GDP 集中反映了一国经济现代化的名义经济成果；人均 PPP 是按照一国货币的实际购买力水平折合成国际元（美元），反映了一国经济现代化的实际经济成果。这两个指标能分别从名义和实际水平两个角度反映我国的国民收入水平以及在世界中的位置。

为了更直观地进行中外国际比较，我们以 2003 年数据为测算基础数据进行国际比较，分别计算出"中国与高收入国家比较指数"（收入指标中国数据/高收入国家收入指标）、"中国与下中等收入国家比较指数"（收入指标中国数据/下中等收入国家收入指标），然后再分别对上述两个指数进行算术平均，得出中国现阶段收入的综合指数。

（2）收入水平的衡量

表 1 - 20 列出了人均 GDP、按购买力平价法计算的人均 GDP（美元）的有关数据。

表 1 - 20　2003 年收入指标国际比较表

	人均 GDP（美元）	按购买力平价法计算的人均 GDP（美元）
世界总计	5812.8	8260
低收入国家	477.1	2140
中等收入国家	2015.4	6110
下中等收入国家		5580
上中等收入国家		10310
中、低收入国家		4370
高收入国家	30184.0	29570
中　国	1274	5796
阿根廷	3524.3	12105.68
澳大利亚	26275.2	29632.11
巴　西	2787.9	7790.404
保加利亚	2538.7	7731.425
捷　克	8793.9	16357.28

	人均 GDP（美元）	按购买力平价法计算的人均 GDP（美元）
匈牙利	8168.6	
印　度	564.3	2891.796
意大利	25471.1	27119.39
日　本	33712.9	27966.77
哈萨克斯坦	1999.5	6671.126
新加坡	21492.3	24481.47
韩　国	12634.3	17971.43
墨西哥	6120.6	9168.319
蒙　古	514.0	1850.388
波　兰	5486.5	11378.84
俄罗斯联邦	3018.0	9230.179
罗马尼亚	2619.2	7277.13
英　国	30253.0	27146.57
美　国	37648.5	37561.9
越　南	481.6	2490.358

　　根据收入指数的测算方法计算出了 2003 年我国的收入指数。
　　表 1－21 显示，2003 年中国与高收入国家指数为 0.12，中国与下中等
国家收入指数为 0.93。从现阶段中国的收入指数看，中国的国民收入水平
相对较低。人均收入水平综合比较，仅为高收入国家的 12％，人均 GDP
为高收入国家的 4％；与下中等国家的人均收入指标比较，中国还没有达
到下中等国家的平均收入水平，相当于下中等国家平均水平的 93％，中国
经济发展任重道远。

表 1－21　2003 年中国收入比较指数测算表

测度指标	高收入国家	下中等收入国家	其中:中国	中国与高收入国家比较指数	中国与下中等收入国家比较指数
人均 GDP（美元）	30184	1547	1274	0.04	0.82
按购买力平价法计算的人均 GDP（国际元）	29570	5580	5796	0.20	1.04
综合指数				0.12	0.93

3. 我国收入分配战略及政策建议

(1) 总体战略：追求效率，重视公平，在发展和改革中解决效率与公平的均衡问题

改革开放以来，我国一直坚持"追求效率，兼顾公平"、"按劳分配为主，多种分配方式并存"的分配战略和政策，通过调整国家、企业和个人的分配关系，鼓励一部分人先富起来，刺激发展生产的积极性，国民收入水平整体有了大幅度提高，人民的温饱问题得以解决。但进入上世纪90年代以来，中国社会出现的贫富差距问题越来越引起民众和国际组织的广泛关注。国内有些学者从基尼系数过高等角度出发，认为我国目前的收入差距达到甚至超过了国际警戒线，已经影响到中国社会的稳定和经济社会的可持续性发展。世界银行在2002年世界发展报告中也指出，中国在发展中正日益面临着收入不平等问题的严重挑战。收入分配差距问题也引起了党中央的高度重视，党的"十六大"报告中提出要以共同富裕为目标，规范分配秩序，既反对平均主义，又要防止收入悬殊。在党的"十六届三中全会"的决议中进一步明确提出，要"重视解决部分社会成员收入差距过分扩大问题。"有的国内学者认为收入差距扩大的根源是"追求效率，兼顾公平"的分配战略有问题，应该加以调整，把效率和公平放在同等的位置上。有的学者认为现在就应该着重解决收入差距过大问题，维护社会稳定。这就给我们提出一个严肃的问题：如何对待效率和公平问题，"追求效率，兼顾公平"的分配战略是否仍然适用？

尽管中国经济在高速发展，目前我国已经是世界第六大经济大国，但我国的人均收入水平在世界还比较低，经济现代化的水平还不高。在赶超战略下，发展仍然是当前和今后相当长一段时间内我国经济和社会生活的主题。而且，面对日益复杂激烈的大国角力，只有保持较高的经济发展速度，才能在国际竞争中拥有更多的生存空间和发言权、主动权，也才有能力解决我国经济与社会发展面临的诸如收入差距等矛盾和问题。按照马克思社会再生产理论，生产决定分配，只有先做大蛋糕，分配的公平化才能逐渐得到解决。因此，为了发展经济，今后一段时间在生产领域、在国民收入初次分配阶段，鼓励多劳多得，本身就是对"追求效率"的肯定。

肯定"追求效率"并不是否定社会公平的合理性和重要性，恰恰相反，效率与公平是天平的两端，过分强调效率而忽视公平会导致社会失衡，没有公平的分配，发展是不可持续的，甚至会引发社会动荡。近年来在处理这二者的关系上，我国确实自觉不自觉地存在着天平向效率一方倾斜的倾向，贫

富差距拉大问题日益突出，尤其是非法收入现象的大量存在引发了强烈的社会不满。为了妥善处理好发展和稳定的关系，平衡公平与效率的天平，我们应该重新审视"追求效率，兼顾公平"的分配战略，在初次分配中利用市场手段，鼓励多劳多得，在国民收入再分配中要更加重视公平。

"兼顾公平"和"重视公平"虽只是一词之差，但反映出不同的政策取向，体现出对收入分配公平问题的关注和重视程度。"兼顾公平"这一提法实际上是将分配公平问题放在次要位置，隐含着为了效率和经济增长可以以牺牲公平为代价，保持较高的经济增长速度成为制定经济政策的第一因素；"重视公平"的提法则充分考虑了收入分配差距的现状，承认了收入差距的不合理成分及对经济发展和社会和谐的消极影响，体现了"以人为本、经济社会协调发展和构建和谐社会"的治国理念，在制定和实施经济和社会发展政策上，不以牺牲公平换取经济短期增长。"重视公平"的提法能充分显示出政府开始逐步着手解决收入差距过大问题的政策倾向，并能充分体现十六届五中全会和"十一五"规划提出的"更加注重社会公平，加大调节收入分配的力度，努力缓解地区之间和部分社会成员收入分配差距扩大的趋势"的精神。从"兼顾公平"到"重视公平"，是邓小平同志提出的"让一部分人先富裕起来"到"走向共同富裕"历史逻辑的必经发展阶段，其目的是使全体人民共享改革发展的成果，体现了全面建设小康社会的现实努力。

（2）实施富民战略，全面建设小康社会

根据国际经验，"中间大两头小"的收入分配格局有利于社会稳定，有利于提高社会的投资和消费倾向。在收入分配政策上，要按照"以人为本、以民为本"的科学发展观的要求，按照"强国与富民"并举的原则，处理好收入分配中国家与个人的分配关系，处理好财政增收与百姓增收的关系，今后要更加强调"富民"。在初次分配上，继续坚持"按劳分配为主，多种分配方式并存"的分配原则，利用市场手段，鼓励一部分人利用诚实劳动和其他合法收入富裕起来，逐步形成中国的"中产阶层"。

从表 1-22 中可以看到，1995 年以来，我国财政收入占 GDP 的比重由 10% 左右提高到近 20%，国家财力明显增强。财政收入以年15.5% 的速度增长，高于 GDP 年均 8.8% 的增长速度，更高于全国居民收入 7.7% 的增长速度（各年全国居民收入水平以城镇居民人均可支配收入和农村居民人均纯收入的算术平均数计算），在居民收入增长中，城镇居民可支配收入年均增长 8.2%，农村居民纯收入年均增长

6.4%。这说明近年来在 GDP 总量和增量分配上，国家财政集中的程度越来越高，居民的可支配收入没有随 GDP 的增长而同步增长。特别是农村居民没有同步分享经济增长的成果。当然，国家财力是否雄厚一定程度上体现着一个国家的强弱，同时，财力的增长有助于国家通过二次分配平衡地区差距和收入差距。但国家财政收入占 GDP 的比重并不是越高越好。在经济发展态势较好以及财政收入体系逐步完善的情况下，应当根据情况的变化调整财政政策，调整财政增收与百姓增收的关系，积极贯彻党的十六大和十六届三中全会提出的培育我国的中产阶层的精神，通过降低所得税税率等形式适当"让财与民"，为尽快培育我国的中产阶层和加快富民创造政策条件。

表 1 - 22   国家财政收支及增长速度（不含国内外债务收支）

年份	财政收入（亿元）	财政收入占国内生产总值的比重(%)	财政支出（亿元）	增长速度（%）	
				财政收入	财政支出
1980	1085	26.9	1212	-2.4	-4.8
1992	4153	16.6	4389	15	15.1
1994	5218.1	11.2	5792.62	20	24.8
1995	6242.2	10.7	6823.72	19.6	17.8
1996	7407.99	10.9	7937.55	18.7	16.3
1997	8651.14	11.6	9233.56	16.8	16.3
1998	9875.95	12.6	10798.18	14.2	16.9
1999	11444.08	13.9	13187.67	15.9	22.1
2000	13395.23	15	15886.5	17	20.5
2001	16386.04	16.8	18902.58	22.3	19
2002	18903.64	18	22053.15	15.4	16.7
2003	21715.25	18.6	24649.95	14.9	11.8
2004	26355.88	19.3	28360.79	21.4	15.1

资料来源：《2004 中国统计年鉴》，2004 年的数字为财政部公布数。

注：1. 在国家财政收支中，价格补贴 1985 年以前冲减财政收入，1986 年以后列为财政支出。为了可比，本表将 1985 年以前冲减财政收入的价格补贴改列在财政支出中。2. 1980 年、1992 年的财政收支包括债务收支，从 2000 年起，财政支出中包括国内外债务付息支出。

（3）加快建立社会保护保障体系，共享现代化建设成果

建立和完善我国的社会保障体系，关键是要确立统筹推进社会保障制

度建设的思路，将企业、事业单位、机关等就业的职工，统一纳入社会保障体系，并逐步将农村居民纳入到全社会的保障框架中。

一是继续完善城镇职工医疗保障制度。完善城镇职工基本医疗保险制度，推进医疗卫生体制与药品生产流通体制的同步改革，健全社会医疗救助制度，真正建立面向贫困人口的医疗社会救助机制，发展商业性健康保险等多层次的医疗保障体系。医疗保障改革的目标应当是真正解除劳动者的后顾之忧而不是增加人们对疾病与医疗的不安全感，应当是提高劳动者的身体素质而不是简单的费用控制。城镇医疗保险制度不仅自身需要完善，而且离不开包括医疗卫生体制、药品供应体制乃至医院、医疗服务工作者的联动配合。

二是完善城镇居民最低生活保障制度。我国面向城镇困难群体的最低生活保障制度已经基本确立，但包括资金筹集、救助标准测算、评估依据、实施程序等都还需要完善。目前这一制度保障还不够，还需要与教育救助、住房救助、医疗救助等制度结合起来。城镇居民最低生活保障制度最终将向政府负责、强化救助功能、程序规范的综合型社会救助机制迈进。

三是重视农村社会保障制度建设。在现阶段，农村养老保障仍以家庭为主，但同时要重视与农村的社区保障和国家救济相结合，有条件的地方探索建立农村最低生活保障制度，并通过合作医疗制度的创新解决农村居民看病难的问题，逐步建立农村疾病医疗、贫困救助、养老保障等多层次农村社会保障制度。最终目标是实现农村居民和城镇居民社会保障体系的统筹发展。建立社会保障和救助体系要有新思路，从长远来说，不能再走城乡分割的老路。目前，在社会保障体系建设方面，城镇和农村是各起炉灶，各吃各的饭，大多数农村居民没有纳入社保体系，这不符合城乡统筹的科学发展观的要求，也不符合建设和谐社会的要求。随着我国城镇化、工业化进程不断推进以及城乡劳动力市场的逐渐统一，经济比较发达、城镇化程度较高的地区应该逐步将农村居民纳入到统一的基本养老保险、医疗保险和居民最低生活保障等社会保障体系；欠发达地区要通过加强中央财政的转移支付等措施逐步推进城乡一体化社保体系建设。

（4）提高农村居民收入是能否实现党的十六大提出的本世纪前20年和本世纪中叶奋斗目标的难点和关键

数据表明，能否实现十六大提出的到本世纪中叶达到中等发达国家的收入水平（人均GDP 8000美元左右）的目标，8亿多农村人口的发展问

题是难点。2000 年，我国 4 亿多城镇人口的人均 GDP 为 1680 美元，在今后 50 年的时间内达到人均 GDP 8000 美元的目标，需要翻近 2.5 番，保持年均 3% 的增长速度，而 1990 ~ 2000 年的十年间，我国城镇人均 GDP 的年均增长速度超过了 10%，其中，上海的人均 GDP 达到了近 3300 美元，北京人均 GDP 达到了近 2200 美元，上海只要再翻 1.5 番，北京只要差不多再翻 2 番就可以顺利达到平均目标。应该说，现有的城镇人口达到既定目标问题不大，问题是我国的绝大多数人口还在农村，2000 年，我国 8 亿农村人口创造的人均 GDP 只有 380 美元，农民人均纯收入在 1000 元（120 美元）以下的还有 8000 多万人，农民人均纯收入在 500 元（60 美元）以下的还有近 1000 万人，没有解决温饱的有近 3000 万人。这 8 亿农业人口要达到中等发达国家水平即 8000 美元左右的目标，至少要再增长 20 倍。可见，全面建设小康社会和实现现代化的难点在农村、农业和农民。"三农"问题不解决，我们就永远不会成为真正的经济强国。因此，提高城镇化、工业化水平，减少农业人口比重，改造传统农业，实现农业和农村经济的跨越式发展应该成为今后我国经济发展的长期战略之一。

要辩证地看待我国人口特别是农村人口众多的国情。表面看来，8 亿农村人口和相对落后的中西部地区是实现现代化的包袱，但这恰恰是我国经济发展的希望之所在。一国经济快速发展最终要取决于它占有的市场有多大，欧洲和北美洲发达国家是世界经济最发达的地区，它们充分开发了国内市场，经济获得了大发展，但它只有 11 亿人口，在国内市场基本满足后，面临的最大问题就是市场容量问题。欧洲和北美发达国家极力推动经济的全球化、自由化，其真实的用意是在本国市场基本饱和后进一步占领欠发达国家 50 多亿人口这个大市场。发达国家之所以支持中国加入 WTO，看中的就是中国这个大市场。我国有 13 亿人口，随着中国工业化、城镇化步伐的加快以及人均收入水平的提高，巨大的市场潜力和市场需求优势将逐步显现出来，这是其他任何国家无法比拟的优势。只要我们在本世纪前 50 年下大力气解决"三农"问题，完全能够实现十六大提出的现代化目标。

同时，要继续推进市场化改革，为市场参与主体创造公平的竞争环境。打破行业垄断、岗位垄断、身份垄断等体制性障碍，对少数特殊的垄断性行业，国家要对其收入分配加强监控。建立城乡统一的劳动力市场，为转移到城镇的农村劳动力提高更多就业机会。规范市场经济秩序，打击假冒伪劣、制假贩假等行为。发挥政府对收入分配的制导作用，建立和完善保障大多数人利益的政治机制，防止强势集团左右政策，在体制和机制上解决通过公权力资本化谋取不正当小群体利益和个人利益。建立和完善规范的财政转移支付制度，为欠发达地区和弱势群体提供公平的公共服务和公共产品。建立调节收入分配的税收制度，通过提高个人所得税扣除额、开征遗产税等调节高收入。

（二）我国产业发展的特点、程度及政策建议

一国经济发展水平可以用不同产业的劳动力在整个就业结构中所占比重来衡量，经济发展速度的变化也可以用三次产业间的变化来衡量，并且产业结构的变化过程同时又是就业结构的变化过程。建立与我国经济发展阶段相适应的产业发展结构和经济增长方式，落实科学发展观，对实现中央"十一五"规划提出的推进产业结构优化升级，促进区域协调发展，建立资源节约型、环境友好型社会的战略思想具有核心作用。根据罗斯托和克拉克的三次产业划分理论，可以从产业结构、产业发展质量的角度分析经济发展的特点、发展程度及变化规律，可以从国民经济发展高度综合判断和把握经济发展所处的阶段，也有利于进行国际间的比较与借鉴。

1. 改革开放以来我国产业发展的特点及规律

经济发展是围绕着产业进行的。1978 年以来，随着改革开放和有中国特色的社会主义市场经济的逐渐建立，我国的产业发展也表现出了与社会经济发展水平相适应的变化，产业总体发展水平不断提高，已由农业经济进入工业经济全面发展时期，产业结构更趋合理。但产业发展水平仍旧落后于世界平均发展水平，服务业比重不高，劳动生产率和资源利用效率低下，产业发展的质量远远滞后于经济发展水平。

（1）产业发展取得长足进步，三次产业结构比例达到 13.1∶46.2∶40.7，但与世界平均发展水平存在较大差距

从 1978 年开始，中国经济社会的发展基本都是以制度革新为契机，促进生产力释放和产业发展。中国经济体制改革大致经历了两个阶段：1978～1992 年是感性发展阶段，即试验性、"摸着石头过河"、探索性地破坏旧体制阶段；1992 年开始进入理性推进阶段，即系统性、主动性的制度创新阶段。在产业发展的指标计算中，选取 1978 年、1980 年、1992 年、2003 年、2004 年共 5 个时间段进行分析。不同年份产业发展的结构与规模指标如表 1－23 所示。

表 1 - 23   不同年份中国三次产业结构指标

单位：%

年　　份	第一产业	第二产业	第三产业
1978	28.1	48.2	23.7
1980	30.1	48.5	21.4
1992	21.8	43.9	34.3
2003	14.4	52.2	33.4
2004	15.2	52.9	31.9

资料来源：《2005 中国统计年鉴》。

　　根据表 1 - 23，我国从 1978 年改革开放之初到 2004 年底，第二产业 GDP 占总 GDP 的比例由 48.2% 增长到 52.9%，增长了 4.7%，工业产值已经超过了国民生产总值的一半，并且还在呈增长趋势，第二产业的边际效益没有降低。我国已经进入了工业化的发展时期。第三产业已由 1978 年的 23.7% 增加到 31.9%，增长了 8.2%。截至 2004 年底，第二产业和第三产业已经占国内生产总值的 84.8%，取得了产业发展的绝对优势。根据最新的中国第一次经济普查数据，我国三次产业结构比例更新为：13.1∶46.2∶40.7，第一产业比重下降 2.1 个百分点，第二产业比重下降 6.7 个百分点，第三产业比重上升 8.8 个百分点，二、三产业占 GDP 比重达到了 86.9%，表明经济增长结构更合理，更健康。

　　但从国际比较的角度看（表 1 - 24），在经济发展的产业升级过程中，高收入国家第三产业逐渐取代第二产业，成为国民经济的主体，整个产业发展已经进入后工业社会，即已经完成了工业产业体系的现代化，第二产业的相对比重呈现相对下降的趋势。在我国的产业结构中，第二产业的比重在国民经济中仍旧处在主体地位，且呈上升趋势。第三产业还处在附属地位，不及下中等国家的平均水平。

表 1 - 24   2002 年各国三次产业占 GDP 结构表

单位：%

国家或地区	第一产业	第二产业	第三产业
世　　界	3.9	29.8	66.3
发达国家	1.9	28.6	69.5
发展中国家	11.4	33.4	55.2

续表 1 - 24

国家或地区	第一产业	第二产业	第三产业
欧洲货币联盟	2.2	28.1	69.7
中　国	15.4	51.1	33.5
美　国	—	—	—
日　本	—	—	—
加 拿 大	—	—	—
德　国	1.2	29.6	69.2
英　国	1	26.4	72.6
法　国	2.7	24.9	72.4
韩　国	4	40.9	55.1

资料来源:《国际统计年鉴 2004》。

无论是第一产业还是第三产业,从三次产业结构的角度来看,与世界的平均水平都存在较大差距,尽管第一次全国经济普查更新数据表明在产业结构方面已经有所改善,但仍然没有改变这一基本趋势。这说明了我国整体产业结构的发展水平还不到 2003 年世界的平均水平,与其存在较大的差距。

(2) 20 世纪 90 年代初,我国已经走出农业经济,进入工业经济社会的全面和快速发展期

根据世界经济发展史的一般规律,随着经济发展水平的提高,在产业结构中,出现了农业比重不断下降,服务业比重不断上升,工业比重经历了先上升、后下降的规律。产业结构的发展按照钱纳里结构转变与经济增长的阶段性理论,确定了产业结构转变的三个阶段。初级产品阶段主要指农业、工业化阶段和发达经济阶段。其中,产业结构转变的第二阶段——工业化阶段以经济重心由初级产品生产向制造业生产转移为特征。其判断标志可综合为:人均收入水平超过 400 美元,制造业对经济增长的贡献将高于初级产品(主要是农业)的贡献。第三阶段即发达经济阶段结构转变的标志,在发达社会一般表现在第二产业也即工业比重开始下降的阶段。根据国际上主要发达国家(美国、日本、德国、英国、法国、澳大利亚、意大利、加拿大)1801～2000 年工业增加值和工业劳动力比重随时间的变化趋势可以判断,工业增加值比重和工业劳动力比重由上升到下降逆转的区间大致是工业增加值比重的极值在 40%—50% 之间,最大值在

50%左右。

按照上述判断指标，根据 1978 年以来，我国三次产业占 GDP 比重
（表 1 - 25）可以看出：1978 年到 1985 年，我国第一产业比重逐年增加，
到 1985 年基本达到最高值，1986～1990 年呈徘徊状态，1991 年以后，开
始呈逐年下降趋势。与之相反，第二产业从 1978 年的 48.2% 逐年下降，
1991 年以后开始逐渐上升，受第三产业影响，到 1995 年开始成为国民经
济的主体。

表 1 - 25　1978～2004 年国内生产总值构成

单位：%

年　份	第一产业	第二产业	其中：工业	第三产业
1978	28.1	48.2	44.4	23.7
1979	31.2	47.4	43.8	21.4
1980	30.1	48.5	44.2	21.4
1981	31.8	46.4	42.1	21.8
1982	33.3	45.0	40.8	21.7
1983	33.0	44.6	40.0	22.4
1984	32.0	43.3	38.9	24.7
1985	28.4	43.1	38.5	28.5
1986	27.1	44.0	38.9	28.9
1987	26.8	43.9	38.3	29.3
1988	25.7	44.1	38.7	30.2
1989	25.0	43.0	38.3	32.0
1990	27.1	41.6	37.0	31.3
1991	24.5	42.1	37.4	33.4
1992	21.8	43.9	38.6	34.3
1993	19.9	47.4	40.8	32.7
1994	20.2	47.9	41.4	31.9
1995	20.5	48.8	42.3	30.7
1996	20.4	49.5	42.8	30.1
1997	19.1	50.0	43.5	30.9
1998	18.6	49.3	42.6	32.1
1999	17.6	49.4	42.8	33.0

续表 1-25

年　份	第一产业	第二产业		第三产业
			其中：工业	
2000	16.4	50.2	43.6	33.4
2001	15.8	50.1	43.5	34.1
2002	15.3	50.4	43.7	34.3
2003	14.4	52.2	45.2	33.4
2004	15.2	52.9	45.9	31.9

资料来源：《2005 中国统计年鉴》。

根据三次产业对经济增长的贡献率（表 1-26），从 1991 年开始，第二产业对经济增长的贡献率远远超过其他产业，贡献率均超过 50% 以上。

表 1-26　1990~2004 年三次产业贡献率

单位：%

年　份	第一产业	第二产业		第三产业
			工业	
1990	41.9	41.0	39.7	17.1
1991	7.1	62.8	58.0	30.1
1992	8.4	64.5	57.6	27.2
1993	8.1	67.7	61.1	24.2
1994	6.8	70.5	65.0	22.7
1995	9.4	67.4	61.3	23.2
1996	10.0	66.4	61.7	23.6
1997	7.1	63.8	62.2	29.1
1998	7.7	62.3	56.7	30.0
1999	6.5	62.9	59.9	30.7
2000	4.8	66.0	62.6	29.2
2001	6.1	56.5	50.5	37.4
2002	5.4	59.6	52.7	35.0
2003	3.9	68.4	60.1	27.7
2004	9.2	61.8	56.0	29.0

资料来源：《2005 中国统计年鉴》。

因此，可以综合判断，从 1991 年开始，我国经济发展开始进入工业经济的全面和快速发展期。由于工业在国民经济中始终保持主体地位，第三产业发展相对滞后，这反映出整个国民经济还远没有达到钱纳里的第三阶段。另外应当看到，工业产值的增加主要由改革开放初期满足生活与消费的轻工业产品为主，出现了以建材、化学和汽车工业为标志的重化工业的倾向。

（3）尽管我国处在工业化的中期阶段，但以计算机和信息技术为标志的世界经济发展的前沿产业异军突起，拉近了同世界发达国家的差距

在经济发展的前沿领域，国际上美国等部分经济发达国家在 20 世纪 90 年代，已经完成了工业化，开始进入了以计算机和信息技术等为主导的信息产业时代。与欧美等发达国家的经济发展轨迹不同，在我国工业化的产业结构还处在优化升级远没有完成的时候，又面临着国际上以信息产业为标志的新兴产业的崛起的趋势，我国的信息产业也随着国际经济的发展步伐呈现快速增长的趋势，逐渐蓬勃发展起来。

表 1 – 27　不同年份信息产业占 GDP 比重

年　份	1978	1980	1992	2003	2004
信息产业占 GDP 比重（%）	0.32	0.3	1.21	4.38	4.18

资料来源：《2005 中国统计年鉴》。

根据表 1 – 27，信息产业占全国的 GDP 已从 1978 年的 0.32% 发展到 2003 年的 4.18%，增长了近 4 个百分点。信息产业的增长速度已经超过国民经济增长速度的 3 倍，对 GDP 的直接贡献率超过了 10%。

表 1 – 28　2003 年信息产业发展情况国际比较指数

	高收入国家	下中等收入国家	其中：中国	中国与高收入国家比较指数	中国与下中等收入国家比较指数
信息通讯、技术支出占 GDP 的百分比（%）	7.39	3.93	5.3	0.72	1.35

资料来源：《05 年世界发展指标》。

根据 2003 年国际产业发展结构指标统计（表 1 – 28），在与世界对比中，中国信息产业的发展速度更为显著，2003 年在信息产业占 GDP 的比

重中，中国与世界高收入国家只有约 2% 的差距，以较大的优势高出下中等国家的水平，反映了当前世界经济增长革新过程中，在传统产业没有退出前，我国一支新的产业力量正在崛起，这使得我国的经济发展和与之相适应的产业结构处在新老重叠发展阶段。

（4）劳动生产率和资源利用效率提高迅速，但产业发展质量不高，产业结构有待进一步优化升级

产业发展的质量，主要从能耗、劳动生产率、经济密度等角度衡量。根据表 1 – 29，1978～2004 年，我国全社会劳动生产率由每年的 911 元/人增长到 18295 元/人，增长了近 20 倍。在能耗方面，万元 GDP 消耗标准煤由 1978 年的 15.77 吨下降到 2004 年的 1.44 吨，降低了 10 倍，用水指标也降低了 23 倍，每公顷万元 GDP 产出增加了 4 倍。这反映出我国产业规模增大的同时，产业质量提高显著，有效地体现了中国近 20 年来的产业质量整体发展的速度和水平。

在产业发展质量的国际比较中（见表 1 – 29），尽管中国在纵向比较上提高显著，但在国际对比中的差距仍然显著。

表 1 – 29 不同年份产业发展质量指标

年　份	全社会劳动生产率 （元/人）	耗能指标 （吨标准煤/万元 GDP）	用水指标 （立方米/万元 GDP）	经济密度 （万元 GDP/公顷）
1978	911.00	15.77		
1980	—	13.34	9821.15	—
1992	—	4.10	1951.34	0.39
2003	1863.00	1.47	456.28	1.70
2004	18295.00	1.44	405.32	1.99

资料来源：根据 1993、2004、2005 年的《中国统计年鉴》。经济密度涉及到的土地数据来源于 2003、2004 年全国土地利用变更调查数据。

表 1 – 30 2002 年不同国家产业发展质量指标

国家或地区	经济密度 （万元/公顷）	劳动生产率 （美元/人）	能　耗 （标准油/万美元 GDP）
世　界	1.60	10669	3.21
发达国家	3.08		2.07

续表 1 – 30

国家或地区	经济密度 （万元/公顷）	劳动生产率 （美元/人）	能　耗 （标准油/万美元 GDP）
发展中国家	0.54		7.07
中　　国	0.88	1646	9.69
印　　度	1.03	1085	11.11
美　　国	7.19	69997	2.28
日　　本	70.62	58716	1.25
加 拿 大	0.48	42470	3.57
法　　国	17.29	53057	2.01
德　　国	37.05	48257	1.89
英　　国	42.97	52910	1.64
韩　　国	32.10	19399	4.56

资料来源：《国际统计年鉴2004》。

中国的劳动生产率低于世界平均水平近 7 倍，低于发达国家（美国）42 倍，而能耗指标（标准油/万美元 GDP）却高于世界平均水平 3 倍，高于发达国家（美国）4 倍。

表 1 – 31　不同国家万元 GDP 耗水指标

年　　份	国家或地区	万元 GDP 耗水指标（立方米/万美元）
1990	日　　本	179.86
1991	德　　国	196.08
1990	法　　国	251.89
1995	美　　国	675.68
1991	加 拿 大	826.45
1991	英　　国	107.18
1992	韩　　国	625.00
1997	中国（1997）	6172.84
1990	印　　度	17543.86

资料来源：刘昌明主编：《中国水资源现状评价和供需发展趋势分析》，中国水利水电出版社，2001年。

在水资源利用方面（见表 1 – 31），也高于发达国家（美国）9 倍多。这充分反映了我国产业发展的质量落后很多，可以说还处在接近工业化中期的阶段，亟待技术革新与升级。在全球经济一体化、能源战略危机严重、可持续发展战略实施的形势下，提高资源利用效率和转变经济增长方式，走内潜式的发展道路是优化产业结构，提高国际竞争力，建设资源节约型、环境友好型社会，促进经济良性发展应该重点解决的问题，也是目前我国经济发展的阶段性问题。

（5）我国产业的发展基本遵循经济发展的一般规律，但处在国际上工业经济与知识经济发展错综复杂的过渡与变革过程中

纵观我国产业发展的历史轨迹，基本上没有脱离世界经济发展的框架，属于世界经济发展体系中的组成部分。随着中国的改革开放和市场经济体制的逐步建立，尤其是加入WTO以来，我国已经参与了世界经济分工，成为世界经济发展的有机组成部分。我国经济在经历由计划经济向社会主义市场经济转变的历史时期，也是以美国为代表的世界上发达国家在经济发展过程中完成了工业经济，进入了以计算机和通信技术为标志，创新推动经济增长的知识经济时代。在此过程中，通过改革开放，我国处在了由调整生产关系，建立市场经济体制到加入WTO，追赶全球经济发展和分享最新经济发展成果这一大变革时期。经济和体制的发展均处在快速变革过程之中。作为经济发展的必然结果，我国产业结构发展也处在错综复杂的交替与变革过程中。目前推动经济增长的要素还体现为劳动力、土地及初级资源，经济发展又表现出重化工业和资本要素推动经济发展的趋势，同时又面临着国际上以信息产业为标志的新兴产业崛起的压力。在需要继续完善市场经济体制的过程中，又面临着适应经济全球化和区域社会分工等体制创新的挑战。在这复杂的社会经济快速变革时期，工业化、城市化、市场化、国际化步伐加快，我国产业的发展既不能脱离传统经济发展的制约，又进入了国际经济的大变革时期。

2. 我国产业发展程度的衡量

产业发展的结构是国际性的。从国际比较的角度，以发达国家产业发展程度为参考分析我国产业发展是我们考虑的基本思路，即通过产业发展程度指标的选取，根据国际可比较和资料可获得原则，确定评价指标，然后按照国际上公认的高中低收入的国家或地区划分方法，将中国的数据分别与不同类型的分组平均值进行比较，来确定中国产业发展的程度在国际范围内经济发展所处的阶段和相对位次。

（1）产业发展指标选取及确定

一国经济发展水平可以用不同产业的劳动力在整个就业结构中所占比

重来衡量，经济发展速度的变化也可以用三次产业间的变化来衡量。根据罗斯托和克拉克的三次产业发展的经济成长理论，产业结构由低级到高级的发展顺序是农业——工业——服务业在产业结构的比重逐渐增长的过程。与此相适应，就业结构也呈现了相类似的变化趋势。因此，我们选择产业结构指标作为测定产业发展基本指标体系，参见表1-32。

表1-32 产业发展指标

类指标	指 标	指标含义	备 注
产业发展	第一产业 GDP/GDP 总量	农业发展规模指标	产业发展逆指标
	第三产业 GDP/GDP 总量	商业服务业发展规模指标	产业发展正指标

按照国际通用的三次产业发展理论，三次产业结构包括第一产业（农业）、第二产业（工业和建筑业）、第三产业（服务业）。根据经济发展的一般规律，在三次产业结构的发展变化中，随着经济水平的提高，第一产业一直呈下降趋势，第三产业一直呈上升趋势，第二产业出现先上升到一定程度后又逐渐下降的倒"U"形趋势。按照三次产业结构的划分，第二产业与第三产业在增长变化中，呈一定程度的相关关系，而且三者具有一定的算术关系，只要知道其中两个指标，就可以知道第三个指标。因此，在指标选取中，以一、三产业的产值占GDP的比重作为指标，从产业发展结构的角度分析我国经济发展的轨迹。其中，"第一产业GDP占总GDP比重"代表农业发展的规模，它与经济发展水平呈负相关，是测度产业发展的逆指标，即农业比重越大，经济发展水平越低。"第三产业GDP占总GDP的比重"指标代表商业和服务业发展的规模，它与经济发展水平呈正相关，是测度产业发展的正指标，即服务业比重越大，经济发展水平越高。通过第一产业和第三产业指标的发展变化可以间接反映出第二产业的发展水平。

（2）产业发展程度测定

中国属于中下等收入国家，将中国各项指标值分别与高收入国家和中下等收入国家平均值进行比较，可得到中国与高收入国家及中下等收入国家产业发展程度指数。由于各项指标具有一定的独立性，能从不同的方面反映产业发展程度，共同构成了产业发展的总特征。因此，在进行综合时，用简单算术平均的方法来进行计算。由于第三产业测度指标为正指标，第一产业测度指标是逆指标，为了便于综合，在进行国际比较计算指标值时，对逆指标我们采用分子分母倒置的方式将逆指标值转化为正向形式表达。最后与正向指标值进行综合，指标值越高，表明产业结构越合理，经济发展水平越高。指标值的计算与表达方式如下表：

表 1 – 33 产业发展程度比较指标表达式

指　　标	高收入国家	中等收入国家	其中：中国	中国与高收入国家比较指数	中国与中等收入国家比较指数
第一产业 GDP/总 GDP 比重	A1	B1	C1	A1/C1	B1/C1
第三产业 GDP/总 GDP 比重	A2	B2	C2	C2/A2	C2/B2
综合	—		—	平均	平均

资料来源：《05 世界发展指标》。

为了便于国际比较，统一用 1990 年和 2003 年的数据为参考，进行产业发展程度的测定。计算结果见表 1 – 34、表 1 – 35。

表 1 – 34 1990 年中国产业发展程度比较指数计算表

指　　标	高收入国家	中下等收入国家	其中：中国	中国与高收入国家比较指数	中国与中下等收入国家比较指数
第一产业 GDP/总 GDP 比重	3	19	27	0.11	0.70
第三产业 GDP/总 GDP 比重	65	43	31	0.48	0.72
综合	—		—	0.30	0.71

资料来源：《05 世界发展指标》。

根据表 1 – 34，1990 年与世界上高收入国家相比，中国的产业发展程度综合指数为 0.30，反映了我国产业结构与高收入国家相比，还存在较大差距，还处在相对较低的发展水平上。1990 年与世界上中下等收入国家相比，我国的产业发展程度综合指数为 0.71，说明了同是在中下等收入国家，我国的产业发展程度还没有达到中下等收入国家的平均水平。

表1-35 2003年中国产业发展程度比较指数计算表

指　　　标	高收入国家	中下等收入国家	其中：中国	中国与高收入国家比较指数	中国与中等收入国家比较指数
第一产业GDP/总GDP比重	2	11	12.5	0.16	0.88
第三产业GDP/总GDP比重	71	52	41.5	0.58	0.80
综合	—	—	—	0.37	0.84

资料来源：《05世界发展指标》。国际数据为2003年数据，国内数据为2004年最新经济普查数据。

　　根据表1-35，2003年与世界上高收入国家相比，中国的产业发展程度综合指数为0.37，与世界上中下等收入国家相比，我国的产业发展程度综合指数为0.84。从1990到2004年，我国产业发展的综合指数与高收入国家产业发展平均水平相比提高了0.07，与中下等收入国家产业发展平均水平相比，提高了0.13。这反映出经过了近15年的发展，尽管我国产业结构的改善比较明显，但在世界经济的发展变化中，我国与世界高收入国家的差距没有拉近，我国产业的发展水平仍旧处在较低的发展水平上，其主要原因是在国民经济中，农业在国民经济中的比重处在较高的水平上，第三产业的发展还有很大的提升空间。

　　以2004年我国第一次经济普查所获得的三次产业结构的最新数据为基准（一、二、三次产业结构比值分别为13.1：46.2：40.7），通过农业增加值占GDP比例和服务业增加值占GDP比例，考察从1801～2000年在世界15个国家200年三次产业结构的时序变化中，我国的产业发展所处的位置，见表1-36、表1-37。

表1-36 1801～2000年15个国家农业增加值占GDP比例表

单位：%

国　　　家	1801	1820	1870	1900	1950	1960	1970	1980	1990	2000
美　国	—	43	21	17	7	4	3	3	2	2
日　本	—	—	63	34	26	13	6	4	2	1
德　国	—	—	38	29	10	6	3	2	2	1
英　国	34	26	15	7	6	3	3	2	2	1
法　国	—	43	41	34	13	10	6	4	4	3
澳大利亚	44	53	27	21	22	12	6	4	4	4

续表 1 – 36

国　　家	1801	1820	1870	1900	1950	1960	1970	1980	1990	2000
意 大 利	—	—	58	50	29	13	8	6	4	3
加 拿 大	—	—	45	—	13	5	4	4	3	3
俄 罗 斯	—	—	—	—	22	21	20	17	17	6
墨 西 哥	—	—	—	28	20	16	12	9	8	4
巴 　 西	—	—	—	—	29	16	12	11	8	7
印 度 尼 西 亚	—	—	—	—	54	50	45	24	20	17
印 　 度	—	—	—	58	51	50	45	39	31	25
尼 日 利 亚	—	—	—	—	68	63	41	21	33	30

资料来源:《中国现代化报告 2005——经济现代化研究》,北京大学出版社,2004。

表 1 – 37　1801～2000 年 15 个国家服务业增加值占 GDP 比例表

单位：%

国　　家	1801	1820	1870	1900	1950	1960	1970	1980	1990	2000
美 　 国	—	32	58	57	55	58	62	64	70	73
日 　 本	—	—	—	52	32	42	47	56	58	67
德 　 国	—	—	40	31	42	41	48	57	60	67
英 　 国	44	39	44	50	48	54	53	55	63	70
法 　 国	—	17	26	25	39	51	56	59	66	72
澳 大 利 亚	53	43	46	50	41	48	55	56	67	70
意 大 利	—	—	23	30	36	46	51	53	63	68
加 拿 大	—	—	—	—	49	61	60	58	65	67
俄 罗 斯	—	—	—	—	—	17	18	26	35	55
墨 西 哥	—	—	—	—	52	56	55	59	57	64	68
巴 　 西	—	—	—	—	47	49	50	45	53	64
印 度 尼 西 亚	—	—	—	—	—	25	36	34	42	36
印 　 度	—	—	—	—	33	30	33	37	41	48
尼 日 利 亚	—	—	—	—	22	26	45	34	26	25

资料来源:《中国现代化报告 2005——经济现代化研究》,北京大学出版社,2004。

　　对比表 1 – 36、表 1 – 37,可以看出,从农业增加值占 GDP 比重角度,2004 年我国农业增加值占 GDP 比重为 13.1%,相当于日本 1960 年

的发展水平、美国 1920 的发展水平，比日本落后 44 年，比美国落后 84 年。从服务业占 GDP 比重角度，2004 年我国服务业增加值占 GDP 比重为 40.6%，相当于德国 1870 年的发展水平，落后 130 多年；相当于法国 1950 年的发展水平，落后 54 年；相当于美国 1840 的发展水平，落后 160 多年。综合比较可以概略判断，我国产业的发展落后世界上发达国家 50—100 年。

3. 基本结论与未来产业发展的对策与建议

（1）基本结论

①国际产业发展趋势

根据世界经济发展的一般规律和特点，在经历了第一次工业革命和第二次工业革命后，世界上欧、美、日等发达国家先后完成了工业现代化，在 20 世纪初期开始进入第三产业为主体的后工业化时期。随着以计算机和通信技术为标志的新一轮高新技术革命，世界上发达国家在 20 世纪八九十年代开始通过将传统的甚至落后的产业与技术向发展中国家转移等措施，相继进入了以知识经济为标志的新一轮产业结构调整和经济增长期。

②产业发展的成就

我国从 1978 年开始经济体制改革，实施对外开放政策和建立社会主义市场经济。该时期恰恰是国际上产业结构新一轮大调整和经济增长的时期，全球已进入经济一体化的发展阶段。随着市场经济体制的建立和完善，我国的产业结构、规模及其质量都得到了极大提高，取得了举世瞩目的成就，这主要表现在三个方面。第一，按照第一次全国经济普查更新数据，2004 年我国三次产业结构达到了 13.1:46.2:40.7，第三产业比重增加迅速，二、三产业产值占 GDP 的比重达到了 86.9%，第一产业占 GDP 的比重下降到 13.1%，产业结构更合理，更健康。20 世纪 90 年代初，我国已经走出农业经济，这确立了工业化在国民经济的主体地位，进入工业经济社会的全面和快速发展期。我国产业已经进入工业化的快速发展时期，农业成为工业反哺的对象。第二，在我国工业化阶段还处在发展中期时，代表世界产业发展新方向的信息产业异军突起，在国民经济中快速发展起来。仅用 10 年左右的时间，信息产业已占 GDP 的 4%，对国民经济的直接贡献率达到了 10%，正在以 3 倍于国民经济的发展速度加速发展，成为我国追赶世界新产业经济的领跑者。第三，随着新技术的引进和应用，我国产业发展的质量也在迅速提高，万元 GDP 的能耗、全社会劳动生产率等指标正在呈十倍或几十倍的改善。

③产业发展存在的问题

通过产业发展的国际比较，可明显看出我国产业发展的差距。这主要表现在两个方面：一是在产业结构中，2004 年与世界上高收入国家相比，中国的产业发展程度综合指数为 0.36；与世界上中下等国家相比，我国的产业发展程度综合指数为 0.81。二是我国产业发展的能耗指标和劳动生产率尽管改善较大，但距离世界平均水平差距甚远，还没有摆脱国际产业转移带来的危害，技术改进和结构升级远远滞后于经济发展的需求。

④我国产业发展阶段判定与发展目标

综观我国产业发展的结构、规模、质量等发展指标，并将之置于世界经济发展规律的框架中考察，可以看出：

20 世纪 90 年代初，我国已经走出了农业经济，确立了工业化在国民经济的主体地位，进入工业经济社会的全面和快速发展期，但仍处在工业化的中期阶段。应当看到，该阶段并不是传统的、孤立的，而是处在以信息产业为标志的新经济发展的影响下。它有别于传统工业的发展模式，目前属于现代工业的发展时期。其内涵是：在上述新旧复杂的矛盾体系并存的情况下，以信息产业为标志的高新技术产业属于领跑者和助跑者，不仅追赶世界新经济的发展潮流，而且必须带动仍处于主体地位的传统工业产业的信息化和现代化建设，实现跨越式发展，同时还替代落后产业与技术，实现整体发展，提高综合国际竞争力。

在国际比较中，2004 年我国产业的发展程度仅相当于世界上高收入国家产业发展水平的 36%，相当于世界上中下等国家产业发展水平的 81%，还达不到下中等国家产业发展的平均水平，落后于世界上发达国家 50—100 年。

（2）对策与建议

①两个经济产业结构同时调整

在全球经济一体化的趋势下，应该抓住历史机遇，适时地进行两个方面的产业结构调整。一是针对经济全球化背景下的区域分工，根据国际、国内两个需求，积极调整我国自身的产业结构，建立我国现代制造业体系。二是着眼国内，从全国统一资源配置和统一市场的角度，统筹考虑我国区域的社会分工，进行区域经济结构调整，完善全国统一市场体系。

②技术创新是实现产业结构升级、建立现代制造业的核心和关键

在原有基础上构建国家级的知识创新体系，加大投资力度，实行技术引进与自主创新相结合，在预定的时间内追赶世界先进的技术水平。

③加大培育和发展第三产业市场，注重发展劳动密集型产业，促进第一产业劳动力人口的转移

大力培育和发展第三产业市场，注重发展劳动密集型产业，进行市场细分，继续鼓励和发挥乡镇企业对吸纳农村剩余劳动力的作用，促进第一产业劳动力的转移。

④注重资源价值，企业经营中应实现资源环境外部问题内部化

将资源利用和污染治理纳入企业成本核算中去，进行企业管理制度创新，完善现代企业制度和管理机制。

综上所述，正如中共中央在"十一五"规划建议中提到的，面向未来，我国经济发展也站在了一个新的历史起点上。未来的发展目标应该在全球经济一体化和知识经济发展背景下进行产业结构调整，促进产业结构升级；在信息产业等高新技术带动下淘汰或改造高能耗、高污染产业，建立现代制造业，积极培育第三产业市场，加速第一产业人口转移；建立和完善现代工业体系，促进我国产业发展整体进入中等发达国家水平。

（三）我国城市化的发展阶段及未来发展对策

城市化是指一个国家由传统的农村社会向现代城市社会发展的历史过程。在城市化过程中，工业化是城市化最主要的推动力量，工业化的速度和质量决定着非农产业就业机会扩张的能力以及城镇居民的收入状况。但是城市化与工业化并不必然是同步的，劳动力、资金、土地等在内的各种生产要素在多大程度上能够自由地向城市聚集并带动城市化的发展，还取决于一个国家的制度环境。我国当前正处于快速工业化和城市化的过程中，也处于快速的制度转型的过程中，消除城市化的制度障碍，实现制度创新，将为城市化和城市发展提供巨大的空间。

1. 我国城市化特点

（1）中国近些年是世界上城市化速度最快的国家

从表1-38中可以看出，虽然中国目前的城市化水平还落后于世界平均水平，但却是世界上城市化速度最快的国家。从1990年到2003年，在短短的13年，我国的城市化水平由26.4%提高到40.5%，提高了14.1个百分点，平均每年提高1.08个百分点。而世界的平均水平则是从1990年的43.6%提高到48.7%，仅提高了5.1个百分点，平均每年提高不足0.4个百分点。

表 1 - 38 中国的城市化速度与世界的对比

年　份	城镇人口占全部人口比重(%)		
	1990 年	2003 年	2003 年比 1990 年增长
世界总计	43.6	48.7	5.1
中　国	26.4	40.5	14.1
低收入国家	34.3	36.8	2.5
中等收入国家	64.6	67.7	3.1
下中等收入国家	58.6	62.5	3.9
上中等收入国家	73.6	75.3	1.7
中、低收入国家	57.6	60.5	2.9
高收入国家	81.5	83.4	1.9
印　度	25.5	28.3	2.8
蒙　古	57.0	56.8	- 0.2
越　南	20.3	25.4	5.1
巴　西	74.8	82.8	8
保加利亚	66.5	67.5	1
哈萨克斯坦	57.0	55.9	1.1
俄罗斯联邦	73.3	73.0	- 0.7
罗马尼亚	53.6	55.7	2.1
阿根廷	86.5	88.6	2.1
捷　克	74.8	74.7	0.1
墨西哥	72.5	75.0	2.5
波　兰	60.7	63.0	2.3
中国香港	99.9	100	0.1
澳大利亚	85.1	91.9	6.8
意大利	66.7	67.4	0.7
日　本	77.4	79.2	1.8
新加坡	100	100	0
韩　国	58.4	61.1	2.7
英　国	89.1	89.7	0.6
美　国	75.2	77.9	2.5

资料来源:《国际统计年鉴 2005》。

从 1990 年到 2003 年，中国是世界上城市化最快的国家。据测算，2010 年我国城镇人口比重为 46.50% 左右，2014 年可能超过 50%[1]。预计 2020 年的城镇化水平将达到 60% 以上[2]。

（2）中国的城市化进程与工业化存在一定差异

中国城市化落后于世界平均水平的原因，除了中国经济发展水平相对落后，是一个发展中的人口大国且农业人口众多等因素外，还与中国的城市化落后于工业化进程密切相关。从工业化水平看，我国已经是一个工业化国家，工业化程度不仅高于世界平均水平，甚至于高于中等收入国家和高收入国家的水平（见表 1-39）。

表 1-39 中国的工业占 GDP 比重（%）及在世界上的地位

年　份	1990 年	2003 年
世界总计	34	28
低收入国家	26	27
中等收入国家	39	36
下中等收入国家	39	37
上中等收入国家	39	35
中、低收入国家	37	35
高收入国家	33	27
中　国	42	52

资料来源：《国际统计年鉴 2005》。

中国的城乡二元制度使中国的工业化是一种分散的工业化，即工业化是分散在城乡分别进行的，而不是集中在城市里发展。从 1992 年到 2003 年，城市第二产业对我国第二产业的贡献只占 55% 左右，而农村第二产业占第二产业的贡献一直占 45% 左右（见表 1-40）。

---

[1] 周一星：《"十一五"警惕城镇化超速》，《21 世纪经济报道》，2005 年 10 月 19 日。

[2] 本书编写组：《〈中共中央关于制定国民经济和社会发展第十一个五年规划的建议〉辅导读本》，人民出版社，2005 年，第 242 页。

表 1 – 40　城乡各部门对国内生产总值增长的贡献（％，以 GDP 年增长为 100）

年 份	1992	1994	1996	1998	2000	2002	2003
第一产业	8.4	6.8	10.0	7.7	4.7	5.0	3.7
第二产业	64.4	70.5	66.3	64.6	65.8	67.6	79.2
城市第二产业	22.5	49.5	37.7	32.7	37.6	36.3	42.2
乡村第二产业	41.9	31.0	28.6	31.9	28.2	31.2	37.2
第三产业	27.2	22.7	23.8	27.7	29.4	27.4	17.1
城市第三产业	17.8	14.1	14.7	15.8	19.7	21.3	14.8
乡村第三产业	9.4	8.6	9.1	11.8	9.7	6.1	2.3
城市合计	40.3	63.7	52.4	48.5	57.3	57.7	56.8
乡村合计	59.7	36.3	47.6	51.5	42.7	42.3	43.2

资料来源：转引自中国社会科学院农村发展研究所、国家统计局农村社会经济调查总队：《2004～2005 年中国农村经济形势分析与预测》，社会科学文献出版社，2005 年，第 37 页。

这种分散的工业化使中国工业化的发展并没有带来相应的第三产业的发展和城市化的发展，使第三产业的发展和城市化呈现出明显的滞后。与钱纳里等人有关工业化和城市化的标准形式相比，我国的城市化水平比标准水平偏差约 20％ 左右（见表 1 – 41）。

表 1 – 41　我国城市化水平与第一产业就业人数的变化情况

单位：％

年 份	1990	1994	2000	2002	2003
城镇人口占比	26.41	28.51	36.22	39.09	40.53
第一产业增加值占比	27.05	20.23	16.4	15.32	14.58
第一产业就业人数占比	60.10	54.30	50.00	50.00	49.10
二、三产业增加值占比	72.95	79.77	83.6	84.68	85.42
二、三产业就业数占比	39.9	45.7	50.0	50.0	50.9
城市化比率偏差	- 24.63	- 27.14	- 20.80	- 19.25	- 19.35

资料来源：转引自中国社会科学院农村发展研究所、国家统计局农村社会经济调查总队：《2004～2005 年中国农村经济形势分析与预测》，社会科学文献出版社，2005 年，第 42、43 页。

2. 中国城市化指数的测度

为了全面反映中国城市化发展水平及其与其他国家的差距，这里分别用绝对数指标和相对数指标来分别反映中国的城市化发展水平。总量指标

即"中国的城市人口数量及其在世界城市人口中的比例"。相对数指标用"城市人口占总人口的比重"和"二、三产业就业量占总就业量的比重"两个指标来反映中国的城市化水平，然后用中国的数据分别除以高收入国家和下中等收入国家的相应指标，得出中国的城市化指数。

从总量上看，中国的城市人口在 2003 年达到了 4.98 亿人，在世界各国中高居榜首，占世界城市人口的 17%，占高收入国家城市人口的 66%，占下中等收入国家城市人口的 38%。因此，从总量上看，中国是一个城市人口的大国（见表 1-42）。

表 1-42 中国的城市人口总量在世界上的地位

测度指标	2003 年							
	世界	高收入国家	下中等收入国家	其中：中国	中国占世界比例	中国与高收入国家比例	中国与下中等收入国家比例	中国在世界上的排位
城市人口总量（百万）	3015.7	758.3	1319.8	498	0.17	0.66	0.38	1

资料来源：《05 世界发展指标》。

从相对量上看，中国的城市化水平与世界水平相比，还有很大的差距，与高收入国家相比，中国的城市化指数是 0.50，与下中等收入国家相比，中国的城市化指数是 0.69（见表 1-43）。这表明中国的城市化水平仅是高收入国家城市化水平的一半，是下中等收入国家的 69%，在世界上还处于比较落后的地位（见表 1-43）。

表 1-43 中国的城市化指数

测度指标	2003 年				
	高收入国家	下中等收入国家	其中：中国	中国与高收入国家指数	中国与下中等收入国家指数
城市化指数				0.50	0.69
1. 城市人口占总人口的比重	80.0	50.0	39	0.488	0.780
2. 二、三产业就业量占总就业量的比重（非农就业量占总就业量的比重；2001 数据）	96.1	83.9	50	0.520	0.596

对比表1-42和表1-43，可以看出，中国的城市人口在总量上高居世界第一，但在相对量上，还不及下中等收入国家的水平。这反映出中国作为一个发展中的人口大国在城市化发展道路上的成就和矛盾。

3. 我国目前城市化存在的问题

（1）城市化过程中的土地资源浪费严重

国际经验表明，城市化快速发展的时期是城市建设和其他非农建设用地迅猛增长的时期。根据联合国粮农组织公布的统计资料，从1961年到2000年，日本的城市化率提高了15.6%，耕地资源总量减少了21%；韩国的城市化率提高了54.3%，耕地面积减少了15.5%；德国城市化率提高了11.1%，耕地面积减少了3.4%；法国城市化率提高了12.1%，耕地面积减少了6.0%。目前，我国正处于城市化快速发展的阶段，各种非农建设用地规模呈现出迅速膨胀态势。据统计，1996~2004年全国耕地面积净减少了1亿多亩。在这些减少的耕地中，有工业化和城市化发展对非农建设用地合理需求扩大方面的原因，也有盲目圈地、乱批滥占耕地等造成土地资源大量浪费方面的原因。据统计，2003年底，全国共清理出各类开发区（园区）6015个，规划面积3.51万平方公里，超过现有城镇建设用地总量；在6015个各级各类开发区中，经过国务院及有关部门和省级政府及有关部门批准的只有1818个，只占30%（木佳，2004）。2000年以来，我国查处土地违法案件56.8万件，仅2003年就发现土地违法行为17.8万件[1]。2004年上半年，全国又发现土地违法案件42297件，涉及土地面积21689.5公顷，其中耕地13341.7公顷。据2003年10个省、市的统计，在458.1万亩园区实际用地中，未经依法批准的用地达到314.6万亩，占68.7%。这些圈占的土地40%以上处于闲置状态，许多已经进行开发利用的土地的使用效率也非常低。我国是一个人多地少的国家，城市化过程中土地资源的大量浪费和对农民利益的侵害，是造成我国目前城乡矛盾和社会不稳定的主要原因。

（2）城乡劳动力市场处于分割状态，进城务工的农民不能享受平等的市民待遇

我国目前城市化的快速发展阶段，是农村剩余劳动力快速转移到城市务工的阶段。从1984年以后，农村劳动力转移分为几个阶段：1984~1988年为快速转移阶段，这一阶段转移农村劳动力的数量平均每年达到1100万

---

[1] 《保护耕地，从何着手？》，河北农业信息网，2004年4月16日。

人，年均增长 23％。1992～1996 年为稳步增长阶段，这一阶段平均每年转移农村劳动力超过 800 万人，年均增长 8％。1997 年到 2003 年底为平衡增长阶段，这一阶段农村转移劳动力数量的增长速度呈逐年下降趋势，1997～2003 年年均转移 500 万人，年均增长约 4％，2003 年仅增加 490 万人，增长 3％，低于近年平均水平①。

但是，从城市的就业市场看，农村转移的劳动力并不能自由地进入城市的所有领域就业，一些政府及有关部门往往设置了种种障碍限制外来农民工的自由就业，使外来务工的农村劳动力在输入地的劳动力市场上受到了种种歧视，其合法权益得不到保障。我国 1994 年就颁布了《中华人民共和国劳动法》，劳动法规定用人单位必须签订劳动合同。劳动合同制就是要在全社会范围内打破职业身份界限，为劳动力流动提供制度上的保障。劳动力合同是对劳资双方的保护，是劳动者参加社会保险的前提，也是政府和执法部门处理劳动争议的法律依据。而对于农民工来说，尽管《劳动法》规定用人单位必须签订劳动合同，但实际上由于种种原因农民工签合同的很少，目前全国农村劳动力的劳动合同签订率约在 30％ 左右。而在城市正规的国有企业、集体企业、外商投资企业中，劳动合同签订率已达到在 95％ 以上②，这种对比典型地反映了目前城乡劳动力市场的二元分割情况，这种二元结构妨碍了我国城市化的健康发展。根据国家统计局数据，2004 年全国农民工的月平均工资为 539 元，而同期的城镇职工月平均工资是 1335 元。这组数据意味着，2004 年全国仅雇用农民工这一项就节省了 11462 亿元的工资开支，相当于当年中国 GDP 的 8.5％，这大体相当于中国当年的经济增长率，可以说民工的劳动推动了中国经济的发展。尽管农民工在城市工作和生活，可他们的孩子却不能在城市上学，家庭不能团聚，没有社会保障，没有医疗服务，没有就业培训，缺乏社会支持。这导致了他们的基本权利屡遭侵害，甚至使他们在城市的生存与发展权利被剥夺。

（3）一些地方存在着超前城市化的现象

由于城镇化已被看作政绩指标之一，目前已经出现地方政府追求城镇化高增长率的攀比现象。这一定程度上使得地方政府为了城镇化而城镇

---

① 国家统计局农村社会经济调查总队：《中国农村经济调研报告 2004》，中国统计出版社，2004 年。

② 《新晚报》，2005 年 1 月 4 日。

化，而不是根据国家和当地经济发展的实际来推进城镇化。如有的地方政府只是单纯地将农民的农村户口改为城市户口，将农民的土地收为国有，并以此手段来提高城市化率，而不管这些农民的就业与社会保障。还有的地方仅将建城市、建大城市列为政府的主要工作目标，忽视了城市化应有的产业集聚、生产力、就业机会、基础设施、经济效益等城市发展的动力问题，这样的城市化只是徒有其表的城市化。从根本上看，城市化是经济发展和工业化的结果，而不是像现在有些地方政府提出的以城市化带动工业化和经济发展这种本末倒置的做法。城市化并不是简单地把农村人口变为城市人口，而是需要在城市不断发展的过程中为农民进城就业和生活提供条件，使农民能够进入城市、留在城市，并享受正常的城市生活。

上述这三个方面的问题归根到底是城市化进程中的制度障碍，不论是我国城市化滞后于工业化，还是目前有些地方出现的超前城市化，都是因为生产要素的配置不是由市场机制而是以计划手段或行政方式干预造成的。这使市场化过程中农村的土地、劳动力、资金等生产要素和各种资源不是按市场机制自由地、合理地向城市化转移，而是在转移中大量地采用非市场化的手段和方式。尽管我国 20 多年来的市场化改革取得了很大成绩，但农村市场化水平却落后于城市市场化。2003 年，中国整个国民经济的市场化水平为 2.31，折合成百分比为 73.8%（北京师范大学经济与资源管理研究所，2005），而农村经济的市场化水平为 2.66，相差 0.35 分，折合成百分比为 66.8%，相差 7 个百分点（李静，2005）。落后的主要原因是城乡二元的生产要素市场，生产要素的市场化程度只有 54.2%，还没有达到市场经济的临界程度。据统计和测算，近几年通过土地征用制度，农村经济利益的损失每年大约有 3000 亿，通过信用社和邮政储蓄渠道农村每年向城市输送的资金达 5000 亿元，而通过对农民工的歧视使农民工创造的价值只有 1/3 为农民工所得，还有 2/3 留给了城市，这方面的差额大约每年为 7000 亿元。

4. 我国城市化发展的政策建议

（1）加快改革步伐，完善社会主义市场经济体制

这是推进我国经济工作包括城镇化战略的总的原则。生产要素尤其是劳动力的自由流动，是城市发展的前提条件。只有真正建立起市场经济体制，使资源和生产要素按市场机制进行配置，才能使生产要素和资源实现向城市的合理集聚，才能节约土地，实现城市的集约发展，才能使工业化与城市化协调，防止超前或滞后。

（2）应从消除城乡二元结构和区域经济一体化的战略高度来考虑城市化

从这一角度出发，就应通过大中小城市及小城镇的协调发展来实现城市化，使我国的大中小城市及小城镇成为一个有机的整体。考虑到我国农村经济发达的地区和城市经济发达的地区均分布于东部沿海地区，尤其是长三角、珠三角以及环渤海湾地区，因此我国应以大都市区及都市连绵发展带为依托，推进我国新型的城镇化进程。因为在大都市区和都市连绵带中，既有大、中、小各类城市，也有乡村小镇及为各级各类城市提供相关产品和服务的乡村腹地，而且在每个大都市区及主都市连绵带内部，城市与城市之间、城市与其作为腹地的乡村之间都存在着十分密切的产业、经济、社会、空间以及文化上的联系。这样的城镇化有利于带动农村的发展，更可以使城镇化与社会主义新农村建设结合起来，形成城乡互动。

（3）建立全国统一的劳动市场

现在中央已经提出了要建立城乡统一的劳动力市场，今后，中央政府各部门和地方政府应加快落实这一政策，建立城乡平等的就业制度。目前阻碍城乡统一劳动力市场的户籍制度、二元的社会保障制度、城市社区管理制度应加快改革或废除，使进城农民不仅在城市务工，更可能举家移民城市，他们及他们的子女将逐步享受正常的市民待遇。城镇化发展中要"以人为本"，使人可以自由地选择城市，而不是由城市来选择人。

（4）保护土地资源

基本原则是提高城市过程中的土地利用效率，消除土地浪费。一是实施严格的耕地保护制度，并制定相应的办法和细则，为耕地保护提供完备的法律与制度。二是实施严格的土地征用审批制度，杜绝各部门、各级地方政府及企业或个人擅自改变土地用途的行为。三是提倡发展大城市，走土地集约利用型的城市化道路。国际经验表明，发展大城市是节约耕地的有效途径。四是对我国的征地制度进行彻底的改革，使非公益性的建设用地直接进入市场，同时使农民的土地承包权永久化、市场化，使农民放弃土地后能得到按市场价格计算的补偿。

（5）改革政府的城市管理体制，提高城市管理水平

要从原来的管制型政府、无限政府转变为有限政府、责任政府、法制型政府、服务型政府。不应将城市化作为政绩考核指标，地方政府更不能不顾实际情况，用行政手段人为地推进城市化，这样做既容易侵害群众的利益，也容易造成资源的浪费。政府对城市的管理应有两个方面：一是调节职能，即制定城市的发展规划和可持续发展战略，以调节城市的功能分

区,维护城市的生态系统;制定城市的交通规划,以调节城市的对外联系;制定城市的产业发展规划,以明确城市的发展方向,等等。二是服务职能,即政府应为居民和企业提供更好的公共产品和服务,为人的生存和发展创造良好、持久、和谐的环境,以提高城市的吸引力和竞争力,从而吸引各种资源和人才的加入,从而推进城市化的发展。

(四)我国的消费水平、消费结构特点及其规律

在我国经济市场化程度不断提高和经济转型不断加速的背景下,分析作为最终需求因素之一的消费发展状况,对判断我国经济发展的阶段性和发展规律具有重要意义。分析我国经济发展中的消费特点、发展程度,需要从最终消费率、居民消费水平、居民消费倾向、居民消费结构等方面入手,通过国际比较,找出发展规律与特点,进而计算出消费发展指数,提出政策建议。

1. 我国的消费发展及其特点

(1) 消费总量不断增长,但最终消费率较低,消费拉动率下降

作为拉动经济增长的"三驾马车"之一,对经济增长的贡献主要体现为需求效应,消费本身就构成同期 GDP,消费的实现也就是产生 GDP 的过程。近年来,我国的最终消费量不断提高,从 1990 年的 11365 亿元上升到 2004 年的 75439 亿元,其中居民消费总量从 1990 年的 9113 亿元上升到 2004 年的 58995 亿元,成为拉动 GDP 增长的重要力量。

但消费的绝对量不断提高的同时,我国的最终消费率却呈现持续走低的趋势,消费拉动的贡献率出现明显波动。如表 1-44 所示,我国的最终消费率在 1992 年以前一直在 60% 以上,从 1993 年开始下降,到 2004 年已降为 53.6%;消费对经济增长的拉动率在 1990 年以来的波动幅度较大,如 1992 年、1999 年、2000 年的消费拉动率都在 70% 以上,1994 年、1997 年、2003 年的消费拉动率均在 35% 以下,较前相差一倍,2004 年的消费拉动率则仅为 38.4%。上述数据说明我国的消费发展在总体上还存在一定的不平衡。

表 1-44 我国消费发展总体情况表

年 份	最终消费量(亿元)	最终消费率(%)	消费拉动率(52 年不变价)(%)
1990	11365	62.0	45.7
1992	15952	61.7	71.7
1994	26796	57.4	28.0

续表 1 – 44

年　份	最终消费量(亿元)	最终消费率(%)	消费拉动率(52年不变价)(%)
1997	43579	58.2	34.6
1999	49722	60.1	79.5
2000	54600	61.1	72.1
2001	58927	59.8	39.6
2002	62799	58.2	40.0
2003	67493	55.4	31.5
2004	75439	53.6	38.4

数据来源：最终消费量和消费率数据来自《2005中国统计年鉴》；消费拉动率数据引自李晓西著《宏观经济学》(中国版)第145页的有关内容。

　　从国际经验来看，在各国工业化进程中，经济结构的共同演变规律之一是投资率不断提高、消费率相对下降；但在工业化进程结束之后，投资率和消费率则趋于稳定。根据世界银行的资料，2003年世界消费率平均水平为77%，其中低收入国家为80%，下中等国家为68%，上中等国家为78%，高收入国家为78%（引自《世界发展报告2005年》）。与之比较，我国的消费率仅为55.4%，低于世界水平，说明消费对GDP的贡献还远远不够。

　　从消费本身的构成来看，政府消费和居民消费在GDP中所占比重是最终消费中一对重要的比例关系。2000～2004年，我国的政府消费率由13.1%降为11.5%，居民消费率由48%降为41.%，下降幅度大于政府消费率（见表1–45）。

表 1 – 45　2000～2004年我国的居民消费率和政府消费率

指标名称	2000年	2001年	2002年	2003年	2004年
居民消费率	48.0%	46.6%	45.3%	43.3%	41.4%
政府消费率	13.1%	13.2%	12.9%	12.2%	11.5%

资料来源：《2005中国统计年鉴》。

　　国际比较显示，中国的政府消费率与低收入国家的平均水平相当，大大低于亚洲的平均水平，如美国20世纪90年代政府消费率平均为16%，西欧和加拿大一般为20%左右，北欧福利国家通常更高，一些发展中国家的政府消费率也相当高，例如南非在 19% 左右，以色列接近 30%，沙特阿拉伯平均为 30%。国外学者对 118 个国家 1960 ~ 1985 年数据的一项研究表明，以政府消费占 GDP 的比重表示政府最优规模，这些国家的政府最优规模平均为 23%；其中，非洲为 20%，北美洲为 16%，南美洲为 33%，欧洲为 18%，而亚洲为 25%（北师大资源和经济管理研究所，2003）。在我国发展社会主义市场经济的过程中，尤其是在进入全面建设小康社会的发展新阶段，如果政府消费率持续偏低，将难以满足社会对政府公共服务越来越大的需求。

另据世界银行的数据，2000 年居民消费率全球平均为 62%，低收入国家为 69%，中等收入国家为 62%（其中，下中等收入国家为 56%，上中等收入国家为 65%），高收入国家为 62%；一些人口大国的这一比重也都高于中国，如美国为 67%，日本为 61%，印度为 68%（引自世界银行发展报告 2001 ~ 2002 年）。与国际上的同口径指标相比，目前我国家庭消费率明显偏低，不仅低于世界平均水平，也低于低收入国家的平均水平，与处于同样经济发展程度的印度相比也有很大差距。

（2）居民消费量不断提高，但居民消费的总体水平较低且城乡差距大

建国以来，名义 GDP 和全社会消费品零售总额分别从 1952 年的 679 亿元和 279 亿元增加到 2003 年的 117251.9 亿元和 45842 亿元，分别增长 171.7 倍和 163.3 倍。尤其是在 2000 ~ 2004 年，我国居民收入水平稳定增长（如城镇居民家庭人均可支配收入由 2000 年的 6279 元上升为 2004 年的 9421 元，农村居民家庭人均可支配收入由 2000 年的 2253 元上升为 2004 年的 2936 元）。由于收入水平的提高，居民的消费水平也得到持续增长，全国人均年消费水平由 2000 年的 3397 元上升到 2004 年的 4552 元，其中城镇居民由 2000 年的 7402 元上升为 2004 年的 9105 元，农村居民由 2000 年的 2037 元上升为 2004 年的 2625 元，消费水平不断提高（见表 1 – 46）。

虽然我国居民消费水平不断提高，但与高收入国家和世界平均水平相比，居民消费还处于世界比较低的水平。根据世界银行的统计，按照可比口径，2003 年人均居民最终消费支出（2000 年价格）的世界平均值为 3278 美元，其中高收入国家为 17013 美元，中等收入国家为 1131 美元，低收入国家为 291 美元，同期数据美国达 24761 美元，日本为 21550 美元，而我国仅为 485 美元，占高收入国家的 2.85%，远远低于发达国家的消费水平。（见表 1 – 46）

表1-46　2003年世界各国人均居民最终消费支出水平

单位：美元

国　　家	人均消费支出	国　　家	人均消费支出
世界平均	3278	美　国	24761
高收入国家	17013	日　本	2155
中等收入国家	1130	英　国	17462
低收入国家	291	意 大 利	11573
中　国	485	澳大利亚	12780
中国香港	14300	巴　西	2009
印　度	330	墨 西 哥	4071
越　南	308	俄 罗 斯	1071

资料来源：根据《国际统计年鉴2005》整理。

从我国城乡居民的消费水平来看，存在不均衡现象，城乡居民的收入差距导致城乡消费水平的差距较大，从表1-47可以看出，2000~2004年，农村居民的人均消费水平只占到城镇居民人均消费水平的27%—28%，且年度间变化不大，这也表明农村居民的整体消费能力和生活水平还处在较低的水平。

表1-47　2000~2004年我国城乡居民收入与消费情况表

单位：人民币，元

居　　民	指　标	2000年	2001年	2002年	2003年	2004年
城镇居民	人均可支配收入	6279	6859	7702	8472	9421
	人均消费水平	7402	7761	8047	8473	9105
农村居民	人均可支配收入	2253	2366	2475	2622	2936
	人均消费水平	2037	2156	2269	2361	2625
全国居民消费水平		3397	3609	3818	4089	4552
农村居民消费占城市居民消费的百分比		27.5	27.8	28.2	27.8	28.8

资料来源：《2005中国统计年鉴》。

（3）居民消费倾向受短期收入和收入预期的影响，存在较大的波动

居民消费倾向反映了居民收入和消费之间动态增长关系，居民消费倾向的高低直接影响到消费增长的快慢，一般以平均消费倾向和边际消费倾

向表示。从我国城乡居民的平均消费倾向和边际消费倾向来看（见表1 –
48），城乡居民的消费倾向呈下降趋势，如农村居民的平均消费倾向从
1987 年的 0.86 下降到 2003 年的 0.74，城镇居民的边际消费倾向从 1987
年的 0.83 下降到 2003 年的 0.63，且 2000 年以来居民的消费倾向在年度间
有较大的波动，说明受收入水平、收入预期、社会保障政策、消费政策等
因素的影响，居民对可支配收入的使用还存在一定的不确定性。

表1 –48 我国居民的平均消费倾向和边际消费倾向变动表

年 份	农村居民		城镇居民	
	平均消费倾向	边际消费倾向	平均消费倾向	边际消费倾向
1990	0.847	0.498	0.852	0.580
1995	0.826	0.872	0.831	0.823
1999	0.789	0.663	0.714	– 0.266
2000	0.796	0.897	0.741	2.152
2001	0.774	0.536	0.736	0.630
2002	0.783	0.855	0.741	0.851
2003	0.769	0.625	0.741	0.743

资料来源：引自李晓西著《宏观经济学》（中国版）第136 页"居民消费倾向"的有关内容。

与居民消费倾向降低相对应，居民的储蓄倾向较高，1990 ~ 2003 年我
国城乡居民储蓄年均增长 23.7%，而同期居民消费支出年均仅增长
12.9%。2003 年我国居民储蓄存款更呈快速递增态势，当年新增居民储蓄
存款中定期存款占 57.5%。居民消费倾向降低、储蓄倾向提高的状况仍会
延续，不利于消费需求持续较快增长。

（4）居民消费结构不断升级，但生活质量与发达国家还有一定差距

消费结构升级又称"消费革命"，是社会消费需求由代表低一级消费
时代的主流商品到代表较高一级消费时代主流商品的变革过程。改革开放
以来，我国经历了三次大的消费结构升级，一是 20 世纪 80 年代初，由自
行车、手表、缝纫机等"老三件"成为代表，以农副、轻工产品为主导，
满足温饱为目标的消费结构；二是以电视、冰箱、洗衣机等家电、日用消
费品为代表的第二次升级平面型的消费结构；三是 20 世纪 90 年代末至今
的以汽车、住房、通讯、教育为主导的消费结构升级，三个阶段都具有明
显特征。

特别是在"十五"期间,我国人均 GDP 达到 1000 美元,标志着我国居民的消费结构由生存型向发展型转变。随着居民收入的稳定增长,居民消费结构得到明显改善。表 1−49 对比了 2003 年与 1985 年我国城镇与农村居民人均消费性支出结构,从中可以看出我国城镇与农村居民消费结构的变化。

表 1−49 我国城乡居民人均消费性支出结构变化表

单位:%

消费内容	城镇居民			农村居民		
	1985 年	2003 年	2003 年比1985 年增加	1985 年	2003 年	2003 年比1985 年增加
食品	52.25	37.12	−15.13	57.79	34.96	−22.83
衣着	14.56	9.79	−4.77	9.69	6.95	−2.74
家庭设备用品及服务	8.6	6.3	−2.3	5.10	17.64	12.54
医疗保健	2.48	7.31	4.83	2.42	5.16	2.74
交通通讯	2.14	11.08	8.94	1.76	7.34	5.58
娱乐教育文化服务	8.17	14.35	6.18	3.89	10.31	6.42
居住	4.79	10.74	5.95	18.23	14.95	−3.28
杂项商品与服务	7.01	3.3	−3.71	1.12	2.70	1.58

资料来源:根据 2000 年、2004 年的《中国统计年鉴》整理。

近年来,我国消费结构的变化表现出以下特点:

①恩格尔系数逐年下降

恩格尔系数是国际通用来分析消费结构的指标,即食品支出占消费支出的比重。根据联合国粮农组织的标准划分:恩格尔系数在 60% 以上为贫困,在 50%—59% 为温饱,在 40%—49% 为小康,在 30%—39% 为富裕,30% 以下为最富裕。根据以上标准,我国城镇居民生活的恩格尔系数是在 1995 年末期下降到 50% 以下的,1999 年继续下降到 41.9%,2000 年下降到 40%,2004 年下降到 37.7%,其中,北京、上海、广州等地已降至 35% 以下;农村居民恩格尔系数从 2000 年的 49.1% 降至 2004 年的 47.2%,东部地区部分农民已完成温饱型向小康型的过渡。尽管恩格尔系数持续平稳下降,但跟西方富裕国家相比还有很大的差距(见表 1−50),如 2003 年高收入国家的恩格尔系数平均为 35.1%,美国为 6.92%,日本为 14.54%。

表 1－50　世界不同国家的恩格尔系数（2003 年,%）

国　　家	恩格尔系数	国　　家	恩格尔系数
中　　国	38.8	美　　国	6.92
高收入国家	35.1	日　　本	14.54
低收入国家	55.3	英　　国	9.23
荷　　兰	11.2	意　大　利	14.63
法　　国	14.42	澳大利亚	9.96
韩　　国	15.23	波　　兰	20.5
加　拿　大	9.91	墨　西　哥	24.71
德　　国	11.84	新　西　兰	16.15

资料来源：根据《国际统计年鉴 2005》整理。

②食品消费质量提高，衣着消费支出比重下降，耐用品消费增长减缓，主要耐用消费品趋于饱和

食品消费水平表现为品种更加丰富，营养更加全面；衣着消费向时装化、名牌化、个性化发展的倾向更加明显，成衣化倾向成为主流。尤其是城镇居民满足吃、穿为主的生存型消费需求阶段已经结束，逐步向以发展型和享受型消费的阶段过渡；传统电器逐步降温，新兴家用耐用品正在取代传统电器的位置成为现阶段的"消费"热点。

按照日本、韩国等亚洲国家的经验，从以家用电器消费为主的第二次消费升级过渡到以汽车、住房等高档消费为主的第三次消费升级，大约需要 7—10 年的资金积累期。也就是说，在 1997 年前后我国应进入第三次消费升级阶段。但新的消费浪潮并没有如期而至，原因一是高档消费需要高支出，当时我国信贷消费不够发达，而我国居民也不习惯分期付款的超前消费；二是涉及居民切身利益的住房、医疗、养老等各项改革在 1996 年以后陆续实行，企业增效减员、分流富余人员也从那时开始，居民实际收入减少、预期支出增加也直接影响到消费结构的升级。进入 2000 年后，居民消费逐渐走出低谷，我国住房、电子通讯产品消费快速增长，居民消费结构悄然升级。经过长达 14 年的资金积累期，我国部分城镇居民已具备了从万元级消费向十万元级或几十万元级消费过渡的能力，城镇居民由第二次消费浪潮进入第三次消费浪潮阶段的转换。

③交通通讯支出持续增长，汽车、住房消费比重上升较快

随着居民收入水平的提高及汽车价格的下调，家用汽车已成为我国近几年形成的新消费热点之一，从各国经济发展的经验看，当一个国家人均

GDP 达到 3000—10000 美元时，将进入汽车消费快速发展时期。2001 年广州人均 GDP 达到 4568 美元，上海市人均 GDP 为 4500 美元，北京人均 GDP 为 3000 美元，因而汽车消费率先在这些城市进入快速发展期，汽车消费热潮将在更多的城市逐渐掀起，形成从大中城市到中小城市直至城镇的波浪式消费。从趋势上看，对汽车的消费需求将会持续旺盛。

由于目前我国居民住房条件与国外差距较大，可以说，居民改善住房条件的愿望很强烈。随着市场经济的发展和市场体系的逐步健全，住房的商品化、货币化程度也进一步提高，人们用于改善居住环境方面的支出也呈较大幅度的增长，这将导致住房消费比重上升，城镇居民对住房的需求已开始从"有房住"向"住好房"方向转变。

根据发达国家的经验，一旦一个国家居民消费升级到以"住"与"行"为主要内容的阶段，消费结构升级产生的经济势能是持久强大的，因为与"住"和"行"消费升级主导产业相关的建筑业、房地产业、汽车工业、交通通讯业、旅游业等之间的产业关联度较大，如果能够顺势调控，则可充分地带动整体经济的发展，可以带来较长时期的景气和繁荣，这是我国今后一段时期支撑国民经济稳定快速增长的重要动力。

④医疗及娱乐教育文化消费比重上升趋势明显

医疗制度的改革也导致人们用于医疗的支出增加，绝对支出额和支出比重都有上升趋势，城镇居民平均每人全年医疗支出由 2000 年的 318 元上升为 2004 年的 528 元；用于娱乐教育文化服务的消费支出由 2000 年的 669 元增长到 2004 年的 1032 元。医疗和教育支出的比重是反映消费水平与质量的重要衡量标准，从国际比较来看（见表 1-51），2003 年高收入国家的教育和医疗支出占消费总支出的比重分别为 8% 和 12%，我国同期水平为 7.8% 和 7.3%，反映出居民在用于教育和健康方面的支出比重还有待于随着收入水平的提高进一步提升。

表 1-51　居民教育和医疗支出 2003 年国际比较指数表

指　标	高收入国家	上中等收入国家	下中等收入国家	低收入国家	中　国
教育支出占居民消费支出%	8.1	7.2	6.9	6.1	7.8
医疗支出占居民消费支出%	12.1	9.1	6.0	3.2	7.3

资料来源：根据《国际统计年鉴 2005》和《世界发展报告 2005》整理。

⑤服务性消费占总体消费的比重日趋扩大

随着居民消费将向个性化、多层次化拓展，提高精神质量的发展性消费也将继续快速增长，主要特征之一就是服务性消费在总体消费中所占比重大幅提高。自 2000 年 5 月我国正式实施黄金周休假制度以来，前七个黄金周累计实现的旅游收入相当于 2001 年全社会消费品零售总额的近 5%。2002 年根据中国饭店协会对北京、上海、天津等 16 个城市"十一"黄金周期间饭店与餐饮市场统计，餐饮业营业收入比去年同期增长 20%，餐饮业对消费增长的拉动十分突出。1995～2003 年间娱乐、教育、文化、服务消费占总消费比重上升了 4.16 个百分点，成为各类消费中比重提高最快的消费项目。

通过上述分析，可以看出我国目前居民消费增长点在居住、交通、通信、医疗以及娱乐教育方面，消费结构进入新的转换时期，即从满足基本生活消费向提高住行水平和生活质量过渡，消费结构不断升级，以人力资本投资的教育、文化、卫生、保健的新消费结构正在形成。根据国家信息中心对"未来我国居民消费十大趋势"的预测①，未来住房将是消费结构升级的重点，汽车消费将持续增长，教育消费成为长期的消费热点，绿色消费成为新世纪的消费主题，信息消费成为新的消费热点，旅游消费将成为主要休闲消费方式；服务消费支出将有较大增长空间，大量流动人口的存在扩大了租赁消费空间，银色消费市场广阔（老年保健、服务），个性化消费趋势将日益凸显。

2. 我国消费发展程度的衡量

消费发展不是孤立的，从国际比较的角度来衡量我国的消费发展程度是我们考虑的基本思路，即通过消费发展指标的筛选，根据国际可比较和资料可获得原则，确定评价指标，然后按照国际上公认的高中低收入的国家或地区划分方法，将中国的数据分别与不同类型的分组平均值进行比较，来确定中国消费水平在国际范围内的相对位次。

（1）指标选择与测定方法

衡量消费发展的程度可以采用绝对数指标和相对指标两类，绝对数主要包括"最终消费量"和"人均居民消费支出量"，相对指标主要有"消费率"、"消费倾向"、"消费结构"等指标，上述指标与 GDP 水平均存在较大的相关性，但由于结构指标和总量指标之间存在不可比性，需

---

① 引自《消费革命下新经济力量》，国家信息中心网，2005 年 12 月 28 日。

要采用不同角度进行测定。

（2）采用消费率和人均居民消费支出量作为衡量我国消费发展程度的主指标

按照本研究报告的整体框架，将消费率和人均居民消费支出量作为衡量消费发展程度的主指标，两个指标都是正指标，即指标值越高，消费发展程度越高。从表1-52的测算可以看出，2003年我国的消费发展与高收入国家的指数得分为0.37，与中低收入国家的指数为0.72。

表1-52　2003年中国消费比较指数测算表

测度指标	高收入国家	下中等收入国家	其中：中国	中国与高收入国家指数	中国与下中等收入国家指数
最终消费支出占GDP比重（%）	78.1	72.4	55.4	0.71	0.77
人均居民最终消费支出（2000年价格/美元）	17013	710	485	0.03	0.68
综合指数				0.37	0.72

资料来源：根据《国际统计年鉴2005》整理和计算。

（3）采用消费倾向、消费结构指标对消费率和人均居民消费支出量指标进行调整

在将消费率和人均居民消费支出量作为衡量消费发展程度的主指标的前提下，将消费倾向和消费结构指标作为调整分析指标，对我国的消费发展进行重新测定后发现，2003年我国的消费发展与高收入国家的指数得分为0.71，而中低收入国家的指数为0.88（见表1-53）。

表1-53　2003年中国消费比较指数测算表（调整后）

测度指标	高收入国家	下中等收入国家	其中：中国	中国与高收入国家指数	中国与下中等收入国家指数
最终消费支出占GDP比重（%）	78.1	72.4	55.4	0.709	0.765
人均居民最终消费支出（2000年价格/美元）	17013	710	485	0.029	0.683
居民消费倾向	0.595	0.586	0.441	0.741	0.753
食品支出占居民消费支出（%）	35.1	55.3	41.5	1.182	0.750

续表 1 – 53

测度指标	高收入国家	下中等收入国家	其中：中国	中国与高收入国家指数	中国与下中等收入国家指数
教育支出占居民消费支出（%）	8.1	6.9	7.8	0.963	1.130
医疗支出占居民消费支出（%）	12.1	6.0	7.3	0.603	1.217
综合指数				0.71	0.88

资料来源：根据《国际统计年鉴 2005》整理和计算。

从以上的分析可以得出如下结论，虽然经过"十五"时期的发展，我国人均 GDP 达到 1000 美元，居民消费水平和消费结构有了明显改善，但与国际水平相比，我国的消费发展程度在世界范围内，还处于较低的水平，提高我国的消费能力和居民生活水平的努力任重而道远。

3. 推进我国消费发展的战略和对策

（1）提高最终消费率，拉动 GDP 增长

投资率和消费率作为相对指标，都与 GDP 增长有密切联系，投资与消费比例决定于经济发展阶段的特点。从"十一五"到 2020 年期间，是我国全面建设小康社会，奠定现代产业、现代城市基础的关键时期。产业升级、工业化、城市化活动将全面推进，对积累和投资必将提出更高要求。针对"十一五"到 2020 年期间我国投资率和消费率变化所存在的问题，要积极发展第三产业，注重以高新技术改造传统产业，以资金技术密集型产业带动劳动密集型产业，从而实现产业梯次升级和全面发展；加快投融资体制、土地管理制度、行政管理制度的改革步伐，尽快消除投资迅猛扩张的体制弊端；适应居民收入水平提高和消费结构升级的趋势，加快发展工业品消费和服务类消费，拓宽居民消费领域；考虑到居民消费倾向下降、储蓄倾向上升的情况，采取针对性措施鼓励居民增加即期消费。进一步扩大消费信贷，增加中低收入阶层的收入，清理限制消费的政策，改善消费环境，增强居民消费信心；为满足经济和社会发展对公共服务不断增长的需求，政府消费支出有必要随 GDP 增长而相应增加。

（2）调节收入分配差距，促进消费需求增长

在经济学意义上消费品分为奢侈品、一般消费品及生活必需品三类，消费升级与拉动经济有着相互协调、相互促进的关系。当升级到一定程度

时，出现新的产品需求和新兴产业，奢侈品（相对概念）在示范效应下成为促进消费结构升级的动因，往往靠高收入阶层来拉动；而要使奢侈品变为一般消费品，则需要新兴产业向支柱产业转变，产生规模效应后才能满足需求，也需要中等收入阶层来拉动。所以，要理顺收入分配与消费的关系，要通过保护高收入人群的正当权益，确保与奢侈品相关的支柱产业发展及消费升级；二是提高中低收入家庭的收入，扩大中产阶级范围；三是加强低收入人群的社会保障，增强其长远预期的信心。因此要广辟就业渠道，改善就业环境，增加就业容量，提高就业水平；要加快完善社会保障体系，促进中低收入群体释放消费能力，着力提高低收入者收入水平，逐步扩大中等收入者比重，有效调节过高收入，规范个人收入分配秩序，努力缓解地区之间和部分社会成员收入分配差距扩大的趋势。注重社会公平，特别要关注就业机会和分配过程的公平，加大调节收入分配的力度，强化对分配结果的监管。

（3）完善消费政策，加快消费结构升级

要将我国巨大的消费需求扩张潜力转化为现实购买力，就必须继续调整消费政策，要继续采取鼓励消费的消费政策，在宏观调控中采取各种政策措施使居民消费增长率高于国内生产总值增长率。因此要积极发展消费信贷，理顺收入分配机制，强化收入再分配功能，努力提高居民收入，加快社会保障制度建设，加大有利于促进消费的基础设施投资，加快农村人口城市化步伐，坚决维护消费者合法权益；打破城镇住行消费中的福利型、供给型和集团型的消费方式；推行鼓励消费的政策，建立规范、透明的管理体制，降低住房汽车等高价值商品的价格，鼓励企业竞争；扩大就业渠道，增加居民收入；完善社会保障体系，增强消费信心；努力增加农民收入，提高农村居民消费水平；进一步发展和完善消费信用，扩大和规范住房、汽车等消费信贷活动。

（4）建立与完善社会保障体系，提高居民消费倾向

加快社会保障制度建设，树立消费者信心，引导消费者预期。当前城镇居民即期消费愿望下降的主要原因是对社会保障制度改革"心中无数"，担心住房、医疗、养老、失业、教育等一系列改革可能增加的负担过重。因此要形成社会保险基金征缴和管理，养老、医疗、失业、生育、工伤等法规和规章在内的社会保障法律框架，使消费者在适应新的社会保障制度基础上形成新的理性预期，让消费者增强即期消费欲望，适当提高居民收入的消费倾向。

（5）加大有利于促进消费的基础设施投资，完善消费环境

增加各级政府对城乡基础设施的公共投资，为城乡居民提高消费水平创造良好的消费环境。加快城乡电网改造、通讯线路等工程建设进度，严格检查工程质量。认真落实农村用电收费改革措施，坚决制止农村用电乱收费现象。增加城市道路、地铁、高架轻轨等交通设施建设投资，满足城市公共交通和私人轿车发展的需要，除个别特大城市外要全面放开对经济型轿车出行的限制。大力清理限制汽车进入家庭的各种政策性障碍，将汽车的奢侈品定性变为居民生活必需品定性，大幅度减轻居民买车的税费负担，鼓励汽车进入居民家庭，将汽车培育为下一阶段主要的后续热点。

（五）我国科技发展特点、程度及政策建议

改革开放以来，我国科技事业取得了举世瞩目的成就，科技实力不断增强，对促进经济、社会、文化和国防事业的发展具有重要作用。中国是发展与转型中大国，科技发展既有世界性的特征，也具有明显的中国特征。根据一定的参照标准对中国科技进步程度进行测算，不仅具有重要的价值，并为制定科技、经济政策提供了依据。

1. 改革开放以来我国科技发展的特点

1978 年，邓小平同志在全国科学技术代表大会上提出了"科学技术是第一生产力"的著名论断。之后，中国科技投入不断加大，人才培养不断加强，劳动力素质不断提高，科技总体实力和国际地位不断提升，但仍然还面临着许多现实的问题与障碍，这些制约着社会和经济的进步。

（1）科技综合实力不断增强，但产出效率不高

1978 年以来，我国科技活动规模迅速扩大，整体科技发展水平居发展中国家前列。2003 年，我国已经成为世界上第五大科技论文产出国，科技人力资源和研究开发人员总数分别位居世界第一位和第二位。2002 年，研究与开发支出占 GDP 的比例达到 1.23，而同期中等收入国家平均为 0.75，高于中等收入国家的 64%[①]；2004 年，我国研发经费占 GDP 继续提高，达到 1.44。我国科技投入的持续较快增加，使我国科技的产出数量和质量不断提升，并开始涌现了一批重要的居世界前沿的科技成果，如在空间科技领域神舟五号、六号载人飞船的成功发射成为我国科技发展的里程碑；2003 年，我国防治 SARS 科技攻关汇集了全国 3000 多名科技人员，迅速在早期诊断试剂、中西医结合临床治疗及灭活疫苗研究等方面取得了突破；

---

① 世界银行：《05 世界发展指标》，中国财政经济出版社，2005 年。

另外，近年来，我国还在信息技术领域、能源科技领域、资源环境、新材料研究领域、基础研究等领域也取得了突破性的重大研究成果。

虽然我国科技总体实力增强，但科技的产出效率不高。在诸多科技指标的国际比较中，我国科技投入指标都比较高，但产出指标与国际中等收入国家相比还存在一定的差距，如人均专利指标、人均科技论文指标基本上在中等收入国家的 50% 左右。科技产出效率较低还表现为产业结构不合理，经济增长方式仍然以粗放型经营为主从而造成资源的巨大消耗和浪费。据国家发改委能源局公布，2003 年，中国每吨标准煤的产出效率仅相当于日本的 10.3%、欧盟的 16.8%、美国的 28.6%[1]。20 世纪 90 年代以来，我国走上一条重化工业的道路，削弱技术创新，忽视科技的产出效率，贫瘠的自然资源无法支撑高资源耗费的粗放增长，并对生态环境造成严重的破坏。同时，它造成原材料、燃料资源的高度紧张，2003 年，中国GDP 占世界 4%，而资源消耗上石油占 7.4%、原煤占 31%、铁矿石占 30%、钢材占 21%、氧化铝占 25%、水泥占 40%[2]。这些说明，我国在科技发展的道路上，"重投入、轻产出"的管理模式还没有得到根本改变，必须对此引起重视。

（2）科技经费投入逐步提高，但结构亟待优化

20 世纪 90 年代以来，世界经济进入"知识经济"时代，为提升竞争力，促进经济发展，很多国家出现大幅度加大科技投入的趋势。我国科技投入总量持续增长，以下是科技活动经费和 R&D 投入占 GDP 比例变动表：

表 1－54 1992～2004 年中国科技活动经费和 R&D 占 GDP 比例变动表

年　份	科技活动经费筹措（亿元）	R&D（亿元）	GDP（亿元）	科技活动经费筹措占 GDP 的比重（%）	R&D 占 GDP 的比重（%）
1992	557.33	—	26638.1	2.09	—
1993	675.49	—	34634.4	1.95	—
1994	788.91	—	46759.4	1.69	—
1995	962.51	348.7	58478.1	1.65	0.6
1996	1043.17	404.5	67884.6	1.54	0.6

[1] 《中国能源消费总量世界第二，产出效率远低于富国》，中国新闻网，2004 年 11 月 10 日。
[2] 吴敬琏：《旧工业化道路对经济带来七种不良影响》，http：//finance.sina.com.cn，2005 年 11 月 20。

续表 1 – 54

年　份	科技活动经费 筹措(亿元)	R&D (亿元)	GDP (亿元)	科技活动经费筹 措占 GDP 的比重(%)	R&D 占 GDP 的比重(%)
1997	1181.93	481.5	74462.6	1.59	0.6
1998	1289.76	551.1	78345.2	1.65	0.7
1999	1460.61	678.9	82067.5	1.78	0.8
2000	2346.68	895.7	89468.1	2.62	1.00
2001	2589.40	1042.5	97314.8	2.66	1.07
2002	2937.99	1287.6	105172.3	2.79	1.23
2003	3459.10	1539.6	117390.2	2.95	1.31
2004	—	1966.6	136875.9	—	1.44

资料来源：相关年度的《中国统计年鉴》和《中国科技统计年鉴》，GDP 为不变价。

从上表可以看出：我国科技活动经费占 GDP 的比重从 1992 年的 2.09% 降低至 1996 年的 1.54%，后又增加到 2003 年的 2.95%，说明科技经费的投入在不断地上升。另外，从衡量科技投入的核心指标即研发经费占 GDP 比例指标来看，20 世纪末，该比例在经过一段时间的低位徘徊后，进入了稳定提高的阶段，2004 年达到 1.44%，位居发展中国家前列。

我国科技总量不断增加，但科技投入的结构问题日益突出，主要体现在以下几个方面：

第一，基础研究经费投入不足，不利于原创性研究能力和自主创新能力的提升。基础研究是决定一个国家未来创新能力的基础要素，从国际经验看，创新型国家基础研究的投入比例都较高，一般在 15% 以上。而 20 世纪 90 年代以来，我国基础研究占 R&D 的比例一直在 6% 以下，请见表 1 – 55：

我国基础研究占比偏低，反映出基础研究一直没有得到重视，这也正说明过去科技发展战略主要还是在跟踪模仿上，创始性创新和自主知识产权积累不够，削弱了我国产品的国际竞争力。从国际科技发展规律来分析，各国基础研究投入都经历了一个"先升后降"的发展轨迹，基础研究投入占 R&D 总支出的比例上升到 30% 左右后逐步降低并稳定在 20% 左右的水平[1]，目前我国这一指标与发达国家及新兴市场国家还有较大的差距。

---

[1] 科技部科技投入及管理模式研究专题组：《科技投入及其管理模式研究专题报告》，2004 年。

表 1 – 55   R&D 构成变动表

年　份	总支出（亿元）	其中:基础研究占比(%)	应用研究占比(%)	试验发展占比(%)
1995	348. 7	5. 19	26. 38	68. 43
1996	404. 5	4. 99	24. 50	70. 48
1997	481. 5	5. 69	27. 12	67. 17
1998	551. 1	5. 24	22. 61	72. 13
1999	678. 9	4. 99	22. 32	72. 69
2000	895. 7	5. 21	16. 96	77. 82
2001	1042. 5	5. 01	16. 87	78. 11
2002	1287. 6	5. 73	19. 16	75. 12
2003	1539. 6	5. 70	20. 23	74. 08
2004	1966. 6	5. 96	20. 36	73. 68

资料来源：2000 年和 2005 年的《中国统计年鉴》。

第二，政府和科技筹资的能力相对不足，科技金融相对滞后。

20 世纪 90 年代以来，政府筹资的能力一直在相对下降。科技活动经费筹集中政府资金的占比和科技拨款占财政总支出的比重都在降低，请见表 1 –56：

表 1 – 56   科技活动筹集经费结构

年　份	科技活动经费筹集				科技拨款占财政总支出的比重(%)
	总额（亿元）	其中:政府资金占比(%)	企业资金占比(%)	金融机构贷款占比(%)	
1992	557. 33	28. 7	29. 15	16. 13	5. 1
1993	675. 49	25. 96	27. 49	17. 59	4. 9
1994	788. 91	27. 65	29. 71	15. 4	4. 6
1995	962. 51	25. 84	31. 71	13. 2	4. 4
1996	1043. 17	26. 07	29. 99	14. 36	4. 4
1997	1181. 93	26. 22	29. 47	13. 13	4. 4
1998	1289. 76	27. 43	31. 21	13. 26	4. 1
1999	1460. 61	32. 38	34. 94	8. 82	4. 1
2000	2346. 68	25. 29	55. 24	8. 36	3. 6
2001	2589. 4	25. 35	56. 32	7. 37	3. 7
2002	2937. 99	26. 42	57. 07	6. 87	3. 7
2003	3459. 1	24. 26	59. 37	7. 5	4

资料来源：《2004 中国科技统计年鉴》。

从上表可以看出：科技活动经费筹集中政府资金的占比呈下降趋势，从 1992 年的 28.7% 降到 2003 年的 24.26%，地方政府作为科技投入主体的地位发挥不足。科技拨款占财政总支出的比重从 1992 年的 5.1% 降到 2003 年的 4%，降低幅度超过 20%，在政府科技拨款中，对社会公益研究、科技基础设施建设、产业技术研究和战略产品的投入相对不足。同时，在国际科技投入资源管理更加强调"顶层设计、统一规划"的趋势中，我国的科技投入管理体制却趋于分散，使政府科技拨款效率低下，成果研发和成果应用分离，难以达到预期的效果。另外，科技金融发展相对滞后，金融机构贷款比重持续下降，从 1992 年的 16.13% 下降到 2003 年的 7.5%，科技金融发展滞后的原因主要是投融资体制与高技术的产业化需求不适应，风险投资的退路不畅，创业板市场发展较慢。

（3）科技人才总量增长迅速，但人才密度相对较低

科技人才是科技知识的创造者、应用者和传播者，是国家发展的重要战略资源，成为国际竞争的焦点。改革开放以来，我国的科技人才队伍迅猛发展，2003 年，我国科技活动人员总数达到 328 万人，科技人才队伍的学科门类也比较齐全，有一定的创新能力，从科技人才的总量来看，我国已经列入世界科技大国。但我国科技人才相对经济发展需要而言还偏少，科技人才密度还比较低，请见表 1–57：

表 1–57　科技人才构成

年　份	全国科技活动人员总数（万人）	每万名经济活动人口中科技人员数（人）	每万名经济活动人口中科学家工程师（人）	每万名人口中科学家工程师（人）
1992	227	34	21	12
1995	262	38	23	13
2000	322	44	28	16
2001	314	42	28	16
2002	322	43	29	17
2003	328	43	30	17

资料来源：《2004 中国科技统计年鉴》。

从上表可以看出，每万名人口中科学家、工程师的比例，我国在 2001 年达到 16 人，2002 年达到 17 人，而 2002 年日本达到 97 人，德国达到 67 人，韩国达到 62 人，俄罗斯达到 68 人，可见，我国人才资源还比较稀缺，

科技的相对力量比较薄弱。

（4）科技要素流动加快，但科技发展区域不平衡加剧

20世纪90年代以来，我国科技体制改革取得重大进展，创新意识、市场意识、竞争意识得到增强，科技人才流动加快。东部地区科技和人才基础雄厚，加上改革开放初期东部开发和开放战略的实施，东部地区的中心城市和经济区发展迅速，产业结群和区域专业化开始显现，科技人才日益向东部地区集中。而中西部地区科技发展能力较低，经济结构不合理，人才待遇比较低，导致科技资源流失和科技能力下降。科技发展的新格局促进了科技人才在区域上的"二元结构"的形成，据统计，我国科技力量主要集中在环渤海湾、长三角、珠三角等地，2003年我国东部地区科技人员占全国科技人员的比例达到近60%。具体请见表1-58：

表1-58　东中西部地区社会经济与科技投入比较表

年　份	GDP占比		总人口占比		科技人员占比	
	1992	2003	1992	2003	1992	2003
东部地区	53.89	58.49	37.52	37.62	54.41	58.81
中部地区	26.35	24.57	33.95	33.14	20.83	25.05
西部地区	19.76	16.94	28.53	28.57	24.75	19.60

资料来源：1993年和2004年的《中国统计年鉴》。

（5）高新技术产业发展迅速，但自主创新能力仍较薄弱

高新技术的发展是一国科技进步的重要标志。改革开放以前，我国科技发展实行计划经济体制，高新技术产业化由政府直接管理。20多年来，我国高新技术产业正经历从政府主导向市场主导、从技术引进向自主创新与技术引进相结合转变的过程。从总体上讲，我国高新技术产业化主要是通过发展"孵化器"、"技术转移中心"、"工程技术研究中心和企业技术中心"、"高新技术产业开发区"等途径来实现的，但由于各地区经济与技术进步基础不同，科技体制与环境有差异，各地区高新技术产业开发区发展不平衡。科技较发达的长江三角洲和珠江三角洲、环渤海地区等地已经初步形成了各具特色的高新技术产业开发群，涌现了一批国际竞争力强的高科技企业，科技在环境保护、生态治理等方面发挥着日益重要的作用。

我国高新技术产业的发展首先体现在占制造业的比重逐年上升，1995

年，我国高技术产业产值占制造业增加值比重为 6.2%，到 2003 年超过 10%，发展速度较快，当然，这一比例和发达国家相比，还存在较大的差距，比如，美国 2000 年的这一比例就达到 23%，日本则为 18.7%[1]。

我国高新技术产业的发展还体现在高新技术产业出口贸易的规模不断扩大。请见表 1-59：

表 1-59 各类产品的进出口贸易额

单位：亿美元

	1990	1992	1995	2000	2003
高科技产品出口额	26.69	39.95	101.18	371.31	1104.77
高科技产品进口额	69.95	107.21	217.97	524.48	1192.99
进出口差额	-43.27	-67.26	-116.78	-153.18	-88.22

资料来源：1993 年和 2004 年的《中国科技统计年鉴》。

我国高新技术产品进出口总额及其占商品进出口总额的比重不断攀升，1990~2003 年，我国高科技产品出口提高了 40 倍，当然我国高科技进口产品也在不断增加，并且一直呈贸易逆差状况，高新技术贸易逆差经过了"先升后降"的过程。2000 年，高新技术技术贸易逆差超过 150 亿美元，创历史最高水平，主要原因是我国高新技术产品的生产方式以加工、组装为主，出口增加依赖于原材料和零部件的大量进口。据估计，高新技术产品出口中，有近 90% 为来料加工和外企独资产品[2]。近几年来，高新技术贸易逆差逐步缩小，进口替代有所增强，但逆差的规模仍然较大。

我国高新技术产业经过 20 多年的发展，推动了一批新兴产业群的成长。但是，我国高新技术产业的发展过多地信赖数量的扩张，而增长质量还不高，特别是自主创新能力还不足，很大程度上依赖于外国技术和外国直接投资，2003 年，我国国外技术引进合同为 134.51 亿美元[3]，其中技术费为 95.11 美元，设备费为 39.40 亿美元，技术费是设备费的 2.4 倍。从引进国家来讲，主要是日本、美国、韩国、德国，四个国家的技术引进占全部技术引进的 69.34%。过分信赖国外技术和几个主要国家的技术，使

[1] 数据来源于《中国科学技术指标 2004》。
[2] 参见金履忠：《科技竞争力源于自主开发》，《宏观经济研究》2005 年第 3 期。
[3] 数据来自《2004 中国科技统计年鉴》。

我国一些新兴产业失去了技术创新机会，没有发展起来，大型飞机、集成电路等都是典型的案例。

从世界各国的发展经验看，所有发达国家都是靠技术创新发展起来的，20世纪50年代美国的崛起靠的是高技术创新及其市场价值的实现，后进地区和国家赶上先进地区和国家靠的也是技术创新，亚洲四小龙特别是韩国，其"抓手"就是技术创新。芬兰2003年人口只有500万，在激烈的全球化竞争中，主要是靠无线手机和软件的技术创新使其国民经济得以迅速发展，2003年按人均GNI排名为13位，成为世界上十分富裕的国家。全球化发展的知识生产、扩散和应用时代，技术的自主创新将是国际竞争的焦点，这都是中国需要十分重视并逐步加以解决的问题。

2. 我国科技发展程度的衡量

科技进步是全球性的，因此，从国际比较的角度来衡量科技进步是我们考虑的一个基本思路，即通过科技进步指标的筛选，根据国际可比较和资料可获得原则，确定评价指标，然后，按照国际上公认的高中低收入的国家或地区划分方法，将中国的数据分别与不同类型的分组平均值进行比较，来确定中国科技进步在国际范围内的相对位次。

（1）指标的选择

出于制定科技政策的需要，科技统计和科技指标已日益为世界各国和国际组织所重视。随着科技进步的迅速发展，科技指标体系的构成也是发展变化的，大体上经历了"线性模型"[1]向"链式模型"[2]发展。经济合作与发展组织（OECD）是最早系统收集科技统计数据的国际组织，在世界科技统计界处于领先地位，对科技统计的国际标准化和规范化作出了重要的贡献；美国是世界上科技最发达的国家，在科学技术的统计与分析方面对其他国家产生着重要的影响。以下是OECD和美国科技进步衡量指标比较表：

---

[1] 线性模型认为经济效益是从科学研究开始，经过商业开发、专利、营销直至技术扩散等一系列活动的线性过程的产物。

[2] 自20世纪80年代后期到90年代，对科学技术与经济发展相互关系的了解继续得到深化和丰富，技术创新理论得到广泛认同和传播，线性模型的缺陷被充分揭示出来，科技活动各环节之间以及科技与经济之间错综复杂的相互关系需要用一种新的理论模式来概括，这就是链式模型。链式模型不仅能比较正确地反映科技活动全过程中各个环节之间的相互关系，而且强调了市场需求对科技发展的推动作用。

表1-60　OECD和美国科技进步衡量指标比较表

国家或机构	所使用的指标	资料来源
OECD	R&D、技术国际收支、新技术产品、专利、科技人力资源等	弗拉斯卡蒂手册、TBP手册、奥斯陆手册、专利手册和科技人力资源手册
美　国	R&D经费、科学和工程劳动力、初、中等教育、科学家工程师的大学教育、高技术产业和先进技术产品产出份额、专利和风险投资与高技术企业、公众理解科学及对科技的态度、新兴技术及对社会经济发展的影响等	美国国家科学基金会第14期科技指标报告，即《科学与工程指标2000》

从OECD和美国的科技统计指标来看，科技指标主要通过科技投入和产出两个方面，投入方面最主要的是R&D、科技人才投入、教育水平等，科技产出主要包括高新技术产品、专利、技术国际收支等。在此基础上，我们再根据科技进步国际可比较指标，如世界银行出版的《世界发展指标》中专门有"科学与技术"统计指标，另外国家统计局出版的《国际统计年鉴》中也有相应的科技统计指标。根据指标可获得原则，我们初步选择了以下六个相对指标，进行国际比较，即：研发经费占GDP的比例、每百万人中从事R&D研究和技术人员比例、高等教育总入学率、每万人专利申请数、每万人科技论文数和高新技术出口占制成品出口的比率，它们可反映科技进步程度，为检查这六个指标的可靠性，我们运用《05世界发展指标》提供的样本数据，将它们与人均收入进行回归分析，结果发现"高新技术出口占制成品出口的比率"与人均收入不存在正的相关关系[①]，而其他五个指标与人均GNI存在正的相关关系，请见表1-61：

表1-61　2001~2003年全球科技进步指标与人均GNI的回归统计表

统计值	研发经费占GDP的比例	每百万人中从事R&D研究和技术人员比例	高等教育总入学率	每万人专利申请数	每万人科技论文数
R^2	0.64	0.29	0.47	0.1	0.35
t	4.87	3.76	9.88	3.11	8.46

注：根据世界银行《05世界发展指标》样本数据进行计算。

---

① 据计算，高收入国家的平均值为17.53%，而中等收入国家的平均值为20.61%。

从表 1-61 可以看出，上述五个指标均与人均 GNI 有正的相关关系，能在一定程度上解释经济发展所处的阶段特征，因此，我们选择上述五个指标作为衡量科技进步程度的测度指标。

（2）科技发展程度的衡量

本报告中科技进步程度的衡量采取的是国际比较的方法，测度指标均为正指标，即指标值越高，科技进步程度越高。中国属于中等收入国家[①]，可将中国各项指标值分别与高收入国家和中等收入国家平均值进行比较，可得到中国与高收入国家及中等收入国家科技发展程度指数，由于各项指标具有一定的独立性，能从不同的方面反映科技发展程度，共同构成了科技发展的总特征。因此，在进行综合时，用简单算术平均的方法来进行计算。计算结果如下：

表 1-62   2001～2003 年中国科技发展程度指数计算表[②]

指　　　标	全　球	高收入国家	中等收入国家	其中：中国	中国与高收入国家指数	中国与中等收入国家指数
研发经费占 GDP 比例(%)	2.4	2.5	0.7	1.2	0.48	1.71
每百万人中从事 R&D 研究和技术人员比例(人)	—	3575	806	820	0.23	1.02
高等教育总入学率(%)	26	66	22	13	0.2	0.59
每万人专利申请数(件)	22.91	56.57	14.58	1.41	0.03	0.1
每万人科技论文数(篇)	1.07	5.87	0.29	0.16	0.03	0.55
综合指数	—	—	—	—	0.19	0.79

资料来源：1. "研发经费占 GDP 的比例"数据来自《国际统计年鉴 2005》，为 2002 年数据；

2. "每百万人中从事 R&D 研究和技术人员比例"数据来自《国际统计年鉴 2005》，高、中等收入国家分为 1999、2001 年数据，中国为 2002 年数据；

3. "高等教育总入学率"数据来自《05 世界发展指标》，为 2002～2003 年的数据；

4. "每万人专利申请数"根据《国际统计年鉴 2004》和《05 世界发展指标》计算，为 2002 年数据。

5. "每万人科技论文数"根据《05 世界发展指标》和《国际统计年鉴 2004》计算，为 2001 年数据。

上述结果表明：中国与高收入国家科技发展指数为 0.19，说明中国的

[①]　由于资料数据的限制，不再将中等收入国家分成中下等收入国家和中上等收入国家。

[②]　由于资料数据分别来自 2001 年、2002 年、2003 年，因此，表名为 2001～2003 年。

科技投入和产出的综合水平相当于发达国家平均值的19%，还有相当大的差距。和中等收入国家相比，中国科技发展指数为0.79，说明中国科技发展水平正好处于中下等收入国家的平均水平，中等收入国家多为工业化国家，说明中国的科技发展处于工业化中期向后期转变；从科技发展与经济发展的关系来说，中国2003年人均GNI为中等收入国家的0.55，而科技指数为0.79，这说明中国的科技发展要快于经济发展，这种优势的原因可能存在于两个方面：第一，中国是一个大国，具有科技发展的大国优势，能够集中人力、财力和物力发展科技；第二，中国科技兴国的战略带来了科技的超常规发展。但同时也要注意到，科技的产出指标远低于投入指标，科技效率还比较低，科技体制和制度还不能适应经济快速发展的内在需要。

（六）促进科技发展的若干政策建议

国家"十一五"规划建议指出：实现长期持续发展要依靠科技进步和劳动力素质的提高。把增强自主创新能力作为科学技术发展的战略基点和调整产业结构、转变增长方式的中心环节，大力提高原始创新能力，集成创新能力和引进、消化、吸收、再创新能力。因此，在未来较长的一段时间内，科技发展还应置于优先发展的战略地位，以实现经济增长方式的转变，同时实现经济大国向经济强国的转变。结合上述分析，现提出如下政策建议：

1. 加强科技投入产出效果的评价

政府在建立科技投入稳定增长机制的同时，要重点建立科技投入效果的评价体系，并建立奖励与惩罚机制。对科技投入边际产出高的项目，政府要加大投入力度，而对边际产出低的项目，政府应减少投入，并严格界定政府科技活动的边界，对于市场能够充分发挥作用的科技领域，应该交给市场主体来完成。

2. 建立科技发展创新的复合式金融支持体系，改善科技投入结构

首先要大力倡导和鼓励商业银行科技贷款份额，完善科技贷款担保体系，引导商业银行科技贷款金融品种的创新，并进一步强化科技贷款贴息措施。其次是完善政策性金融支持体系，明确政策性银行科技政策性贷款的职责和程序，发展和健全政策性银行对科技企业的贴息和参股方式。再次，完善科技企业的资本市场；既要大力发展创业板市场，促进科技产权市场的形成，同时也要支持成长型科技企业发行融资债券，多方筹集资金。

3. 加快人才的流动和国际化

人才流动是促进现有科技人才队伍结构优化的重要手段，而人才流动是在市场中实现的，因此，政府要充分运用市场机制的作用鼓励科技人才向欠发达地区和边远地区流动，更大限度地发挥科技人才的作用，提高科技投入的产出效果；同时，要充分运用全球化进程加快的条件，将人才"引进来"与"走出去"结合起来，大力加强人才培养的国际合作，采取优惠政策，鼓励海外优秀科技人才来中国工作或投资。

4. 实施区域科技发展的统筹政策

东中西部地区的科技能力、发展阶段和存在的问题各不相同，政府应该采取统筹发展的政策。中央政府既要坚持以市场为基础配置科技资源，又要坚持区域均衡的政策，通过差别税率、转移支付和重点支持等差别化政策，支持中西部地区科技发展。同时，突破科技管理的体制性障碍，重视区域科技整体优势的形成与发挥，围绕区域科技发展需求，建立多层次的科技人才、研发、投融资体系，提高区域科技创新与集群创新的能力，带动区域经济的持续、快速、健康发展。

5. 鼓励自主创新的中国品牌

自主创新是促进产业技术升级和结构调整的关键手段和中心环节，要采取配套措施支持中国品牌的自主创新，并支持其走向国际化。超前部署发展战略技术和战略产业，利用后发优势来实现生产力的跃升，缩小与发达国家的差距，切实将我国的科技能力转化成知识产权的竞争能力。政府在财税、金融、市场准入等方面采取配套政策，比如在研发经费列支、税收抵扣、出口信用担保提供扶持和优惠，对自主开发的中国品牌提供金融帮助，对其出口提供买方信贷，并在产业政策上参照国际惯例实行一定的产业保护政策等。

三、"工业化、城市化'双中期'区间"阶段

我国经济处于"工业化、城市化'双中期'区间"阶段，正面临进一步大发展的时期。经济的五大关键特征和双重性规律，昭示着战略选择的极端重要性。我们提出大国发展战略、均衡发展战略和以强促弱战略，是有以下的思考为背景。

（一）中国对世界影响越来越大

中国的大国性质决定其经济发展对世界政治经济的影响是全方位的、深层次的、多领域的，这至少表现在以下五个方面。

1. 中国的经济发展已经成为推动世界经济发展的重要引擎之一

2005 年中国对外贸易总量将突破 1.4 万亿美元，其中进口近 7 千亿美元。据有关方面预计，到 2010 年中国的贸易总量可能达 2.5 万亿—2.8 万亿美元。《华尔街日报》中文网络版 2005 年 10 月 24 日发表《中国进口放缓殃及全球经济》称，"2004 年，中国对全球经济增长的贡献要超过美国、日本和欧盟的总和，亚洲受中国进口增长放缓的影响最大。"中国目前是亚洲国家最大的出口市场，根据高盛（Goldman Sachs）的数据，日本海外销售总额的 19% 流向了中国。中国一直是亚洲的钢铁、化工品、塑料和高科技零部件的消费大国。有学者测算，1980～2002 年间，中国 GDP 年平均增长率为 9.51%，对世界新增 GDP 的贡献率是 21.31%，超过美国的 21.09%；对世界新增出口贸易的贡献率从 1980～1990 年间的 1.96% 上升到 1990～2002 年间的 7.66%，居世界第三位（胡鞍钢，2005）。

2. 中国经济发展将从根本上改变世界经济大格局

世界经济中心已经经历了从西欧到北美再到亚太地区的逐步迁移、扩散和转换。中国经济发展将影响东亚乃至全球经济，如果日本经济继续停滞增长，世界经济三足鼎立（美国、欧盟和日本）有望变成新的三足鼎立（美国、欧盟和中国）。中国经济不仅在总量上而且在对世界经济的影响力上有可能超越日本，和亚洲、欧洲、美洲乃至非洲的经济发展形成更加紧密的联系。

3. 中国经济发展将对建立国际经济新秩序带来积极影响

胡锦涛主席于 2005 年 9 月 15 日在联合国成立 60 周年首脑会议上提出"建设一个持久和平、共同繁荣的和谐世界"的主张，并提出中国支持和帮助其他发展中国家特别是非洲国家加快发展的 5 点举措，在国际社会引起了强烈反响；在中国的主导和斡旋下，朝核问题六方会谈已经举行了 5 轮；G20 财长和央行行长会议 2005 年 10 月 15 日至 10 月 16 日在香河召开，就世界经济平衡发展达成广泛共识；这些都表明中国经济发展将对建立国际经济新秩序带来积极影响。

4. 中国经济发展对世界经济的影响是全方位的

美国哈佛大学教授、诺贝尔经济学奖得主阿马蒂亚·森 2005 年 2 月 17 日在香港接受记者采访时说，中国经济对全球经济的重大影响体现在三个方面。"首先，全球经济的性质由于中国经济的重要性而发生了改变。中国经济在一些领域取代了传统上属欧洲或美国的生产，从而导致贸易方式以及国际贸易中的商品汇集发生了改变。""其次，中国经济的重要性也

改变了公共讨论中所表达出来的声音的性质，例如在世界贸易组织，中国在表达自己的看法方面是一个领导者，而且倾向于同其他国家特别是巴西和印度，经常共同提出一些看法。①"中国对全球化贸易的利用还改变了人们对全球化原有的一些看法。"我认为，中国经济的成功对我们对市场经济的思维方式产生了重大影响。充分利用而不只是抱怨全球化，也要归功于中国经济的成功。"

5. 中国经济发展对世界的影响还体现在发展潜力上

中国经济增长率是全球平均水平的 2 至 3 倍，中国与发达国家之间的差距在快速缩小。学者预计中国经济发展还有 20—40 年的高速增长期，中国的崛起已经成为一种世界性预期。

（二）当前世界的大国关系

与经济相比，国际关系特别是大国关系更加复杂多变，要概括出与中国经济发展新阶段对应的大国关系的特征是困难的，但至少在短期内，可以归纳出以下几个特点：

1. "一超"和"多强"的合作与竞争

美国的单边主义在反恐、伊拉克重建、朝核、伊朗核计划等问题上遇到了障碍，谋求与大国合作的趋势明显。欧盟成功完成东扩计划，欧盟一体化使其力量大增，强调美国是"朋友而不是盟友"，在对美态度上发生了重要变化。美国在东亚的军力部署大幅调整，美日同盟有所强化，日本作为美国东亚战略立足点的地位在短期内不会改变。俄罗斯与欧、美、日都有所疏远。印度对美、欧、日、俄等大国的吸引力增强。美欧在秩序观上，美俄在车臣、独联体的走势上，中美在人权、台湾问题上都存在一定分歧，但各大国都与美国保持对话和合作，在原则问题上不让步，但避免与美正面冲突。中日关系趋于紧张，"政冷经热"的局面可能向"政冷经也冷"的局面过渡。除日本外，中国与各大国之间的关系都趋于稳定，尤其是中欧关系呈现出前所未有的良好局面。

---

① 西班牙《国家报》2005 年 12 月 17 日发表文章说，中国是穷人国的代言人。中国政府在 WTO 香港会议上举起了保护不发达国家的大旗，要求在一切有关世界自由贸易的协议中给予这些国家优惠待遇。中国认为，这是增加这些国家对于多哈回合谈判信心的方法，用中国商务部部长薄熙来的话说，也是避免由于穷国与富国之间不平等而造成的贸易"灾难"的途径。"如果生活在贫困当中的农村人口遭受更严重的冲击，那就很有可能引发一场灾难，届时发达国家也不得安宁"。

2. 大国竞争中的经济因素上升

美欧在市场准入、航空、钢铁等领域，俄罗斯与主要大国围绕俄市场经济地位及"入世"谈判，各大国为扩大对华投资和贸易，日、中围绕俄远东油气资源等，都展开了激烈竞争。以美元及人民币汇率为焦点，主要大国新一轮货币、金融竞争也在进行之中。大国的经济竞争较军事、地缘战略竞争更加明显，且越来越成为大国竞争的核心内容。2003 年以来凸显的石油价格和石油资源控制与反控制问题，有力地说明了这一变化趋势。怎样通过实施有效的国家战略，增加石油及其他资源的可获得性，减少"政治溢价"和风险溢价，是各国都在考虑的重要问题。

3. 世界及亚洲政治经济大格局中的"中国因素"凸显

2004 年世界经济呈现"共同繁荣"，深刻说明了国家之间经济的相互依存是多方共赢，中国如出现经济大滑坡，对美、欧、日、俄等都不是什么好事。值得关注的是中、美、欧大三角关系的形成，这种关系是诸多大三角关系中最重要的一种，很有可能取代美、欧、日三角关系，从而改变冷战后世界重心向西方"一边倒"的格局。由于欧盟力量仍在整合之中，中美关系可能成为世界各国双边关系中最重要的关系。有迹象（如 2005年 10 月份以来美国众多高官尤其是国防部长拉姆斯菲尔德相继访华以及布什的访华）表明，中美关系可能要进入所谓的"战略稳定期"。

在亚洲区域经济格局中，虽然中国的经济实力不如日本，但目前中国正成为亚洲最大的需求中心之一，并主动为周边经济让渡或共享相互开放的经济利益，对亚洲各国的影响力已超过日本。而日本在某种程度上是被动参与区域一体化进程的，一是日本对其弱势产业采取顽固的高保护政策；二是在经济和政治上都没有改变"脱亚入欧"战略，美国对其也有很大的制约作用；三是历史问题在短期内很难得到解决；四是日本经济已经多年停滞增长，削弱了其对地区经济的影响力。因此，中国取得亚洲经济一体化进程的主导权是有可能的，但还需时日①。虽然中国多次申明不谋求东亚特别是东盟事务的主导权，但事实上，中国要努力在东亚事务上有更多更实质的参与。

---

① 12 月 11 日首次东亚峰会上，东盟首脑纷纷劝说小泉主动改善日本与中国的关系，反映了中国在亚洲地位的提升，但同时也反映了东盟各国的心态，希望中日关系不要继续恶化，在日本与中国之间搞平衡。

（三）中国政治与外交战略定位分析

战略定位问题的主旨在于明确我们所说的战略是什么以及战略重点何在。国家层面上的战略又叫大战略，美国研究大战略的先驱者艾·厄尔教授说，"战略是控制和利用一个国家或国家联盟的资源（包括武装力量）的艺术"，目的在于有效地保障其生死攸关的利益，使之不受现实的、潜在的或假设的敌人的侵犯。战略的定义有多种，但利益—目标—政策—力量这四个环节必不可少。而战略重点，又称主要战略方向，是大战略中具有全局和关键意义的大问题。没有战略重点或战略重点错了，整个战略部署必然是混乱的。

中国的战略定位应是：维护有利于中国和平发展的国际国内环境，在国际上争取最大限度的合作和共赢，最大限度地避免有关方面战略误判造成区域内或全球范围内的直接冲突，影响中国整体发展战略的相对稳定性，从而打乱中华民族崛起的进程。在国家大战略的层面上，无疑应把对外经济问题（主要是短期问题）的解决放在更加突出的位置，也就是作为中国经济战略的战略重点。因为对外经济的成功很大程度上在于把握机遇，而且这些短期问题久拖不决，会直接影响中国与其他国家的关系，导致外部世界对中国经济的负面评价，甚至导致贸易战、政治战、外交战。

在这一战略定位中，"利益"和"目标"是明显的，实现"中华之崛起"是中华民族最大的利益，是一百多年来无数中国人的梦想。和平发展是中国实现崛起梦想的必要条件，大国之间的冲突或台海局势的恶化会打乱中国的整体战略部署，使中国的未来发展面临很大的不确定性，这是我们不愿看到和要尽力避免的。

1. 中国大国战略的核心是保持中美关系的持续、稳定、健康发展

中美关系深刻而复杂，同时具有韧性和弹性。布热津斯基说："没有美国和中国战略理解的深化，整个欧亚大陆的地缘政治多元化就既不能实现也不能稳定发展。""对美国来说，中国这个地区大国在被吸收进更广泛的国际合作框架之后，可以成为一种保障欧亚大陆稳定的、十分重要的地缘战略资产。在这个意义上，其重要性不亚于欧洲，其影响力超过日本"（布热津斯基，1998）。对中国来说，发展中美关系不应停留在经贸关系上，对美国大量进出口和拥有巨额美元资产，还不足以从根本上提高中国在美国人心目中的战略地位，这一点是显而易见的。中国对美国来说最重要的战略利益在于中国对欧亚大陆的稳定和发展所产生的重要影响力。因

此，应积极而务实地对待双方的共同利益和分歧，尽可能求同存异（尤其是意识形态上的分歧不应成为影响两国战略关系的主要因素），同时推动双方在重大战略问题上的对话与合作，达成越来越广泛、深入的战略互信。如2005年9月21日美国副国务卿佐立克在国会的演讲所说，"应改变过去几十年只是要求中国融入国际社会的做法，真正让中国成为国际体系中负责任的'利益相关者'（stakeholder），以保证中国日益强大的力量产生的是合作而不是对抗。"①

2. 进一步发展中欧战略伙伴关系

中欧在地缘政治上互不构成威胁，战略意图上没有直接的利害冲突，经济上的互补性强，因此，共同利益远大于分歧。由于社会民主党思想对欧洲的深刻影响，中欧在对全球发展和社会发展等问题上的意见分歧也远小于中美。应大力促进欧亚大陆（包括中亚地区）各国间的合作，使美国、日本持续感到压力。当然，也应考虑美国的反应，不挑战其战略边界。

3. 紧密关注日本政治经济发展新动向

日本军国主义复活的迹象越来越明显，其中的关键因素是日本要借助美国力量来挑战中国和亚洲，但美日同盟不是铁板一块。由于美国地缘战略的需要，美日之间的同盟关系在短期内不会有大的改变，但日本的特殊历史及其民族性，使其对外政策不确定性很强，我们应使美国充分认识到这一点。美国对日本并不是没有防范之心，毕竟珍珠港事件和广岛、长崎的原子弹爆炸已经深深地刻在了历史的记忆里。我们要在各种场合提醒美国看到日本才是世界和平最大的威胁，也是美国自己未来最大的威胁。在台湾问题上也应争取美国的合作，防止日本插手。事实上，反对"台独"、稳定台海局势是中美双方的共同利益所在，正如这两年我们已经做的一些事所表明的，正面看待和积极争取美国在台湾问题上可能发挥的建设性作用是有益的。只要美国维护台海和平的根本立场没有变，双方就有合作的可能性。不排除有的日本人认为台湾问题是中国的"软肋"，从而与"台独"分子相勾结，对中国的发展构成制约。在台湾问题上，必须时刻警惕

---

① 2005年12月7日，中美举行第二轮战略对话，"利益相关者"概念再次成为人们关注的热点，这说明，美国执政者已经认识到，"相关利益"存在于中美之间的政治、经济、文化、安全等各个领域，"相关利益"越多，中美关系中的摩擦与冲突可能性就越小，而对各种"相关利益"的认识越趋同，中美之间合作的可能性就越大。

日本的插手，一旦发生则立即作出应对。

4. 稳定周边

由于历史问题、领土争议、发展不平衡以及经济竞争等因素的影响，不少周边国家对中国有疑虑（但对日本的疑虑更大）。在东亚地区的贸易整合过程中，中国应在政治、外交上多做文章，应争取与美国、欧盟、韩国等进行战略合作，以更积极的姿态参与亚洲特别是东南亚、东北亚各方面的事务。在经贸关系上，今后需要创新与周边国家的经贸合作内容，不断增强互信，立足长远，处理好经济利益与政治利益、国家利益与区域利益、竞争与合作、周边与其他贸易伙伴等多种关系，解决好贸易不平衡、摩擦抬头等问题。

（四）中国经济发展战略定位分析

1. 从大国战略高度看坚持和扩大对外开放的必要性

大国区别于小国的一个重要特点是大国具有广泛的国际市场联系，包括产品市场和原料市场以及资金市场。因此，大国要树立对外开放的新思维。中央在"十一五规划"的建议中提出了"实施互利共赢的开放战略"（此建议中只提到两个战略，另一个是科教兴国战略和人才强国战略），因此对外开放的经济战略作为战略重点在短期内不能改变，甚至在中、长期内也不能改变，对外开放不仅仅是手段，也是目的。中央对于现阶段的战略目标、战略内涵和战略重点是明确的。

近年来，关于外资、外贸是否过度的争论，关于"新自由主义"意识形态是否占据主流[①]的争论，关于马克思主义经济学是否已经被放弃的争论，都此起彼伏，甚至有人担心中国也会陷入"拉美化陷阱"，产生这些争议的一个重要原因，是没有把对这些问题的讨论与中国的大国战略的研究结合起来。

战略机遇难得，国际竞争激烈，不进则退，开放经济给中国带来的深刻变化已经得到实践证明，国内的许多问题（如就业压力、资源缺口、公司治理和产品质量提升、经济运行机制调整等）必须通过开放经济来加以

---

① 2004年5月，美国高盛公司高级顾问乔舒亚·库珀·雷默提出所谓"北京共识"，对中国25年来改革和发展的经验进行总结，并批评了"新自由主义"的代表作"华盛顿共识"，引起了国际学术界、舆论界和政界的广泛关注。由此看来，"北京共识"与"华盛顿共识"显然是有区别的。

推动和解决。虽然我们要着手解决开放经济带来的若干问题①，但开放战略这一战略重点不能轻易改变。既然是战略重点，所有重大政策包括意识形态领域的导向都得围绕它展开。

只有把握开放战略这一重点，中、美、欧大三角关系才能真正形成，良好的国际政治经济环境才能得以维持，中国完全统一和全民族振兴的进程才能不受或少受外力干扰。在具体的对外开放过程中，要始终在实践中调整具体政策，应对所面临的各种变化。例如，应该从由政府对外投资的积极性转向由企业对外投资的积极性；从强调内资企业技术引进转向不分内外资企业鼓励技术创新；从大规模的招商引资转向以平常心对待外商。特别是地方政府在土地出让和财政扶持、水电气供应等方面对外商的特别支持，需要把握好度。要尽可能提高市场化出让土地的力度。要支持在明处，要支持在法理上，要支持在关键环节上，要为日后公平贸易留下空间。要从强调发展中国家知识产权特殊性转向用知识产权国际规则保护自己，通过争取国际间技术援助、利用国际经济协议适当照顾发展中国家的利益，利用各国专利申请的时间差以及求助自主知识产权的保护等途径，减少发展中国家知识产权保护的成本支付。

2. 从大国的可持续发展看我国经济增长方式转变

从各国发展的经验看，处于工业化中期发展阶段的国家尤其是大国，其增长方式具有高消耗、高投入的特点，这一格局在短期内难以完全改变。但这种粗放型的经济增长方式对资源与环境的约束越来越大，经济可持续发展难以维持，因此这一增长方式必须改变。自主创新能力是国家竞争力的核心和源泉，也是实现增长方式转变和结构调整的关键。自主创新能力弱化是近年来普遍关注的一个重要问题，但必须明确，引进技术和自主创新并不矛盾，关键在于建立有效的体制机制，使自主创新有足够的动力。

尊重市场配置资源的作用，珠三角、长三角分布的密集型制造业形成今天的局面，主要是靠市场调节，靠中外合资合作。在对外开放中要由政

---

①　我们认为主要是对外资企业的过度优惠问题。我国对外资的优惠通常包括低税率、低廉的土地和基础服务价格、放宽审批限制、较为宽松的外汇管制要求等。总体而言，内资企业的实际税负明显高于外资企业。内、外资企业的不公平待遇扭曲了市场和企业行为，这是需要尽快予以解决的。开放经济备受人们关注的另一问题是金融风险。严格地说，金融风险不是开放经济带来的，外资金融机构的进入和国际资本流动也不必然带来金融风险，关键是国内金融企业要练好内功并采取有效的货币政策和金融监管手段。

府主导向市场主导转变，不要把中国成为制造业中心当作国家计划来安排，当作国家目标去努力。将中国从"世界工厂"转变成为世界市场。在国际收支方面，要从资本项目、贸易项目的双顺差向追求国际收支顺差、国际收支平衡转变，向允许出现贸易项目逆差的方向转变，进一步讲，向成为一个进口大国的方向推进。

3. 从大国的资源需求看世界的和谐共处

媒体上有人说中国经济发展中遇到的资源获取问题让世界感到不安，但他们没有认识到，全球大多数资源总量在短期内是富余的而不是短缺的，不存在所谓的资源争夺问题[①]。中国是利用市场力量获取资源，资源供应国（如俄罗斯和中亚、中东各国）也由此获得了巨大利益，进口资源也不是只由中国人享用，很多廉价的出口产品又返回到了有关国家。有许多大国比我们更依赖于资源进口，有什么理由单单反对我们呢？日本、美国有一些反面的声音，是出于对中国崛起的复杂心态，而没有从经济学上说得过去的理由。而且，如果从政治和外交上考虑，中国对资源的巨大需求有利于中国更积极地参与维护中东、中亚等地区的和平稳定，美国也能从中受益。当然，要按照市场规则和谈判去购买资源，能买则买，不能表现出一副志在必得的样子，否则容易授人以柄或引起媒体炒作。

参考文献

1. W. W. 罗斯托：《经济增长的阶段》，中国社会科学出版社，2001年。

2. H. 钱纳里等：《工业化和经济增长的比较研究》，上海三联书店，1995年。

3. 1981年、1993年、2004年、2005年的《中国统计年鉴》。

4. 《中国科技统计年鉴2005》。

5. 1995年、2004年、2005年的《国际统计年鉴》。

6. 世界银行编：《05世界发展指标》，中国财政经济出版社，2005年。

7. 本书编写组：《〈中共中央关于制定国民经济和社会发展第十一个五年规划的建议〉辅导读本》，人民出版社，2005年。

---

① 据《国际战略资源调查》一书提供的数据，2004年全球已探明煤炭储采比（探明储量/年生产量）达164年，天然气达66.7年，世界常规石油储量为40.5年（OPEC73.9年）。而铁、铝、钾、铬、钛等金属资源储采比都在100年以上。石油储采比不算高，但加上非常规石油储量，储采比翻一番是完全可能的。我国学者张抗等预测，油气供需基本平衡，供略大于求的局面至少可以延续到21世纪的前半期。

8. 李晓西：《宏观经济学》（中国版）中国人民大学出版社，2005 年。

9. 李晓西、张琦：《中国区域收入差距分析及对策建议》，《改革》2005 第 2 期。

10. 刘世锦：《中国产业发展八大趋势分析》，《经济参考报》。

11. 赵人伟、李实、卡尔·李思勤主编：《中国居民收入分配再研究》，中国财政经济出版社，1999 年。

12. 中国科学院中国现代化研究中心：《中国现代化报告 2005——经济现代化研究》，北京大学出版社，2005 年。

13. 周天勇主编：《城市发展战略：研究与制定》，高等教育出版社，2005 年 6 月。

14. 陈宗胜、周云波：《非法非正常收入对居民收入差别的影响及其经济学解释》，《经济研究》2001 年第 4 期。

15. 陈宗胜、周云波：《再论改革与发展中的收入分配》，经济科学出版社，2002 年。

16. 慕海平：《我国当前的经济增长与收入分配》，《宏观研究》2004 年第 6 期。

17. 尹艳林、李若愚：《我国居民收入分配格局研究》，《经济研究参考》2005 年第 29 期。

18. 李静：《中国农村经济市场化研究》，研究报告（打印稿）2005 年。

19. 刘昌明主编：《中国水资源现状评价和供需发展趋势分析》，中国水利水电出版社，2001 年。

20. 中国社会科学院农村发展研究所、国家统计局农村社会经济调查总队：《2004～2005 年中国农村经济形势分析与预测》，社会科学文献出版社，2005 年。

21. 国家统计局农村社会经济调查总队：《中国农村经济调研报告 2004》，中国统计出版社，2004 年。

22. 孙海鸣：《中国经济发展阶段与增长方式的转变》，《财经研究》1997 年第 6 期。

23. 魏建国：《产业分类思想的产生和发展》，《经济纵横》。

24. 国土资源部地籍管理司：《2004 全国土地利用变更调查报告》，中国大地出版社。

25. 饶会林：《城市经济学》（上卷），东北财经大学出版社，1999 年。

26. 张艳华、李秉龙：《中国城乡居民收入差距与消费需求的定量研究》，《农村经济》2004 年第 7 期。

27. 《保护耕地，从何着手》，河北农业信息网，2004 年 4 月 16 日。

28. 重庆市《关于制定国民经济和社会发展第十一个五年规划的建议》。

29. 中国企业联合会、中国企业家协会：《中国企业发展报告 2005》，企业管理出版社，2005 年。

30. 国务院发展研究中心世界发展研究所：《世界发展状况 2005》，时事出版社，2005 年。

31. 北京师范大学经济与资源管理研究所：《2003 中国市场经济发展报告》，中国对外经济贸易出版社，2003 年。

32. 北京师范大学经济与资源管理研究所：《2005 中国市场经济发展报告》，中国商务出版社，2005年。

33. 中国现代国际关系研究院：《国际战略与安全形势评估 2004～2005》，时事出版社，2005年。

34. 中国现代国际关系研究所：《全球大战略——新世纪中国的国际环境》，时事出版社，2000年。

35. 胡鞍钢：《中国大战略》，浙江人民出版社，2003年。

36. 胡鞍钢：《国情与发展》，清华大学出版社，2005年。

37. 中国科学院可持续发展战略研究组：《中国可持续发展战略报告》，科学出版社，2004年。

38. 黄平、崔之元主编：《中国与全球化：华盛顿共识还是北京共识》，社会科学文献出版社，2005年。

39. 韩启明：《建设美国——美国工业革命时期经济社会变迁及其启示》，中国经济出版社，2004年。

40. 张幼文、徐明棋等：《强国经济：中国和平崛起的战略与道路》，人民出版社，2004年。

41. 江小涓：《中国经济进入新阶段：挑战与战略》，《经济研究》2004年第10期。

42. 江小涓：《吸引外资、对外投资和中国的全面小康目标》，《国际贸易问题》2004年第1期。

43. 王梦奎：《现阶段中国经济基本问题》，《北京联合大学学报（人文社会科学版）》2004年第6期。

44. 国家发展改革委宏观经济研究院课题组：《"十一五"时期经济和社会发展的战略选择》，2005年。

45. 中国世界贸易组织研究会：《2004～2005中国WTO报告》，经济日报出版社，2005年。

46. 中国国际关系研究院世界经济研究所：《国际战略资源调查》，时事出版社，2005年。

47. 商务部国际贸易经济合作研究院：《2005中国商务发展研究报告》，中国商务出版社，2005年。

48. 上海证大研究所：《长江边的中国：大上海国际都市圈建设与国家发展战略》，学林出版社，2003年。

49. 韩康等：《21世纪：全球经济战略的较量》，经济科学出版社，2003年。

50. 吴春秋：《大战略论》，军事科学出版社，1998年。

51. 中国现代国际关系研究院美国研究所：《中美战略关系新论》，时事出版社，2005年。

52. 中国现代国际关系研究院世界经济研究所：《国际战略资源调查》，时事出版社，2005年。

53. 包霞琴、臧志军主编：《变革中的日本政治与外交》，时事出版社，2004年。

54. 张德明：《东亚关系中的美日关系研究（1945～2000）》，人民出版社，2003 年。

55. 曹云华等：《新中国——东盟关系论》，世界知识出版社，2005 年。

56. （美）塞缪尔·亨廷顿：《文明的冲突与世界秩序的重建》，新华出版社，2002 年。

57. （美）兹比格纽·布热津斯基：《大棋局：美国的首要地位及其地缘战略》，上海人民出版社，1998 年。

58. （美）理查德·伯恩斯坦，罗斯·芒罗：《即将到来的中美冲突》，新华出版社，1997 年。

59. （美）W. E. 哈拉尔：《新资本主义》，社会科学文献出版社，1999 年。

60. （美）约瑟夫·E. 斯蒂格利茨：《社会主义向何处去——经济体制转型的理论与证据》，吉林人民出版社，1999 年。

61. （美）高柏：《日本经济的悖论——繁荣与停滞的制度性根源》，商务印书馆，2004 年。

62. "R&D in U. S. National Accounts", Barbara M. Fraumeni and Sumiye Okubo, Bureau of Economic Analysis, U. S. Department of Commerce. For additional information please contact：This paper is placed on the following websites：www. iariw. org；www. econ. nyu. edu/iariw；www. cso. ie。

附录1 国内外对经济发展阶段研究成果的综述

经济发展是指随着经济增长而出现的经济、社会和政治结构的变化，包括产业结构、收入分配、发展均衡、消费模式、社会福利、城市化进程等多方面内容。理论界对经济发展阶段的划分有多种角度，各自都有阶段划分的标准，并得出了不同的结论。本部分对经济发展阶段进行了简单的理论综述，为判断中国经济所处的发展阶段提供了可供借鉴和比较的基础理论。

国外学者提出的一些有影响的经济发展阶段的理论，我们将其概括为五大划分方法，下面加以介绍与分析。

一、按产业结构变迁的划分方法

（一）罗斯托的三次产业升级的成长阶段理论

罗斯托是美国著名经济学家，他在 1960 年出版的《经济增长的阶段》一书中，根据对已经完成了工业化的一些国家的经济增长过程所做的研究结果，归纳出一个国家或区域的经济增长有六个阶段，这在国际上被公认

为经济阶段划分的经典理论。他根据经济结构从低至高的变化，划分了经济成长的阶段，提出了一套经济成长理论。他认为任何一国的经济发展都必须经过六个阶段：传统农业社会；为"起飞"准备；"起飞"；向成熟推进；高额群众消费；追求生活质量。其中，"起飞"是经济发展的关键阶段，是进入近代社会生活的分水岭。在"起飞"之前的阶段，经济中农业比重较高，农业生产率及可提供的剩余水平较低，工业化进程受到制约，人均收入增长缓慢；大多数贫困国家处于这个阶段。在"起飞"阶段，农业中的劳动力逐步从农业中解脱出来，到城市寻找工作，人均收入大大提高，推动了现代部门扩张；"起飞"之后，经济进入到新阶段，工业部门成为主导部门；再往下则进入人均收入更高、群众高消费阶段，主导部门则转移到耐用消费品和服务业方面①。

（二）刘易斯的二元经济发展模式

刘易斯是美国著名经济学家，1954 年他在《劳动无限供给条件下的经济发展》中提出了关于发展中国家经济二元结构的理论模型，在国际上引起了很大反响。刘易斯因其"二元经济结构"和"农业劳动力转移"等理论获得 1979 年的诺贝尔经济学奖。他从传统农业部门向现代工业部门转变的角度，在 20 世纪 50 年代提出了发展中国家经济发展阶段的理论。该理论模式研究了一个社会从停滞的传统农业经济转变成为自我持续增长的现代工业化经济的原因、机制和过程。他认为一个传统的经济体要转变成为现代的经济体，要经过两个阶段：第一阶段是农业剩余劳动力无限供给阶段，现代部门获得迅速的资本积累和扩张；第二阶段农业剩余劳动力转移完毕，经济增长的利益不再被资本所独占，工资开始上升，二元经济转型结束。后来，费景汉和美国经济学家拉尼斯对二元理论加以发展，提出了三阶段的学说。该学说于 1961 年由费景汉和拉尼斯在其合作的论文《经济发展理论》中首先提出，并在他们 1964 年合著的《劳动力剩余经济的发展》中首次进行了系统的阐述。第一阶段：市场机制刺激农业剩余劳动力和农业剩余向工业部门转移；第二阶段：农业剩余下降，农产品短缺，农产品价格回升，工农业之间非正常的工资缺口开始缩小，工业部门实际工资开始上升；第三阶段：农业工人工资上升，隐蔽性失业消失，农业部门已经商品化，二元经济结构的

---

① 转引自中国社会科学院经济研究所编：《现代经济辞典》，凤凰出版社、江苏人民出版社，2004 年，第 546 页。

转变完成。

（三）科林·克拉克的三次产业理论

英国经济学家科林·克拉克（Colin Clack）在 1940 年发表的《经济进步的条件》一书中进一步论述了三次产业划分理论。他对产业结构演进趋势进行了考察，将各国经济发展划分为三个阶段：第一阶段是以农业为主的低开发经济社会；第二阶段是以制造业为主的经济社会；第三阶段是商业和服务业迅速发展的阶段。

（四）霍夫曼定理

这是德国经济学家霍夫曼（W. G. Hoffmann）1931 年通过对 20 个国家的工业内部结构演变规律进行的经验研究。他将产业分为三类：一是消费资料产业，包括食品工业、纺织工业、皮革工业、家具工业。二是资本资料产业，包括冶金及金属材料工业、运输机械工业、一般机械工业、化学工业。三是其他产业，包括橡胶、木材、造纸、印刷等工业。这种分类的主要目的在于区分消费资料产业和资本资料产业，以确定一定时点上的工业化水平。二者之间的比例关系被称为"霍夫曼系数"。根据这种分类和系数变化，霍夫曼提出了工业结构的演变规律，将工业化过程分为四个阶段：在工业化第一阶段，消费品工业的生产在制造业中占有统治地位，资本品工业不发达；在工业化第二阶段，与消费品工业相比，资本品工业获得了较快的发展，但消费品工业的规模仍然比资本品工业的规模大得多；在工业化第三阶段，消费品工业与资本品工业的规模达到大致相当的水平；在工业化第四阶段，资本品工业的规模大于消费品工业的规模。与霍夫曼类似的还有钱纳里等人的工业化发展阶段理论。1986 年，美国经济学家钱纳里等在《工业化和经济增长的比较研究》中，通过多国数据的实证分析等将工业化分为三个阶段：早期工业阶段、中期工业阶段、晚期工业阶段。

（五）厉以宁、樊纲的重化工业阶段

厉以宁和樊纲都认为重型化仍然是中国经济发展的必经阶段。厉以宁认为在借鉴西方国家发展经验的时候，小国可以跳过重化工业发展阶段而直接以发展新兴技术为主，但是大国必须建立自己的工业体系和工业基础，因此重化工阶段不可逾越。作为大国的中国必须建立自己的工业体系和工业基础，但在重化工业的发展过程中要加强技术创新，减少能源消耗。

樊纲也认为我国进入了重化工业阶段，所谓重化工业就是资源性产

业，但是不仅为全世界出口我们的产品，而且要从全世界进口资源、原材料；不是要不要发展的问题，而是要如何发展，如何提高效率即如何提高能耗、减少污染，如何从技术上、制度上加以解决的问题。他提出，中国现阶段经济发展的结构调整和结构变化是中国长期发展的产业结构趋势，这两年的突出特点就是重化工业取得较大发展，即中国的重化工业具有了国际竞争力。

（六）刘世锦的产业结构升级阶段

从产业结构升级的角度看，20 世纪八九十年代中国经济的高速发展主要源于以消费品为代表的轻工业的发展，而进入新世纪以后，由于消费结构从服装、家电等向住宅、汽车等升级，带动了房地产、汽车制造等行业的发展，而这些行业又带动钢铁、建材、能源、石油、化工、重型设备等产业的发展。因此，新世纪以来中国经济的启动得益于重化工业的发展。中国经济已经进入了一个新的重化工业时期，从国际经验看，重化工业时期将持续二三十年甚至于更长。在轻工业为主的阶段，GDP 每增长一个百分点能安置 300 万人就业，而在重化工业阶段，则降为 70 万人①。目前中国重化工业发展中的问题一是原料供给缺口，二是行业资源利用效率与发达国家相比存在较大的差距。

由上可见，国内外从产业结构变迁的角度来划分经济发展阶段的理论，实质上都是由一产为主到二产为主再到三产为主的产业结构升级的基本思路。这一思路与近百年经济社会发展史是相吻合的。

二、按收入水平的划分方法

（一）世界银行的收入阶段理论

世界银行根据人均 GDP 标准，将一国的经济发展分为四个阶段：低收入阶段、中下等收入阶段、中上等收入阶段、高收入阶段。

（二）从 GDP 到 HDI 和 GGDP 发展阶段理论

这是从人类对社会发展的追求的角度看待经济和社会发展的阶段的。这一理论认为，自工业革命以来，人类对社会的追求大致可分为三个时期，即 GDP 时期、HDI 时期、GGDP 时期。GDP 时期的特征是：完全建立在物质产品的生产、流通、分配和消费基础之上，以满足人类生存与发展对物质产品的需求为主要目的。由此，有的学者称之为这是以物质资源为

---

① 王梦奎主编：《中国的全面协调可持续发展》，人民出版社，2004 年，第 218 页。

本的"物质经济",这一时期的最大弊端是为了实现 GDP 的增长,人们不惜大量开采和过度消耗各种自然资源,不惜污染环境和破坏环境。在 HDI(即人类发展指数)时期,一个国家的发展是从三个方面来衡量的:一是健康长寿的生活、二是知识水平的提高、三是体面的生活水平。在这一时期,人类认识到,经济增长是经济发展的基本动力,但经济增长并不意味着经济发展,经济发展并不单是为了经济增长,而是为了保障人的健康和全面发展。在 GGDP(即绿色 GDP,它是扣除经济活动中投入的环境成本后的 GDP)时期,经济发展的基本点是"以人为本",发展准则是可持续发展,要求全力建设好三大系统:一是生态文明系统;二是社会文明系统;三是主体文明系统。社会发展的三个时期充分展示了人们追求的一条基本轨迹,即发展经济,但人们不是以经济为目的;促进社会发展,也不是以社会为归宿,而所要追求的是人们生活的幸福[①]。

按照收入水平对经济发展阶段的划分,更加侧重的是一种经济发展阶段和人民生活水平的描述或判断标准。

三、制度进步划分法

(一) 马克思对人类发展阶段的划分

用马克思主义的基本观点来看,划分社会历史发展阶段的根本依据只能是社会基本矛盾运动。马克思将人类发展分为:原始社会、奴隶社会、封建社会、资本主义社会、社会主义社会。例如,对资本主义社会,是通过对其基本矛盾运动,即生产的社会化与生产资料私人占有之间的矛盾运动过程的分析,揭示资本主义社会的历史演变进程的,并且根据资本主义社会的基本矛盾运动的具体运动状态,把资本主义社会的历史演变进程划分为资本原始积累阶段、自由竞争的资本主义阶段、垄断资本主义阶段和国家资本主义阶段。

(二) 经济转型理论

指经济发展阶段或经济体制的转变过程。对经济转型有多种理解:一是将经济转型理解为从较低层次的经济发展阶段向较高层次阶段的转变过程,如从农业社会向工业社会转型。二是将经济转型理解为经济体制的转变过程,亦称"体制转轨",如从计划经济体制向市场经济体制转型。三

---

① 转引自程恩富、陶友之、孙明泉:《第六次产业革命"预见"的内核、意义与不足》,《新华文摘》2005 年第 8 期。

是综合了上述两个方面的内容，把经济转型既理解为经济发展阶段的转变过程，又理解为经济体制的转变过程。如世界银行在《2020 年的中国》中指出：中国正处在两个历史性转型过程中，一是从乡村型农业社会向城市型工业社会转型，二是从指令性经济向市场经济转型①。

（三）江小涓的中国转型阶段

江小涓在《中国经济发展进入新阶段：挑战与战略》中融合了几种发展阶段理论，她认为，中国经过 20 年的高速增长，正处于一个重要的转折时期，保持持续快速增长的难度加大，改革也进入了攻坚阶段。增长减速的主要因素有：产业结构调整和升级的困难、产权制度不完善、金融体系不稳定、企业竞争加剧、收入差距拉大、外资大规模流进流出等因素。对此，我国下一步的战略选择应是：继续深化改革、更加注重就业、形成资源节约型增长方式、注重扩大内需、加快发展服务业、加大科技投入、关注公平与稳定、维护自由贸易体制等②。与此相同的观点还有王梦奎在"中国发展高层论坛（2004）"中的发言中也认为，中国社会经济发展正处在一个重要的转折时期：以人均 GDP 达到 1000 美元为标志，中国已经跃过了解决温饱的发展阶段，逐步进入了以提高生活质量为主要目标的发展新时期，按世界银行的分类，中国走出了低收入国家的行列。从国际经验看，向中等收入国家迈进对各个国家都是极其重要的历史时期。主要特点是：经济体制变革引发社会利益关系的重大调整和重组，科学技术促进经济结构升级和优化，社会需求升级且越来越多样化，社会发展滞后于经济发展带来的各种问题，经济高速增长对资源和环境的压力，全球化带来的冲击和活力等。相应的战略是：促进城乡、地区、经济与社会、人与自然、国内外市场五个方面的协调发展③。

（四）陈宗胜、李晓西、世界银行等的中国体制改革阶段

有学者和相关机构从体制改革的角度分析了中国经济体制改革和发展所处的阶段。陈宗胜认为从大的方面看，中国经济体制改革经历了两个阶段：1978～1992 年是感性发展阶段，即试验性、探索性破坏旧体制阶段；1992～2020 年是理性推进阶段，即系统性、主动性制度

---

① 转引自程恩富、陶友之、孙明泉：《第六次产业革命"预见"的内核、意义与不足》，《新华文摘》2005 年第 8 期。

② 江小涓：《中国经济发展进入新阶段：挑战与战略》，《经济研究》2004 年第 10 期。

③ 王梦奎主编：《中国的全面协调可持续发展》，人民出版社，2004 年，第 15—18 页。

创新阶段。从小的阶段看，中国经济体制改革和发展经历了四个阶段：1978～1984 年以农村改革为重点的阶段，1984～1992 年以城镇改革为重点的阶段，1992～2005 年建立新体制框架阶段，2005～2020 年完善新的经济体制阶段[1]。

李晓西等认为中国经过 20 多年的改革开放，中国已实现了由传统计划经济体制向市场经济的历史性转轨过程，假设存在一个 100% 的市场经济标准，那么到 2001 年，中国的市场化程度已达到 69%；到 2003 年，中国市场经济发展程度达到 73.8%。中国已是一个发展中的市场经济国家。这有两层含义：一是中国正从初级的市场经济国家向成熟市场经济国家推进，二是中国作为一个发展中国家已实行了市场经济制度[2]。

世界银行认为中国的体制改革可划分为三个阶段：1978～1984 年为第一阶段，这一阶段的重点是推行农村改革和家庭联产承包责任制。它标志着中国经济向以市场激励为基础的机制转变。第二阶段是 1984～1992 年，这一阶段主要在城镇进行，许多产品的销售和价格已经放开，乡镇企业开始崛起。第三阶段是始于 1992 年邓小平的南方视察。这一次改革进一步推动了中国市场经济体制的确立，国有企业预算约束逐步硬化，中小企业私有化以及真正意义上的私人部门的出现[3]。

从制度的角度进行划分对我国这种处于体制变革的转型国家来说尤其具有意义。

四、按城市化发展程度的划分方法

（一）城市圈域经济发展阶段

这是从城市化的角度来分析经济发展的阶段。这一理论认为城市圈域经济发展大致要经过以下阶段：一是孤立的城市发展阶段。在前工业化时期，各个城市基本孤立发展，是独立静止的系统，城市之间的吸引力和辐射力薄弱。二是单中心城市圈域经济的形成阶段。随着工业化和城市化的推进，一些具有较好区位条件、经济基础和创新能力较强的城市发展成为

---

[1]　陈宗胜等：《中国经济体制市场化进程研究》，上海人民出版社，1999 年，第 5 页。

[2]　北京师范大学经济与资源管理所：《2003 中国市场经济发展报告》，中国对外经济贸易出版社，2003 年，第 21 页。《2005 中国市场经济发展报告》，中国商务出版社，2005 年，第 3 页。

[3]　金立群、尼古拉斯·斯特恩编著：《经济发展：理论与实践》，经济科学出版社，2002 年，第 245—246 页。

某一区域经济的增长极，这些增长极对周边城市和地区形成累积优势，吸引周边地区的资本、劳动力，奠定其中心城市的地位。中心城市的高经济势能通过技术的创新与扩散、资本的集中与输出从而带动这一圈域经济的发展。三是多中心大城市圈经济发展阶段。四是大城市经济带阶段。在这一阶段，各个城市经济圈之间形成功能互补、相互渗透、相互交叉的大城市经济带，并最终演化成世界经济中心①。

（二）区域发展阶段理论

这是从区域经济发展的一般次序提出的一种理论模式。最早由美国学者胡佛于1949年提出，他以西欧的历史经验为背景，认为一个区域的发展通常经历五个阶段：区域发展的初始阶段是自给自足的经济阶段，在这一阶段区域投资和区际贸易很少，区域产业几乎全部为农业，区域人口绝大部分是农业人口，各种经济活动随农业资源呈均匀分布。第二阶段是乡村工业的兴起阶段，随着交通运输、贸易、地区专业化生产发展起来，乡村工业及其相关产业开始产生，但由于乡村工业生产所需的原料、市场和劳动力全部由农业人口提供，其分布也与农业人口相对应。第三阶段是农业结构转换阶段，随着区际贸易的扩大，区际农业生产开始由粗放型转变为集约型和专业化的园艺等生产。第四阶段为工业化阶段，在工业化早期，制造业的发展以农、林、矿产品为主，到了工业化后期，制造业发展以炼铜业、石油业、金属制造、化学制造业等为主。第五阶段是区域发展的成熟阶段，是服务输出阶段，这时区域开始输出资本、熟练技术人员，为欠发达地区提供专业化服务。这一理论只描述了区域发展的阶段次序，还没有涉及到区域增长机制及其原因的分析。关于区域增长机制及其原因分析，则有区域城市化理论、核心—外围模式、区域创新扩散、发展极理论等。

（三）区域城市化理论

这是从区域经济开发和城市化的角度来研究经济发展阶段的理论。这一理论认为，对于那些经济技术薄弱、基础设施落后的不发达地区来说，一个区域的开发或城市化，一般需要经过极点开发、点轴开发、网络开发三个阶段。极点开发，就是选择区位条件好、交通便利、位于经济中心并具有一定基础的城市，进行重点开发；等到经济实力增

---

① 金立群、尼古拉斯·斯特恩编著：《经济发展：理论与实践》，经济科学出版社，2002年，第118页。

长，具有较大规模的开发能力以后，再选择重要交通线作为重点开发轴线，进行点轴开发；点轴开发到一定水平后，进行网络开发，即选择新的交通线作为新的重点开发轴线，并与原有的重点开发轴线联结，形成一个有机的区域经济网络整体。区域经济网络是以城镇体系为支点和依托的，因此，区域经济网络的开发就促进了城市化的发展。区域城市化常常被认为是在中国这样一个区域经济发展差异极大的国家进行城市化的必经阶段①。

（四）胡鞍钢的地区差距演变阶段

胡鞍钢从地区差距的角度分析了中国地区经济发展差距，他把中国建国以来地区差距的发展分为三个阶段：第一阶段（1952～1978年）为地区经济发展差距在波动中上升。第二阶段（1979～1991年）为经济发展差距不断缩小。第三阶段（1991年至今）为经济发展差距重新出现上升趋势，目前我国地区经济发展差距处于建国以来最严重的时期。中国地区之间经济发展的差距很大程度上表现为区域之间城镇化水平的差距，即区域发展差距和城乡发展差距之间存在非常大的相互关联性。中国的地区差距的主要来源是东西差距，同时还有南北差距。如果中央政府不加以干预，这种地区间经济发展差距在未来一段时期内还会扩大。未来解决地区差距的主要政策主要应有：中央政府的政治支持，建立国内统一市场，城镇化，实现全国基本公共服务均等化，开发人力资源，实施知识发展战略等②。

五、按科技进步程度的划分方法

（一）内涵发展型和外延扩张型理论

这是根据马克思《资本论》中的外延扩大再生产和内涵扩大再生产而提出的经济增长方式理论。现在人们通常把以增加生产要素投入量为主要特征的扩大再生产称为"外延扩大再生产"，也称"粗放经营"，而把以依靠技术进步、提高生产要素使用效率为主要特征的扩大再生产称为"内涵扩大再生产"，也称"集约经营"。这一理论认为，在生产机械化和科学技术水平较低阶段，外延扩大再生产是经济增长

---

① 金立群、尼古拉斯·斯特恩编著：《经济发展：理论与实践》，经济科学出版社，2002年，第822页。
② 王梦奎主编：《中国的全面协调可持续发展》，人民出版社，2004年，第156—183页。

的主要方式，因为当一国或一个地区的经济尚停留在满足人们温饱的水平上时，劳动力、土地及其他初级资源等生产要素是比较廉价的，所以投入大量廉价的生产要素来推动经济发展是建立在比较优势基础上的合理选择。但是由于主要靠铺新摊子、上新项目，忽视技术改造、投入和使用效率，因而易出现技术进步缓慢、经济效益低下、资源浪费严重及环境污染等问题，因此，当外延扩张型经济发展到一定阶段并形成一定规模时，就必须适时地转向以内涵扩大再生产为主的经济发展类型。这时经济增长方式将发生以下变化：一是由以高投入为主的经济增长转向以效率提高为主的经济增长，二是综合要素生产率增长速度高于投入物增长速度，三是经济增长由速度效益型转向效益速度型，四是由各部门的普遍扩张转变为合理的产业结构优化和升级，五是由趋于衰竭的经济增长转向可持续的经济增长，这样经济建设与资源、环境相协调，走上良性发展的轨道①。

（二）吴敬琏、马凯的新型工业化道路

吴敬琏认为，自"十五"计划实施以来，中国经济结构是在向重型方面转化，但这种以重化工业为主导的粗放型增长方式所创造就业的能力有限，相反会引起全国性的能源短缺。中国的经济发展不应依靠高投入，而应主要依靠效率的提高。东亚经济危机就是过于依靠高投入发展所带来的后果。小企业的发展、第三产业、IT产业的发展，对降低交易成本、提高效率有极大的作用，并且能吸引大量劳动力。

技术进步特别是信息技术的发展以及服务业的快速发展是完成该阶段经济增长的主要源泉。应该走出一条提高效率的新型发展模式，即"走出一条具有中国特色的节约型发展道路"。"结构升级是要实现资源配置最优，而不是多数人所认为的发展重化工业。"

马凯在"中国发展高层论坛（2004）"中的发言中从经济增长方式的角度，认为中国目前还是处在"高投入、高消耗、高排放、不协调、难循环、低效率"的粗放型经济增长方式，必须转变经济增长方式和传统工业化模式，走上科技含量高、经济效益好、资源污染少、人力资源得到充分发挥的新型工业化道路②。

---

① 王梦奎主编：《中国的全面协调可持续发展》，人民出版社，2004年，第716、1033页。
② 王梦奎主编：《中国的全面协调可持续发展》，人民出版社，2004年，第21—25页。

（三）徐匡迪的建设节约型社会

徐匡迪从工业化与资源消耗之间关系的角度，认为美国和日本已进入工业化后期阶段，而中国目前正处在工业化的快速起飞阶段，大量的资源消费还要持续相当长的时间。但大量的资源消费正面临着一系列的约束，中国必须走出以大量的资源消耗和严重的环境污染、破坏生态环境为代价的传统工业化道路，走新型工业化道路、建设节约型社会[①]。

从我国的实际情况看，上述理论似乎都可以在我国找到现实的佐证，但要说明的是，这些理论并不是经济发展的一般规律，适用于所有国家，可以解释和指导所有国家的发展特点和未来政策。因为这些理论只是对某一个或某些国家在某些时期曾经的发展事实和发展特点的总结和一般性概括，并不是放之四海而皆准的规律或定理。如"霍夫曼定理"被有些人看作是工业化的一般规律，而库兹涅茨早就指出："在美国的经济发展过程中，看不出存在什么'霍夫曼定理'，因此，根据美国经验不得不放弃它"[②]。因此，在判断中国目前的发展阶段时，不能简单地照搬这些理论，不然会失之于简单化，也不能得出正确的结论。但同时，在研究中国的经济发展阶段时，也要借鉴这些已有的理论或工具，不然也会失去方向。正确的做法就是充分研究这些理论的背景与方法，分析我国目前主要的矛盾、主导产业和主导方向，进而选择主导的理论分析方法。

关于中国经济发展进入新阶段、体制改革、地区差距、城乡二元结构等结论目前已基本成为共识。而关于工业化发展阶段特别是重化工业发展阶段还存在着分歧，有些人对重化工业发展阶段和以信息化带动工业化等结论提出了批评，如吴敬琏认为，工业发展分为三个阶段，第一阶段是起飞前阶段，以英国为主，主要是靠土地投入，局限性很大，易陷入土地资源被完全占用后经济无法再继续增长的"马尔萨斯陷阱"。但19世纪经济起飞，英国并未陷入"马尔萨斯陷阱"，原因是经济增长靠的是物质资本的投入，用机器代替人工，发展重工业。霍夫曼的书将19世纪英国、美国工业化初期和中期的增长方式外推到工业化后期阶段，表明重化工业还要发展得更快，要占支配性地位。但是，从20世纪二三十年代的发展情况看，并未实现霍夫曼定理，于是萨缪尔森将这个发展时期称为现代发展，

---

① 王梦奎主编：《中国的全面协调可持续发展》，人民出版社，2004年，第38—43页。

② 转引自范世涛：《信息化、结构转变和发展政策》，《比较》第十八辑，第70页。

即经济增长不是依靠物质资本积累和资源的投入，而是效率的提高。

后工业化时期依靠的是第三产业和小企业的发展。20 世纪的发展，是现代发展，是集约增长，主要依靠效率提高。我国主张发展重化工业的人都以霍夫曼的理论为依据，但我国是具有后发优势的国家，要迎头赶上，就不能盲目地按他的理论（19 世纪粗放增长型理论）走，要总结别人的经验和教训。从目前看，我国一些地方依据霍夫曼等人的理论进行结构升级后所带来的结果就是很快出现资源短缺。而目前出现重化工业发展的现象的原因并不是经济发展的客观必然，而是地方政府出于财政收入、政绩考核等原因而主导发展的。同时地方政府有土地和贷款权两大资源，有能力发展重型工业①。

范世涛认为，将发展约减为农业国工业化问题早已是落后的认识，工业化只是从属于经济发展水平和速度等总量指标的次级维度，对我们这样的转轨经济来说，所有制结构可能是比产业结构更重要的结构变量。建国后我国的经济增长确实与工业化过程紧密联系在一起，但中国在快速发展工业化的同时，动态效率并没有持续改善，相反在 20 世纪 90 年代以后出现了恶化的态势，这是工业化内在乏力的征象。如果把我国的经济增长寄托在没有效率的工业化这样一个产业结构变化的过程上面，将可能导致中国高速增长的提前终结。目前，合适的政策选择是加快市场化改革，促进有效竞争，使现代部门特别是服务部门更有创新性和竞争力②。

参考文献

1. 中国社会科学院经济研究所编：《现代经济辞典》，凤凰出版社、江苏人民出版社，2004 年。
2. 北京师范大学经济与资源管理研究所：《2003 中国市场经济发展报告》，中国对外经济贸易出版社，2003 年。
3. 北京师范大学经济与资源管理研究所：《2005 中国市场经济发展报告》，中国商务出版社，2005 年。
4. 陈宗胜等：《中国经济体制市场化进程研究》，上海人民出版社，1999 年。

---

① 转引自黄泰岩、杨万东主编：《中国经济热点前沿》，经济科学出版社，2005 年，第 189、190、191 页。
② 范世涛：《信息化、结构转变和发展政策》，《比较》第十八辑，第 58—74 页。

5. 金立群、尼古拉斯·斯特恩编著：《经济发展：理论与实践》，经济科学出版社，2002 年。

6. 张培刚主编：《新发展经济学》，河南人民出版社，1999 年。

7. 吴敬琏：《吴敬琏自选集》，山西经济出版社，2004 年。

8. 吴敬琏主编：《比较》第十辑，中信出版社，2004 年。

9. 江小涓：《中国经济发展进入新阶段：挑战与战略》，《经济研究》2004 年第 10 期。

10. 范世涛：《信息化、结构转变和发展政策》，《比较》第十八辑。

11. 王梦奎主编：《中国的全面协调可持续发展》，人民出版社，2004 年。

12. 孙明泉：《积极迎接新产业革命的战略机遇》，《新华文摘》2005 年第 8 期。

13. 陈广汉：《刘易斯的经济思想研究》，中山大学出版社，2000 年。

14. 祝合良：《开放条件下的中国工业化——大国的经验比较与中国的现实选择》，经济管理出版社，2002 年。

15. 张可云：《区域经济政策——政府基础与欧盟国家实践》，中国轻工业出版社，2001 年。

16. 胡必亮：《发展理论与中国》，人民出版社，1998 年。

17. 胡必亮：《中国的跨越式发展战略》，山西经济出版社，2003 年。

18. 吴敬琏，《解决工业化道路和增长模式问题》，中国宏观经济信息网，2005 年。

19. 樊纲：《重化工业是我国经济发展的优势所在》，《中国特色社会主义研究》2005 年第 1 期。

附录 2　五大指数数据库

附表 1　收入指数①

年份	人均 GNI(USD)② 1990	人均 GNI(USD)② 2003	GDP(亿美元) 1990	GDP(亿美元) 2003	年中人口数(万人) 1990	年中人口数(万人) 2003	人均 GDP(美元)③ 1990	人均 GDP(美元)③ 2003	按购买力平价法计算的人均 GDP(美元) 2003
世界总计	4060	5510	216876.7	364606.3	525337.2	627252.2	4128.3	5812.8	8260
低收入国家	360	440	6193.486	11030.18	177755.6	231187.5	348.4	477.1	2140
中等收入国家	1210	1930	33770.92	60231.46	258866.4	298859.1	1304.6	2015.4	6110
下中等收入国家	1010	1490	24669.94	41679.74					5580
上中等收入国家	2830	5440	9191.569	18556.7					10310
中,低收入国家	870	1280	39976.13	71248.79					4370
高收入国家	19760	28600	176912.7	293405.6	88715.18	97205.64	19941.6	30184.0	29570
中国	320	1100	3546.444	14170	113518.5	128840	312.4	1099.8	5003.13
中国香港	12520	25860	754.3261	1566.794	570.45	681.6	13223.4	22987.0	27178.7
阿根廷	3220	3810	1413.524	1295.958	3229	3677.184	4377.6	3524.3	12105.7
澳大利亚	17720	21950	3105.807	5223.775	1706.51	1988.1	18199.8	26275.2	29632.1
巴西	2800	2720	4619.518	4923.377	14795.7	17659.63	3122.2	2787.9	7790.4
保加利亚	2260	2130	207.263	198.6023	871.8	782.3	2377.4	2538.7	7731.43
捷克		7150	348.7997	897.151	1036.3	1020.2	3365.8	8793.9	16357.3
匈牙利	2880	6350	330.5561	827.3186	1036.5	1012.8	3189.2	8168.6	

续附表 1

年　份	人均 GNI(USD)		GDP(亿美元)		年中人口数(万人)		人均 GDP(美元)		按购买力平价法计算的人均 GDP(美元)
	1990	2003	1990	2003	1990	2003	1990	2003	2003
印　度	390	540	3169.374	6006.374	84951.5	106439.9	373.1	564.3	2891.8
意大利	17420	21570	11023.8	14683.14	5671.9	5764.627	19435.8	25471.1	27119.4
日　本	26960	34180	30396.93	43008.58	12353.7	12757.3	24605.5	33712.9	27966.8
哈萨克斯坦		1780	269.3273	297.494	1634.8	1487.81	1647.5	1999.5	6671.13
新加坡	11840	21230	369.0139	913.4228	304.7	425	12110.7	21492.3	24481.5
韩　国	6000	12030	2637.75	6053.307	4286.9	4791.173	6153.0	12634.3	17971.4
墨西哥	2830	6230	2627.098	6260.796	8322.6	10229.1	3156.6	6120.6	9168.32
蒙　古		480		12.74461	210.6	247.9568		514.0	1850.39
波　兰		5280	589.759	2095.629	3811.88	3819.6	1547.2	5486.5	11378.8
俄罗斯联邦		2610	5168.143	4328.555	14829.2	14342.5	3485.1	3018.0	9230.18
罗马尼亚	1730	2260	382.9911	569.5103	2320.7	2174.4	1650.3	2619.2	7277.13
英　国	16190	28320	9895.241	17948.78	5756.1	5932.9	17190.9	30253.0	27146.6
美　国	23330	37870	57572	109485.5	24962.3	29081	23063.6	37648.5	37561.9
越　南	130	480	64.7174	391.6355	6620	8131.424	97.8	481.6	2490.36

注：①国内生产总值：指生产活动成果，等于所有常住单位创造的增加值的总和（包括产出价值中未包括的产品税，不包括各项产品补贴，等于按购买者价者价格计算的货物和服务最终使用价值（不包括中间消费）减去进口税净额，或等于单位生产的货物和服务收入和。

②国民总收入：指国内生产总值减去生产税净额，加上收到的雇员报酬和财产收入，加来自国外给国外的雇员的初次收入（即国内生产总值减去付给非常住单位的初次收入，加上收到的来自非常住单位即国民总值，后者是以住国民核算中使用的概念）。

③根据前四列的"GDP/年中人口数×10000"计算而来。

附表 2　城市化及消费指标

指标名称（单位）	城市化指标		最终消费支出占GDP比重(%)		消费指数				居民消费倾向③	
	城市人口占总人口数的比重(%)				基尼系数①		人均居民最终消费支出② (2000年价格，美元)			
	1990	2003	1990	2003	年份	数据	1990	2003	1990	2003
国家和地区										
世界总计	44	49	76.83715				2773.123	3278	0.683	0.595
低收入国家	26.0	30.0	82.3885	79.70155			225.9207	291.013	0.628	0.661
中等收入国家	44.0	53.0	73.41718	71.71703			831.7377	1130.58	0.687	0.586
下中等收入国家	41.0	50.0	71.93002	69.65334						
上中等收入国家	71.0	75.0	76.34664	76.07474						
中、低收入国家	37.0	43.0	74.67747	72.82556						
高收入国家	77.0	80.0	77.32496				13523.61	17013.4	0.684	0.595
中国	27	39	62	55.4	2001a,b④	44.7	189.4321	484.8724	0.592	0.441
中国香港	100	100	64.82761	67.67667	1996c,d	43.4	11137.08	14300.1	0.890	0.553
中国澳门	98.651	98.8876	45.49864				4654.881	6257.7	0.550	
阿富汗	18	23								
阿尔巴尼亚	36	44			2002a,b	28.2				
阿尔及利亚	51	59			1995a,b	35.3				
安哥拉	28	36								
安提瓜和巴布达										
阿根廷	87	89	80.2748	74.10905	2001c,d	52.2		4807.141		1.262
亚美尼亚	67	67			1998a,b	37.9				

续附表 2

指标名称（单位）国家和地区	城市化指标 城市人口占总人口数的比重(%)		最终消费支出占 GDP 比重(%)		消费指数 基尼系数		人均居民最终消费支出(2000 年价格，美元)		居民消费倾向	
	1990	2003	1990	2003	年份	数据	1990	2003	1990	2003
阿鲁巴	85	92	77.82977		1994c,d	35.2	9805.939	12780	0.553	0.582
澳大利亚	67	68			1997c,d	30				
奥地利	54	52			2001a,b	36.5				
阿塞拜疆										
巴哈马										
巴林										
孟加拉国	20	27	90.35442	82.41617	2000a,b	31.8	259.4949	303.0314	0.927	0.758
巴巴多斯										
白俄罗斯	66	70	71.17783	79.82607	2000a,b	30.4	714.6213	1015.704		0.635
比利时	97	98			1996c,d	25				
伯利兹										
贝宁	34	45								
百慕大										
不丹										
玻利维亚	56	64			1999a,b	44.7				
波黑	39	44			2001a,b	26.2				
博茨瓦纳	42	50			1993a,b	63				
巴西	75	83	78.59517	78.4908	2001c,d	59.3	1632.494	2009.698	0.583	0.739

续附表 2

指标名称（单位） 国家和地区	城市化指标 城市人口占总人口数的比重（%）		最终消费支出占GDP比重（%）		消费指数 基尼系数		人均居民最终消费支出（2000年价格，美元）		居民消费倾向	
	1990	2003	1990	2003	年份	数据	1990	2003	1990	2003
保加利亚	66	68	78.0199	88.02622	2001c，d	31.9	1361.256	1296.965	0.602	0.609
布基纳法索	14	18			1998a，b	48.2				
布隆迪	6	10			1998a，b	33.3				
柬埔寨	13	19			1997a，b	40.4				
喀麦隆	40	51			2001a，b	44.6				
加拿大	77	79	78.71552		1998c，d	33.1	11080.37	13257.7	0.558	0.542
佛得角	37	43								
中非	21	25			1993a，b	61.3				
乍得										
智利	83	87			2000c，d	57.1				
哥伦比亚	69	76			1999c，d	57.6				
科摩罗										
刚果（布）共和国	56	67			2000c，d	46.5				
哥斯达黎加	54	61			2002a，b	44.6				
科特迪瓦	40	45			2001a，b	29				
克罗地亚	54	59								
塞浦路斯										
古巴	74	76								

续附表 2

指标名称（单位）国家和地区	城市化指标 城市人口占总人口数的比重（%）		消费指数 最终消费支出占GDP比重（%）		基尼系数		人均居民最终消费支出（2000年价格，美元）		居民消费倾向	
	1990	2003	1990	2003	年份	数据	1990	2003	1990	2003
捷　克	75	75	72.21335	74.62238	1996c，d	25.4	2511.754	3156.788		0.442
丹　麦	85	85			1997c，d	24.7				
吉布提										
多米尼克										
多米尼加	58	67			1998c．d	47.4				
厄瓜多尔	55	64			1998a，b	43.7				
埃　及	44	43	83.85285	84.77386	1999—2000a，b	34.4	971.3974	1255.351	1.199	0.903
萨尔瓦多	49	64			2000c，d	53.2				
赤道几内亚	16	20								
厄立特里亚										
爱沙尼亚	71	70			2000c，d	37.2				
埃塞俄比亚	13	17			1999—2000a，b	30				
斐　济										
芬　兰	61	59			2000c，d	26.9				
法　国	74	76	77.60607		1995c，d	32.7	10895.07	12620.4	0.555	0.510
法属波利尼西亚	68	84								
加　蓬										
冈比亚	25	33			1998a，b	47.5				

115

续附表 2

指标名称（单位） 国家和地区	城市化指标 城市人口占总人口数的比重（%）		消费指数							
			最终消费支出占GDP比重（%）		基尼系数		人均居民最终消费支出（2000年价格，美元）		居民消费倾向	
	1990	2003	1990	2003	年份	数据	1990	2003	1990	2003
格鲁吉亚	55	57		77.89733	2001a,b	36.9		13399.52		0.530
德 国	85	88	76.24127		2000c,d	28.3	11429.85		0.567	
加 纳	34	37			1998～99a,b	40.8				
希 腊	59	61			1998c,d	35.4				
格林纳达										
危地马拉	38	41			2000c,d	59.5				
几 内 亚	23	29			1994a,b	40.3				
几内亚比绍	24	34			1993a,b	47				
圭 亚 那	29	38								
海 地										
洪都拉斯	42	56			1999c,d	55				
匈 牙 利	62	65			2002a,b	26.9				
冰 岛										
印 度	26	28	77.35242	77.70313	1999～00a,b	32.5	225.3407	330.129	0.578	0.611
印度尼西亚	31	44	67.73662	78.5	2002a,b	34.3	318.0821	525.259	0.513	0.648
伊朗伊斯兰共和国	56	66	72.91525	56.57301	1998a,b	43	640.9694	871.5094	0.247	0.434
伊 拉 克	70	68								
爱 尔 兰	57	60			1996c,d	35.9				

XINSHIJI ZHONGGUO JINGJI BAOGAO

续附表 2

指标名称（单位）	城市化指标		最终消费支出占 GDP 比重（%）		基尼系数		消费指数		居民消费倾向	
	城市人口占总人口数的比重（%）						人均居民最终消费支出（2000 年价格，美元）			
国家和地区（单位）	1990	2003	1990	2003	年份	数据	1990	2003	1990	2003
以色列	90	92.0664	85.59496	90.67632	1997c,d	35.5		10122.86		0.537
意大利	67	67	77.73653	79.91369	2000c,d	36	9668.051	11573.33	0.555	
牙买加	51	58	66.15426	74.42699	2000a,b	37.9				
日　本	77	79			1993c,d	24.9	18349.19	21550.34	0.681	0.630
约　旦	72	79	67.15114	32.3	1997a,b	36.4				
哈萨克斯坦	57	56								
肯尼亚	24	36			1997a,b	42.5				
基里巴斯										
朝　鲜	58	61								
韩　国	74	84	64.65343	68.091	1998c,d	31.6	3835.577	6435.698	0.639	0.535
科威特	95	96								
吉尔吉斯斯坦	38	34			2002a,b	34.8				
老　挝	15	21			1997a,b	37				
拉脱维亚	70	60			1998c,d	33.6				
黎巴嫩	84	91								
莱索托	20	30			1995a,b	63.2				
利比里亚	42	47								
利比亚	82	88								

续附表 2

指标名称(单位)	城市化指标		最终消费支出占 GDP 比重(%)		消费指数				居民消费倾向	
	城市人口占总人口数的比重(%)				基尼系数		人均居民最终消费支出(2000 年价格,美元)			
国家和地区	1990	2003	1990	2003	年份	数据	1990	2003	1990	2003
立陶宛	68	69			2000a,b	31.9				
卢森堡	58	60			1998a,b	28.2				
马其顿	24	31			2001a,b	47.5				
马达加斯加	12	16			1997a,b	50.3				
马拉维										
马来西亚	50	59	65.52011	57.65627	1997c,d	49.2	1219.739	1760.157	0.512	0.454
马尔代夫	24	32			1994a,b	50.5				
马里										
马耳他										
马绍尔群岛										
毛里塔尼亚	44	62			2000a,b	39				
毛里求斯	41	42								
墨西哥	72	75	77.96298	81.84046	2000a,b	54.6	3435.604	4071.072	1.214	0.653
密克罗尼西亚联邦										
摩尔多瓦	47	42								
蒙古	57	57	90.82933	81.88724	2002a,b	36.9				
缅甸	25	29	88.83843		1998a,b	30.3				
摩洛哥	48	57			1998 – 99,a,b	39.5				

续附表 2

指标名称（单位）国家和地区	城市化指标 城市人口占总人口数的比重（%）		消费指数							
			最终消费支出占GDP比重（%）		基尼系数		人均居民最终消费支出（2000年价格，美元）		居民消费倾向	
	1990	2003	1990	2003	年份	数据	1990	2003	1990	2003
莫桑比克	21	36			1996—97a，b	39.6				
纳米比亚	27	32			1993c，d	70.7				
尼泊尔	9	13			1995—96a，b	36.7				
荷兰	89	90	73.04289		1999c，d	30.9	9393.268	11712.9	0.501	0.447
新喀里多尼亚			80.2317				9187.572	11261.2	0.716	0.725
新西兰	85	86			1997c，d	36.2				
尼加拉瓜	53	57			2001a，b	43.1				
尼日尔	16	22			1995a，b	50.5				
尼日利亚	35	47	70.64384	68.19908	1996—97a，b	50.6				
挪威	72	76			2000c，d	25.8				
阿曼	62	78								
巴基斯坦	31	34	88.89751	84.43565	1998—99a，b	33	330.8069	381.2298	0.788	0.733
帕劳										
巴拿马	54	57			2000c，d	56.4				
巴布亚新几内亚	15	18			1996a，b	50.9				
巴拉圭	49	58			2002c，d	57.8				
秘鲁	69	74			2000c，d	49.8	612.2062	734.7661	0.827	0.680
菲律宾	49	61	81.61672	83.75089	2000a，b	46.1				

续附表 2

指标名称(单位) 国家和地区	城市化指标 城市人口占总人口数的比重(%)		最终消费支出占GDP比重(%)		消费指数 基尼系数		人均居民最终消费支出(2000年价格,美元)		居民消费倾向	
	1990	2003	1990	2003	年份	数据	1990	2003	1990	2003
波兰	61	63	67.24406	86.49406	2002a,b	34.1	1696.489	2984.878		
葡萄牙	47	68			1997c,d	38.5				
波多黎各	71	76								
卡塔尔										
罗马尼亚	54	56	79.20503	84.69084	2002a,b	30.3	1314.438	1650.474	0.760	0.730
俄罗斯联邦	73	73	69.65228	68.78119	2002a,b	31	873.7471	1071.372		
卢旺达	5	7			1983–85a,b	28.9				
萨摩亚										
圣多美和普林西比										
沙特阿拉伯	78	88								
塞内加尔	40	50			1995a,b	41.3				
塞尔维亚和黑山	51	52								
塞舌尔										
塞拉利昂	30	39			1989a,b	62.9				
新加坡	100	100	56.72153	53.307	1998c,d	42.5	6771.655	9495.943	0.572	0.447
斯洛伐克	56	58			1996c,d	25.8				
斯洛文尼亚	50	49			1998–99c,d	28.4				
所罗门群岛										

续附表 2

指标名称（单位）	城市化指标		消费指数							
国家和地区	城市人口占总人口数的比重（%）		最终消费支出占GDP比重（%）		基尼系数		人均居民最终消费支出（2000年价格,美元）		居民消费倾向	
	1990	'2003	1990	2003	年份	数据	1990	2003	1990	2003
索马里	24	26								
南非	49	59	77.02431	81.43071	2000a,b	57.8	1822.127	1918.677	0.630	0.698
西班牙	75	78	76.85613	75.86044	1990c,d	32.5	6716.512	8753.82	0.575	0.514
斯里兰卡	21	24	86.24057	84.25728	1999-00a,b	33.2	442.7611	710.8884	0.904	0.764
圣基茨和尼维斯										
圣卢西亚										
圣文森特和格林纳丁斯	27	39								
苏丹										
苏里南	24	27			1994c,d	60.9				
斯威士兰	83	83			2000c,d	25				
瑞典	60	68			1992c,d	33.1				
瑞士	49	53								
叙利亚	32	28			2003a,b	32.6				
塔吉克斯坦	22	35			1993a,b	38.2				
坦桑尼亚										

121

续附表 2

指标名称（单位）国家和地区	城市化指标 城市人口占总人口数的比重（%） 1990	2003	消费指数 最终消费支出占GDP比重（%） 1990	2003	基尼系数 年份	数据	人均居民最终消费支出（2000年价格，美元） 1990	2003	居民消费倾向 1990	2003
泰国	19	20	66.16474	68.03818	2000a,b	43.2	847.6952	1295.909	0.558	0.592
东帝汶										
多哥	29	35								
汤加										
特立尼达和多巴哥	69	75								
突尼斯	58	67			1992c,d	40.3				
土耳其	61	67	79.9352	80.31554	2000a,b	39.8	1816.121	1992.607	0.800	0.712
土库曼斯坦	45	45			2000a,b	40				
乌干达	11	15			1998a,b	40.8				
乌克兰	67	68	73.6132	76.01091	1999a,b	43	647.9462	451.2838	0.402	0.465
阿联酋	80	88			1999a,b	29				
英国	89	90	82.41468	86.63462	1999c,d	36	12661.83	17462.71	0.782	0.617
美国	75	78	83.69694		2000c,d	40.8	19110.02	24761.3	0.819	0.654
乌拉圭	89	93			2000c,d,e	44.6				
乌兹别克斯坦	40	37			2000a,b	26.8				
瓦努阿图										

续附表 2

指标名称（单位）国家和地区	城市化指标 城市人口占总人口数的比重（%）		最终消费支出占 GDP 比重（%）		消费指数 基尼系数		人均居民最终消费支出（2000 年价格，美元）		居民消费倾向	
	1990	2003	1990	2003	年份	数据	1990	2003	1990	2003
委内瑞拉	84	88	70.51413	75.21781	1998c, d	49.1	3460.025	2807.934	1.321	0.805
越　南	20	25	96.67262	72.88643	2002a, b	37		307.6619		
也　门	23	26			1998a, b	33.4				
赞比亚	39	40			1998a, b	52.6				
津巴布韦	28	37			1995a, b	56.8				

资料来源：《05 世界发展指标》、《国际统计年鉴 2004》、《国际统计年鉴 2005》、《国际统计年鉴 1995》。

注：①基尼系数：反映个人或家庭收入分配（或消费）与完全平均收入分配之间差异程度的指标，介于"0"和"1"之间。"0"表示收入分配绝对平均，即每个家庭或每个人都得到同样份额的收入；"1"表示收入分配极端不平等，一个家庭或个人拥有全社会的收入。

②住户最终消费支出（或称个人消费）是指由家庭购买的包括用于各种产品和服务的市场价值。它不包括购买的住房。

③人均居民最终消费支出／人均 GNI。

④年份栏内的注标：a. 按人均消费份额的消费份额。b. 按人均消费排列。c. 城市数据。d. 数据是按人口百分比等分法划分的收入份额。e. 按人均收入排列。

123

续附表3

指标名称 （单位）	工业占 GDP 比重(%)		制造业占 GDP 比重(%)		服务业占 GDP 比重(%)		信息通讯、技术 支出占 GDP 的百分比
指标来源	《05 世界发 展指标》		《05 世界发 展指标》		《05 世界发 展指标》		《05 国际统 计年鉴》
国家和地区	1990	2003	1990	2003	1990	2003	2003
白俄罗斯	47	30	39	23	29	60	
比 利 时	33	26		19	65	72	5.5
伯 利 兹							
贝 宁	13	14	8	9	51	50	
百 慕 大							
不 丹							
玻利维亚	35	30	18	15	48	55	5.8
波 黑		32		15		53	
博茨瓦纳	57	45	5	4	39	52	
巴 西	39	19	25	11	53	75	6.910075
保加利亚	49	31		19	34	58	3.925433
布基纳法索	20	19	15	13	52	50	
布 隆 迪	19	19	13		25	32	
柬 埔 寨		30		22		36	
喀 麦 隆	29	17	15	9	46	39	4.9
加 拿 大	32		17		65		5.814708
佛 得 角							
中 非	20	25	11		33	14	
乍 得	18	13	14	12	53	41	
智 利	14	34	20	16	50	57	6.7
哥伦比亚	38	29	21	14	45	58	9
科 摩 罗							
刚果（金）民主共 和国	28	19	11	4	42	23	
刚果（布）共和国	41	60	8	6	46	34	
哥斯达黎加	29	29	22	21	53	62	7.5
科特迪瓦	23	19	21	11	44	55	
克罗地亚	34	30	28	19	56	62	

续附表3

指标名称 （单位）	工业占 GDP 比重（%）		制造业占 GDP 比重（%）		服务业占 GDP 比重（%）		信息通讯、技术 支出占 GDP 的百分比
指标来源	《05 世界发 展指标》		《05 世界发 展指标》		《05 世界发 展指标》		《05 国际统 计年鉴》
国家和地区	1990	2003	1990	2003	1990	2003	2003
塞浦路斯							
古　巴							
捷　克	49	39		27	45	57	6.551294
丹　麦	27	26	18	16	69	71	5.7
吉布提							
多米尼克							
多米尼加	31	31	18	15	55	58	
厄瓜多尔	38	29	19	11	49	64	3.7
埃　及	29	34	18	19	52	50	1.218288
萨尔瓦多	27	32	22	24	56	59	
赤道几内亚							
厄立特里亚	12	25	8	11	57	61	
爱沙尼亚	50	28	42	18	34	67	
埃塞俄比亚	13	11	8		38	47	
斐　济							
芬　兰	34	31	23	24	59	66	6.9
法　国	30	24	21	18	66	73	5.870366
法属波利尼西亚							
加　蓬	43	62	6	5	50	30	
冈比亚	13	15	7	5	58	55	
格鲁吉亚	33	25	24	19	35	54	
德　国	39	29	28	23	59	69	5.657247
加　纳	17	25	10	8	38	39	
希　腊	28	24		12	61	69	4.3
格林纳达							
危地马拉	20	19	15	13	54	58	
几内亚	33	36	5	4	43	39	
几内亚比绍	19	13	8	10	21	18	
圭亚那							
海　地		17				55	
洪都拉斯	26	31	16	20	51	56	4.5
匈牙利	39	31	23	23	46	65	6.1
冰　岛							

续附表3

指标名称 （单位）	工业占 GDP 比重（%）		制造业占 GDP 比重（%）		服务业占 GDP 比重（%）		信息通讯、技术 支出占 GDP 的百分比
指标来源	《05 世界发 展指标》		《05 世界发 展指标》		《05 世界发 展指标》		《05 国际统 计年鉴》
国家和地区	1990	2003	1990	2003	1990	2003	2003
印 度	28	27	17	16	41	51	3.743906
印度尼西亚	39	44	21	25	41	40	3.383581
伊朗伊斯兰共和国	29	41	12	13	48	48	2.238528
伊 拉 克							
爱 尔 兰	35	42	28	32	56	55	3.9
以 色 列							7.875669
意 大 利	34	28	25	20	63	70	4.142848
牙 买 加	40	30	19	13	52	65	11.5
日 本	39	30	27	21	58	68	7.383346
约 旦	28	26	15	16	64	72	8.8
哈萨克斯坦	45	38	9	16	29	54	
肯 尼 亚	19	20	12	14	52	65	3.1
基里巴斯							
朝 鲜							
韩 国		35		23		62	6.667281
科 威 特	52		12		47		1.7
吉尔吉斯斯坦	36	23	28	8	30	38	
老 挝	15	26	10	19	24	25	
拉脱维亚	46	24	34	15	32	71	
黎 巴 嫩		20		9		68	
莱 索 托	33	44	14	20	43	40	
利比里亚							
利 比 亚							
立 陶 宛	31	34	21	21	42	59	
卢 森 堡							
马 其 顿	46	30	36	19	45	57	
马达加斯加	13	15	11	14	59	55	

续附表 3

指标名称（单位）	工业占 GDP 比重(%)		制造业占 GDP 比重(%)		服务业占 GDP 比重(%)		信息通讯、技术支出占 GDP 的百分比
指标来源	《05 世界发展指标》		《05 世界发展指标》		《05 世界发展指标》		《05 国际统计年鉴》
国家和地区	1990	2003	1990	2003	1990	2003	2003
马拉维	29	15	19	10	26	47	
马来西亚	42	49	24	31	43	42	6.90796
马尔代夫							
马里	16	26	9	3	39	36	
马耳他							
马绍尔群岛							
毛里塔尼亚	29	30	10	9	42	51	
毛里求斯	33	31	25	22	54	63	
墨西哥	28	26	21	18	64	70	3.121233
密克罗尼西亚联邦							
摩尔多瓦	33	25		18	24	53	
蒙古	30	15		5	52	57	
缅甸	11		8		32		
摩洛哥	32	30	18	17	50	54	5.6
莫桑比克	18	31	10	15	44	43	
纳米比亚	38	26	14	12	50	64	
尼泊尔	16	22	6	8	32	38	
荷兰	31	26	19	15	65	72	6.372682
新喀里多尼亚							
新西兰	28		19		65		9.993969
尼加拉瓜	21	26	17	15	48	56	
尼日尔	16	17	7	7	49	43	
尼日利亚	41	49	6	4	26	24	
挪威	36	38	13	11	61	61	5.1
阿曼	58		4		39		
巴基斯坦	25	23	17	16	49	53	7.279438
帕劳							
巴拿马	15	16	9	8	76	76	9.2
巴布亚新几内亚	30	39	9	9	41	35	
巴拉圭	25	24	17	14	47	49	
秘鲁	27	29	18	16	64	60	6.9
菲律宾	34	32	25	3	44	53	5.812432
波兰	50	31		18	42	66	4.529428

续附表3

指标名称 （单位）	工业占 GDP 比重（%）		制造业占 GDP 比重（%）		服务业占 GDP 比重（%）		信息通讯、技术 支出占 GDP 的百分比
指标来源	《05 世界发展指标》		《05 世界发展指标》		《05 世界发展指标》		《05 国际统计年鉴》
国家和地区	1990	2003	1990	2003	1990	2003	2003
葡 萄 牙	32	29	22	18	60	68	4.2
波多黎各	42	43	40	40	57	56	
卡 塔 尔							
罗马尼亚	50	36	34	30	26	52	2.811363
俄罗斯联邦	48	34			35	61	3.661522
卢 旺 达	25	22	18	11	43	36	
萨 摩 亚							
圣多美和普林西比							
沙特阿拉伯	49	55	9	10	45	40	2.5
塞内加尔	19	21	13	13	61	62	7.4
塞尔维亚和黑山							
塞 舌 尔							
塞拉利昂	13	31	5	5	55	16	
新 加 坡		35		28		65	10.48802
斯洛伐克	59	30		20	33	67	5.3
斯洛文尼亚	46	36	35	27	49	61	
所罗门群岛							
索 马 里			5				
南 非	40	31	24	19	55	65	8.040733
西 班 牙	35	30		17	59	67	3.78605
斯里兰卡	26	26	15	16	48	55	5.732705
圣基茨和尼维斯							
圣卢西亚							
圣文森特和格林纳丁斯							
苏 丹		18		9		43	
苏 里 南							
斯威士兰	43	52	36	40	43	36	
瑞 典	32	28		21	64	70	7
瑞 士							7.2
叙 利 亚	24	29	20	25	48	48	
塔吉克斯坦	38	20	25		29	56	
坦桑尼亚	18	16	9	7	36	39	
泰 国	37	44	27	35	50	46	3.535701

续附表3

指标名称 （单位）	工业占 GDP比重(%)		制造业占 GDP比重(%)		服务业占 GDP比重(%)		信息通讯、技术 支出占GDP 的百分比
指标来源	《05世界发展指标》		《05世界发展指标》		《05世界发展指标》		《05国际统计年鉴》
国家和地区	1990	2003	1990	2003	1990	2003	2003
东帝汶							
多哥	23	22	10	9	44	37	
汤加							
特立尼达和多巴哥	45	49	13	7	52	50	
突尼斯	30	28	17	18	54	60	5.2
土耳其	30	22	20	13	52	65	7.348326
土库曼斯坦	30	44			38	30	
乌干达	11	21	6	9	32	46	
乌克兰	45	40	44	25	30	46	7.129646
阿联酋	64			8	35		
英国	35	27	23	17	63	72	7.347044
美国	28	23	19	15	70	75	8.789998
乌拉圭	35	27	28	19	56	60	7.1
乌兹别克斯坦	33	22		9	34	43	
瓦努阿图							
委内瑞拉	61	41	15	9	34	54	5.194245
越南	23	40	12	21	39	38	
约旦河西岸和加沙地带		12		10		82	
也门	27	40	9	5	49	45	
赞比亚	51	27	36	12	28	50	
津巴布韦	33	24	23	13	50	59	11.8

资料来源：《05世界发展指标》、《国际统计年鉴2004》、《国际统计年鉴2005》、《国际统计年鉴1995》。

注：①包括采矿业、制造业、建筑业、电力、水和天然气等行业。

②包括用于计算机硬件（计算机、储存器、打印机以及其他外部设备）、计算机软件（操作系统、程序设计工具、应用程序、应用软件以及内部软件开发）、计算机服务（信息技术咨询、计算机和网络系统一体化、虚拟主机、数据处理服务以及其他服务）以及通讯服务（电话和数据通讯服务）和有线、无线通讯设备。

附表4 产业发展指标[1]02

产业发展指标[2]

指标名称 （单位）	第一产业 就业比重(%)	第二产业 就业比重(%)	第三产业 就业比重(%)	单位能源使用 产生的 GDP[3]		国土面积 （千平方公里）[4]
国家和地区	2001	2001	2001	1990	2002	2003
世界总计				3.9	4.6	133942
低收入国家				3.5	4.1	31551
中等收入国家				2.9	4.1	69921
下中等收入国家				2.8	4.1	57002
上中等收入国家				4	4.3	12919
中、低收入国家				3	4.1	101473
高收入国家				4.6	5.2	32469
中　　国	50	22.3	27.7	2.1	4.6	9598
中国香港	0.2	19.5	80.3	10.6	10.6	
中国澳门	0.1	30.6	69			
阿富汗						652
阿尔巴尼亚				3.9	6.7	29
阿尔及利亚				5.7	5.6	2382
安哥拉				3.6	3.2	1247
安提瓜和巴布达						
阿根廷	0.4	22.9	76.3	6.2	6.9	2780
亚美尼亚				1.6	4.8	30
阿鲁巴						
澳大利亚	4.9	20.9	74.1	4.1	4.8	7741
奥地利				6.9	7.5	84
阿塞拜疆					2.2	87
巴哈马						
巴　林						
孟加拉国				10.1	10.5	144
巴巴多斯						
白俄罗斯				1.2	2.1	208
比利时				4.6	4.8	31
伯利兹						
贝　宁				2.3	3	113
百慕大						
不　丹						

续附表4

指标名称 （单位）	第一产业 就业比重(%)	第二产业 就业比重(%)	第三产业 就业比重(%)	单位能源使用 产生的GDP		国土面积 （千平方公里）
国家和地区	2001	2001	2001	1990	2002	2003
玻利维亚				5.1	4.8	1099
波　黑					5.3	51
博茨瓦纳						582
巴　西	20.6	20	59.2	7.2	6.8	8515
保加利亚	26.3	27.6	46	2.2	2.9	111
布基纳法索						274
布隆迪						28
柬埔寨						181
喀麦隆				4.8	4.7	475
加拿大	2.9	22.7	74.4	3.1	3.6	9971
佛得角						
中　非						623
乍　得						1284
智　利				5.6	6	757
哥伦比亚				8.3	9.8	1139
科摩罗						2345
刚果(布)共和国				2.3	3.7	342
哥斯达黎加				9.7	9.4	51
科特迪瓦				4.9	3.7	322
克罗地亚				4.8	5.3	57
塞浦路斯						
古　巴						111
捷　克	4.8	40.4	54.8	2.8	3.7	79
丹　麦				7.1	8.1	43
吉布提						
多米尼克						
多米尼加				6.9	6.8	49
厄瓜多尔				5.9	4.8	284
埃　及				4.8	4.6	1001
萨尔瓦多				7.3	7.1	21
赤道几内亚						
厄立特里亚						118

续附表4

指标名称 （单位）	第一产业 就业比重（%）	第二产业 就业比重（%）	第三产业 就业比重（%）	单位能源使用 产生的GDP		国土面积 （千平方公里）
国家和地区	2001	2001	2001	1990	2002	2003
爱沙尼亚				1.7	3.6	45
埃塞俄比亚				2.1	2.4	1104
斐 济						
芬 兰				3.8	3.7	338
法 国	1.6	24.4	74.1	5.5	5.8	552
法属波利尼西亚						
加 蓬				4.7	5.1	268
冈比亚						11
格鲁吉亚				1.4	4.4	70
德 国	2.6	32.5	64.7	4.9	6.2	357
加 纳				4.7	5	239
希 腊				6.4	6.8	132
格林纳达						
危地马拉				6.8	6.4	109
几内亚						246
几内亚比绍						36
圭亚那						
海 地				10.1	6.6	28
洪都拉斯				5.1	5	112
匈牙利				4.1	5.3	93
冰 岛						
印 度				4.0	5.0	3287
印度尼西亚	43.8	17	37.5	4.3	4.1	1905
伊朗伊斯兰共和国				3.6	3.1	1648
伊拉克						438
爱尔兰				5.1	9.1	70
以色列	19.3	23.4	56	6.1	6.0	22
意大利	5.3	32.1	62.5	8.1	8.5	301
牙买加				3.1	2.5	11
日 本	4.9	30.5	63.9	6.4	6.4	378
约 旦				3.5	3.9	89
哈萨克斯坦	22	18.3	59.8	1.0	1.8	2725
肯尼亚				2.1	2	580
基里巴斯						
朝 鲜						121
韩 国	10.3	27.4	62.3	4.3	3.9	99
科威特					1.7	18

续附表4

指标名称 （单位）	第一产业 就业比重(%)	第二产业 就业比重(%)	第三产业 就业比重(%)	单位能源使用 产生的GDP		国土面积 （千平方公里）
国家和地区	2001	2001	2001	1990	2002	2003
吉尔吉斯斯坦				1.7	3.1	200
老 挝						237
拉脱维亚				2.4	4.9	65
黎巴嫩				3.4	3.8	10
莱索托						30
利比里亚						111
利比亚						1760
立陶宛				2.8	4	65
卢森堡						
马其顿						26
马达加斯加						587
马拉维						118
马来西亚				4.5	4.1	330
马尔代夫						
马 里						1240
马耳他						
马绍尔群岛						
毛里塔尼亚						1026
毛里求斯						2
墨西哥	17.6	26	56	5.1	5.6	1958
密克罗尼西亚联邦						
摩尔多瓦				1.4	2	34
蒙 古						1567
缅 甸						677
摩洛哥				12	10.1	447
莫桑比克				1.2	2.3	802
纳米比亚				12.3	10.2	824
尼泊尔				3.2	3.8	147
荷 兰	2.9	21.2	73.4	4.9	5.8	42
新喀里多尼亚						
新西兰	9.1	22.8	67.9	4.1	4.6	271
尼加拉瓜				5.3	5.7	130
尼日尔						1267
尼日利亚				1.2	1.3	924
挪 威				5.2	6.1	324
阿 曼				4.1	3	310
巴基斯坦				3.9	4.3	796

续附表4

指标名称 (单位)	第一产业 就业比重(%)	第二产业 就业比重(%)	第三产业 就业比重(%)	单位能源使用 产生的 GDP		国土面积 (千平方公里)
国家和地区	2001	2001	2001	1990	2002	2003
帕　劳						
巴拿马				7.3	5.9	76
巴布亚新几内亚						463
巴拉圭				6.3	6.3	407
秘　鲁				8.4	10.7	1285
菲律宾	37.4	15.6	47	9.1	7.6	300
波　兰	19.1	30.5	50.4	2.8	4.4	313
葡萄牙				7.5	6.9	92
波多黎各						9
卡塔尔						
罗马尼亚	42.3	26.2	31.5	2.4	3.8	238
俄罗斯联邦	11.8	29.4	58.8	1.6	1.9	17075
卢旺达						26
萨摩亚						
圣多美和普林西比						
沙特阿拉伯				2.8	2.1	2150
塞内加尔				4.6	4.8	197
塞尔维亚和黑山						102
塞舌尔						
塞拉利昂						72
新加坡	0.3	25.4	74.2	3.3	3.8	1
斯洛伐克				2.7	3.6	49
斯洛文尼亚				4.8	5.1	20
所罗门群岛						
索马里						638
南　非				3.9	3.9	1219
西班牙	6.4	31.6	61.9	6.8	6.5	506
斯里兰卡				7.0	8.0	66
圣基茨和尼维斯						
圣卢西亚						
圣文森特和格 林纳丁斯						
苏丹				2.7	3.6	2506
苏里南						
斯威士兰						17
瑞典				3.9	4.4	450
瑞士				7.7	7.8	41

续附表4

指标名称 （单位）	第一产业 就业比重(%)	第二产业 就业比重(%)	第三产业 就业比重(%)	单位能源使用 产生的 GDP		国土面积 （千平方公里）
国家和地区	2001	2001	2001	1990	2002	2003
叙 利 亚				2.7	3.2	185
塔吉克斯坦				0.9	1.8	143
坦桑尼亚				1.4	1.4	945
泰 国	46.6	19.5	33.9	5.7	5.0	513
东 帝 汶						
多 哥				5.8	4.9	57
汤 加						
特立尼达和多巴哥				1.5	1.3	5
突 尼 斯				6.7	7.7	164
土 耳 其	32.6	24.3	43.1	5.6	5.7	775
土库曼斯坦				1.7	1.4	488
乌 干 达						241
乌 克 兰	19.7	30.8	43.9	1.7	1.8	604
阿 联 酋				2.6		84
英 国	1.4	24.9	73.4	5.5	6.6	243
美 国	2.4	22.4	75.2	3.7	4.4	9629
乌 拉 圭				9.9	10	176
乌兹别克斯坦				0.7	0.8	447
瓦努阿图						
委内瑞拉	9.6	22.1	68.2	2.6	2.4	912
越 南				3.3	4.2	332
也 门				2.8	3.8	528
赞 比 亚				1.4	1.3	753
津巴布韦				3	3	391

资料来源：《05 世界发展指标》、《国际统计年鉴2004》、《国际统计年鉴2005》、《国际统计年鉴1995》。

注：①包括采矿业、制造业、建筑业、电力、水和天然气等行业。

②sum（该值×对应 i 国就业人数）/sum（对应 i 国就业人数）。

③每千克石油当量经 PPP 调整的 2000 年美元。

④地表面积包括其内陆水域和沿海水路的面积。

附表 5　科技进步指数

年份	R&D 占 GDP 比重（%） 1990	R&D 占 GDP 比重（%） 2002	从事研究与开发的研究人员（每百万人） 时间	从事研究与开发的研究人员（每百万人）	从事研究与开发的技术人员（每百万人）① 时间	从事研究与开发的技术人员（每百万人）①	高技术出口②额占制成品出口额的比重（%） 1990	高技术出口②额占制成品出口额的比重（%） 2003	专利申请文件数（件） 2002
世界总计		2.358154	1996～2002		1996～2002		17.45059	18.175	13818700
低收入国家			1996～2002		1996～2002				3005343
中等收入国家		0.7	1996～2002	806	1996～2002			20.6068	4871818
下中等收入国家			1996～2002	820	1996～2002				2952787
上中等收入国家			1996～2002	705	1996～2002	275			1919031
中、低收入国家			1996～2002		1996～2002			17.5324	7877161
高收入国家	2.58716	2.543505	1996～2002	3575	1996～2002		18.20622		5941534
中　国		1.223953	2002	633	1998	102		27.0956	181256
印　度	0.744869	0.8	1998	120	2002	72.3	2.396948	4.753789	91924
蒙　古		0.2839086	2002	710				0.22847	89985
越　南		1	2000	324	2000	129			90137
巴　西		0.4896446	2002	1158	2002	466.16	7.093274	11.96279	101746
保加利亚		1.223953	2002	633				4.301064	158357
中　国		0.3	1997	744				27.09555	181256
哈萨克斯坦	0.8	1.246096	2002	3414.59	1997	305		8.681812	89423
俄罗斯联邦		0.3798205	2002	909.69	2002	2315.18		18.86461	120364
罗马尼亚		0.3888603	2002	715	2002	288.61	2.483535	3.647871	142780
阿　根　廷			2002		2002	166		8.672443	6634
捷　克	1.7	1.223861	2002	1466.6	2002	792.36		13.23423	159200

137

续附表 5

年份	R&D 占 GDP 比重(%)		从事研究与开发的研究人员（每百万人）		从事研究与开发的技术人员（每百万人）		高技术出口额占制成品出口额的比重（%）		专利申请文件数（件）
	1990	2002	时间		时间		1990	2003	2002
匈牙利								26	92459
墨西哥		0.4	2001	259	2001	184	8.285568	21.34183	94743
波兰			2002	1468.57	2002	296.04		3.067683	94500
中国香港		0.6047556	2002	1568	2002	226		12.65059	9130
澳大利亚	1.348194	1.5	2000	3446	1994	792	8.221299	13.77345	107257
意大利	1.307346	1.1	2001	1156	1999	1346	7.534073	7.909788	163951
日本	2.9	3.122154	2002	5085	1999	667	23.83836	24.05699	486906
新加坡	1.87421	2.154001	2002	4352	1999	381	39.86656	58.74947	94259
韩国		2.531931	2002	2979	2002	564	17.8431	32.14892	203696
英国	2.204548	1.875576	1998	2691	1999	1014	23.58661	25.8033	284910
美国	2.7	2.657013			1993		33.03907	30.80528	381737

资料来源：《05世界发展指标》、《国际统计年鉴2004》、《国际统计年鉴2005》、《国际统计年鉴1995》。

注：①研究与开发技术人员：专门从事技术人员，在知识或技术某一分支领域接受过职业或技术培训的人员。

②高技术产品出口：研究与开发密集的产品出口。它包括的高技术产品有航空宇宙、计算机、医药、科学仪器和电气设备等。

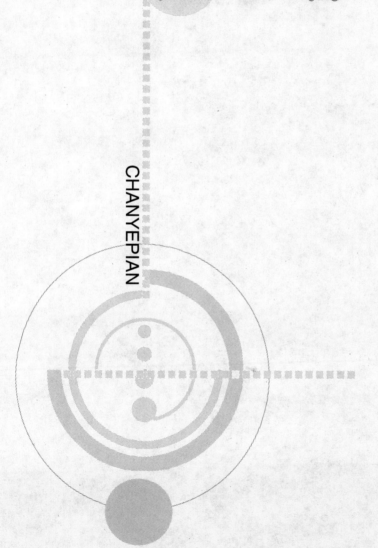

产业篇

CHANYEPIAN

课题二 信息技术产业发展研究

课题简介

"信息技术产业发展研究"这一课题从 2001 年 4 月立项到定稿，接近半年时间。这期间，在专家的指导下，经过努力，它有了阶段性成果。

全球信息产业多年的迅速发展态势和美国 2001 年出现的信息产业大滑坡引起了国务院的高度重视，有关领导就此提出了一些重大的研究课题，如：信息技术产业到底有多大贡献？中国信息技术产业优势在哪里？中国新经济的新台阶是什么？中国技术储备和改造的重点又在哪里？等等。因此，有必要尽快组织力量来研究这些问题，并报有关领导和部门决策时参考。

正是在这样的背景下，本课题负责人李晓西教授（当时担任国务院研究室宏观经济司司长）组织了一批科研人员对这些问题进行了研究。承担本课题不久，李晓西教授就调入北京师范大学工作。此项研究以美国经济发生的变化为切入点，分析美国经济上升和下滑过程中信息技术产业的作用，进而分析信息技术产业在我国经济发展中起到的作用。具体分为九个部分：信息技术产业的界定和产出的估算；我国信息产业发展的现状；信息技术产业对 GDP 增长的影响；信息技术产业对优化国民经济结构的作用；信息技术产业对微观经济主体和市场的影响；加入 WTO 给我国信息技术产业带来的机遇与挑战；我国信息技术产业发展的战略对策；国外信息技术产业发展态势的分析；生物技术产业的潜力分析。

本研究得到了国家有关部委及研究机构的专家的大力支持。中国政策科学研究会给予了经费支持。在此，我们向专家们表示真诚的谢意。这些专家是：中国政策科学研究会秘书长林融、原国家经贸委信息中心主任刘力、原国家计划发展委员会高新技术司副司长许勤、科技部政策体改司司长张景安、证监会信息中心主任徐雅萍、信息产业部产业推进司司长赵小凡、北京师范大学副校长史培军、互连通公司总裁高红冰、国家信息中心

发展研究部副主任秦海、中国电子工业发展规划院院长董云庭等。同时，还要向课题组研究人员表示衷心的感谢，他们付出了辛勤的劳动，他们是：刘学敏、秦海、侯万军、周武光、杨越和洪翠英。

当然，由于信息技术产业发展很快，当前的情况与本报告所提供的数据已有了差异。但报告的结论，现在看来仍然是正确的。

一、总论

进入 2000 年三季度以来，美国经济形势出现明显的下滑，其国民经济增长速度急剧下降。其国内生产总值 GDP 2000 年呈现逐季下降、愈降愈烈的局面，4 个季度分别为 4.8%、5.6%、2.2%、1.1%，合计上半年增长为 6.1%，下半年为 1.6%，2001 年前三季度分别为 1.2%、0.3%、-0.4%。而过去的 10 年中，美国经济年均增长为 3%，1996 年以来年均增长为 4%。GDP 持续大幅下降，是美国实体经济急剧恶化的反映。

美国经济增长率下降过程中，信息技术产业的影响有多大呢？中国信息技术产业是否要放慢发展速度呢？

（一）美国信息技术产业下降对美国经济影响的分析

美国经济增速剧减，是多种因素在起作用。比如，2000 年以来美国市场对国际资本的吸引力明显下降，国际资本对美国经济的支撑作用逐渐下降。而消费者信心不足也极大地制约了经济增长，由于美国国内总需求的 2/3 以上是由个人消费支撑的，因此这可说是导致美国经济下降的主要因素。美联储实施宏观调控出现某些失误，也影响了经济的增长。美联储认为美国经济过热，有可能出现通货膨胀。1999 年 6 月至 2000 年 5 月，一年内连续 6 次提高利率 1.75 个百分点，高达 6.5%，为九年之中之最高。第三季度因大选停止了利息调整，致使美国经济从 2000 年第四季度明显减速，至今仍未能控制下滑趋势。

这里要特别分析的是，美国经济下滑的主要原因之一，是产业过度扩张引致反弹造成的后果，其中包括信息技术产业的扩张。多年来，美国各产业在过于乐观的预期下生产供大于求，传统产业（如制造业）和高科技企业库存积压，积聚的资产泡沫开始破裂。而以信息网络技术为先导的高新技术产业同样存在这个问题，甚至更严重。为什么美国信息技术产业过度投资问题会更严重？原因包括三个方面：一是投资银行和风险投资公司的行为方式所致。投资银行依靠为新创公司上市筹集资金并代理其股票首次公开发行业务而赚取利润，风险投资公司依靠持有新创公司上市后的内部股票升值而使其获利，由于它们的利润主要产生于首次公开发行之时或之前，因此，它们对推动公司上市不遗余力，过于热衷。有报道说，自1997年至2001年4月，美国投资银行推动了数百家网络公司上市。尽管其中许多家已经破产或遭到失败，众多投资者也因此而损失惨重，但投资银行家们却从股票承销中赚取了21亿美元。二是高新技术企业预期过于乐观也是投资过度的原因之一。在新经济的热潮中众多小企业争先恐后贷款投资，以供大公司收购来赚取巨额利润；大批网络公司也如雨后春笋般成长起来，似乎只要有供给，市场就无限大，点击率高就一定可以盈利。三是股民对高技术股票的狂热。在20世纪90年代末股市繁荣时期，原始股上市后价位普遍高过上市价，据估计，1999年原始股上市价与第一天收盘价之间差额约为350亿美元。因此，许多投资者千方百计抢购高科技新创公司的股票，这也是推动信息技术产业投资增长过度的原因之一。综上所述，网络基础设施投资过度，造成市场供过于求，使企业盈利剧减，造成不少公司负债累累。自2000年第三季度以来，美国信息产业发展步伐开始放慢。第一至第四季度，非居民的计算机设备和软件投资增长率依次为20.6%、17.9%、5.6%和-4.7%，第三季度的下降幅度很大，第四季度出现了负增长。多数高新技术企业和网络公司盈利下降，亏损增大，带动美国经济整体进入快速下滑的轨道。而以技术股为主的纳斯达克股市在2000年3月10日创造了5048点的最高纪录后，开始走下坡路，到"9·11"袭击事件发生前，一直在1700点上下徘徊。有人估计，美国95%的网络公司都将被淘汰。这也说明，处于热潮时的美国纳指，投资过度和炒作过分而造出的泡沫确实相当多。在这个意义上我们认为，美国信息技术产业出现落潮，是美国经济开始下滑的重要原因之一。

美国经济增长率下降过程中，信息技术产业的作用有多大呢？美国商务部和统计委员会2001年6月公布的《数字经济2000》的报告中指出："信息产业在整个经济产值中比重在2000年只有8.3%，但在1995~1999年间，对美国经济实际增长作出了几乎1/3的贡献……1998年，信息产业在研究和开发方面的投资总额为448亿美元，几乎是全国公司研究开发投资的1/3……六个主要的经济研究组织得出的结论是：在20世纪90年代后半期，信息产业的生产和使用对美国生产率增长的贡献达到一半或一半以上。这是一个很重要的结论，从中我们可以推导出，如果作为行业领头地位的信息技术产业停止了增长，其对经济增长1/3的拉动作用也就相应

失去了；进一步，如果由于过度投资造成的信息技术产业泡沫破裂而出现还债，其对经济增长就出现了向下拉的作用。仅从纳指下跌超过3000点幅度，造成上万亿美元的财富缩水这一点，就会使投资和消费需求下降而使美国经济出现下滑。

（二）中国信息技术产业应该也可以继续快速发展

从美国信息技术产业以及国民经济发展速度的下降中，我们是否能得出一个结论：中国信息技术产业要放慢发展速度？否则也会过热，也会出现大量泡沫？我们认为，不能得出这个结论来。理由如下：

首先是中美经济发展阶段不同，信息技术产业发展阶段也不同。美国国民经济出现数字化特征，出现以信息化为内容的新经济；中国国民经济主体上仍然是传统产业为主，离信息化社会还有较大距离。就信息技术产业本身来比较，美国在很大程度上是信息技术产品的制造业，并正在向信息技术产品服务业方向发展；中国仅是信息技术产品的加工业，正在向信息技术产品的制造业发展，离实现信息技术产品服务的普及化还很远。现在全球信息技术产业出现了转移的过程，发达国家把信息技术产业的制造部分向外转移，比如，IBM已不做PC机。我们应抓住产业转型这一机会发展。有专家估计，中国信息技术产业可能在20年后才达到顶峰，这个判断是有一定道理的。因此，不能从美国信息技术产业的过度发展上得出中国信息技术产业也发展过度的结论。

其次，中国信息技术产品的市场还相当大。不仅用户对信息技术产品的需求还很大，而且传统产业改造对信息技术产品的需求也很大。在这方面，我们不能低估信息产业在国民经济渗透中继续发挥的作用。比如，金融、交通中信息技术运用程度就相当高，而在商业中就不高。入世后，国际大型零售企业进来后，将会极大地推动大型IT系统运作进入商业；制造业要提高竞争力，也将会在引入信息技术产业方面有重大进展，现在制造业在信息技术产品市场规模中所占份额不到10%。如果再从中国西部大开发提供新市场的角度，从电子商务开拓新市场的角度，就可以看到信息技术产业在中国发展将有巨大的市场空间。

最后，中国经济发展对信息技术产业的依赖度越来越高。信息技术产业被称为"第一产业"，标志是"规模最大，效益最好，出口最多，发展最快"，已经成为中国经济增长的支柱产业。"九五"期间，信息产业年均增长速度超过30%。电子信息产品在我国外贸出口中，从1995年的11%上升为2000年的22%。据信息产业部评估，2000年我国GDP增长率中，信息产业贡献度在10%以上。依赖度高还表现在：作为国民经济支柱产业的地位，一定时期内没有其他新兴产业可能取代。不论是现在正在兴起的生物技术及其产业，还是因环保事业发展而迅速成长的环境产业和材料产业，且不论其从研发到产业化过程还要走相当一段路程，就其对其他产业的渗透程度而言，也无法与信息技术产业相比，或者说对国民经济各产业的间接影响相对小，因此，取代信息技术产业的可能性5—10年内几乎没有。

四是具有市场空间前提下，我国有相当多的资源还可以进一步投入到信息技术产业上来。源源不断的人才资源在进入这个行业，全国高新技术开发区和软件园组织了大量的土地资源，而未来通过资本市场支持高新技术企业发展，也有很大前途。因此，我国信息技术产业仍应该也可以保持快速发展势头，为国民经济发展做出更大贡献。

（三）对中国信息技术产业发展速度合理的判断

中国信息技术产业仍然在快速发展，但到底速度多好为宜？会不会出现增长过热？这是一个相当复杂的问题，这里提出几个原则性的判断设想供讨论：

一是信息技术产业与传统产业发展速度应是雁行式协调关系。信息技术产业仍应作为领头产业向前飞，并带动其他产业一起向前飞，但不是单独向前飞。另一方面，也不是齐头并进的排浪式一字型协调，那就会抑制了信息技术产业的发展势头，也不利于其他行业的信息化。雁行式其实包含一种速度关系，就是要快于其他，但不能快到脱节。具体讲，信息产业发展应该与传统产业发展有协调、按比例地来发展。在这个意义上，用信息化带动工业化，是十分正确的，也是必要的。但绝不是越快越好，产品越多越好。市场对产品的限制，不仅反映在传统产业上，对信息产业产品也是一样的，这个规律没有过时。

二是政府无效率地投资比企业过度投资问题更严重。这是分析信息技术产业增长是否过度时应有的一个判断。我国信息产业的发展，是与政府高度重视分不开的。政府支持是必要的，但从经济学角度看，关键是支持的方式：是政府办企业式的支持，还是提供条件式的支持？现在到了多强调提供条件而不是政府直接办企业的时候了。政府要相信市场调节在高新技术产业中的作用，要相信企业一定能做好自己的事。信息技术产业中技术的发展和运用，要靠很多的创业公司去做，国家政策要支持这些创业公司。

三要协调好相关部门的投资决策，这是防止过度投资、过热增长的关

键。现在，信息产业部只管制造业和软件业，邮电部管运营，交通部只管部分通讯，广电部也只对广播电信负有责任。这种管理体制容易出现的一个问题，就是在信息基础设施上常常出现重复投资。借助行政权力的部门竞争，常常有损整体的经济效益。要防止重复过度投资，就要在形成有机、统一的管理体制上下功夫。不是要合并机构，而是要把功能协调起来。

综上，从对国民经济影响的角度、世界信息技术产业发展的经验和教训的角度，从我国经济发展的阶段和特点的角度来看待我国信息技术产业进一步发展的战略，判断和分析我国信息技术产业的发展趋势，我们认为最关键的一条是：信息技术产业发展如何与国民经济整体发展相协调，与传统产业的升级改造相配套。既不过于超前地投资，造成产业泡沫，使供大于求，蒙受损失；又能抓住新兴产业发展的机遇，适当超前，缩小与发达国家的差距。没有必要的超前，就使信息技术产业失去了对传统产业的带动力，就不成其为新兴产业；没有与传统产业的协调，也会孤军深入而陷入困境。通俗地讲，是热与凉的关系的把握。

从 2001 年我国信息技术产品生产和出口情况看，发展势头仍然强劲，对国民经济仍然做出了较大贡献。从基本面看，这绝不是过热，而是有市场有效益的。据信息产业部经济体制改革与经济运行司提供的信息，2000年上半年，我国电子信息产业生产继续保持快速增长态势，全行业实现工业总产值5841亿元，增速达到32.9%，比2000年同期增速上升1.3个百分点，对国民经济增长贡献率达21.4%，拉动全国工业增长2.5个百分点（全国工业增长12.1%）。2001年上半年，我国电子信息产品进出口总体情况较好，贸易总额达到569.2亿美元，占全国对外贸易额的23.6%，同比增长1.6个百分点。其中，进口280亿美元，同比增长17.3%；出口289.2亿美元，增速达到21%，高出全国外贸出口12.2个百分点，在全国外贸出口中的比重为23.2%，同比增加1.2个百分点；实现顺差9.2亿美元，同比增长8亿多美元。当然，上半年美国从中国进口电子信息产品的增幅下降，上半年出口美国的电子信息产品增速仅为7%，同比下降40个百分点。上半年信息技术产品中，占比重最大的投资类产品增长56.5%，比上年同期高出7.2个百分点；消费类产品增长速度为15.5%，比上年同期高出7个百分点；元器件类产品1—6月的增长速度达到21.8%，但比上年同期减少11.5个百分点。元器件类产品增长速度放缓，主要是世界经济增长下滑、对电子产品需求增幅下降及上年基点较高等原因所致。第三季度信息技术产业仍然保持着增长的势头。综上所述,中国信息技术产业的发展,归根到底是看国内的需求,而不是国外的需求。

(四) 政府在发展信息技术产业中的特殊作用

政府在发展高新技术产业中的作用,本质上与政府对所有产业发展上的作用是相同的,即要为之创造良好的投资环境,提供基础设施,有完善的法规,必要时要增加科技投入经费,提供优惠政策等。但由于信息技术产业相比其他产业,企业出生率和死亡率都特别高;条件成熟后生长速度特别快;对社会经济发展影响巨大的高新技术,一般前期投入巨大,同时,收获也特别大;而且这些企业是一批创新性特别强的人在领导,其思路多是常人难以理解的。因此,政府支持的政策会有一些特点:(1) 更及时的制度创新:高新技术产业因为其高和新,因为成长快,所以常与现有体制不适应,影响发展。因此及时修改和制定适应高新技术发展的法规,要敏感、要快。为此,要有更健全的科技服务体系。(2) 更多的扶植:要制定和规划,提供更多条件,比如搞好高新技术产业开发区,一定时期内的减免税政策支持,还有适当的财政支持,如 863 计划,火炬计划等。建立和健全风险投资制度,以完善资金在高新技术发展上的配置等。(3) 更大的保护:最重要的是对知识产权的保护。对高新技术企业,要让其生得容易,活得愉快,死得安乐,死后还能转世。要有吸引和保护人才的政策,提供更宽容的环境,完善高新技术产业发展的市场环境等。(4) 更有成效的协调:高新技术与传统产业关系(如普及与深化的关系、信息化带动产业化),高新技术与实用技术关系,重点支持与一般性支持关系;不同城市发展高新技术的特色问题等。中央财力支持各省区信息技术产业发展可考虑三条原则:财政资金投入的效益原则;产业布局的合理性原则;各省区适当平衡原则。(5) 更有重点的支持。财政政策支持 IT 产业的方式,应在平等对待企业的同时,在某些环节上,在某些层次上,对达到一定标准的企业,给予多一点的支持。一般讲,信息产业有四个层次:一是信息基础设施;二是信息网;三是应用服务;四是作业电子化。在信息基础设施上政府的支持力度就要大一些。(6) 更尊重企业的自主权。要相信市场调节在高新技术产业中的重大作用,尊重企业自主权,调动企业积极性。中国信息技术产业的核心技术研发很落后,普遍认为必须国家来搞才能上去。其实这是一种误解。如果没有企业的自主性,有钱也不行,资本效率肯定也不高。因此,要相信企业有此能力,只要有一个好的投资环境和融资条件,企业一定会比政府做得好。在中国,信息技术企业过度投资

并不是主要问题，信息技术产业缺乏资金倒是更严重的问题，这点与美国根本不同。国家对软件园区的集中支持很重要，但也要注意发挥企业的作用。信息技术产业中技术的发展和运用，要靠很多的创业公司去做，国家政策要支持这些创业公司。

还有一个重要问题是，应分清中央政府与地方政府在发展信息技术产业上的不同角色与职责。对高技术产业发展，就国家财政政策和货币政策支持而言，作为中央政府，更多的是为什么要支持，如何支持。作为地方政府，则是如何争取中央财力支持。因此，中央政府发展高科技的规划与地方政府要有较大区别。中央政府对各省区在发展高技术产业上是否应提出一些要求，明确一些责权，并辅之以相应的财力支持呢？中央政府应明确支持各省高技术产业发展的具体方式。比如，哪些是中央政府直接要做的，是"我要干"的，有什么具体内容。比如，中央财政出资的项目，是独资的还是入股的。二是"我引导你干的"，比如，我直接对地方可行项目的财政贴息。三是"我支持你干的"，比如，我转移一部分财力给地方进行项目的贴息。四是政策支持，包括中央政策和允许地方制定的政策等权限划分，比如，对外商投资的政策，对人才鼓励的政策，对融资支持的政策等。需要特别指出的是，中央政府发展高新技术的规划重在调动各省市的积极性，比如，要明确重点支持的项目是如何确定的，根据什么条件，需要什么审批程序；现已形成的一些重点项目要让大家清楚是否还会调整，需要地方进一步做好什么工作；还需要地方考虑哪些方面的项目，如何搞好项目申报；对各省现有的项目有些可作为"拟支持"项目，并要求各省进一步进行说明和完善。中央财力支持省区高技术产业是否应有几条原则，比如，财政资金投入的效益原则，产业布局的合理性原则，各省区适当平衡原则。总之，是在一套公平合理规则上形成若干措施，立足于调动各省区的积极性和聪明才智。

第三是协调和管理好相关部门的投资决策。这是防止过度投资、过热增长的关键。现在，信息产业部只管制造业和软件业，交通部管运营，邮电部只管部分通讯，广电部也只对广播电信负有责任。这种管理体制容易出现的一个问题就是在信息基础设施投资上难以协调，容易出现重复投资。部门之间形成的竞争，是借助行政权力的竞争，有损整体的经济效益。因此，要防止重复过度投资，就要在如何形成有机的统一的管理体制上下功夫。不是要合并机构，而是要把功能协调起来。在这个意义上讲，仅仅讲信息和技术的 IT 产业面太窄，要搞 IECT，包括电子通讯。

　　第四是要对信息产业发展与国家经济安全作统一考虑，要从国家安全角度看中国发展信息产业的战略。现在，信息安全已成为普遍性问题。信息化已经覆盖了所有产业包括军事工业、外交、金融等，甚至在最传统的农业中，最新农业技术的传播、农产品的销售，也越来越依赖于信息化。信息化对不同产业形成了程度不同的控制力。有些产业最关键的部门、最关键的设备，都离不开信息化产品。可以说，信息产品如果出问题，产业的正常运转就不可能实现。因此，信息不安全，就意味着所有产业和行业的不安全，进而就意味着国家的不安全。中国是在世界经济一体化的过程中实现信息化的，学习和利用国外先进技术和经验是必要的。但是，要防止对美国信息产业发展模式的过度模仿，还要防止发达国家利用其对信息化关键产品的垄断地位而可能出现的不友好行为。因此，在不得不引进国外先进技术的同时，要对可能影响国家信息安全的重要产业和重大技术，进行自主开发。政府对此应在各方面予以支持。在国家重大项目引进和采购重要信息产品时，对同等质量和水平的设备，要在不违反 WTO 规则基础上，鼓励使用本国的产品。国家采购的政策，要为下一步可能具有突破性进展的信息产品和技术，预留下市场的空间。

　　最后，借用专家论证会上达成的一个共识：现在全球信息技术产品价格都很低，这是我们传统产业低成本搞信息化的时机。从全球信息技术产业的泡沫中抓到珠贝，正是我国信息产业大发展的希望所在。下面将从九个方面分别进行论述。

二、信息技术产业的界定和产出的估算

（一）信息技术产业的界定

　　在研究信息技术对经济发展的影响时，首先会遇到两个困难：

　　第一，如何确定信息技术产业的内涵和外延。信息技术作为一种通用技术，具有很强的渗透力和融合力，因此信息技术本身边界就不很明确。而且随着时间的推移，信息技术的边界还在不断扩大。一个典型的例子就是，在 20 世纪 80 年代以前，信息技术主要指计算机硬件和软件技术。进入 20 世纪 80 年代后，随着通信技术与计算机技术的融合，通信技术也逐渐被纳入到信息技术的内涵中。现在，广播电视技术也被视为信息技术的一部分。由于信息技术边界的模糊不清，导致信息技术产业边界也变得模糊不清，不同的政府部门和研究者会给出不同的定义，特别是在确定信息技术产业应当包括什么样的细分产业时，人们对信息技术产业定义的差异

就会更加明显，从而导致信息技术产业定义的混乱和研究结果之间的不可比性。

第二，目前的国民经济统计和核算指标体系根本无法满足信息技术产业研究的需要，即使像美国和经济合作组织成员的核算和统计体系也不能全面准确反映信息技术产业的状况。由于信息技术产业既包括制造业，也包括服务业，因此，在目前以三次产业划分为基准的统计和核算体系中，信息技术产业的统计实际上变得支离破碎，有关的统计数据极不完整，有些领域甚至是空白。

本研究报告对信息技术产业的定义采用了美国商务部《浮现中的数字经济》（1998）、《新兴的数字经济》（1999）和《数字经济2000》三个年度报告中的定义。这些报告将信息技术产业定义为"生产、处理和传输信息产品和服务，无论这些产品和服务是作为中间投入物，如投入到其他产业的生产中，还是作为最终产品用于消费、投资、政府购买或出口"。

在中国，政府机构和研究者更习惯于将与信息技术相对应的产业称之为信息产业或信息通信产业，并且由于没有标准化的定义，不同的政府部门和研究者会根据自己的需要选择信息产业的定义和产业边界。例如，在吴基传主编的《信息技术与信息产业》一书中，信息产业被定义为"社会经济活动中从事信息技术、设备、产品的生产以及提供信息服务的产业部门的统称，是一个包括信息采集、生产、检测、转换、存储、传递、处理、分配、应用等众多门类的产业群"[1]，该定义与美国商务部的定义很接近，但内涵更加广泛，主要是包括了像印刷出版业和邮政业这样的传统产业。又例如，科技部下属的国家火炬办公室则将信息产业看成是高新技术产业的一部分，他们在参照经合组织高新技术产业行业分类的基础上提出了一个按小类行业（73个）和中类行业（共30个）划分的高新技术产业行业分类目录[2]，该目录不仅包括电子及通信设备制造业，而且也包括医药和医疗器具，航空航天产业，仪器仪表制造业，办公机械以及软件和数据处理业，但是不包含通信产业和广播电视产业。虽然采用信息技术产业或者信息产业这一称谓并没有什么实质性的差异，但是为了与国际上流行的术语保持一致以及为了方便数据的国际比较，本文采用的是信息技术产

---

① 吴基传主编：《信息技术与信息产业》，第4页，新华出版社，2000年版。

② 中华人民共和国科学技术部：《中国高新技术产业发展研究报告》，科学出版社，1999年，第584—590页。

业这一概念。

根据我们对信息技术产业的定义，结合国家技术监督局在 1994 年发布的《国民经济行业分类与代码》标准，我们给出了按中类（3 位数代码）和按小类（4 位数代码）分类的信息技术产业目录，见表 2 - 1。

表 2 - 1 信息技术产业目录

产 业 名 称	行 业 代 码	
	3 位代码	4 位代码
硬件	—	—
通信设备制造业	411	4111,2,3,9
雷达制造业	412	4121,2
广播电视设备制造业	413	4130
电子计算机制造业	414	4141,4143
电子器件制造业	415	4151,3,5
日用电子器具制造业	416	4171,2,3
电子设备及通信设备制造业	418	4181,2,3,9
其他电子设备制造业	419	—
软件及其服务业	—	—
电信业	602	6020
邮电业	603 *	6030 *
机械、电子设备批发业	627 *	6270 *
计算机及软件、办公设备零售业	—	6495
软件开发咨询业	831	8310
数据处理业	832	8320
数据库服务业	833	8330
计算机设备维护咨询业	834	8340
广播	911	9110
电视	913	9130

注：根据国家技术监督局 1994 年 8 月 13 日发布的《国民经济行业分类与代码》编制而成，其中 * 代表该产业只有一部分属于信息技术产业。

如果将表 2 - 1 中的分类与美国商务部研究报告中的信息技术产业分类进行对比，就会发现二者的范围大体相同。主要的差别有两点：一是美国的产业分类更细，而表 2 - 1 的分类相对较粗；二是表 2 - 1 的范围不包括工业测量、电器测量、实验分析仪器以及与文化办公类机械有关的制造业，而后者将上述产业也纳入到信息技术产业的范围内。

（二）信息技术产业产出的估算：数据与分析方法

为了使信息技术产业的产出与国内生产总值进行比较，有关信息技术产业的产出是用增加值来测量的。

增加值等于全部销售收入和其他经营收入减去中间产品和服务以及进口的购买，再减去外购经营费用。

增加值的计算通常采用收入法和支出法两种。本文采用的是收入法，即增加值是一个产业的所有新增收入的总和，包括折旧、劳动者收入、税收和利润。在该课题的其他报告中，我们对中国信息技术产业增加值数据进行了估算。考虑到数据的可获得性，我们对表 2 - 1 中的产业分类进行了调整和合并，将信息技术产业分为五个部分。它们分别为：

电子及通信设备制造业；

通信业；

软件及信息服务业；

电子信息产品销售业；

广播电视业。

以下对每个部分的增加值进行了估算，估算的范围为 1992 ~ 2000 年。

1. 电子及通信设备制造业增加值

该数据来自国家统计局制造业统计的数据。由于分行业统计的数据只有独立核算工业企业（1992 ~ 1997 年）和全部国有及规模以上工业企业（1998 ~ 1999 年）增加值的数据，因此，该数据的口径是不完全的，需要按整个工业总产值的口径进行调整。调整的方式是把全部工业总产值与不完全口径的工业总产值的比率作为调整系数，由此估算出电子及通信设备制造业的全部增加值（完全口径），见表 2 - 2。

表 2 - 2　电子及通信设备制造业的增加值

单位：亿元

	1992	1993	1994	1995	1996	1997	1998	1999
增加值(不完全口径)	205.62	355.14	484.27	635.00	663.61	902.37	1120.96	1347.95
调整系数	1.34	1.33	1.50	1.67	1.68	1.66	1.76	1.73
增加值(完全口径)	274.89	471.45	725.29	1060.45	1114.86	1501.45	1970.08	2331.95

数据来源：根据 1993 ~ 2000 年的《中国统计年鉴》。

2. 通信业增加值

信息产业部从 1998 年开始发布通信产业增加值的数据，但在此之前的数据只有《中国统计年鉴》所提供的邮电通信业的增加值，故需要将邮政业的增加值予以剔除，具体方法是在邮电通信业增加值的基础上，按邮政业务量占邮电通信业的比重予以相应的扣除。通信产业增加值数据估算的结果见表2-3。

表2-3 通信业的增加值

单位：亿元

	1992	1993	1994	1995	1996	1997	1998	1999
邮电通信业增加值	193.8	299.7	481.6	676.7	867.4	1107.6	1235.1	—
扣除系数	0.22	0.17	0.14	0.11	0.10	0.08	0.07	—
通信业增加值	151.2	248.8	414.2	602.3	760.7	1019.0	1148.6	1682.4

数据来源：1998年以前的数据来自相应年度的《中国统计年鉴》，1999年的数据来自信息产业部1999年通信产业发展统计公报。

3. 软件及信息服务业增加值

国家统计局的正式统计中没有这方面的统计数据，因此，这一数据是根据信息产业部下属一些机构的研究和商业性调查报告的有关资料估算出来的。但是，在商业性调查报告中，关于软件及其服务业的数据都是销售收入数据，需要分类进行调整，以便估算出增加值量。由于软件的销售收入中，需要扣除的中间品是可以忽略的，需要扣除的外购经营费用主要是资本支出、折旧和经营费用。因此，根据有关专家的估计，软件的增加值约占销售收入的70%；信息服务业主要是数据库服务、网络服务、各类专业服务和系统集成等，扣除外购经营费用和中间投入后，其增加值约占销售收入的65%。软件及信息服务业增加值估算数据见表2-4。

表2-4 软件及信息服务业增加值

单位：亿元

	1992	1993	1994	1995	1996	1997	1998	1999	2000
软件销售收入	20	40	49	68	92	112	138	176	230
服务业收入	20.6	49.9	58	77	113	148	187	238	320
增加值	27.4	60.4	72.0	97.7	137.9	174.6	218.2	277.9	369

数据来源：软件销售收入和服务业收入的数据来自信息产业部下属的计算机与微电子发展研究中心。

4. 电子信息产品销售业

主要指电子设备批发业、计算机及软件、办公设备零售业的增加值。电子设备批发业的增加值是从销售和购进总额的差额中剔除经营费用。

153

基本估算方法是，在《中国统计年鉴》所提供的机械、电子设备批发业数据的基础上，剔除机械部分（约占总额的70%），估算出电子设备批发业的购销差额，进而按批发零售业的有关财务指标计算出经营费用率（经营费用占销售收入的比例，一般为2.5%），以估算出电子设备批发业的经营费用，最后从购销差额中减去经营费用即可估算出电子设备批发业的增加值。计算机及软件、办公设备零售业的增加值的计算与前面相似，其经营费用率一般为3.5%。在我们所能得到的统计数据中，只有1998年的数据支持上述估算，估算结果见表2-5。1992~1997年和1999与2000年的数据是按1998年的结构类推得出的，具体方法是，先计算出1998年电子信息产品的批发与零售业增加值与当年电子及通信设备制造业增加值的比率（为8.3%），而后用这一比率乘以当年电子及通信设备制造业的增加值，即可估算出该年度电子信息产品销售业的增加值。具体结果见表2-6。

表2-5　1998和1999年电子信息产品销售业增加值

单位：亿元

电子设备批发业购销差额	电子设备批发业经营费用	电子设备批发业增加值	计算机零售业购销差额	计算机零售业经营费用	计算机零售业增加值	增加值合计
148.8	49.6	99.2	67.2	3.7	63.5	162.7

数据来源：《1999中国统计年鉴》。

表2-6　电子信息产品销售业增加值

单位：亿元

	1992	1993	1994	1995	1996	1997	1998	1999	2000
增加值	22.8	39.1	60.2	88.0	95.9	124.6	162.7	193.6	222.6

数据来源：《1999中国统计年鉴》。

5. 广播电视业增加值

与前面四个类型的产业不同，广播电视业在中国并不是一个高度市场化的产业，它既具有政府部门的特点，又具有事业单位的特点。由于广播电视技术，特别是有线电视技术与信息通信技术融合趋势的加快，广播电视产业正在成为信息技术产业中一个日益重要的组成部分。但是，由于受统计体系的限制，我们可以直接得到的是文艺和广播电视事业的增加值，而无法得到广播电视业的增加值。一般来讲，在国民经济核算中，广播电视业的增加值等于经常性业务支出减中间投入加固定资产折旧，但由于很难得到有关的基础数据，我们无法按上述方式进行估算。本文采用的是一种间接的估算法，即在广播电视业劳动者报酬的基础上乘以某个权数。广播电视业的劳动者报酬按广播电影电视业劳动者报酬的70%估算，权数则采用文化艺术和广播电视事业的总增加值与劳动者报酬的比率，这一比率可以从1997年度《中国投入产出表》中得到，具体为1.80。按上述方式估算的广播电视业增加值见表2-7。

表2-7　广播电视业增加值

单位：亿元

年　份	1992	1993	1994	1995	1996	1997	1998	1999	2000
劳动者报酬	—	9.15	14.13	16.84	20.07	23.30	26.15	30.17	—
增加值	12.84	16.47	25.44	30.30	36.12	41.93	47.06	54.31	66.25

数字来源：表中劳动者报酬的数据来自1994~2000年的《中国劳动统计年鉴》，1992年和2000年增加值数据为估计数。

6. 信息技术产业总增加值

在对信息技术产业的五个主要部分进行估计后，我们即可将分类数据进行汇总，具体结果见表2-8。这里需要说明的是所有的估算是以当年价为基准的，也就是说这些数据只反映信息技术产业的名义产出。

表2-8　1992~2000年中国信息技术产业总增加值

单位：亿元

	1992	1993	1994	1995	1996	1997	1998	1999	2000
电子及通信设备制造业	274.89	471.45	725.29	1060.45	1114.86	1501.45	1970.08	2331.95	2681.74
通信业	151.2	248.8	414.2	602.3	760.7	1019.0	1148.6	1682.4	2908.0
软件及服务业	27.4	60.4	72.0	97.7	137.9	174.6	218.2	277.9	369.0
电子信息产品销售业	22.8	39.1	60.2	88.0	95.9	124.6	162.7	193.6	222.6
广播电视业	12.84	16.47	25.44	30.30	36.12	41.93	47.06	54.31	66.25
总　计	489.13	836.22	1297.13	1878.75	2145.48	2861.58	3546.64	4540.16	5437.59

三、我国信息产业发展的现状

（一）我国信息产业发展的概况

1. 信息产业市场需求旺盛，规模激增

"九五"期间，我国信息产业年均增长速度超过30%。2000年初信息产业部预测：2000年我国信息产业市场规模为1万亿元，各种信息产品市场需求旺盛（见表2-9）。年底统计，信息产业市场规模已经超过1.4亿元。[①]

表2-9 2000年各种信息产品市场需求情况

产　品　类　型	市　场　需　求	备　注
移动电话	7000万户	其中新增用户3000万户
程控交换机	2500万户	
个人电脑	800万台	
笔记本电脑	80万台	
打印机	300万台	
网络产品	100亿元	包括网卡、路由器和调制解调器等
软件与系统集成	450亿元	
彩电	2500万台	
彩管	3500万台	
激光视盘机	1500万台	
音响	580万套	
电子元器件	2500亿只	
硬件	1520亿元	
信息服务	325亿元	

资料来源：《我国信息产业2001年将加大结构调整力度》，《互联网周刊》2000年1月14日。

2. 电子信息设备制造业发展顺利，处于我国工业第一支柱地位

从产出和销售总量上看，1999年我国电子信息产品制造业已经首次超过纺织、化工、冶金、电力等传统产业，位列工业各行业之首，成为我国工业经济第一支柱。并且，其产值规模已经居世界第四位。2000年该行业仍然发展迅猛，各种电子设备制造增速旺盛，保持了中国工业第一支柱地位。截至2000年10月，电子信息产品制造业实现销售额5564亿元，已经完成了全年计划目标。全年该行业发展呈现以下特点：

一是增长速度最快。该行业增长速度明显领先于其他行业，高居工业

---

① 李晓东：《信息产业2000年发展概况与问题》，《中国经济时报》2001年2月16日。

各行业首位，并且高出全国经济增长 20 个百分点；

二是占工业比重进一步提高。该行业占工业比重由 1999 年的 8% 上升为 8.5%；

三是对经济增长的贡献最大。该行业对工业增长的贡献由 1999 年的 19% 上升到 21.4%，对全国工业增长的拉动由 1999 年的 1.8 个百分点上升到 2.5 个百分点；

四是产出和销售盈利状况位居前列。1—10 月实现利润 339 亿元，是工业行业中利润超过 300 亿元的第三大支撑行业；

五是部分产品的国内品牌已在市场上占据主导地位。比如，2000 年上半年国产品牌 PC 所占市场份额达到 45%，国外品牌为 15%（另外 40% 为兼容机），国产品牌 PC 在完全公平竞争环境下占据绝对主导地位。①

3. 信息基础设施建设扩展迅速

经过"八五"、"九五"期间大规模建设，我国已建成了"八纵八横"和网络状光缆通信干线网，基本建成完整、统一、先进的通信网。目前，我国固定电话网、移动电话网的网络规模和用户总数都已位居世界第二位。截至 2000 年 9 月，数据与多媒体通信网已经覆盖全部地市和部分县市，利用公用网组建的金融、海关、财税、经贸等全国性计算机信息系统达到 108 个，政府上网、企业上网、家庭上网工程取得明显效果；与我国建立直达电路的国家和地区上升到 71 个，实现移动通信国际漫游的国家和地区达到 59 个。针对迅速发展起来的移动通讯网，信息产业主管部门在扩充网络容量、提高频率利用率和接通率、扩大覆盖面等方面做了大量工作。比如，扩展互联网国际出入口带宽，增加骨干网间互联容量，解决上网速度慢等问题。

4. 规制建设力度加大，制度环境进一步得到改善

2000 年 9 月 25 日国务院发布第 291 号令，正式实施《中华人民共和国电信条例》。这是我国第一部有关电信业的综合性行政法规，它将我国电信业已有的改革成果和将要采取的重大改革以法律的形式确定下来。鉴于迅猛发展的互联网对经济社会生活的影响日益深刻，制定相应的"游戏规则"、规范互联网服务业发展已成为当务之急。2000 年国家加快了对互联网服务业的规制建设。《电子商务法》成为年初召开的全国九届人大三次会议的第一号提案；下半年，国家先后出台了《互联网信息服务管理办

---

① 李晓东：《信息产业 2000 年发展概况与问题》，《中国经济时报》2001 年 2 月 16 日。

法》、《互联网站从事登载新闻业务管理暂行规定》、《互联网电子公告服务管理规定》。有的地方政府还对国内网站的管理进行了探索,比如北京市工商管理局发布了《网上营业行为登记备案的通知》及其《补充通知》、《网站名称登记备案暂行办法》及其《实施细则》等管理规定。这些法规的颁布,结束了我国互联网信息服务业、网站管理无章可循的状态。

5. 信息技术领域关键技术已经确定

目前我国已经确定了信息技术创新发展的重点,其中包括:攻克关系国家信息安全和增强综合国力的核心技术;突破制约我国信息技术和信息产业跨越发展的关键技术;开发涉及到产业结构调整与升级的重要技术;发展的重点领域是集成电路技术、软件技术、新型电子元器件和电子信息材料技术、计算机与信息处理技术、现代通信与网络技术、音频和视频与多媒体技术、电子专用设备与电子测量仪器技术、信息安全技术等领域。国家计委依据信息技术创新发展重点,修订了《当前国家重点鼓励发展的产业、产品和技术目录》,并于 2000 年 9 月颁布了新的《目录》,其中对信息产业的鼓励项目有 64 项,是所有行业中最多的。随后,为推动软件和集成电路发展,增强信息产业创新能力和国际竞争力,国家于 2000 年 11 月出台了税收鼓励政策,规定自 2000 年 6 月 24 日至 2010 年底,对软件产品、集成电路产品在按 17% 的法定税率征收增值税后,对其增值税实际税负超过 3%、6% 的部分实行即征即退政策;对从事软件、集成电路生产的国家重点企业、外资企业,根据不同情况规定了相应优惠政策。2000 年 10 月中旬公布的"十五"计划建议中提出:"加速发展信息产业,重点推进超大规模集成电路、高性能计算机、大型系统软件、超高速网络系统、新一代移动通信装备和数字电视系统等核心信息技术的产业化。"

6. 信息产业作为战略性产业的地位已经明确

经济增长与产业结构的变动有着密切的关系。通过产业结构的规律性调整与转换,经济方能实现增长,其中具有很强关联度、感应度、带动度的产业是经济增长中最重要的带动产业。信息产业就是具有这些特性的一个产业。另外,我国信息技术应用的典型调查表明,信息技术在改造传统产业方面投入与产出一般都有 1:4 以上的"倍增",有些领域甚至达到 1:20 以上。说明信息产业在整个国民经济发展中具有重要的基础性作用,对整个国民经济发展具有巨大的带动作用,它不仅可以直接创造国民收入,而且可以通过扩大增值空间、加快信息流动速率、使非信息资源转化为资源来创造国民收入。

（二）我国信息产业发展中存在的矛盾与问题

1. 总体规模小，产业集中度低

尽管我国 IT 产业发展迅速，但与发达国家相比还有相当大的差距。主要表现在以下三个方面：一是我国 IT 产业的总水平较低，目前仅接近于新加坡、英国；二是在世界 IT 产业中的比重偏低，产值只有世界 IT 产业产值的 3.45%；三是 IT 产业的增加值在国内生产总值中的比重只有 1.2%。美国是世界上 IT 产业最发达的国家，其产值约占美国总产值的 8%，增加值占其国内生产总值的 6% 以上，超过了汽车、化工等传统的支柱产业。据统计，美国的 IT 产业约占世界 IT 产业总量的 28%，占世界信息技术产品市场的 34%。美国的计算机产业多年来持续高速发展，以年均近 20% 的速度增长，占世界计算机市场总量的 27%。美国的通信设备产业快速增长，增长速度超过 15%，占世界通信设备总量的 27%。美国的 IT 部件产业占美国 IT 产业的 26%，其增长速度超过 30%。据美国商务部发布的统计资料显示，在过去 5 年里，信息技术产业为美国创造了 1500 万个就业机会，IT 行业已成为美国吸纳人员就业的最大行业。在国内销售和出口方面，IT 产业部门已经成为美国最大的产业部门。美国经济增长的 25% 以上归功于信息技术，电脑和电信业的增长速度是美国经济增长速度的两倍。当今，世界 IT 产业飞速发展，发达国家的 IT 产业年均增长投入对 GNP 的贡献是汽车行业的 200 倍。目前，世界信息技术产品贸易额已占世界贸易总额的 15% 左右。然而，面对迅猛增长的世界 IT 产业，我国 IT 产业的总体规模相当弱小，只不过是美国的 8%，日本的 10%，尚不足以与世界 IT 产业强国进行竞争。①

长期以来，我国的 IT 企业处于规模小、力量分散的状态。经过近几年大公司战略的实施，通过联合兼并和资产重组，培养和发展了一批具有较强实力的大型企业集团，生产规模和集中度有了显著提高。以 1998 年为例，IT 百强企业实现的总产值、销售收入和利税，分别占全 IT 行业的 42%、74% 和 92%。尽管如此，我国的 IT 企业与世界 IT 企业相比，仍然规模甚小，产品优势不多，国际竞争能力不强。中国 IT 产业布点分散，集中度、竞争力较差。电子计算机整机制造企业 66 家，生产量上百万台的没有；电视机制造企业 153 家，上百万台的有 8 家，上 300 万台的只有 1 家，而日本的松下年产 470 万台，韩国的三星、金星年产 300 万台。集成电路

---

① http://hnte.gov.cn/wto/information/002.htm.

也只有华晶集团1家年产超过1亿块,而摩托罗拉中国有限公司年产高达14亿块。

与世界著名的IT企业相比,我国企业的规模和实力都存在很大的差距,1998年,我国IT产业百强企业的销售收入只有2374.4亿元,只相当于IBM公司的33.9%。品牌的价值可以从一个侧面说明企业的竞争力。美国是世界超级经济大国,在IT产业中拥有最多的世界名牌,例如IBM、英特尔、微软等。其他发达国家有日立、东芝、西门子、飞利浦、三星等。根据世界品牌价值的评估结果,IBM的品牌价值高达185亿美元。同期北京名牌产品评估事务所评出的中国IT企业最高价值品牌的长虹仅有122亿元人民币,联想只有36亿元人民币。尽管这些企业在国内市场上已经占有一定的市场,可以在国内市场上与国外名牌一争高低,但到目前为止,我国的IT企业还没有一家进入世界名牌行列,还不能在国际市场上与世界名牌IT企业相比。①

2. 出口产品档次低,批量小,营销能力弱

我国IT产业出口从总体上看,仍处于粗放型和劳动密集型的阶段。出口的信息技术产品多数还是低附加值产品,而进口的产品则是附加值相对较高的。例如,1997年,中国出口的交换机平均单价为189.82美元,而进口交换机的平均单价则高达3149美元,进口平均单价是出口平均单价的16.6倍。同年彩电进口平均单价是出口平均单价的3.45倍,计算机产品为2.55倍。1998年联想集团实现销售总额176亿元,利税总共才5亿多元,不到3%。另外,加工贸易呈上升趋势,一般贸易则越来越小。1994年,信息技术产品出口总额中来料加工占28.4%,进料加工占59.7%,一般贸易仅占11.6%;到1997年,来料加工占20%,进料加工上升到70%,二者合计达90%,而一般贸易只占8%(其他方式占2%)。一般贸易比重的下降,直接影响了信息技术产品的出口附加价值。②

与境外IT企业营销能力相比,我国IT企业的营销能力还有很大差距。一是营销体系不够健全,二是进出口权还受到很大的限制,三是市场占有的层次较低。

3. 产业结构和产品结构不合理,缺乏对经济社会各领域的深入渗透

目前我国IT产业三大类(投资类、消费类、元器件类)产品结构的

---

① http://hnte.gov.cn/wto/information/002.htm.

② http://hnte.gov.cn/wto/information/002.htm.

比例只相当于美国50年代中期、日本70年代末期的水平。虽然投资类产品占IT产业产值的比重在逐年增加，但多为中低档产品。我国的计算机产业近年来虽然以年均45%的速度发展，但大中小型机市场基本上还是被外国产品占领，我国有竞争优势的只是附加值较低的微型计算机和在国际产业大转移下建立起生产能力的机箱、盘片、键盘、显示器等。元器件类产品发展水平比国际水平落后约15年左右，生产的集成电路大都是档次比较低的，高档产品需要进口。

各个分产业内部的比例也不尽合理。以计算机产业为例，硬件、软件和信息服务部门的结构很不合理。以1997年为例，1997年计算机硬件产品销售额为1024亿元，占我国计算机市场销售额的80%；软件为112亿元，占8.6%；信息服务业为148亿元，占11.4%。软件业和信息服务业的发展明显滞后。我国的IT产业结构仍处于较低水平，软件产业和信息服务业很不发达。全球软件产业的产值已占计算机产业的一半，美国的软件产业产值已经超出计算机硬件的40%以上。

另外，地区结构不尽合理，产品雷同，IT产业大而全、小而全、重复分散的现象较为严重。

产品跟不上市场需求的变化。市场急需的产品，企业生产不出来，而一些热门的产品，即使已经供过于求了，仍搞重复建设，造成投产后产品大量积压，生产能力闲置。计算机市场主要由国外大公司和三资企业占领。元器件产业市场研究开拓力度和深度不够，处于被动式发展状态，自主开发能力薄弱，结构调整缓慢，难以支撑产品更新换代的需要。

结构性矛盾一直是困扰我国信息产业健康发展的一个主要问题。由于缺乏有效的宏观调控，一些地区和部门争上热门产品、盲目投资和重复建设的现象屡禁不止；软件和集成电路产业规模小、技术水平低，不能适应产业整体发展的需要；电信支撑网建设滞后于通信能力的发展，业务结构和网络结构不尽合理；具有国际竞争实力的大集团公司数量太少；中低档产品生产能力过剩，高附加值产品大多依赖进口，且产品结构趋同、整体实力低下、缺乏管理和市场经验等。比如，移动通信设备制造方面，存在品牌过多、分散经营、重复生产的现象，既浪费了有限的资金，也不利于企业竞争。另外，信息产业对经济社会各领域的渗透还不够，企业对利用信息技术进行传统产业改造的重视不够。比如资金投入，1998年300家国家重点企业中用于信息技术和设备的投资累计仅占总投资的0.3%，而发达国家大企业在这方面的投入一般为总资产的8%—10%。我国经济正处

于大调整时期，信息产业是经济结构调整的战略性产业，如何抓住机遇用信息技术改造传统产业，实现新经济与传统经济的对接是亟待解决的重要问题。

4. 技术水平较低，自主创新能力差，基础研究投入贫乏

与世界发达国家和新兴工业化国家的信息技术水平相比，我国技术水平上的差距主要是技术创新能力差，具有自主知识产权的技术极为不足，信息技术产品在国际市场上的竞争力较差。市场需要的许多高新 IT 技术和高附加值的产品难以提供，市场占有率很低。目前，我国 IT 产业在微电子技术、数字技术、软件技术、网络技术、多媒体技术以及工业、农业和服务业信息化技术等方面还没有建立起自己的技术体系，一代又一代靠引进的局面尚未得到根本改变，主要关键技术和高精尖技术基本上由发达国家所主宰。如果把信息技术分为核心技术、高新技术和制造技术的话，在计算机尖端核心技术方面，美国居全球第一，日本其次。美国在数据库、芯片和操作系统三个领域处于垄断地位，其网络产品占据明显的优势。而日本在数据压缩与存储技术、影像技术、笔记本电脑显示屏技术方面则居全球领先地位。在高新技术和制造技术方面，亚洲国家和地区占有一席之地。除微处理器外，在诸如显示器、硬盘、电源、软驱等设备的制造方面，新加坡、韩国及中国台湾最具竞争力。中国台湾有 14 项产品的市场份额居全球第一，新加坡的多媒体技术居领先地位。目前，美国拥有世界上最先进的核心技术和最大的信息技术产品市场。日本是第二大信息技术产品市场。韩国、新加坡及中国台湾是发展 IT 产业比较成功的国家和地区。俄罗斯虽有人才，但无资金，已在 IT 产业方面远远落后于美、日等国。

我国在信息技术领域关键技术还很落后。比如，在高速 CPU 芯片和存储器的设计与制造、基础性软件及一些大的应用系统的开发能力方面，一直比较薄弱。目前，国内生产的 IT 产品只能满足国内市场需求的 20%，软件产品只能满足国内市场需求的 30%。

IT 基础研究需要较高的资金投入，发达国家及新兴工业化国家与地区都非常重视在这一领域的投入。反观我国在 IT 基础研究方面的投入，无论是政府还是企业、高等院校，与前者均有很大差距。另外，我国还缺乏高新技术产业发展所需的风险投资机制，资本市场也很不完善。这不仅使得我们试图缩小与发达国家在 IT 领域差距的愿望难以实现，而且由于缺乏具有自主知识产权的信息技术，还将使我国的信息安全面临严重威胁。因为

IT 在信息经济时代不仅影响着国家的竞争力，而且决定着国家的安全度。否则，近期有关某国软件公司在所售软件中专门安装了秘密程序，使该国情报部门易于监控或窃取他国经济发展、社会生活、国防部署、外交事务等方面情报的报道，就不会引发许多国家的一片恐慌。

5. 产业保障体系缺乏，法制法规建设亟待完善

IT 业是个新兴产业，需要有完善的产业保障体系。目前我国大量的政策措施来源于部门规章和规范性文件，相关政策难免出现随意性较大、系统性与配套性差等现象。入世后，我国将接受 WTO 有关 IT 业的一系列协议，如《全球基础电信协议》、《信息技术协议》等规定的要求，不难想像届时我国 IT 业在迎来良好机遇的同时，也必将面临空前激烈的竞争。无论是为了捕捉机遇，还是挑战竞争，我国 IT 业都需要有完善的产业保障体系。否则，IT 业的顺利发展将会遭受严重影响。"入世"并不意味着放弃对国内产业的"保护"，但是，这种"保护"应该是在法律规范下的产业保障体系。多年来我国立法中存在的一些问题，使得在法律法规建设上还很不完善。这些问题主要有：①指导思想是管理本位，而非经济主体权力本位，强调部门管理权，忽视经营主体的经济自主权；②政企职能不分；③部门立法、重复立法。难以协调各相关主管部门的利益，延缓立法进程。部门立法无法体现法律的公平和社会效应；④滞后立法。这些问题不解决，势必影响我国信息产业保障体系的建立及相关法制法规建设的完善。

6. 管理体制存在着制约因素，体制障碍仍待解决

1998 年信息产业部成立以后，尽管国家对信息产业管理体制进行了一系列改革，但信息产业管理体制中长期存在的制度壁垒问题仍未彻底解决，顺畅的管理体制难以建立。比如，"三网"（电信网、计算机网、有线电视网）融合、电信业开放竞争、信息资源流通体制等问题。网络融合不仅是世界信息产业发展的潮流，而且已成为我国"三网"运营者的共识，但因存在着多头管理，部门之间利益不一致，故而"三网"融合难以启动。"十五"计划建议中第一次将"促进电信、电视、计算机三网融合"，以中央文件的形式确定下来，使人们看到了"三网"融合的前景。另外，我国电信业在对外扩大开放格局已定的条件下，对内开放市场引入竞争却还存在着诸多限制。在信息资源流通中，部门之间及行业之间自我封闭、相互封锁，大量可以为公众服务的政府信息，由于体制、法规等方面的原因不能为社会所利用，造成流通渠道不畅，信息

服务缺乏良好的宏观环境。虽然全国数据库已经发展到 3000 多个，但数据量小。据悉，我国信息资源的 90% 尚未实现电子化，其中管理体制不完善是一个重要的制约因素。

7. 市场体系尚未健全，人才缺乏局面尚待扭转

信息产业的发展需要健全的市场体系，比如，信息技术的创新与成果转化、信息产业的开放竞争、电子信息产品制造业与信息服务业等都需要一个健全的市场体系。其次，信息产业的发展还需要充足的信息人才队伍。信息产业的技术与知识密集型特点，决定了人才对于这一产业的发展具有十分重要的意义。目前健全的信息市场体系和信息人才的严重缺乏，已经成为阻碍我国信息产业发展的重要原因之一。如何通过规范市场秩序，鼓励平等竞争，完善价格体系来健全信息市场体系，加快人才培养，造就一大批优秀的信息人才队伍，是我国信息产业发展过程中迫切需要解决的问题。

8. 基础信息技术产业和软件产业发展相对滞后

基础产品行业在发展中存在的主要问题，一是市场研究开拓的力度和深度不够，处于被动式发展；二是投资不足且较为分散，不利于行业的长远发展；三是自主开发能力薄弱，难以支撑产品的更新换代；四是结构调整（包括产业结构、产品结构、企业结构、产业布局）缓慢，跟不上科技进步和市场发展的需要。

从规模上看，我国软件销售额占世界的份额不到 1%。以 1997 年为例，1997 年我国软件的产值仅为美国的 0.6%。从水平上看，国内生产的主要是中文处理软件和应用软件，基础软件基本上是国外产品。从国内市场占有率看，国产软件仅有 32%，进入国际市场的软件产品还很少。中国软件产业不仅落后于发达国家，而且也落后于部分发展中国家。目前，中国的软件开发仍停留在小手工业作坊、低水平重复的层次上，远没有形成规模产业。

我国有很多软件人才，但能够承担高层设计、系统集成、提出创新概念的人才不多。我国有很多软件产品，但真正够得上国际通用标准的商品软件很少。中国软件与国际的差距呈拉大趋势。从 1993 年起，美国软件业以两位数速度增长，现有软件工程师已达 350 万至 400 万，但软件人才仍显严重缺乏。我国的经济实力远超过印度，但印度 1998 年软件出口 17 亿美元，中国软件出口不足 1 亿美元。1999 年中国信息技术产品进出口增长较快，结构也在不断优化，但出口产品的附加值低，进口的产品附加值

高，我国 IT 产业的进出口面临着冲击。

四、信息技术产业对 GDP 增长的影响

（一）信息技术产业对名义 GDP 的影响

20 世纪 90 年代，信息技术产业成为中国经济增长最快和最具活力的产业部门，在国民经济中的地位越来越突出，对国民经济的直接贡献也越来越大。从表 2－10 可以看出，1992 年到 2000 年，信息技术产业占名义 GDP 的份额从 1.84% 直线上升到 6.08%，增长了 2.3 倍，同时信息技术产业的名义产出从 489.13 亿元扩大到 5437.59 亿元，增长了 10 倍多，年平均增长率达到 35%，而同一时期，名义 GDP 的规模只增长了 2.5 倍，年平均增长率只有 17%，前者比后者高出整整一倍。与同一时期的美国相比，虽然中国信息技术的名义产业在名义 GDP 中的绝对份额较低，1992 年美国是 6.3%，2000 年为 8.5%，分别比中国同期高出 4.5% 和 2.4%，但是，从这一份额的增长来看，美国只增长了 2.2%，而同期中国则增长了 4.2%，高出美国 2 个百分点，同时在 2000 年，中国信息技术产业占 GDP 的名义份额已经接近美国 1992 年的水平。这表明从经济结构的角度看，中国和美国的趋同趋势在加快。这里要指出，所谓名义的 GDP 或信息技术产业名义产出值，均是指按当年价格计算的额值，不是扣除价格变动后的实际价值。

表 2－10　1992～2000 年信息技术产业对中国国内生产总值的直接贡献

单位：亿元

	1992	1993	1994	1995	1996	1997	1998	1999	2000
GDP	26651.9	34560.5	46670.0	57494.9	66850.5	73142.7	76967.1	80422.8	89404
信息技术产业增加值	489.13	836.22	1297.13	1878.75	2145.48	2861.58	3546.64	4540.16	5437.59
信息技术产业对 GDP 的贡献(%)	1.84	2.42	2.78	3.27	3.21	3.91	4.61	5.65	6.08

注：国内生产总值的数据来自《中国统计年鉴》，为了与信息技术产业产出的口径一致，该项数据也是按当年价格计算的。

从信息技术产业对 GDP 名义增长的贡献来看，在 1997 年之前，其对名义 GDP 增长的贡献只是略高于同期对 GDP 的直接贡献，但是从 1997 年

开始，其对名义 GDP 增长的贡献就迅速上升，1997 年达到 11.29%，1998 年上升到 14.05%，1999 年则高达 28.75%[①]，2000 年虽有大幅回落，但仍然达到 10%。表明信息技术产业对整体经济增长的拉动作用在迅速增强。更为重要的是信息技术产业产出对经济增长贡献的迅速上升恰好发生在宏观经济进入通货紧缩和增长衰退时期，这表明在经济活动的其他部门缓慢成长的情况下，信息技术产业并未受到整个经济下滑趋势的影响，而是继续保持了超常的增长速度。信息技术产业的这种超常增长具有重要的意义，特别是对 1997 年之后中国的经济增长没有出现历史上经常出现的"硬着陆"和严重的经济衰退有很大影响。

表 2-11　1993~2000 年信息技术产业对经济增长的名义贡献

单位：亿元

	1993	1994	1995	1996	1997	1998	1999	2000
GDP 年增长值	7908.6	12109.1	10827.9	9355.6	6292.2	4875.1	3455.7	8981.2
信息技术产业年增长值	347.09	460.91	581.62	266.73	716.1	685.06	993.52	897.43
信息技术产业对 GDP 年增长贡献率(%)	4.39	3.81	5.37	2.85	11.38	14.05	28.75	10.0

（二）信息技术产业对实际 GDP 的贡献

信息技术产业对产出的名义贡献并不能确切反映其对实际经济活动的影响，因此，我们需要在名义产出的基础上估算信息技术产业实际产出的水平。实际产出的估算依赖于分部门的产出的平减指数。从目前官方所公布的分类价格指数来看，我们的需要很难得到完全满足。一个比较现实的办法是寻求比较接近的指数或通过技术调整来估算出信息技术产业五个部分增加值的平减指数。下面的估算均以 1990 年不变价为基准，估算的范围以 1992~1998 年为主。

---

① 该数字在 1999 年异常偏高主要是由于通信产业增加值增长严重偏高所致，而后者则主要是由于 1998 年和 1999 年的数据来源不同，1998 年数据是在 2000 年《中国统计年鉴》基础上估算出来的，该年整个邮电通信业的增加值也只有 1235.1 亿元，剔除邮政业后为 1148.6 亿元，而 1999 年的数据则来自信息产业部的统计公报，后者提供的是纯粹的通信业增加值，为 1682 亿元，按上述两个数字的差额计算为 533.4 亿元，相当于同期 GDP 增长数的 15.4%。

1. 电子及通信设备制造业产出平减指数

可以在《中国工业经济统计年鉴》或者《工业统计年报》中得到按现价和 1990 年不变价计算的电子及通信设备制造业的工业总产值，在上述两类数据的基础上即可计算出工业总产值的价格平减指数，该指数也可以作为计算增加值的平减指数。具体结果见表 2 - 12。

表 2 - 12　电子及通信设备制造业产出平减指数

（1990 年 = 100）

年　份	1992	1993	1994	1995	1996	1997	1998
指　数	0.80	0.85	0.91	0.89	0.84	0.80	—

2. 通信业平减指数

与通信业的平减指数比较接近的是邮电通信业的平减指数，该指数可以在中国统计年鉴所提供的有关数据基础上测算出来，具体见表 2 - 13。

表 2 - 13　通讯业平减指数

年　份	1992	1993	1994	1995	1996	1997	1998
指数（上年 = 100）	100.5	100.9	133.8	101.1	95.6	103.7	87.5
指数（1990 年 = 100）	100.5	101.4	135.7	137.2	131.2	136.0	119.0

3. 软件及信息服务业平减指数

虽然在统计中，软件及信息服务业归社会服务业，后者的平减指数可以从统计年鉴中得到，但由于软件及信息服务业只是社会服务业的很小一部分，而且其价格变动的趋势与其他社会服务业相差很大，因此本文没有采用社会服务业的平减指数作为其平减指数。考虑到软件及信息服务业的价格变动与计算机制造业价格的变动较为一致，因此，我们用电子及通信设备制造业的平减指数作为其平减指数。

4. 电子信息产品销售业的平减指数

由于该产业与其他的批发和零售网络十分接近，因此，本文采用的是批发和零售贸易餐饮业的平减指数。该指数可以按统计年鉴中的批发和零售餐饮业名义产出指数与可比价指数的比率来计算。具体结果见表 2 - 14。

表 2-14　电子信息产品销售业平减指数

年　份	1992	1993	1994	1995	1996	1997	1998
指数（上年=100）	115.9	106.0	121.7	115.0	107.0	102.1	99.2
指数（1990年=100）	163.0	172.8	210.3	241.9	258.8	264.2	262.1

注：表中数据根据《中国统计年鉴》整理而成。

5. 广播电视业平减指数

在我们可以得到的指数中，教育、文化艺术和广播电影电视业是最接近的一种指数，该指数也可以从《中国统计年鉴》中得到。见表 2-15。

表 2-15　广播电视业平减指数

年　份	1992	1993	1994	1995	1996	1997	1998
指数（上年=100）	111.5	112.8	119.7	106.5	105.8	101.1	105.2
指数（1990年=100）	119.4	134.7	161.2	171.7	181.7	183.7	193.2

依据上面估算的平减指数，我们即可对 1992~1998 年各年度信息技术产业的实际产出做出估算，估算结果见表 2-16。

表 2-16　信息技术产业的实际产出（以 1990 年为基准年）

单位：亿元

年　份	1992	1993	1994	1995	1996	1997	1998
（1）	343.6	554.6	797.0	1191.5	1327.2	1876.9	—
（2）	150.4	245.4	309.6	439.0	579.8	749.3	965.2
（3）	34.3	71.1	79.1	109.8	164.2	218.3	—
（4）	14.0	22.6	28.6	36.4	37.1	47.2	61.6
（5）	10.8	12.2	15.8	17.6	19.9	25.7	31.9
总　计	553.1	905.9	1230.1	1794.3	2128.2	2917.4	—

6. GDP 的平减指数与实际 GDP 的估算

从《中国统计年鉴》中可以计算出 GDP 的平减指数，并可计算出实际的 GDP。见表 2-17。

表 2-17 GDP 平减指数和实际 GDP

单位：亿元

年 份	1992	1993	1994	1995	1996	1997	1998
平减指数 （上年 = 100）	107.8	114.7	119.9	113.0	105.9	100.7	97.6
平减指数 （1990 年 = 100）	115.4	132.6	159.0	179.7	190.3	191.6	187.0
实际产出 （以 1990 年为基年）	23083.3	26119.5	29408.4	32542.1	35672.4	38863.6	41895.8

在对信息技术产业的实际产出和实际 GDP 做出估算后，我们可以得到表 2-18。表 2-18 给出了 1992~1998 年信息技术产业对 GDP 的实际贡献率，从中可以看出，信息技术产业对 GDP 的实际贡献率要高于同期的名义贡献率，而且两种贡献率的差距随着时间的推移而逐渐扩大，1992 年实际贡献率高出名义贡献率 0.56 个百分点，1997 年则为 3.6 个百分点。

表 2-18 信息技术产业对 GDP 的实际贡献率

单位：%

年 份	1992	1993	1994	1995	1996	1997	1998	1999
实际 GDP	23083.3	26119.5	29408.4	32542.1	35672.4	38863.6	41895.8	44882.7
信息技术产业 实际产出	553.1	905.9	1230.1	1794.3	2128.2	2917.4	—	—
贡献率	2.40	3.47	4.18	5.51	5.97	7.51	—	—

表 2-18 反映了信息技术产业对 GDP 实际增长的贡献情况。与信息技术产业对 GDP 实际产出的贡献相似，信息技术产业对 GDP 实际增长的贡献要远远高于其对名义 GDP 增长的贡献，而且二者的差距随着时间的推移以更快的速度在拉大。1993 年，信息技术产业对 GDP 实际增长的贡献率高出名义贡献率 7.2 个百分点，1997 年则达到 13.3 个百分点。如果将信息技术产业的实际贡献换算成 GDP 实际增长的百分点，则 1993 年 GDP 实际增长 13.1 个百分点中有 1.5 个百分点来自信息技术产业，到 1997 年，GDP 实际增长的 8.6 个百分点中有 2.1 个百分点来自信息技术产业。

表 2 - 19 信息技术产业对 GDP 实际增长的贡献率

单位：亿元

年 份	1993	1994	1995	1996	1997	1998	1999
GDP 实际增长	3036.2	3288.9	3133.7	3130.3	3192.2	3032.2	2986.9
信息技术产业实际增长	352.4	324.3	564.2	333.9	789.2	—	—
贡献率(%)	11.6	9.7	18.0	10.6	24.7		
GDP 实际增长率(%)	13.1	12.6	9.0	9.8	8.6	7.8	7.1
信息技术产业的贡献(%)	1.5	1.2	1.6	1.0	2.1	—	—

表 2 - 19 比表 2 - 11 更好地说明了信息技术产业在 20 世纪 90 年代中国经济增长中所发挥的重要作用。尽管自 1992 年以后中国经济出现了连续 6 年的增长滑坡，但这种下滑过程总体上讲是比较平缓的，即使在增长速度下滑到低谷时的 1998 年和 1999 年，增长率也达到了 7.8% 和 7.1%，远远高于 1981 年和 1989、1990 年两次经济低谷时期 5.2% 和 4.2% 的增长率。由于历史上中国的经济周期往往表现出大起大落的特点，因此，1992 年之后经济增长没有出现陡然的回落，而是在平缓下滑的过程中继续保持较快的增长速度，特别是在 1997 年出现严重的通货紧缩后，增长的下滑依然平缓就不能不引起人们的普遍关注。按照我们在表 2 - 19 中的估算结果，1997 年信息技术产业对经济增长的实际贡献相当于当年 GDP 增长点中的 2.1 百分点，如果没有信息技术产业的这种突出贡献，1997 的增长率将只有 6.5%。虽然信息技术产业的超常增长与扩张性的宏观政策有某种相关关系，但是，这种增长主要是信息技术的迅速进步和对信息产品和服务需求超常增长的结果。因此，我们认为，中国经济在 1997 年之后面对通货紧缩的严峻形势而没有出现严重的经济衰退，信息技术产业的高速成长是一个重要的决定因素。

从信息技术产业对名义 GDP 和实际 GDP 影响的差别上，我们看到信息技术进步对国民经济一种特殊的贡献，就是由于信息产品和服务的价格大幅下降直接影响了相关产业产品的价格，遏制了成本上升引致的通货膨胀，造成了低价格总水平下的经济增长。正是由于这一点，美国商务部对信息技术产业对通货膨胀的影响有专门的分析和评价。

信息技术产品价格下降对通货膨胀的影响，既有直接一面，更多是间接的影响，后者是难以计算的。本报告作出了考察信息技术产业对通货膨胀所产生的直接影响的程度分析，作为分析信息技术产业对国民经济实际影响时的重要参考指标。我们分析的思路是：用国内生产总值年度平减指数和剔除了信息技术产业产出的国内生产总值的年度平减指数的差额，来大体判断信息技术产业对通货膨胀的影响。

表 2-20 信息技术对通货膨胀的影响

年 份	1992	1993	1994	1995	1996	1997	1998	1999
（1）	107.8	114.7	119.9	113.0	105.9	100.7	97.6	97.6
（2）	116.1	133.8	161.0	181.4	192.9	201.6	—	—
（3）	—	115.2	120.3	112.7	106.3	104.5	—	—
（4）	—	0.5	0.4	-0.3	0.4	3.8	—	—

注：（1）为 GDP 的年度平减指数；（2）为剔除了信息技术产业产出的以 1990 年为基年的 GDP 平减指数；（3）为剔除了信息技术产业产出的以上年为 100 的平减指数；（4）=（3）-（1）。

从表 2-20 可以看出，在 1996 年以前，信息技术产业对中国通货膨胀的影响微乎其微，信息技术产业的价格下降仅仅使整个经济的通货膨胀水平下降了 0.4—0.5 个百分点。而到了 1997 年，其对通货膨胀的影响突然变得非常明显，在这一年，信息技术产业使整个经济的通货膨胀水平下降了 3.8 个百分点。因此，如果不包含信息技术产业，则 1997 年中国的通货膨胀指数将达到 4.5%，而不是统计年鉴中所发布的 0.7%。这种差异无疑是十分惊人的，也就是说，信息技术产业的价格下降对通货膨胀水平的急剧下降有重要贡献。

五、信息技术产业对优化国民经济结构的作用

在考察信息技术产业对经济的作用时，人们往往把注意力放在对促进经济增长和缓解通货膨胀上。这不足以测度信息技术产业对经济活动的全面影响。事实上，信息技术产业的发展，已经使信息技术融入到整个社会经济活动中，成为推动社会经济发展的重要力量。

（一）信息技术产业的发展有利于改造传统产业，促进产业结构升级，推动经济增长方式的转变

传统产业在我国经济中占重要地位，工业产值中 80% 左右出自传统产业。但传统产业大多技术落后，设备陈旧，经济效益低下。用现代信息技术改造和装备传统产业，可以大大提高生产的自动化水平和产品质量，加快经济发展。美国的统计数据表明：采用 CIMS（计算机集成制造系统）的公司产品质量提高40%以上，生产率提高200%—500%，而工程设计费用和人力费用分别减少15%—30%和5%—20%。我国22个省市用电子信息技术改造传统产业的投入产出比约为1:5，个别的甚至高达1:10。我国铁路运输系统采用计算机管理后，提高运力15%，每年增多运煤量18.5亿吨，年事故下降68.9%。机械、电子、航空、航天、造船以及轻纺等部门的大中型企业普遍使用电子计算机辅助设计，使工效提高3—5倍，产品设计一次成功率达90%以上。[①] 由此可以看出信息技术向各行业的广泛渗透。

当然，信息技术产业对于不同部门的装备和影响是不同的。如果我们把传统产业的范围扩大，即金融、证券、保险等服务行业也称为传统产业的话（相对于新经济下新出现的产业而言），那么，信息技术装备程度要高得多。在这些行业中，信息技术设备的人均使用量也非常大。从美国的情况看，前15种产业中，信息技术设备所占该项产业中总设备的份额和人均信息技术资本投入额如表2－21所示。

表2－21　美国信息技术设备所占该项产业中总设备的份额和
人均信息技术资本投入额

行　业	比重（1994）	行　业	信息技术资本投入额（美元）（1987年不变价）
电信	86.3	电信	19441
保险代理	86.0	房地产	13890
证券代理	80.7	电台和电视	12726
控股投资	79.6	非银行金融机构	12458
电影	73.6	公用设施	10427
保险业	65.6	汽油和煤炭	9557
电台和电视	61.0	银行和储蓄	9056
其他服务业	57.2	保险业	8927
批发业	56.1	控股和投资业	7616
法律服务	56.0	化学	7522
教育服务	55.3	汽车维修	5943
健康服务	53.1	公路运输	5385
零售业	46.2	电影	4893
器械	45.4	工业机械	4652
房地产	44.7	批发业	4308

资料来源：根据美国商务部报告《浮现中的数字经济1998》第101—102页整理，该书由中国人民大学1998年出版。

---

① 龚键：《略论信息产业在经济发展中的主导作用》，《软科学》1998年第2期。董云庭：《我国信息化建设的进展和前景》（打印稿），2001年。

从国民经济各部门的关联度来看，如果把信息产业分为第一信息部门（信息工业和信息建筑业）、第二信息部门（邮电通讯业等服务部门）和第三信息部门（农业间接信息部门和工业间接信息部门），那么，据测算，信息产业和传统产业的关联系数如表 2-22 所示：

表 2-22 产业前向系数和产业后向系数

类　别	第一产业	第二产业	第三产业	第一信息部门	第二信息部门	第三信息部门
前向关系系数	7.273	5.637	1.709	1.371	1.547	1.515
后向关系系数	2.006	5.617	2.617	4.374	2.694	1.938

资料来源：左美云等：《论信息产业与传统产业的关系》，《图书情报工作》1998 年第 5 期。

从表 2-22 明显可以看出，信息产业的前向关联系数相比较而言都很小，说明信息产业的感应效果不大；后向关联系数也一般，第一信息部门表面上看来较大，但那是由于其中包含了信息建筑业（建筑业的带动系数较强）。那么，信息产业与传统产业的关联仅从投入产出分析来看是不够的。因为投入产出是从互为中间产品的意义上来分析它们之间的关系，然而信息产业与其他产业不同，它对传统产业的作用主要不是通过互为中间产品，而是渗透到传统产业中去，通过引致创新、重组作业、辅助作业和增值产品使传统产业的生产率和竞争力得到空前提高。

信息产业的发展对经济增长方式的影响主要表现在：在旧经济中，经济发展的主要方式是靠资源投入的方式来实现，工业化加工资源的方式是一种高消耗、高污染的实现方式，必然引起自然资源日益枯竭，工业污染加剧、环境退化和生态破坏。而信息科学技术引发的社会信息化，为摆脱高投入、高消耗、高污染的经济增长方式提供了技术可能。信息化的开展使得依靠科技进步而不是高资源、高投入就可以促进经济增长。目前发达国家中，科技进步对经济增长的作用率已达 60%—80% 的幅度。因此，要保持国民经济稳定健康发展，就需要用先进的信息技术改造传统产业，这是转变我国经济增长方式的必要措施之一。

（二）信息技术产业推进了服务业的发展，使它在整个产业体系中所占比重越来越大

从发达工业国家三次产业结构的演变看，存在一个产业演进规律：产业结构演进大体经历五个阶段，即：①A（第一产业）＞C（第三产业）＞B（第二产业）；②A＞B＞C；③B＞A＞C；④B＞C＞A；⑤C＞B＞A。

以此来测度中国的产业结构，可以看出，中国现在已经进入产业结构演化的第四阶段，即 B > C > A 阶段。1999 年，产业比例为 16.68%：46.49%：36.83%，呈现出"二三一"型结构。这说明，我国的产业结构中，第三产业还要提升，才能进入产业结构演变的第五阶段。第三产业的主体是服务业，只有服务业获得了大发展以后，第三产业才能提升。

信息技术的发展对服务业的推进主要表现在：

1. 信息技术产业本身的服务

它包括信息技术产业中的软件服务产业的发展，如计算机程序设计服务、散装软件、软件批发产业、软件零售业、集成计算机系统设计、计算机数据处理、信息反馈服务、计算机管理服务、计算机租赁服务、计算机的维修与保养等，也包括通讯服务产业，如电话与电报通讯、无线电与电视广播、有线电视与其他收费电视服务等。

2. 对现有服务业的提升

信息技术产业的发展扩大了传统产业的服务"半径"，在很大程度上打破了服务业的地域限制。由于传统服务业的特性，即生产和消费上的同一性，使服务的"半径"局限于一个狭小的范围内。现在，由于信息技术产业的发展，极大地扩展了服务的空间范围。

3. 新的服务业的出现

信息技术产业发展还使传统产业向服务业转化。一些产品如 CD 等，过去是在市场上购买，现在却在下载的过程中变成服务；许多在线服务以及网上阅读等都在一定程度上代替了原来的产业经营方式。这说明，产业本身也在变化，用传统的指标来测度服务业已经出现困难。

（三）信息技术产业的发展，在很大程度上改变着贸易方式

美国商务部的研究报告在评价电子商务时认为，其对经济的影响远远超过以货币衡量的电子商务交易总额的影响。企业利用商务提供更多的有用信息，扩大了选择面，提供新的劳务，使购买过程流水化并降低成本，以此来获得竞争优势。这些都是以信息技术和信息技术产业的发展为基础的。

1. 由于信息技术的发展，新的经济活动方式在一定程度上和一定范围内替代了传统的经济活动方式

譬如，以前的购买活动直接到商家进行，信息技术的发展却可以通过网络购买。于是，物流业获得了快速发展。又如，上网购买股票对传统交易方式的替代，使市场结构有所调整，很多中介环节被省掉了。其中，有

相当部分是对于原有生产力的一种替代，因而总的生产量增加不大，只是改变了传统的经济结构。

2. 信息产业的发展不仅部分地替代传统产业的经济活动，而且即使是在一个部门内部，也部分地替代着一些工作环节

信息服务业带动了金融、信用、娱乐等行业的发展，也改变了它们的内部结构。譬如，银行业务的发展，支票是对现金的部分替代，信用卡、电子货币又是对支票和货币的部分替代等。

3. 信息产业发展，可以创造出新的需求

许多原来不可能的事情，现在却可以形成市场，通过网络把分散的个人需求变成统一的市场需求。据统计，1999 年底，全球已有 2.6 亿多互联网用户，956 万个站点，电子商务营业额达到 2400 多亿美元；中国已有890 万互联网用户，1.5 万个站点。预计 3 年后，全球将有 5 亿因特网用户，2100 万个站点，电子商务营业额达到 1.3 万亿美元。[①]

信息技术产业的发展推动了新的贸易方式和新的经济活动。1993 年，我国开始接受电子商务的概念，1997 年就有了实质性的进展。截至 2001年 1 月，电子商务网站超过 1500 家，其中网上销售商 600 余家，拍卖类网站 100 家，远程教育网站 180 家，远程医疗网站 20 余家，涉及的行业有金融、民航、铁路、家电、旅游、玩具、食品、汽车（零部件）、书刊、鲜花等。目前，全国有中文网站 15000 个，其中 ISP620 家，ICP1000 多家。2000 年互联网服务市场规模为 53 亿元人民币，其中接入市场 48.9 亿元（拨号接入 28.4 亿元，专线接入 9.8 亿元）。在商务网站中，BtoB 网站 370家，BtoC 网站 667 家。2000 年，电子商务交易额为 771.6 亿元人民币，其中 BtoB 为 767.7 亿元，BtoC 为 3.9 亿元。[②]

六、信息技术产业对微观经济主体和市场的影响

（一）信息技术产业发展对企业的影响

1. 通过企业内部物流的发展，降低企业成本

企业原材料的采购和产品投放是一个复杂的多步骤过程。对于前者来说，企业首先要寻找原材料的生产者和供货商，要确立他们的供货能力以及是否能够满足批量、送货、质量、价格方面的要求。一旦找到了这个供

---

① 王晓琳：《信息技术的发展及其对社会生活的影响》，《探索》2000 年增刊。
② 董云庭：《我国信息化建设的进展和前景》（打印稿），2001 年。

货商，就必然与他们进行详细的信息交换以确保产品能真正满足自己的需要。这样，就会发生一系列的经济行为：发订单、回函、货物交运发票、核实订单和发票、付款、收据等等。如果企业的日常采购活动频繁变化，那么，这一活动将是十分复杂的。对于后者来说，企业要寻找消费者，批发、零售、直销、经销或代销、结算等等，这一活动同样复杂。

信息技术产业的发展，使很多企业尤其是大企业使用专用网的电子数据交换来减少采购过程中的环节，企业把更多时间集中在价格和建立供货渠道上。

互联网具有降低成本的巨大潜力。计算机相互联网的数目愈多，就会出现网络效应，成本就会愈低，对经济和社会的影响就会愈大，这就是著名的梅特卡夫法则。[1] 同时，信息技术的急剧发展和革新，不仅使企业的业务效率化，也可以构筑一个作为决策支持的信息系统。因此，信息技术发展使现代物流得以实现，使物流服务品质得以提高。

信息技术发展对于成本的节约，可从以下著名例子中得以说明。在1985年，福特公司汽车撞击实验要花60000美元，现在只要100美元就可用电脑模拟汽车冲撞过程；由于用电脑处理大量的三维地震勘探数据，英国石油公司的勘探成本从1991年的每桶10美元降低到每桶1美元；在1970年，把《大英百科全书》从美国东海岸传到西海岸要花187美元，现在即使把整个美国国会图书馆从东海岸传到西海岸也只要40美元。[2] 在国内，许多企业内部都建立了信息网络，使这些企业的成本有了显著的降低。

2. 缩短产品开发周期和产品的生命周期

产品开发周期是指开发一个新产品所需要的全部时间。任何产品的开发都有一些固定费用发生，它与生产产品的数量没有关系，但却与时间有关。由于信息技术的发展，大大缩短了产品的开发周期。过去美国开发一个新车型的过程是：首先，做一个与真车一样的汽车陶土模型，体会一下这个汽车在生产出来后的真实感觉。对模型的修改并定型要花几个月的时间。一旦成型，就要用手工制造一部这样的汽车，看看各个部件能否相互

---

[1] 计算机网络的价值与其节点数目成二次方程式关系，这就是梅特卡夫法则。它说明了"网络效应"：互联网和电话网一样，建立一个网需要非常高的前期固定成本。但是，加入一个新的用户到现有网络的成本却非常低。相反，当网络参与者的数量非常少的时候，网络对于参与者的价值很低。设参加者人数为n，线路连接数为s，则：$s = n(n-1)/2$。

[2] 《信息技术的不同价值》，http://www.xxb.sjz.net.cn/lt45.htm。

准确配合，是否经济。工程师与模型制作人不断地细化技术指标。定型后，工程师就开始设计各个零部件和加工这些零部件所需的加工工具。然后，采购部门要求供货商生产模型工具和组装样车的零部件。如果一切顺利，制造工程师就会把车组装起来，看看各个部分的配合情况是否有问题。最后，经过一些修改，汽车就可以大规模地生产了。现在，使用了电子计算机，过去要花几周或者几个月的工作现在几天就可以完成。通过计算机的辅助设计、计算机辅助制造、计算机辅助工程，使整个参与设计和制造的工作人员可以共享计算机文件，使用三维模型技术设计汽车并检验各个零部件是否能够有效地配合，并且不需要手工建造模型车。开发和制造一种新车型过去需要4—6年的时间，现在只需要30个月了。

与此同时，产品的生命周期也在缩短。任何产品都有它的生命周期，但顾客的基本需要却是永存的。由于产品开发周期的缩短，使得新产品层出不穷，加速了传统产品的淘汰过程。一种款式的产品从投产到最后被新的款式替代所用的时间越来越短。不仅如此，由于信息技术的发展，消费者可以根据自己的偏好，直接参与产品的设计过程，大工业时期的标准化正在一步一步地走向个性化和人性化。

3. 企业组织和管理方式的变化

自工业革命以后，企业组织形式和管理方式经历了几次大的变化，每一次变化都是由新技术革命引起的，技术范式决定了经济范式。18世纪的工业革命产生了工厂制，19世纪末20世纪初出现以电力、汽车为代表的技术革命，建立了以产品的标准化为特征的生产方式，以流水线作业为标志的组织方式诞生并推广。以信息技术为内容的新技术革命，以个性化和多样化的信息产品为主要生产内容，使企业组织和行为发生了重大转变。

一是决策权向操作层转移。传统企业组织的管理形式是科层制，上层为决策层，下层为操作层。随着信息技术的发展，操作层面工作人员知识化的要求越来越高，许多决策信息实际上分散在他们的头脑里。这时，传统的科层制不能再适应新经济的要求，决策权向操作层转移便成为必然。例如，目前在美国许多企业的工作人员可以通过"下线问题解决小组"或自我指导工作小组，直接参与企业的决策和管理。据调查，在美国制造业中，雇员参与企业决策和管理的企业，比重由1992年的65%上升到1998年的85%。

二是高技术企业发展趋于中小型化。与行业集中度提高趋势相反的现

象是，高技术企业有中小型化的倾向，这种倾向在信息技术产业中表现得更为明显。由于大型企业已经投入了大量的"沉没成本"，管理规范也趋于僵化，致使企业人员在技术和管理上创新动力不足，很难适应新技术的快速变化，因而在采用新技术上劣于中小企业；相反，中小企业管理灵活，容易建立良好的激励机制，刺激企业人员加快技术和管理创新。

三是企业从产品联盟转向知识联盟。产品联盟和知识联盟都是企业战略联盟的形式。战略联盟指的是两个或两个以上有着对等经营实力的企业（或特定事业和职能部门），为达到共同拥有市场、共同使用资源等战略目标，通过各种关系（主要是契约关系）结成的优势相长、风险共担、要素双向或多向的较为松散的组织。通常，产品联盟是一方为了很快获得对方的产品，而另一方则为了获得资金。知识联盟更强调了参与方获得学习、创造新知识的能力。知识联盟是战略联盟发展链上的更高阶段，同产品联盟一样，知识联盟也有助于降低风险、削减成本、提高市场开发速度等等。但在知识联盟中，参与方不再是消极地获得利益，而是不断地整合和创造新的交叉知识。企业从产品联盟转向知识联盟是信息技术产业发展的必然。

（二）信息技术产业对市场的影响

1. 信息技术产业对产品市场的影响

一是加剧了产品市场的竞争。信息技术的发展和向企业内部的渗透，使企业产品成本快速下降，提高了企业在市场上的竞争能力。这种竞争能力的推动力主要是由信息技术对于效率提高和信息技术产品成本的快速下降造成的。这可以用摩尔法则和新摩尔法则得到解释。1946 年，科学家发明了半导体晶体管。此后不久，人们便将多个晶体管集成制造在一个半导体硅片上，即芯片。20 世纪 60 年代后，芯片的集成度每 18 个月翻一番，与此同时，芯片的价格却以 6 次级数（10^6）下降，这便是摩尔法则。[①] 这种局面已经持续了 30 多年，贝尔实验室和美国商务部估计，这种状况还将持续 20 年。与此相对应，由于光通讯的变革，比照半导体和计算机领域的摩尔法则，人们在互联网通讯领域发现了新摩尔法则：互联网骨干网的宽带 6—9 个月翻一番。

二是信息技术的发展，在一定程度上打破了垄断市场，促进了竞争。过去被认为是垄断市场，现在却被打破了。垄断力量的产生主要是由于生产要素的不流动性、竞争者"无知"（不能看到现有厂商的非正常利润以

---

① 摩尔法则得名于 Intel 的创立者之一戈登·摩尔。

及无法取得必要的"技术诀窍")、生产要素的不可分割性（如自然垄断）和有意排斥竞争者的政策。由于信息技术的发展，原来属于自然垄断的行业现在可以引入竞争，自然垄断被打破了，如通讯业等；原来被认为是不宜竞争的行业，现在也引入了竞争机制，如城市公交等。在信息技术下，被认为属于自然垄断行业的邮政业受到国际互联网（Internet）和电子邮件（E-mail）的挑战而出现萎缩；昔日在社会生活中扮演重要角色的电报，随着电话、传真机和电子邮件的普及而变得黯然失色，等等。

2. 信息技术产业对劳动市场的影响

信息技术和信息技术产业的发展对劳动市场的影响的主要表现是它加大了劳动和职业的流动性。

在劳动市场上，劳动和职业的流动有特别的障碍，这些障碍同价格制度的充分运用产生了摩擦，当这些摩擦无法克服时，劳动市场就被分割成独立的职业市场和区域市场，而且每一个市场都有其壁垒。劳动力在地区和职业之间不容易流动，对不同地区和职业高报酬的敏感性差，这是由于人们牢固的社会联系引起的。现在，由于信息技术的发展，明显地增加了劳动和职业的流动性。

首先，以信息技术产业为代表的和以信息技术支撑的高新技术产业具有这样的特点：出生率和死亡率都特别高，条件成熟后生长速度会特别快。创新的企业每天都在大批产生，成功者很少，每天又有大批高新技术企业失败。一旦成长起来，它对经济甚至对社会生活方方面面的渗透特别快。为此，信息技术产业中的就业大军频繁地变动着自己的工作。这种情况在以往时代是没有过的。

其次，信息技术产业的发展对劳动市场的影响，还在于它缩短了空间距离。无线电话、电子邮件、网络等真正使人"天涯若比邻"，拓宽了人们社会联系的空间范围，为劳动力流动提供了良好的环境。此外，下列原因对劳动力流动的影响也是重要的：人们可以更多地和更方便地了解劳动市场上的信息；劳动者改变职业和工作地点的成本降低；新的工种技术操作上的简单化、标准化等等。

3. 信息技术产业对资本市场的影响

一是信息技术产业的发展引导着资本的投入。雅虎法则说明了企业资本价值与业务收入之间的内在关系，体现了资本市场对于新经济的驱动和创新。雅虎法则是指：只要雅虎继续控制着挑战所有历史先例和逻辑的市场价值与收入之比，互联网将继续是投放金钱的巨大场所。在国外，信息技术产业的投资增长迅速。在日本政府预算中，信息化投资 1996 年度为 12966 亿日元，到 2000 年度增加为 16555 亿，4 年间增加了约 30%。与政府预算相比，1998 年度民间企业信息化投资共达 103870 亿日元，比 1990 年度增加 70.3%。1998 年度，信息通信产业的研究开发经费为 32980 亿日元，比上年增加 6.3%，在全行业研究开发经费中占 30.5%，占企业商品销售额的比例为 6.2%。① 在我国，近五年来电子信息产业一直保持 20% 以上的速度高速增长，工业增加值的年均增速相当于同期 GDP 增速的 3 倍。1996 年以后，虽然实行适度从紧的宏观经济政策，固定资产的投资规模增长平稳，但对信息产业的投资却一直保持着强劲的增长势头。1999 年信息产业完成固定资产投资 146 亿元，其中技改投资 120 亿元。2000 年，电子信息产业工业总产值超过 1 万亿元人民币。我国已成为世界电子产品的主要生产国。新的五年规划，将在信息产业方面投资 5000 亿美元，并将信息产业占 GDP 的比例从现在的 4.5% 提高到 7%。②

信息技术和信息技术产业的发展对于资本市场的影响还在于，由于信息技术部门生产率高、利润率高，成为拉动股市攀升的强有力因素。20 世纪 90 年代以来，著名的道琼斯指数一路攀升，以信息技术为代表的高科技公司的表现尤为突出。譬如，从事网络服务的美国在线公司股票的市场价值已经高达 1400 亿美元，远远高于迪斯尼公司的市场价值。但纳斯达克指数的变化幅度很大：从 2000 点（1998 年 7 月 16 日）到 5000 点（2000 年 3 月 9 日）再到 2000 点（2001 年 3 月 12 日），纳指在 20 个月的时间里从 2000 点冲到了 5000 点，然后又更以不可思议的速度迅速回到 2000 点。纳指一年中上升 86%，19% 的股票价格上涨超过 1 倍。从 2000 年 3 月 10 日以来，纳指下跌 60%，市值总损失达 3.6 万亿美元。1700 只股票（占纳斯达克交易市场 44%）的价格下跌超过了 50%，429 只股票已经只剩下 10% 的市值。太阳微系统下跌 58%，甲骨文下跌 59%，思科下跌 67%，雅虎下跌更高达 88%。与此同时，道琼斯指数也跌破了 1 万点的关卡。③ 当然，对于信息技术产业和以信息技术产业为支撑的新经济的评价应该是客观

① 张可喜：《信息产业"扛"起日本经济？》，http：//www.my8848.net/fjnews/200006/0620/20000620213238.htm。
② 《中国五年内在信息产业投资 5000 亿美元》，http：//www.hn.cninfo.net/news/2001/04/19/225.htm。
③ 郑宇：《纳斯达克的轮回》，http：//www.caijing.com.cn/lbi-html/caijing/weekly/2001032026/1880.html。

的。事实上，由于过去两年多的时间里，人们过度地透支了对未来新经济的想象力，与纳指在最高点时一样，今天纳指向最低点的下探，同样妨碍着人们评价新经济的客观性。

此外，信息技术产业的发展使资本市场上的竞争更加激烈，也模糊了传统资本市场的格局。譬如，银行和股票交易所也开始销售保险，使自己成为金融的一揽子服务的提供商，从而成为保险公司强有力的竞争对手。

七、加入 WTO 对信息产业的机遇与挑战

（一）加入 WTO 对我国信息产业的促进作用

1. 有利于提高我国信息产业的竞争力

"入世"后，我国信息产业将享受与其他世界贸易组织国家同样的基本权利，即我国的信息产品、知识产权将享受无条件的、多边的、永久的最惠国待遇和国民待遇；对发达国家出口的信息设备产品与半成品享受普惠制待遇；享受发展中国家成员的大多数优惠；享受其他贸易组织成员开放或扩大货物、服务市场准入的利益等。这对我国信息产业的发展和参与国际市场竞争是十分有利的。

信息产业是国内开放最早、开放程度最高、商品化竞争最激烈的市场领域。如信息产品制造业是国内最先商品化、市场化的企业，已经适应了激烈的市场竞争，基本上做到了与世界同步，国内信息产品竞争格局早已形成，整个信息产品制造业实现了整体的突破。联想、长城等一批具有民族自主知识产权的国产信息技术厂商，已参与了国际市场竞争。"入世"有利于改善信息产品进出口环境，增加信息产品国际市场的份额，将会给中国信息产业带来更多的发展机遇，有利于提高信息产业的竞争力。

2. 有利于我国信息产业走向成熟

我国信息产业起步晚，基础差，底子薄，企业规模小，技术层次低，资金匮乏，人才需求量大，与世界发达国家相比尚处于幼稚阶段。信息产品制造业的零部件都是在全球采购，"入世"后，信息产品、半成品进口关税的大幅度降低甚至零关税，将会使国内信息产品制造企业的采购成本大大降低，进而拓宽各种进货渠道，这对我国信息产品制造企业获得和采购最先进的技术和设备，降低产品成本和市场准入成本，加快企业产品开发和企业升级，促进企业成熟极为有利。通过开放基础信息设施和信息服务市场，实现与国外信息产业的接轨，引入国际竞争机制，加快信息产业

的有效竞争，可以形成良好的竞争局面，提高中国信息产业的总体水平，促进中国信息产业走向成熟。

3. 有利于我国信息产业冲出国门，走向世界

"入世"后，虽然我国要加大打开国门的力度，更进一步地开放国内信息市场，同时也会使信息产业界更多更深入地了解和接触国际市场，我国的信息企业也可以冲出国门，走向世界。我国的许多信息产品由于劳动力价格低廉，产品成本价格在国际市场上占有较大优势，因此将在国际市场上占据较大的份额。如国产程控交换机的产品性能价格比在国际市场上有很大的优势；我国具有民族自主知识产权的产品和技术也会大量进入国际市场，在全球市场上打造中国品牌。

4. 有利于我国信息产业成为国民经济的支柱产业

信息产业在发达国家是支柱产业。近几年来，世界信息产业的产值每年以至少10%以上的增长率递增。1980～1995年间，美国、欧盟的国民生产总值平均每年增长2.3%，而信息产业年增长率都超过20%。信息产业的发展还对世界就业结构产生了重大的影响，发达国家信息产业从业人数已达60%—70%。预计今后几年，世界信息产业年增长率将达到30%，信息产业产值将达到3500万亿—5000万亿元，成为世界最大的产业。虽然中国的信息产业发展速度较快，但信息产业的就业人数还不多，产值占国民生产总值的比重也不大。"入世"后，通过与国外信息产业的激烈竞争，中国的信息产业不仅会迅速壮大，而且将通过优化资源配置和产业升级扩张带来更多的资金和资本回报，为社会提供更多的就业机会，并带动相关产业的发展，为国民经济注入新的活力，成为国民经济的支柱产业。

5. 有利于我国信息产业引进外资，拉动内需

国门进一步打开后，国外信息企业将纷纷抢占我国信息市场，来华投资办企业，这有利于我国信息产业引进外资，解决资金匮乏的难题。我国信息市场潜力巨大，但市场一直低迷，通过引进外资，开展竞争，不断降低信息产品成本和服务成本，提高信息产品的质量和服务质量，将可以刺激消费、拉动内需，同时，也有利于推动我国的信息化建设。

（二）加入 WTO 对我国信息产业带来的挑战

1. 挑战将是综合性和交互性的

有人认为：我国的信息产业开放早，信息产品关税低，"入世"后挑战和冲击不会像别的产业那么大。这种观点有一定的道理，但 WTO 的协定不是单项性，而是综合性的。首先，挑战是针对我国计划经济时代形成

的产业政策和管理模式的。我国信息产业的产业政策和管理模式尚未与国际接轨，而且相比之下有很大差距。实际上，产业政策、管理模式和市场规则在某种意义上说比技术更重要。其次，"入世"将对整个信息产业带来挑战和冲击，如开放金融业、服务业、维修业都会给信息产业带来交互性影响。

2. 对信息产品制造业的挑战

"入世"后，信息产品的关税将由目前的平均 13.3% 降为 0，我国将在 2005 年不再对半导体、电脑、电讯设备等信息产品征收关税。除了零关税外，还将取消外企为获取国内市场而必须向中国转让技术和出口配额的做法，从而使外企的投资环境更宽松，技术优势更强，也将使发达国家企业从我国获得更大的市场份额，这无疑会给我国信息产品制造企业带来强大的冲击。中国信息产品制造企业多，布点广，规模小，产值低，重复建设严重。如光纤企业，全国就有 300 多家，其中光纤光缆有 193 家，光电器材 46 家，光缆材料 32 家，专用仪表 9 家，传输设备 50 家，生产交换机的企业有 200 多家，移动通讯产品企业 100 多家。企业规模都不大，而且缺乏自主权，真正拥有知识产权的企业很少。企业普遍存在科研经费不足，开发创新能力差，科研转化率低，缺乏自主产权和创新成果等问题。在产品的先进性方面，与发达国家相比，至少是差一代，有的甚至是差几代。如美国、日本、欧盟等国家已完成 11ds 级超大容量光纤通信试验；朗讯已研制成功了全光交换机；爱立信、摩托罗拉、诺基亚、西门子等国外大公司在第三代移动通讯技术上都已取得重大科研成果。而我国许多技术领域的科研工作还未启动，一旦"入世"，我国信息企业在许多产品上必然失去竞争优势。因此，信息企业必须拿出最好的产品参与竞争，否则就意味着退出市场。

3. 对信息服务业的挑战

信息服务业是一个国家经济实力强弱的标志。它包括信息技术服务，如通信技术、信息集成系统等；信息内客服务，如信息服务提供商、应用服务提供商等；还有非物化信息服务，如新闻、报纸、杂志、信息咨询等。"入世"后，信息服务业受冲击和挑战最大的是电信服务。我国电信业在资金实力、技术实力、管理体制、市场运作等方面与发达国家相比均有很大的差距。我国电信长期受政府政策保护，实行垄断经营，企业运作效率低，缺乏竞争意识，尚未形成竞争局面，而"入世"后，电信服务市场要向外企开放，打破垄断经营，采取成本定价和互联互通竞争，电信资

费将会大幅度下降，因此中国电信企业垄断经营的时代将一去不复返。

4. 将造成我国软件人才大量流失

"入世"后，我国的软件企业可以更多地利用外企的资本和品牌，扩大自己的软件优势，但同时也会出现外国软件企业争夺中国软件人才的局面。现在，全球软件人才短缺，不少国家的软件企业都盯住我国的软件人才，外国公司进入中国后，可就地高薪招聘中国软件人才，造成我国软件企业人才流失。本来目前困扰我国软件企业的难题就是规模小，产值低，缺乏高素质软件管理人才和技术专家，"入世"后我国的软件企业无疑将面临更严峻的人才流失的挑战。

5. 将给信息技术创新带来挑战

信息技术创新是信息企业未来发展的原动力，关系到企业的生存和发展，我国信息技术的创新源头结构不够合理，多集中于科研院所和高等院校。我国大部分企业技术含量不高，自主知识产权产品少，多是舶来品，缺乏竞争力。说到底，企业要生存，要发展，要提高竞争力，就必须有自己的技术，有自己的创新，"与狼共舞"，关键是技术创新。在国际市场上没有过硬的技术创新，就很难谈竞争。"入世"后，中国信息产业在技术创新方面会感到巨大的压力，解决的办法就是提高自己的创新能力和创新水平。

八、我国信息产业发展的战略对策

(一) 制定产业发展战略

与世界信息技术发展浪潮融为一体是发展民族IT产业的惟一途径。我国加入信息技术协议和WTO，标志着IT产业发展的国际环境发生了巨大的变化。因此，必须转变观念，立足全球，放眼世界，高瞻远瞩，在国际市场的大环境中运筹我国IT产业发展的大思路、新战略，确保我国IT产业更快更好地发展。转变观念，一是要冲破封闭、半封闭的观念，树立全方位开放的强烈意识。二是要冲破求全的观念，树立突出优势思想。三是要冲破因循守旧的观念，树立开拓创新的意境。四是要冲破求稳的观念，树立求进的坚定信念。对于IT产业，要想全面发展、齐头并进实际上是不可能的，必须"有所为有所不为"，要按照动态比较成本优势，大胆舍弃一些产业，集中力量形成新的真正的优势，使IT产业形成几个能与国际强手抗衡的集团。要冲破因循守旧的圈子，就必须大胆运用人类一切文明成果，包括资本主义的经营方式和管理方法，以寻求IT产业生存和发展的新的空间和领域，培养新的更多的经济增长点。"不进则退"，这是一个基本法则。在信息技术日新月异飞速发展的今天，必须要有紧迫感和危机感，要胆子大些，步子快些，力争使 IT 产业能尽快上几个新的台阶。

在转变观念的基础上，要彻底解放思想，根据全球 IT 产业发展的新形势，制定加快发展我国 IT 产业的战略。在发展目标上，应把扩大信息技术产品出口、提高国际市场竞争能力放到更加突出的位置，以加速 IT 产业由内向型转变为外向型发展的进程；在发展思路上，要把替代进口转变为进口替代与出口导向相结合或出口导向，使 IT 产业面向国内外两个市场；在发展方针上，要把持续、稳定、协调发展 IT 产业转变为要优先、加速、持续发展 IT 产业；在发展模式上，要把立足国内、自力更生为主转变为面向世界，充分利用"两个市场，两种资源"，加强合作，积极参与国际 IT 产业和信息技术的竞争；在技术开发上，要把引进为主转变为自我技术创新为主、引进为辅的轨道上来；在发展速度上，应保持高于国民经济增长的一定幅度的发展速度，使 IT 产业呈高速发展态势。

（二）建立知识创新和技术创新体系

信息技术中的关键技术，是关系国家政治、经济、军事安全的要害技术。发达国家在核心信息技术上具有很强的优势，尤其是美国目前占有主导地位。我们不能幻想发达国家会向中国转让核心的信息技术。我国信息技术产业的发展，应建立在自主开发的知识创新和技术创新体系基础之上。

从总体上看，在相当长的时间内，我们的研究开发工作还是跟踪性的，主要是借鉴国外先进科学技术，结合中国情况，有所发明，有所创新，这是后进国家实现经济振兴的成功途径。当今世界，国际 IT 产业竞争日趋激烈，国家与民族的自主知识创新能力，高技术创新及产业化能力成为国家竞争力的关键因素。要发展 IT 产业，就必须在国际信息科学前沿占据一席之地，就必须为 IT 产业的可持续发展提供战略性、基础性、前瞻性的知识和技术储备。IT 产业知识创新的根本目的是建设中国自己的 IT 产业创新体系。IT 产业技术创新，是企业应用创新的知识和新技术、新工艺，采用新的生产方式和经营管理模式，提高信息技术产品质量，开发生产新的信息技术产品，提供新的服务，占据市场并实现市场价值。加强 IT 产业技术创新，发展信息科技，实现产业化，必须扩大对外开放，广泛开展国际合作与交流，在竞争中获得发展。要把自主研究开发与引进、消化吸收国外先进技术相结合，防止低水平重复，注意技术的集成，促进多学

科的交叉、融合、渗透，联合攻关，实现在较高水平上的技术跨越，形成更多的自主知识产权。必须坚持近期目标与长远目标相结合，注重加强基础研究、战略信息技术研究。对于 IT 产业的重大突破性创新要着眼于从基础研究抓起，不断形成新思想、新理论、新工艺，为应用研究和技术开发提供源泉，增强持续创新的能力。在 IT 产业特别是集成电路设计与制造、网络及通信、计算机及软件、数字化电子产品等方面，一定要形成一大批拥有自主知识产权、具有竞争优势的信息技术企业和信息技术产品。

（三）加快改革开放的步伐，加速产业国际化进程

加入信息技术协议和 WTO，意味着中国 IT 产业发展的全球化。我国的 IT 产业，不仅要适应社会主义市场经济的要求，而且也要适应信息技术协议和 WTO 的要求，全面走向国际大市场。因此，必须加大 IT 产业经济体制改革的力度，加快对外开放的步伐。

在宏观管理上要迈出大步子，要树立大行业观念，建立大行业管理机制，搞好大行业管理。行业管理的机制要进一步由主要依靠行政手段向主要依靠政策和法律法规管理上来。在实现政企分开、行业管理走上以宏观调控为主的进程中，加强法律法规建设，提高依靠法律法规实施管理的能力，一定要从机制上和体制上加以解决。要通过制定技术质量标准和工艺规范等方式，依法对企业进行技术质量监督；通过组织建立 IT 产业市场体系，协同有关部门打击假冒伪劣产品和走私活动，规范、完善、净化信息技术产品市场，为 IT 企业创造平等竞争的环境；要针对 IT 产业发展的重大问题，加强调查研究，提出对策和措施，对行业进行强有力的政策法规指导。在此基础上，要在进一步扩大 IT 产业的对外开放上出台一些大动作、新举措。要制定更为大胆的鼓励政策，支持企业打破国界，利用世界资源，获取产品的最佳性价比。当今世界，具有竞争力的产品几乎都是国际化的产品。如一台优质的电视机，可能是美国的专利、日本的彩管、欧洲的集成电路、发展中国家的组装。因此，中国加入信息技术协议和 WTO，IT 产业应充分利用有利的国际环境，"取天下之长，补我之短；借五洲之力，兴我之存"。采取与世界的主流技术和产品兼容的方针，制定与国际一致的产品、服务规范和技术标准，创造我国电子产品和技术与国际市场全面接轨的条件。

（四）调整外资利用政策，扩大利用外资规模

我国 IT 产业在利用外资方面取得了很大的成绩。外资对我国 IT 产业的技术、管理、生产能力、经营技巧等方面带来了许多新的活力，一些高

技术产品领域替代了进口的同类产品，并为国货"借船出海"、"搭轿出嫁"提供了便利。但也存在一些问题，例如，外商通过多种手段挤占和垄断了我国许多重点信息技术产品的市场，在不少合作项目上我国虽然让出了市场，却没有换来应有的技术，一度对利用外资出现误导，一些地区出现了盲目的"合资热"，造成国有资产流失，重批轻管，重生轻养，对中方利益维护不够，留下了一些后遗症。随着 IT 产业全球化的飞速发展，世界对外资的争夺必将进一步加剧。

我国加入信息技术协议和 WTO，应该正确认识利用外资的成绩和问题，以科学的态度权衡利弊，采取相应的措施，提高利用外资的质量和水平。首先，要加强利用外资情况的分析和研究，制定 IT 产业鼓励、允许、限制、禁止合资合作与独资的领域和产品的有效政策，积极引导外资投向战略重点和信息技术领域，向中西部和老工业基地转移，鼓励多引进关键技术，少引进一般性设备和生产线，鼓励合作或联合研制新技术。其次，调整外资利用政策，更有成效地扩大利用外资的规模。在 IT 产业全球化的情况下，要对一些不利于 IT 产业走向国际化的政策进行调整，不要怕外商赚钱，不要怕原有企业被挤垮，不要受办合资企业在投资比例和返销率方面的限制，要敢于让出一部分市场吸引外资，用市场换资金、换技术、换管理、换效益。事实上，对一些技术档次高的产品让出一定的市场来吸引外资是合算的，"将欲取之，必先予之"，就是这个道理。当然，与之相伴的也应采取措施提高中国外贸公司、出口自营企业在组织货源和国际营销方面的竞争力，并制定鼓励"三资"企业现地采购的政策，提高外资企业与国内产业，特别是零部件产业的关联度。

（五）把企业推向国际市场，进一步扩大产品出口

我国信息技术产品出口发展很快，但也还存在很值得重视的问题，就是国有大企业开拓国际市场不够。面对跨国公司大举进入我国信息技术产品市场，不少企业只注重争夺国内市场，在研究和开拓国际市场上下工夫不够，因而我国信息技术产品出口虽然发展很快，但在出口总额中来料加工和进料加工占92.2%，三资企业占70%，所占比例很高。而国有 IT 企业、一般贸易和高附加价值产品出口比例却比较低。我国加入信息技术协议和 WTO，国内信息技术产品市场竞争进一步加剧。在这种情况下，需要制定强有力的政策，把 IT 企业推向国际市场，推动国有企业的出口，提高国有企业出口额所占的比重，要提高一般贸易的比重，把出口产品由低附加值为主转变为高附加值为主，努力扩大信息技术产品的出口。

　　把更多的 IT 企业推向国际市场，从国家的角度讲，应把 IT 产业列为出口战略产业。IT 产业既是国内重点优先发展的支柱产业，也是鼓励出口的重点产业，使其按照国际市场需求，通过国际专业化分工体系，进行生产组织结构的调整，实现经济规模，过好成本关、技术关和质量关。在政策上，要给出口企业进口优先的政策，出口企业同时拥有进口经营权；要进一步完善出口退税政策，增加其他一些减免税办法，以弥补出口企业在退税方面与国外对手的差距；要制定鼓励出口企业开发新产品的政策，对出口企业进口先进设备和技术免征进口关税，出口企业购置科学分析仪器允许加速折旧，用于产品开发和技术引进的资金可优先得到贷款，发明专利可免缴所得税等，以提高出口企业开发新产品的积极性，增强中国信息技术产品在国际市场上的竞争力。同时，还应为企业提供进入国际市场的各种便利条件，大大放宽人员进出境、企业境外设点的管理政策，真正使企业能面向世界，走出国门，参与竞争。

（六）采取非常规措施推进大公司战略，形成一批跨国大企业集团

　　我国加入信息技术协议和 WTO，不仅在国内市场上面临着与世界跨国公司的激烈竞争，而且在国际市场上也面临着与世界各国大公司的激烈竞争。然而，我国的 IT 企业规模甚小，实在难以同世界上的跨国 IT 企业公司进行竞争。实施大公司战略，扶植发展大公司，是使我国 IT 企业迈出国门，走向世界，提高国际竞争能力，参与国际信息技术产品市场竞争的紧迫需要。没有一批具有国际竞争实力的跨国大企业集团，在国内外信息技术产品市场上就没有中国 IT 产业的地位。

　　要大力推进 IT 产业组织结构的调整和改组，尽快造就一批具有较高的品牌形象，能生产世界一流产品，实行跨国多种经营，具有系统集成和承担重大工程能力和参与国际市场竞争实力的企业集团，使他们能够与国际市场竞争经验丰富、实力雄厚的跨国公司、大型企业集团竞争；支持拥有名牌商标和经济技术实力的大企业，按照市场经济规律和自身发展的需要，在国内外通过资本的运营和信息技术产品的扩散，实现企业规模和产品领域的扩张；通过产权联结，调整资产存量，进行强弱乃至强强联合，向优势互补、规模更大、实力更强、机制更好、管理更加现代化、具有现代企业功能的特大型公司发展；通过兼并、租赁、承包经营和股份合作，向多种经营或内部配套、垂直集成的大公司发展；通过银行贷款、发行股票、利用外资等方式筹集资金，进行重大项目技术改造，乃至到国外投资办企业等等，不断扩大经营范围和生产规模，朝着建立跨地区、跨行业、跨所有制和跨国经营的大公司方向迈进。

（七）依照国际惯例保护市场和产业，维护企业和国家利益

世界上所有的国家，包括发达国家和最发达的美国在内，都毫不例外地利用 WTO、信息技术协议以及其他的国家惯例保护自己的市场和 IT 产业。我国加入信息技术协议和 WTO，IT 产业面临着严峻的挑战，也必须充分利用国家惯例提供的优惠条件，坚决保护自己的信息技术产品市场和 IT 产业。这种保护，并不是保护落后，而是保护国家的利益和促进发展。

日本政府为了保护本国 IT 产业，规定政府机关和国营企事业单位必须优先使用国产电子计算机等信息技术产品，对外国投资持长期抵制态度。它虽然承认外资的进入会给日本的 IT 产业带来一些先进技术，但认为跨国公司的新技术开发权属于设在本国的母公司，在国外的子公司带来的先进技术只能是二三流乃至三四流的。让日本企业满足于接受这些不需要自己开发的技术，只会培养它们对外国技术的依附性而失去应有的自主开发能力，最终危害日本的经济安全和国家安全。中国当然不必照搬日本的上述做法，但对关系到国家安全和经济安全的部门，不能实施贸易和投资自由化。1971 年日本在美国的压力下被迫承诺对电子信息产业实行投资自由化、1973 和 1974 年被迫承诺对电子信息产业实行贸易自由化；但都是只承诺不行动，一直拖到了 1976 年才开始实施，为本国电子信息产业争取到了宝贵的时间。1996 年 4 月，美国压迫欧洲联盟和日本对它全面开放基础电信市场，遭到欧洲联盟和日本代表的顽强抵抗，迫使美国在最后一刻因达成协议无望而不得不退出了谈判。10 个月后谈判在日内瓦恢复时，美国再次压迫欧洲联盟和日本向它全面开放电信市场，欧洲联盟坚决要求美国降低这一不切合实际的要求，并且不要手电筒只照别人；日本则要求美国放宽外资在美国无线电台中的股份不得超过 20% 的限制。经过激烈的讨价还价，最后迫使美国在达成妥协之前作出了一些让步。因此，要通过有韧性的谈判，最大限度地保护自己的信息技术产品市场。此外，为了保护尚处于幼稚阶段的 IT 产业，一定要应用符合国际惯例的手段和措施，进行适度的保护。如利用世界贸易组织对发展中国家有利的优惠待遇和特殊条款；利用保障条款，反倾销、反补贴条款、例外条款；运用世界贸易组织认可的灵活税制；利用技术标准限制或禁止进口，设立关税和非关税两大"闸门"进行保护。按照这些国际通用方法，制定有关法规，保护我国 IT 产业和国家利益，是一个值得高度重视而又十分紧迫的问题。

（八）充分认识软件产业的地位与作用，大力发展软件产业

软件是 IT 产业的核心，是 21 世纪的主导产业。当今，软件产业规模和水平已经成为一个国家现代化程度和综合国力的重要标志之一。由于软件是人的智能的载体，现在已经广泛用于人类社会、经济、军事等各个领域，如果中国不能尽快采取有效措施赶上去，在世界软件产业领域占有一席之地，恐怕在当今世界就根本谈不上自立于世界民族之林的问题。

我国软件产业目前尚处于起步阶段，我国加入信息技术协议和 WTO，软件产业面临着来自国外大公司的激烈竞争。要使软件产业能够尽快缩短与国外的差距，做到后来居上，就应该把软件产业列为国家战略性产业，制定特殊的政策，重点支持，优先发展。

第一，国家应当从战略的高度制定一个长远的软件产业发展规划。

第二，要充分发挥政府的调控、指导作用，通过政策、法规，在资金、市场、人才、税收、融资、出口等方面提供支持和服务，切实为软件产业的发展创造良好的环境和条件。

第三，要根据国家的统一政策，加强联合与协作，组织攻关，共同推进。

第四，要充分利用改革开放的有利条件，积极利用外资，推动国内有关企业与国际著名软件公司的合作。通过合作，学习掌握先进技术和软件开发管理经验，锻炼和培养软件人才，提高软件企业的开发管理水平；通过合作，把国际先进技术和实际应用结合起来，并进行创新，提供软件开发水平。

第五，软件产业是高智力、高技术产业，也是高投入、高风险、高回报的产业。因此，在软件发展幼稚期，必须加大国家的投资强度。建议国家采取建立软件专项资金、风险基金以及股票上市等融资方式或其他政策，鼓励社会及外商投资，为软件产业的发展创造良好的融资机制，使软件产业的发展得到必需的资金支持。

第六，现在，我国软件企业与境外强大的软件企业相比还十分弱小，在与他们的竞争中举步维艰。建议国家制定有效的软件产业扶持政策，促进与保护民族软件产业的发展。

第七，软件开发是一种需要创新的智力劳动，核心是荷载知识的人才，人才是软件产业发展的关键。中国人具有软件开发的天赋，在美国从事软件开发的人员中中国人占了相当大的比例就是一个证明。现在，我国软件产业发展的问题，主要是如何把软件人才组织起来，把他们的积极性调动起来，把他们的聪明才智挖掘出来。建议采取稳定和吸引人才的措施，创造一个稳定人才、吸引人才、激励人才创新的政策环境。

第八，完善市场环境。当前我国的软件市场还不够规范，特别是软件盗版现象仍十分严重。因此，要通过建立、健全软件产业质量认证和保证体系，建立对承担系统集成产业进行资质评估等保证体系，加大软件知识产权的保护力度，净化软件市场。

（九）尊重知识，尊重人才

信息产业竞争的关键是技术竞争、创新竞争，而技术和创新竞争归根到底是人才的竞争。信息产业是知识和技术含量高、人才集中的产业，政府和企业都要出台更有力和更优惠的政策措施，创造更加宽松优厚的工作和生活环境，吸引人才，培养人才，留住人才，使人才脱颖而出，并充分发挥其聪明才智。

因此，要建立和完善科技创新人才的激励机制。改革企业分配制度，建立和完善多种、多层次的奖励制度和收入分配制度，将科技人员的创新与其收益联系起来。首先是切实保护科技创新的劳动成果，使他们的私人财产能够得到安全和有效保护。其次，建立起一套科学的收入激励制度，形成以工资、奖金、股票和股票期权为主要内容的酬薪制度，逐步扩大与经营业绩相关的风险收入——包括当期收入（如当年的奖金）和远期收入（如股票、股票期权收入）的比重，打破工资、奖金收入的平均化分配体制，将个人的收入所得与个人的努力程度及对公司业绩的贡献挂钩。

（十）发展资本市场，鼓励民间风险投资

从美国的实践看，信息技术产业的发展需要强有力的金融支持，特别是要有一个完善的资本市场体系。现阶段，我国要进一步深化金融体制改革，积极发展非政府创办的风险投资公司、二板市场和产权交易市场，发展和规范各类非政府风险投资基金和投资银行，形成灵活多样的投入和退出机制，为信息技术企业的创业与发展创造良好条件。同时，要注重风险投资的法律环境建设。在我国二板市场尚未建立之前，要充分利用现有资本市场的存量资本对信息技术企业提供金融支持，拓宽风险投资的资金来源渠道。

九、国外信息产业发展态势分析

（一）世界信息产业发展的基本情况

1. 目前世界 200 多个国家中，有一定信息产业生产能力的约有 50 个

国家和地区，其中，美、日的电子信息产品的生产和销售接近世界总额的一半，而亚太地区信息产业的生产在世界中的地位节节上升。根据 Yearbook of World Electronic Data 的不完全统计，1996 年世界信息产业的增长速度为 2.0%，1998 年为 -3.1%（主要受亚洲金融危机的影响），1999年开始复苏，增长速度为 5.0%，到 2000 年为 5.6%，远远高于 2000 年全球 GDP 的增长速度（3.0%）。1996～2000 年世界信息产业生产和销售总值年均增长率为 2.74% 和 2.68%，2000 年达到 11889 亿美元和 11619 美元。其中美国既是世界第一电子信息产品生产国又是第一大销售市场；日本列居第二，但近几年所占比例下降。

2. 产品生产结构与市场分布。1996 年世界电子信息产品的生产结构是，投资类占 62.7%，消费类占 9.1%，元器件类占 28.2%；2000 年投资类占 63.9%，消费类占 7.9%，元器件类占 28.2%，结构渐趋合理。

表 2 - 23　美国和日本的生产结构

	投资类	消费类	元器件类
美　国	73%	2%	25%
日　本	55%	8%	37%

资料来源：《产业经济信息》，2001。

其中，计算机和通信产品的生产比重越来越大，已经成为支柱产业，产值从 1996 年的 5058.6 亿美元增长到 2000 年的 6139.6 亿美元，占据了整个 IT 产业总产值的半壁江山。

从整个世界范围电子信息产品的销售市场来看，2000 年，计算机占世界电子信息产品市场的 29.5%、电子元器件占 28.9%、通信产品（包括无线通信和电信产品）占 21.1%。计算机和无线通信产品平均增长速度为 3.4% 和 3.7%，高于整个世界电子信息产品市场年均 2.7% 的增长速度。

3. IT 产业进出口贸易。美国是世界电子信息产品的第一大贸易国，且进口大于出口。日本则是出口远远大于进口，出口的主要产品是电子元器件和消费类产品。

（二）IT 产业发展的趋势——规模扩大与结构调整并举

综合考察表明，世界范围内信息产业的规模扩大与结构调整并举的趋势变得越来越明显，特点如下：

1. 全球信息资源储量的爆炸性增长在一系列的信息技术创新推动下，近几十年来，全球信息资源的总量呈现出所谓"十倍速"都无法涵盖的爆炸性增长之势。据测算，20 世纪 60 年代全球信息总量仅只有 72 亿字符，到 80 年代即迅速增加至 500 亿字符（两年年均递增 10.2%）；90 年代，特别是 1995 年以来，全球信息资源更是进入一个爆炸性增长的新时期，仅 1995 年的知识信息总量就比 10 年前的 1985 年增长 2400 倍（10 年年均递增 376%）。

2. 信息产业产值以大大高于国民生产总值增长率的速度递增。如以国际电信联盟公布的近些年来全球电信业总收入年均增长率为 10%。

3. 国际知名的信息类大企业购并，使信息类企业规模快速地倍数扩大，据英国汤普森金融证券资料公司统计，仅 1999 年 1—9 月全世界宣布的企业并购总额就达 2.2 万亿美元，远远突破了 1998 年创下的 1.93 万亿美元的历史纪录。

世界信息产业的结构性调整主要是：

1. 软件及服务业的快速发展

20 世纪 90 年代中期以来世界信息产业竞争热点由硬件方面转到软件及服务业领域，显现出世界信息产业发展的软化趋势与特征。据国际数据公司的分析报告，从 1990 年到 2000 年，套装软件及服务业是信息业中增长最快的两个领域。1993 年美国软件业以两位数增长，1996 年美国软件业海外总值达 600 亿美元，超过农业和汽车的出口，成为美国最赚钱的"无烟工业"。

2. 电信业在国民生产总值增长中的作用与贡献度进一步提高

按国际电信联盟的测算，全球电信业总收入 1995 年约为 6000 亿美元，1996 年达 677 亿美元，以近些年年均 10% 的增长率来算，2000 年全球电信总收入将达 1 万亿美元，与世界国内生产总值（估计约为 310375 亿美元）的比约为 1:31。

3. 通过重组，调整和优化企业的市场结构

近些年来出现在国际市场上的信息供给行业的价格战，大大加剧了信息类企业购并的频度。与上述信息类企业的购并趋势相适应，由购并而形成的信息类企业重组和信息产业重组，从结构上大大地调整和优化了企业的市场结构与产业结构。重构的内容主要有信息经营业务重构，即立足于公司长期战略而针对信息类业务的活动范围。业务结构进行调整，以增强自己的核心竞争力；财务重构，包括调整公司资产、债务组合、对股东支付更多的红利、调整现金收入结构等；组织重构，内容包括公司结构、制度的变动，旨在提高公司管理队伍的效率。组织重构意味着增强公司对环

境变动的适应和反应能力，通常与业务重构相适应，因而公司组织重构与公司战略相适应。

（三）IT 产业发展的国别比较

1. 产值比较

2000 年世界 IT 产业产值为 8760 亿欧元（1999 年为 7940 亿欧元），其中美国占 44%，日本占 11%，德国占 6%，欧洲（含东欧，不含德国）占 23%，其他国家为 16%。

表 2 - 24　2000 年信息通信行业产值占国民生产总值的比例

年　　度	美国	英国	日本	法国	德国	意大利
2000	8.7%	7.4%	6.5%	6.2%	5.7%	5.5%

注：西欧平均为 6.3%。

资料来源：国家信息中心。

2. 基础设施比较

反映信息产业基础设施的指标主要包括：数字用户线 DSL、有线电视用户、ISDN、上网家庭比例、上网时间以及家庭 PC 机普及率等，其中 2000 年全球上网家庭有 9900 万户，1999 年为 6900 万户。具体情况如表 2 - 25 至表 2 - 33：

表 2 - 25　数字用户线 DSL/1000 户

年　　度	美国	德国	西班牙	法国	英国	意大利	日本
2000	35	11	5	5	4	4	2

资料来源：国家信息中心。

表 2 - 26　有线电视用户/100 户

年　　度	美国	德国	日本	英国	法国	西班牙	意大利
2000	65	55	18	14	13	7	2

资料来源：国家信息中心。

表 2 - 27　ISDN/100 户

年　度	德国	日本	意大利	法国	英国	美国	西班牙
1999	15	8	4	6.5	5	3	3
2000	23	11	8	7	7	5	4

资料来源：国家信息中心。

表 2 - 28　上网家庭数/1000 户

年　度	美国	芬兰	挪威	瑞典	荷兰	英国	日本	德国	法国
2000	212	155	115	102	80	50	31	30	19

资料来源：国家信息中心。

表 2 - 29　平均上网费（工作日期间 20 小时的上网费）

单位：美元

年　度	英国	日本	德国	法国	美国	意大利	OECD
2000	62.12	61.04	40.39	3565	33.07	2478	43.93

资料来源：国家信息中心。

表 2 - 30　家庭 PC 数量/100 户

年　度	美国	瑞典	瑞士	英国	德国	日本	法国	意大利
2000	65	63	51	36	34	32	29	16

资料来源：国家信息中心。

3. 技术应用

信息技术的应用主要通过因特网用户、电子商务、移动通讯、网上广告以及电子信息服务等指标来反映应用情况。

表 2 - 31　全球上网人数（14 岁以上）

单位：百万

年　度	拉丁美洲		北美洲		亚太地区		欧洲	
2000	4%	9.90	42%	97.6	21%	48.7	31%	70.1

注：统计的人至少每周上网 1 小时。

资料来源：国家信息中心。

预计到 2004 年全球上网人数将占全球人口总数的 14%。其中美国有 8790 万人，日本 1770 万人，英国 1610 万人，德国 1510 万人。

表 2-32　全球无线因特网用户

单位：百万

年　度	全球用户	北美		亚太地区		欧洲		中南非	
2000	95	41.8%	39.8	38%	36.1	17.5%	16.7	1.4%	1.3

资料来源：国家信息中心。

表 2-33　全球电子商务销售额

单位：美元

年　度	合计	北美,拉美		亚洲		欧洲		非洲,中东	
2000	2859	73.6	2103	13.8%	394	8.8%	251.9	0.7%	19

资料来源：国家信息中心。

全球电子商务呈逐年上升趋势，预计 2002 年全球电子商务的销售额为 10080 亿美元，到 2004 年为 32020 亿美元。[①]

（四）代表国家信息产业现状

1. 美国

（1）美国信息产业发展的基本情况

美国信息产业发展的状况可以概括为：增长迅速，进口大于出口。

信息产业在美国经济产值中的比例从 1996 年的 7% 上升到 2000 年的 8.3%，信息产业对美国经济增长的平均贡献几乎占到 1/3。而且信息产品的价格持续下降，从 1995 年，软件和信息技术设备的价格年均下降 6.7%。

美国信息产业的增长首先是生产和销售的稳步增长。美国信息产业产值从 1996 年的 4074.64 亿美元增加到 1999 年的 4670.13 亿美元，年均增长 4.7%。与此同时，销售额从 4440.47 亿美元增加到 5098.4 亿美元，年均增长 4.7%。

其次是进出口贸易呈强劲的增长趋势，进口增长快于出口。1996~1999 年，美国信息技术产品的出口额年均增长速度为 6.9%，进口贸易额

---

① 德国联邦经济技术部：《信息经济跟踪》，2000 年。

增长速度为 9.3%，贸易逆差从 1996 年的 229 亿美元上升到 1999 年的 416 亿美元，贸易逆差呈持续扩大趋势。

（2）美国发展信息产业的政策

美国的信息产业发展模式实际上是一种宏观管理与市场自由调节相结合的模式。美国模式充分体现了社会化大分工的鲜明特点，国家的高层推进主要是从规划和政策引入手，特别注意发挥地方政府和企业的主导作用。具体说来，国家在鼓励信息产业各部门、各企业自由经营、自由发展的同时，通过间接手段调控信息产业发展的规模、速度与方向，控制信息产业的结构与总量。政府将投资用于信息相关的其他产业，通过其他产业的发展变化来带动、促进、限制和规范信息产业的发展过程，通过国际贸易扩大和压缩信息产业的最终产品需求以调节产业的扩张和收缩。

美国的 NII 计划，就政府如何在信息高速公路建设中发挥作用的问题，以 9 项原则和目标进行了具体规定，其特点是：有限介入，宏观协调和引导，以政策、经济杠杆调节，以立法手段支持，在具体问题上进行组织协调和灵活管理；扩展全民服务概念，搞好自身信息向全民的开放，政府在信息高速公路建设和信息化进程中充当裁判员的角色，发挥催化剂的作用。美国的信息产业发展模式也是在这 9 项原则指导下的产物。目前美国的信息科技产品贸易在世界排名第 1，其贸易额占全球市场份额的 25%。据统计，全世界信息产业 1997 年总投资大约 6100 亿美元，其中美国占 41.5%，远远超过日本和欧洲其他发达国家。高投入也带来了高产出，美国 1997 年生产总值增幅中的 1/3 来自以网络化和数字化为主要特征的信息产业，在过去 3 年的经济增幅中有 27% 要归功于高科技企业。在这些高科技企业中，表现最突出的就是与网络技术直接相关的企业，其他企业效益的增长也大都得益于网络技术的推广和应用。网络化潮流刺激了美国经济的发展。根据国际电信联盟 1997 年 9 月的一份报告表明，全世界因特网用户中约 2/3 分布在美国和加拿大，21.9% 分布在欧洲大陆，6.3% 分布在亚洲，3.7% 分布在大洋洲，而拉美及非洲仅分别占 1% 和 0.6%。近年来，美国经济的持续稳定增长、企业生产效率的提高都是与其在信息技术特别是网络化建设方面的领先地位分不开的。

2. 日本

（1）日本信息产业发展的概况

日本对信息产业的投资主要集中在两个方面，一是新技术和重点项目的研究与开发，二是对设备的投资。1997 年研究与开发的费用为 25773 亿

日元，占当年电子信息工业产值的 10%，1997 年，对设备投资额为 270 亿日元，其重点是网络技术。

表 2－34　日本电子信息工业的产值

单位：亿日元

产品名称　年份	1996	1997	1998	1999	2000	年均增长
消费类	22116.6	22415.72	21129.05	20406.54	21965.54	－0.2%
投资类	125632.35	134326.56	118763.04	114975.87	122443.1	－0.4%
元器件类	95760.49	101964.95	94536.88	100124.87	117587.16	5.0%
合　计	243509.43	258707.23	234488.7	235507.28	261995.8	1.9%

资料来源：《产业经济信息》，2001。

与美国的情况相反，日本的信息技术产品一直是出口大于进口，但顺差的规模正逐渐缩小。

（2）日本发展信息产业的政策

日本式的政府干预模式实际上是一种中观产业层次的干预。国家直接调控信息产业运动的全过程，包括产业目标确立、产业技术政策、产业组织协调、产业布局调整、产业保护策略实施和产业国际化等内容。在这种管理模式下，政府只在宏观与微观的结合部——中观产业来有效地组织信息经济，将国家政权高度凝聚的力量渗透到信息生产过程内部，来推动信息产业的发展，并逐步激化企业的活力，发挥市场机制的调节作用，优化信息产业发展内部环境。这种国家干预模式通过产业政策的专指性、实用性和功利性，直接干预了信息产业的资源布局、投资、分配、产业发展步骤、人才的培养、技术和产品的开发以及与此相适应的金融、税收、财政和立法活动，多方位地为信息产业的实施提供保证。

日本政府特别重视人才和技术两大要素，把人才作为促进信息产业全面发展的关键要素，把专业人才的培养和计算机的普及相结合，成立了中央信息研究中心，并建立了严格的信息处理技术人员考试制度。在技术保障方面，日本政府高度重视信息处理技术的研究开发。国家的信息处理技术的研究开发主要是通过大型的研究开发计划来进行的。如 1966 年至 1977 年间，日本政府使用半导体集成电路，开发了第三代超高性能电子计算机；1971 年至 1980 年开发了大量信息处理系统，20 世纪 90 年代，日本致力于开发第五代电子计算机,即能够进行思维的智能计算机。此外,日本政府积极推进信息技术标准化建设,为推动日本软件产业的发展,创办了振兴信息处理事业协会。由于日本政府从 20 世纪 70 年代起就针对本国经济发展的薄弱环节,制定赶超战略,使日本信息产业在短短 20 多年得到了飞速发展,一跃成为世界第二位信息产业强国。目前日本信息科技产品贸易占全球市场份额的 15.6%,排名世界第二。1981 年至 1992 年间的信息市场年均增长率高达 18%,其中尤以数据库产业年均增长率最高,达 40%—50%。

3. 印度

印度软件产业在短短的几十年中取得了举世瞩目的成就,一跃成为仅次于美国的软件出口大国,如此成就的取得与印度政府在充分利用固有的客观优势的情况下,有远见、措施得当、行动及时是分不开的。目前印度政府雄心勃勃地提出"在未来十年内,使印度成为一个 IT 超级大国,使印度成为世界上最大的软件生产和出口国之一"的发展计划。印度软件产业的发展来势迅猛,令世人瞩目。

(1)印度软件产业发展的基本情况

印度政府在 20 世纪 80 年代中期已经认识到计算机软件产业的发展潜力,采取了一系列政策措施来大力扶持软件产业的发展,使印度软件产业一直保持高速度发展态势。计算机软件总产值和出口额逐年大幅度增长,在短短十几年中,印度已成为仅次于美国的软件出口大国,且具备了继续高速度发展的基础和潜力。到 2000 年,印度计算机软件总产值达 50 亿美元,软件出口额将达到 38 亿美元,印度政府计划到 2008 年软件出口达到 500 亿美元。

表 2-35 近年印度软件产业产值及出口情况

单位:亿美元

年 份	产 值	产值增长率	出口额	出口增长率
1994	8.14	—	4.74	—
1995	13.5	65.9	8.13	73.6
1996	16.6	22.9	10.0	23.0
1997	25.0	50.6	16.5	65.0

资料来源:印度软件服务行业协会。

在世界银行对国家软件出口能力的调查中,印度软件的出口规模、质

量和成本的综合指数位居世界第一位。1997~1998 年度印度出口软件中有 57.06% 出口美国，26.22% 出口欧洲。

印度在发展软件产业的过程中，形成了一批有国际竞争力的软件骨干企业和大量高水平的软件技术人才。1997~1998 年度，印度从事计算机软件生产的企业共有 1156 家，其中名列前茅的 20 家软件出口企业中，有 14 家属纯印资企业，其中的一些企业在国际软件业中已有较强的竞争实力和较高的品牌知名度。印度 82% 的出口软件由本国专业人员设计，现在印度有 16—20 万计算机软件专业技术人员，且以每年 5.5 万人的速度持续增长。印度软件业的技术力量在世界上仅次于美国。

（2）印度发展信息产业的政策

印度政府看到"IT 业是印度能在短期内获得全球领先权的一个领域，而且数千种新的应用程序将产生高质量的就业机会，大众的生活质量将由此得到改善"，于是印度政府推出了在十年内成为"信息技术超级大国"的计划，成立了有国家计委领导的"国家 IT 和软件发展特别工作组"，3 个月后，特别工作组向印度总理提交了有关软件政策的 108 条措施。这 108 条措施将成为引导印度政府在未来十年里软件产业政策的一个蓝本。它主要包括 8 个方面：消除软件产业发展的瓶颈、通信基础设施、提高 IT 应用、调整教育基础设施、政府的启动、全球化问题、人力资源的开发与利用、IT 普及教育等。

十、生物技术产业的潜力分析

本文通过对生物技术产业发展潜力的分析，通过与信息技术产业的比较，认为在近 5—10 年内，生物技术产业不可能成为取代信息技术的第一大产业。

（一）股市新宠——生物科技股

回顾 2000 年的纳斯达克，生物科技类股票表现非凡，相对于网络计算机类的颓废，大有取代网络成为新经济热点的可能。而国内的生物科技类股票也似乎受影响在新世纪到来之际纷纷上扬，成为近期国内股市的亮点。

在 2000 年纳斯达克狂升至 3 月 10 日的 5048.617 点的过程中，高科技股辉煌之至，其中生物科技股走势更加突出。即使在纳斯达克见顶回落过程中，生物科技股也表现出较强的抗跌性。有关研究报告表明，在 1998 年 10 月 8 日~2000 年 3 月 10 日期间，纳斯达克综指上涨 255.76%，计算机类指数、电信类指数分别上涨 322.04%、295.85%，而生物科技类指数更是强势上扬 393.59%。2000 年下半年以来，美股三大指数全部下滑，而反映生物科技股走势的 exBiotech 指数却大幅上涨了 59%，纳斯达克的生物科技股指数也上涨了 24%。在年底的暴跌中，生物科技类相对于网络计算机类依旧表现良好，特别是生化制品、癌症、疫苗等有密切关系的生物科技股尤为出色。①

引发生物股大幅度上涨的直接原因有两个：第一，网络股在经历了连续几年的暴涨之后，目前正进入阵痛式的调整阶段时，投资者需要选择新的投资方向，而生物行业作为新经济的一部分，其潜力尚未完全挖掘，因此自然成为投资者的新宠。从一定程度上看，生物股的活跃是对网络股泡沫破裂的回应。第二，2000 年 6 月 26 日，人类基因组工作框架图绘制完成，解读人类基因组的成功，自然也使人们看到了生物技术在商业上应用的前景，看到了生物产业发展的美好明天，从而使投资者的目光也转向生物技术、生物工程和生物产业。那些没有赶上信息革命"淘金热"的人们，跃跃欲试，想及早下手，赶上新一轮的"基因热"。

虽然人类基因组计划取得重点进展这一信息不能马上给相关企业带来现实的商业机会，但在股市中围绕"基因概念"的炒作却仍在如火如荼地进行。为什么会出现这种情况？基因革命，是否也会带来资本市场上新一轮的"投资泡沫"，像刚刚在网络业中发生的那样？

（二）对生物产业发展潜力的分析

1. 基因科学的发展引发生物产业

2000 年《经济展望》杂志，提出一个新名词，叫"生物经济（biotech economic）"，并且引用比尔·盖茨的话预言，超过盖茨的首富一定是在基因领域。该杂志综述非常漂亮，总的结论是，生物经济引来倾盒金币，倾盒金币泻落下来不知道会到谁的口袋里。因此人类基因组测序完成后，引起了广泛的争鸣，很多观点表述为谁拥有了基因，谁就控制了未来信息的制高点，新名词"基因战"也不时在各大媒体中出现。

与传统的化学制药业相比，生物产业发展的技术依托是基因科学。在生物学家看来，存在于基因组中的遗传序列是宝贵的生物信息资源，和他们所掌握的生物技术一样，是未来生物产业的支柱。原来人们统计我们人类至少有 8 万到 10 万条基因，结果测序完毕，发现总共只有 3 万到 4 万个，相当于蠕虫的两倍多，可能比水稻、小麦还少。科学家们认为人类基

---

① 《国际金融报》，2000 年。

因的信息以及相应的染色体位置被阐明后，将成为医学和基因制药产业知识和技术创新的源泉。从目前研究来看，一些困扰人类健康的主要疾病，例如心脑血管疾病、糖尿病、肝病、癌症、老年痴呆症等都与基因有关，可以依据已知的基因序列和功能，找出这些基因并针对相应的靶位进行药物筛选，甚至基于已有的基因知识来设计新药。

生物技术的发展是一个基因可以形成一个产业。比如说胰岛素，很多得糖尿病的人需要注射胰岛素，原来的胰岛素是从猪的内脏中提取的，现在可以通过生物工程生产基因。而这个基因就形成了一个产业，因为现在得糖尿病的人越来越多，最简单的统计，我国仅此项的产值就不低于 10 个亿。比如大家熟悉的疫苗，基因工程疫苗，一个疫苗也只是一个基因。因此若发现有两万个基因可以治病，就会出现两万个产业。试想谁克隆出一个基因谁就可以申请专利，谁拥有了专利，谁就控制了这个基因的制高点，也就控制了获取巨额利润的可能性。

可见，生物学，特别是基因科学的突破性进展给生物技术的产业化带来了契机，生物产业加速发展在技术上是成立的。

2. 生物产业的发展状况

生物产业的发展分为两个阶段：政府主导阶段和商业运作阶段。

第一阶段：政府主导阶段。10 年前，美国投资 30 亿美元启动人类基因组计划。此后，这一计划得到了克林顿政府的大力支持，英国、日本、法国、德国和中国也先后加入。人类基因组计划的核心任务是测出人体细胞 23 对染色体上全部 30 亿个碱基的序列，把总数约为 10 万的所有基因明确定位在染色体上，破译人类全部遗传信息。目前完成的框架图覆盖到的碱基序列在 90% 以上，预计到 2003 年完成碱基序列覆盖率为 100% 的最终谱图。据称，该计划的规模和意义均超过了曼哈顿原子弹计划和阿波罗登月计划，因为这是人类继洞开微观世界、宇观世界之后，首次全面地对自身进行诠释。在这一时期，生物技术主要由政府承担开发工作。

第二阶段：商业运作阶段。生物信息资源孕育的巨大商业利益是不言自明的，这驱使众多的私人公司加入到了基因组研究的行列。其中最具代表性的是由美国著名基因组专家范特与著名生物仪器公司——珀金埃尔默（PE）公司联手，两年前成立的塞莱拉基因公司。2000 年 4 月 6 日，该公司率先宣布绘制出了取自一个人的基因组图谱，此次又与政府资助的研究机构一起宣布了人类基因组工作框架图绘制的完成。

目前商业生物公司主要集中于基因制药领域，而基因制药公司又集中于攻克癌症。这是由于癌症是对人类危害最大也是最难治愈的顽症，而人类基因组计划（HGP）带来的基因技术的进步，第一次使癌症具有了被攻克的可能。不过，基因制药公司目前仅能在有限的几种产品上进行突破，尚不具备互联网行业那种形成一整条全新价值链的"突破性创新"。但从技术上看，不光是癌症，其他疾病的医治与防御也可以并且正在应用基因技术。因此，商业生物制药行业的潜力是非常大的。

基因组研究的商业阵营与政府资助的公益阵营之间的竞争目前已进入了白热化阶段，在美国，纳斯达克对商业生物技术公司的发展提供了非常重要的支持，原因是政府不可能一下拿大量资金来投入，这就得靠社会和公众的资金来投入，世界上81%的生物技术公司都是由纳斯达克支持的。而私营公司的介入才真正使基因组研究的进程搅动了股市。

3. 生物产业面临的问题

其一是生物产业属于高风险行业。生物高新技术发展确实令人遐想不已，但也引出了诸多问题。其中最突出的问题是基因技术能否为上市公司带来直接的收益，即是否拥有确切的商业价值。生物股也存在泡沫并不是什么新鲜事，早在1992年，生物工程股价大涨250%以上，像 CENTOCOR和 SYNERGEN 等公司的股票红得发紫，但不到18个月，这两只股票从顶峰时的60美元左右滑至6美元左右。而现在人们似乎又再度关注生物股，只要含有基因（GENE）或细胞（CELL）字眼的公司，股价都普遍看好。有趣的是，不少公司不要说产品，就连概念也都没法在实验室证明。媒体更是大肆宣扬基因研究突破所带来的无限前景，特别是人类知道了基因的构成，将会通过基因疗法，类似癌症、心脏病、糖尿病等都可一举攻克。投资者们被这美妙的故事所打动，纷纷投资。但在2000年纳斯达克风暴中，生物股又一次重蹈覆辙，其中既有美国高科技股整体缩水的大市影响，同时也有生物股自身泡沫破裂的因素。如果我们透过盲目投资的现象，深入近10年美国经济的本质，就不难发现生物股泡沫破裂的必然性。

其二是生物技术本身面临一些不确定性。最明显的例子是基因食品，通过基因改良技术生产食品已经是一项比较成熟的技术，但这种技术对人类健康的影响还不能确定。另外，生物基因技术还对人类的传统道德观念带来了冲击，在相应的法律未制定前，还不能全面应用基因技术。这些都为基因技术的应用带来了不确定性。

（三）生物产业与信息产业的关系

对于生物产业和信息产业的关系有两个重要问题：一个是生物产业能

否代替信息产业成为经济发展的新动力；另一个是生物产业是否也会带来资本市场上新一轮的"投资泡沫"。

首先，生物产业是否能代替信息产业成为支柱产业？科学家们预测：今后5年内，基因组测序能力将以指数方式迅速上升，甚至超过信息产业中著名的摩尔定律所描述的速度。但是，目前的人类基因组研究尚处在基础研究阶段，其成果能够直接应用于临床治疗或制药还需假以时日，以现在的研究进程看大约要在20—30年之后。当然，也不排除有创新的技术出现而加快这个进程，不过最快也要在5—10年后。也就是说，生物技术类公司想大把地赚钱，从而领导新经济并不是眨眼之间的事。

其次，生物产业是否存在很大的泡沫？实际上，早在2000年，美国纳斯达克市场就已经围绕基因技术的潜在突破对有关生物技术股进行了深入的价值挖掘。股市上生物技术股，特别是基因技术股的上佳表现，反过来吸引了社会资本的注意，刺激其不断恶性地流向生物技术企业，进而促进了基因技术的进一步发展。由此可见，资本市场与技术进步有着紧密的正相关关系。此前资本市场对股票的追逐也有这种循环关系。因此，认为社会资本大量流入生物技术股纯粹是炒作行为的观点显然是有失偏颇的。但基因股的确存在泡沫，不过基因革命所能带来的投资泡沫，很可能比信息革命所带来的投资泡沫要小，市场的波动也会小得多。关键的问题在于，在生物技术与信息、网络技术之间，在信息产业与生物产业之间，存在着巨大的差别，从而会使其商业模式发生很大的差别，由此带来的风险也不一样。

信息产业与生物产业的区别主要是：

首先，信息产业的发展，往往可以由一些来得快也走得快的新概念所推动，而且有了一个新概念得赶快"卖"，今天是"第一"、"全包"，明天就可能被别人的相似网站所替代，而新概念的具体实施则是次要的。而基因技术虽然也存在炒概念的现象，但具体技术需要申请专利，必须是被精确描述的，来不得半点含糊。也就是说，生物公司的技术含量对投资者来说更高，更明确，因此风险也就更小。

其次，信息技术的发展中，通用性、标准性起着很大的作用，这就有可能使一些较早进入产业的公司飞速发展，成为具有垄断规模能力的大公司，迅速聚集起巨额资产。而基因技术、基因产品每一项都可能有其特殊的功能，通用性较小。而且，就基因技术本身而言，它的潜在用户只是为数不多的企业（虽然这些企业的产品拥有广大的用户群），而不像一个电脑软件的直接用户就可以达几百万甚至几千万（比如微软公司的"视窗"），所以说，基因技术公司的规模很可能是有限的，财富聚集的速度与规模也很难与信息产业相媲美。

最后，从一定程度上说，信息技术特别是网络技术本身并不直接产生财富，而只是节省费用，未来的生物产业则可以创造出真正的财富（如基因制药业）。信息产业和生物产业无疑都是高科技的产物，但就创造财富而言，可以说前者"节流"后者"开源"。因此，对投资者而言，特定基因技术的商业价值更明确，投资风险更小。

总之，生物产业从技术形成到价值实现的过程相对会较长，社会对它的约束（政府规制）会较大，市场上发生波动的程度，则会相应地较小。由这些因素推断，资本市场上的"基因泡沫"比起"网络泡沫"来，也应该会小一些。①

综上所述，我们的结论是：以基因技术为代表的生物高技术产业为全球资本市场带来了新的活力，但远未改变全球的产业结构布局。目前，我们更应关注如何将生物技术市场化与产业化，同时密切跟踪生物技术的新突破，唯此，才能正确预测出生物产业对经济增长带来的贡献。

参考文献

1. 吴基传主编：《信息技术与信息产业》，新华出版社，2000 年。

2. 中华人民共和国科学技术部：《中国高新技术产业发展研究报告》，科学出版社，1999 年。

3. 1994 年至 2000 年的《中国统计年鉴》。

4. 1994 年至 2000 年的《中国劳动统计年鉴》。

5. 中华人民共和国科学技术部：《中国高新技术产业发展研究报告》，科学出版社，1999 年。

6. 美国商务部：《浮现中的数字经济》，姜奇平等译，中国人民大学出版社，1998 年。

7. 美国商务部：《新兴的数字经济》，沈志斌等译，中国友谊出版公司，1999 年。

8. 美国商务部：《数字经济 2000》，姜奇平等译，国家行政学院出版社，2000 年。

9. 杨春学：《信息技术对美国经济影响的计量分析》，《经济学动态》2001 年第 1 期。

---

① 樊纲：《基因泡沫"应小于"网络泡沫"》，2001 年 6 月。

10. 秦海、李红升：《信息技术产业对经济增长、就业和收入分配的影响》，《经济发展与战略研究》（国家信息中心发展研究部编）2000 年第 10 期。

11. 龚键：《略论信息产业在经济发展中的主导作用》，《软科学》1998 年第 2 期。

12. 董云庭：《我国信息化建设的进展和前景》（打印稿），2001 年。

13. 中国互联网络信息中心：《中国互联网络发展状况统计报告（2000/1）》。

14. 王晓琳：《信息技术的发展及其对社会生活的影响》，《探索》增刊。

15. 综合开发研究院（中国·深圳）：《新经济：事实与特征——对美国新经济现象的观察与思考》，内部文稿。

16. 德勤（北京）内部研究报告：《中国/北京双高产业发展状况报告》，2000 年。

17. 郑英隆：《信息产业的全球化态势与中国区域竞争力》，《中国软科学》2000 年。

18. 《产业经济信息》2001 年第 2 期。

19. 德国联邦经济技术部：《信息经济跟踪》，2000 年 5 月。

20. 樊纲：《基因泡沫"应小于"网络泡沫"》，2001 年。

21. 《我国信息产业 2001 年将加大结构调整力度》，《互联网周刊》2000 年 1 月 14 日。

22. 《国际金融报》2000 年。

23. 《科技日报》，2000 年 7 月 18 日。

24. Nam-Hoon Kang and Sara Johnsson（2000）：Cross-border Mergers and Acquistions：Their Role in Industrial Globalization, STI Working Paper, OECD.

25. Lawrence H. Summers（2000）：Priorities for Economic Policy in a New American Economy, Remarks on Finance Conference on the New Economy, Boston College, Boston MA, March 6, 2000.

26. http://hnte.gov.cn/wto/information/002.htm.

27. 《信息技术的不同价值》，http://www.xxb.sjz.net.cn/lt45.htm.

28. 张可喜：《信息产业"扛"起日本经济?》，http://www.my8848.net/fjnews/200006/0620/20000620213238.htm.

29. 《中国五年内在信息产业投资 5000 亿美元》，http://www.hn.cninfo.net/news/2001/04/19/225.htm.

30. 郑宇：《纳斯达克的轮回》，http://www.caijing.com.cn/lbi-html/caijing/weekly/2001032026/1880.htm.

课题三　我国重点产业竞争力研究

课 题 简 介

　　入世后，中国产业遭受外国产品冲击损害的可能性增大。如何更好地运用世贸组织规则所允许的贸易救济手段，如何及时、有效地利用贸易救济措施维护我国产业竞争力，减少、弥补和抵御外国产品给我国产业造成的损害，如何更好地为国内产业结构调整提供有限度的关税保护、促使相关产业提高国际竞争力，成为一个非常重要并具现实意义的课题。2004年国务院税则办将"我国重点产业竞争力研究"列为重点课题，委托我所研究。经过一年多时间的努力，于2005年5月结题。

　　本研究报告在借鉴国家竞争力、区域经济竞争力、城市竞争力、资源竞争力、市场竞争力、环境竞争力等各类竞争力和众多竞争指标的基础上，选择、设计和构造了我们的产业竞争力指标体系。据此评价指标体系，测度了钢铁、纺织、汽车、化工、化肥等产业的竞争力，它们的分值分别为78.9、80.4、72.0、65.7和76.3。

　　国务院税则办认为，报告完成了《课题委托书》规定的研究内容，符合提出的要求。报告理论依据可靠，可操作性强，"产业竞争力评价指标体系"有助于分析、了解我国重点产业的国际竞争力水平，对关税工作的进一步开展具有重要的指导意义。

　　本课题课题组组长为李晓西教授，负责总体思路设计和修改定稿，并撰写了序言和第二部分；张琦副教授协助进行课题组织并完成了第三、四部分和附录一；李泳博士后完成了第一部分；刘科星、范丽娜、姜晓华、分别参与了第一、二、三、四部分执笔，范丽娜和姜晓华还参与完成了附录；高明华教授、曾学文博士参加了产业竞争力指标体系的设计、修改、讨论和企业调查。本课题虽有分工，但每一部分均是集体成果。

　　本报告是在有关方面的大力支持下完成的。财政部关税司王伟司长、

任烈处长、石教群处长等对本课题提供了指导，国家统计局工交司任才方司长、张卫华处长对数据收集提供了支持，北师大史培军副校长和人事处领导给予了帮助，北师大资源学院刘学敏教授协助了课题组在陕西的调研，中国汽车工业联合会黄永和总工程师、国家专利局项莉女士提供了有价值的信息，在此一并表示感谢！

一、我国产业发展概要分析

研究产业竞争力，首先必须了解我国产业发展的整体现状、特点和趋势，这样才能对中国产业竞争力进行总体把握和准确定位。

（一）我国产业发展现状

1. 中国产业整体国际竞争力排名提升

根据瑞士洛桑国际管理开发研究院发布的 2003 年《国际竞争力年度报告》（简称《洛桑报告》），在被评价的 49 个国家和地区中，中国的国际竞争力总体排名在第 31 位，比 2001 年提高了两位。根据世界经济论坛发布的最新排名，中国的国际竞争力总体排名上升至全球第 33 位。两大排名体系均对中国国内经济、国际化发展程度等给予了肯定。虽然国家的竞争力不同于产业竞争力概念，但产业在国家特定的经济和社会环境中运行，一国政治、文化、教育和经济等各个层面的状况都会影响产业内企业的发展，进而影响到产业的整体发展。因而，根据不断提高的国家竞争力排名，我们可以肯定地说，中国的产业竞争力总体上也是不断增强的。

从联合国工业发展组织发布的《2002/2003 年度工业发展报告》所做的"工业发展排行榜"对我国产业竞争力的提升状况的评价也可以进一步证实这一点。在对按工业竞争力指数（工业竞争力指数由 4 个指标构成，它包括：人均制造业增加值、人均制成品出口、制造业增加值内中高技术产品的比重和制成品出口内中高技术产品的比重）进行排序的 87 个国家中，中国排名从 2001 年的第 61 位升至第 37 位。中国已是工业技术进步最快的国家之一。

2. 我国工业全面增长

近年来，特别是我国加入世界贸易组织后，在世界经济普遍缓慢增长的国际环境中，我国工业经济依然保持了持续快速的发展。2001 年工业增长 11.41%，2002 年增长 16.06%，2003 年增长 28.43%，国内生产总值达到 142271.23 亿元。在工业生产总体呈逐步加快趋势的总格局下，还表现

出两个鲜明的特征:

第一,不同产业增长全面提速。2003 年,钢铁、汽车产业分别完成产值增长 54.14% 和 43.85%,增幅分别比上年加快 13.7 和 12.6 个百分点。纺织、医药分别增长 21.26% 和 21.51% 左右,比上年加快 7.93 和 5 个百分点。饮料行业增长 11.87%,比上年加快 2.45 个百分点。以全部行业连续 3 年的工业总产值增幅 18.63% 作为划分参照,我们可将主要产业增长特性分为三种情况。如表 3 - 1 所示:

表 3 - 1   主要产业增长特性

产业增长分类	产 业
快速增长	钢铁、汽车、机械、有色金属、建材、电子、金属制品、电力
较快增长	纺织服装、煤气自来水生产供应、医药、煤炭、轻工、石油化工
低速增长	造纸印刷、家用电器制造、文教体育用品制造、饮料、烟草、食品

从表 3 - 1 可以看出,快速增长的产业包括钢铁、汽车、机械制造业、冶金业、有色金属和电子产业等。快速增长的产业是指 2001、2002、2003 年连续 3 年平均年工业增长率在 20% 以上,超过全国 18.63% 的平均水平,这些产业表现出持续高速增长的态势;较快增长的产业包括石油化工、纺织、医药、轻工、煤炭开采等,这些产业连续 3 年的平均产值增长率在 15%—20% 之间,与全国平均增长水平大致相当;低速增长的产业包括烟草、饮料、食品等,这些产业连续 3 年的平均工业总产值增长率都在 15% 以下。其中,烟草工业的增长率只有 9.72%,饮料工业为 11.87%。

第二,重工业行业加速发展。2003 年重工业完成增加值 26392 亿元,同比增长 18.6%,比轻工业快 4 个百分点,拉动工业增长 11.1 个百分点,贡献率达 65.5%。表 3 - 2 给出机械、化工等 12 个产业 2002 ~ 2003 年主要产业发展状况。之所以选择这 12 个产业,是因为它们的产值占到全部行业总产值的 95.2%,这些产业的发展态势足以反映工业增长的整体状况。

从表 3 - 2 中可以看到,2003 年,工业总产值超过 1 万亿元的机械、冶金、有色和电子保持了 30% 以上的较高速度增长。这说明这些行业的有效供给能力达到了较高的水平,是带动工业加快增长的主要力量。上述 12 个产业对整个工业增长的贡献率达 95%,拉动全部工业增长 8.7 个百分点。

表 3－2　2002～2003 年主要产业工业总产值和增加值表

单位：亿元

行业 年份	工 业 总 产 值			工 业 增 加 值		
	2002 年	2003 年	增长率（%）	2002 年	2003 年	增长率（%）
机 械	22657.75	30309.82	33.78	5965.22	7964.06	33.51
石 化	13126.85	16928.52	28.96	4803.61	6140.55	27.83
冶 金	14343.78	19518.02	36.01	1799.49	2824.01	56.93
有 色	2599.95	3564.07	37.08	626.14	902.13	44.08
煤 炭	1980.76	2459.38	24.16	919.06	1152.04	25.35
电 力	5889.05	6858.60	16.46	3165.74	3606.13	13.91
建 材	828.06	992.79	19.89	213.92	265.72	24.21
电 子	11288.64	15839.76	40.32	2520.92	3482.5	38.14
纺 织	6370.79	7725.20	21.26	1569.1	1906.7	21.52
医 药	2378.44	2889.98	21.51	834.65	1024.72	22.77
烟 草	2037.69	2235.81	9.72	1359.63	1573.48	15.73
轻 工	21222.81	25991.55	22.47	12351.66	14352.5	16.20

资料来源：2003、2004 年的《中国统计年鉴》。

3. 我国产业效益继续提高

表 3－3 给出 2002～2003 年主要产业销售收入和利润状况。

表 3－3　2002～2003 年主要产业销售收入和利润表

单位：亿元

行业 年份	产 品 销 售 收 入			实 现 利 润		
	2002 年	2003 年	增长率（%）	2002 年	2003 年	增长率（%）
机 械	21491.2	29206.94	35.9	1144.54	1711.44	49.53
石 化	14509.11	18730.85	29.10	359.13	654.04	82.12
冶 金	6471.51	10234.93	58.15	573.04	1068.27	86.42
有 色	2547.32	3534.93	38.77	81.67	154.72	89.45
煤 炭	1960.75	2474.70	26.21	84.81	140.07	65.16
电 力	8958.07	11113.24	24.06	576.29	699.26	21.34
建 材	771.1	945.28	22.59	24.08	33.58	39.45
电 子	10957.25	15876.27	44.89	468.97	617.19	31.61
纺 织	6038.59	7495.51	24.13	184.71	248.20	34.37
医 药	2279.98	2750.68	20.64	201.42	259.64	28.91
烟 草	1994.37	2217.50	11.19	212.71	275.57	29.55
轻 工	40929.49	48347.67	18.12	847.78	1092.85	28.91

资料来源：2003、2004 年的《中国统计年鉴》。

从各产业实现利润的状况来看，在工业总产值超过 1 万亿的产业中，有色金属的利润增长率最高，为 89.45%；电力最低，增长率为 21.34%；石化为 82.12%；轻工为 28.91%；机械为 49.53%；各产业产值和利润的增长，说明产业的供给能力不断增强，竞争力的基础得以提高。

（二）我国产业发展的特征

处于经济转轨时期的中国产业发展表现出以下 5 个特征：

1. 投资增大促进基础性产业高速增长

2003 年全社会固定资产投资继续保持较快增长，全年固定资产投资达 55566.6 亿元，比上年增长 27.7%。国有经济对能源工业的投资达 2025.28 亿元，占国有工业投资的 54%，投资结构的改善使得基础工业得到极大发展，在 2003 年，基础性产业的增长速度如交通运输达 33%，煤炭 24.16%，电子通讯 40.32%，电力 16.46%。基础性产业的发展推动了一批中间投资品产业如机械、钢铁、有色、建材等的增速加快。受此影响，我国重工业的加速发展趋势正逐渐清晰，中国工业正在进入一个新的重化工业阶段。

2. 消费结构升级带动产业快速增长

我国居民人均收入已达到 1200 美元，正处于消费形态快速变化的时期，消费热点主要集中在住、行等价值量大的高档商品，汽车、住房、旅游、环保等已成为新的消费热点领域。消费结构升级的结果是需要重工业产品的快速增长，2003 年全年重工业的增长幅度高达 18.6%，比上年增加 5.5 个百分点。其中，冶炼及压延设备制造业、发电设备制造业、机床制造业、汽车及其他运输设备制造业等均处在超高速增长状态。另外，消费需求的增长也促进了轻工、医疗、食品、烟草等这些与居民生活密切相关行业的稳定增长，其增长速度在 2003 年分别达到 22.47%、21.51%、16.41% 和 9.72%。

3. 外贸出口带动产业增长

在入世的背景下，中国的出口环境总体得到很大改善，产品竞争力不断提高。同时，入世后大规模外资的进入也加快了中国出口产业的规模扩张。2003 年工业企业完成出口交货值 27089 亿元，增长 30.7%，增幅比上年提高 7.3 个百分点。出口对工业增长的贡献率已达到 22.4%，拉动工业增长 8.7 个百分点。

4. 产业关联度提高促进产业增长

我国在主导产业发展的选取上侧重于基础原材料和配套产业，如电力生产和供应业、钢压延加工业、石油加工业、其他普通机械制造业、有机

化学产品制造业、金属制品业、煤炭采选业、其他化学产品制造业、石油开采、棉纺织、造纸、塑料、汽车工业、电气、电子元件制造业、金融业等。这些产业的产业关联度强，产业之间的连锁波及机制使得产业发展与社会总需求增长间具有倍数关系，进而对经济增长也呈倍数推动。

5. 国内市场饱和使部分产业增速下降

对造纸印刷、家用电器制造、饮料等低速增长产业来说，此类产业比较优势处于下降阶段，国内市场需求基本饱和，产业竞争激烈，尤其是家电行业经过激烈的价格战，许多企业已经在考虑转型，所以增长低速。但是在外贸的拉动下，在国际市场上有竞争力的商品仍具有增长势头。家电行业的出口总量超过内销，已经完全融入全球化竞争环境，走向国际化。

（三）我国产业发展前景预测

为了能更清楚地了解和把握我国主要产业发展趋势，我们以市场供求为主线，以 2003 年重点产业的产销和进出口为依据，对我国主要产业的发展进行预测。

1. 从产品产销与进出口看产业发展趋势

表 3 – 4   2003 年我国主要产业产品产销与进出口情况

行 业	单 位	生 产		消 费		出 口		进 口	
		绝对量	增长率（%）	绝对量	增长率（%）	绝对量	增长率（%）	绝对量	增长率（%）
煤 炭	万吨	166700	20	112594	15.8	9300		1200	
原 油	万吨	25200	12	25240	19.87	813.33	12.84	9112.63	31.29
电 力	亿千瓦	19105	15.51	20910	11	—		—	
纺织品	亿元	14863	20.20	14545	29.11	804.84	21.98	155.86	8.47
钢产量	万吨	22233	30.18	27000	28.25	696	27.5	3700	51.8
医 药	亿元	3876	19.86	3657	0.18	352.04	24.40		
石 化	亿元	18402	25.5	18005	26.4				
化学纤维	万吨	1181	19.2	1158	21.79	5.06	28.2	184.66	4.35
机械制造[①]	亿元	38356	26.4	37397	23.6	18788	44.82		50.91
汽 车	万辆	444	36.7	439	35.2	4.58	207	17.17	35.31
电子信息	亿元	1898.4	32.7	1860.4	36.8				

数据来源：根据《2003 全国行业发展报告》及《2004 中国统计年鉴》整理。

注：①机械制造包括通用设备制造业、专用设备制造业、交通运输设备制造业和电气机械及器材制造业。

从表3-4中可以看到，未来我国主要行业的生产均呈快速增长态势。特别是钢材、汽车和电子信息产业的增长速度均在30%以上，分别为30.18%、36.7%和32.7%。对应地，消费增长也呈快速发展，增长率分别相应达到28.25%、35.2%和36.8%，呈产销两旺的态势。同时，所在行业在劳动力成本、产业配套能力、市场潜力三方面的比较优势，使其出口具有较强的国际竞争力。因此，这些产品所在产业会得到高速发展。石化、电力、石油天然气这些产业由于企业规模集中度低，生产工艺、技术水平落后，科研基础薄弱，原料结构不够合理，原料缺口还在扩大，国内生产还不能完全满足我国国民经济发展需要，所需进口呈增长趋势。在工程化和产业化方面与国际水平的差距一方面影响了这些产业的进一步发展，另一方面也为这些产业内的企业提供了发展动力。

2. 从供求关系看产业发展趋势

（1）石油化工、天然气、有色和电力这些国内供求缺口较大的产业将快速增长

①石油化工产业

从需求状况分析，目前，中国是世界上石油需求量增长最快的地区之一。据2004年8月号IEA《石油市场报告》统计，2004年世界石油需求量为8220万桶/日，比2003年增长3.2%，增加了250万桶/日，其中中国的增加量为83万桶/日，占世界的33.2%。

我国国民经济持续、快速、健康的发展和西部大开发战略的实施，必将对石化工业的产品产生巨大需求。预计"十一五"期间汽、煤、柴油消费量将以年均4.3%—4.6%的速度增长，2004年汽油和柴油需求同比增长将达到4.2%—5%，煤油需求将比2003年增长5%—10%。到2005年，汽、煤、柴三大类油品总需求量预计达到1.30亿—1.38亿吨；乙烯当量需求约为1500万吨；五大合成树脂需求量为2500万—2700万吨；合成橡胶的需求量为110万吨左右；合纤原料的需求量为1080万—1260万吨。

从供给状况看，我国2003年原油产量2.5亿吨，比2002年增长了12%，但是由于自然资源状况的限制，2004年国内原油产量增长不会很大，基本维持在1.7亿吨左右。

为了满足不断增长的市场需求，石油化工产业在未来几年将继续快速发展。据国务院发展研究中心预测，2004年全国原油加工量将超过2.5亿吨，2005年将达到2.6亿—2.7亿吨。

②天然气产业

从天然气的需求看，预计 2005 年我国天然气需求量约为 610 亿立方米，天然气在一次性能源消费结构中所占的比例将增加到 5%。中国要实现 2020 年人均 GDP 超过 1 万美元的目标，未来 20 年是实现工业化的关键时期，也是经济结构、城市化水平、居民消费结构发生明显变化的阶段。反映到能源领域，天然气在一次性能源消费中，所占比例将由目前的 2.7% 增长到 10% 以上。

从天然气的供给情况看，中国人均能源可采储量远低于世界平均水平。2000 年中国人均天然气可采储量是 1074 立方米，为世界平均值的 4.3%。目前我国有天然气生产企业 60 多家，其中，2003 年产量达 1 亿立方米以上的企业有 28 家，达 5 亿立方米以上的企业有 14 家，达 10 亿立方米以上的企业有 10 家，超过 50 亿立方米的企业只有 2 家。

从能源利用效率来看，中国单位产品的能耗水平较高。2001 年，中国终端能源用户能源消费的支出为 1.25 万亿元，占 GDP 总量的比例为 13%，而美国仅为 7%。目前我国 8 个高耗能行业的单位产品能耗平均比世界先进水平高 47%，而这 8 个行业的能源消费占工业部门能源消费总量的 73%。

综上所述，巨大的需求和有限的供给在促进进口的同时也给我国天然气公司带来广阔的发展空间。

③有色金属产业

从需求分析上看，首先，有色金属是初级产品，是其他工业部门的原材料。因此，对有色金属的市场需求与我国宏观经济形势密切相关。而在坚持扩大内需的方针下，我国宏观经济将继续保持快速增长的态势，电子、钢材、住房等重工业的高速发展将导致市场对有色金属特别是铜、铝等的巨大需求。

从供给分析上看，主要的有色金属产品中，镍的资源增势最为强劲，2003 年全年新增资源 14.5 万吨，增长 52.9%。其次是铝，全年新增资源 637.3 万吨，比上年增长 28.8%。铜、铅、锌、锡，以及铜材、铝材的新增资源与上年相比也分别增长 15%、19.2%、12.9%、16.9%、22.5% 和 23.4%。但受资源储量及开发能力的制约，预计 2004 年全球铜产量约为 1597 万吨，可能会出现 38 万吨的不足，镍供应缺口将达到 5 万吨以上。国产铜精矿和铅精矿仅能分别满足生产需求的 20% 和 80%，氧化铝也因受到铝土矿资源等方面因素的限制，目前其产量仅能满足电解铝行业原材料需求的 60%。

④电力

据有关专家保守预计，2004 年全社会用电量将增长 12%，用电总量将达到 21100 亿千瓦时；2005 年将在 2004 年的基础上增长 8.5%，年用电量为 22682 亿千瓦时，净增约 1770 亿千瓦时；2007 年将达 2.2 万亿千瓦时，年需新增装机容量 2000—2500 万千瓦。

从目前规划的电力基建项目来看，我国每年实际新增装机规模平均为 1500 万千瓦，电力供给缺口每年平均在 800—1000 万千瓦。为了缓解日益突出的电力"瓶颈"，政府已经加大对电力的基建投资，2003 年新增固定资产投资 1731.01 亿元，电力建设项目的投产、新开工和在建规模都达到历史最高水平。因此，在未来 5 年，我国电力行业的供给发展空间广阔。

（2）煤炭、化学纤维等国内供需基本平衡的行业稳步发展

①煤炭

需求方面，2003 年我国国内煤炭消费增长迅速，其中发电用煤的消费已经达到 8.5 亿吨，占全部煤炭消费的 50% 以上，以煤炭、电力为基础能源的钢铁、电解铝等高耗能产业发展迅速，造成国内煤炭、焦碳、电力等供应全面紧张，煤炭消费需求将继续呈较大幅度增长，预计 2004 年将新增煤炭消费需求至少 1 亿吨，需求总量将达到 17 亿吨左右。

2003 年全国生产原煤 16.67 亿吨，比上年增加 2.77 亿吨，是原煤生产绝对数量增加最多的年份。煤炭生产将在需求旺盛的刺激下继续扩大。2003 年全国在建大中型矿井接近 200 处，煤炭行业投资以每年 50% 以上的速度增长，预计 2004 年煤炭生产能力将有所增长。目前国家正在引导煤炭企业向大型化、集团化发展，13 个大型超亿吨的煤炭基地正在筹划之中，大型煤炭用户与煤炭企业集团的联合煤矿开发项目也在各地紧张进行，2004 年以后将陆续开工建设，煤炭生产的后劲将得到加强。

目前我国煤炭生产能力比较可靠，2004 年煤炭产量基本能够满足需求的增长，将继续保持产销两旺、供求基本平衡的局面。

②化学纤维行业

从需求看，纺织市场的扩展将带动化纤需求的增加。根据《中国轻工业年鉴》，我国的化学纤维消费 2003 年为 3.7 公斤/人，和世界平均水平 3.5 公斤/人差不多，但棉纤维消费量却小于世界平均水平。根据国内外专家的研究表明：一个国家的人均纤维消费量和该国的 GDP 有很高的相关性。亚洲化纤工业联合会（ACFIF）会长 Lohia 预计在未来的 5 年中，世界对化纤的需求将以每年 8% 的速度增长，这是因为在无配额体制下，纺织

贸易将推动化纤工业的快速发展，特别是亚洲地区化纤工业的发展，这将转化成为对化纤的需求增长①。从供给方面看，我国化纤工业产量迅速增加。2003年，中国化学纤维产量达到创纪录的1181.14万吨，比2002年增长19.2%，占世界化学纤维总产量的30%以上，已超过美国、西欧、日本化学纤维产量的总和，位居世界首位。2004年化纤生产继续高速增长，化纤业的产能继续向大企业集中，规模效益日益显现，行业发展出现良好势头。产销衔接基本正常，市场需求基本平衡，化纤与下游匹配程度继续提高，市场价格小幅增长。

（3）电子信息、纺织、钢铁国内供大于求但具有国际竞争力的行业高速发展

①电子信息

从需求分析，我国集成电路市场仍将是未来全球增长最快的市场。有专家预计，2004年国内集成电路市场需求将达到160亿块，增长33.3%，电子元器件产品市场容量估计在3500亿—3800亿只。

从供给能力分析，2003年我国电子信息产业实现产值达1.88万亿元，完成工业增加值占全国GDP的比重达到4%，在对国民经济增长9.1个百分点中的贡献达到0.64%。近年来随着我国电子信息产业的自主成长，以及国际电子信息产业向我国的转移，我国信息产业的国际竞争力也大幅度提升。移动通信手机、程控交换机、微型计算机、显示器、集成电路出口增加分别达到39.4%、81.8%、55.5%、62.4%和165.7%。在电子信息产业快速发展的同时，我国电子信息技术也得到很大的发展，例如在信息通信技术方面，我国20世纪90年代以来自主研究开发了一批国际先进水平的信息通信技术和设备，在移动通信、光通信等技术领域取得了重大成就，自行研制的一些重要技术标准已被国际电联确定为国际标准。

随着关税壁垒的打破，外商进入内地更加容易，国内显示器和笔记本电脑等电子类产品的产量仍将不断增加，生产规模将进一步扩大，产品的出口将大幅增长。预计到2006年，中国将超过日本成为世界第二大集成电路市场，到2010年，中国更将取代美国成为全球最大的电子产品制造基地和集成电路器件采购国。

②纺织产业

从需求看，首先国际市场对纺织服装的需求很旺。据世界银行和国际

---

① http://www.texindex.com.cn.

货币基金组织预测，未来 10 年，世界纺织品服装的年增长率将达到 6%—8%。其次，我国国内市场是世界上最具增长潜力的市场，目前我国人均纤维消费仅为 3.7 公斤左右，而发达国家人均纤维消费量达 26.4 公斤。预计到 2005 年，我国人均纤维消费可达 7.4 公斤。此外，我国消费结构将发生较大变化，纺织品消费将趋向舒适化、休闲化，市场适应性广的各类印染布的市场容量将进一步扩大。随着我国人均纤维消费的增长、纺织品消费结构的调整及纺织品出口的增加，我国国内纺织服装产品的市场容量将有较大的增长空间。

从供给看，我国纺织工业生产发展很快，生产能力比较强。据统计，改革开放以来，我国纺织行业平均增长速度达到 14%，产值占全国工业总产值的 15% 左右，其产品 2/3 用来满足国内消费需求，1/3 出口到 100 多个国家和地区。纺织生产呈现出高位增长的基本态势。

③钢铁

从需求看，宏观经济的景气和工业行业景气度的提升，将为作为国民经济基础行业的钢铁行业带来极大的需求。另外，出于降低成本和增强竞争力的需要，许多跨国公司把我国纳入其全球生产和采购链，除将本土或其他地方的生产部门转移到我国以外，还大力加强在我国的原料采购力度。跨国公司的这种战略调整，也会拉动作为原材料的钢铁产品的消费增长。同时，受世界经济复苏和部分国家对钢铁行业的关税和非关税政策的影响，国际市场的钢材需求也出现了较大的增长，国际市场的钢材价格上升。由此看，国内和国际两方面都对钢铁行业形成强劲的需求。钢铁工业需求基础坚实，将继续推动该行业快速增长

从供给看，2003 年我国钢产量首次突破 2 亿吨，并连续第八年钢产量居世界第一位，也是全球第一个年产钢量突破 2 亿吨的国家，在中国钢铁工业发展历史上具有里程碑般的重大意义，预计今后钢产量生产将持续呈快速增长态势。

（4）机械、家电制造和汽车产业在开拓国际市场的同时平稳发展

①机械

未来几年，我国新一轮的国民经济产业改造和升级，如电网改造、煤炭工业推进洁净煤产业化等都将为机械工业产品提供巨大的国内市场空间。农业和农村经济结构调整，农村公路建设的不断加速，又将为农业机械制造业的发展提供机遇。在国家重振东北、发展中部等发展战略指导下，重大工程和重点基础建设项目的有增无减将推动机械工业，尤其是工

程机械的发展。根据国务院发展研究中心最新推出的《中国产业发展景气报告》所披露的数据，2005年机械工业增长景气指数在2004年的高位基础上将继续攀升，机械工业各子行业将呈现出全面增长的局面。机械工业联合会预计，2005年全年各项主要经济指标可望继续保持两位数的增长，再创历史新高。2005年机械工业的产销、出口创汇、工业增加值和效益将在2004年的基础上继续增长。

但是，这种高增速可能由于受到贸易逆差的影响而有所回落。我国为履行加入世贸时承诺的2003年关税减让任务，机械工业进口关税平均水平已经降到10.8%，比全国平均幅度还多降3.9个百分点。低关税使得机械产品进口大幅增加，增长速度继续超过出口，外贸环境趋于严峻，同时由于出口退税率的下调和出口基数较大等原因，出口将有所回落，贸易逆差将会进一步扩大。

②家电制造业

作为中国制造业中最具竞争优势的产业，2003年中国家用电器产品出口实现了大幅增长，全国家用电器出口总额达126.9亿美元，比去年同期增长41.6%，出口增速比上年提高了13.2个百分点，出口增长率都高于产量增长率和国内市场销量增长率。各主要家用电器产品全面开花，不仅微波炉、空调器、电冰箱等出口增长显著，以前出口较少的洗衣机、冰柜的出口也增长较快。

2004年是中国加入世界贸易组织后的第三年，随着我国家用电器企业与国外企业合作和竞争力度的不断加大、加快，家用电器企业将迎来对外拓展的关键时期，"国内竞争国际化，国际竞争国内化"将是未来几年家用电器行业发展的一个特点。在国内外企业融合进一步加快的情况下，中国作为全球家用电器制造中心的地位将进一步稳固，行业内的重组和整合将趋于活跃，企业间的合作会明显加强。同时，企业两极分化将进一步加剧，市场竞争将由价格为主转到以新的技术含量高的产品上，投资风险和收益的不对称性将进一步显现出来。

总的来看，在出口强劲增长的拉动下，家电业在2003年复苏迹象出现的基础上将继续温和发展。

③汽车

2003年我国汽车工业继续延续了2002年的高增长态势。全年汽车产量达到444.4万辆，同比增长36.7%，汽车工业已成为国民经济第四大支柱产业之一。预计汽车工业仍将呈现高位增长态势，但是增长速度会有所减缓。

从需求上看，我国居民消费结构的升级带动轿车进入家庭，推动了汽车工业近两年的快速增长。加上汽车价格的下调、进口关税下调和进口配额增加，以及国家不断出台的促进汽车消费的政策，2003年国内市场对汽车的需求量达到了456.24万辆，同比增长35.1%，市场容量超过了同期的德国，成为世界第三大汽车消费市场。国务院发展研究中心产业经济研究部最近完成的一份研究报告显示：中国汽车工业持续快速增长将持续20年，甚至更长时间。"汽车三包"规定有望在近期出台，这又将在一定程度上进一步刺激汽车消费的增加，推动汽车产业发展。

不过，由于近两年汽车市场的"井喷"现象的部分原因是许多潜在购买者是在加入WTO前持观望态度，加入以后爆发强烈购买欲望所致，所以，汽车消费需求的增长速度将有所下降。

从供给看，受汽车市场规模以及行业高利润的吸引，各地纷纷争上汽车项目，形成了汽车行业投资的热潮（2003年我国汽车工业投资同比增长87.2%）。今后5年，各地在汽车整车方面的规划投资达2000亿元左右，新增生产能力600万辆。不仅原有的汽车厂商通过追加投资扩大生产规模，而且其他行业如家电、房地产企业纷纷涉足汽车行业。汽车业的暴利时代即将结束，汽车生产能力过剩和扩大出口将成为现实压力。

二、重点产业竞争力定性分析

在这里主要选择钢铁、纺织、化工、化肥和汽车5个重点产业竞争力进行定性分析。即钢铁、纺织、化工、化肥和汽车在全球经济中的地位、当前和未来所面临的困难、存在的问题和难点进行简要的概述和分析。

（一）钢铁产业竞争力现状

1. 中国钢铁产量和消费量位居世界第一

自我国1996年钢产量突破1亿吨大关后，2003年我国钢产量又突破2亿吨大关，用时仅7年，并保持了从1996年连续8年钢产量居世界第一位，是全球第一个年产钢量突破2亿吨的国家，同时也使我国人均钢的占有量达到141千克，首次超过138千克的世界平均水平。与从建国初期的16万吨增加到1亿吨用了47年相比，7年的时间增长1亿吨钢铁，不仅在中国，即使在世界钢铁发展史中也是罕见的。中国除了是钢铁生产量最大国家外，中国的钢铁进口量在世界进口量中也同样位居前列，2003年中国已经跃居世界第一位。如表3-5所示：

表 3 – 5　2002～2003 年世界主要产钢国家钢材进口量

单位：万吨

2003 年			2002 年		
排序	国家（地区）	进口量	排序	国家（地区）	进口量
1	中　国	3717	1	美　国	2827
2	美　国	2034	2	中　国	2449
3	德　国	1770	3	德　国	1834
4	意大利	1602	4	法　国	1732
5	法　国	1430	5	意大利	1521
6	韩　国	1355	6	韩　国	1191
7	中国台湾省	1091	7	中国台湾省	1086
合计（注）		23562	合　计		22815

资料来源：中国钢铁工业年鉴编辑委员会编：《中国钢铁工业年鉴 2004》。

注：为 37 个主要国家（地区）钢材进口量合计值。

从表 3 – 5 中可以看出，中国钢材进口量在世界上的排名 2002 年还落后美国，位居第二，但到了 2003 年，中国则超过了美国排在全球第一的位置。这样，中国生产量和进口量均成为世界排名第一的国家，说明中国钢铁消费总量在世界消费总量是最大的。2003 年我国生产成品钢材 24119 万吨，加上进口钢材 3717 万吨，再扣除全年出口钢材 696 万吨，国内市场的钢材总量达到 27140 万吨。

2. 中国钢铁产量和消费量仍呈现持续增长态势

多年以来，尤其是 2000 年以来，中国钢铁的生产和进口一直呈现增长态势，表 3 – 6 是 2000 年到 2003 年中国钢铁主要产品的产量和进口与出口额的情况。

表 3 – 6　2000～2003 年中国钢铁产业生产和进出口

	产量（亿元）（万吨）				进出口（万美元）	
	总产值	生　铁	钢	成品钢材	进口额	出口额
2000 年	3466.71	13101.48	12850	13146	853589	222933
2001 年	4196.71	15554.25	15163.44	16067.61	896359	186704
2002 年	4863.93	17079.2	18224.89	19250.06	1236585	218321
2003 年	6514.89	21366.68	22233.6	24108.01	1991581	310496
2003 年比 2000 年增长	87.94%	63.09%	73%	83.4%	133%	39.3%

资料来源：中国钢铁工业年鉴编辑委员会编：《中国钢铁工业年鉴 2004》。

从表3-6中可以看出，2000年到2003年钢铁工业的总产值由2000年的3466亿元提高到2003年的6514亿元，增长87.94%，生铁从2000年的13101.48万吨，提高到2003年的21366.68万吨，增长了63.09%。钢材同比增长73%，成品钢材增长83.4%，进口额增长133.%，出口额增长39.3%。

由此可见，从总体上说，中国钢铁产量和消费量持续增长的态势仍可持续下去，按照目前的钢铁发展趋势，有人预测从2亿吨增长到3亿吨，可能会用不到3年。国家发改委在调查中得出数字，到2005年全国形成总的生产能力将分别为：铁3.1亿吨，钢3.3亿吨，分别比2003年增长0.9亿吨和0.8亿吨，如没有大的波动，我国钢产量增加三个1亿吨将只用3年时间。

钢铁产业迅猛发展的原因就在于中国近几年持续高速经济增长对钢铁需求的增加，尤其是投资增长。而投资增长主要是需要大量消耗钢材的制造业领域，如冶炼及压延设备制造业、发电设备制造业、机床制造业、汽车及其他运输设备制造业等等，也就是说，巨大的国内需求将成为拉动钢铁产业持续增长的根本动力。

3. 中国钢铁产业相对集中

由于钢铁产业自身投资规模大、投资周期长、技术要求高，因此，中国钢铁产业与世界钢铁产业相比，集中度相对较高，即钢铁产业的生产主要集中在一些大中型的钢铁企业集团。资料显示，2002年，我国大中型钢铁企业共有62家集团公司，产钢16257万吨，占当年全国钢产量的90%；2003年钢产量超过500万吨的有13家大企业，合计产钢9789万吨，占全国钢产量的44%。其中宝钢1987万吨、鞍钢1018万吨、武钢843万吨、首钢817万吨、本钢720万吨、唐钢608万吨、马钢606万吨、邯钢606万吨、攀钢534万吨、包钢525万吨、华菱519万吨、济钢505万吨、沙钢502万吨。此外，钢产量在200万—500万吨的有21家大企业，合计产钢5549万吨，占全国总量的25%。

4. 钢铁进口成为当前和未来的必然选择

中国持续、稳定、高速的经济增长，导致对钢铁消费量急剧增加，尽管国内生产量大幅度增加，但也难以满足国内的钢铁需求。表3-7是对2000年到2003年钢铁工业进出口所作的比较。

表 3 - 7　2000 年到 2003 年中国钢铁贸易额

单位：万美元

年　份	进口额	出口额	逆差
2000	853589	222933	630656
2001	896359	186704	709655
2002	1236585	218321	1018264
2003	1991581	310496	1681085
2003 年比 2000 年增长	133%	39.3%	166.56%

资料来源：中国钢铁工业年鉴编辑委员会编：《中国钢铁工业年鉴 2004》。

从表 3 - 7 看出，我国钢铁进出口的逆差已经从 2000 年的 63.066 亿美元增加到 2003 年的 168.11 亿美元，逆差增加了 166.56%。如果从进出口量来看，2002 年我国出口钢材 545 万吨，同比增长 15.2%，而进口钢材 2449 万吨，同比增长 42.2%，净进口 1904 万吨。进口钢坯 460 万吨，虽然同比下降 43.7%，同年出口钢坯 133 万吨，同比下降 50.8%，但逆差量仍然是 327 万吨。进口坯材合计 2909 万吨，超过美国，而出口坯材合计仅 678 万吨，实际逆差量为 2231 万吨。

2003 年我国进口钢材 3717 万吨，同比增长 1268 万吨，增长 51.8%。其中，从日本进口 725 万吨，增长幅度为 4.98%；我国台湾省 598 万吨，增长 19.5%；韩国 517 万吨，增长 58.44%；俄罗斯 344 万吨，增长 60.3%；乌克兰 251 万吨，增长 1.17 倍；欧盟 228 万吨，增长 91.59%；印度 220 万吨，增长 3.58 倍；美国 86 万吨，增长 14.9 倍等。2003 年是我国进口钢材总量最多的一年。

5. 中国钢铁产业面临问题：原料匮乏约束和能源消耗过大

其一，钢铁原料匮乏。到 2003 年，我国已成为全球最大的铁矿石进口国，全年进口铁矿石 14812 万吨，同比增加 3664 万吨，增长 32.87%，占到世界海运贸易量的 34%，超过日本，成为世界第一大矿石进口国。由于进口铁矿石的大幅增长，我国炼铁生产依靠进口矿的比重上升到 47.23%，比上年提高 5.11 个百分点。预计到 2005 年，我国钢产量将达 2.2 亿吨，需要进口铁矿石 1.7 亿至 1.8 亿吨，占到世界海运贸易量的 41%。钢铁生产的快速增长，造成铁矿石、焦炭、焦煤等原燃料供应紧张，价格和海运费暴涨；部分地区电力供应短缺，铁路运输和港口接卸能力不足，制约我国钢铁工业发展的矛盾日益突出。

其二，钢铁产业能源消耗过大。自改革开放以来首次出现了全行业吨钢可比能耗上升的现象。2003 年，钢铁企业炼铁工序能耗上升了 9 千克标准煤/吨。平均电炉钢冶炼电耗由吨钢 416 千瓦时上升到 421 千瓦时。因铁、钢比下降，吨钢综合能耗有所下降，但吨钢可比能耗却上升了 11 千克标准煤。由于铁精矿、焦煤、焦炭价格大幅上涨，资源供不应求，以及运输费用大幅上升，使国内钢铁企业成本竞争优势受到削弱。

（二）中国纺织产业竞争力现状

1. 总体态势：中国纺织业具备了较强的国际竞争力

相对于其他产业来说，纺织业是中国在国际贸易品市场中竞争力最强的产业。中国纺织品不仅生产量和消费量在世界纺织品市场上占有相当大的比重，而且由于纺织业作为新中国建国以来重要的基础产业，承担着满足国内巨大的社会生活需求的职责。同时纺织业作为吸收和解决劳动就业的重要渠道和途径，也担负着一定的国家职责。正是这样，纺织业经过建国 50 多年以来的建设，创造了较好的基础，尤其是改革开放以后，中国纺织业经过压锭、改制以及技术更新，大大提高了生产力水平。因此，总体上说，纺织业不仅在国内市场中占有绝对竞争力优势，而且在国际市场中也占有相当大的比重和较强的竞争力。

（1）中国纺织业在世界贸易中举足轻重

中国纺织品的进出口是世界各国关注的焦点。自 1995 年以来，中国纺织品和成衣出口一直处于世界第一的位置，出口额占全球出口额总量的比重也在逐年提高，显示出中国纺织品强劲的出口增长能力。如表 3 - 8 所示：

表 3 - 8　中国纺织品、成衣出口额在全球的地位

单位：亿美元

年份	全球	中国	中国占全球%	中国在全球位次
1980	955	44.1	4.62	9
1985	1032	52.9	5.13	6
1990	2189	138.5	6.33	4
1995	3077	379.7	12.34	1
2000	3564	520.8	14.61	1
2001	3406.7	534.8	15.7	1
2002	3530	618.6	17.53	1

资料来源：根据《中国纺织业发展报告 2003~2004》整理。

表 3 – 9　2000～2003 年我国纺织品服装出口增长情况

单位：亿美元

	2000 年	2001 年	2002 年	2003 年
纺织品服装	530.44	543.23	630.18	804.84
纺织品	170.24	177.85	218.28	285.68
服装	360.2	365.38	411.9	519.16

资料来源：2000～2003 年的《海关统计年鉴》。

　　表 3 – 8 显示，中国纺织业尤其是中国纺织品、成衣出口额从 1980 年的 44.1 亿美元，提高到 1990 年的 138.5 亿美元，增长了 2.14 倍，1995 年又增长了 1.74 倍达到 379.9 亿美元，所占比重也从 1980 年的 4.62% 提高到了 1995 年的 12.34%，1995 年以后到 2002 年，出口总量在世界出口总量中就一直占据第一的位置，2002 年达到 618.6 亿美元，是 1980 年的 14 倍，所占比重达到 17.53%，比 1980 年提高了 12.91 个百分点。

　　如果将纺织品进出口前 15 名进行排序，可以看出中国纺织品进出口量在世界纺织业贸易中的排名依然靠前，说明中国纺织业的竞争力不仅仅是表现在国内市场中，而且更多地显示在国际市场上，说明了中国纺织业总体的竞争实力和水平。如表 3 – 10 所示：

表 3 – 10　全球 2002 年纺织品进出口前 15 国排序

名次	出口		进口	
	国家(地区)	金额(亿美元)	国家(地区)	金额(亿美元)
	全球	1521.5	全球	1603.2
1	欧盟(15)	520.5	欧盟(15)	462.1
2	中国	218.3	美国	170
3	香港	123.7	中国	130.6
	本港产	9.8	香港	120.2
4	美国	107	本港留用	6.2
5	韩国	105.9	墨西哥	63.7
6	台湾区	95.3	日本	45.4
7	日本	60.3	加拿大	38.1
8	印度	53.8	韩国	31.7
9	巴基斯坦	47.9	土耳其	28.4

续表 3 - 10

名次	出口		进口	
	国家(地区)	金额(亿美元)	国家(地区)	金额(亿美元)
10	土耳其	42.4	波兰	27.3
11	印尼	29	罗马尼亚	23.7
12	墨西哥	22.1	阿联酋	16.9
13	加拿大	21.8	泰国	15
14	泰国	19.3	俄罗斯	14.8
15	瑞士	14.2	澳大利亚	14.7

资料来源:根据《中国纺织业发展报告 2003~2004》整理。

从表 3 - 10 中可以看到,在出口方面,中国位于前 15 个排名国家中的第二位,仅次于欧盟 15 国,超过了美国。进口量则仅次于欧盟和美国处于第三位。说明中国不仅仅是纺织业的出口大国,也是纺织品的进口大国。而且纺织品的进口同样是逐年增加的,如表 3 - 11 所示,中国服装进口额 2003 年是 8.47%,比 2002 年的 4.69% 提高了 3.78%。

表 3 - 11 1999 年到 2003 年中国纺织品服装进口额情况

	1999 年	2000 年	2001 年	2002 年	2002 年
总额(亿美元)	120.9	138.9	137.25	143.69	155.86
增长率%		14.89	- 1.19	4.69	8.47

资料来源:根据《中国纺织业发展报告 2003~2004》整理。

以上数据说明,从全球范围看,中国目前依然是世界纺织业进出口的第一大国;从国内来说,纺织品服装出口在我国纺织业以及整个国民经济的发展中具有举足轻重的作用。

(2) 中国纺织业生产能力增长不断加快,在世界纺织业的比重逐年提高

中国纺织业发展迅速,呈现逐年提高的态势,不仅生产能力迅速提高,而且纺织业的经济增长速度也在不断加快。如表 3 - 12 所示:

从表 3 - 12 可以明显地看出,我国纺织业产品的产量迅速增加,生产能力大大提高。如纺织纤维的产量已经从 1980 年的 347.1 万吨,占世界产量的 11.32%,分别提高到 1990 年的 640.3 万吨和 15.29%,生产能力在 10 年间增长了 84.5%。到 2000 年,中国纺织纤维产量则达到了 1178.6 万

吨，占全世界总产量的 21.67%，比 1990 年又提高 6.32 个百分点。到 2000 年底，中国的纺织纤维产量达到了 1552.3 万吨，在世界纺织纤维产量中所占的比重达到了 27.51%。20 年来，我国的纺织纤维生产能力增长了 3.47 倍，在世界总产量中所占的比重提高了 16.19 个百分点。从合成纤维的生产量看，中国由 1980 年的 31.4 万吨仅占世界 2.72% 的份额，发展到 2000 年的 915.2 万吨，在世界合成纤维总产量中的比重则迅速提升到了 27.7%，20 多年绝对量增长 28 倍，而 2003 年的生产量 1181.14 万吨则相当于 1980 年的 37.6 倍。棉花产量的增长速度虽然比纺纱纤维产量和纺织纤维产量的增长速度慢，但棉花的产量也同样从 1980 年的 270.7 万吨、占比 18.99% 增长到了 2002 年的 492 万吨、占比 25.68%，绝对量增长近一倍，相对比例提高了 6.78 个百分点。从总体上说，中国纺织业的生产能力仍然处于上升的阶段，在世界生产量中的比重也同样在持续提高的通道之中。

表 3 - 12　1980 年到 2002 年中国纺织业生产量及比重变化表

年份	纺织纤维产量(万吨%)			合成纤维产量(万吨%)			棉花产量(万吨%)		
	世界	中国	中国占比	全球	中国	中国占比	全球	中国	中国占比
1980	3067	347.1	11.32	1152.3	31.4	2.72	1425.4	270.7	18.99
1990	4187.6	640.3	15.29	1778.2	143.2	8.05	1871.4	442.5	23.65
2000	5437.7	1178.6	21.67	3199.4	629.5	19.68	1904.1	432	22.69
2001	5570.4	1449.8	26.03	3150.1	780.4	24.77	2070.5	479.9	23.18
2002	5642.2	1552.3	27.51	3381	915.2	27.07	1915.7	492	25.68

资料来源：根据《中国纺织业发展报告 2003~2004》整理。

到 2003 年，中国纺织工业发展速度进一步加快。仅纤维加工总量就达到 2007 万吨，比 2002 净增 250 万吨，约占世界纤维加工总量的 30%。实现销售总额大约为 21500 亿元人民币，比上年净增 3000 亿元。化学纤维首次突破 1000 万吨，达到 1181.14 万吨，比上年净增 189.94 万吨；棉纱 983.58 万吨，净增 133.77 万吨；布 374.64 亿米，净增 52.74 亿米；服装 328.08 亿件，净增 75.72 亿件。工业总产值（现行价）12877.84 亿元，同比增长 22.76%；产品销售收入 12342.46 亿元，增长 24.6%；销售产值（现行价）12594.85 亿元，增长 23.2%；工业增加值、出口交货值分别同比增长 22.76%、21.98%，产销率超过 97.64%，比去年提高了 0.11 个百分点。

2. 中国纺织业发展面临的问题与挑战

尽管中国纺织业在世界纺织市场体系中占据着重要地位，尤其是中国加入 WTO 后，中国纺织业的多项指标居世界前列，充分说明中国纺织业具有竞争优势。但中国纺织业同样也面临着巨大的挑战。

其一，优势基础不牢靠。 我国纺织业具有优势的关键因素如原料资源丰富和劳动力充足并人力成本相对比较低等目前正在发生新的变化，东南沿海民工供给量大量减少，原料供应方面由于棉花价格的持续低迷，棉花的种植面积大量减少从而使中国纺织业的优势基础正在动摇。加上中国纺织业生产整体技术水平低导致了纺织品档次不高、价格低、技术含量低、高附加值的纺织品和服装缺乏，因此中国纺织业的优势基础不牢固，后劲不足，潜力不大，持续增长能力不强，是一种低层次的优势，纺织业大而不强。

其二，贸易摩擦增多。 由于中国纺织业的生产总量和进出口总量巨大，从而构成了对世界纺织市场的巨大影响，不可避免地带来了与很多国家在纺织品进出口贸易中的摩擦，随着这方面的摩擦越来越多，出现了很多的矛盾和冲突。这是当前和未来中国纺织业发展所面临的巨大冲击和挑战。

其三，国际市场定价机制参与度不高。 尽管中国纺织业发展迅速，但面临的另一个问题是，像绝大多数商品一样，如石油、钢铁等，虽然中国纺织品消费量、生产量和进出口量都在国际市场中占有较大比重，但国际价格决定机制和贸易规则制定、修改和完善等，在很大的程度上仍然由个别主要发达国家或者国际性的组织来主导，中国在贸易规则制定修改等方面的发言权、参与权还不是很强，这对中国未来的纺织业发展尤其是应对反倾销摩擦和产业利益保护都将产生深远的影响。

（三）化工产业竞争力现状

总体情况是：大而不强。 我国化工行业起步比较晚，但是发展快速，已形成了种类较多、基本能满足国民经济及相关产业发展需要的工业体系。目前我国的化学产品达 4 万多种，许多产品的产量在世界上名列前茅，如合成氨、染料产量、合成纤维位居世界第一；纯碱、农药产量位居世界第二；乙烯产量和生产能力居世界第五。2000 年全球最大的 500 家公司排行榜中，中国化工进出口公司名列第 276 位。然而，从更深的角度、更广的层面上来看，我国化学工业的发展同发达国家相比还比较落后。我国的很多化工产品需要大量进口，进口依存度较高，贸易逆差较大。另外，可

反映化工产品技术含量的精细化率，我国约为 40%，而发达国家则达到 60%—65%。可见，我国化工行业与世界先进水平相比还有很大差距。所以，总的来说，我国是化工产品的生产大国，却不是强国。

1. 化工产品生产量持续增长，但市场需求尚未满足

化工行业是我国发展速度最快的行业之一。各种化工产品产量都不断增加。表 3-13 是 2000 年到 2003 年化工产业主要几个产品的生产及国内市场满足率情况。

表 3-13 我国化工部分产品产量和国内市场满足率

	产量（万吨）				国内市场满足率（%）			
	2000 年	2001 年	2002 年	2003 年	2000 年	2001 年	2002 年	2003 年
甲醇	198.69	206.48	231.77	298.87	60.3	57.7	59.3	68.07
乙二醇	90.75	80.8	90.69	96.93	46.4	33.6	30	27.81
苯酐	41.52	42.78	54.7	59.83	65.7	72.6	71.6	70.27
冰醋酸	86.51	86.13	86.05	94.68	89.4	81.3	72.4	65.22
聚丙烯	311	334	376.09	426.82	66.8	61.6	60.6	60.96
PVC	240	288	339.19	400.65	55.7	54.8	60.5	64.49

资料来源：根据《中国化工发展报告 2000~2004》整理计算。

从表 3-13 可以看出：作为化工产业中基本有机化学原料之一的甲醇增长缓慢。2000 年我国甲醇产量为 198.69 万吨，比 1999 年增长了 35.64%，2001 年增长幅度减小，比 2000 年增长 3.92%，但也突破了 200 万吨。2002 年以后，产量增长加快，2002 年比 2001 年增长了 12.25%，2003 年又比 2002 年增长了 28.95%。合成树脂的增长较快。2000 年我国生产聚丙烯 311 万吨，2001 年比 2000 年增加了 23 万吨；2002 年又比 2001 年增加了 42.06 万吨，2003 年达到 426.82 万吨，比 2000 年增长了 37.24%。聚氯乙烯（PVC）2000 年的产量为 240 万吨；2001 年为 288 万吨，比 2000 年增加了 48 万吨；2002 年突破 300 万吨；2003 年更是增加到 400.65 万吨。

我国化工产品的产量虽然不断增长，但是仍然不能满足日益增长的国内市场需求。甲醇的国内市场满足率在 60% 左右；乙二醇的国内市场满足率偏低，并且呈现出递减的趋势；苯酐也基本稳定在 70% 上下；冰醋酸国内市场满足率较高，但是也在逐年下降；合成树脂中聚氯乙烯（PVC）的

生产能力增加的同时，国内市场占有率也在增加，而且增长速度较快，2003 年比 2000 年增加了近 10 个百分点，仍然只是满足了 64.69% 的国内市场需求。各种化工产品的发展潜力还很大。

2. 化工行业产销衔接良好，经济效益不断提升

在生产稳定增长的同时，国内化工产品需求的有力增长使得化工行业的销售实现得比较顺畅。2000 年以来，化工行业的总产值每年上一个新台阶：2000 年创造了 5749.02 亿元的总产值，增加值为 1415.81 亿元；2003 年总产值上升到 9244.86 亿元，比 2000 年增长了 60.81%，增加值为 2464.88 亿元，比 2000 年增长了 74.1%。

化工行业销售收入和利润总额也在不断增长。尤其是 2003 年，随着世界石油价格的上涨，一些关键化工产品价格明显增长，如丙烯、丁二烯等，增幅达到 40% 左右，推动其下游相关产品价格大幅上涨。2003 年我国化工行业实现销售收入 9016.97 亿元，比 2002 年增长了 29.28%；实现利润总额 472.63 亿元，比 2002 年增长了 69.37%。如表 3-14 所示：

表 3-14 我国化工行业经济效益情况

单位：亿元

	2000 年	2001 年	2002 年	2003 年
利润总额	170.95	159.78	279.05	472.63
销售收入	5422.06	6033.80	6974.71	9016.97
增加值	1415.81	1601.27	1862.64	2464.88
总产值	5749.02	6303.66	7220.05	9244.86

资料来源：根据国家统计局提供数据整理。

3. 进出口高速增长，贸易逆差扩大

化工行业的进出口贸易保持高速增长的态势。2002 年我国累计化工进出口总额 494.67 亿美元，2003 年 622.86 亿美元，比 2002 年增长 25.91%。其中，2003 年进口 476.46 亿美元，比 2002 年增长 25.13%；出口 146.4 亿美元，比 2002 年增长 28.53%。

由于化工产品生产还远远不能满足国内市场的需要，所以我国化工产品大部分靠国外进口。由于化工产品进口价格的大幅增长和进口量的增加，进出口贸易逆差有所扩大。2003 年累计化工贸易逆差 330.06 亿美元，比 2002 年扩大了 63.19 亿美元。

4. 化工产业目前面临五大主要问题

（1）规模较小，集中度低

我国化工行业的大部分企业规模都比较小，集中度低，布局过于分散，不利于与国外大公司竞争。

（2）进出口贸易逆差大，对外依存度较高

目前我国进口额占比例较大的产品是部分有机化工原料以及合成树脂等高技术含量、高附加值产品；出口额比例较大的产品是无机化工原料、染料、颜料、胶鞋和橡胶制品等资源型、劳动密集型低附加值产品，但进出口之间的贸易逆差却很大，对外依存度较高。

（3）贸易争端较多

近几年，我国化工产品引起的反倾销调查案件在所有行业最多，2000年有6起，2001年7起，2002年和2003年分别有5起。

（4）能源原材料短缺问题

化工行业属于高耗能行业。2003年国际油价的上涨，过去一些以油、气为生产原料的企业也转为以煤为原料，使化工行业对煤的需求进一步增加，导致煤供应紧张，影响了相关化工产品的正常生产。

（5）技术设备仍旧落后

尽管化工行业中一些子行业的生产技术和设备有了很大的进步，如纯碱行业合成碱的生产规模和技术装备水平属世界先进水平，具有较强的竞争能力。但是，还有不少产品的技术设备落后，极大程度上削弱了产品竞争力，如有机原料行业市场需求量大，但装置规模偏小，技术装备落后，原料技术路线不合理等，都导致了竞争力偏弱。

（四）化肥工业竞争力现状

中国是一个农业大国，农业发展尤其是农产品单位产量的提高，在一定的程度上受化肥产业的影响，化肥是农业生产和国家粮食安全的重要保证。近几年，我国化肥工业的发展呈现出一种比较平稳的态势。随着农业生产结构的调整，农业用肥的市场需求增加，我国化肥产量在每年3000—4000万吨的水平上稳定增长；化肥企业生产能力有所提高；化肥产品结构不断优化，高浓度肥料和复合型肥料的比重增加。但是，我国的化肥在国际贸易中进口远远大于出口，贸易逆差较大。除了尿素已经具备一定的国际竞争力外，其他化肥产品基本不具有国际竞争力。

1. 我国化肥工业生产逐年提高

化肥行业包括基础肥料生产和化肥的二次加工两大部分，基础肥料生产主要包括氮肥、磷肥、钾肥；化肥的二次加工主要包括复合肥、混配肥（含微量元素肥料及有机、无机复合肥）等。我国化肥工业生产能力逐年提高。如表3-15所示：

表3-15 我国化肥工业的生产情况

	产量(万吨)			
	2000年	2001年	2002年	2003年
化 肥	3185.73	3396.52	3665.57	3925
氮 肥	2398.10	2526.72	2742.6	2880
磷 肥	663.03	739.44	776.05	881
钾 肥	124.59	130.35	147.07	164

资料来源：《中国化工发展报告（2000~2003）》。

从表3-15可以看出，2000年以来，我国化肥工业的产量呈现出逐年增长之势。从总产量看，2000年化肥总产量3185.73万吨，2001年为3396.052万吨，同比增加211万吨，增长了6.6%；2002年比2001年又增加了269万吨，增长7.9%；2003年比2002年又提高了259万吨，增长7.09%。截至2003年底，化肥生产能力约4000万吨/年（按有效养分100%计），位居世界第一。

从化肥各主要品种来看，同样呈现生产能力逐年提高的特点。例如2000年氮肥2398.1万吨，磷肥663.03万吨，钾肥124.59万吨；到2001年，氮肥增长了5.4%，磷肥11.5%，钾肥4.6%；到2002年氮肥、磷肥和钾肥分别增长了8.5%、5%和12.8%，比2002年增长7.1%，氮、磷、钾肥分别增长5%、13.5%、11.5%。

2. 化肥产业生产结构优化速度加快

除了氮磷钾化肥外，我国氮磷钾复混肥也有较大的发展。目前复合肥的生产能力已突破1000万吨（实物量），获得复混肥生产许可证的企业达2500多家，生产能力近10000万吨（实物量），各种专用肥发展也很快。从化肥工业结构也在不断优化的过程中，高浓度和复合肥料的品种及产量逐年上升。高浓度化肥产量增长幅度高于低浓度化肥；复混肥产量增长幅度高于单质肥料。1990年高浓度氮肥（尿素）占氮肥总产量的33%，2002年上升到58.4%，比2001年提高1%；1990年我国高浓度磷肥（磷铵、重钙、硝酸磷肥、氮磷钾复合肥）产量不到化肥总产量的3%，2002

年，已上升到总产量的45%，比2001年提高5%。2003年尿素氮肥产量1671.8万吨，占氮肥总产量的58.06%。

3. 化肥工业企业效益稳步提高

截至2003年底，我国基础化肥生产企业约1000多家，其中氮肥约500家，磷肥500家，钾肥40家。从效益来看，2000年以来我国化肥工业的经济效益状况良好。无论是总产值、销售收入还是利润都有了明显的提高。如表3-16所示：

表3-16 我国化肥工业经济效益情况

单位：亿元

年　　份	2000 年	2001 年	2002 年	2003 年
利润总额	5.57	15.35	18.65	33.62
销售收入	961.46	946.55	1077.77	1283.66
增 加 值	257.02	260.42	294.47	361.95
总 产 值	1026.65	1007.47	1159.50	1362.90

资料来源：《中国化工发展报告2000~2003》。

表3-16显示，化肥工业总产值在2000年1026.25亿元的基础上，到2001年至2003年间已分别达到1007.47亿元、1159.50亿元和1362.90亿元。销售收入和利润总额增加比较迅速。2000年销售收入961.46亿元，2001年略有减少，但是2002年突破1000亿元，比2001年增长了13.9%，2003年增长19.1%。2000年化肥工业实现利润总额仅为5.57亿元，2001年增加到15.35亿元，增长了175.6%；2003年增加到33.62亿元，比2002年增加了80.3%。

4. 进出口贸易波动性大

尽管我国的化肥生产能力逐年提高，但也难以满足我国农业生产的需求。从化肥的实际施用量来看，2000年化肥施用量4146.34万吨，2001年4254.01万吨，2002年4339.5万吨，2003年4375万吨。同时进口量波动性较大，2000年我国化肥进口1189.15万吨（实物量，下同）；2001年进口1108.84万吨，减少了80.31万吨；2002年我国进口化肥1681.57万吨，比2001年增长了51.65%。其中进口尿素79.07万吨，而2001年同期几乎没有进口；磷酸二铵492.5万吨，同比上升49.63%；三元复合肥281.97万吨，同比上升24.65%。从统计数据来看，2002年我国化肥进口在总量和品种上都有很大的提高，这一方面与执行 WTO 承诺有关，另一方面也说明了我国化肥市场形势的好转。2003 年我国化肥进口有所下降，进口金额为 177654.2 万美元，比 2002 年降低 24.9%。其中尿素的进口配额为 180 万吨，但实际进口只有 13.49 万吨，比 2002 年降低 82.94%。

化肥出口方面，我国采取鼓励出口的政策，各化肥企业在搞好生产、扩大国内市场的同时，也在积极开拓国际市场。2000 我国出口化肥 250.48 万吨；2001 年出口 287.33 万吨，净增 36.85 万吨；2002 年出口化肥 246.62 万吨，比 2001 年下降 14.17%，出口额 34788.1 万美元。其中尿素出口 41.3 万吨，下降 67.5%，而硝酸铵、过磷酸钙、氯化钾和硫酸钾的出口量则有不同程度的提高，比 2001 年增长了 73.93%、120.67%、12.28%、127.46%。2003 年我国出口化肥 273.03 万吨，比 2002 年增长 10.71%，出口额达到 79589 万美元，比 2002 年增长了 128.8%。

5. 化肥工业中的两大主要问题：资源约束和结构不合理

（1）资源约束即化肥工业能源和资源供应紧张

国际上 85% 的氮肥是以天然气为原料的。而我国能源结构的特点决定了氮肥生产主要以煤为原料，天然气仅占 20%，虽然我国煤炭资源丰富、分布广，但现在普遍采用的固定层间歇气化工艺技术只能适用无烟块煤，无烟煤仅在山西、贵州等地生产，运输距离远、运价高，造成许多企业成本高、竞争力差。另外，我国的磷肥生产原料以中低品位的磷矿为主，近年来优质磷矿石的大量出口和矿山的无序开采已经影响到磷矿原料的供应。还有随着硫磺进口量的持续上升，硫资源的价格风险加大。

（2）结构不合理

表现在两方面：其一，化肥产品中氮磷钾比例不尽合理。我国化肥行业的产品结构还不能适应农业发展的需要。农业部门提出要求施肥的氮磷钾比例为 1∶0.37∶0.25。而我国 2003 年生产的氮磷钾肥的比例为 1∶0.31∶0.06，钾肥由于资源限制，国产量小，氮磷比也尚未达到农业部门的要求。其二，企业结构不合理，产业集中度低。我国化肥企业多为小化肥企业，大中型化肥企业相对很少。虽然最近几年我国新建成并投产了不少大化肥企业，一些小化肥企业也因各种原因关停并转，但是小化肥企业仍占到总企业数的 70% 以上，产业集中度较低，不利于规模经济的发展。

（五）汽车产业竞争力现状

2001 年中国加入 WTO 前后几年，是中国汽车产业发展进入新的转折时期，主要表现在：其一，取消汽车产业的严格保护，引进了大量的外国

公司进入中国进行合作、合资，使中国汽车产业进入了大发展时期，形成了以一汽、东风和上汽三大集团为龙头和16家重点企业集团为主力的汽车工业新格局。其二，大力推进行业的战略性调整，深化改革，产品结构进一步优化；目前中国汽车产量正以每年百万辆的速度递增；在生产规模上，中国汽车企业正逐步逼近国际汽车工业的最低经济规模；汽车消费已成为拉动经济增长的重要力量。

1. 中国汽车产业在国际市场中的整体竞争力还很弱

从整体上看，中国汽车工业的国际竞争能力仍然较弱。2002年我国汽车产品的国际市场占有率（本国汽车出口量/世界汽车出口量）很低，只有0.13%，而日本是21.26%，德国17.53%，韩国6.83%，美国6.62%。可见，我国汽车产品在国际市场的竞争力严重不足，与世界先进水平相比，我国汽车工业在生产技术等方面都与世界先进水平存在较大的差距。

2. 我国汽车工业生产能力、产业实力逐年增强

2000年以来是中国汽车产业发展最为迅猛的时期，无论是汽车的生产还是汽车的销售以及汽车的进口量都呈现出加速增长之势。如表3-17所示：

表3-17 中国汽车工业产销情况

年份	产量（万辆）	总产值（现行价）（亿元）	销售收入（亿元）	利税总额（亿元）
2000	207.74	3612.56	3560.40	402.40
2001	234.02	4433.19	4253.70	502.10
2002	326.29	6224.64	5947.70	752.00
2003	444.00	9421.98	9256.60	1262.90

资料来源：2000~2003年的《中国汽车年鉴》。

从表3-17中可以看出：2001年中国汽车产量为234.02万辆，排在全球汽车产量的第8位。进入2002年，由于关税等诸多因素，中国汽车工业再次进入高速增长阶段，基本上每个月的产销都创历史纪录。据统计，2002年全年中国汽车总产量达到326.29万辆，其中轿车109万辆、货车109万辆、客车106万辆，都突破100万辆大关，销售汽车324.8万辆，比上年同期增长37.1%。其中轿车产销均突破百万辆，分别达109万辆和112.6万辆，比2001年分别增长55%和56%。从中国汽车工业的产量看，已经居于世界第5位。2003年，汽车产销量首次双双突破400万辆，我国一举成为世界第四大汽车生产国和第三大汽车消费国。年产销量分别净增110多万辆，这一发展

速度在世界汽车发展史上实属罕见。根据目前的发展势头，再过6年，中国汽车产销排名有可能仅次于美国，成为世界第2位。

行业创造的总产值迅速增加。2001年汽车全行业累计完成工业总产值（现行价，下同）4433.19亿元，比上年增长22.7%；2002年完成6224.64亿元，比上年增长40.4%；2003年完成9421.98亿元，比上年增长51.4%。

汽车产业效益快速提升。2001年实现销售收入4253.7亿元，比2000年增长19.5%；2002年实现5947.7亿元，比上年增长39.8%；2003年为9256.6亿元，比上年增长55.6%。2003年全行业累计实现利润总额754.56亿元，利税总额突破千亿元，达到1262.9亿元。

3. 中国巨大的市场需求为未来汽车产业发展构建了强力支撑

汽车产量的强势增长与巨大的需求是紧密相联的。我国是世界最大的潜在汽车市场。目前，全世界平均每9人拥有1部汽车，我国平均109人才拥有1部，轿车平均保有量更低。据有关部门预测，我国轿车需求量：2005年为110万—121万辆，2010年为193万—220万辆，2015年为339万—355万辆。巨大的国内市场需求是培育我国汽车工业持续发展的宝贵资源。随着我国经济的快速增长，人均国民收入显著提高，轿车进入家庭，私人购车增多。2003年，在上海外高桥汽车交易市场，私人购车比例由过去的7.8%上升到18.5%。企业是购车的另一支主力军，2003年，企业对100万元以上的高档进口车的需求量加大，所选车型中德国车系的涨幅最大，奔驰S系列尤其受欢迎。

4. 中国汽车产业仍然是一种内需型产业，出口所占比例还很小

进入21世纪以后，随着我国关税税率的降低，非关税保护措施的逐步废除，进口汽车数量呈现逐年增长趋势。作为加入WTO的第一年，2002年我国汽车进口127394辆，比上年增长81.3%，累计31.7亿美元。其中轿车进口7.0万辆，比上年增长52%，占进口总量的55%。2003年进口171710辆，累计金额52.76亿美元。其中，轿车103017辆，占进口总量的60%。

同时，我国汽车产品进口还日趋高档化。进口顶级品牌凸现优势，宝马、奔驰、奥迪等知名汽车品牌各有所获。高档轿车的最大赢家是德国车，其中增长最快和数量最大的是宝马。中高档越野车最大的赢家是日本车，主要是丰田、日产、本田和三菱。高档SUV品牌众多，宝马、保时捷、陆虎、翼虎也纷纷进入中国。

中国汽车工业自20世纪80年代以来一直有汽车产品的批量出口，但是出口数量和金额方面都大大低于进口（见表3-18）。

表 3 – 18　中国汽车工业进出口情况

	进口		出口	
	数量(辆)	金额(亿美元)	数量(辆)	金额(亿美元)
2000 年	42018	11.78	27136	2.06
2001 年	70254	17.22	26073	2.14
2002 年	127394	31.70	28645	2.50
2003 年	171710	52.76	45777	3.7

资料来源：2000 ~ 2003 年的《中国汽车年鉴》。

　　虽然出口金额逐年递增，但是 2002 年我国汽车出口 59956 辆，已经是近几年的最高水平。2003 年，出口数量就有所下降，为 47439 辆（包括汽车地盘，但是不包括雪地行走专用机动车、高尔夫球机动车等车辆 87698），减少了 12517 辆。

　　如果用汽车产品进出口计算我国汽车工业贸易指数，2000 年为 – 0.7，2001 年为 – 0.77，2002 年为 – 0.85，2003 年为 – 0.87。可见，从某种角度上说，中国汽车工业仍然是一个基本上不具有国际竞争力的产业。

　　5. 中国汽车产业发展两大主要问题：核心技术缺乏、零部件工业落后

　　改革开放以来，我国汽车工业取得了长足进步，但是这些进步更多局限于生产能力扩大和引进产品本地化，存在的问题是：

　　（1）产品核心技术缺乏

　　我国汽车工业的大部分产品是舶来品种或者稍加变动的车型，大部分投资项目是合资生产，引进国外产品和品牌；一些合作生产的也以引进为主；一些项目采用仿造方式；只有很少的项目有技术中心、开发中心等。尤其是大量跨国公司的进入，在直接推动中国汽车工业发展的同时也主导了中国的汽车市场，在一定程度上限制了中国汽车企业自主研发的能力、速度和产业整体竞争力的提升和持续发展的能力。目前，我国汽车工业的商用汽车开发能力具有一定的水平和经验；中低档货车已经基本具备独立的开发能力，并拥有全部知识产权；在中低档客车和轿车以及部分零部件方面具有一定的开发能力。但是我们还不具备开发中高档轿车，中高档 SUV、MPV，高速和豪华客车，部分电子控制类零部件，技术含量高的高速柴油发动机的能力。

　　（2）零部件工业发展落后

　　汽车零部件工业作为整个汽车产业的上游产业，是发展汽车工业的基础，在很大程度上决定了汽车整车的竞争实力。从整体上看，我国汽车零

部件工业发展水平严重滞后于汽车工业的整体水平，制约了中国汽车业的规模扩大和产业链形成，制约了整车竞争力的提高。正因为如此，近年来，中外企业都在角逐中国这个巨大的汽车零部件市场，世界最大的专业零部件生产厂商如德尔福、博世等企业在国内纷纷建立了多家独资或合资企业，逐渐占据了国内汽车零部件的主流市场。外资与合资企业凭借资金和技术上的优势，加上入世以后全球化采购趋势，将使我国汽车零部件工业的发展面对巨大挑战。

三、产业竞争力指标体系的确定

确定产业竞争力指标体系，包括以下几方面的内容：一是要确定产业竞争力的目的，就是明确测度产业竞争力是为什么目的服务的，是为占领国际市场服务，是为保护国内弱势产业服务，是为某一具体产业比如为一个行业协会服务，还是为调整国内产业结构献计献策。二是要确定产业竞争力的基本要素，就是说，是从哪几个方面来判断一个产业竞争力的高低的。三是要选择并确定若干指标来进行具体的分析和测度，要对所有选定的指标有明确的界定和必要的解释。四是要把确定要素以及确定指标的权重进行分析，并作出合理的解释。五是要测度和确定出选定产业的竞争力指数，并进行排序和说明。当然，最后是要对借此指标测度结果的可靠性进行分析和说明。

（一）确定指标体系的思路和过程

本课题设计和测度产业竞争力的目的，是为我国主要产业尤其是竞争力不强的产业在提出反倾销调查及征收关税时，提供一个参考依据；同时，也是为我国产业发展政策的制定提供一定的政策建议。

国内现有成果存在很多不同，这种不同并不表示哪种更好，只是表示用于不同的目的。我们的产业竞争力分析，我们的研究定位可以确立在重点产业的国际竞争力上，如何及时、有效地利用贸易救济措施维护产业竞争力是本课题的目的和要求。针对本课题委托方要求，我们将研究重点定位在确定产业竞争力评价指标体系，即从5个重点产业（钢铁、纺织、汽车、化工、化肥）入手，从国内外已有的产业竞争力指标体系为分析对比对象，以指标的科学和客观性为要求，在统计部门支持下，提出并建立一套产业竞争力评价指标体系。

本课题研究的重点，是在国内市场上，将我国的产业及产品，与同类进口商品进而是国外同类产业的竞争实力进行比较。换言之，我们分析和测度产业竞争力：一是立足于国内市场；二是对国内企业不分所有制，不

涉及国内民营或外资与国企的竞争问题。本课题所指的产业竞争力是我国的某一产业在国内市场上与国外同一行业的竞争能力，主要体现在与外国进口商品的竞争能力上。

比较众多产业竞争力的强弱，关键是用统一的指标体系来测度，然后才能按竞争力指数的高低进行排序。因此，本课题前期研究重点集中在产业竞争力指标体系的设计上。从 2004 年 4 月份以来，我们前后对指标体系共进行了 5 个阶段 20 多次的指标讨论会，除课题组成员讨论外，还邀请了国家统计局工交司的专家参加了讨论；同时，参与了中国社会科学院工经所的竞争力指标重要会议。按填报指标的难易程度，从 85 个指标压缩至 50 个；根据指标数据获取的实际反映和指标的实用性，最后将指标调减为 20 个；与此同时，把指标体系由四级调整为两级。

（二）产业竞争力指标体系五大类指标基本架构分析

下面，我们列出本课题组设计的产业竞争力测度用的指标体系如表 3 - 19 所示：

表 3 - 19　产业竞争力指标体系

	指　　　标
一、综合表现指标 50%	1. 国内市场占有率(%) 2. 总资产贡献率(%) 3. 增加值率(%) 4. 国内市场需求短期满足率(%)
二、产业实力指标 30%	5. 产业增加值增长指数 6. 科技投入力度(%) 7. 行业专利发展速度(%) 8. 管理费用占销售收入比率(%) 9. 行业固定资产投资增长指数 10. 存货周转率 11. 产品出口额年度增长率(%) 12. 贸易指数 13. 资产负债率(%) 14. 行业中外资投入比例(%) 15. 劳动生产率(万元/人)
三、政府支持指标 10%	16. 关税指数 17. 科技投入比重(%)
四、竞争对手指标 10%	18. 行业产品进口额增长率(%) 19. 价格比指数
五、机遇修正指标	20. 机遇修正参考指数

XINSHIJI ZHONGGUO JINGJI BAOGAO

　　根据产业竞争力的基本内涵，借鉴国内外相关研究的最新理论与方法，我们从综合表现、产业实力、政府支持、竞争对手和机遇修正指标五个方面确定区域内各产业的竞争力水平，并建立了一整套评价指标体系。

　　第一类是"综合表现"指标。"综合表现"指标是产业竞争力最直观的反映，是从竞争结果角度来评价产业竞争力的，是产业竞争力测度中最核心的指标，反映了市场消费者的接受程度，市场接受程度高，该产品和产业的竞争力就强；接受程度低，就说明竞争力弱。其中，"市场占有率"指标是产业竞争力中最核心的指标，而"市场满足率"则反映的是持续占有市场的能力，在一种潜在的含义里面，可以理解为既解释了过去，又解释了将来，也表现了增长的能力。产品对市场需求满足率的考虑，应是一个未来的潜在需求，而不是现实的当年的需求满足率，这个指标用未来潜在需求满足率就考虑到了未来的因素，可以为制定国家关税标准提供参考。如对某些产品，例如氧化铝，再投资也赶不上需求，一般要依靠进口。即使竞争力再强，类似这样的产品税率也应该低些。同时，有些产品的生产周期较长，也要考虑未来几年内，此产品生产情况的变化和满足率问题①。同在这一组中总资产贡献率和增加值率同样是衡量产业竞争力强弱的重要指标，总资产贡献率反映产业全部资产获利的能力，是评价和考核盈利水平的核心指标，也是经营业绩和管理水平的集中体现，它可以反映某一行业的综合实力。增加值率是一项重要的综合统计指标，是国内生产总值（GDP）的重要组成部分。它反映了产业投入、产出和经济效益，同时也反映产品的深加工程度和技术含量。目前世界上许多国家都用这个指标来综合反映一个国家的工业经济实力和发展速度。可以说，四个指标均是产业竞争力最核心的综合性指标。因此，我们将这一组指标权重定为50％。

　　第二类是"产业实力"指标。产业实力类指标包括11个子指标，包括了产业竞争力构成因素的各个方面。这是从产业尤其是企业管理角度出发，从人、财、物等各项要素的获取和使用效率，从生产、销售与管理的角度来评价产业的优势和实力，实际上这反映的是持续获得甚至扩大市场占有率的实力。产业实力应该包括竞争力和竞争潜力，竞争力代表了该产

---

　　① 在"国内生产短期需求满足率"的计算中，我们用2000年到2003年本产业需求满足率变化趋势拟合出2004年需求满足率，作为计算产业竞争力的数据。

业在现阶段的产业竞争力，是某时间剖面的显示性指标集；竞争潜力代表了该阶段产业内部影响未来竞争力的隐性指标集，以及上述显示性、隐性指标集等相关指标随时间的发展变化的趋势。尽管它不直接表现为市场竞争力，但它可以影响竞争力的强弱。产业实力指标相比综合表现指标，比重要低一些，专家们将它的权重定为 30%。

第三组指标是"政府支持"指标，是从关税指数、科技投入比重两个角度来反映的。政府行为和政府的产业政策对产业竞争力有一定影响，国家支持发展的产业其竞争力就会增强；国家限制的产业，竞争力就不可能很高。当然，"政府支持"指标虽很重要，但在市场经济条件下，要适度，要符合市场经济规则，因此，不能少，也不能过高依赖。所以，我们在此将政府和行业支持力的权重确定为 10%。

第四类指标是"竞争对手"指标，包括行业产品进口额增长率和国内外可比标准品的价格比指数，反映了一国产业内同类产品与国外产品的优势或劣势。在专门研究产业和出口商品国际竞争的指标体系中，竞争对手指标占很大比重。在本体系中，它只是产业竞争力指标体系的辅助指标，所以，确定权重为 10%。

第五类指标是"机遇修正"指标，这是根据迈克·E. 波特（Michael E. Porter）的观点提出来的，是指重大发明的出现，或者国际上投资的重大变化，对外经济关系获得重大进展的关键时段等，都可能对产业竞争力提高产生不同的影响。但本指标需要根据实际情况加以运用，视具体年份和实际变化影响力而定，因此，它是修正指标，也是我们这个指标体系里的创新性指标。

（三）产业竞争力指标体系中 20 个指标的相关关系及类指标中权重确定

1. 相关关系说明

需要指出的是，我们在测度指标选择中，并没有对正相关或逆相关有特别的要求，所选的 20 个指标中，一些指标是正相关的，通俗地讲，就是指标值越高，反映的竞争能力越强；另外一些指标是逆相关的，即指标值越高表明竞争能力越弱。这里，我们把正相关和逆相关指标作一说明，以便对后面提出的测度指标的分值有所理解。

正相关指标。正相关的指标有 14 个：国内市场占有率、总资产贡献率、增加值率、国内市场需求短期满足率、产业增加值增长指数、科技投入力度、行业专利指数、行业固定资产投资增长指数、存货周转率、产品出口额年度增长率、贸易指数、行业中外资投入比例、劳动生产率、科技投入比重。

逆相关指标。逆相关指标有 5 个：管理费用占销售收入比率、资产负债率、关税指数、行业产品进口额增长率、价格比指数。这些测度指标的值越低，产业竞争力越强，其产业竞争力最低临界指标值根据指标本身的性质和对本行业发展状态的判断确定，其中有些指标越接近 0，产业竞争力越高。

2. 20 个子指标在各自类指标中的权重确定

第一类"竞争力综合表现"指标权重确定。综合表现共有 4 个子因素：国内市场占有率、总资产贡献率、增加值率和国内市场需求短期满足率。

国内市场占有率指的是占有市场的能力，是现在状态的一种反映；而国内市场需求短期满足率反映的是持续占有市场的能力，是一种潜在占有能力的反映，可以理解为既解释了过去，又解释了将来，也表现了增长的能力。这两个指标前者反映了现实情况，后者反映了潜在的能力，可以说他们是产业竞争力强弱最直接的反映，所占的权重大一些，都为 30%，总资产贡献率反映总资产能带来多少利润，原则上更重要，因为利润是在市场经济条件下衡量产业发展状况的核心指标。而增加值率是反映总产值带来的增加值的多少。两个指标解释的角度不同，但其作用同等，其权重稍低，均为 20%。如表 3-20 所示：

表 3-20　在"综合表现"指标中的权重

指标	国内市场占有率	总资产贡献率	增加值率	国内市场需求短期满足率
权重(%)	30	20	20	30

第二类"竞争实力"指标的权重确定。在竞争实力的 11 个指标中，我们认为对产业竞争力的影响是基本相同的。在这里我们将行业专利发展速度和行业中微子投入比例定为 5% 的原因是，行业专利发展速度是与科技投入力度是从不同方面反映产业的科技发展情况，因此 5% 较合适。外资投入比例对产业竞争有一定的影响，甚至会很大，但我们主要是研究我国产业竞争力，因此再次将其比例降到 5%，用于考察我国产业竞争力的其他方面的实力，而不要将关注点放在外商投资上。如表 3-21所示：

表 3 – 21　产业竞争实力指标权重

指　　标	权重	指　　标	权重
5. 产业增加值增长指数	10%	11. 产品出口额年度增长率(%)	10%
6. 科技投入力度(%)	10%	12. 贸易指数	10%
7. 行业专利发展速度	5%	13. 资产负债率(%)	10%
8. 管理费用占销售收入比率(%)	10%	14. 行业中外资投入比例(%)	5%
9. 行业固定资产投资增长指数	10%	15. 劳动生产率(万元/人)	10%
10. 存货周转率	10%		

　　第三类"政府支持力"指标子因素的权重确定。第三组指标是反映政府和行业支持程度的指标。

　　这两个指标一个是从关税上进行产业的保护，一个是从产业科技投入的角度支持产业竞争力的提高。但比较两者的作用，应当说关税指数的作用更大一些，因为政府对科技投入仅仅是科技投入的一部分，主要作用是政府指导性作用，无法代替产业自身和企业自身科技投入行为作用。所以关税指数权重定为60%，科技投入比例定为40%。如表 3 – 22 所示：

表 3 – 22　政府支持子因素权重

指　　标	权重
16. 关税指数	60%
17. 科技投入比重	40%

　　第四类"竞争对手"指标权重的确定。与竞争对手进行比较是衡量产业比较优势的重要方面。也是本研究报告对产业竞争力指标体系建立的创新点之一。

　　衡量与竞争对手比较优势的指标很多，但我们选取的指标是两个包括行业产品进口额增长率和价格比指数，这两项指标均是逆指标。行业的进口额增长率与该行业的竞争力成反比。进口额增长越快，该行业的竞争力越弱。价格比指数反映的是产业内若干标准品国内平均价格与国外竞争对手同一产品平均价格的比率。即是否有价格比较优势。两者的作用相当，所以权重确定各自都为50%。如表 3 – 23 所示：

表 3 - 23　竞争对手指标的权重

指　　　标	权重
18. 行业产品进口额增长率	50%
19. 价格比指数	50%

　　第五类，机遇修正指标权重确定。机遇修正参考指标，受波特教授的一些观点的启发，机遇对竞争力有巨大的影响，如重大发明的出现，政策的重大变化和对外经济关系的变换或者国际上投资的重大变化，对外经济关系获得重大进展的关键时段等等，可予以考虑。机遇指标的权重未纳入到整个指标的权重百分比之中。因为机遇并不是年年都有，也不是每个产业都会遇到，所以，我们将给予机遇的修正指标是在 100 之外，根据给予带来的得失进行一个实际修正。

　　（四）产业竞争力指标体系中的评分标准和测度计算

　　我们采用百分制评分方法，分数越高，意味着产业竞争力越强。在确定产业的具体每一个指标的分值时，我们面临的问题是：是高是低由什么来决定？有两种处理办法：一是确定某一行业的指标数为标准，并给出分值，别的产业就可以与此标准进行比较确定分值；但是，由于本课题只有 5 个产业的数据，因此，确定某一个产业具体指标数值为标准，可适用范围太小，意义就不大。另一种确定指标分值的处理办法由下面三种方式来进行：

　　一是直接法，数值百分数即为分值。比如：国内市场占有率和国内市场需求短期满足率，它们都是正指标，其指标值即为得分，超过 100% 的定为 100 分。二是分级法，即先分级再评分，如行业中外资投入比例，根据指标值分为 5 个等级：50% 以上为 90 分；30%—50% 为 80 分；10%—30% 为 70 分；10% 以下为 60 分。三是分限折算法，即先确定上下限后再折算评分，具体讲，就是将产业中最高者的数据视为 100，然后根据产业特点，确定产业中最低数据者为 0，或为及格线的 60，来推算其他产业的分值，多数指标都采用这一评分办法。当然，对于逆指标，道理也是一样的，判断办法则相反。还有个别指标，0—100 评分，但其中具有比值含义的指标，值等于 1 时，确定为及格或者良好的标准。

　　产业竞争力测度计算方法概括讲是两级评分、双层加权。当我们得到了各指标的分值和在各自类指标中的权重，就可以计算出类指标的分值。

当我们得到四大类指标分值并有了类指标的权重后，就可以计算出竞争力的分值。最后，根据机遇修正指数，对其总得分进行修正，就得出了产业竞争力的最终指标值。

（五）产业竞争力指标体系测算结果可靠性分析

我们设计的这个产业竞争力指标体系测算结果是否可信，这是一个非常需要讨论的问题。我们认为，基本上是可信的。下面，分几方面来讨论这个问题：

1. 指标体系的客观性和代表性

产业竞争力的测度是一个复杂的体系，不是任何几个指标能反映出来的，需要建立一个相对完整的指标体系。本报告中四大方面、20个指标的选择，具有较强的代表性和客观性。

我们在选择测度指标时，强调其独立性、可量化等特征，就是要保证指标的代表性和客观性。没有独立性，指标互相兼容，就不能多方面进行测度，就等于指标个数的减少。我们要求这些测度指标，都不是问卷的结果，要有连续的统计数据来支撑。这不仅是一个测算中的技术问题，也关系到客观性。本报告所选用的指标绝大部分来自国家统计局和有关国家部门的统计分析指标。国家统计局20万份工业企业数据和各地区的其他数据，为我们测度结果提供了很好的数据基础。

我们的指标体系具有逻辑结构的基本合理性。本报告运用的测度产业竞争力的四大要素和20个指标内在关系明确，联系密切。我们认为，我们设计的这一指标体系，指标规模是适当的。指标太少，虽然能够减少评价的工作量，但是难以综合反映评价对象的特征；指标太多，虽然有利于把握评价对象的特征，但是加大了评价的工作量，指标间的互补性有时会掩盖评价对象之间的差异性。由于竞争力最关键的是市场占有率，因此，我们对包括市场占有率在内的综合竞争力类指标，给予了高度关注，并加大权重，使之更具实用价值。

2. 评分标准的可接受性

产业竞争力的测度评分标准有两个基本点：一是每一指标的评分不论其分值如何，在各产业统计数据的比较中，其高低上下的相对关系都是被测度并确定的；二是对分值上下限判断，虽有主观性，但是以产业的特点为基础的，同时，尺度是统一的，即主观性在比较中互有抵消。此外，我们的指标名义上是一年的数据，实际上面临疑问时，我们就会对近三年的数据进行比较，这部分数据请见附录一。

3. 类指标和子指标权重确定的可接受性

在本产业竞争力指标体系中，我们认为，同一层次上各构成类指标和子指标并不具有同样的重要性，因而应按其重要程度对其加以区分，这种重要性的判断是依我们对其在竞争力中的地位和产生的作用来判断的。当然，这样的权重确定，带有一定的主观性，但同样会由于指标具有同等的主观性，使其相对排序仍具有相对的合理性。

4. 测度方法的选择提高了结果的可靠性

在测度中，我们特别考虑到三种办法来减轻可能存在的计算差误。一是充分使用相对指标，使之减弱绝对指标不够准确时的负面影响。二是尽量把静态和动态分析结合起来，比如对每一年的数据作静态分析，然后综合几年的情况，作动态分析以用于预测。三是我们特别根据国际上的著名专家波特的思路，增加一个机遇指标，强调了对当年国际政治经济和科技重大变化的关注，并对受此影响不同的产业及其竞争力程度作适当修正和调整。这项工作是需要专家来完成的。

四、重点产业竞争力测度与分析

依照产业竞争力指标体系及权重和评分标准，我们分别对钢铁、化工、纺织、汽车和汽车产业的竞争力进行具体的测度，测度的过程、结果及分析和评价概述如下：

（一）重点产业竞争力测度数据

1. 数据来源

建立重点产业竞争力分析指标体系的目的是对钢铁、纺织、汽车、化工和化肥5个产业竞争力进行可以数量化的测度和评估。这就涉及两个问题：其一，将分析指标分解和转化为调查指标。一方面要力求分析指标转化为调查指标后，保证完全可以量化；另一方面数据指标口径一致，并能在调查中容易获得，尽量避免指标非量化主观性因素。为此，我们将20个分析指标分解成了28个调查指标，均是可以量化的指标（本报告的前一部分已进行了详细的论述）。其二，保证数据的权威性、可靠性和真实性。为了使重点产业竞争力分析指标体系的结果最大限度的客观、准确，我们首先应保证数据来源的权威性和可靠性，在我们的数据来源中，有15个调查指标的数据来源于国家统计局，国家统计局缺少的数据部分，我们又根据钢铁、纺织、化工、化肥和汽车5个行业协会的数据对8个指标数据进行了补充。涉及到关税、进出口、外商投资等领域的数据均来源于相关的主管部门，凡是有两

个以上数据来源的，我们在计算运作过程中则一律以国家统计局的数据为基准。个别指标的数据来源于五大产业年鉴、年度发展报告。

2. 本报告产业竞争力指标数据年限

我们在收集五大产业竞争力数据过程中，最初是以 2000 年到 2003 年这 4 年的全部数据为准。但由于本课题研究的产业与国家统计局统计的产业口径有差异，个别数据难以收集到，所以在测度时，主要集中对 2003 年五大产业竞争力进行测度，数据全部选取 2003 年。目的是保证数据计算可靠，同时对建立的指标体系进行一次验证，为今后对更多产业竞争力测度奠定基础。

3. 个别数据处理说明

数量化分析中经常会碰到个别数据缺失的现象，若处理失当，就可能对结果产生影响。若能妥善处理，对于量化分析就不会有较大影响，我们在数据的处理中也遇到了这个问题。

（1）关于国内生产需求短期满足率数据计算问题

本课题研究的虽然是产业竞争力的问题，但研究目的是为国家制定关税提供参考，因此，产品对市场需求满足率的考虑，应是一个未来的潜在需求，而不是现实的当年需求满足率，用未来潜在需求满足率就考虑到了未来的因素，可以为制定国家关税标准提供参考。如对某些产品，例如氧化铝，再投资也赶不上需求，一般要依靠进口。即使竞争力再强，类似这样的产品税率也应该低些。同时，有些产品的生产周期较长，也要考虑未来几年内，此产品生产情况的变化和满足率问题。据此，在这里的指标"国内生产短期需求满足率"，我们用 2000 年到 2003 年产业需求满足率变化趋势拟合出 2004 年需求满足率，作为计算产业竞争力的数据。采取这种办法比专家打分法可靠，因为可以避免不同专家因为主观判断上的分歧，可能导致结果上出现偏差的弊端。虽然可以用一个产业中原材料资源稀缺程度这一硬指标（如钢铁中的铁矿石进口量）即"对自然资源依赖程度的指标"来测算，但仍然不如用最近几年的需求满足率变化趋势更适合。

（2）纺织业 2003 年国内生产需求满足率数据问题

由于缺少 2003 年纺织业国内生产需求满足率数据。对 2003 年数据，我们用产业国内生产需求满足率 = 产业国内供给量/国内对该产业的市场需求量 =（总产值－出口额）/（总产值－库存＋进口额）来计算。就是说，产业国内供给量就等于产业的生产总产值减去产业的出口产值。而国内对该产业的市场需求量就等于总产值加上进口量再减去库存及市场实际的消费量。本办法仅限于纺织产业。

（3）2003 年化肥产业外商直接投资数据处理问题

由于化肥产业较小，对化肥产业的外商直接投资额被纳入了化工行业中统计，虽然外商投资在化肥行业只存在于个别企业，可忽略。但实际发展中总还是有的，不可能为零，虽然可以忽略这一因素，但在计算过程中还是应该有一个具体的数据。对此，我们采取了这样的推断，用 2003 年化肥占化工产值比约为 15% 为基础，假定化肥占化工引进外资比为 1.5%（估计），则化肥产业外商直接投资额的估算只是 0.44 亿美元。

表 3-24　化肥行业外商投资额估计

	2003 年外资额	总产值	备注
化工	29.51 亿美元	9244.86 亿元	
化肥		1362.90 亿元	
化肥占化工产值比约为 15%	化肥引资占化工比例的假定约为 1.5%	化肥引资推算结果 0.44 亿美元	

资料来源：2002、2003 年的《中国化工年鉴》。

（二）指标评分值范围的确定

按照指标体系确定的评分标准，我们对各指标评分范围确定如下：

1. 国内市场占有率

指标数值即为该行业的评分，超过 100% 的定为 100 分，指标值为 0 时，得分值为 0。

2. 总资产贡献率

根据判断，总资产贡献率值为 0 时，不赢不亏，定为 60 分，认为各行业都达到及格水平，值为负数时则为亏损状态，低于 60 分。最高值行业分数为上限 100 分，由此将其他行业的指标值折算成具体的分值，作为各行业该指标的得分。

3. 增加值率

指标为 0 时，说明当年没有增加值，定为 0 分；最高指标值的产业定为 100 分，认为达到了较高的增加值水平。

4. 国内市场需求短期满足率

指标数值即为该行业的评分，超过 100% 的定为 100 分，指标值为 0 时得分值为 0。

5. 产业增加值增长指数

我们确认等于 1 时，即与 GDP 的增长率相同，是达到了及格的水平 60 分，最高者为 100 分。

6. 科技投入力度

指标值为 0 时，表示行业中技术改造投资总额与研究开发费用为 0，此时评分值为 0 分；最高指标值的产业定为 100 分，技术投资和研发总额的水平代表了各行业的较高水平。

7. 行业专利发展速度

指标值为 0 时，表明当年专利数为零，定为 0 分；最高指标值的产业定为 100 分。

8. 管理费用率占销售收入比率

为逆指标，指标值越低越好，所以最低指标值定为 100 分；最高指标值定为 60 分，表示了这个水平的管理费用虽然较高，但也是合理的水平。

9. 固定资产投资增长指数

我们认为指标值等于 1 时，即与 GDP 的增长率相同，达到了及格的水平即 60 分，最高者为 100 分。

10. 存货周转率

最低值定为 60 分，表明周转率虽然很慢，但其销售收入与库存余额之比也已经达到了合理的水平；周转最快的产业指标值定为 100 分。

11. 产品出口额年度增长率

指标值 0 时，表明与前一年持平，定为 60 分，最高的产业为 100 分。

12. 贸易指数

（出口 - 进口）／（出口 + 进口），体现了对国际市场的相对占有率和实力，根据其定义，区间为 [-1，1]，所以指标值为 -1 时定为 0 分，数据为 1 时是上限 100 分。

13. 资产负债率指标（逆指标）

根据我们对行业的知识，确定 20% 及以下的资产负债率为 100 分，表明负债在总资产中所占的比例很小，100% 的负债率为 0 分，即全部负债，所以各行业的分值就可以通过（1 - 资产负债率）× 100%／80%。

14. 行业中外资投入比例

划分为 5 个等级，即 50% 以上为 90 分，30% —50% 为 80 分；10% —30% 为 70 分；10% 以下为 60 分。

15. 劳动生产率

指标值为 0 时定为 0 分，表明当年没有增加值，最高值产业的劳动生产率定为 100 分，即单位数量的劳动者创造的增加值非常高。

16. 关税指数（逆指标）

由于参加对比的主要是发达国家，所以其值达到 1 时，表示我国关税与其他国家关税的平均值相等，我们认为这样已经达到了优良的水平，定为 80 分，最高者定为 0 分。

17. 科技投入比重

指标为 0 时，表明政府没有对本行业的研发投资，值越高，反映政府投资在本行业的研发投资中的比重越高，最高的行业定为 100 分。

18. 行业产品进口额增长率

该指标为逆指标，分值 =（1 - 增长率）× 100，指标值为 0 及以下定为 100 分，表明该行业当年的进口额为 0，反映了该行业的竞争力增强。

19. 价格比指数

值为 1 时达到良好的水平确定为 70 分，含义是价格与发达国家相同时，表明作为发展中国家的产业具较好的竞争力，指标值最低的产业定为 100 分。

（三）产业竞争力指标值、计算分值和产业竞争力指数值

1. 重点产业竞争力指标值、评分值、加权得分值

按照我们设计的指标体系，经过对各产业指标数据逐一计算，并依照本研究指标体系的评分标准计算得出评分值，再经过加权平均，就得出每个产业各个指标的加权评分值，如表 3 - 25 所示：

表 3 - 25 重点产业竞争力指标值、评分值、加权得分值

指标		产业	指标值	评分值	正（逆）指标及权重	加权后分值
一、综合表现指标50%	1. 国内市场占有率(%)	钢铁	84.83	84.83	正 30%	25.45
		纺织	99.99	99.99		30.00
		化工	66.36	66.36		19.91
		化肥	89.20	89.20		26.76
		汽车	92.11	92.11		27.63

续表 3 - 25

指标	产业	指标值	评分值	正(逆)指标及权重	加权后分值
一、综合表现指标 50%					
2. 总资产贡献率(%)	钢铁	5.07	82.34	正 20%	16.47
	纺织	3.18	74.01		14.80
	化工	4.42	79.45		15.89
	化肥	1.59	67.01		13.40
	汽车	9.08	100		20
3. 增加值率(%)	钢铁	28.22	100.00	正 20%	20
	纺织	24.68	87.46		17.49
	化工	26.66	94.47		18.89
	化肥	26.56	94.11		18.82
	汽车	26.61	94.31		18.86
4. 国内市场需求短期满足率(%)	钢铁	87.86	87.86	正 30%	26.36
	纺织	107.01	100		30
	化工	55.09	55.09		16.53
	化肥	82.26	82.26		24.68
	汽车	95.32	95.32		28.60
二、产业实力指标 30%					
5. 产业增加值增长指数	钢铁	6.12	100.00	正 权重:10%	10
	纺织	2.31	70.26		7.03
	化工	3.48	79.34		7.93
	化肥	2.46	71.43		7.14
	汽车	4.77	89.41		8.94
6. 科技投入力度(%)	钢铁	10.11	90.87	正 权重:10%	9.09
	纺织	4.08	36.68		3.67
	化工	5.85	52.57		5.26
	化肥	11.13	100.00		10
	汽车	5.23	46.98		4.70
7. 行业专利发展速度(%)	钢铁	131.63	100.00	正 权重:5%	5
	纺织	123.62	93.91		4.70
	化工	116.73	88.68		4.43
	化肥	123.61	93.91		4.70
	汽车	66.36	50.41		2.52
8. 管理费用占销售收入比率(%)	钢铁	5.44	73.36	逆 权重:10%	7.34
	纺织	3.79	100.00		10
	化工	5.93	65.47		6.55
	化肥	6.27	60.00		6
	汽车	5.85	66.66		6.67

XINSHIJI ZHONGGUO JINGJI BAOGAO

续表 3 – 25

	指标	产业	指标值	评分值	正(逆)指标及权重	加权后分值
二、产业实力指标30%	9. 行业固定资产投资增长指数	钢铁	2.18	67.24	正	6.72
		纺织	2.64	70.12		7.01
		化工	2.50	69.21		6.92
		化肥	1.70	64.32	权重:10%	6.43
		汽车	7.49	100.00		10
	10. 存货周转率(%)	钢铁	29.10	100.00	正	10
		纺织	12.98	60.00		6
		化工	18.38	73.40		7.34
		化肥	17.90	72.21	权重:10%	7.22
		汽车	13.37	60.97		6.10
	11. 产品出口额年度增长率(%)	钢铁	40.41	72.55	正	7.26
		纺织	27.72	68.61		6.86
		化工	28.53	68.86		6.89
		化肥	128.78	100.00	权重:10%	10
		汽车	50.10	75.56		7.56
	12. 贸易指数	钢铁	– 0.72	13.97	正	1.40
		纺织	0.68	83.78		8.38
		化工	– 0.53	23.50		2.35
		化肥	– 0.38	30.94	权重:10%	3.09
		汽车	– 0.87	6.59		0.66
	13. 资产负债率(%)	钢铁	58.06	52.42	逆	5.24
		纺织	63.17	46.03		4.60
		化工	57.49	53.14		5.31
		化肥	65.15	43.57	权重:10%	4.36
		汽车	55.78	55.28		5.53
	14. 行业中外资投入比例(%)	钢铁	4.57	60	正	3
		纺织	79.73	90		4.5
		化工	25.3	70		3.5
		化肥	1.83	60	权重:5%	3
		汽车	31.45	80		4
	15. 劳动生产率（万元/人）	钢铁	11.04	84.77	正	8.48
		纺织	3.82	29.34		2.93
		化工	7.92	60.82		6.08
		化肥	4.84	37.18	权重:10%	3.72
		汽车	13.02	100.00		10

续表 3 - 25

指标		产业	指标值	评分值	正(逆)指标及权重	加权后分值
三、政府与行业支持指标 10%	16. 关税指数	钢铁	1.47	71.36	逆 60%	42.82
		纺织	0.99	80.18		48.11
		化工	1.59	69.15		41.49
		化肥	1.65	68.05		40.83
		汽车	5.35	0.00		0
	17. 科技投入比重(%)	钢铁	0.91	36.57	正 40%	14.63
		纺织	0.20	7.95		3.18
		化工	2.5	100.00		40
		化肥	1.69	67.44		26.98
		汽车	0.86	34.22		13.69
四、竞争对手指标 10%	18. 行业产品进口额增长率(%)	钢铁	62.03	37.97	逆 50%	18.99
		纺织	8.47	91.53		45.77
		化工	51.39	48.61		24.31
		化肥	-24.94	100.00		50
		汽车	64.39	35.61		17.81
	19. 价格比指数	钢铁	0.84	100.00	逆 50%	50
		纺织	0.86	96.25		48.13
		化工	1.29	15.63		7.82
		化肥	1.05	60.63		30.32
		汽车	1.24	25.00		12.5
五、机遇修正指标	20. 机遇修正参考指数					

资料来源：主要根据 5 大产业年鉴和 5 个行业协会提供资料计算。

2. 产业竞争力指数值测度结果

根据产业竞争力指标体系中 20 个指标的评分标准和原则，我们经过分级评分、多层加权计算和汇总，得出了最终竞争力指数分值及排序。参见表 3 - 26：

表 3 - 26   重点产业竞争力指数值测度结果表

	综合表现指标	产业竞争力指标	政府支持指标	竞争对手指标	总指数	排序
钢铁	44.14(3)	22.06(1)	5.75(3)	6.90(3)	78.85	2
纺织	46.15(2)	19.70(3)	5.13(4)	9.39(1)	80.37	1
化工	35.61(5)	18.77(5)	8.15(1)	3.21(4)	65.74	5
化肥	41.83(4)	19.70(4)	6.78(2)	8.03(2)	76.34	3
汽车	47.55(1)	20.00(2)	1.37(5)	3.03(5)	71.95	4

资料来源：根据表 3 - 25 计算整理。

从表 3 - 26 测算结果可以看到，排在第一位的是纺织产业，得分 80.37，表明在 5 个产业之中，2003 年纺织产业竞争力最强。钢铁产业竞争力位居第二，指数分值为 78.85，化肥产业竞争力指数是 76.34 排名第三，汽车产业竞争力指数分值是 71.95 排名第四，排在最末一位的是化工产业，竞争力指数分值为 65.74，表明在 5 个产业之中，化工产业竞争力最弱，见图 3 - 1。

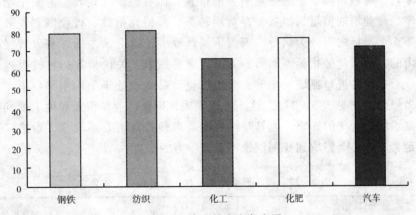

图 3 - 1   产业综合竞争力图

纺织业之所以排名第一，原因是在 4 个指标中纺织产业排名分别是第二、第三、第四和第一，尤其是在竞争对手指标上优势相当明显，而弱势在于政府支持指标最低，排名第四。钢铁产业排名第二，在 4 个指标中的排名分别是第三、第一、第三和第三，其中产业实力指标在 5 个产业中最强。其他指标处于中等水平，说明钢铁产业在国内市场具有一定的竞争实力。化肥产业竞争力指标排名第三，在 4 项指标中的排名分别是第四、第四、第二和第二。虽然化肥产业的两项主要指标排名是第四，但由于化肥产业在 2003 年与竞争对手和政府支持两项指标中处于第二，所以总体排名在 5 个产业中处于中间位置。汽车产

业总的排名第四，在4项指标中的排名分别是第一、第二、第五和第五。它与化肥产业正好相反，虽然前两项主要指标排名靠前，但由于在政府支持和竞争对手方面排名靠后。所以最终排名为第四。说明汽车产业在国内市场中还有一定的竞争实力，但在国际市场中竞争力较弱，尤其是与竞争对手比较没有任何优势，而在国内市场中所具备的竞争优势在一定程度上是因为政府的关税较高所致。化工产业在5个产业中排名最后。4项指标的排名分别是第五、第五、第一和第四。两项主要指标和竞争对手指标均排名靠后，只有政府支持指标排名第一。说明化工产业的整体竞争力偏弱，无论是在国内市场还是在国际市场中都缺乏竞争力。

（四）产业竞争力的分析

1. 钢铁产业竞争力分析

对于综合竞争力排名第二位的钢铁产业来讲，四大类指标中3个指标排名第三即处于中等水平，其中竞争实力指标排名第一。但具体到20个指标来看，有些指标处于很强竞争力的位置，而有些指标则较差。其中增加值率、产业增加值增长指数、存货周转率、价格比指数、行业专利发展速度等5个指标的得分为满分，表明钢铁产业中，以上5个指标有着较强竞争力的，属于优势指标。而另一方面，贸易指数、关税指数、科技投入比重、行业产品进口额增长率等4个指标得分最低或处于平均水平以下，属于劣势指标（见表3-27）。这一方面说明，钢铁产业在很大程度上受到国内需求增长变化的影响。尤其是巨大的需求使得我国必须依靠大量进口来满足，这势必会影响到我国钢铁产业竞争力的提高。

表 3 – 27　钢铁产业竞争力优、劣势指标比较表

	指　标	正（逆）指标及权重	数　值	得　分	加权得分
优势指标	3. 增加值率	20%	28.22	100	20
	6. 科技投入力度	10%	10.11	90.87	9.087
	10. 存货周转率	正 10%	29.10	100	10
	19. 价格比指数	逆 50%	0.84	100	50
	5. 产业增加值增长指数	正 10%	6.12	100	10
	7. 行业专利发展速度	正 5%	131.63	100	5
劣势指标	12. 贸易指数	正 10%	- 0.72	13.97	1.397
	17. 科技投入比重	40%	0.91	36.57	14.63
	18. 行业产品进口额增长率	50%	62.03	37.97	18.985
	16. 关税指数	逆 60%	1.47	43.57	42.82

资料来源：根据表 3 – 25 整理。

2. 纺织产业竞争力测度结果的分析

对于综合竞争力排名第一位的纺织产业来讲，四大类指标的排名正好是一、二、三和四，其中与竞争对手的指标排名第一，表现出明显的竞争优势和实力，最弱的指标是政府支持度，排名第四。具体到 20 个指标来看，有些指标处于很强竞争力的位置，而有些指标则较差（参见表 3－28）。其中国内市场占有率、国内市场需求短期满足率、管理费用占销售收入比率、贸易指数、关税指数、行业产品进口额增长率、行业专利发展速度和价格比指数等 8 个指标的得分为满分，表明纺织产业中，以上 8 个指标是有着较强竞争力的，属于优势指标。而另一方面，科技投入力度、资产负债率、劳动生产率和科技投入比重等 4 个指标得分最低或处于平均水平以下，属于劣势指标。总的来讲，纺织行业的优势指标较多，反映了产业的整体竞争实力。但同时，也存在一些弱势指标，特别是劳动生产率和政府科技投入比重等，影响了产业的竞争力。说明我国纺织业目前在科技投资、产品创新及劳动生产率提高方面还需要进一步加大力度。

表 3－28 纺织产业优、劣势指标比较表

	指　标	正(逆)指标及权重	数值	得分	加权得分
优势指标	1. 国内市场占有率	正30%	99.99	99.99	29.997
	4. 国内市场需求短期满足率	正30%	107.01	100	30
	7. 行业专利发展速度	正5%	123.62	93.91	4.6955
	8. 管理费用占销售收入比率	逆10%	3.79	100	10
	18. 行业产品进口额增长率	逆50%	8.47	91.53	45.765
	19. 价格比指数	逆50%	0.86	96.25	48.125
	14. 行业中外资投入比例	正5%	79.73	90	4.5
劣势指标	6. 科技投入力度	正10%	4.08	36.68	3.668
	13. 资产负债率	逆10%	63.17	46.03	4.603
	15. 劳动生产率(万元/人)	正10%	3.82	29.34	2.934
	17. 科技投入比重	正40%	0.20	7.95	3.18

资料来源：根据表 3－25 整理。

3. 化工产业竞争力分析

对于综合竞争力排名最末一位的化工产业来讲，四大类指标均处于一

个中等偏下的水平。具体到 20 个指标来看，只有个别的指标处于优势位置（参见表 3－29）。科技投入比重、增加值率等两个指标处于最高或较高水平，属于优势指标。而另一方面，国内市场占有率、国内市场需求短期满足率、贸易指数、关税指数、行业产品进口额增长率和价格比指数等 6 个指标得分最低或处于平均水平以下，属于劣势指标。其余的大部分指标也只是处于平均水平。优势指标的缺乏以及劣势指标太多，这些都决定了化工产业在整个产业中较弱的竞争力。说明我国化工产业的竞争力在国内市场中是最弱的。

表 3－29　化工产业竞争力优、劣势指标比较表

	指　标	正（逆）指标及权重	数值	得分	加权得分
优势指标	17. 科技投入比重	正 40%	2.5	100	40
	3. 增加值率	正 20%	26.66	94.47	18.894
	7. 行业专利发展速度	正 5%	116.73	88.68	4.434
劣势指标	13. 资产负债率	逆 10%	57.49	53.14	5.314
	12. 贸易指数	正 10%	－0.53	23.5	2.35
	18. 行业产品进口额增长率	逆 50%	51.39	48.61	24.305
	19. 价格比指数	逆 50%	1.29	15.63	7.815
	6. 科技投入力度	正 10%	5.85	52.57	5.257
	4. 国内市场需求短期满足率	正 30%	55.09	55.09	16.527

资料来源：根据表 3－25 整理。

　4. 化肥产业竞争力分析

　　对于综合竞争力排名第三位的化肥产业来讲，四大类指标的竞争力表现并不一致。排名最高的是两个第二，即竞争实力和政府支持指标，但产业竞争力的综合表现指标排名第四，说明化肥产业在国内市场的占有份额还是不高，具体到 20 个指标来看，科技投入力度、产品进出口额年度增长率和行业专利发展速度等 5 个指标处于最高或较高水平，属于优势指标（见表 3－30）。而另一方面，贸易指数、资产负债率、劳动生产率和行业中外资投入比例等指标得分最低或处于平均水平以下，属于劣势指标。其余的大部分指标也只是处于平均水平。与其他产业相比，化肥产业的竞争力主要体现在政府支持和竞争对手两大指标上，从另一方面来讲，也

可以说化肥产业的竞争力主要体现在产业外的因素，而非自身实力因素。而 2003 年化肥产业进口增长速度小于出口速度，从而导致了其当年竞争力较强。

表 3 - 30　化肥产业竞争力优、劣势指标比较表

	指　　标	正(逆)指标及权重	数值	得分	加权得分
优势指标	18. 行业产品进口额增长率(%)	逆 50%	- 24.94	100	50
	11. 产品出口额年度增长率(%)	正 10%	128.78	100	10
	3. 增加值率(%)	正 20%	26.56	94.11	18.822
	7. 行业专利发展速度(%)	正 5%	123.61	93.91	4.6955
	6. 科技投入力度(%)	正 10%	11.13	100	10
劣势指标	15. 劳动生产率(万元/人)	正 10%	4.84	37.18	3.718
	12. 贸易指数	正 10%	- 0.38	30.94	3.094
	13. 资产负债率(%)	逆 10%	65.15	43.57	4.357
	14. 行业中外资投入比例(%)	正 5%	1.83	60	3

资料来源：根据表 3 - 25 整理。

5. 汽车产业竞争力分析

对于综合竞争力排名第四位的汽车产业来讲，其竞争力指标呈现优势明显，劣势也明显的特征。在四大类指标中的表现也不一致，其中综合表现指标第一、竞争实力指标第二，其他两个指标均是第五。从这里看出汽车产业在国内市场中有较强的比较优势和竞争力。但这与政府关税政策密切相关，显然，在关税方面，我国汽车关税大大高于其他国家。在与国外竞争对手的比较中，汽车产业也是排名第五，说明国际竞争力较弱。具体到 20 个指标来看，总资产贡献率、增加值率、行业固定资产投资增长指数和劳动生产率等 4 个指标处于最高或较高水平，属于优势指标（见表 3 - 31）。而另一方面，贸易指数、关税指数、科技投入比重、行业产品进口额增长率以及价格比指数等 5 个指标得分最低或处于平均水平以下，属于劣势指标。与其他产业相比，汽车产业在四大类指标中，同时存在着绝对的优势指标和绝对的劣势指标，综合表现方面和竞争实力方面的指标优势明显，而同时，在政府支持和竞争对手指标方面，又存在很大的差距，所以对汽车行业而言，竞争力的优势和劣势都是相当明显的。

表3-31 汽车产业竞争力优、劣势指标比较表

	指　标	正(逆)指标及权重	数值	得分	加权得分
优势指标	1. 国内市场占有率	正30%	92.11	92.11	27.633
	2. 总资产贡献率	正20%	9.08	100	20
	3. 增加值率	正20%	26.61	94.31	18.862
	4. 国内市场需求短期满足率	正30%	95.32	95.32	28.596
	9. 行业固定资产投资增长指数	正10%	7.49	100	10
	15. 劳动生产率(万元/人)	正10%	13.02	100	10
劣势指标	12. 贸易指数	正10%	-0.87	6.59	0.659
	16. 关税指数	逆60%	5.35	0	0
	6. 科技投入力度	正10%	5.23	46.98	4.698
	17. 科技投入比重	正40%	0.86	34.22	13.688
	18. 行业产品进口额增长率	逆50%	64.39	35.61	17.805
	19. 价格比指数	逆50%	1.24	25	12.5

资料来源:根据表3-25整理。

综上所述,5个产业竞争力的优劣势是有区别的。下面是概括性的比较图:(注:图中的1—19分别代表指标体系的数值。)

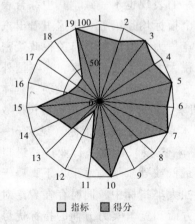

图3-2 钢铁产业竞争力优、
劣势指标比较图

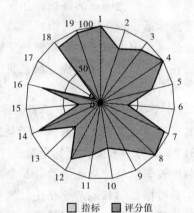

图3-3 纺织产业竞争力优、
劣势指标比较图

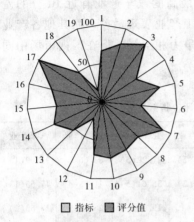

图3-4 化工产业竞争力优、
劣势指标比较图

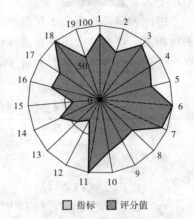

图3-5 化肥产业竞争力优、
劣势指标比较图

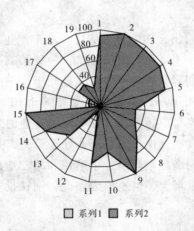

图3-6 汽车产业竞争力优、劣势指标比较图

（五）产业间竞争力比较与分析

1. 综合表现指标比较

在综合表现指标中，实力最强的是汽车产业，排名第一，无论从市场占有率还是总资产贡献率方面都表现出最强劲的实力。化工产业表现最差，排名第五。除化工产业外的其他4个产业的得分均在33—39分之间，

差距不大。而化工产业为 28.4876 分,与最高的汽车产业有近 10 分的差距。由此表明,从综合表现指标来看,化工产业表现最差,而其他各产业表现相当。纺织产业虽然在国际市场中竞争力相当强,但在国内市场中同样会受到国外产品影响。如表 3-32 所示:

表 3-32 综合表现指标评价指数比较

	钢铁产业	纺织产业	化工产业	化肥产业	汽车产业
综合表现指标	88.28(3)	92.29(2)	71.22(5)	83.66	95.09(1)
按 50% 权重计算	44.14(3)	46.15(2)	35.61(5)	41.83(4)	47.55(1)
1. 国内市场占有率(%)	25.45(4)	30 (1)	19.91(5)	26.76(3)	27.63(2)
2. 总资产贡献率(%)	16.47(2)	14.80(4)	15.89(3)	13.40(5)	20 (1)
3. 增加值率(%)	20 (1)	17.49(5)	18.89(2)	18.82(4)	18.86(3)
4. 国内市场需求短期满足(%)	26.36(3)	30 (1)	16.53(5)	24.68(4)	28.60(2)

资料来源:根据表 3-25 计算整理。

从表 3-32 可以看出,在综合指标中,汽车产业之所以排名第一,因为在这 4 项指标中有一项第一,两项第二,一项第三。其中总资产贡献率得分最高,说明投资利润率较高,这也是近几年汽车产业发展规模的主要动力。纺织尽管有两项第一,但总资产贡献率和增加值率排名第四、第五,导致排名仅次于汽车位居第二,说明纺织产业的效益是影响竞争力的关键因素,必须引起高度重视。钢铁产业处于第三,是由于国内市场占有率和国内市场需求短期满足率分别位于第四和第三造成的。究其原因,主要是由于国内钢铁需求增大,也正因为如此,钢铁投资效益较高,分别排名第一和第二。

2. 产业实力指标比较

在产业实力指标中,各产业指数值很接近,从最低的化工产业 18.7695 分到最高的钢铁产业 22.055 分,差距不到 4 分,是四大类指标中分差最小的一类,由此也可以说明,5 个产业在产业实力指标方面实力相当,产业实力的得分对最终的竞争力影响很小。

但从各个子因素指标来看,指标差距却大不相同。如表 3-33 所示:

表 3-33　产业实力指标评价指数及排名比较表

指　　标	钢铁产业	纺织	化工	化肥	汽车
5. 产业增加值增长指数	10(1)	7.03(5)	7.93(3)	7.14(4)	8.94(2)
6. 科技投入力度(%)	9.09(2)	3.668(5)	5.26(3)	10(1)	4.698(4)
7. 行业专利发展速度(%)	5(1)	4.69(2)	4.43(4)	4.69(2)	2.52(5)
8. 管理费用占销售收入比率(%)	7.34(2)	10(1)	6.55(4)	6(5)	6.67(3)
9. 行业固定资产投资增长指数	6.72(4)	7.01(2)	6.92(3)	6.43(5)	10(1)
10. 存货周转率	10(1)	6(5)	7.34(2)	7.22(3)	6.10(4)
11. 产品出口额年度增长率(%)	7.26(3)	6.86(5)	6.89(4)	10(1)	7.56(2)
12. 贸易指数	1.397(4)	8.378(1)	2.35(3)	3.094(2)	0.659(5)
13. 资产负债率(%)	5.24(3)	4.60(2)	5.31(2)	4.357(5)	5.53(1)
14. 行业中外资投入比例(%)	3(4)	4.5(1)	3.5(3)	3(3)	4(2)
15. 劳动生产率(万元/人)	8.477(2)	2.934(5)	6.082(3)	3.718(4)	10(1)
合　　计	73.52(1)	65.68(3)	62.57(5)	65.66(4)	66.67(2)
按30%加权平均得分及排名	22.06(1)	19.70(3)	18.77(5)	19.70(4)	20.0(2)

资料来源：根据表 3-25 计算整理。

从表 3-33 可以看出：其一，11 个指标中差距最小的是资产负债率和外资投资额。差距较大的是劳动生产率、贸易指数、科技投入力度、固定资产投资增长指数。其二，尽管产业竞争力实力指标的最后差距不是很大，但有些个别指标差距还是很大的。如纺织业、汽车业和化工业的科技投入力度较小，化肥、化工产业的管理费用较高，化肥产业固定资产投资增长较慢，汽车、化工和化肥产业的贸易指数偏低（即进口量大于出口量），严重影响了其产业竞争力的水平，纺织和化肥产业的劳动生产率严重低下等，这些都构成了对提高产业竞争力的阻碍。

3. 从政府支持指标来看

化工产业的政府支持度得分最高，为 8.149 分，汽车产业政府支持度得分最低，为 1.369 分。各产业的得分差距很大，在四大类指标中，此指标的得分分差最大，从最低的汽车产业 1.369 分到最高的 8.149 分，两者间相差近 7 分，存在 5 倍多的差距。由于汽车关税高于国外，再加上政府在汽车产业的投资比例偏小，从而导致汽车产业政府支持指标指数仅有 1.369 分，也正是这个指标影响了汽车产业总体竞争力的排名。

表 3 – 34　政府支持指标评价指数及排名比较表

指　标	钢铁	纺织	化工	化肥	汽车
政府与行业支持指标	57.45(3)	51.29(4)	81.49(1)	67.81(2)	13.69(5)
16. 关税指数	42.82(2)	48.11(1)	41.49(3)	40.83(4)	0(5)
17. 科技投入比重(%)	14.63(3)	3.18(5)	40(1)	26.98(2)	13.69(4)
按 10% 权重	5.745(3)	5.129(4)	8.149(1)	6.781(2)	1.369(5)

资料来源：根据表 3 – 25 计算整理。

　　表 3 – 34 显示：在科技投入比重中，化工产业得分最高，所以排名第一，纺织产业最低，两者相差 30 多分；在关税指数的得分上汽车关税最高，所以政府支持指标值排名最后，并因此而影响了汽车产业总排名。从这里可以看出，汽车关税高，是其在国内市场占有率较高的主要原因，一旦关税降低，汽车产业在国内市场必将受到冲击。而在科技投入指标中，化工产业最高，纺织产业最低，说明在纺织产业中的科技投入主要是来自企业，国家投入比重偏小。

　　4. 从竞争对手的指标来看

　　汽车产业处于最弱位置，也就是说中国汽车产业自身的竞争力还很弱，尤其是国际竞争力相当弱。相反，我国纺织产业实力最强，尤其是与竞争对手国相比，优势明显，从最低的 3.03 分到最高的 9.39 分的产业分布，与现实状况还是基本一致的。

表 3 – 35　竞争对手的指标评价指数及排名比较表

指　标	钢铁	纺织	化工	化肥	汽车
18. 行业产品进口额增长率(%)	18.99(4)	45.77(2)	24.31(3)	50(1)	17.81(5)
19. 价格比指数	50(1)	48.13(2)	7.82(5)	30.32(3)	12.5(4)
加权平均得分合计及排名	6.90(3)	9.39(1)	3.21(4)	8.03(2)	3.03(5)

资料来源：根据表 3 – 25 计算整理。

　　从表 3 – 35 可以看出，在竞争对手指标的两个评价指数中，钢铁产业价格最强，汽车产业价格最差；在产业进口额增长方面，纺织产业进口额得分仅次于化肥产业（我们认为，化肥产业进口量减少属特殊情况）而位居第二，但从这里也可以看出，中国纺织产业与竞争对手相比有比较明显的优势。

参考文献

1. 迈克尔·波特：《竞争优势》，华夏出版社，2003 年。

2. 迈克尔·波特：《竞争论》，中信出版社，2003 年。

3. （德）彼得·K. 康纳利斯（Peter K. Cornelius）等：《世界竞争力论坛 2002 ~ 2003 全球经济报告》，机械工业出版社。

4. 瑞士国际管理发展学院：《2002IMD 世界竞争力年鉴》，中国财政经济出版社。

5. 北京师范大学经济与资源管理研究所：《2003 中国市场经济发展报告》，对外经贸大学出版社。

6. 金碚：《中国工业国际竞争力——理论、方法与实证研究》，经济管理出版社，1997 年。

7. 金碚主编：《中国企业竞争力报告 2003》，社会科学文献出版社。

8. 金碚：《竞争力经济学》，广东经济出版社，2003 年。

9. 中国人民大学竞争力与评价研究中心研究组：《中国国际竞争力发展报告 1999（2001，2003）》，中国人民大学出版社，1999 年，2001 年，2003 年。

10. 中国社会科学院工业经济研究所：《2004 中国工业发展报告——中国工业技术创新》，经济管理出版社，2004 年。

11. 中国社会科学院工业经济研究所：《中国工业发展报告》（2001 版、2002 版、2003 版），经济管理出版社，2001 年、2002 年、2003 年。

12. 国务院发展研究中心产业经济研究部：《2004 中国产业发展报告》，华夏出版社，2004 年。

13. 国家信息中心：《2003 中国经济展望》，中国计划出版社。

14. 《中华人民共和国进出口关税条例》（2000 版、2001 版、2002 版、2003 版、2004 版），中国财政经济出版社，中国海关出版社。

15. 商务部产业损害调查局中国汽车技术研究中心：《中国汽车产业国际竞争力评价研究报告》，2004 年。

16. 中国纺织工业协会：《中国纺织工业发展报告 2003 ~ 2004》，中国纺织出版社，2004 年。

17. 《中国钢铁工业年鉴》编辑委员会：《中国钢铁工业年鉴 2003》。

18. 中国汽车技术研究中心，中国汽车工业协会：中国汽车工业年鉴 2003

19. 中国石油和化学工业协会：《中国化学工业年鉴》（2003 年 ~ 2004 年版、2002 年 ~ 2003 年版、2001 年 ~ 2002 年版）。

20. 周星：《产业国际竞争力评价指标体系研究》《科研管理》2000 年第 5 期。

21. 张金昌：《国际竞争力评价的理论和方法》，经济科学出版社，2002 年。

22. 倪鹏飞：《中国城市竞争力报告——推销：让中国城市沸腾》，社会科学文献出版社，2003 年。

附录1　产业竞争力数据及计算过程表格

附表1　钢铁（黑色金属压延机加工业）产业竞争力数据表

指　标	单位	2000 年	2001 年	2002 年	2003 年	备注说明
1. 总资产	亿元	9228.25	9796.23	9597.56	12021.24	
2. 利润总额	亿元	158.09	201.72	294.77	609.55	
3. 销售收入	亿元	4887.05	5600.65	6471.51	10234.93	
4. 增加值	亿元	1299.29	1530.15	1799.49	2824.01	
5. 总产值	亿元	4732.9	5707.31	6492.36	10007.37	
6. 总负债	亿元	5005.84	4973.78	5313.04	6979.93	
7. 固定资产投资额	亿元	319.96	461.87	677.4	1285.05	
8. 更新(技术)改造投资额	亿元	269.11	388.08	566.71	966.65	
9. 本行业实收资本	亿元	2473.13	2678.11	2381.07	2744.67	
10. 政府在本行业研发投资额	万元	2769.3	3515	5648.2	6242.5	
11. 职工年平均人数	万人	261.7	249.34	239.29	255.91	
12. 研究开发费用(研究与实验发展费 R&D)	万元	207143.8	254383.2	420342.5	682761.8	
13. 管理费用	亿元	337.25	346.53	376.62	556.71	
14. 职工教育费	亿元	3.21	3.41	3.59	5.13	
15. 年末库存额	亿元	290.8	308.38	300.25	403.08	
16. 本行业财政拨款	亿元					
17. 外商直接投资额	亿美元				7.08	关税司提供
18. 国内生产市场满足率	%	93.1	92.64	91	88.86	钢材自给率(行业协会提供)
19A. 行业重点产品产量	万吨	13146	15702	19250	24108	钢材产量(行业协会提供)
19B. 国内市场对本行业重点产品需求量	万吨	14121	16950	21154	27129	钢材表观消费量(行业协会提供)

续附表 1

指　标	单位	2000 年	2001 年	2002 年	2003 年	备注说明
20. 产业产品平均关税率	%	8.2	9.4	6.5	6.1	钢材（优惠税率）（行业协会提供）
		8.8	5.2	5.2	5.2	根据《税则》计算
21. 竞争对手国平均关税率	%	日本 0.87、俄罗斯 5（2001 年）、韩国 3.85、台湾 6.31、乌克兰 4.16、欧盟 1.01				关税司提供（2002 年）
22. 行业产品进口额	万美元	956026.97	151241.96	1322445.6	2142775.2	钢材和钢坯（行业协会提供）
23. 行业产品出口总额	万美元	304698.6	235500.36	247871.89	348028.38	钢材和钢坯（行业协会提供）
24. 产业内若干标准品国内平均价格	普通热轧（普碳热轧）	亿元	2637.2	2314.5	2054.6	3458.4	统计局提供（2000~2003 年）
	冷轧薄板（卷）（普碳冷轧）	亿元	1644.3	2286.3	2992.4	4340.6	
	镀锌板	亿元	4155.8	3936.1	4354.2	4516.3	
	普通中厚板（卷）	亿元	4459.2	4193.7	3985.0	3763.6	
25. 国外竞争对手同一产品平均价格	亿元	534.78	520.62	504.97		钢材价格。《钢铁工业统计年鉴》计算
26. 中国进口产品中本行业反倾销调查案件数	件	2		1	1	1 次钢铁保障措施，行业协会提供
27. 由行业协会提出申诉案件数	件	2		1	1	行业协会
28. 本行业获国家专利局批准专利数	件	129	133	89	72	专利局提供

附表2　钢铁产业关税数据统计计算表

单位：%

税　　率	2000 年	2001 年	2002 年	2003 年	2004 年
税率平均值	8.20	8.80	5.20	5.20	5.20
普通热轧薄板	6	5	5	5	5
普通冷轧薄板	8	8	6	6	6
不锈钢平板钢材中厚	9	9	4	4	4
镀锌板	10	10	8	8	8
冷轧硅钢片	8	12	3	3	3

资料来源：根据各年《进出口关税税则》数据计算。税率为"最惠国税率"，2000 年为"优惠税率"。

附表3　纺织产业竞争力数据表

指　　标	单位	2000 年	2001 年	2002 年	2003 年	备注说明
1. 总资产	亿元	5917.01	6196.26	6680.47	7801.29	
2. 利润总额	亿元	136.88	131.95	184.71	248.2	
3. 销售收入	亿元	4801.45	5209.1	6038.59	7495.51	
4. 增加值	亿元	1272.84	1387.52	1569.1	1906.7	
5. 总产值	亿元	5149.3	5621.56	6370.79	7725.2	
6. 总负债	亿元	4158.24	4181.95	4390.7	4928.29	
7. 固定资产投资额	亿元	137.44	195.51	267.49	463.32	
8. 更新(技术)改造投资额	亿元	107.86	140.69	192.98	286.89	
9. 本行业实收资本	亿元	1460.83	1565.23	1720.84	1963.65	
10. 政府在本行业研发投资额	万元	6700.5	13508.1	3164.1	5701.4	
11. 职工年平均人数	万人	482.88	477.51	479.15	499.16	
12. 研究开发费用(研究与实验发展费 R&D)	万元	106446.4	126040.2	167364.8	190755.5	
13. 管理费用	亿元	251.89	242.43	259.44	283.83	
14. 职工教育费	亿元	2.28	2.16	2.32	2.66	
15. 年末库存额	亿元	553.66	616.55	575.98	578.65	
16. 本行业财政拨款	亿元	0	0	0	0	(行业协会提供)
17. 外商直接投资额	万美元	198833	239669	362897	445070	行业协会提供
18. 国内生产市场满足率	%					

续附表 3

指标		单位	2000 年	2001 年	2002 年	2003 年	备注说明
19A. 行业重点产品产量（纱）		万吨	660.11	760.86	849.81	928.41	行业协会提供
19B. 国内市场对本行业重点产品需求量		万吨					
20. 产业产品平均关税率		%	2004 年平均最惠国税率 9.17，普通税率 66.67；2005 年平均税率 11.4				2004 年由《中国进出口税则 2004》计算；2005 年由关税司提供
			17.33	13.80	12.73	11.67	《税则》计算
21. 竞争对手国平均关税率		%	日本 7.76、台湾 10.19、巴基斯坦 26.6（2001）、印度 27.91、香港 0、印尼 10.53、韩国 9.97、美国 9.92				关税司提供（2002 年）
22. 行业产品进口总额		万美元	138.90	137.25	143.69	155.86	行业协会提供
23. 行业产品出口总额		万美元	530.44	543.23	630.18	804.84	行业协会提供
24. 产业内若干标准品国内平均价格	棉纱	亿元	22029.7	16546.1	15149.5	21018.2	统计局提供
	化纤（纯化纤布）	亿元	8.5	6.5	6.7	5.5	
	服装（男西服套装）	亿元	685.6	627.0	461.5	490.9	
	布匹（棉布）	亿元	17.4	14.4	8.8	6.7	
	全棉 32S（38 支）	亿元	17494.5	12944.0	14153.1	19967.0	
	涤纶 POY（涤纶长丝）	亿元	12499.1	9098.3	7760.1	8424.6	
25. 国外竞争对手同一产品平均价格	棉纱	美元/米				0.21	《纺织报告》23 页计算
	棉织物	美元/米	1.10			1.27	《纺织报告》23 页计算，2000 年来源于《外贸年鉴01》
26. 中国进口产品中本行业反倾销调查案件数		件					
27. 由行业协会提出申诉案件数		件					
28. 本行业获国家专利局批准专利数		件	546	539	440	346	专利局提供

附表4　纺织业关税数据及计算表

单位：%

税　　率	2000 年	2001 年	2002 年	2003 年	2004 年
平均税率	19.33	17.33	13.80	12.73	11.67
棉纱线（HS52.05）	10	10	5	5	5
化纤（HS54.01）	19	17	11.4	8.2	5
服　　装	29	25	25	25	25
精　　梳	9.1	8.4	5	5	5

资料来源：根据各年《进出口关税税则》数据计算。税率为"最惠国税率"，2000 年为"优惠税率"。

附表5　化工原料及化学制品制造业产业竞争力数据表

指　　标	单位	2000 年	2001 年	2002 年	2003 年	备注说明
1. 总资产	亿元	8688.03	9039.36	9723.29	10704.09	
2. 利润总额	亿元	170.95	159.78	279.05	472.63	
3. 销售收入	亿元	5422.06	6033.8	6974.71	9016.97	
4. 增加值	亿元	1415.81	1601.27	1862.64	2464.88	
5. 总产值	亿元	5749.02	6303.66	7220.05	9244.86	
6. 总负债	亿元	5544.06	5501.46	5745.45	6154.25	
7. 固定资产投资额	亿元	446.85	486.45	571.52	966.62	
8. 更新（技术）改造投资额	亿元	274.67	308.41	359.06	463.52	
9. 本行业实收资本	亿元	2064.06	2434.64	2699.93	3020.49	
10. 政府在本行业研发投资额	万元	14758.2	15294.6	18530.7	16203.2	
11. 职工年平均人数	万人	346.61	318.57	310.13	311.33	
12. 研究开发费用（研究与实验发展费 R&D）	万元	333038.4	363008.9	491789.9	637852	
13. 管理费用	亿元	414.69	439.41	464.06	534.53	
14. 职工教育费	亿元	3.15	3.16	3.57	4.25	
15. 年末库存额	亿元	441.84	452.72	473.97	507.46	
16. 本行业财政拨款	亿元					
17. 外商直接投资额		2003 年，外资企业 1834 家；合同外资 83.51 亿美元；实际外资 29.51 亿美元				关税司提供

续附表 5

指标		单位	2000 年	2001 年	2002 年	2003 年	备注说明
18. 国内生产市场满足率	甲醇	%	60.3	57.7	59.3	68.07	由"产量/表观消费量"得来（红色数据直接来自化工年鉴）
	乙二醇	%	46.4	33.6	30.0	27.81	
	苯酐	%	65.7	72.6	71.6	70.27	
	冰醋酸	%	89.4	81.3	72.4	65.22	
	聚丙烯	%	66.8	61.6	60.6	60.96	
	PVC	%	55.7	54.8	60.5	64.49	
19A. 行业重点产品产量							
19B. 国内市场对本行业重点产品需求量		见表 3－4					
20. 产业产品平均关税率		2004 年平均最惠国税率 7.89%，普通税率 36.43% ;2005 年中国平均税率 10.92%。2004 年数据由《中国进出口税则 2004》计算得出。2005 年由关税司提供。					
		13.57	12.86	9.24	8.20	7.89	
21. 竞争对手国平均关税率		%	日本 2.13、欧盟 7.39、美国 3.45、韩国 7.65				关税司提供（2002）
22. 行业产品进口额		亿美元			380.77	476.46	行业协会提供
23. 行业产品出口总额		亿美元			113.90	146.40	行业协会提供
24. 产业内若干标准品国内平均价格	甲醇/精甲醇	元/吨	1689.1	1259.8	1797.2	2101.4	统计局提供（2000～2003年）
	乙二醇	元/吨	4854.1	4750.5	6619.0	6937.3	
	冰醋酸	元/吨	3987.7	3447.2	4051.4	4924.0	
	聚丙烯	元/吨	6060.7	6648.9	6283.2	6605.0	
	PVC	元/吨	6687.6	6698.8	5389.0	7705.7	
25. 国外竞争对手同一产品平均价格	甲醇84	美元/吨	589.8	214.6354	448.44		化工年鉴计算
	苯酐113	美元/吨	536.3528	467.5207	522.9598		化工年鉴
	乙二醇	美元/吨	555.111	455.3813	412.186	629.64	对外贸易年鉴，2003 年来源于纺织年鉴
	对苯二甲酸	美元/吨	489.1559	445.6923	488.2395	564.96	
	磷酸氢二胺	美元/吨	171.6131	169.6891	174.3327		对外贸易年鉴
		2003 年甲醇（精甲醇）233.95 亿美元，乙二醇 629.17 亿美元，冰醋酸 392.1 亿美元，聚丙烯 740.67 亿美元，PVC644.15 亿美元					行业协会提供
26. 中国进口产品中本行业反倾销调查案件数		件	6	7	5	5	行业协会提供
27. 由行业协会提出申诉案件数		件					
28. 国家专利局批准专利数		件	1150	1154	867	770	专利局提供

附表6 化工产业关税数据表

单位：%

税　率	2000 年	2001 年	2002 年	2003 年	2004 年
平均税率	13.57	12.86	9.24	8.20	7.89
甲　醇	10	10	5.5	5.5	5.5
苯　酐	12	12	6.5	6.5	6.5
乙二醇	14	12	8.8	7	5.4
冰醋酸	9	9	5.5	5.5	5.5
聚乙烯	18	16	14.2	12.9	11.6
聚丙烯	16	16	14.2	10	10
PVC	16	15	10	10	10.7

资料来源：根据各年《进出口关税税则》数据计算。税率为"最惠国税率"，2000 年为"优惠税率"。

附表7 化工产业主要产品进口量和进口额表

产品名称	进口量（万吨）				进口额（万美元）		用汇（万美元）	
	2000 年	2001 年	2002 年	2003 年	2000 年	2001 年	2002 年	2003 年
甲　醇	130.65	152.13	179.9	140.2	18792	21278.1	27800	32800
乙二醇	105	159.7	214.57	251.6	58269.7	72861.7	88600	158300
苯　酐	21.71	16.21	22.9	25.31	11644.2	7578.51	12000	14900
冰醋酸			34.86	50.5			12500	19800
聚乙烯	297	411	455.9	469	213375.6	265748	249000	303900
聚丙烯	164	209	244.2	273.4	114438.6	136125	163500	202500
PVC	191	251	217.4	220.6	135294	145998	127000	142100
尿素（氮肥中）	0.0025	0.0025	79.07	13.5		2.3	9200	1500
磷酸二铵	359.99	329.15	492.5	260.88			89700	50400

资料来源：根据 2000～2003 年的《中国化工年鉴》整理。

附表8 化工产业主要产品价格比较表

产品名称	进口平均单价（美元/吨）				国内均价（元/吨）			
	2000 年	2001 年	2002 年	2003 年	2000 年	2001 年	2002 年	2003 年
甲　醇	143.83	139.87	154.53	233.95			2120	2900
乙二醇	554.95	456.24	412.92	629.17			7400	7500
苯　酐	536.35	467.52	524.02	588.7			6500	7000

续附表 8

产品名称	进口平均单价(美元/吨)				国内均价(元/吨)			
	2000 年	2001 年	2002 年	2003 年	2000 年	2001 年	2002 年	2003 年
冰醋酸			358.58	392.08			3850	4600
聚乙烯	718.44	646.59	546.17	647.97			6800	8950
聚丙烯	697.80	651.32	669.53	740.67			6867	8200
PVC	708.34	581.66	584.18	644.15			6100	7564
尿素(氮肥中)		920.00	116.35	111.11			1250	1513
磷酸二铵			182.13	193.19			1760	1700

资料来源: 根据 2000~2003 年的《中国化工年鉴》计算整理。

附表 9 化工主要产品产量消费量及满足率数据计算表

产品名称	国内市场满足率				表观消费量(万吨)			产量(万吨)			
	2000 年	2001 年	2002 年	2003 年	2000 年	2001 年	2002 年	2000 年	2001 年	2002 年	2003 年
甲醇	60.3	57.7	59.3	68.07	329.3	357.65	390.82	198.69	206.48	231.77	298.87
乙二醇	46.4	33.6	30.0	27.81	195.7	240.23	301.99	90.75	80.8	90.69	96.93
苯酐	65.7	72.6	71.6	70.27	63.21	58.96	76.45	41.52	42.78	54.7	59.83
冰醋酸	89.4	81.3	72.4	65.22	96.79	106	118.82	86.51	86.13	86.05	94.68
聚乙烯	50左右	43	43.8	46.84	598	719	810	302	308	354.19	413.2
聚丙烯	66.8	61.6	60.6	60.96	474	542	617	311	334	376.09	426.82
PVC	55.7	54.8	60.5	64.49	431	547	560	240	288	339.19	400.65
尿素(氮肥中)				99.2				1412.25	1454.81	1460.4	1671.75
磷酸二铵				57.63				150.85	213.4	270.39	354.8

备注: (1) 2000~2001 年的数据来自《中国化工年鉴》。
(2) "表观消费量" =生产量+进口量-出口量,全部来自《中国化工年鉴》。
(3) 其中聚乙烯和聚丙烯是初级聚乙烯和初级聚丙烯。
(4) 表中 2002~2003 年数据均为行业协会提供。
(5) 聚乙烯的"表观消费量"用"市场需求量"指标代替。

附表 10 化肥行业产业竞争力数据表

指标	单位	2000 年	2001 年	2002 年	2003 年	备注说明
1. 总资产	亿元	2168.01	1933.62	2024.24	2111.33	
2. 利润总额	亿元	5.57	15.35	18.65	33.62	
3. 销售收入	亿元	961.46	946.55	1077.77	1283.66	
4. 增加值	亿元	257.02	260.42	294.47	361.95	
5. 总产值	亿元	1026.65	1007.47	1159.5	1362.9	
6. 总负债	亿元	1474.49	1267.62	1321.58	1375.44	
7. 固定资产投资额	亿元	117.28	113.06	135.62	199.54	
8. 更新(技术)改造投资额	亿元	80.17	81.87	97.32	130.5	
9. 本行业实收资本	亿元	303.22	454.08	498.9	495.2	
10. 政府在本行业研发投资额	万元	1563.2	843.5	2085.2	2080.9	
11. 职工年平均人数	万人	103.17	87.83	79.34	74.79	
12. 研究开发费用(研究与 实验发展费 R&D)	万元	55652.8	65933.2	81857.2	123420.9	
13. 管理费用	亿元	80.24	71.28	73.7	80.45	
14. 职工教育费	亿元	0.73	0.67	0.7	0.68	
15. 年末库存额	亿元	81.12	63.04	71.19	72.24	
16. 本行业财政拨款	万元	0	0	0	0	
17. 外商直接投资额	万元	0	0	0	0	
18. 国内生产市场满足率	%	76.83	79.84	84.47	83.41	
19A. 行业重点产品产量	万吨	3048.5	3148.9	3428.5	3563.6	化肥协会
19B. 国内市场对本行业重 点产品需求量	万吨		3021.84	3466.28	3304.06	化肥协会
20. 产业产品平均关税率 尿素	%	5	5	4	4	化肥协会提供
磷酸盐	%	9	7	5.5	5.5	《税则》
化工行业平均税率	%	6.33	5.67	4.5	4.5	最惠国税率
2004 年平均最惠国税率 19.83%,普通税率 60.33%。2005 年 12.42%。2004 年数据根据《中国进出口税则 2004》计算得出。2005 年由关税司提供。						
21. 竞争对手国平均关税率	美国 1.75%、以色列 1.25%(1999 年)、俄罗斯 7.5%(2001 年)、摩洛哥 8.93%、加拿大 0.88%、沙特 12%					关税司提供

续附表 10

指标		单位	2000 年	2001 年	2002 年	2003 年	备注说明
22. 行业产品进口额		万吨 万元	1189. 15	1108. 84 (16. 6)	1681. 57 (76210. 6)	(12798. 6)	根据《中国化工年鉴》计算
23. 行业产品出口总额		万吨 万美元	250. 48	287. 33 15839. 7	246. 62 5424. 8	412959	化肥协会提供
24. 产业内若干标准品国内平均价格	尿素	元/吨	932. 8	1049. 3	1117. 7	1268. 5	统计局提供
	磷酸二铵	元/吨	1276. 8	1148. 6	1234. 9	1163. 2	
	尿素	元/吨	1243	1283	1369	1475	化肥协会提供
25. 国外竞争对手同一产品平均价格	尿素	美元/吨				116. 14	根据《对外经济贸易年鉴 2003》计算
	氮磷钾复合肥				169. 6891	174. 3327	
	磷酸氢二胺			171. 6131	169. 6891	174. 3327	
	2003 年尿素 111.1 美元/吨　磷酸二铵 193.2 美元/吨						化工协会提供
26. 中国进口产品中本行业反倾销调查案件数		件					
27. 由行业协会提出申诉案件数		件					
28. 本行业获国家专利局批准专利数		件	96	169	145	120	专利局提供

注：资料来源请看备注栏，未标明的均来自国家统计局工交司企业数据库。

附表 11　化肥产业满足率计算数据表

	产量（万吨）			施用量（万吨）		
	2000 年	2001 年	2002 年	2000 年	2001 年	2002 年
化　肥	3185. 73	3396. 52	3665. 57	4146. 34	4254. 01	4339. 5
氮　肥	2398. 1	2526. 72	2742. 6	2161. 59	2164. 11	2157. 3
磷　肥	663. 03	739. 44	776. 05	690. 5	705. 96	712. 2
钾　肥	124. 59	130. 35	147. 07	376. 57	399. 78	422. 5
混配肥	396	413. 1	360. 93	917. 68	984. 16	1046. 2

资料来源：2000 ~ 2002 年的《中国化工年鉴》。

附表 12　化肥关税数据表

	2000 年	2001 年	2002 年	2003 年	2004 年
平均税率	6.33	5.67	4.50	4.50	4.50
尿素	5	5	4	4	4
磷酸二铵	5	5	4	4	4
磷酸盐	9	7	5.5	5.5	5.5

资料来源：2000～2005 年的《中华人民共和国税则》。税率为"最惠国税率"，2000 年为"优惠税率"。

附表 13　化肥进出口数据

单位：万美元

	2002 年	2003 年
进口	236685.7	177654.2
出口	34788.1	79589

附表 14　汽车产业竞争力数据表（行业协会）

指标	单位	2000 年	2001 年	2002 年	2003 年	备注说明
1. 总资产	亿元	3018.54	3049.44	3543.72	4570.74	年末资产
2. 利润总额	亿元	89.44	149.34	244.34	370.56	
3. 销售收入	亿元	2014.51	2457.70	3406.80	5141.59	
4. 增加值	亿元	439.38	600.67	879.51	1374.55	
5. 总产值	亿元	1985.84	2524.45	3576.77	5274.45	现行价
6. 总负债	亿元	1941.21	1854.47	2093.13	2555.93	年末负债
7. 固定资产投资额	亿元	87.10	121.06	170.27	313.03	全年完成投资总额
8. 更新(技术)改造投资额						
9. 本行业实收资本	亿元	693.29	624.65	780.44	741.50	
10. 政府在本行业研发投资额	万元	无统计。政府的直接拨款几乎没有,但税收优惠大量存在(不以支持研发的名义)				
11. 职工年平均人数	万人	60.00	50.69	53.27	54.28	
12. 研究开发费用(研究与实验发展费 R&D)	亿元	37.8	33.8	56.3	65.8	行业研发经费总支出
13. 管理费用	亿元	277.44	332.81	406.11	482.85	
14. 职工教育费	亿元	2.25	2.81	3.13	3.96	统计局提供
15. 年末库存额	万元	272.72	302.02	338.35	430.84	
16. 本行业财政拨款		—	—	—	—	无统计
17. 外商直接投资额	外资企业 865 家;合同外资 41.4 亿美元;实际外资 21.03 亿美元					关税司提供(2003 年)

续附表 14

指标		单位	2000 年	2001 年	2002 年	2003 年	备注说明
18. 国内生产市场满足率		%	98	97	96.2	96.2	指国产车国内市场占有率
19A. 行业重点产品产量	小轿车	万辆	61	70	109	202	
	重卡	万辆	8.2	15.7	25.5	26.2	
	轻卡	万辆	38.9	36.3	52.5	68.8	
	轻客	万辆	25.5	27.8	33.2	44.5	
19B. 国内市场对本行业重点产品需求量		万辆	63	76	117	205	小轿车为主要进口车型,其他车型进口量很小,其国内需求量等同于其产销量
20. 产业产品平均关税率			50.7%	46.2%	31.4%	27.4%	简单算术平均值
21. 竞争对手国平均关税率		%	美国 2.5、韩国 8、欧盟 10、日本 0				关税司提供(2003 年)
22. 行业产品进口额		万美元	120187	171239	320938	527592	原表格单位为万元;汽车整车
23. 行业产品出口总额		万美元	20570	21396	24777	37191	汽车整车
24. 产业内若干标准品国内平均价格	1.6L 小轿车	万元	14	13	12	11	税后价格,包括消费税、增值税
	2.4L 小轿车	万元	29	28	27	25	
25. 国外竞争对手同一产品平均价格	1.6L 小轿车	万美元	1.2	1.2	1.2	1.2	税前价格
	2.4L 小轿车	万美元	2.2	2.2	2.2	2.2	
26. 中国进口产品中本行业反倾销调查案件数		件	—	—	—	—	
27. 由行业协会提出申诉案件数		件	—	—	—	—	
28. 本行业获国家专利局批准专利数		件	4309	4409	3613	3052	专利局数据

资料来源:历年《中国汽车工业年鉴》(数据与国家统计局数据有一定出入)。

注:本表数据为汽车整车(含改装车)企业数据,2003 年汽车整车企业 115 家。

附表 15　汽车制造业产业竞争力数据表

指标	单位	2000 年	2001 年	2002 年	2003 年	备注说明
1. 总资产	亿元	4873.32	5277.43	5985.94	7876.91	
2. 利润总额	亿元	172.54	271.86	450.67	715.26	
3. 销售收入	亿元	3307.02	4119.85	5659.68	8248.14	
4. 增加值	亿元	805.05	1084.11	1540.12	2222.72	
5. 总产值	亿元	3320.13	4204.87	5805.56	8351.52	
6. 总负债	亿元	2940.79	3029.78	3385.16	4393.54	
7. 固定资产投资额	亿元	110.22	133.18	180.42	554.99	
8. 更新（技术）改造投资额	亿元	70.77	107.36	136.91	366.42	
9. 本行业实收资本	亿元	1223.27	1454.56	1593.65	1884.48	
10. 政府在本行业研发投资额	万元	6570	5246.9	4788.9	5538.9	
11. 职工年平均人数	万人	145.01	141.55	145.15	170.75	
12. 研究开发费用（研究与实验发展费 R&D）	万元	201911.4	278684.6	460498.1	647344.4	
13. 管理费用	亿元	277.44	332.81	406.11	482.85	
14. 职工教育费	亿元	2.25	2.81	3.13	3.96	
15. 年末库存额	万元	272.72	302.02	338.35	430.84	

资料来源：统计局工交司提供。

附表 16　汽车产业关税统计表

单位：%

	2000 年	2001 年	2002 年	2003 年	2004 年
平均税率	80.0	70.0	43.80	38.20	34.20
1.6 升	80	70	43.8	38.2	34.2
2.4 升	80	70	43.8	38.2	34.2

资料来源：根据各年《进出口关税税则》数据计算。税率为"最惠国税率"，2000 年为"优惠税率"。

附表17 各产业主要产品国内价格表（国家统计局）

单位：元

	2000 年	2001 年	2002 年	2003 年
汽车				
1.6L 小轿车	188000.0	109800.0	97500.0	108603.5
2.4L 小轿车	328000.0	328000.0	440100.0	169556.3
钢铁行业				
普通热轧（普碳热轧）	2637.2	2314.5	2054.6	3458.4
冷轧薄板（卷）（普碳冷轧）	1644.3	2286.3	2992.4	4340.6
镀锌板	4155.8	3936.1	4354.2	4516.3
普通中厚板（卷）	4459.2	4193.7	3985.0	3763.6
冷轧硅钢片		1713.1	1909.2	
化肥行业				
尿素	932.8	1049.3	1117.7	1268.5
氮钾磷复合肥			996.9	992.8
石油化工				
甲醇（精甲醇）	1689.1	1259.8	1797.2	2101.4
苯酐				5135.3
乙二醇	4854.1	4750.5	6619.0	6937.3
冰醋酸	3987.7	3447.2	4051.4	4924.0
聚乙烯（聚乙烯薄膜）			5827.3	7573.3
聚丙烯	6060.7	6648.9	6283.2	6605.0
PVC	6687.6	6698.8	5389.0	7705.7
磷酸二铵	1276.8	1148.6	1234.9	1163.2
纺织行业				
棉纱	22029.7	16546.1	15149.5	21018.2
化纤（纯化纤布）	8.5	6.5	6.7	5.5
服装（男西服套装）	685.6	627.6	461.5	490.9
布匹（棉布）	17.4	14.4	8.8	6.7
全棉 32S（38 支）	17494.5	12944.0	14153.1	19967.0
涤纶 POY（涤纶长丝）	12499.1	9098.3	7760.1	8424.6

说明：1. 1.6L 小轿车 2000～2002 年为捷达 1.6L 价格，2.4L 小轿车 2000～2002 年为奥迪 2.4L 价格。

2. 由于价格统计目录年度间有调整，有些产品数据不全。

3. 括号内为相类产品名称，供参考。

4. 未列产品为我局价格统计目录中没有的。

附表18　专利数据统计表（国家专利局提供）

单位：件

	2003 年	2002 年	2001 年	2000 年
钢铁	129	133	89	72
纺织	546	539	440	346
汽车	4309	4409	3613	3052
化工	1150	1154	867	770
化肥	96	169	145	120

注：实用新型和外观设计授权数及其发明专利的公开公告数统计（发明专利中含有公开数及
　　授权公告数，这两数不容易分开，检索时只能合在一起）。

附表19　各产业竞争对手国家及竞争代表产品汇总表

	主要竞争对手国	本行业代表性产品(标准品)
1 汽车	美国、德国、日本、韩国和法国	1.6L 小轿车 2.4L 小轿车
2 钢铁行业	日本、韩国、"台湾"、俄罗斯、乌克兰和德国	普通热轧、冷轧薄板(卷)；镀锌板；普通中厚板(卷)；冷轧硅钢片。
3 化肥行业	美国、俄罗斯、加拿大、以色列、摩洛哥、沙特	尿素、氮钾磷复合肥
4 石油化工	日本、美国、欧盟和韩国	甲醇、苯酐、乙二醇、冰醋酸、聚乙烯、聚丙烯、PVC、尿素、磷酸二铵
5 纺织行业	日本、台湾、香港、韩国、印度、巴基斯坦、印度、印尼、美国	棉纱、化纤、服装和布匹，尤其是全棉 32S、全棉精梳 40S，全棉坯布 32 × 32 130 × 70 47″，斜纹、全棉精梳 40 × 40 133 × 72 67″ 等；涤纶 POY，涤纶 DTY 等

资料来源：由各专业协会提供。

附录2　国内外竞争力指标体系概述

下面列出国内外有关研究机构共七个竞争力指标体系，供大家参考。

（一）瑞士洛桑国际管理与发展学院（IMD）世界竞争力指标体系

瑞士洛桑国际管理与发展学院（IMD）对一国提供支撑企业竞争力的环境的能力进行了分析和排序。企业是在国家的环境中运作的，这种环境增强或者阻碍企业在国内或国际市场上竞争的能力，基于一定的分析，IMD 将这种国家环境划分为 4 种主要要素：经济表现、政府效率、企业效率、基础设施。接下来，每个要素划分为 5 个子要素，这 20 个子要素包含 314 个指标，其中 243 个用于计算总体竞争力排名，剩下 71 个指标仅作背景信息。每个子要素，独立于它所包含的指标数，在结果的全部合并中具有相同的权重，就是 5%。最后，合计 20 个子要素的结果，即可得到综合排名。

三级指标体系简表如下：

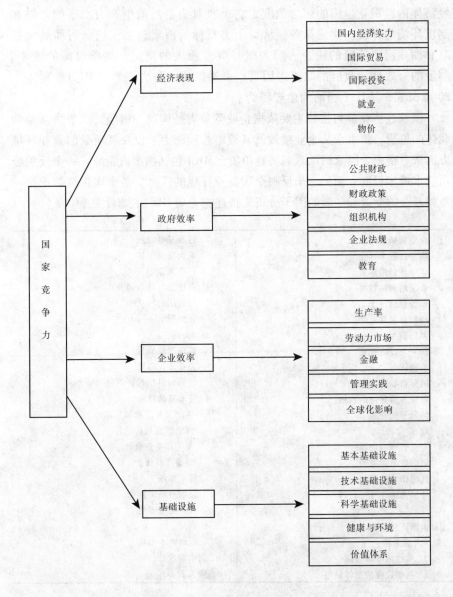

（二）世界经济论坛微观经济竞争力指数

世界经济论坛微观经济竞争力指数（MICI）是由迈克 E. 波特
（Michael E. Porter）创建的，MICI 运用微观经济学的指数来考察、界定生
产力可持续水平的潜在条件，衡量支撑现时高水平发展的一整套制度、市
场结构和经济政策，主要是指经济对现有库存资源的有效利用。它是一个
经济体的微观竞争力的综合测度，它反映对决定当前生产力水平的经济和
制度环境的评价。决定微观经济竞争力指标的因素包括公司运行绩效与战
略和商业运行环境的质量，后者包括要素投入的质量、基础设施的效率、
制度的有效性、政府的政策等因素。微观经济竞争力指数（MICI）覆盖了
80 个国家，估计了当前的生产潜力。

微观经济竞争力指数主要依据企业竞争力是构成一国经济竞争力基础和
载体的思想，侧重于从企业绩效及其战略管理能力、以及其所处的商业环境
方面来考察一个国家的微观经济竞争力。MICI 包括两个次指数，一个反映公
司技术进步程度，而另一个反映全国商业环境的质量。两个次指数都根据一
系列复杂的变量和一般的因子分析来描述与人均 GDP 的统计关系。

Ⅰ. **企业营销策略**
  生产过程多样化
  竞争优势的本质
  员工培训的程度
  市场营销范围
  授权意愿程度
  创新能力
  研究与发展开支
  价值链
  国际市场
  以顾客为导向的程度
  国际分配管理
  商标
  专业管理的依赖性
  刺激性赔偿范围
  区域销售范围
  外国技术许可证获得

Ⅱ. **全国商业环境**
  A. 内部条件
    1. 质性的基础设施
      基础设施的总体质量

　2. 行政基础设施
    商业安全保护
    司法独立
    合法资源共有部分
    行政压力
    官僚程度
  3. 人力资源
    管理学校质量
    公立学校质量
    教学和科学教育质量
  4. 技术基础设施
    科学家和工程师的培训
    科学研究机构质量
    大学和企业合作
    知识产权保护
  5. 资本市场
    金融市场多样化
    合资资金筹集
    贷款
    当地资本市场
  B. 需求状况
    购买者多样化

铁路设施质量	消费者最新产品的选择
港口设施质量	政府获取的高科技产品
飞机场设施质量	需求标准的存在
电力供应质量	信息技术相关法律
电话/传真设施质量	环境法规的严格性
C. 相互支持的企业	政府决策倾向性
地方供应商质量	劳资双方合作关系
群聚发展的状态	企业董事会的效力
地方机器的生产	2. 竞争
地方专业研究和培训	隐蔽贸易堡垒的扫除
产品和生产过程合作程度	地方竞争的剧烈
地方供应数量	地方竞争程度
地方零件供应	反托拉斯法案的有效性
D. 企业策略和竞争环境	企业活动的分权
1. 刺激性	其他企业非法行为的开支
政府不正当补贴	关税的减免

（三） 世界经济论坛增长竞争力指数的指标体系

世界经济论坛（WEF）的增长竞争力指数把焦点放在竞争力的增长上，强调竞争力是一国提高经济成长率，并持续增进人民生活水准的能力，注重一国未来5至10年的经济成长潜力，较侧重动态的评比。这种方法开始是由杰弗里·D. 赛克斯（Jeffrey D. Sachs）和安德鲁·沃纳（Andrew Warner）提出，并同助手约翰·麦克阿瑟（John McArthur）一起改进。经济增长竞争力指数（GCI）是建立在3个可变因素的之上的，这些可变因素也可以从中长期推动经济增长，包括技术、公共制度和宏观经济环境。

在技术上，报告中划分出两类国家：一类是核心创新国家，包括2001年中那些在每100万人口中，公司已注册至少15项美国实用专利的国家，有24个国家达到这个标准。所有其他国家被称为非核心创新国家。

对于核心创新国，我们特别强调创新与技术的作用。核心创新国技术比例如下：核心竞争力指数 =（1/2 技术指数）+（1/4 公共机构指数）+（1/4宏观经济环境指数）；对于非核心创新国，我们用3个构成指数的简单平均数计算出经济增长竞争力指数：非核心创新国经济增长竞争力指数 =（1/3 技术指数）+（1/3 公共机构指数）+（1/3 宏观经济环境指数）。

公共制度指数包括2个次指数，一个反映出腐败的可察觉程度，另一个主要针对合同和法律的作用。宏观经济环境指数不仅包含国家信誉和一

般政府开支，还包括一个宏观经济稳定性次指数（其可反映通货膨胀、国家储蓄和实际汇率的变化等）。

1. 技术指数构成

核心创新国与非核心创新国技术指数计算如下：核心创新国技术指数＝（1/2 创新次指数）＋（1/2 信息与通信技术次指数） 非核心创新国技术指数＝（1/8 创新次指数）＋（3/8 技术与转让次指数）＋（1/2 信息与通信技术次指数）

1.1 创新次指数＝（1/4 调查数据）＋（3/4 硬数据）

1.11 相对于世界技术领袖国，你的国家技术排位如何？

1.12 在你企业的创收中，持续创新起主要作用吗？

1.13 相比他国，你的国家的公司在研发上投入多少？

1.14 当地大学与企业合作的程度是多少？

1.15 在 2001 年每 100 万人口美国承认的应用专利数。

1.16 1998 年或可获得的最近一年总的 3 级入学录取比例。

1.2 技术转让次指数＝两个技术转让调查问题的非加权平均值。

1.21 外国直接投资是你的国家一个重要的新技术来源吗？

1.22 外国技术许可是你的国家获得新技术的普遍方式吗？

1.3 信息与通信技术次指数＝（1/3 信息与通信技术调查数据）
　　　＋（2/3 信息与通信技术硬数据）

1.31 学校网络通道普及程度如何？

1.32 你的国家的 ISPs 间有足够的竞争以保证高质、少干扰和低价格吗？

1.33 ICT 对政府是完全优先的吗？

1.34 政府在促进 ICT 的应用方面成功吗？

1.35 与 ICT 相关的法律得到完善和改进了吗？

1.36 2001 年每百户居民的手机购买者的数量。

1.37 2001 年每万户居民的网络用户数。

1.38 2001 年每万户居民的网虫数。

1.39 2001 年每百户居民的主要电话线拥有数。

1.40 2001 年每百户居民的个人电脑数。

2. 公共机构指数构成

公共机构指数＝（1/2 合同与法律次指数）＋（1/2 腐败次指数）

2.1 在你的国家，司法独立于政府官员、市民和公司的影响吗？

2.2 金融资产和财富在法律表述上清楚并能得到它的保护吗？

2.3 有组织的犯罪给企业带来巨大成本吗？

2.4 与进口许可相关的贿赂现象有多少？

2.5 与公共事业相关的贿赂现象有多少？

2.6 与每年税收支付有关的贿赂现象有多少？

3. 宏观经济环境指数构成

宏观经济环境指数 = （1/2 宏观经济稳定度次指数）+（1/4 国家 2002 年 3 月信用等级）+（1/4 政府 2001 年支出）

宏观经济稳定度次指数 = （2/7 宏观经济稳定调查数据）+（5/7 宏观经济稳定硬指数）

3.1 明年你的国家经济可能衰退吗？

3.2 去年你的公司取得信贷变得更易还是更难？

3.3 2001 年政府盈余/赤字。

3.4 2001 年国家储蓄率。

3.5 2001 年通货膨胀。

3.6 2001 年与美国相关的实际外汇汇率。

3.7 2001 年借贷利率的延伸情况。

（四）中国社会科学院工业经济研究所中国工业国际竞争力指标体系

20 世纪 90 年代中期，中国社会科学院工业经济研究所课题组（主持人金碚）对中国工业国际竞争力做过一次系统的研究，对 20 世纪 90 年代中国国际竞争力作了系统的综合评价。在 2003 年，课题组继续对近 5 年的国际竞争力进行了分析，分析思路框架如下：

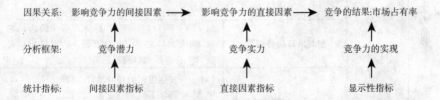

如上图，一国的产业竞争力的强弱可从结果和原因两方面来分析，把反映竞争力结果的指标称为竞争力的实现指标。从原因来看，把反映竞争力的直接因素指标和间接因素指标称为竞争实力和竞争潜力指标。见下表：

附表20　竞争力指标体系

一级指标	二级指标	三级指标	备　注
竞争力的实现	中国工业品市场占有率分析	1. 国际市场占有率	i类产品出口额/世界i类产品出口额
		2. 美国市场占有率	中国商品在美国市场的份额 中国商品在美国市场的份额年均变化率 中国商品在美国市场占有率名次 中国与其他国家商品在美国市场占有率
		3. 国内市场占有率	$Q_i = [(S_i - ai \times ri \times S_i) - (E_i - bi \times ri \times E_i)]/(S_i - E_i + Ii)$ S_i——全国产品i销售收入 E_i——全国产品i出口总额 I_i——全国产品i进口总额 ai——外商投资企业产品i销售收入占全国产品i销售收入的比 bi——外商投资企业产品i出口额占全国产品i出口额的比 ri——产业i外方资本金占外商投资企业资本金的比
竞争实力指标	工业生产能力与供求	4. 中国工业主要产品量居世界位次的变化	
	工业品的整体出口竞争力	5. 中国出口额占国民生产总值的比重及位次	与世界的比较
		6. 中国出口额占世界出口额的比重及位次	与世界的比较
	出口商品竞争力的结构分析	7. 工业制成品出口额占出口总额的比重	与世界的比较
		8. 贸易竞争指数	$(Ei - Ii)/(Ei + Ii)$ Ei为产品i的出口总额，Ii为产品i的进口总额
		9. 相对出口优势指数	$Ai = (Ei/Eo)/(Wi/Wo)$ Ei为产品i的出口总额，Eo为出口总额，Wi为产品i的世界出口总额，Wo为世界出口商品总额
		10. 显示性比较优势指数（中国向美国出口工业品的显示性比较优势指数）	（对一些发达国家的相对出口指数） $RCA_j^k = (X_j^k/\sum Y_{ij}^k)/(\sum X_j^k/\sum\sum Y_{ij}^k)$ i表示产业（品），j表示出口国（地区），k表示市场进口国（地区） X_j^k表示k进口国（如美国）自所研究国家（如中国）进口i产品总额，Y_{ij}^k表示k进口国（如美国）自j国进口i产品总额

续附表 20

一级指标	二级指标	三级指标	备注
竞争实力指标	单位产品价格变动所反映的制成品质量水平	11. 质量指数	$Q_i = (E_i^1/X_i^1)/(E_i^0/X_i^0)$　E_i^1 表示报告期 i 产品出口总额，X_i^1 表示报告期 i 产品出口件数，E_i^0 表示基期 i 产品出口总额，X_i^0 表示基期 i 产品出口件数。
	进出口商品价格比较所反映的质量水平	12. 价格比 = 出口商品的单位价格/进口商品的单位价格	同类产品出口价格与进口价格比较，可以间接反映一国产品的质量与档次差别
	工业制成品的贸易结构分析	13. 工业制成品的比重占工业品出口的比重	
		14. 初级产品和制成品贸易竞争指数	
		15. 新产品产值占总产值的比重	
	工业品的贸易竞争指数和变差指数	16. 工业品的贸易竞争指数	阶段性分析
		17. 变差指数	指数 = $(G_i - G_o) \times 100$　G_i 为 i 产品的出口增长率，G_o 为出口增长率
	营销规模和效能	18. 通讯费支出的比重	
		19. 平均交货天数	
		20. 销售人员的数量与比重	
竞争潜力（间接因素）	其他因素	21. 产业集中度（间接因素）——企业规模	100 强或者 50 强企业比重
		22. 研发投入（技术间接因素）	技术开发人员占从业人员的比重
			技术开发经费占销售收入的比重
			新产品销售收入占产品销售收入比重
			新产品销售利润占产品销售利润比重
			微微电子控制设备占生产及应用设备原价比重——（管理指标 间接因素）
		23. 全员劳动生产率	各年的数值
			年均增长率
		24. 资本实力	投资规模
			每个企业的资产总量
			某种产品的企业的资产总量

资料来源：金碚等著：《竞争力经济学》，广东经济出版社，2003 年。

（五）《中国经营报》企业竞争力监测项目指标体系

2003 年，由中国社会科学院工业经济研究所的专家和《中国经营报》通过理论分析、专家设计、问卷调查、多数选择、运用磨合、不断完善这样一个过程，共同开发了"中国经营报企业竞争力监测项目"指标体系，以此来测评企业的竞争实力。指标分为两类：一类是可以直接计量的指标，另一类是难以直接计量的因素。该指标体系包括 16 个指标，前 10 个为显示性指标，第 11、12、13 指标反映了企业的发展潜力，14—16 位间接计量指标。

附表 21   企业竞争力监测项目指标体系（中国经营报）

指标名称	指标性质及含义	可反映的其他含义或影响
1. 销售收入	规模	市场份额
2. 近三年销售收入年平均增长率	业务增长	市场份额、成长性
3. 利润总额	盈利水平	规模
4. 近三年利润总额年平均增长率	持续盈利能力	成长性
5. 净资产	资本实力	融资能力
6. 净资产利润率	资本盈利和增值能力	负债的影响
7. 总资产贡献率	资金利用效率	负债的影响、融资能力
8. 全员劳动生产率	劳动效率	销售收入及冗员
9. 总收益率	价值创造能力	人才竞争中的态势
10. 出口收入占销售收入的比重	出口竞争力	国际化
11. 近三年技改投资与信息化建设投资占销售收入的比重	技术实力	投资于提高竞争力的融资能力
12. 研发费用占销售收入的比重	潜在的技术竞争力	技术密集程度
13. 拥有专利数	自主知识产权	技术优势
14. 公众评价	评判影响力	广告效果
15. 财经记者评价	企业家及管理水平	不可直接计量因素
16. 行业分析师	资本市场表现	不可直接计量因素

资料来源：金碚主编：《中国企业竞争力报告 2003》，社会科学文献出版社。

（六）中国人民大学中国国际竞争力评价体系

从 2001 年起，中国人民大学竞争力与评价研究中心运用国际竞争力的规范理论和方法，系统公布中国国际竞争力及四大新要素和原来八大要素体系的评价结果，同时，他们强调了 IMD 开发的国际竞争力八大要素体系对中国的适用性。三位一体的八大要素国际竞争力体系建立在新增长理论基础上，从系统定量评价对各国或地区的竞争优势、劣势进行分析。按照此体系，国际竞争力包括八大要素，每个要素又包括若干个竞争方面，每个方面由若干具体指标组成。评价体系共 314 个指标，综合 7 个竞争方面和八大竞争要素。其具体结构如下：

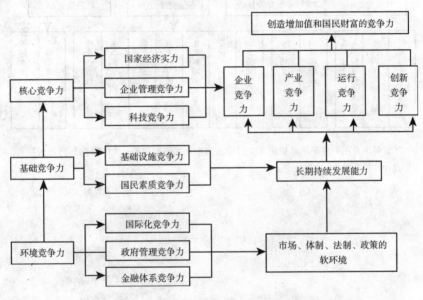

图 3－7　三位一体的国际竞争力示意图

资料来源：中国人民大学竞争力与评价研究中心研究组《中国国际竞争力发展报告2003》，中国人民大学出版社。

（七）中国汽车产业国际竞争力评价

2004 年由商务部产业损害调查局和中国汽车技术研究中心开展的"中国汽车产业国际竞争力评价研究"中，对我国汽车产业的竞争力进行了研究，以客观评价我国汽车产业竞争力的现状及发展趋势，准确把握我国汽车产业的优势和劣势，并指导中国汽车产业的发展。汽车产业竞争力指标体系的建立，最重要的是找出反映汽车产业竞争力的指标并揭示各项指标相互之间的关系。该指标体系的基本思路是从 4 个大方面构建汽车产业竞争力的指标体系：即环境竞争力、显示竞争力、企业竞争力和产品竞争力。这一基本思路是从汽车产业本身的特点和发展规律出发，结合对产业竞争力的一般研究而得出的，该体系共有 14 项指标。这 4 个方面 14 项指标构成了汽车产业竞争力的一个密不可分、相互交叉和渗透的有机整体。

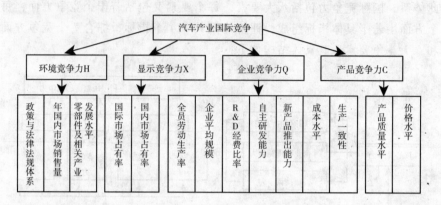

资料来源：商务部产业损害调查局中国汽车技术研究中心：《中国汽车产业国际竞争力评价研究报告》，2004 年。

贸易篇

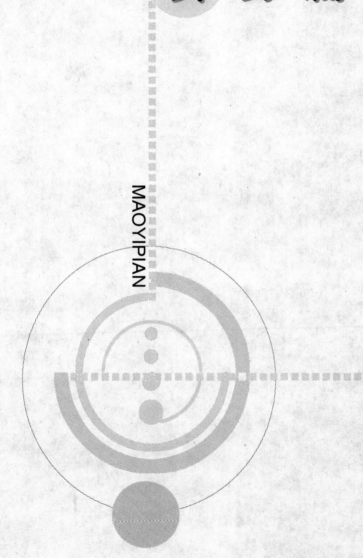

MAOYIPIAN

课题四　东盟与中日韩经贸关系研究

课题简介

2004年7月，商务部领导提出了我国经贸发展中的若干重大问题，希望专家学者们进行研究。本课题就是其中的一个问题。

本研究报告分析了东盟与中日韩区域合作的现状、必要性、有利条件和困难，提出了区域合作的四大发展态势，即：第一，双边带动多边；第二，各个多边机制齐头并进；第三，"主导国"将长期缺位；第四，东北亚的合作将首先从局部推动。研究报告还就推进区域合作提出了具体的政策建议。本报告于2004年10月正式完成，呈报商务部政策研究室。

在评审意见中，商务部政策研究室认为，本课题报告按照课题设计方案完成了研究任务，达到了研究目标，"研究取得的理论成果和提出的政策建议，为有关工作决策提供了参考"。

本报告在起草过程中，曾参考了国内外诸多专家学者的论述。特别要提到的是，本文直接吸收了多位国内学者的一些研究成果，因遵循课题报告的体例，没有一一注明具体出处，在此一并表示谢意。

李晓西教授是本课题负责人。课题组成员包括赵少钦、张生玲、和晋予、董念清、金三林、周波、李波、屈艳芳、赵中伟、王雪磊、余洁雅、张国会、范丽娜、张江雪、杨琴、许晓莉、徐垠、姜晓华、刘科星、魏媛媛和王珏。赵少钦担任课题组联系人。课题报告的初稿由赵少钦和赵中伟负责起草。报告正式提交之前，李晓西教授作了最后审定。

本报告在研究东盟10国与中日韩（简称"10＋3"）区域合作的现状、必要性、有利条件、存在的困难、相关各方的基本利益和合作战略的基础上，分析了东盟与中日韩区域合作的发展趋势以及该合作对于中国的影响，最后提出了相应的政策建议。

一、"10+3"区域合作的现状

区域一体化是当今世界发展的一个重要趋势。作为世界经济三大重心之一的东亚，尽管区域合作起步较晚，但也开始取得引人注目的进展。

东亚作为一个地理概念，一般是指东北亚6国（中国、日本、韩国、朝鲜、蒙古、俄罗斯）和东南亚10国。这16个国家共有人口17亿，按照现行汇率计算的国民生产总值为7万亿美元。东亚作为一个地区首先是地缘上的连接，各国被陆地和海洋连接在一起，各国毗邻而居，形成了天然的联系和共存的利益。

在历史上，东亚地区首先形成的国际秩序是以中国为中心的宗主国—附属国"朝贡"体系。近代以来，这一地区饱受西方列强的侵略，有的国家还经历了很长时期的殖民统治。"二战"期间，日本军国主义势力又对东亚各国进行殖民和侵略，给东亚各国人民带来深重的灾难。"二战"以后，这一地区长期处于美苏两大集团争霸的前沿，先后爆发了朝鲜战争和越南战争。直到20世纪后半期，随着冷战的消退和结束，世界经济一体化进程的加速，这一地区的区域合作才逐步提上了议事日程。

1. 东南亚国家内部的合作

东亚地区的区域合作首先发轫于东南亚。1967年，"东南亚国家联盟"（ASEAN）正式成立。开始时只有五个国家，后逐步扩大到十个国家：文莱、柬埔寨、印度尼西亚、老挝、马来西亚、缅甸、菲律宾、新加坡、泰国、越南。东盟成立的初衷是避免内部的冲突，后来合作的领域不断扩大，不仅有政治领域，还有经济、安全等领域。

在东盟的发展中，进展最快也是最成功的领域是经济一体化。1992年1月，东盟第四届首脑会议作出了建立"东盟自由贸易区"的决定（A双边自由贸易协定）。东盟自由贸易区到目前还是东亚唯一的地区性优惠贸易协定。它现在有10个成员经济体，约5亿总人口，国民生产总值与中国相当。东盟自由贸易区在2002年1月1日生效，当时有六个创始成员国。以下时间表对新成员适用：2004年对越南，2006年对老挝和缅甸，2008年对柬埔寨。

东盟自由贸易区下正式的经济一体化主要局限于关税减让，东盟内部贸易已经享受到低关税。东盟自由贸易区的目标是对六个创始成员国的内部贸易仅征收0—5%的关税。实际上，90%的东盟内部贸易已经处于0—5%的关税范围内。东盟的平均共同有效优惠关税（CEPT），在1993～

2002 年间从 12.76% 下降到 2.91%。

2002 年底，在东盟第八次首脑会议上，领导人明确提出了迈向"东南亚国家共同体"的"金边议程"，将"共同体"作为未来的发展方向。2003 年，东盟国家第九次首脑会议提出了在 2020 年建成"东盟经济共同体"的宏伟目标，将东南亚经济一体化从目前的自由贸易区初级阶段升级为以单一市场为特征的经济共同体高级阶段，这将使东南亚次区域合作实现质的飞跃。

2. 东盟与中、日、韩三国的对话与合作

东南亚各国结成东盟后，在国际经济竞争中，相较于其他区域合作组织而言还是比较弱小的。于是，一些有远见的东盟国家领导人开始倡议东亚联合。1990 年，当时的马来西亚总理马哈蒂尔提出"东亚经济集团"设想，但该设想未能得到进一步讨论和实施。在全球化浪潮和西欧、北美积极扩展自由贸易区的影响下，1995 年，东盟曼谷会议倡议举行东盟与中、日、韩首脑会晤。1997 年亚洲金融危机给东亚各国造成了灾难性的损失，但也激发了各国推进地区合作、同舟共济的强烈愿望。1997 年 12 月 15 日，东盟—中日韩领导人（当时是 9 + 3）非正式会议在马来西亚首都吉隆坡举行，这是一次具有深远意义的会晤。尽管当时领导人会议的主要议题是如何应对亚洲金融危机，但它却成为推动这个地区合作的一个新起点。次年，在马尼拉举行的东亚领导人会议就推动东亚合作的原则、方向和重点领域达成了共识，首次发表了《东亚合作联合声明》。此后，不仅一年一度的领导人会议被固定下来，而且还逐步增加了多个部长会议，使"10 + 3"机制成了东亚地区各国开展对话与合作的主渠道。

引人注目的是，尽管"10 + 3"还是一个地区对话机制，但是，在这个机制框架之下取得了许多实质性的合作成效。在金融合作方面，通过了"清迈倡议"，建立了地区货币合作机制。"清迈倡议"的基础是双边货币互助互换，即通过签订双边协定，在对方出现资金困难或受到资本冲击的时候，签约方向对方提供援助。据估计，协议资金的总金额可以达到 350 亿美元。更为重要的是，"清迈倡议"为未来东亚地区发展更高层次的地区金融合作提供了基础。在贸易和投资方面，尽管涵盖整个东亚地区的自由贸易区计划尚未开始，但是，在地区合作框架下还是取得了一些重要的发展，中国—东盟自由贸易区的建设已经开始。同时，在"10 + 3"框架下，有关各方还就湄公河地区的开发达成共识，规划了合作项目。

值得重视的是，"10＋3"机制所推动的并不仅仅是一个地区经济合作进程，它还有利于东亚地区各国之间政治关系的改善。出于多方面的原因，东亚地区各国之间存在着许多历史的和现实的矛盾，"10＋3"机制提供了一个平台，使各国可以通过对话加深了解和理解，进而改善关系，增加合作。比如，中日韩三国领导人的对话就是在"10＋3"这个机制下发展起来的。2003年，三国领导人发表了经济合作宣言。中国和东盟在深化经济合作的基础上，进一步确立了战略合作伙伴关系。从发展角度看，这些努力将会进一步推动东亚地区建立更加稳定、更加紧密的政治合作关系框架。

"10＋3"的对话与合作为未来东亚更高水平的区域合作开辟了道路。目前，"10＋3"的合作已形成领导人峰会—外交部长会—司局长会及专业部长会议等较完善的机制，这对东亚经济一体化进程十分有利。1998年，韩国总统金大中在第二次"10＋3"领导人会议上提议成立"东亚展望小组"，为未来的东亚合作设计长远规划蓝图。1999年，"10＋3"领导人会议就推动东亚合作的原则、方向和重点领域达成了共识，首次发表了《东亚合作联合宣言》。2001年，"东亚展望小组"向东亚领导人提交了研究报告，建议包括：由"10＋3"框架向"东亚"机制过渡；把建立"东亚共同体"作为东亚合作的长期目标。2003年，中国在"10＋3"领导人会议上提出深化东亚合作的四项建议：第一，研究"东亚自由贸易区"的可行性；第二，推进财政、金融合作，建立"亚洲债券市场"；第三，加强政治、安全合作；第四，拓展社会、文化、科技合作。

3. 东盟与中国的对话与合作

自东盟成立以来，中国与东盟国家的关系经历了对峙、战略合作、全面发展三个阶段。1992年，中国成为东盟的"磋商伙伴"。1993年，中国东盟经济贸易合作委员会和科学技术合作委员会成立。1995年，中国东盟高官会议正式建立。1996年，中国正式成为东盟的对话伙伴国。1997年，中国—东盟领导人非正式会晤在马来西亚举行，双方发表了联合声明，提出建立面向21世纪的睦邻互信伙伴关系。自此，中国与东盟不断推动着双边关系向这一目标迈进。2002年，中国与东盟有关国家签署了《中国与东盟全面经济合作框架协议》、《大湄公河次区域领导人联合宣言》、《关于非传统安全领域合作联合宣言》、《南海各方行为宣言》等一系列重要的文件和协议，双方的睦邻互信伙伴关系步入了新的发展时期。2003年，中国正式加入了《东南亚友好合作条约》，并与东盟签署了《面向和平与繁荣的战略伙伴关系联合宣言》，前者使双边关系正式化、法律化，后者则大大地提升了双边关系的性质。

2000年，在东盟与中国"10＋1"会议上，朱镕基总理提出了构建中国—东盟自由贸易区的设想。2001年，双方达成在10年内建成中国—东盟自由贸易区的一致意见。中国与东盟贸易谈判委员会（TNC）已成立，双方关于建立自由贸易区的谈判正在积极展开。到2010年，中国—东盟自由贸易区将与东盟自由贸易区走到一起，中国与原东盟6国之间将实现贸易自由化，而与缅甸、老挝、越南和柬埔寨则将在2015年实现自由贸易。中国—东盟自由贸易区确立的目标是：在货物贸易方面，逐步降低关税，取消非关税壁垒，取消配额，最终在中国与东盟各国实现贸易自由化；在服务业方面，逐步降低市场准入门槛，最终实现双方服务业市场的进一步融合；在投资方面，取消双方之间的投资壁垒，提高投资的保护程度，为双方企业的投资创造一个更为良好、完善的投资环境。

目前，货物贸易谈判进展顺利。从2003年10月1日起，中泰蔬菜水果关税降至零，包括180种项目，这是中国—东盟自由贸易区的"早期收获"之一。从2004年1月1日起，中国—东盟自由贸易区框架下的"早期收获"计划付诸实施，500多种产品（主要为农产品）将实行降税，到2006年农产品的关税将降到0%。2003年10月发表的《中国与东盟领导人联合宣言》决定，将加快中国—东盟自由贸易区谈判，并帮助东盟新成员国有效参与中国—东盟自由贸易区并从中获益。《宣言》提出，东盟与中国要充分发挥市场互补性，保持双方经贸关系快速发展的势头，以实现在2005年双方年贸易额达到1000亿美元。

4. 东盟与日本的对话与合作

日本在政治、经济上都与东盟有着千丝万缕的关系，从20世纪80年代以来一直是东南亚最主要的经济援助国，同时也是最大的海外投资国。20世纪90年代以来，日本与东盟之间的经济合作关系主要是建立在官方援助以及海外直接投资两个支柱上。

中国提出与东盟建立自由贸易区后，日本也积极强化与东盟的合作。2003年，在"10＋3"领导人会议上，日本和东盟签署了《东盟与日本全面经济伙伴关系框架协议》，确定了建立"东盟—日本自由贸易区"的时间表，即2004年开始部长级磋商，2005年开始正式谈判，2017年最终建成该自由贸易区。此前，东盟部分老成员与日本订立双边经济伙伴协议的谈判业已开始。除了自由贸易区外，东盟与日本还将深化技术援助、人员

交流等其他领域的合作。在日本政府的建议和努力下，2003 年 12 月，在东京召开了日本—东盟首脑峰会，并发表了《日本东盟战略协作伙伴关系东京宣言》和《行动计划》。日本正式宣布加入《东南亚友好合作条约》。

5. 东盟与韩国的对话与合作

1989 年 11 月，东盟与韩国建立了部门对话伙伴国关系，对话内容主要是贸易、投资和旅游。1991 年 7 月，在东盟第 24 届部长级会议上，双方的关系由部门对话伙伴国关系上升为全面对话伙伴国关系，此后双方一共进行了六次对话，内容涉及经济贸易合作（包括科技交流、交通等）。而且在 2001 年 3 月的第五次对话中，涉及了政治和安全议题。

1997 年召开的首次东盟—韩国领导人会议上，对话的范围拓展到环境和文化方面。此后双方每年举行一次领导人会议，合作内容也不断深入和拓宽。比如，韩国支持东盟建设区域交通网，以及对湄公河次区域进行开发等等。

中国与东盟建立自由贸易区计划也推动了韩国与东盟建立自由贸易区的进程。韩国已经着手开展与东盟的自由贸易协定谈判，争取尽早确定东盟—韩国自由贸易区的时间表。韩国与新加坡已同意在 2004 年开始双边自由贸易协议的谈判。但总体而言，韩国与东盟的合作进展较慢。

6. 东北亚地区的对话和合作

多年来，东亚合作处于"南热北冷"状态，即东北亚次区域的合作落后于东南亚。尽管关于建立"东北亚自由贸易区"的设想已提出多年，但这一地区各经济体，包括中、日、韩、俄、蒙之间，尤其是最主要的三个经济体中、日、韩之间，迄今没有达成任何双边或多边贸易协定。2003 年 10 月 7 日，中、日、韩三方领导人举行了第五次会晤，并发表了《中日韩推进三方合作联合宣言》。此举表明，东亚地区的经济重心——东北亚次区域的经济合作得到了官方的大力推动。这次三方领导人签署的《联合宣言》，旨在改变现状，推进东北亚次区域合作。除了继续加紧研究中日韩三国自由贸易区外，还提出开展信息通讯产业、财金、交通、旅游、科技、环保等广泛领域的合作，从而明确了东北亚合作的方向与目标。

在山东威海召开的"2004 东北亚经济合作论坛"上，中国国务院副总理吴仪在致辞中提出了倡导深化东北亚区域经济合作三原则：

第一、立足当前，放眼长远。既要看到全面深化东北亚区域经济合作可能面临的现实困难，更要看到全面深化东北亚区域经济合作是大势所趋，符合东北亚各国的长远利益和根本利益。

第二、加强理解，增强互信。东北亚各国是唇齿相依的近邻，理解和互信是深化合作的基础。各国政府要进一步加强协调，共同引导东北亚经济合作的发展方向。

第三、求同存异，循序渐进。基于本地区经济发展的多样性，深化东北亚区域经济合作一定要充分考虑各国的实际情况，实现各方利益的平衡。可以借鉴国际上其他区域合作的成功经验，找准切实可行的突破点，先易后难，逐步推进东北亚区域经济合作走向深入。

二、"10＋3"区域合作的必要性

1. 市场经济发展的必然要求

从理论上说，东亚区域经济合作的必要性，是现代市场经济国际化发展的客观要求。

首先，市场经济离不开国家的宏观调控，即使像美国这样号称自由市场经济的国家，国家对经济的干预，也不是绝对排斥的。现代经济的发展，使各国的内部市场无法满足经济增长的需求，必须从国内市场走向国外市场，扩大自身经济活动的领域与范围。在这一过程中，周边和邻近国家无论是从认识逻辑还是地缘关系乃至经济原则上看，都容易成为各国经济对外发展的首选目标，而市场对国界的超越，使得宏观调控也就不能不超出一国的范围。因此，各自让渡部分经济主权，达成一定范围内的统一宏观协调或调控，是不可避免的发展趋势。

第二，现代经济需要有规模经济，只有形成一定的规模经济，才能获得较大的经济效益。而理想的规模经济往往在一国范围内是很难形成的，特别是一些较小的、发展中的经济体更是如此。只有进行跨国发展，才有形成理想的规模经济的可能。

第三，现代经济发展需要强化专业分工，根据规模经济的要求和经济发展不平衡性的现实，一国所能达到的专业化分工，很难形成合理的产业结构，更不可能从经济发展的总体上，获得较高的经济效益和较快的发展速度。因此，产业分工的跨国性、区域性也是必然的。

2. 维持各国经济增长

从东亚地区的现实上看，东亚区域经济合作是其经济持续高速增长的重要条件。

首先，任何国家经济的快速发展，都必须有一定的资金投入，特别是处于工业化起步阶段的国家更是如此。东亚地区的日本在其经济腾飞过程

中，曾得到过美国的资金扶持。亚洲"四小"又得到过美国、日本及西欧资金的支持。目前东亚地区大多数国家经济发展处于初级阶段，自身积累能力低，即便有些国家（地区）储蓄率高于欧美，但因多方面的原因，本国的资金来源仍无法满足其经济发展对资金的需求。必须打开国门吸引外资，才能保证经济的持续高速增长。而东亚区域内有些国家（地区）如日本、"四小"等资金盈余，则能够向资金需求国家投入。

其次，出口导向战略曾是支持许多国家经济腾飞的政策支柱。东亚国家（地区）从日本到"四小"乃至东盟国家，多实行出口导向战略。而其出口贸易的主要对象之一，就是本地区的国家（地区）。由于东亚地区是一个具有极大发展潜力的大市场，因此，东亚国家加强联系，增进了解，扩大合作，进一步开拓市场，扩大贸易，以支持东亚经济的持续快速发展，是十分必要的。

第三，东亚国家（地区）的经济发展，具有很大的互补性、互利性和互动性，但也具有一定的互斥性、互制性和互害性。东亚国家（地区）依其经济发展水平和自然禀赋等条件，可以分为几个不同的层次或类型。不同层次、不同类型的国家（地区）之间的互补、互利、互动性较大。而同一层次、同一类型的国家（地区）之间则具有一定的互斥性、互制性，如同类产品的市场竞争，吸引投资和引进技术竞争，因此产生的经济摩擦是不可避免的。而随着经济的发展，产业结构、国际分工和经济发展水平的逐步接近，这种竞争和摩擦将会更加激烈。解决这一问题，必须有有效的途径和措施，即实行区域经济合作。

第四，东亚各国（地区）的经济相互之间的影响越来越大。1997年的亚洲金融危机就体现了这一点。在金融危机中，东亚所有的经济体都受影响，反映出了东亚各经济体之间密切的相互依存关系。金融危机的发生，也反映了东亚缺乏一个较成熟的地区合作机制。缺乏政策协调机制的东亚，在相互之间的贸易、投资、经济合作方面存在着层层壁垒，难以抵抗金融风险，难以形成有竞争力的经济体，不少东亚成员面临的共同问题如金融监管、汇率稳定及产业结构调整和贸易投资自由化安排等都难以得到有效解决。

第五，东亚地区还存在着许多影响经济发展的因素，如朝鲜半岛的局势、有关各国的领土纠纷等，这些问题都需要通过协商解决。

3. 应对世界经济区域化的竞争

从世界经济整体上看，东亚经济合作的必要性还表现在世界经济区域集团化趋势的增强和贸易保护主义的抬头。

首先，西欧、北美通过一系列的条约、协定，已经形成了两个层次不同的洲域化或次洲域化的经济集团。目前这两个经济集团正力图进一步扩大，形成包括中东欧在内的大欧洲联盟和包括南美洲国家的全美洲联盟。任何经济集团都必定具有某种内向性、排他性和对非成员的歧视性，它是在"关贸总协定"即在参与多边自由贸易的前提下，寻求区域内更高程度的自由化。西欧、北美两个经济集团的内向性、排他性和对非成员的歧视性可以说是公然申明的，即都规定域内各生产要素或某些生产要素的自由流动以及关税及非关税壁垒的减免。这种规定从另一角度看，则是对域外自由流动和自由贸易的排斥与否定。在一些经济集团形成的情况下，任何同这一集团（或其成员）发生联系的国家（地区），如果不组成相应的集团，客观上就形成了一种不平等的经济关系和不公平的竞争关系，即该集团（或其成员）所具有的经济优势并不为与其发生经济关系的国家所具有，前者即可凭借这一有利条件，加强同后者谈判的地位。事实上，西欧、北美两大经济集团对非成员的歧视性以及主观或客观形成的不平等性、不公平竞争还远不止这些。西欧北美的集团化发展趋势，使得与其有密切经济关系的东亚国家，没有理由不担心自己的利益受到损害。

其次，随着世界经济一体化趋势的发展，东亚区域内各国（地区）在世界经济中的共同利益增多。为了保障这种利益，不能只靠某一国家（地区）的孤军奋战，更要靠联合的力量。只有这样才能加重东亚国家（地区）在世界经济交往中的分量，也才能加重单个国家（地区）在对域外国家谈判时讨价还价的筹码。

第三，出口导向型经济发展的重要条件，就是占有市场。东亚市场广大，且发展潜力极大。为了满足东亚国家经济发展对市场的需求，也必须采取有效措施对域内市场加以保护，确保域内市场，争取域外市场，从而使东亚国家（地区）在同域外集团（或其成员）竞争时，有一个比较巩固的后方阵地借以依托。

第四，关贸总协定乌拉圭回合结束后，虽然世界贸易组织（WTO）已经建立，多边协定得以签署，但世界贸易保护主义并未因此而减弱。相反，由于西欧、北美经济集团的产生，特别是美日、美欧、日欧经济摩擦的上升，都采取措施进行市场保护。近年来，美国不时动用"特别301条款"，迫使日本打开汽车零件市场和农产品市场，美日贸易摩擦不断升级。尽管最后达成了协议，但其根本矛盾仍未解决。此外，美国、欧盟等还以

保护知识产权为名，对中国以贸易制裁相威胁，对中国、越南及其他东亚国家的商品进行反倾销调查，征收反倾销税，限制东亚国家向西欧、北美出口，要求东亚国家（地区）向欧美更大地打开市场，今后东亚各国（地区）进入欧美市场可能会更艰难，代价会更大。因此，加强东亚区域经济合作，是对抗集团化、抵制贸易保护主义的一个重要措施。也可能成为打破集团化，在更高层次上实现贸易自由化的一个有效方法。

三、"10＋3"区域合作的有利条件

（一）客观条件

1. 生产要素的互补性

东亚国家由于自然禀赋的差异和历史发展的不同，具有不同的生产要素优势和劣势。日本是东亚经济发达大国，具有高新技术，并有开发、研究从而发展高新技术的能力，还有大量的盈余资金，但自然资源比较贫乏，劳动力资源不足，国内市场狭小。亚洲"四小"中的韩国拥有大量的中间技术，但资源和劳动力都明显不足，其他"三小"均是资源、劳动力不足，资金有盈余；"四小"内部市场都比较狭小，都实行出口导向发展战略，带动经济发展。东盟国家（不含新加坡）除文莱外，都是资源比较丰富、劳动力过剩、而资金比较短缺，都需要引进国外技术，市场不健全，因而也不发达的国家。中国（大陆）资源丰富，劳动力大量过剩，资金严重短缺，虽然也有部分较为先进的技术，但也大量需要国外技术，且有广大的市场及发展潜力。俄罗斯的远东地区，资源极为丰富，而劳动力和资金则大量缺乏，重工业基础较好，而商业和管理技术缺乏，市场有限。蒙古和朝鲜都有较为丰富的资源，都需要外国技术，市场都比较有限。蒙古劳动力和资金都比较缺乏，朝鲜则劳动力比较充分，而资金比较缺乏。显然，上述这种各有不同的过剩和稀缺、优势和不足的状况，使东亚各国（地区）经济独立发展困难，联合、协作互补性明显，这是促使东亚加强经济合作的客观基础和先决条件。

2. 比较利益的长期性

东亚国家（地区）由于历史和现实的原因，具有不同的经济发展水平，分属于几个不同的经济发展阶段。这种经济发展中的差异性，奠定了比较利益的基础，成为支持东亚经济合作的重要支柱。东亚国家（地区）经济发展中的这种差异性，并非在短时期内所能改变。日本成为当代世界具有高新技术、先进技术和大量盈余资金的发达经济大国，大约经历了约

20 年左右的时间。而其经济发展的一些必要条件，如比较发达的教育和较好的人口素质，是早在明治维新时期就开始形成的。日本又是东亚唯一一个在近代实现了工业化的国家，有良好的工业基础。尽管在二战中由于发动侵略战争，物质方面的因素如厂房、设备乃至城市等遭到很大的破坏，但毕竟大部分保留了下来。而且技术、文化乃至精神方面的因素是不可能被战争消灭掉的。战后的日本由于美国推行其全球战略和亚洲战略，又获得了许多有利的条件和发展机遇。这是当今东亚各国所不可能具有的条件。亚洲"四小"的经济腾飞和产业结构的升级，从其出口导向战略的制定和实施，也经历了约十几年甚至近二十年左右的时间。而"四小"则是得益于日本产业结构的调整，有的则具有特定的国（区）情。如新加坡、中国香港地区属于城市经济、都市化国家（地区），中国台湾省和韩国曾得到美国乃至日本的扶植（美日主要是出于遏制共产主义在亚洲发展的政治图谋）。当今东亚各国，除少数国家外，多数国家的起点都很低，农业特别是传统工业劳动密集型产业都占很大的比重，经济发展水平低，这就使得经济比较发达的国家，以其经济实力和技术优势所获得的比较利益，能够保持一个较长的时期。

3. 产业结构的梯次性

目前，东亚的产业结构是一种梯次结构。即日本以高新技术和知识密集型产业为支柱，亚洲四小以中等技术和资本密集型产业为主，兼有高新技术和知识密集型产业及基础技术和劳动密集型产业，东盟国家则以基础技术和劳动密集型产业为主，而中国由于地域广大，人口众多，经济发展不平衡，既有较为先进的技术和知识密集型产业，也有中等技术和资本密集型产业，但从中国的广大地区看，主要还是基础技术和劳动密集型产业。无论是从工业还是农业上看，手工劳动和传统机械操作仍是当今中国的主要生产方式。而东亚的有些国家则处在更为落后的产业层次和经济发展水平上。这种梯次结构，在一定时期内，不会很快改变。日本依其目前的经济实力和其研究、开发高新技术、发展知识密集型产业的决策以及其"新技术立国"的战略，使其产业结构能在相当长的时期内处于东亚地区的最高层次。其他梯次也都将有一个相对稳定的发展时期。这种梯次性已经把东亚国家（地区）的经济内在地联结在一起，它本身已经构成一种合作，同时又要求加强这种梯次合作，以便为梯次的递进奠定基础。

4. 产业升级的联动性

美国著名经济学家克鲁格曼先生认为，东亚经济并非是一个奇迹，因

为它是依靠高投入、高消耗达到高效率、高产出的。应当说当前东亚经济的高速增长中，确实存在着高投入、高消耗的问题。这是发展中经济在其工业化起步阶段不可避免的问题。然而，任何经济的持续高涨，都不可能长期建立在高投入、高消耗上。它不仅为任何国家客观条件所不能，又为任何国家的主观意愿所不容，也为经济发展的客观趋势所必然排斥。因此，产业结构的不断换代升级，投入与产出差距的负向增长是一个必然的过程，东亚国家（地区）产业结构的梯次性，决定低级产业必然要向中高级产业迈进，并要通过或借助于同中高级产业的合作，实现其升级和转换的目标。而中高级产业在向更高层次、更高水平攀升的过程中，既要有广阔的市场，又要转移、让渡某些过时的、落后的产业，并要使这种转让不能像倒垃圾一样无偿抛弃，而是要通过这种转让获得一定的甚至是更大的现实价值和潜在价值，从而在资金和市场两个方面为其新的攀升注入活力、创造条件。由此构成东亚地区产业升级的联动性，即梯型逐次的升级尽管在经济发展过程中，跳跃式发展也不乏先例，但产业结构的升级，通常都是逐次递进的。不同产业结构的梯次之间相互关联、相互依赖，每一国家（地区）产业结构的升级，都要借助于上一梯次国家（地区）的技术和产业，又推动、促进上一梯次，牵引、带动下一梯次国家（地区）的技术和产业结构向更高梯次转换。东亚区域的这一现实状况，使其经济合作具有显著的互利性和互动性。

（二）主观条件

1. 发展意识增强

经济发展意识对于多数国家来说，一般不能说有或没有。但有些国家由于特殊的历史条件，在一定历史时期内，其他意识如政治、国家安全意识等重于和先于经济发展意识的状况是存在的。如东南亚、印度支那国家的国内政治纷争乃至国内战争和反侵略战争，以及受东西方冷战影响的国家（地区）在一定时期内，政治意识、国家安全意识等一般都超过经济发展意识。20世纪80年代末冷战的结束使意识形态冲突退居次要地位，又进一步推动了经济的发展。而出于意识形态分歧的某些政治图谋，也有了更深层次的战略考虑，即经济发展水平与发展速度是社会制度优越性的体现，也是社会制度巩固和发展的物质基础与必要条件。因此，一种科技为先导、经济为基础的综合国力的竞争，在世界范围内展开。东亚地区曾是冷战时期的一个热点地区，是意识形态和社会制度分歧与冲突的一个重要地区，也是政局不稳、政治动荡、内外战争频繁的一个地区。正因为如此，对于世界政治形势的变化，东亚国家（地区）感受比较深刻。因此，经济发展意识较早地上升到主要地位。目前，作为发展中国家比较集中的地区，东亚国家的发展意识比其他发展中国家集中的地区较为明显、强烈。这一因素使东亚国家在经济发展上较为主动、积极，对东亚国家（地区）内部的政治稳定和国家之间友好关系的发展，也起到了一定的积极作用，并为经济发展提供了有利条件。经济发展意识的增强，使东亚国家（地区）有可能排除其他非经济因素的影响，加强合作。

2. 开放意识增强

同拉美国家的进口替代战略不同，东亚的日本和亚洲"四小"等国家和地区的出口导向战略是成功的。这一事实具有重要的示范作用，极大地促进了东亚国家（地区）的开放意识。目前，除日本和亚洲"四小"外，东盟国家都实行开放政策，积极吸引外资，引进技术，开拓国外市场。印支三国目前也在引资招商，逐步打开国门。越南现已参加东盟，并正在成为国际上一个新的投资热点。实行开放政策，加强对外联系，已经成为东亚国家（地区）共同的战略措施。共同具有的开放意识是东亚区域经济合作的先决条件。

3. 合作意识增强

当今世界市场竞争激烈，经济摩擦频繁，区域集团化趋势的发展和贸易保护主义的抬头，使东亚经济发展多受其害。作为经济发达的日本屡遭打击。美国、欧盟都曾对东亚国家（地区）进行过限制进口、反倾销调查、征收反倾销税。东亚国家（地区）目前基本上处于松散状态，西欧、北美可以凭借其经济技术和资本优势，依赖其集团化的力量进入东亚地区，从中获得较大的利益，而东亚国家对欧美发展经济贸易关系却多受限制。因此，包括日本在内的东亚国家多有加强合作的意向，以图巩固域内市场，形成整体力量抵消欧美的集团化和贸易保护主义。随着域内经济贸易联系的深化和发展，东亚国家（地区）的合作意识进一步增加。虽然APEC 的发展在一定程度上冲击和淡化了东亚经济合作，但东亚国家（地区）也没有放弃本区域经济合作的构想，东盟国家已把马来西亚倡导的EAEC 作为东盟的共同主张，并作为一个整体和核心纳入 APEC。一但APEC 合作受到阻碍，东亚经济合作就可能成为一种可以替代的选择。

四、"10 + 3"区域合作面临的困难

尽管东亚经济合作已取得不少进展，但总的来看，与北美、欧洲相

比，东亚的区域合作仍然滞后。当前，东亚合作面临以下几个主要困难：

1. 国家之间的发展差距巨大

在东亚地区，既有作为世界第二大经济体的日本，也有作为世界人口最多的中国，还有世界最不发达的老挝、柬埔寨、缅甸。在人均国民生产总值上，日本、新加坡达到了 3 万美元，老挝、柬埔寨只有 200—300 美元。日本、韩国、新加坡知识经济、高科技产业在国民经济中占了相当大比重，老挝、柬埔寨、缅甸国民经济仍然以农业、林业为主。

东亚国家不仅经济发展水平处于同一层级的成员国经济结构相似，就是经济发展水平差距较大的成员国之间经济结构的相似性也较强。如中日韩之间，虽然日本、韩国的发展水平比中国高，但三国在钢铁、机械、电子等产业领域利益冲突较大。

在这样一个差别如此巨大的地区推动合作，困难可想而知。比如建立自由贸易区，首先要考虑到不同的利益，第二要考虑安排上的差别，第三，自由贸易区的建设必须与整体经济发展结合起来。因此，一下子推动整个东亚地区的自由贸易区是很困难的，只能从局部开始。

2. 东亚经济对美欧经济的依赖程度高

东亚地区整体经济实力不强，对美国、欧洲等发达国家经济依赖严重，是阻碍东亚自由贸易区、东亚经济进一步合作的又一障碍。由于东亚国家发展经济的高级技术主要来自欧美，技术设备主要从欧美进口，发展经济所需外汇主要通过向欧美国家出口获取贸易顺差取得。因此，多数东亚国家眼睛向外看，而不是向内看，从而削弱了东亚国家推动区域经济合作、建立自由贸易区的积极性。即使到了今天，建立东亚自由贸易区已经成为多数东亚国家的政策，但许多国家仍然担心建立东亚自由贸易区的举动会损害世界多边自由贸易体系，从而招致欧美的贸易保护主义，影响东亚国家对欧美的出口和技术引进。在东亚自由贸易区建设中主张"慎重"的思想仍然很有市场。

3. 美国的不支持态度

美国在二战结束后向东亚转移生产技术和开放本国市场，一方面是出于政治目的，试图通过扶持中苏周围的中小国家经济增长来遏制中苏的发展壮大；另一方面则是出于自身经济结构调整的需要。美国把劳动密集型产业转移到东亚发展中国家和地区，既可以得到价廉物美的消费品，又能集中力量发展高新技术产业，同时还可以通过美元的杠杆作用，使东亚国家对美的贸易顺差中的很大一部分又以债券或投资等形式回流美国。

由于东亚地区没有在经济及政治上联合，美国可以在双边谈判中通过单方面制裁等手段施加压力，各个击破，迫使东亚国家对美让步。为确保自身利益，美国当然不愿东亚国家在经济上联合，不愿看到一个可以与之竞争的东亚区域经济组织出现。

美国对东亚经济一体化的消极态度，使得马来西亚总理马哈蒂尔十几年前提出的定期举行"东亚经济会议"和日本在1998年亚洲金融危机时提出建立亚洲货币基金组织的构想，均因美国强烈反对而夭折。而且，东亚许多国家因与美国存在经济和贸易依赖关系，因此对美国的态度有所顾虑，在对待东亚区域经济联合问题上犹豫不决。

4. 中国和日本之间的互不信任

东亚的大国之间，主要是中日之间，存在发展、战略、安全以及历史认知上的巨大差别，而没有中日之间的共同认知和共同推动，东亚合作的进程就会放慢，也会难以取得成功。东亚经济的重心不在东南亚，而在东北亚。中、日、韩三国GDP总量占东亚13个经济体总量的91.2%，其中，中、日两国占了东亚的84.5%。很显然，东亚合作应当以中、日为核心。

令人遗憾的是，中、日之间存在的一系列问题导致双方互不信任，影响了东北亚和东亚的合作进程。这些问题包括历史问题、领土争端和经济竞争三个方面。最突出的是历史问题，日本政界几乎年年都会出现伤害中国人民感情的事情，如首相参拜靖国神社、修改历史教科书及最近发生的遗留在中国的毒气弹事件等等，无时无刻不在给两国关系投下阴影，也使中国民间强烈的反日情绪挥之不去。在经济领域，日本对中国颇有戒心，担心被中国超过，"中国威胁论"总是不断地出现新花样。而日本插手中俄石油管道谈判，已成为双方经济竞争的新例证。在这种情况下，中国对于日本提出的有关东亚合作的建议，如建立"亚洲货币基金"及"东亚发展倡议"等持有疑虑也不难理解。反之，日本也不愿意看到东盟与中国走得太近，担心地区合作主导权落在中国手中。

另一方面，日本自身对地区合作的热情也不高。作为世界第二大经济体，日本的眼光是面向全球的，而非单个地区的。日本的对外投资和贸易重心都不在本地区。日本今后究竟是继续脱亚入欧还是回归东亚，定位并不清楚，这就决定了日本对地区合作的态度是被动的和消极的，某种程度上是在中国的压力下亦步亦趋。在与东亚经济体建立自由贸易区问题上，日本有一个致命的弱点，即害怕开放农产品市场。这是日本与韩国及与东盟搞双边自由贸易区的一个难点。这个问题不解决，不论是东北亚三国还

是东亚的自由贸易区都无法建立起来。

5. 东亚各国国家主权的约束

东亚地区种族、宗教、语言和政治制度多样化，很难形成统一的价值体系和价值取向。这种文化深层的差异性，在区域经济合作方式上的表现就是非制度化的灵活多样性，缺少建立制度来促进东亚区域经济一体化的政治一致性和凝聚力。东亚国家在政治体制等各个方面都有很大的差别，所以很难实现那种让步国家主权，实行区域管理的模式。无论是东亚的政治家、思想家还是公众，思考和实践民族国家主权妥协和让步的可能性都比较低。一方面，与欧洲联邦思想由来已久不一样，亚洲在历史上缺少亚洲联邦理念和传统。另一方面，多数东亚国家都曾经是欧美发达国家和日本的殖民地或附属国，丧失主权、附属他人所带来的政治、经济和文化屈辱经历，在东亚民族心理上打下了深深的烙印。摆脱殖民统治才几十年的东亚国家，还没有为重新交出自己国家部分主权、建立超国家管理机构做好准备。

与主权意识相对应的是区域意识弱。区域经济一体化必须建立在地区主义的基础上，即各经济体应当以区域利益为重，从区域利益中寻求各自的国家利益。这一点，欧洲做得最成功。历史上，欧洲各国的民族、主权意识也曾十分强盛，但通过战后半个世纪的融合，欧洲的民族、主权意识已让位于区域意识，人们从对国家的认同转向了对区域的认同，这才有了今天使用统一货币的欧盟。反观东亚，目前正处于民族、主权意识的上升时期。各个经济体各有各的想法，都强调自己的民族特性。如果各国都从本国利益出发，将其置于地区利益之上，那么东亚一体化就难以向前发展。

对国家主权的高度敏感，在东亚区域经济合作中表现为难以形成超国家管理和监督机制。东盟自由贸易区建立后，这种管理方式也没有大的改观。东南亚金融危机后建立的"10＋3"机制，具有政府间"俱乐部"性质，每年的13国首脑会议和部长会议为各国提供一个讨论东亚和世界事务的平台，各国就共同感兴趣的问题展开对话、交流意见、增进共识，会议后发表的联合声明一般都只代表某种共识和意向，各国可以采取行动加以实施，也可以按兵不动或得过且过，不存在制度和法律意义上的奖励和惩罚约束。

6. 现有"10＋3"区域合作机制的推动力不足

迄今为止，东亚的合作是在"10＋3"框架中进行的。这一框架的特点是10为主3为客，即经济分量较小的10国（2001年10国GDP总和仅占东亚13国的8.8%）是东道主和核心，而经济分量巨大的中日韩三国

（2001 年 3 国 GDP 总和占东亚 13 国的 91.2%）必须作为被邀请的客人参与合作进程。这种格局的优点是充分发挥了中小国家在地区合作中的领导作用，在一定程度上可避免大国争夺主导权对合作进程可能造成的不利影响。其缺点是东盟的经济分量太小，随着合作进程的深入，其推动力捉襟见肘。而从历史经验来看，无论是欧洲共同体，还是北美自由贸易区，都是靠经济分量较大的国家来推动的，前者如德、法两国，后者如美国。另外，东盟对于东北亚次区域合作的影响力也很有限，难以担任推动整个东亚地区合作的重任。

　　早在 2001 年，韩国就提出改变东亚合作以东盟为核心的格局，把"10＋3"改为"东亚峰会"。"东亚峰会"的成员仍然是东盟 10 国和中日韩 3 国，但 13 个成员的地位一律平等，无客主之分。会议不再限止在东盟成员国召开，也不必放在东盟峰会或部长级会议之后开，而是在 13 个成员国中轮流召开。换言之，中、日、韩 3 国也不必再以客人的身份与会了，这 3 国各自也可以东道主身份召集东亚会议。客观地看，"东亚峰会"更适合于推动"10＋3"合作进程，更有利于实现"东亚自由贸易区"和"东亚共同体"这两个目标。但东盟对此存有疑虑，担心其核心作用将会因此消失。美国对于东亚国家之间过于紧密的合作，也会抱有很大的戒心。而中国和日本之间关于领导权的问题也远远没有达成共识。

　　7. 东亚地区存在诸多不稳定因素

　　比较世界其他地区，东亚地区虽相对和平、稳定，但仍存在一些热点问题。如朝鲜半岛局势虽因朝韩首脑会晤而有所缓解，但南北双方达成和解还面临重重困难。台湾对东南亚国家增大务实外交力度也将直接影响中国与东盟国家的友好关系。东南亚各国因经济危机的影响，社会不稳定因素增加等。

　　历史遗留的领土问题，如日韩的"独（竹）岛"之争、中日的钓鱼岛之争、马新的白礁岛之争、马印（印度尼西亚）的加里曼丹东北部分岛屿之争，以及泰越关于暹罗湾的捕鱼纠纷和泰老关于边界及湄公河航运与水资源问题等都会在特定的历史条件下趋向激化，从而妨碍东亚地区的经济合作。

五、"10＋3"区域合作相关各方的基本利益与合作战略

　　1. 中国

　　自从 20 世纪 70 年代末以来，中国政府一直实施以经济建设为中心的

基本发展战略。2002年中共16大进一步提出了"全面建设小康社会"的奋斗目标。中国的基本国家利益就是通过经济发展实现民族复兴，同时维护和实现国家完全统一。中国的外交战略应该服务和服从于这一根本大局。具体到经济合作领域而言，就是要为国内经济发展创造尽可能有利的国际环境，实现"两种资源、两个市场"的充分利用。但到目前为止，中国的区域经济合作战略还没有完全成型。目前比较清晰的线索是，中国近年来对与周边国家和地区的经济合作给予了进一步的重视，明确提出了"与邻为善、以邻为伴"、"睦邻、安邻、富邻"的政策，倡议成立中国—东盟自由贸易区，积极推动上海合作组织增加经济合作的内容。

2. 日本

战后，日本经济迅速发展，跃居世界第二经济大国。但由于其"二战"期间的侵略历史，难以成为政治大国和军事强国。日本的基本国家利益在于，在保持其经济优势的前提下，追求与其经济地位相称的政治大国地位。就其对外关系而言，日本与美国的同盟关系还是最为重要的。日本深知，取得美国的首肯是其成为政治大国的先决条件。在维护日美关系的前提下，日本积极参与国际事务，积极要求成为联合国安理会常任理事国。在区域经济合作方面，日本希望能够主导东亚经济合作进程，突出自己在该地区的领导权，防范中国的崛起。但日本不希望因此而刺激美国。在实际行动中往往落在中国的后面。

3. 韩国

"二战"之后，韩国在一穷二白的基础上成长为世界第13大经济体，跻身于发达国家的行列，这一发展过程被誉为"汉江奇迹"。但是，朝鲜半岛至今处于分裂状态。因此，实现朝鲜半岛的独立与统一，是韩国的基本国家目标。在具体外交战略上，韩国外交的基石是韩美军事同盟，并在此基础上发展与美国全方位的合作。同时，韩国积极扩大与朝鲜的交往，争取早日实现国家统一。在区域合作中，韩国倾向于开放性的多边合作，以平衡其与美、日等主要经济伙伴的合作关系，最有效地保障其经济利益。

4. 东盟

东盟已经成为东南亚地区稳定的合作机制，在本地区事务中发挥着中坚作用，在亚太地区事务中发挥着独特的影响。东盟处于独特的位置，是一系列合作建议和协定的中心，在东亚合作中占有主动。但或许由于其自己的内部弱点与缺乏领导力，它似乎不能充分利用这一位置。东盟显然担心过渡到"东亚"机制会削弱其主导权，减少其回旋余地。而且，即使过渡到"东亚"机制，东盟由于自身弱点也难以担当领导地位。因此，目前东盟并不热衷于这种过渡。

尽管如此，东盟各国均要求加强地区经济合作。多数国家希望，以东盟自由贸易区和东盟投资区为主，中、日、韩分别加入，进而推进东亚自由贸易区的建立。东盟担心中日韩首先建立自由贸易区，再吸收东盟加入，会使其失去主导权。所以，目前东盟根据各方急于建立自由贸易关系的心理，采取分别与中、日、韩建立自由贸易区的方式，在合作中掌握主动权，占据有利的谈判地位。现在东盟正在向这个方向迈进。2002年，中国与东盟签署《中国与东盟全面经济合作框架协定》，决定到2010年建立"中国—东盟自由贸易区"。但东盟并不想把鸡蛋放在一个篮子里。目前，它同时与几家磋商自由贸易区或经济伙伴安排。东盟已与澳大利亚和新西兰进行了多年谈判；2002年，与日本就10年内建立自由贸易区达成一致；美国于2002年提出与东盟国家建立自由贸易区的计划。东盟的做法，既是出于扩大对外经济合作的需要，也有平衡中国影响的考虑。

5. 美国

美国是当今世界上的唯一超级大国。美国不是东亚国家，但美国依靠它在世界上首屈一指的综合国力，依靠它在东亚的驻军和东亚的盟国，依靠它对东亚巨大的经济影响，依靠它在民主、人权等价值观的影响，取得了在东亚地区的主导地位。

东亚在美国的全球战略布局中具有举足轻重的地位。美国对东亚区域合作的态度取决于美国的国家利益。美国在东亚的主要目标是：（1）推动东亚地区贸易与投资的自由化，确保一个对美国开放的东亚市场；（2）维护美国在东亚的主导地位，防止任何可能挑战其领导地位的国家或集团的出现；（3）确保东亚的安全与稳定，保护美国在东亚的政治、经济、安全和战略利益。从美国在东亚的主要目标可以看出，美国对东亚区域合作持有矛盾的态度。一方面它要推动东亚地区贸易与投资的自由化，维护东亚地区的安全与稳定，以保护美国在东亚的政治、经济、安全和战略利益不受侵蚀。另一方面，美国要维护其在东亚的主导地位，防止具有挑战性国家或集团的出现，这势必会阻碍东亚区域合作的发展。所以，在东亚区域合作问题上美国因素既是积极因素，又是消极因素。

美国对东亚区域合作具有积极的影响，能够发挥建设性作用。要推动东亚区域合作，就需要美国的积极参与。在政治上，美国的建设性作用主

要表现为稳定东亚的现存秩序，反对国际恐怖主义，防止核武器和大规模杀伤性武器的扩散，维护东亚地区的和平与稳定。美国在朝核问题上所表现出的多边主义有利于东亚的稳定。经济上，美国在资金、技术和市场等方面对东亚经济具有补充与支持作用。美国对东亚的直接投资、高科技、先进的管理经验和巨大的市场对东亚国家来说具有很大的诱惑力。

目前，美国既担心类似欧盟的东亚联合体的出现，但又以积极的姿态加大对东亚地区的经济投入，以多种手段介入东亚合作。其手段之一是提升亚太经合组织的功能或使之机制化，以利于其继续在东亚地区发挥关键作用；手段之二是着手与亚太国家签订双边自由贸易协定，以此为基础推动美国主导的亚太自由贸易合作。美国清楚地知道，东亚区域合作有助于东亚的安全与稳定，中国参与区域多边合作，有助于地区局势的稳定，可减轻美国的压力，并可通过区域合作迫使一个日益开放并争取取得邻国信任的日本开放市场，使日本成为美国推行其亚太地区战略的得力助手。因此，东亚区域合作符合美国的利益。同时，美国也采取措施确保自己战略目标的实现，与新加坡等协商经济一体化协议，从而推动东亚区域合作进程。美国同东亚的相互依存越来越深，它只有积极参与东亚区域化进程，促进改善该地区的政治经济关系，才有助于东亚区域合作的深化，有助于包括美国在内的整个亚太地区的繁荣与稳定。正是因为美国在东亚地区具有重要的建设性作用，因此，无论现在还是将来，东亚都应谋求与美国的合作，承认美国在东亚的建设性存在，实行对美国开放的东亚区域合作。

同时，美国对东亚区域合作也存在许多消极的影响。这些消极因素主要可归纳为美国的恐惧心理和美国的外交政策。正是由于美国的恐惧心理和美国外交政策的偏差使得美国在东亚区域合作上态度暧昧，给东亚区域合作带来一定程度上的压力和阻力。

美国的亚太经济战略成为美国阻碍东亚区域合作的重要因素。美国的亚太经济战略是以亚太经合组织为舞台，以北美自由贸易区为范本，加快推进亚太地区经济贸易的自由化和一体化，最终获得对亚太经济合作与发展的主导权。为了实现这一战略，美国一直对东亚区域合作的发展动向保持高度关注与警惕，坚决反对与阻挠建立任何把美国排斥在外的东亚区域经济集团，严防别国主导东亚经济合作与发展。与此同时，美国通过各种途径与方式强化东亚地区在经济、政治与安全等各方面对美国的固有依赖。广泛、长期而又深刻的对美依赖不仅削弱了东亚地区之间的内部经济联系，不利于东亚地区的经济合作，而且使东亚各国屈服于美国的态度与政策，加强了美国对东亚各国内部事务及地区事务的影响。多年以来，美国的反对与阻挠一直是并且在相当长时期内仍将是阻碍东亚区域合作顺利发展的重要外部因素。美国的亚太经济战略实质上就是要主导亚太经济发展，掌握亚太经济发展的主导权，而东亚区域合作的主导权很可能冲击美国在亚太的经济发展战略，所以美国需要的是不排斥美国的东亚经济合作，并且由美国掌握东亚区域合作的主导权。

六、"10＋3"区域合作的发展态势

1. 双边带动多边

双边合作大行其道是当前国际经济的一个显著特征，东亚地区也不例外，而且会更突出。通过双边合作的推进来带动多边合作的深入，将是东亚区域合作的一个显著特征。

我们正处在一个国际关系格局演变的时代。随着苏联的解体，美苏争霸不复存在，世界格局由"冷战"时代的两极争霸演变为当今的美国"一极独霸"或"一超多强"的新格局。而随着"9·11"事件之后反恐问题的突出，传统地缘政治的重要性相对下降，有的学者认为这是"地缘政治时代"正在向"全球划时代"过渡。如何把握当今国际关系的整体体系？美国学者约瑟夫·奈给出了一个有说服力的解读。他认为，当今的力量是一种类似复杂的"三维棋盘"的模式在世界各国之间进行分配的。首先层是军事力量，在这一层美国占据无与伦比的优势；第二层是经济力量，在这一层美国并不具有绝对优势，日本、欧盟以及崛起的中国等也有很大的发言权；第三层是跨国关系，这一层的力量分配基本上超越了政府控制，变得更加分散。跨国公司、短期资本经营者、恐怖组织、犯罪团伙、非政府组织、国际媒体等等成了这个层面的主角。

回顾战后国际关系史，我们不难发现，GATT 及随后多个回合的贸易谈判，基本上是由两极争霸中的一方——美国及其西方盟国所主导的。发展中国家的独立和崛起，其他西方大国与美国利益矛盾的逐步突出，使得美国在主导多边贸易安排方面越来越感到力不从心。而两极格局解体后，就整体而言，各国对美国的"离心化"倾向在增强（当然，转轨后的东欧国家和国际反恐斗争中借助美国力量的国家例外），WTO 成立后首开的多哈谈判毫无进展就是一个明证。虽然世界上其他力量还不能从军事上挑战美国的权威（所以美国才可以不顾全世界绝大多数国家的反对发动了伊拉克战争），但在国际贸易领域，美国已经不再能充当"裁判者"的角色。

由于缺少美国强有力的主导，在利益分野进一步明晰的情况下，各国难以达成一致的多边贸易安排。于是，双边自由贸易协定的兴起就势所必然。

在具体运作中，双边自由贸易协定还作为各经济体拓展外交的一种工具。比如说，日本因为历史上的侵略战争，长期不为东南亚各国所信任，日本与新加坡签署双边自由贸易协定，就是想起到一种"投石问路"的效果，以此检验自己能否为东南亚国家在"政治上接受"。又比如，欧盟因在军事、政治领域仍然受制于美国，回旋余地相对有限，因此积极地将双边自由贸易协定作为外交政策的替代品。迄今，欧盟已经与欧洲自由贸易联盟、墨西哥、地中海12国、拉丁美洲国家等签署了双边自由贸易协定。

从表面上看，区域主义是对多边主义（GATT／WTO）的一种"反动"，而双边主义（新一代双边自由贸易协定）又是对区域主义的一种"再反动"。但事实上，这种变化背后隐藏着深刻的国际经济背景。

当前的国际经济关系，包含一个最突出的矛盾：发达国家从自身利益出发，只强调商品和资本流动的自由化，而反对劳动力资源流动的自由化。这种片面的、不平衡的经济全球化导致贫富差距拉大，各国矛盾加深。

具体到国际贸易而言，也存在两个十分突出的问题：一是供需的不平衡。现在，许多商品的生产已经转移到新兴工业化国家，但它们自身的市场有限，主要依赖对以美国为主的发达国家的消费市场。而美国依仗美元是世界货币的优势，长期实行"借债消费"的政策，贸易连年赤字，对外借债不断增加。这样一种供需平衡存在随时被打破的风险。二是技术的不对等。一方面，发达国家通过绿色壁垒等技术壁垒，对发展中国家的产品出口设置了诸多障碍；另一方面，发达国家严密的知识产权壁垒，使得发展中国家难以利用技术的"溢出效应"，发展中国家在利用先进技术方面举步维艰，动辄"侵犯"先进国家的知识产权。

从上述分析可以看出，在现有国际经济贸易格局中，各方利益通过多边贸易安排来协调的空间非常有限，难度越来越大。在这种情况下，在两个具有一致性或互补性的经济体之间推动贸易自由化，同时加深经济合作，就成为一种更加合理的选择。相对于WTO，新一代双边自由贸易协定包含了投资、竞争、劳务、环境、经济合作等更多的内容。比如日本—新加坡双边自由贸易协定，不仅贸易安排涵盖了无纸贸易、服务贸易、投资、自然人流动、知识产权、政府采购、竞争等内容，而且还包括了金融服务、信息通讯技术、科学技术、人力资源开发、贸易与投资促进、中小企业服务、广播、旅游等经济合作内容。

不可否认，正如 WTO 现任总干事素帕猜所言，双边自由贸易协定"通过歧视第三方来创建复杂的贸易体系网络，将会增加全球贸易体系的系统性风险"。双边自由贸易协定会带来一定程度的多边自由贸易环境的复杂化，但是，双边自由贸易协定的广泛推进，将会带动更全面的经济合作以及包括劳动力在内的要素流动的逐步自由化，有望为形成一种更为合理的经济全球化提供基础。

此外，经济合作安排不可避免地受各国国内政治经济因素的影响。GATT 和 WTO 的各回合谈判，也是各国国内利益集团通过本国谈判代表影响国际贸易的舞台。美国总统布什发起的 201 钢铁保障措施案，就是为了保护本国缺乏国际竞争力的钢铁工业，更确切地说是为了保护国内钢铁工人的就业岗位，而其目的是为了在大选中赢得钢铁工人的选票。而欧盟的报复措施是对美国的农产品尤其是柑橘等水果的出口征收惩罚性关税，这又直接打击了美国西部各州尤其是农业工人的利益。同样是出于大选的考虑，布什最后撤销了对钢铁进口的高关税。

在多边贸易安排中，由于各国利益集团的诉求很不一致，难以达成妥协，所以谈判往往旷日持久。而在双边自由贸易协定中，则易于找到共同点达成妥协。比如，日本对外贸易谈判中一个最为棘手的问题就是日本农业的国内保护问题。日本农业因经营规模小，生产成本高，农产品缺乏国际竞争力，一直受到政府补贴和贸易高关税的保护。其原因主要是政治性的——农民始终是长期执政的自民党的主要支持者。日本农产品的平均关税为 64.9%，大大高于美国的 10.9% 和欧盟的 15.7%。日本在农产品保护问题上的顽固立场，严重阻碍其贸易自由化的步伐。这在多边谈判中，肯定成为一个十分不利的因素。但在日本和新加坡签署双边自由贸易协定的谈判中，因新加坡基本没有农业，不存在向日本出口农产品的问题。因此双方绕开农业和农产品问题，仅用两年多时间就完成全部谈判，顺利签署了协议。

根据以上分析，我们可以看出：国际政治格局的演变，以及国际经济关系中的结构性矛盾的存在，使得多边自由贸易的发展受到阻滞，为双边自由贸易协定的勃兴提供了前提。一国国内政治经济关系，也会对双边自由贸易协定产生积极或消极的影响。双边自由贸易协定的发展对全球自由贸易有不利因素，但就长远而言，它有助于推进经济合作，推动要素自由流动，从而为更全面、更合理的经济全球化创造条件。

具体到东亚而言，由于各个国家的历史背景、发展水平、政治体制、宗教文化等等因素千差万别，使得多边合作的推进步履维艰。就连多边合作进展最快的东盟自由贸易区，也同样面临着类似的问题。而美国在参与东亚经济合作时，也主要采用双边合作的方式，这无疑又具有很强的示范作用。新加坡是与美国达成双边自由贸易协定的首个亚洲国家。截至目前，泰国、印尼已经开始与美国磋商双边自由贸易协定事宜，美国与菲律宾等国家和地区的区域经济合作尚处于研议中。还有很多东南亚和南亚国家也已经表现出与美国签署双边自由贸易协定的意愿。

事实上，通过双边合作的推进，促进东亚地区各国的经济发展，缩小各国在发展水平上的差距，从而逐步带动多边合作，正是一条最为可行的东亚经济合作之路。

2. 各个多边机制齐头并进

与欧洲的一体化进程不同，东亚地区的经济合作是多个多边机制齐头并进，具体包括：

——整个东亚范围的对话与合作（"10＋3"）；

——东盟10国自身的发展与合作（10）；

——东盟分别与中日韩的合作（三个"10＋1"）；

——中日韩三国间的对话与合作（3）。

如果再加上不仅仅限于东亚地区的APEC，东亚地区的多边合作机制呈现出交错杂陈、齐头并进的特点，这是在世界其他地区都看不到的。在未来相当长的时间内，这些多边机制的共同存在与发展也将是一个可以预见的事实。

这些机制孰优孰劣？不是我们所能回答的问题。时间会给出最后的答案。我们所要指出的是，尽管东亚合作已形成了基本框架，机制化的趋势在加强，但东亚合作主要还是由东盟牵头，在"对话合作"机制的形式下进行，它不是一个地区合作组织，也不是地区合作论坛，在很大程度上，它还是一个合作进程。

就具体机制而言，我们判断，三个"10＋1"将在竞争中各自发展。中国与东盟各国政治合作基础好，但经济差距比较小，互补性小一些。日本和韩国与东盟各国经济差距大一些，互补性强一些，但政治互信差一些。因此，在未来一段时间，三个"10＋1"将继续呈现明显的差异性。而东北亚的经济合作很大程度上受制于政治因素。中日韩具备合作潜力，双边合作各有千秋，从部分领域推进的三边合作成功的可能性比较大。

使上述所有这些机制（也许今后还有一些新创设的机制）一起运行，做到"在赛马中相马"，符合东亚当前的实际。东亚合作还是一个新生事物，只能通过多种努力，逐步增强共识，寻找并确立符合东亚特点的一体化道路。

当然，从未来发展的角度来看，真正的东亚合作机制化建设必须建立在一个统一的体制框架之下。这里，大体有五条路可以选择：

一是通过东盟的扩大，即其他国家加入东盟，最后实现东亚范围的一体化，在体制和方式上，沿袭现在的东盟自由贸易区。

二是"10"和"3"分别发展，在成熟的基础上实现东南亚和东北亚地区的联合，最后变为东亚地区的合作组织。

三是中日韩分别推动与东盟的制度化一体化建设，并且同时寻求把三个进程合拢的方法，有条件的先走一步，比如现在的中国—东盟自由贸易区计划。

四是大力推动和全面规划整个东亚地区合作的框架和组织结构，把其他的合作发展纳入整个东亚合作的框架和组织机制之中，建立东亚合作机制和一体化体系及组织。

五是创设一个不同于现有合作机制的合作框架，并在实践中成功运转和扩大，最后吸收其他国家和其他机制，实现整个东亚地区的整合。目前来看，只有中国这样的大国具备创设这一全新合作框架的可能。

3. "主导国"将长期缺位

东亚内部一直存在区域经济合作"主导国"之争，目前还没有一个能够带领和协调东亚各国进行区域经济合作的主导国家。

近一百多年来，日本一直具东亚地区最强大经济。1985年以来东亚经济形成了以日本为技术和资本领先的飞雁模式垂直一体化劳动分工，各国对日本经济依赖程度相当高。这种垂直分工呈三层工业化起飞梯队结构，日本领头，东亚新兴工业经济为第二梯队，东南亚国家联盟的其他国家为第三梯队，各梯队承担不同工业化生产周期产品，通过出口推动经济增长。但是，日本希望通过雁形结构在东亚经济中形成自己的主导地位的愿望，却受到各种反向力量的抵制。其一，遭受日本"大东亚共荣圈"痛苦的东亚国家只是欢迎日本的技术转让和投资，愿意与日本发展平等的经济和外贸关系，但绝不愿意成为日本大规模标准工业化产品的市场，而且采取措施防范形成日本对本国经济控制的局面。其二，原来处于雁形结构第二梯队的经济体正在崛起，与日本形成了竞争态势，在东亚产业链条中逐

渐显示出自己的领头地位。其三，日本经济持续十多年的衰退不振，已经大大削弱了日本的技术和资本领先水平，日本在东南亚国家的投资水平也大幅度下降，例如日本 1997 年在东盟的直接投资为六十多亿美元，占外商在东盟的直接投资的 22.12%，1999 年下降到 7169 万美元，占 4.66%，2000 年则进一步下降为负的 5550 万美元。更为重要的是，日本官方一直拒绝承认历史上强制性推行"大东亚共荣圈"（侵略）东亚国家所犯下的错误和罪行，无法获得东亚国家的政治信任，难以成为制度推动的东亚区域经济合作的主导国。

对日本东亚经济主导地位形成竞争态势的，是正在重新崛起的中国经济。在近三千多年的历史长河中，中国曾经在相当长时期内是东南亚地区占主导地位的政治、经济和文化力量，中国文化和孔孟价值观直到现在依然在东亚有相当的地位。中国经历了数百年经济滑坡后，已经进入了经济再复兴的轨迹。尤其是近二十多年的经济高速增长，中国已经成为世界经济的一个重要参与者。中国经济的影响力不仅在于自身的持续增长，而且在于大陆、香港和台湾三地经济的整合，既提升了各自的地位和影响，而且促进了三位一体的"大中华"在世界和区域经济阶梯中向上攀升的速度。中国经济的整合和再次腾飞，触发了其他东亚国家对中国在区域经济合作中主导性的担忧，尤其日本，更是感到中国对自己在东亚区域经济地位的直接威胁，尽管中国还不具备成为东亚区域经济合作主导国的经济实力。

其他东南亚国家既不愿意接受日本在东亚区域经济合作中的主导作用，又担心正在强大的中国对自己形成的威胁，他们更愿意以自己为核心发展东亚区域经济合作。基于"东南亚国家要与大国平等交往，各自的力量都显得过于单薄；在东南亚国家联盟中联合起来，可以提升我们与美国、日本、中国、印度和欧洲谈判中的力量"的清醒认识，东盟各国一直不懈地努力壮大自己的集体力量和影响。东盟自由贸易区的建设和其他方面的合作，就是这种努力的结果。遗憾的是，东盟的愿望与自身的经济实力还有相当的距离。

在"主导国"竞争下，政策驱动的东亚区域经济一体化遇到了一个"两难选择"：如果没有日本和中国等大国的积极参与和推动，不可能出现东亚区域经济一体化组织；如果日本和中国积极参与和推动，不仅可能出现中国与日本的主导国之争，而且还可能出现由于东亚各个小规模国家担心主导国地位被两个经济大国夺得将给他们带来不利的影响，他们一直试图继续在区域合作中发挥核心作用的梦想破灭，导致这些国家非合作行为的产生。这种"两难选择"在一定意义上决定了东亚自由贸易区只能成为一个较为长远的发展目标，政策驱动的东亚区域经济一体化不能一步到位，只能通过"迂回"方式推进，东盟"10＋1"次区域自由贸易区正是这种迂回方式的一种选择。在"10＋1"合作模式下，东盟10个国家在自身整合的基础上以一个声音说话，以一种立场表态，以一个"联合起来的大国"身份分别与日本、中国、韩国谈判和合作，客观上消除了一个大国与一个小国对垒的局面，在一定程度上可以消除东亚小国认为自己可能被大国"主导"的担忧，形成一种"形式上"以东盟10国为核心，实质上主导国家缺位的均衡利益格局，比较好地避免"主导国"之争可能给合作带来的障碍。东盟"10＋1"次区域自由贸易区建设将成为东亚区域合作的一个学习过程，不仅仅扩大合作国家的内部市场，拆除贸易障碍，带动投资增长，加速本地区货物贸易的自由流通，促进成员国生产效率的提高，增强成员国的经济联系和经济一体化，更为重要的是在合作中逐渐增进互信，消除国家之间的历史宿怨和政治分歧，为次区域自由贸易区整合为东亚自由贸易区准备条件或铺平道路。

上述分析表明，东亚未来区域经济合作受到内部和外部条件的制约，将形成与欧洲和北美不同的发展路径。欧洲经济一体化的发展历程是以德法为核心，从西欧六国渐进地向外扩展。北美自由贸易区建设中，美国依靠它的经济发展水平和综合国力，牢牢掌握了区域经济合作进程的主导权。与欧洲和北美不同，东亚缺乏联邦思想传统，东亚文化中的协商一致理念根深蒂固；百年殖民历史屈辱和伤痛的犹新记忆，成为各国不愿放弃任何国家主权的另一个支持力量；还没有形成能够协调各方利益和促进区域经济合作、引导和带动区域市场发展的主导国；东亚国家与美国不仅存在着一种重商主义与货币霸权国家之间的贸易均衡，而且存在程度不同的对美国军事和政治力量的依赖。在这些内部和外部条件限制下，东亚经济一体化只能通过三个相互割裂的"10＋1"机制"迂回"推进，而且在相当长的时期内合作的方式是自由贸易区。

4. 东北亚的合作将首先从局部推动

可以预见，在中日韩与东北亚地区其他国家的关系方面，中日韩三国的紧密合作将可能成为包括中、日、韩、俄、蒙、朝六国的东北亚经济共同体的核心。特别是中、日、韩、俄之间的能源合作将存在加速发展的可能性。

已有的地区合作经验表明，经济技术合作和贸易投资自由化、便利化是走向地区经济合作机制的两个轮子，缺一不可。大力加强有关国家之间的经济技术合作，可为实现贸易投资自由化、便利化创造更好的条件。在中日韩之间，经济技术合作与贸易便利化更可能先行一步。

此外，应促使局部领域或局部地区先行一步，形成超越国界的、比国家层次更紧密的经济联系。具体地说，就是一方面有重点地加强中日韩各个产业部门或领域之间的合作，另一方面有重点地加强中日韩三国内部的某些地方、城市、特区之间的合作。在产业合作方面，三国的钢铁、汽车、家电等产业的合作已经取得长足的进展。最近，韩国人士提出建设"东北亚钢铁共同体"，提出了一个值得关注的课题，这就是如何加强那些"容易引起贸易摩擦的产业部门"的合作，以收到既促进技术交流，又防止贸易摩擦的双重收获。

鉴于中日韩三国地理接近，促使三国的某些省（县）、城市乃至特区结成更加紧密的经济联系，可能对推进整个中日韩合作起到"示范作用"。比如是否可以考虑在三国之间的环黄海区域先行一步，建立次区域自由贸易网络，特别是开展环黄海区域的环境治理合作。

有些领域可能优先展开合作，比如构筑联结中日韩主要城市的物流系统。有专家估计，如果从中国主要城市将货物空运到北美，利用韩国的仁川国际航线实现海空联运可能节约20%的运费，韩国也可以利用中国通往欧洲的铁路将货物运输到欧洲，从而降低运输成本。在信息化方面，尽管从某种意义上说三国"处在同一起跑线上"，但仍呈现出不同特点：日本拥有先进的信息化基础技术；韩国在信息化普及方面走在世界前列，特别是在宽带网的普及方面达到世界最高水平；中国则拥有迅速增长的、世界最大的信息市场，手机用户数量已达世界最先。中日韩在信息化方面都具有很大的合作余地。

特别值得一提的是，中日韩围绕"无纸贸易"、电子商务网络建设，特别是其中有关连通报关、物流、银行、保险及货物运输公司的统一网络的建设方面开展合作，其本身就构成了信息化时代的中日韩自由贸易区基础设施建设的重要内容。

七、"10＋3"区域合作对中国的影响

（一）对贸易的影响

"10＋3"区域合作主要是自由贸易区建设，推动合作各方的贸易自

由化。"10＋3"区域合作对中国对外贸易的影响主要是正面的。具体表现在以下几个方面：

1. 实现出口市场多样化

随着中国对外开放度的不断增加和全球化的增强，中国经济在增长的同时，也面临日益增大的外部冲击风险，而东亚区域合作在一定程度上为中国提供了一个回避全球化风险的避风港。多年来，我国的出口严重依赖欧美市场，尤其是美国市场，实现出口市场多元化一直是对外贸易的目标之一。参与东亚地区的区域经济合作是缓解出口市场单一化的重要途径。

2. 实现贸易规模的扩大

在过去10年来的地区贸易协定里，成员方通过共同同意的协定，不仅仅是进行削减关税的改革，还有许多深入的经济和制度的一体化的改革，现在许多地区自由贸易协定处理投资保护、人员流动、劳工问题、环境保护、贸易争端解决、知识产权保护等方面的改革，并且协调成员方在其他贸易谈判场所中的共同立场。

中国通过"10＋3"区域合作，可以与伙伴成员共同实现贸易规模的扩大。"10＋3"区域内自由贸易区内进行的合作和合并过程，形成更有效率的产业和基础设施，能够产生延续多年的动态利益，增加投资和提高生产率，这有利于贸易伙伴之间互相扩大对于对方的出口需求，形成贸易规模的扩大，从而也有利于长期的经济增长和稳定。

3. 获取对外贸易的公平地位

作为世贸组织的成员，中国既要接受现行的国际贸易规则，也要力图影响国际贸易规则的制定，以维护本国的利益。而中国是一个发展中国家，对国际贸易规则制定的影响十分有限。通过参与区域经济合作扩大对国际贸易规则制定的影响力是一个有效的途径。

另外，自由贸易区在区域内成员享受其带来的更大优惠性的同时，对区域外的成员形成的排挤，可能损害其他国家的贸易利益。谁参加区域贸易安排谁就受益，反之就可能受排斥吃亏。中国加入"10＋3"区域合作，一方面可以享受区域内的优惠，另一方面在与美国、欧盟谈判时会拥有更有利的地位。

4. 中日合作将加强双边贸易的互补性

贸易互补性依赖于产业结构、消费需求和资源禀赋。贸易互补性指数反映了贸易双方出口供给与进口需求之间的产品吻合程度。中国与日本之间贸易互补性强，主要是由于中日两国处于不同的发展阶段，两国在产业

结构、要素禀赋上的差异很大，两国之间的贸易以跨行业贸易（垂直贸易）为主。无论是中国的出口与日本的进口之间，还是中国的进口与日本的出口之间，均存在着一定的互补关系。由于中国经济的高速发展和日本经济的低迷，近年来两国贸易间的行业互补性指数有所下降。但中日两国贸易上的双向互补性关系依然存在。两国经济合作关系的发展，可以增加两国的有效需求，提高两国资源的利用效率，使各自的比较优势得以更加充分的发挥。对日经济关系的加强可以导致中日贸易的明显增加，更好地发挥中国现有的比较优势。

5. 与东盟和韩国的合作可能带来中国贸易逆差加大

尽管与其他发展中国家类似，农业、原油及矿业在中国国民生产中的比重还较大，但从行业整体上看，中国在农业和原油及矿业上不具有比较优势。国内的大量需求使中国成为农产品和原油的净进口国。而印度尼西亚等国的出口与中国进口之间互补性较高的原因主要是由于印度尼西亚等国具有丰饶的土地和自然资源，其在农业和原油业的比较优势恰好与中国在这两个行业上的劣势相吻合。而中国的出口与印度尼西亚等国进口之间的互补性较弱主要是由于中国的产业结构与这些国家相似所造成。随着中国产业结构的变化，中国对印度尼西亚、泰国等的天然气、石油、木材和粮食的需求将会进一步增加，中国与东盟各国结成自由贸易同盟对改善东盟国家的贸易条件有利。总体而言，由于中国的出口与印度尼西亚、韩国、泰国、新加坡、马来西亚和中国台湾的进口之间互补性较小，而进口与中国台湾、韩国、印度尼西亚、马来西亚及泰国的出口之间具有较强的互补性，与上述经济体合作关系的加强将有可能导致中国在双边贸易上的逆差加大。

应该指出，贸易逆差加大，并不一定意味着中国经济利益受损。在与这些国家的贸易中，中国一方面能够获得经济发展所需的能源和原材料，另一方面获得了合作加深所带来的整体利益。

（二）对投资的影响

1. 有利于保持吸引外国投资的良好势头

参与"10＋3"区域合作，一方面日本的企业会打消顾虑，投资中国的积极性和力度会增加；另一方面东盟国家也会逐步减少国内华人富商投资中国的种种限制，这将带来来自东亚区域内部的投资的增加。另外，"10＋3"区域合作的深化，会带来国内投资环境的继续改善和金融、保险、电信、外贸、商业、旅游、会计、法律服务等行业的需求增加，从而也有利于继续吸收欧美跨国公司的投资。

2. 有利于逐步扩大对外投资

积极应对全球化趋势，更好地利用国际资源，加快实施"走出去"战略，逐步扩大对外投资，是中国参与国际分工的迫切要求和重要举措。通过参与"10+3"区域合作，中国将获得对外投资的有利条件，东盟国家将成为中国企业对外投资的重点区域。具体而言，传统的加工制造业，如家用电器、摩托车、金属制品、家用机械类产品、纺织与服装等产业的对外投资将大大增加。国内大型石油集团等资源型企业具有投资能力，为了保证战略资源的需要，将更多投资于石油等的勘探开发、开采和运输，以满足国内需要。

（三）对产业结构的影响

1. 中国在国际产业分工中的地位进一步提升

发展高科技产业是适应经济全球化趋势和提高产业竞争力的需要，也是中国在21世纪参与国际分工与竞争的战略基础。但由于科技水平的整体差距依然过大，中国在发展高科技产业上仍然将会处于追赶者的地位，充分利用后发优势实现加速发展是重要的战略选择。同时，保持劳动密集型产业的稳步发展并提升其科技和附加值含量，是中国现有劳动力资源条件所决定的必然选择，符合我国未来发展的比较优势特点，是参与国际分工的重要领域。因此，中国参与国际分工的格局，一方面仍将以发达国家为技术源头和重要市场，通过加工贸易的方式培育高新技术产业的产业基础、增加技术积累，扩大产品出口。另一方面，继续提高传统产业的整体技术水平和国际竞争力，扩大传统产品的国际市场份额。在不同类别产品中所处的分工地位也将有所变化。在电子信息、通讯等高科技产业领域，仍将是以承担组装为主；在部分重要消费品、传统重化工产品，甚至部分高技术产业领域如航空航天、新材料及生物制药领域，有可能成为生产工艺技术和大批量分销中心。通过"10+3"区域合作，中国与东盟等在国际产业结构中的分工将进一步明确，中国在机械电子业的比较优势不断上升，而东盟多数国家将保持在农业和矿业上的比较优势。

2. 加工贸易产业构成更加优化

"10+3"区域合作将促使中国的加工贸易产业构成更为优化。以往劳动密集型为主导的产业将越来越多地转移到东盟各国，而中国的加工贸易产业则向劳动密集与技术、资金密集型产业并重的方向发展。机电产品占加工贸易的比重将在现有较高水平的基础上略有上升，但内部结构继续优

化。加工贸易在进一步扩展到跨区域网络的同时，将在中国沿海地区形成产业集聚带。

3. 产业链条向上下游延伸

随着加工贸易规模的扩大，中国已经初步显现出世界制造业基地的前景，跨国公司逐步将中国作为重要的采购基地，并在华建立国际采购与配送中心。这种由制造环节向下游的延伸将进一步扩展加工贸易的价值链。同时，随着加工贸易不断发展和投资环境的改善，利用中国的科研资源，大型跨国公司将更加重视在华设立研发机构，进行技术研究开发。行业将会由目前较为集中的行业向其他行业如生物医药、新材料领域扩展；重点将会由针对本地市场的产品开发和应用技术向更大范围内的研发扩展。"10＋3"区域合作，无疑有助于实现中国的产业链条向上下游延伸。

八、推进"10＋3"区域合作的政策建议

1. 确立为本国企业创造最为有利的商务环境的指导思想

商务部要通过贸易和投资自由化，推动本国企业竞争力的提高，进而带动整个国家经济效率的提高。商务部之所以不同于以往的外经贸部，不仅仅是内外贸的统一，更主要的是工作的基本出发点不再是对外经济贸易本身，而是要通过创造有利的国际国内环境推动本国企业竞争力的提高。为本国企业创造最为有利的商务环境，是商务部推进区域合作的主旨。

商务部应继续加快内外贸管理模式与职能的转变，真正成为一个全力为出口企业和国内外资企业提供全方位服务的市场经济体制下的高效部门。要成功实现东亚区域经济合作，就必须首先建立一个具备完善的市场游戏规则的政府管理体制与模式，才能获得东亚各国的信任。中国外贸宏观管理体制虽然已从行政管理为主逐步转到扩大服务职能的管理模式，但是与目前发达国家的全面支持本国企业出口的管理体制相比，仍有不小的差距。尤其是在为中小企业出口提供服务方面，在政府与各类行业协会协调通报本国产业利益损失方面，以及外贸信息公开化和社会化、为出口企业提供信息支持服务方面等更显得薄弱。因此，中国外贸宏观管理体制面临着紧迫的双重改革任务：一是从传统的计划经济行政管理为主的管理职能向为市场经济提供服务的职能转变；二是从单纯依靠企业自由竞争的传统粗放管理模式向政府为企业打入国际市场提供强有力支持的管理贸易模式转变。

商务部还要建立一个能够支持和鼓励中国企业走出去发展的服务支持

政策体系。这将是中国区域经济合作战略成败的关键。中国加入 WTO 后将面临开放国内市场特别是服务贸易市场方面的巨大冲击，对此应有充分的估计和应对措施。应该承认，目前中国与发达国家在经济发展水平上的差距，不仅体现在第二产业硬件设备方面，如汽车、机械、航空航天、化工等产业领域，更重要的是体现在第三产业软件服务方面。为此，中国企业的走出去战略也就顺理成章地成为中国实施区域经济合作发展战略的有机组成部分。换言之，中国实施东亚区域经济合作发展战略，不仅是鼓励东亚各国的企业进入中国，更重要的是要鼓励本国更多的企业走出去，在东亚各国发展、生存，由此走向世界其他地区。

2. 坚持睦邻友好、积极推动的基本原则

由于东亚合作的各主体（东盟、中、日、韩）利益趋向不同，中国应着眼于自身利益，积极参与各方合作。

对于与东盟的合作，中国应通过逐步发展制度化协商与合作机制实现真正的睦邻互信，消除"中国威胁论"的影响。。

对于与日本的合作，日本并不热衷，中日合作中的主要障碍名义有日本农产品市场开放问题（日本农产品市场开放在日本既是个经济问题，又是个政治问题）；日本对历史问题的态度等。但阻碍中日合作的本质问题是合作中的主导权。中日应就这一问题坦诚对话，互通信息，增进互信，寻求在东南亚地区形成"多赢"合作局面，并以此作为中日与东亚各国走向一体化的重要实验和良好契机。

中日韩三国合作的经济收益与非经济收益在东亚各种合作中最显著，在推动东亚区域合作中居于核心地位。中日韩三国应淡化合作主导权的问题，逐步扩大合作范围，加深合作内涵，先易后难，循序渐进，从环保、教育等领域入手，朝着建立自由贸易区的方向共同努力。

3. 把握区域合作的方式与方向

面向经济全球化，开展"10＋3"经济合作时，应该注意正确把握合作的方式和方向。

首先，根据地缘经济关系原则，我国应该进一步加强与东亚国家和地区的经济往来，在各种资源要素的流动上，充分发挥地缘经济的优势，努力发挥我国的主动性和积极性，坚持倡导经济技术合作与贸易投资合作齐头并进，另一方面在贸易和投资自由化方面，中国应该倡导"循序渐进"和不歧视原则，因为我国仍然属于发展中国家，经济仍然比较落后，过快倡导贸易和投资自由化，会导致民族产业崩溃的恶果。在对待日本等国家

对我国的技术合作以及贸易投资歧视等问题上，我国应该在东亚相关的经济合作会议上坚持毫不妥协的政策。

其次，在参与东亚经济一体化的同时，中国应该侧重东亚次区域经济一体化的合作，根据分阶段、有重点的原则，应先以开发和组建"经济增长三角"为辐射基点，促进小区域和次区域经济合作区的形成和发展，加强中国与东亚的凝聚力，使中国与东亚经济合作形成势不可挡的势头。我国可以在双边和多边合作基础上，推动与我边境发展相关的小区域、次区域经济合作的发展，如环黄渤海经济区、东北亚经济区和华南经济圈的发展，这些地区由于天然的地缘优势和共同的传统文化背景以及历史上经济文化交流，在经济合作上有更光明的前景。

再次，在推动经济合作组织机制化方面，不要一味地强调松散性、开放性原则，一味地强调以自主和不受制约为基础的单边行动，而应积极推动符合客观需要并有可能的紧密合作，应准备接受承担制约的国际承诺，考虑到东亚各国经济发展的特点，不搞封闭性的贸易集团。

4. 协调配套政策的具体安排

在基本合作框架形成的基础上，要通过在各国实行协调一致的配套政策，如技术壁垒和产品标准、物流、服务行业、知识产权、竞争政策，以及环境和劳动力标准等，形成标准、规则的统一与政策的协调，从而为区域合作战略的落实和深化创造制度条件。"魔鬼隐藏在细节之中。"对标准、规则、具体政策的协调一致的重视，将是区域合作真正成功的关键之所在。

课题五 中国与南部非洲关税同盟经贸合作与发展研究

课 题 简 介

中国是世界上最大的发展中国家，多年来保持着经济的快速增长，国际政治地位和经济地位不断提升；南非是非洲大陆最发达的国家，经济具有辐射性，是地区政治大国，也是南部非洲关税同盟的核心国。2004 年 8 月受商务部国际司的委托，我所就《中国与南部非洲关税同盟经贸合作研究》课题进行了研究，研究范围涉及中国与南部非洲关税同盟五国之间的货物贸易、服务贸易及贸易投资便利化。我们在分析中国与各国的经贸发展现状的基础上，分别设计模型对未来经贸发展的潜力和前景进行了预测。需要指出的是，本报告是在我们 2002 年的《中国与南非经贸合作研究》课题基础上完成的。2003 年 3 月，李晓西教授和张生玲博士应商务部的邀请，出席了在南非举行的第二次专家组会议。2005 年 4 月，南部非洲关税同盟国之一的莱索托王国财政大臣、世界银行前副行长 Timothy Thahane 博士应我国财政部邀请访问中国时又来我所进行了交流和访问。

商务部国际司对课题的最终成果给予了高度评价，他们认为：该项研究逻辑框架清晰，论述严谨，在收集大量数据和资料的基础上，进行了客观的推理和探讨，对商务部的实际工作和重大决策提供了重要的理论依据，是一项优秀的研究成果。

参加本课题先后两期研究的成员来自商务部国际贸易经济合作研究院、中国社科院研究生院和北京师范大学经济与资源管理所。李晓西教授为课题负责人，张生玲博士为课题联系人，成员还有：宋志勇、李泳、吴振宇、张友国、许晓莉、张春宇、熊祥等。同时我们要感谢商务部国际司朱洪副司长、朱光耀处长等对本课题的指导和帮助。

本报告从市场、贸易与投资现状、经贸发展潜力等方面，分析了中国与 SACU（the Southern African Customs Union，即南部非洲关税同盟的英文缩写）的经贸现状与发展趋势；预测了中国与 SACU 的经贸发展潜力；展望了中国与 SACU 加强经贸合作可能对中国经济产生的影响等。

一、中国与 SACU 经济贸易及投资现状分析

（一）SACU 经济与市场分析

1. SACU 经济发展状况

SACU 共包括五个国家，分别是：南非、博茨瓦纳、纳米比亚、莱索托和斯威士兰。五个成员国经济发展水平各不相同。博茨瓦纳和南非被划为中等高收入国家（upper middle-income countries），纳米比亚和斯威士兰是中等低收入国家，莱索托是最不发达国家。博茨瓦纳、纳米比亚，特别是南非，有相对完善的基础设施，如运输、电信网络和社会服务（教育、卫生）等。莱索托和斯威士兰仍是农业国家，基础设施有限，再加上地处内陆，所以，在很大程度上依靠邻国作为世界市场的通道。SACU 的五个成员国共同面临的问题有：贫困，艾滋病，扭曲而且不平等的收入分配，高失业率等。

SACU 经济结构相对稳定：2001 年服务贸易占 SACU GDP 的比重从 1997 年的 60.5% 上升到 62%；制造业产品从 20% 降到 19.1%；农产品从 4.8% 降到 4.5%。南非经济结构相对多样化，但 SACU 其他四国经济都依赖有限的商品：博茨瓦纳依赖钻石和牛肉；纳米比亚依赖钻石、鱼类和肉类；莱索托依赖服装和纺织品；斯威士兰依赖糖和食品工业用的化学制品。

南非是 SACU 五国中经济最发达的国家，也是 SACU 的核心。据统计，南非的年国内生产总值在南部非洲关税同盟中占 94%，外贸总额占 87%，人口占 88%，土地占 45%。长期以来，南非经济以矿业和农业为主。20 世纪 60 年代开始，南非当局将发展重点从矿业和农业转向工业，工业发展速度加快。目前，矿业、制造业、建筑业和能源业是南非的四大工业部门，其中制造业已成为南非经济中最重要的组成部分，产值占到国内生产总值近四分之一。在制造业中，钢铁、金属制品、食品加工、运输设备、机械制造、纺织、服装、化工等占有较重要的地位，而钢铁工业是南非制造业的支柱。总体上讲，南非产业结构发展不平衡，矿业和制造业发达，轻工业和纺织业相对落后。这种产业结构为中国企业进入南非市场提供了机遇。

2. SACU 对外贸易现状

SACU 作为一个整体，自 1997 年以来，经常项目一直保持顺差，而且

增长较快，从 1997 年的 10.37 亿美元增长到 2001 年的 45.52 亿美元。顺差主要是由以南非兰特币为主的货币贬值所带来的，但是除南非和博茨瓦纳外，莱索托、纳米比亚和斯威士兰仍持续存在贸易赤字。

欧洲尤其英国是 SACU 成员国的主要出口市场，其次是美国，特别是 2000 年 4 月 AGOA（African Growth and Opportunity Act）实行之后。SACU 出口到 SADC（Southern African Development Community）的商品持续增加，1990~2000 年的年增幅达 22%。SACU 对外出口的产品主要的有钻石、纺织品、服装、铂类金属、肉类、鱼类、糖及其相关产品。SACU 的进口主要来自欧盟、美国和非洲其他国家，商品主要包括机械、金属、运输设备（包括汽车）、食品饮料，以及服装工业所需材料。

在 SACU 各国中，南非的服务贸易发展水平最高，其次为博茨瓦纳和纳米比亚。以旅游业为例，尽管有限的基础设施和市场营销以及缺乏熟练劳动力等因素限制了各项服务业的发展，SACU 仍是非洲最有吸引力的地区。SACU 服务业自由化进程的进一步加快和投资的增加，提高了 SACU 服务产品出口的竞争力，特别是可以通过降低电信、运输以及与能源相关的成本等手段来促进服务贸易以及货物贸易的发展。

（1）SACU 成员国货物贸易现状

南非货物贸易在南非国民经济中占有举足轻重的地位，外贸依存度达到 50%。2003 年，南非的对外贸易额为 402.31 亿美元，其中出口 207.44 亿美元，进口 194.87 亿美元（见表 5-1）。作为非洲最发达的国家，南非对外贸易在非洲大陆占有重要地位：2003 年南非的对外贸易额占非洲总额的 21.9%，其中出口额占 20.8%，进口额占 23%。南非许多产品出口量都占非洲出口的第一位，如黄金、钻石等。同时，南非在世界贸易中也占有一定地位，2003 年南非的对外贸易额占整个世界贸易额的 0.5%。

表 5-1 南非近年对外贸易额统计

单位：亿美元

	1993	1997	2001	2002	2003
出口额	269.77	244.52	191.36	179.19	207.44
进口额	216.81	237.78	164.39	157.07	194.87

资料来源：根据南非贸工部数据整理（以 1995 年价格为基期）。

按地区划分，与南非贸易往来密切的区域组织或地区依次是欧盟、北美自由贸易区（以美国为主）、SADC 和东北亚（以日本为主）（见表 5-2）。南非矿产品和农产品主要出口市场是欧盟、美国和日本；南非的进口商品主要来源于欧盟、北美和亚洲。进出口商品可分为五大类：机械设备、汽车零部件、化工产品、石油和服装纺织品。南非与非洲其他国家的贸易特别是与南部非洲国家的贸易，近年来大幅增长，并且在南部非洲的进出口市场中占有控制地位，SACU 成员国进口消费品和资本品的绝大部分来自南非。南非向非洲出口的 70% 左右为制造业产品，并且制成品的出口对非洲市场的依赖趋势越来越明显。近年来，南非正努力开拓亚洲、非洲和拉丁美洲市场。

表 5-2　南非与主要贸易伙伴进出口额一览表

单位：亿美元

地　区	2001		2002		2003		2003 年排名	
	出　口	进　口	出　口	进　口	出　口	进　口	出　口	进　口
欧　盟	93.22	103.06	93.22	109.24	111.45	144.77	1	1
北美自由贸易区	38.22	32.40	36.60	33.38	41.08	36.70	2	3
东北亚	27.39	21.71	28.84	22.43	37.82	29.66	3	5
SADC	29.48	3.20	30.16	3.96	35.55	5.60	4	9

资料来源：根据南非贸工部数据整理。

英、美、德、日等西方国家一直是南非的主要贸易伙伴。从表 5-3 可见，向英、美、德、日四国出口额占南非出口额的 41%，从这四国进口额占南非进口额的 36.8%。与 1997 年相比，南非向这几国的出口有显著增加，此外南非从这几国的进口没有明显变化。

表 5-3　南非主要贸易国进出口比重比较（占进、出口总额的比重）

单位：%

目的地国	1997		2004 年 8 月	
	出口额比重	进口额比重	出口额比重	进口额比重
美　国	9.6	11.2	11.6	8.7
德　国	6.3	12.2	7.9	14.0

续表 5－3

目的地国	1997		2004 年 8 月	
	出口额比重	进口额比重	出口额比重	进口额比重
英 国	6.2	9.2	11.0	7.2
日 本	6.7	6.7	10.5	6.9
合 计	28.9	39.3	41.0	36.8

资料来源：南非贸工部。

　　虽然南非是非洲大陆的一个经济大国，但是其对外出口长期依赖黄金、钻石、矿砂等初级产品，制成品比重一直较低。为了改变南非的出口结构，南非政府非常重视发展矿山机械、农业设备、电子电器、纺织、鞋类、纸浆和食品的出口，制成品在出口品中的比重稳步上升（见图 5－1），但 2003 年受世界经济整体形势低迷的影响，南非三大类出口品均有不同程度下降（见表 5－4）。尽管如此，1999 年至 2003 年制造业出口额年增长速度仍达到 8.41%，是主要出口产业中增长最快的，其他主要产业 1999年至 2003 年的年增长速度分别为：农业 5.51%，矿业 2.56%。

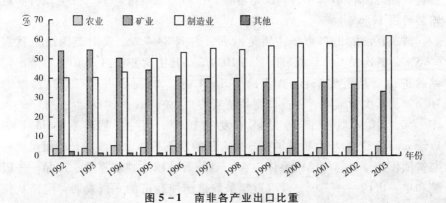

图 5－1　南非各产业出口比重

资料来源：南非贸工部。

329

表5-4　南非主要出口产业年增长率一览表

单位：%

增长率 年份	1993	1997	1998	1999	2000	2001	2002	2003
出口额	-1.43	5.07	2.95	6.77	17.81	12.87	14.63	-16.97
农　业	0.55	-4.37	9.65	8.57	-10.26	22	25.95	-10.13
矿　业	-0.61	1.53	3.71	1.42	18.01	12.61	11.51	-25.33
制造业	-1.02	9.07	1.87	10.44	20.44	12.77	16.11	-12.4
其　他	-33.11	-21.76	1.76	14.69	-12.68	-30.27	-33.78	50.19

资料来源：南非贸工部。

　　博茨瓦纳经济增长在短期内主要依赖钻石出口。这种特殊的出口商品又严重依赖于全球经济形势，特别是珠宝消费市场主要依赖于美国和欧盟。由于钻石是资源性产品，所以，博茨瓦纳的对外贸易结构是不稳定的。

　　2001年博茨瓦纳的名义GDP是53亿美元，出口产品贸易额为22.74亿美元，其中90.1%为矿产品，而矿产品又以钻石比例最大，占出口商品总额的85.2%；进口商品总额为18.91亿美元，主要是机械和电子设备，占进口品总额的21.2%，其次是食物、饮料和烟草占14%，交通工具和运输装备占13.6%。

　　博茨瓦纳的出口市场主要是欧洲，占到84.7%，仅对英国出口就占66.5%，其次是SACU成员国，占10.4%，其中南非就占到10%。博茨瓦纳的进口商品主要来自SACU，从SACU进口的商品占进口商品总额的76.6%，其次为欧洲，占进口商品总额的9.2%。

　　莱索托被联合国列为最不发达国家，还被WFP（World Food Programme）列为粮食短缺国家。莱索托的经济总体上持续增长，但是仍在与贫困作斗争。经济结构整体失衡，对外贸易越来越依靠单一产品——服装和单一市场——美国。政府近年采取措施使经济能平衡发展，但是从长期来看，像其他南部非洲小国一样，莱索托要面对严重的粮食危机和HIV/AIDS的流行。

　　由于在SACU内部收集莱索托进口和出口数据困难，中央银行和统计局的数据出入较大，因此引用IMF的数据，莱索托2000~2001年的出口额为2.22亿美元，同期进口额为7.05亿美元。

　　莱索托的出口市场高度集中。2000 年 99.6% 的出口商品销往美国以及 SACU 成员国主要是南非。对美国的出口商品主要是纺织品和服装，进口商品主要来自 SACU，占 88%，包括从南非过境的商品贸易。

　　纳米比亚出口主要集中在传统产业，如矿业、农业、渔业以及制造业方面，尤其是鱼类和肉类的深加工方面发展较快。2001 年的出口商品中，矿产品占 55.3%，其中钻石占 41.4%；制造业产品占 40.2%，其中最主要的是鱼类、肉类加工品。

　　纳米比亚的贸易伙伴集中在欧洲（主要是欧盟）和 SACU。2001 年 55.1% 的出口商品销往欧洲，其中份额最大的是英国，占 35.3%；31.4% 的商品销往 SACU 成员国，其中南非占 30.9%。纳米比亚 86.4% 的进口商品来自 SACU 成员国，其中 86.2% 的南非；6.9% 的商品来自欧盟，其中德国占 2%；来自中国的商品占 1.1%，仅次于德国。

　　纳米比亚进口较多的几类商品及进口比重如表 5－5：

表 5－5　2001 年纳米比亚主要商品进口额及比重

主要进口商品	进口额（亿美元）	比重(%)
机械、电子设备	2.47	18.7
化学制品、塑料及橡胶	2.03	15.4
车辆及运输设备	1.95	14.8
燃料、润滑剂	1.73	13.1
粮食、饮料及烟草	1.70	12.9

资料来源：WTO Trade Policy Review。

　　与博茨瓦纳情况类似，由于矿产品尤其是钻石出口在纳米比亚出口商品中的份额太大，该国短期内的经济表现在很大程度上依赖矿业，尤其是钻石，而钻石价格又受世界经济形势的很大影响。因此，纳米比亚经济在短期内也是不稳定的。

　　斯威士兰是南部非洲最小的国家，被联合国划为中等发展程度国家，被世界银行划为中等低收入国家，存在着严重的贫穷和贫富不均现象。该国与南非和莫桑比克接壤，为内陆所包围，因此在很大程度上以其邻国为海洋和世界市场的通道，并依赖邻国供给。

　　斯威士兰 2001 年的货物贸易出口额为 6.939 亿美元，初级产品出口额所

占比例很高，其中农产品就占到总出口额的 51.5%；制造业产品占 46.8%，其中所占份额较大的是化学制品、人工合成食用香料以及服装。斯威士兰最大的出口市场是非洲，占出口额的 92.3%，其中南非占 78%，中国大陆所占份额为 0.7%，台湾为 0.3%。

2001 年斯威士兰进口额为 8.468 亿美元，制造业产品进口额占 64.3%，其中所占份额较大的是机械和运输设备，以及化学制品；出口贸易中农产品和制造业产品的比重自 1997 年以来未有明显变化。斯威士兰 94.9 的商品从非洲进口，其中 94.5% 来自南非，有 0.5% 来自中国大陆，0.6% 来自中国台湾。

（2）SACU 成员国服务贸易现状

南非服务业较为发达。南非是中等收入的发展中国家，从 20 世纪 90 年代至今服务贸易占 GDP 比重一直在 62% 以上，在发展中国家中居前列。服务贸易居非洲首位，但总额不大，2002 年世界服务贸易总额 15701 亿美元，南非为 96.1 亿美元，占了 0.61%。主要贸易伙伴为非洲邻国和西欧、美国。其服务贸易自 20 世纪 90 年代初以来有一定增长（见表 5－6），但低于世界平均增长速度（见表 5－7）。可以看出，近年来，南非服务贸易处于逆差状态。

表 5－6　南非近年来服务贸易额一览表

单位：亿美元

年　份	1993	1994	1995	1996	1997	1998	1999	2000	2001	2002
出　口	31.20	35.56	44.13	48.07	51.50	50.98	49.05	47.37	44.03	43.91
进　口	45.28	48.86	57.54	55.05	58.09	54.03	55.29	55.53	50.66	52.21

资料来源：《WTO 国际贸易统计》，2003 年。

表 5－7　南非服务贸易发展速度与世界平均发展速度的比较

单位：%

地区 ＼ 年份		1990～2000	1999	2000	2001	2002
世界		6.5	—	6.0	0.0	6.0
南非	出口	4	-4	-3	-7	0
	进口	4	2	0	-9	3

资料来源：《WTO 国际贸易统计》，2003 年。

南非服务贸易以劳动密集型领域为主（见表 5 - 8）。服务贸易中份额最大的是公共管理部门提供的服务，金融服务和运输业分列第二和第三位。旅游、交通运输这两项开放程度较高，是南非最主要的服务贸易项目，占较大比重；金融和保险基本维持在一定水平，表明这个领域的开放速度较慢；通讯产业较为发达，但国内市场基本没有对外开放，对外贸易主要是向周边国家出口技术服务。

表 5 - 8　南非主要服务贸易产业出口额

单位：亿美元

项目 年份	1990	1995	1996	1997	1998	2000
旅　游	18.35	21.25	25.75	28.65	27.38	27.07
交通运输	11.61	12.48	10.95	12.17	12.00	11.82
金融和保险	3.54	4.39	4.62	4.60	5.43	4.51
版税和许可证费用	0.54	0.45	0.67	0.73	0.72	0.62
其他商业服务	0.38	3.98	1.97	2.67	2.70	4.72
通　讯						0.57

资料来源：联合国贸发会议数据，转引自中国国家统计局专题数据。

博茨瓦纳是服务的净进口国。2001 年服务贸易出现 2.02 亿美元的赤字。旅游业是博茨瓦纳仅次于矿产的第二大出口创汇来源，据估计占 GDP 的 5%，2001 年旅游业有 0.26 亿美元的盈余，是唯一有盈余的服务行业。但是，国际航空服务的缺乏限制了该国旅游业的发展。

纳米比亚也是服务的净进口国。2001 年服务业占到 GDP 的 65%，其中：由公共管理部门提供的服务占到 GDP 的 24%，不动产及商业服务占 10%，批发及零售业占 10%，运输及仓储占 4%。2001 年服务贸易产生 0.479 亿美元的赤字，旅游业盈余较大，为 1.315 亿美元。旅游业是纳米比亚仅次于矿业和农业的第三大出口创汇来源，占 GDP 的 8%，就业人数超过 5 万人。

3.SACU 外贸管理制度

（1）SACU 的进口关税水平

SACU 规定，成员国生产的商品可以在关税同盟内部自由交易，税率为零。根据 SACU 协定，其他四个成员国都采用南非制定的关税以及相关政策。在 SADC 贸易协议下，准许所有成员国在互惠的基础上给予来自

SADC 成员国的进口品免税入关。根据 SACU 与欧盟签署的自由贸易协议，到 2006 年 SACU 与欧盟间的关税水平将降为零。

SACU 的关税结构比较简单。根据五国关税同盟协定，实行共同关税。南非负责关税同盟的管理工作，根据计算公式，各成员国获得关税收入以及再分配。有两种类型的税率，一种是对最惠国待遇国家的税率，一种是针对一般国家的税率。最惠国待遇的税率应用于从很多国家进口的商品，包括世界贸易组织成员国；而一般国家的税率则是针对来自一部分国家的进口商品，从这些国家进口的商品不符合最惠国待遇的标准。最惠国税率的简单平均从 1997 年的 15% 降到 2002 年的 11.4%。对大部分商品征收的关税水平位于 0—20% 之间，其中 0—10% 间的商品最多。除南非外，SACU 其他成员国可以对包括南非在内的进口商品征收附加的进口关税，以保护其国内幼稚产业（保护时间最长为 8 年）。

表 5 - 9 给出 SACU 与我国贸易往来较密切的主要商品关税税率。

表 5 - 9　SACU 进口中国主要商品关税一览表

单位：%

商品	2001 年税率	商品	2001 年税率
服装制品（除鞋类）	43.7	纸制品	7.1
烟草制品	31.8	电气设备、录音机电视机及其零件	6.1
纺织品	24		
鞋类制品	22.6	化工制品	2.9
食物制品	15	玩具类	2.3

资料来源：WTO Trade Policy Review。

南非的进口关税税率在世界上属于中等水平。针对来自不同国家的货物，南非政府有三种不同的税率安排。对于来自 SADC 成员国的货物，南非政府征收的关税最低，并且多数产品享受免税待遇。对来自 EU 成员国的货物，南非征收的税率比来自 SADC 的国家要稍高一些。对来自包括中国在内的其他国家货物，南非政府征收的进口关税最高，通常在 10%—40% 之间。南非的关税征收采取从价、从量和复合三种方式。

南非关税结构呈现较明显的阶梯型。对生产原料进口多为免税，部分产品征收 5% 的低关税；初级制成品为第二阶梯，征收 10%—15% 的税；对制成品和消费品征收的关税较高，税率在 15%—45% 之间。其中对我国出口商品征税较高的有：烟草及其制品 31.4%，鞋类制品 35.1%，皮革制品 24.3%，袜类及伞类 25%，珠宝 13.9%，车辆 8.1%。服装类商品的税率则从 2001 年的 31.4% 降到 2004 年 8 月的 17.4%。机电产品是我国向南非出口额最多的商品，平均关税达 20% 左右。其他如鞋类、电视机等对南非出口的重点商品也是南非征收进口关税税率较高的商品，平均关税在 25% 左右。以上商品均征收从价税，所以，取消关税后我国对南非的出口肯定会有大的增加。

（2）进出口许可证

SACU 对其成员国的进口许可证没有统一的规定。

南非对大部分商品的进口没有限制，但进口某些商品需要获得政府的进口许可。南非政府对部分农产品、部分矿产品、鞋类产品、军火以及赌具实行进口管制。进口食品需要南非卫生部的核准，进口通讯器材需经邮电部核准，进口化肥、农药等商品需经农业部核准，产品安全及工业标准需符合南非标准局 SABS 的各项规定。

南非对一些商品出口实行出口许可证制度。目前主要是一些战略性物资（易于耗尽的资源）、由管理委员会管理的农产品和废金属。钻石出口必须在钻石委员会登记注册。同时南非政府对咖啡、部分矿山、燃料、废金属、抗生素药剂、汽车、废纸及纸板等实行出口管制。废金属在获得出口许可证前，必须先以出口价的折扣价向下游产业提供信息，一般情况下，有色金属要打折 15%，黑色金属要打折 7.5%。如果下游产业制造商没有答复或者不需要，政府才会发放出口许可证。

博茨瓦纳进口一些农产品必须得到食品安全方面的许可证，通常由贸工部发放，进口农产品和植物要得到农业部的许可，进口轻武器、弹药等也实行许可证制度。此外，DMEWA（the Department of Minerals, Energy and Water Affairs）为轮船和水上设备，以及二手商品例如机动车辆和服装发放进口许可证。

在博茨瓦纳，出于食品安全、卫生和统计等原因以及博茨瓦纳所签署国际公约的需要，所有的出口品都要有许可证，包括对 SACU 成员国的出口。

莱索托从 SACU 之外进入莱索托的所有商品都必须得到进口许可。莱索托的进口许可证制度是出于监控产品进口以及保证得到统计数据的目的。包括 SACU 在内的所有农业进口商品和出口商品除了谷类及其制品，都要符合 1967 年农业买卖法案（Agricultural Marketing Act of 1967）；除农

产品之外其他商品的进口许可证由贸易、工业和市场部（the Ministry of Trade, Industry and Marketing）发放，莱索托不实行进口限额。

纳米比亚所有的进口品包括农产品在内，必须得到贸工部的许可。一般来说，发放许可证（自动许可证 automatic licenses）是出于统计需要。非自动许可证应用于药品、化学品、冻鱼冻肉、活的动物、炸药、钻石、黄金及其他矿产品等，以及所有的二手商品如服装和机动车辆。每类非自动许可证都由相关部门发放。

斯威士兰1998年后大幅放开其进口许可证，2000年减少了受限制的进口商品数，目前需要得到进口许可的商品可分为武器、药品、旧机动车辆、旧服装和电器等15类。出于卫生、安全和保护环境的目的，进口许可证现在被用来监管得到许可的进口商品的流动。

（3）海关报关手续

SACU的所有成员国在共同关税领域（the common customs area）对进口商品都采用南非制定的海关法令（主要是南非1964年制定的the Customs and Excise Act）。但是，海关报关手续在SACU内部并不完全一致，并且在边境存在一些分歧。这增加了SACU内部以及世界其他地区与SACU之间的商品流动交易成本。2002年SACU协定第23条规定，成员国应该采取必要措施促进贸易文件及手续的简化和一致。公共及现代的海关管理将减少发货人的交易成本，并且增加海关体制的可预见性及透明度。

南非的通关效率较高。对信誉较好的进口商，南非海关可允许延期支付海关关税、增值税和其他有关费用。南非政府积极促进海关的技术和信息系统升级，以提高通关效率，增加电子通关的比例和速度。在南非也有专门从事通关工作的公司，以协助其他进出口商提高通关效率。

4. SACU的投资管理制度

南非政府鼓励外商投资，对投资形式没有限制。为了加快本地经济的发展，南非政府对外国企业投资规定了一系列优惠政策，对符合规定的外资企业提供长达6年的减免税优惠待遇；同时还有针对投资的贷款鼓励措施，可以向企业提供极有竞争力的低息贷款。对于特定的行业，南非政府还有特殊的投资鼓励措施。总体来说，南非投资的经济环境还是相当好的。

南非没有具体的投资法案，南非政府鼓励非居民和公司的投资。国民待遇适用于所有的外国投资者，在纳税后外国投资者可以遣返其投资收益。多样化的规划为投资者提供很多种激励。为了鼓励 FDI（国际直接投资）的进入，南非政府制定了一个以国有企业重组来加速私有化进程的政策框架。南非对外国公司仍有一些限制，例如，外资银行设立分支机构时，必须雇用某个最低数量的当地居民以获得银行业务许可证；对外汇的控制也没有完全消除等。

外国投资者在南非设立公司必须得到 DHA（the Department of Home Affairs）的许可，后者了解申请人在南非投资的意图和动机后会在 6 至 8 周内发放许可证。

同时，南非政府鼓励向外投资，特别是对 SACU 和 SADC 地区，以促进这一地区的工业化。出于这一目的，南非政府通过放松投向这一地区资本的外汇控制，来鼓励南非公司向外投资。

博茨瓦纳政府认识到私人投资尤其是外国投资在刺激经济增长、可持续发展以及摆脱贫穷过程中起关键作用，已经并且会继续为投资创造规范的环境。外国投资者必须遵守法律，可以投资除零售商店、加油站、超市、政府建筑工程等小型企业外的其他领域。政府在出口导向或进口替代的制造业方面特别支持的有纺织和服装、皮革制品、电器电子、塑料制品等，具体的投资激励包括针对所有的制造业企业将有限公司税率从 25% 降到 15%，红利、利润和资本可以自由返回等。2001 年博茨瓦纳分别被标准普尔和穆迪在国家信用评级中评为 A 和 A2，在所有非洲国家中名列第一，在一定程度上说明该国在投资环境方面的实力。

莱索托没有关于外国投资的法律，政府采取一种宽大、非歧视的政策，唯一的限制是禁止外资投资员工少于 10 人的小型工业企业，这些企业是为其公民保留的。政府对所有权份额没有限制。莱索托的投资体制看上去开放而且公平，但是在以下方面存在问题：税收的行政管理、对外汇的强硬控制、采矿和制造业许可证等方面的法律过时等。

纳米比亚对包括外国投资者在内的所有投资者来说，税收激励包括前五年内所得税减少一半；生产除肉类和鱼类制品外其他制造业产品的出口商，不论其国籍都得到 80% 的税收补贴。投资者在该国建立新的制造业企业时，可以与贸工部协商讨论是否给予特别的税收优惠。但是，投资优惠并不是该国吸引投资的最主要因素，最主要的因素是稳定的政治和宏观经济环境、独立的司法体制、对财产和合同权利的保护、良好的基础设施以及接近南非的便利条件。到 1998 年底，纳米比亚完全解除了对投资许可程序的控制。

斯威士兰正在更新其关于投资条件的法规，但是目前还没有综合的投资法规。斯威士兰在投资方面特别在纺织品和服装的投资方面有了很大增长，纺织品和服装业的投资者主要来自中国台湾和南非。

5. 未来 SACU 对外贸易发展趋势

SACU 的贸易依存度从 1997 年的 52.4% 上升到 2001 年的 62%，呈现出逐年上升的趋势。其经济前景依赖于世界经济前景，特别是依赖于欧盟和美国，后两者是 SACU 向外出口的主要市场。南非仍然是 SACU 内部经济增长的动力。

SACU 五个成员国中，南非的服务贸易是最发达的，其他国家不同程度存在着基础设施落后、市场营销不足、熟练劳动力缺乏等因素，因而限制了服务贸易的发展。SACU 将会在服务业推动自由化和投资的进一步发展，而服务业的发展会转而促进其对外贸易的发展。

未来 SACU 对外贸易发展的推动力主要有以下一些方面：

第一，通过 AGOA（African Growth and Opportunity Act）、TDCA（The SA-EU Free Trade Agreement）以及科托努协定的多边贸易自由化，SACU 一些工业特别是纺织品和服装业未来会得到很大发展。

第二，2002 年 SACU 协定计划通过某些关键的非关税贸易措施例如海关手续的协调一致，促进其成员国对外贸易的充分发展，尤其在工业、农业、市场竞争及不公平贸易等方面形成一个更加有凝聚力的地区市场，这也将促进 SACU 内部贸易的增长。

第三，南非货币兰特以及其他几国货币的持续贬值，可以在一定程度上提高 SACU 的出口竞争力。

影响未来 SACU 对外贸易发展的不利因素有：

首先，SACU 几国货币的持续贬值虽然可能提高出口品价格上的竞争力，但是会削弱政府对通货膨胀的控制力。此外，世界石油价格和不利的天气状况也可能加大通货膨胀压力，从而通过影响其国内宏观经济而影响对外贸易的发展。

其次，虽然在整体上，SACU 的劳动密集型制造业特别是纺织品和服装近年来得到极大扩张，但是这些制造业的发展在很大程度上被供给方面的制约因素所阻碍，这些因素有：高生产成本、有限的融资渠道，以及低劣的产品质量等。此外，关税结构（主要是对半成品的高税率）不利于对某些制造业的投资。

（二）中国与 SACU 贸易与投资现状

1. 中国与 SACU 贸易现状

（1）货物贸易现状

2001 年中国与 SACU 的进出口贸易额约为 23.16 亿美元，占 2001 年 SACU 进出口贸易总额的 3%，其中，SACU 从中国进口额占 SACU 当年进口额的 3.1%，SACU 对中国出口额占其当年出口额的 2.9%。2002 年中国与 SACU 贸易额比 2001 年增长了 16.2%，2003 年比 2002 年增长了 49.4%。

可见，中国与 SACU 间的贸易额在双方的贸易额中所占比例都不大，但这一比例有逐年增加的趋势。这一趋势反映了中国与 SACU 之间的贸易越来越频繁，经济合作关系越来越密切。

表 5 - 10　中国与 SACU 货物贸易统计

单位：万美元

地　区	年　份	出口额	进口额	进出口总额
SACU	2001	110354	117288	231568
	2002	137943	130908	268851
	2003	212177	189444	401621

资料来源：根据商务部数据整理。

我国与 SACU 五个成员国之间的贸易以与南非的双边贸易额为最多，与斯威士兰的双边贸易额最小。与 SACU 五个成员国的双边贸易额都呈现增长趋势，而且 2003 年比 2002 年有较大幅度提高（参见表 5 - 11）。

表 5 - 11　2002 年、2003 年中国与 SACU 成员国贸易统计

金额及增减情况		国家	南 非	纳米比亚	莱索托	博茨瓦那	斯威士兰
金额（万美元）	进出口额	2002	258009	4911	2451	1898	1582
		2003	387054	7457	2488	2501	2121
	出口额	2002	131103	2018	2451	1898	473
		2003	202976	3762	2488	2283	668
	进口额	2002	126906	2893	0	0	1109
		2003	184078	3695	0	218	1453

续表 5 – 11

金额及增减情况 ＼ 国家		南 非	纳米比亚	莱索托	博茨瓦那	斯威士兰
累计比上年同期增减（％）	2002	16.1	51.2	37	33.4	58
	2003	50.0	51.8	1.5	31.8	34.1
出 口	2002	25	-4.9	46.2	33.4	57.9
	2003	54.8	86.4	1.5	20.3	41.4
进 口	2002	8.2	156.9	-100	0	58.1
	2003	45.1	27.7	0	427091.1	31.1

资料来源：商务部西亚非洲司数据库。

南非 多年来一直是我国在非洲大陆的最大贸易伙伴。2003 年中南贸易额为 38.71 亿美元，占当年中国与非洲贸易总额的五分之一强（参见表 5 – 12）。

表 5 – 12 中非贸易额与中南贸易额比较

年 份	中国与非洲贸易额（亿美元）	中国与南非贸易额（亿美元）	所占比重（％）
1993	25.31	6.58	26.0
1997	56.71	15.74	27.76
2001	108.0	22.22	20.57
2002	123.9	25.80	20.82
2003	185.5	38.71	20.87

资料来源：历年的《中国海关统计》以及商务部数据库。

在中国与南非贸易关系不断发展的同时，南非对来自中国的商品提出的反倾销不断增加，而且只要是南非方面提出反倾销诉讼，南非政府就会对被诉商品征收特别关税。这种做法严重影响了中国对南非的出口，也影响了中南两国贸易的发展。随着南非对我国市场经济地位的承认，反倾销这一问题将会有所改善。

从表 5 – 13 可以看出，中南贸易额占中国对外贸易额的比重基本上占 0.4％以上。从总体上看，南非在中国对外贸易中的地位呈现出较为稳定的增长趋势。中南贸易在南非对外贸易中也占有一定地位。据南非贸工部统计，2004 年中国在南非进口商品国中列第 5 位，出口居第 10 位，中南贸易发展势头良好。

表 5－13　中国与南非贸易额在中国对外贸易中的状况

单位：%

年　份	进出口比重	出口比重	进口比重
1993	0.34	0.27	0.40
1997	0.48	0.43	0.56
2001	0.44	0.39	0.48
2002	0.43	0.40	0.42
2003	0.45	0.46	0.45

资料来源：《中国海关统计》，《中国对外贸易形势报告（2004 年春季）》。

　　莱索托　中莱贸易近几年有较大发展，据我海关统计，1998 年双边贸易额达 900 多万美元，其中莱索托首次向我出口（羊毛）约 3 万美元。2003 年我国与莱索托进出口贸易额达到 2488 万美元，全部是我国出口，其中纺织原料及纺织制品出口 1912.4 万美元，占出口总额的 76.9%，是我国向莱索托出口最多的商品。

　　我国对莱索托出口的主要商品还有鞋类、服装及衣着附件等，目前我国除皮鞋外的其他鞋类约占莱索托市场的 80%；书包类约占 30%—40%；电器类约 10%。中国产品价廉物美，适合当地人的消费水平，有较好的市场。但由于莱索托资源贫乏，工业落后，我国几乎未从莱索托进口商品。莱索托是仅有 200 万人口的小国，市场容量有限，加之 SACU 中的货物可免税自由流动，有些南非的产品比我国产品更具竞争力，因此我国对莱索托的出口商品会受到南非产品的竞争，但我贸易顺差将会长期存在。

　　纳米比亚　我国商品进入纳米比亚市场较迟，该国商人对我国商品了解甚少，加之南非长期垄断，我国与纳米比亚进行直接贸易困难。中纳两国于 1990 年 3 月建交，通过几年来双方的接触，纳米比亚商人和民间开始了解中国，对中国的五金、玩具、针织品、自行车和电器等产品有较大兴趣。中国从 1990 年到 1995 年分别参加了纳米比亚贸工部举办的五次国际博览会。

　　建交以来，中纳两国贸易起初发展比较缓慢，1990 年和 1991 年双边贸易额均为零，1992 年才有突破，至 2001 年开始有较大增长。1994 年 7 月两国签订了双边贸易协定。据我国海关统计，2001 年、2002 年我

出口额增速达到150%以上，年进口额增速达200%以上，2003年进口额和出口额增速回落，但双边贸易额仍比2002年增加51.8%，其中进口额和出口额基本持平。2003年我国向纳米比亚出口纺织原料及纺织制品1994万美元，占出口总额的53%，是我国向纳米比亚出口最多的商品；机电产品出口473.4万美元，占12.6%。中纳双边贸易以一般贸易为主，投资和援外带动出口比重不大。

博茨瓦纳　与我国1975年1月6日建交，1986年9月29日两国政府签订贸易协定，两国贸易以现汇支付。多年来每年我国对博茨瓦纳贸易只占博茨瓦纳进出口贸易额的千分之一。我国向博茨瓦纳出口以纺织原料及其制品尤其是轻纺产品为主，2003年我对博茨瓦纳纺织原料及其制品出口额为1106.7万美元，占出口总额的48.5%。随着近年来我国对博茨瓦纳开展援外项目规模的不断扩大，我国对博茨瓦纳机电产品的出口有了显著的增长，2003年博茨瓦纳机电产品出口额为320.4万美元，占出口总额的14%。

斯威士兰　2003年我国对斯威士兰的出口总额为668万美元，其中纺织原料及其制品589.6万美元，占88.3%（海关统计年鉴2004）。我国与斯威士兰没有建立外交关系，两国的贸易额占我国外贸总额的比重很小。斯威士兰与中国台湾的政治经济关系比较密切，斯威士兰的纺织品、服装企业中有相当部分是中国台湾投资者建立的。

（2）中国与SACU服务贸易现状概述

除南非外SACU其他几国在经济总量上都很小，其服务贸易额很难准确统计，目前国内外都没有SACU整体与中国服务贸易的统计资料。我们将SACU分为南非和其他四国，分别讨论它们与中国的服务贸易现状。

①中国与南非服务贸易现状

我国的服务贸易自20世纪90年代中期以来发展迅速（参见表5-14）。2003年，中国服务贸易进出口总额首次突破1000亿美元大关，达到1020亿美元，成为全球第9大服务贸易国，首次进入世界前10位。其中服务贸易出口（或收入）467亿美元，同比增长18%，占全球服务贸易出口的2.7%，成为服务贸易出口最大的发展中国家，列全球服务贸易出口国第9位；服务贸易进口（或支出）为553亿美元，同比增长19%，占全球服务贸易进口的3.2%，仍是服务贸易进口最大的发展中国家，列世界服务贸易进口国第8位。

表 5－14　中国与主要国家和地区服务贸易增长速度比较

单位：%

地区和国家 ＼ 年份		1995~2000	2001	2002
世　界		4	0	6
中　国	出　口	10	9	20
	进　口	8	9	18
南　非	出　口	—	－7	0
	进　口	—	－9	3
北　美	出　口	7	－3	1
	进　口	9	－1	1
西　欧	出　口	4	2	9
	进　口	4	3	9
日　本	出　口	1	－7	2
	进　口	－1	－7	0

资料来源：WTO 国际贸易统计，2003 年。

　　旅游、其他商业服务和运输是中国服务贸易收入的主要来源，2003 年占服务贸易总出口比重分别为 37%、32% 和 17%。金融服务、计算机和信息服务、其他商业服务、保险服务收入增幅最大，2003 年同比增长分别为 198%、73%、72% 和 50%，说明这些服务领域对外开放的速度正在加快。

　　2003 年服务贸易支出大于收入，主要进口项目仍是运输、旅游，占服务贸易总进口的比重分别为 33% 和 27%，其中运输支出自 1997 年以来首次超过旅游，成为中国服务贸易最大的支出项目。

　　预计今后一段时期中国服务贸易进出口仍将实现两位数的增长。但由于受出口退税调整和 CEPA（Closer Economic Partnership Arrangement）（更紧密经贸关系安排）政策的影响，预计 2007 年前中国货物贸易进口增速将高于出口，直接造成运输、保险等主要服务产业支出高速增长。另外，由于中国目前绝大部分服务行业对外竞争力不强，运输、金融、保险、专有技术和技术咨询等逆差行业短期内还难于扭转局面，主要顺差项目也难于实现快速扩张。因此，在今后相当长的一段时期内，中国服务贸易仍将保持一定的逆差。

　　从上面分析可以看出，两国服务贸易结构相似，缺乏互补性，是一种

相互竞争的关系，服务贸易总量比较小。两国服务贸易还存在一些相同的问题，如自由化程度低、立法不健全、管理滞后等等。要加强贸易联系，还存在一定难度。当然，某些领域还是存在扩大合作的可能。比如，在教育、工程承包、旅游贸易、金融服务、运输、信息产业等方面（具体分析详见附录1）。

②中国与SACU其他四国服务贸易现状

目前我国与纳米比亚、博茨瓦纳、莱索托和斯威士兰的服务贸易虽然有较大发展，但与其他国家相比，仍然种类少、数额小。这有多方面原因：第一，四国人口少，国内市场狭小，除博茨瓦纳外，其他三国经济发展水平较低，最大的服务出口是旅游，且主要面向邻国和欧美国家；第二，双方之间加强服务贸易的法律法规不健全；第三，由于地理、历史文化以及其他因素，长期以来四国的主要贸易伙伴是南非、欧盟和美国，与这些国家和地区已达成和将要达成的自由贸易区协定以及美国的 AGOA（Issues African Growth and Opportunity Act）法案加深了这种关系，大多数的服务进口例如电力供应、通讯和信息技术服务，均来自上述国家和地区；来自中国的服务进口主要集中在工程承包，如中纳合作修复组装纳铁路机车，中国建筑齐鲁工程公司在莱索托承建外商厂房等；第四，政治上的阻碍，如我国与斯威士兰尚未建立外交关系，影响到两国经贸关系的开展。

2. 中国与SACU相互投资现状

（1）中南相互投资现状

目前，外资在南非的投向主要是制造业，约占外资总额的43%，金融保险等服务业占外资总额36%；批发零售餐饮业占外资总额13%；采矿业仅占外资总额5%。外资来源主要是欧洲和美洲，来自亚洲的比例虽然很小，增长速度却很快。

截至2002年底，经外经贸部批准或备案，我国企业在南非设立投资企业98家，投资总额19510万美元，中方投资总额11930万美元，投资项目主要分散在以下领域：服装纺织业、房地产业、家电业、冶金采矿业等。截至2003年9月，在南非的中国企业基本上可分成12类（参见表5－15）。

表 5 – 15　中国企业在南非的行业分布及企业名称

行　业	企　业　名　称
农业及种植业	华茂农场
冶金采矿业	中国钢铁工贸集团公司
制造业	一汽车辆制造南非有限公司
家电业	海信、上广电、厦华等
金融业	中国银行、建行、进出口银行、光大银行
运输业	中国远洋运输公司
信息产业	华为公司、中兴公司代表处
建材业	新世纪砖业公司
食品饮料	青岛啤酒南非有限公司
贸　易	中国通用技术控股有限公司、成套设备进出口公司
房地产业	光大控股有限公司、云南建设集团工程有限公司、江西建工
服装、纺织业	恒绅贸易有限公司等

在南非中资企业中，电视机生产加工装配项目较为集中，已有 4 家国内企业分别在南非设立了电视机生产厂。在商务部会同我国驻南非使馆的指导和支持下，南非中资电视机企业已初步建立了以销售价格为核心的自我协调机制，形成了相互协作、共同发展、避免内部竞争的良好开端，丰富了我国在探索境外企业协调运作、促进境外加工贸易业务健康发展方面的经验，为其他国内企业积累了经验。

从南非中资企业的经营情况来看，2002 年大约有 40% 的企业盈利，如：海信南非公司、上海广电集团有限公司、新光灯泡厂、上海实业集团有限公司。其中，新光灯泡厂的效益要比国内厂还好。上海实业集团下属的顺风金属制品有限公司生产的不锈钢餐具，在南非市场上很受欢迎，效益也不错。南非海信公司是南非中资企业中最成功的企业之一，自 1992 年进入南非后，已占领了南非彩电市场的 12.5%。据中方统计，南非在中国的各类投资项目约 206 个，双方协议投资总额约 1.3378 亿美元，实际投资 4910 万美元。投资主要分布在码头建设、饮料工业、轻纺工业和建材等领域。经商务部批准，南非企业共在华设立常驻代表处 11 家。大型企业是南非在华投资的主力军，其中包括南非啤酒酿造和英美矿业等跨国公司。

（2）中国对 SACU 其他国家投资现状

博茨瓦纳　截至 2002 年底，经外经贸部批准，我国在博茨瓦纳共有投

资项目 7 个，协议投资总额 431.5 万美元，中方投资 413.5 万美元。

我国在博茨瓦纳正式经过国家批准的加工贸易项目有：山东笙歌集团公司投资建立的 A.K.K 制衣有限公司，该项目计划投资 298 万美元，其中第一期投资 98 万美元已经到位，主要经营针织及牛仔服装生产销售，设计生产能力为 120 万件/年，一旦达到这一水平，每年可带动价值 500 万美元的国产原材料出口。

根据博茨瓦纳国经济发展水平和当地市场需求情况，我国企业可在博开展的有潜力的加工贸易项目包括：皮革深加工、小型农机具装配等。

莱索托 截至 2002 年底，经外经贸部批准，我国企业在莱索托有 9 个投资项目，总投资 197.4 万美元，中方投资 120.4 万美元。上海第一百货商店在马塞卢设立的东方有限公司，在当地经营批发、零售百货（其注册资金为 4000 马洛蒂，总投资 16 万美元）。此外，在莱索托有约 120 家来自上海、福建、江苏、北京、山东和东北等地的中国人开办的私人商店。

纳米比亚 截至 2002 年底，经商务部备案或批准，我国企业在纳米比亚共设立 11 家境外企业，双方协议总投资额 1208.5 万美元，其中中方协议投资额 973.5 万美元。规模较大的有纳米比亚狮王服装有限公司，总投资 30 万美元，月生产 1 万件牛仔服；有纳米比亚纽申家庭用品有限公司，总投资 70 万美元，月生产铝锅 2 万套；还有中国大酒店，总投资 40 万美元。

（三）中国与 SACU 经济发展的互补性

1. 中国与 SACU 在资源开发与利用方面具有互补性

SACU 的五个成员国都有丰富的矿产资源。其中，南非是世界五大矿产国之一，境内蕴藏着丰富的资源，是自然资源最有潜力的国家之一。其黄金、铂族金属、锰、钛、硅铝酸盐以及铬的储量居世界第一位，储量居于世界前几位的矿产资源还有磷酸盐、铀、煤、铅、铁、铜等。SACU 其他几国也都有丰富的矿产资源例如黄金、铂族金属等。

我国资源的总体特征是：总量大，品种全，但人均占有量却仅为世界人均值的 20%—50%；资源差别悬殊，低质量资源比重大，开发难度大，资源分布与生产力不协调，相当一部分矿产资源分布于条件极其恶劣的区域和环境中，在目前的生产技术和边际成本限制下，难以得到充分的开发利用；部分资源的开发强度已达极限，后备资源严重不足。

利用好国外资源是中国解决国内资源供需矛盾的关键所在。按现有矿产资源的开发利用经济技术水平，到 2010 年，中国可满足需求的矿种有 22 种，不能满足需求的有 23 种，其中，石油、天然气、铁、锰、铜、镍、铀、铝土矿、铅、锑、金、硫等，均不能满足需要；到 2020 年，可满足需求的矿种只有 5 种，不能满足需求的高达 40 种，此外，铬、铂族元素、钴、硼、钾盐和金刚石现在和将来都难以满足需要。

在世界经济一体化过程中，资源配置国际化是一个趋势。中国要实现经济发展的战略目标，解决资源供给和需求的矛盾，就必须走向国际市场，充分利用国外资源。SACU 拥有丰富的自然资源，正可提供中国所需的一部分原料之不足。

2. 中国与 SACU 在贸易和技术方面具有互补性

中国与 SACU 在贸易和技术方面有一定程度的互补性，尤其是与南非市场的互补性已经为近年来两国贸易额的迅速增加所证实。南非是第一世界高消费和第三世界低消费两种消费水平并存的国家。非国大新政府执政以来，积极发展经济，大力提高黑人的生活水平。经过多年的努力，这些措施已经初见成效，黑人中产阶层的发展势头很猛，其消费市场的巨大潜力受到商家的关注，已接近于发达国家消费水平。广大中低收入阶层的消费潜力也不容忽视，他们也正处于低消费即对基本生活品消费量很大的阶段。由于南非的轻工业比较落后，而中国的轻工业发达，可以通过技术和产品出口满足南非市场的需求。

表 5 - 16　中国对南非出口产品一览表

单位：万美元

出口商品名称 ＼ 年份及比重	1994 年	2001 年	2003 年	占同类出口商品比重(%)
矿产品	1532. 2	5163. 2	9249. 2	0. 73
其中：矿物燃料	1166. 3	4101. 6	7221. 5	0. 57
化学工业及其相关工业产品	2716. 8	9136. 9	13429. 8	1. 05
其中　无机化学品；贵金属等的化合物	787. 2	2889. 1	3348. 1	0. 93
有机化学品	966. 7	2691. 0	5096. 3	1. 42
杂项化学品	460. 8	2000	2888. 9	0. 80
塑料及其制品	450. 3	2313. 2	3198. 2	0. 25
皮革制品；旅行箱包；动物肠线制品	2109. 4	3412. 4	4554. 9	0. 36
纺织原料及纺织制品	9854. 8	24571. 9	52840. 4	4. 15

续表 5 – 16

出口商品名称 \ 年份及比重	1994 年	2001 年	2003 年	占同类出口商品比重(%)
鞋靴、护腿等	3250.1	9242.7	16391.9	1.29
陶瓷制品	945.7	2422.7	3331.4	0.26
贱金属及其制品	1944.5	6506.6	11105.0	0.87
其中:钢铁制品	734.6	2746.9	5009.9	1.39
机电、音像设备及其零附件	6473.9	24828.8	52222.0	4.10
车辆及其零附件,铁道车辆除外	748.5	2904.0	3558.7	0.28
家具;寝具等;灯具;活动房	585.7	2303.1	3779.5	0.30
玩具、游戏或运动用品及其零附件	460.0	1368.9	1977.1	0.16
合计	31071.9	94174.4	173610.1	0.46

资料来源:《中国海关统计年鉴》。

　　从表 5 – 16 所列产品类别,可以看出 2003 年、2001 年与 1994 年相比中国对南非出口的商品结构变化:机电音像设备及零附件、纺织原料及纺织品、化学工业及其相关工业产品、鞋靴、护腿、贱金属及其制品以及车辆及其零附件等增长额最大。这一方面说明了中国产品竞争力较强,适应南非市场的需求,另一方面也说明了南非轻工业比较落后,许多产品需要从国外进口的事实(参见表 5 – 17)。

表 5 – 17　中国从南非进口产品

单位:万美元

进口商品名称 \ 年份及比重	1994 年	2001 年	2003 年	占 2003 年同类进口商品比重(%)
矿产品	14994.9	30478.8	37583.6	1
化学工业及其相关工业的产品	367.9	6276.6	8966.4	0.23
塑料及其制品	741.2	3292.6	2442.1	0.06
纤维素浆;废纸;纸、纸板及其制品	674.0	2698.1	3920.1	0.1
纺织原料及纺织制品	590.6	2151.0	1602.8	0.04

续表 5'-17

进口商品名称 ＼ 年份及比重	1994 年	2001 年	2003 年	占 2003 年同类进口商品比重(%)
其中:羊毛等动物毛;马毛纱线及其机织物	377.1	2014.5	1531	0.04
贱金属及其制品	2265.7	16744.6	53384.3	1.42
其中:钢铁	1630.5	9451.6	37389.4	0.99
铜及其制品	108.8	4850.9	5574.9	0.15
铝及其制品	17.1	1528.8	9808.6	0.26
机电、音像设备及其零附件	937.0	6662.3	5468.9	0.15
合　计	20571.3	68304	113368.2	0.34

资料来源:《中国海关统计年鉴》。

从表 5-17 所列产品类别,可以看出 2003 年、2001 年与 1994 年相比,南非对中国出口的商品结构变化:矿产品(包括铁矿砂、铬矿砂等)、化学工业及其相关工业产品、贱金属及其制品、化学工业及其相关工业的产品、机电音像及其零附件等增长额最大,其中钢铁、铜及其制品、铝及其制品、珠宝贵金属及其制品、采矿设备和技术、纸浆、羊毛等是南非向中国出口的主要产品。而中国经济的发展,国民对金银首饰和钻石等消费品的需求增加,也为南非扩大对中国的出口提供了条件。

通过以上分析以及中国与南非近些年的贸易发展状况,我们可以看到并预计,未来中国与南非具有比较优势的产品分别为:中国方面有轻工业产品、化工产品、机电产品等,南非方面有矿产品、机械产品、黄金、钻石、铂金等。

中国与南非在经济技术合作方面具有互补性。南非有先进的采矿技术和制造技术,特别是深矿采掘技术和从煤炭中提取油和气的技术世界领先,这些正是中国经济发展中所急需的,双方可以很好地合作。同时,南非轻工业比较落后,适应中国企业在当地投资建厂,既可以解决市场需求和当地人员就业问题,又可以通过南非向其他国家和地区出口,还可以解决中国某些产品生产能力过剩问题。

SACU 其他四国与南非有相似的自然资源,并且在经济体制、贸易政策、社会文化等各方面都受到南非的极大影响,因此中国与 SACU 其他四国在贸易和技术方面也有相当大的互补性。

349

二、中国与 SACU 经贸发展潜力预测

（一）中国与 SACU 外贸（货物和服务）发展前景预测

1. 六国货物和服务贸易发展前景预测

根据对各国进出口时间序列数据分布特征的分析以及对中国经济发展和外贸环境的研究，我们对中国及 SACU 五国的外贸发展分别构造了预测模型（分布滞后多元变量模型）。模型均以世界贸易增长率、国民生产总值、人均消费、政府消费、实际汇率、外汇储备、开放度等为外生变量，样本区间为 1978 ~ 2002 年，所用数据来自 IMF（International Monetary Funds CD—ROM），通过模型甄选，最终选定模型及其性能特征，可参见附录 2—附录 7。

中国是世界上第七大经济体，GDP 在世界排名第七位，其 2003 年的出口额居世界第四位，进口额居世界第三位。随着经济全球化的浪潮，中国以越来越开放的姿态融入全球经济中，其关税水平从 1990 年的 42% 下降到 2003 年的 11%，在 2004 年更是进一步降低到 10.4%。2003 年中国出口商品额达 4384 亿美元，占世界的 5.9%，进口商品额达 4218 亿美元，占世界的 5.3%。通过模型预测 2003 ~ 2007 年中国货物贸易及服务贸易的进、出口水平参见表 5 - 18。

表 5 - 18　中国货物贸易、服务贸易 2003 ~ 2007 年进出口预测值

单位：亿美元

预测年度	货 物 贸 易					
	预测值		下 限*		上 限*	
	出 口	进 口	出 口	进 口	出 口	进 口
2003	3984.51	3708.64	3558.98	3166.74	4410.04	4250.54
2004	4547.37	3862.11	3932.92	3056.55	5161.81	4667.67
2005	4830.00	4213.82	3947.74	3128.05	5712.27	5299.59
2006	5220.80	4624.09	4106.47	3198.82	6335.12	6049.35
2007	5640.27	4862.05	4246.54	3127.28	7034.00	6596.82

预测年度	服 务 贸 易					
	预测值		下 限*		上 限*	
	出 口	进 口	出 口	进 口	出 口	进 口
2003	443.25	506.50	414.90	432.37	471.59	580.61
2004	472.08	515.62	426.67	392.67	517.50	638.57
2005	510.32	544.16	442.67	376.29	577.97	712.02
2006	525.34	583.69	431.64	375.44	619.03	791.94
2007	544.17	590.82	432.98	337.66	655.35	843.99

注：下限*、上限*为 90% 置信区间的上下限值。

　　我们估计到 2007 年中国货物贸易进口可能达到 4862 亿美元左右，出口达到 5640 亿美元左右，进出口总量将达到 10502 亿美元，年增长率在 8%—10% 左右；服务贸易进口将达到 591 亿美元左右，出口达到 544 亿美元左右，进出口总量将达 1135 亿美元左右，年增长率在 4%—6% 左右。

　　南非是非洲大陆最重要的经济体之一，从 1994 年南非新政府成立以来，南非的经济稳步发展。对外贸易在南非的经济发展中占有很重要的地位，其总量平均占到其国内生产总值的 50% 左右。近十年来，南非的对外贸易以大约 4% 的速度持续增长。我们根据南非 1978 年到 2002 年的数据为南非的外贸发展构造的多元回归预测模型测算，到 2007 年南非进口贸易总额（货物 + 服务）将达到 320.86 亿美元，出口贸易总额将达到 386.13 亿美元，对外贸易的总量将达到 706.99 亿美元左右（参见表 5 – 19）。

表 5 – 19　南非货物贸易、服务贸易 2003 ~ 2007 年进出口预测值

单位：亿美元

预测年度	货 物 贸 易					
	预测值		下 限*		上 限*	
	出 口	进 口	出 口	进 口	出 口	进 口
2003	349.59	270.48	287.31	222.57	411.87	318.51
2004	336.52	269.26	270.18	193.39	402.85	347.56
2005	311.53	268.28	236.72	174.94	386.34	363.59
2006	333.09	267.87	246.06	163.68	420.10	372.88
2007	338.25	267.86	245.35	156.02	431.13	379.71
预测年度	服 务 贸 易					
	预测值		下 限*		上 限*	
	出 口	进 口	出 口	进 口	出 口	进 口
2003	45.54	52.99	35.79	41.15	55.30	64.84
2004	47.10	52.98	33.48	37.27	60.71	68.69
2005	47.51	52.99	29.99	33.94	65.03	72.03
2006	47.56	53.00	27.42	31.01	67.70	74.96
2007	47.88	53.00	25.85	28.38	69.91	77.59

　　注：下限*，上限* 为 90% 置信区间的上下限值。

SACU 其余四国货物和服务贸易进出口的具体预测值分别见表 5 – 20、表 5 –21、表 5 –22、表 5 –23。

表 5 – 20 博茨瓦纳货物贸易、服务贸易 2003～2007 年进出口预测值

单位：亿美元

预测年度	货物贸易					
	预测值		下 限*		上 限*	
	出 口	进 口	出 口	进 口	出 口	进 口
2003	19.98	14.89	12.12	10.36	27.85	19.41
2004	20.12	16.48	9.72	10.26	30.51	22.69
2005	19.80	18.45	7.46	11.05	32.15	25.85
2006	19.84	16.34	5.65	7.85	34.03	24.82
2007	19.76	16.04	3.97	6.96	35.55	25.12

预测年度	服务贸易					
	预测值		下 限*		上 限*	
	出 口	进 口	出 口	进 口	出 口	进 口
2003	3.78	4.21	2.53	3.43	4.81	4.97
2004	3.71	4.57	2.28	3.56	5.06	5.57
2005	3.74	4.88	2.07	3.63	5.27	6.13
2006	3.76	5.40	1.88	3.91	5.46	6.88
2007	3.73	4.80	1.71	3.10	5.63	6.50

注：下限*、上限*为90%置信区间的上下限值。

表 5 –21 莱索托货物贸易、服务贸易 2003～2007 年进出口预测值

单位：亿美元

预测年度	货物贸易					
	预测值		下 限*		上 限*	
	出 口	进 口	出 口	进 口	出 口	进 口
2003	3.90	7.65	3.21	5.18	4.60	10.11
2004	4.06	7.65	3.00	4.45	5.12	10.84
2005	4.48	7.65	3.16	3.86	5.80	11.44
2006	4.81	7.65	3.24	3.35	6.37	11.95
2007	4.96	7.65	3.12	2.89	6.81	12.41

续表 5 - 21

| 预测年度 | 服务 贸 易 | | | | | |
| | 预测值 | | 下 限* | | 上 限* | |
	出 口	进 口	出 口	进 口	出 口	进 口
2003	0.42	0.56	0.17	0.33	0.67	0.80
2004	0.42	0.57	0.16	0.28	0.69	0.86
2005	0.42	0.57	0.15	0.23	0.70	0.91
2006	0.42	0.57	0.13	0.18	0.71	0.96
2007	0.42	0.57	0.12	0.14	0.72	0.99

注：下限*、上限*为90%置信区间的上下限值。

表 5 - 22 莱索托货物贸易、服务贸易 2003 ~ 2007 年进出口预测值

单位：亿美元

| 预测年度 | 货 物 贸 易 | | | | | |
| | 预测值 | | 下 限* | | 上 限* | |
	出 口	进 口	出 口	进 口	出 口	进 口
2003	3.90	7.65	3.21	5.18	4.60	10.11
2004	4.06	7.65	3.00	4.45	5.12	10.84
2005	4.48	7.65	3.16	3.86	5.80	11.44
2006	4.81	7.65	3.24	3.35	6.37	11.95
2007	4.96	7.65	3.12	2.89	6.81	12.41

| 预测年度 | 服 务 贸 易 | | | | | |
| | 预测值 | | 下 限* | | 上 限* | |
	出 口	进 口	出 口	进 口	出 口	进 口
2003	0.42	0.56	0.17	0.33	0.67	0.80
2004	0.42	0.57	0.16	0.28	0.69	0.86
2005	0.42	0.57	0.15	0.23	0.70	0.91
2006	0.42	0.57	0.13	0.18	0.71	0.96
2007	0.42	0.57	0.12	0.14	0.72	0.99

注：下限*、上限*为90%置信区间的上下限值。

表 5 - 23   斯威士兰货物贸易、服务贸易 2003 ~ 2007 年进出口预测值

单位：亿美元

预测年度	货 物 贸 易					
	预测值		下 限*		上 限*	
	出 口	进 口	出 口	进 口	出 口	进 口
2003	9.95	10.02	7.51	7.57	12.03	12.47
2004	10.14	9.73	6.69	6.33	13.02	13.13
2005	9.95	9.31	5.57	5.01	13.50	13.60
2006	10.52	9.83	5.27	4.71	14.86	14.94
2007	10.53	9.64	5.00	3.84	15.63	15.44

预测年度	服 务 贸 易					
	预测值		下 限*		上 限*	
	出 口	进 口	出 口	进 口	出 口	进 口
2003	0.62	2.05	0.06	1.33	1.18	2.76
2004	1.82	1.94	1.21	1.23	2.43	2.65
2005	1.35	1.30	0.71	0.48	1.99	2.12
2006	1.33	1.43	0.69	0.43	1.97	2.42
2007	1.48	1.55	0.70	0.48	2.26	2.80

注：下限*、上限* 为 90% 置信区间的上下限值。

2. 中国与 SACU 各国间货物与服务贸易发展前景预测

通过对 1985 ~ 2003 年中国与 SACU 各国间对外贸易数据的分析，以及对中国与 SACU 各国间经济发展数据的研究（所用数据来自 UNCTAD Handbook of Statistics 各期），我们对中南、中博、中莱、中纳、中斯间贸易发展建立了由 10 个方程组成的预测方程组，通过该计量模型的测算，到 2008 年，中南两国贸易量将会达到 71.6 亿美元，然而即使到 2008 年，两国间的外贸额占两国当年对外贸易总量的比例也不高，两国外贸增长空间还很大。如果中国能与 SACU 签订自由贸易协定，中南两国的外贸额和外贸增长率都会有更大的提高。

经过预测，到 2008 年，中国与 SACU 其他四国的贸易总量将达到 12849.5 万美元，其中国向 SACU 其他四国出口 1.07 亿美元，从其他四国进口 0.21 亿美元。因此，到 2008 年我国与 SACU 总体的贸易额将达到 72.88 亿美元。

表 5-24 中国与 SACU 各国间 2004~2008 年贸易预测值

单位：十万美元

国家*			2004	2005	2006	2007	2008
博茨瓦纳	出口	预测值	251.45	266.49	280.07	292.31	303.36
		下　限	160.46	152.35	142.69	131.70	119.58
		上　限	342.44	380.64	417.44	452.92	487.13
	进口	预测值	1.79	2.77	3.57	2.30	2.93
		下　限	0	0	0	0	0
		上　限	48.12	44.64	56.86	55.23	56.33
莱索托	出口	预测值	259.14	262.41	265.47	268.47	271.42
		下　限	145.38	116.71	92.55	71.37	52.31
		上　限	372.89	408.11	438.40	465.56	490.54
	进口	预测值	15.43	8.32	2.48	5.93	11.24
		下　限	0	0	0	0	0
		上　限	43.05	38.46	35.34	38.96	45.97
纳米比亚	出口	预测值	476.71	461.74	538.20	524.87	575.72
		下　限	347.26	262.76	291.69	215.86	217.73
		上　限	606.17	660.73	784.70	833.87	933.71
	进口	预测值	382.99	415.23	435.70	461.06	456.52
		下　限	132.46	47.95	14.25	65.91	144.71
		上　限	633.52	782.52	885.65	988.04	1057.76
南非	出口	预测值	26133.50	30945.31	34949.15	38303.35	41126.28
		下　限	21874.93	22149.77	21240.86	19512.52	17203.22
		上　限	30392.07	39740.85	48657.44	57094.17	65049.33
	进口	预测值	19980.25	23466.95	25765.25	28251.80	30430.92
		下　限	16205.55	17722.17	17120.23	16682.62	15702.62
		上　限	23754.95	29211.73	34410.28	19820.98	45159.23
斯威士兰	出口	预测值	83.84	89.77	100.03	111.96	120.71
		下　限	58.17	53.69	56.64	59.68	58.30
		上　限	109.51	125.85	143.42	164.23	183.13
	进口	预测值	157.60	157.04	158.62	157.92	158.55
		下　限	47.52	10.76	15.47	41.93	63.34
		上　限	267.69	303.30	332.73	357.79	380.45

* 指中国出口的目的地国、进口的来源国。

355

新世纪中国经济报告

XINSHIJI ZHONGGUO JINGJI BAOGAO

（二）中国与 SACU 进出口贸易结构的变化趋势

由于南非在 SACU 中的核心地位，中国与南非进出口贸易结构在很大程度上能够代表中国与 SACU 进出口贸易结构。此外，也因为很难得到中国与 SACU 贸易结构的资料，因此主要分析中国与南非进出口贸易结构的变动趋势。

随着中南贸易量的增加，中南贸易的结构也发生了相应的变化，表 5－25 和表 5－26 列出了 1994 年和 2003 年中南贸易的商品结构。目前贱金属和矿产品及其制品是中国从南非进口的重点产品，分别占到我国从南非进口商品总额的 29% 和 20%，这两类商品的进口额加到一起占到了进口总额的四成多（参见表 5－25）。

表 5－25　1994 年、2001 年与 2003 年中国从南非进口商品结构

单位：万美元

1994 年			2001 年			2003 年		
产　品	进口额	比重%	产　品	出口额	比重%	产　品	进口额	比重%
珠宝、贵金属及其制品	28822.9	53.7	矿产品	30478.8	26.0	贱金属及其制品	53384.3	53384.3
矿产品	14994.9	27.9	贱金属及其制品	16744.6	14.3	矿产品	37583.6	37583.6
车辆运输设备	4035.3	7.5P	珠宝、贵金属及其制品	13747.6	11.7	珠宝、贵金属及其制品	36964.5	36964.5
贱金属及其制品	2265.7	4.2	机电、音像设备及其零、附件	6662.3	5.7	化学工业及相关工业	8966.4	8966.4
机电、音像设备及其零、附件	937.0	1.7	化学工业及相关工业	6276.6	5.4	机电、音像设备及其零、附件	5468.9	5468.9

资料来源：海关统计年鉴。

从表 5－26 可以看出，1994 年与 2003 年相比，我国对南非出口商品结构发生了较为显著的变化：机电、音像设备及其零附件取代鞋帽伞等商品，成为我对南非出口第二大商品。

表 5 - 26   1994 年、2001 年与 2003 年中国对南非出口商品结构

单位：万美元

1994 年			2001 年			2003 年		
产　品	出口额	比重%	产　品	出口额	比重%	产　品	出口额	比重%
纺织原料及纺织制品	9854.8	27.3	机电、音像设备及其零、附件	24828.8	23.7	机电、音像设备及其零、附件	52222	25.7
鞋帽伞等	6472.9	18.0	纺织原料及纺织制品	24571.9	23.4	纺织原料及纺织制品	52840.4	26.0
机电、音像设备及其零、附件	3615.5	10.0	鞋帽伞等	10444.1	10	鞋帽伞等	18917.1	9.3
化学工业及相关工业	2716.8	7.5	化学工业及相关工业	9136.9	8.7	化学工业及相关工业	13429.8	6.6
矿产品	2279.8	6.3	矿产品	5163.2	4.9	矿产品	9249.2	4.6

资料来源：2004 年的海关统计年鉴。

　　随着经济的发展，中国国内资源供给的紧张状况会持续加重，所以矿产品和贱金属进口额的绝对数量和在进口总量中所占份额都会增加。2003年中国从南非进口的与车辆和运输设备有关的产品总值约 1549.6 万美元，目前中国对运输设备的需求正进入一个快速发展的阶段，而车辆制造业又是南非的优势行业，车辆是南非对中国出口比较有潜力的一类产品。机电产品和纺织品是中国向南非出口的重点商品，各自占到向南非出口份额的25.7% 和 26%，两者总和已超过中国对南非出口总量的一半。这两类产品是中国的传统优势产品，在出口中占的比例已经很高，估计在近期内其份额不会有很大的变化。中国对南非的出口中，化工产品始终占据着重要的地位。在未来对南非的出口中，除了高新技术产品、电子产品所占比重会提高，化工产品对南非的出口也会有比较大的发展。

（三）中国与 SACU 服务贸易发展趋势

1. 加强与南非服务贸易发展

　　我国与 SACU 服务贸易额在双方的服务贸易总额中所占比例都很小。SACU 的五个成员国中，我国与南非的服务贸易与 SACU 其他四国相比具有更大的发展潜力。

　　在附录 1 中已经将服务业细分为信息产业、金融业、交通运输业、教育产业以及旅游业五部分，详述了中南服务贸易在每个产业的现状及发展

前景。综合来看，中国和南非对彼此来说都是很有潜力的市场。可以预见，随着双方经济实力的进一步增强，以及对本国市场的进一步开放，彼此间会有越来越大的吸引力。但是两国服务贸易还存在一些相同的问题，如自由化程度低、立法不健全、管理滞后等。因此，两国在发展双边服务贸易的过程中将会遇到许多困难，但前景是好的。

2. 加强与SACU其他四国服务贸易发展

四国国内政局稳定，经济建设虽然有起伏，但总的说来是向前发展的，双方在服务贸易领域仍存在机会。

旅游业 旅游业在四国经济中都占有重要地位，如在纳米比亚占GDP的7%左右，在博茨瓦纳占GDP4.5%左右，是出口创汇的重要来源。根据中国国家旅游局的信息，我国已跻身世界出境旅游消费前十大国家，大力发展对中国的旅游出口，无疑对四国有着重要意义。此外，除斯威士兰外，其余三国与我国的贸易长期以来处于逆差状态，尤其是莱、博两国，逆差数额巨大。吸引中国游客前来旅游消费，还可以起到减少对华贸易逆差的作用。

工程承包 随着经济发展，人口不断增加，四国对各种基础设施的需求越来越大。例如在纳米比亚，居民用于住房、水电和燃料的开支占家庭总开支的比例在2000年为14.2%，2001年激增到31.4%，2002年为31.1%（纳米比亚国家银行《2003年度报告》）；纳米比亚电力公司估计电力需求每年增长率将达4%，急于新建天然气发电厂以满足需求；纳米比亚还拟建一批出口工业区以吸引投资促进制造业发展等。中国的对外工程承包服务在非洲一向享有良好声誉，可积极参与工程投标。

通讯 这几年来，四国通讯业发展迅猛。纳米比亚该产业2002年的增长率为22.1%，2003年增长放缓，但仍达到15.5%（纳米比亚国家银行《2003年度报告》）；莱索托2000年固定电话用户为22200户，移动电话用户为21600户，2003年固定电话和移动电话用户分别增长为11万户和12.5万户。不过，由于技术和资金的限制，通讯产业的大量设备和服务依赖外国公司提供。中国的通讯业在总体上与发达国家还存在差距，但也有自己的长处，特别是在移动通讯领域完全可以参与竞争；近年来通讯产品出口增长很快，而随之而来的安装、维修也产生巨大商机。在进行自贸协定谈判时，这可以作为一个优先领域予以考虑。

投资 如果在当地投资建立相关设施，上述各项服务贸易将得以更好的开展。中国商品质优价廉，在非洲很受欢迎，如果投资兴办商店，将获得很大利润；中餐馆颇受当地贵族阶层、各国外交官和其他外来人员的青睐，也是一个投资热点。

此外，信息服务、医疗保健等领域也值得关注。四国政府已经认识到开展信息化的重要性，但普遍缺乏资金、技术和人才（博茨瓦纳情况较好），需要国际支持。四国医疗条件落后，艾滋病严重威胁人民生命和社会经济，非常需要来自外国的医疗服务。

三、中国—SACU 经贸合作对中国经济的积极影响

中国—SACU 经贸合作，对中国的经济、政治均会产生积极的作用，主要表现在以下几个方面。

（一）可扩大中国对 SACU 各国的货物出口和服务出口

1. 货物贸易方面

（1）中国与 SACU 之间的经济结构和市场需求结构具有较强的互补性

第一，SACU 各国发达的采矿业，南非的发电、汽车等产业，博茨瓦纳的金属加工业和汽车装配业，以及莱索托的建材制造业等都为中国机电产品的出口提供了广阔的市场。更为重要的是，中国的机电产品可通过 SACU 各国，尤其是南非辐射整个南部非洲市场。南部非洲国家众多，市场广阔，且绝大部分国家工业基础薄弱，技术水平低，对与日常生活、农业、矿业、一般加工业、运输业和基础设施建设相关的机电产品需求量很大。机电产品进口在各国的进口中占较大比重，大部分国家该比例在 30% 左右。同时，近年来南部非洲各国经济稳步发展，机电产品进口逐年增长，其增长速度通常高于各国进口总额的增长速度。因此，南部非洲地区机电市场潜力巨大。目前中国在南部非洲机电市场所占的份额还不到 1%，中国机电产品在南部非洲机电市场上存在着充分的扩展空间。第二，SACU 各国的采矿业、南非和博茨瓦纳的汽车装配工业非常发达，与之配套和维修需要大量卡车轮胎、工程轮胎、输送带、胶管及各种橡胶制品。另外，南部非洲黑人市场逐渐形成，为医用卫生及生活用橡胶制品提供了广阔市场，而 SACU 各国，甚至是较为发达的南非，橡胶工业都十分薄弱，国内需要的大部分橡胶制品都从国外进口。中国大部分橡胶制品的质量接近或达到了国际先进水平，而且价格较低，在 SACU 市场很有竞争力。近几年，中国向南非出口橡胶制品总额上升较快，2001 年总额为 827.5 万美元，2002 年总额上升到 1214 万美元，2003 年总额又上升到 2029 万美元，但即使这样，中国与 SACU 橡胶工业方面的经贸合作相对于 SACU 庞大的市场

需求来讲仍然是微不足道的，同时中国橡胶制品出口 SACU 市场的潜力也是无限的，因此积极进军 SACU 市场是中国橡胶制品企业的一条重要出路。第三，中国的建材成套技术装备在世界发展中国家有着良好的发展前景。多年来的出口业绩表明，中国建材成套技术装备在发展中国家深受欢迎，有条件进一步拓展非洲市场。SACU 各国经济近年来发展势头良好，对建材需求量较大，而除南非和莱索托可以较大规模生产建材外，其他几国都需要大量进口，因此急需扩大建材生产规模，即使是南非政府也已将建材列为未来重点发展的商品，并且近年来南非水泥和玻璃等工厂建设市场非常活跃，因此中国的建材设备制造商要加强对包括南非在内的 SACU 市场的开拓。第四，近些年，南非的计算机装配业有了长足的发展，这种用进口的计算机零配件组装的计算机产品占南非市场的 60%，其中许多零部件，如显示器、机箱、键盘、电源、鼠标、软驱等是通过香港或台湾代理商进口的中国产品，南非将其组装的 30% 的计算机产品出口到周边国家。中国的计算机生产商应积极控制自己的营销渠道，牢牢把握在南非的市场份额。南非软件自主开发能力非常有限，但是它的咨询业务发展较为成熟，这一领域的南非公司同时还开始向非洲的其他国家提供技术服务。因此，中国的软件开发商应尽早努力开拓南非市场，树立品牌。对于正在大力发展的中国计算机产业来说，南非无疑有着极大吸引力。第五，SACU 五国中南非、博茨瓦纳发展程度较高，但两国贫富分化严重，其他三国人均 GDP 都不是很高，人民生活水平较低，因此，边际消费倾向高的普通居民在面对物美价廉的中国产品和来自欧洲的高档品时，更偏向于购买中国产品，中国国内产品的档次适合于 SACU 各国消费者的需要。而中国国内消费需求正在升级，许多已不再适合中国市场的产品，在 SACU 各国却有一定的销路，这将促使中国企业积极向 SACU 市场出口，将此类商品的市场重点和生产中心转移到那里去。

（2）中国—SACU 经贸合作将有助于消除两者之间较高的关税和非关税壁垒，使我国扩大对 SACU 各国的货物出口成为可能

SACU 各国与中国之间的贸易存在较高的关税壁垒。以南非为例，据商务部国际司对中国企业进行的问卷调查，中方企业反映南非的高关税壁垒是影响到中国企业向南非出口的最重要因素。南非的关税水平大约在 10%—40% 之间，平均在 10% 左右，其中进口税率较高的商品基本上都是中国向南非出口量较大的产品，也是中国相对于南非比较优势明显的行业。其他几国的情况基本一致。所以，高关税是影响中国扩大向南非以及

SACU 各国出口的最主要的因素之一。如果积极开展经贸合作，两者之间能就关税减让达成协议，预计中国向 SACU 各国尤其向南非的货物出口会有一个不小的增长。在非关税壁垒方面，中国与 SACU 各国在农产品、食品检疫等很多方面的标准不一致，不少种类产品（其中部分是中国出口的大宗商品，如鞋类产品等）的配额限制、以及 SACU 各国政府对外国企业经营分销业务的限制，严重影响了中国企业向 SACU 各国的出口。如果积极开展经贸合作在一定程度上可以解决这个问题。

（3）我国已具备扩大向 SACU 出口的生产能力

目前中国企业在电视、电冰箱、移动电话等方面的生产能力已经远远超过了国内市场的需要，急需扩大海外市场。中国的汽车配件、农用运输车、化工医药产品以及通讯产品等如果能积极开拓 SACU 市场，也将在 SACU 市场占有一席之地，其中尤以南非市场为大。纺织品和服装一直是中国向 SACU 各国出口的主要产品，虽然 SACU 各国尤其是南非的纺织行业近年来发展迅速，并已在南非的经济中唱起了重头戏，但中国的纺织业与南非的纺织业相比仍具有巨大的竞争优势。

（4）SACU 各国经济具有的良好辐射性有利于转口贸易的开展，为中国扩大对外贸易量提供了契机

南非市场潜力很大，商贸基础条件很好。南非经济总量占非洲经济总量的30%，是南部非洲的信息、运输中心。南非是 SADC 等非洲地区性经济组织的成员国，享有其商品、货物以及货币在该地区的自由流通。由于南非拥有发达、完善的海、陆、空交通运输体系以及金融保险体系，它历来就是南部、中部、东部非洲贸易的重要转口中心。南非的商业转口能力很强，对周边国家市场的影响较大。南非的商业连锁系统不仅分支机构遍布南非各个城市，而且也广泛分布于周边各国，在这些国家的商业销售中占有重要地位。博茨瓦纳是多个国际和地区组织的成员国，与世界上182个国家和地区签有双边最惠国待遇贸易协定，其产品可便利地销往世界各国市场。根据洛美协定和博茨瓦纳与马拉维和津巴布韦签订的专门贸易协定，博产品在博增值40%以上，可被视作本国产品进入欧洲洛美协定国，增值25%以上即可被视作本国产品，免税自由进入津巴布韦和马拉维。此外，SACU 五国内部之间的转口贸易能力也不可忽视，它意味着某种商品一旦打开一个国家的市场，就很有可能流通到其他四国的市场。

在 SACU 各国中，中国与南非之间的贸易量是最大的，但在中国与南非贸易关系不断发展的同时，南非对来自中国的商品提出的反倾销也在不

断快速增加。据统计，1996 年以来，南非共对中国商品提出了近 30 项反倾销案件，而且只要南非方面提出反倾销上诉，南非政府就会对被诉商品征收特别关税。这种做法严重影响了中国对南非的出口，也影响了中南两国贸易的进一步发展。开展经贸合作之后，由于关税的降低，双边经贸关系的进一步紧密，南非对中国产品的反倾销提案必然将大幅度减少，这对于中国商品扩大出口南非具有十分重要的意义。

综上所述，我国扩大向 SACU 各国出口有必要也有可能。在出口商品的选择上，对我国经济影响力较高的产品，即影响力系数高的产品，理论上也应成为出口的大宗产品，比如，缝纫及皮革制造业、交通运输设备制造业、建筑业、纺织业、电子及通讯设备制造业、金属冶炼及压延加工业、电气机械及器材设备制造业、机械工业、金属制品业、木材加工及家具制造业等产业的产品，都是应向 SACU 市场扩大出口的产品。

2. 服务贸易方面

中国—SACU 开展经贸合作，有利于实施"走出去"的战略，扩大我国服务贸易的出口。这将主要通过以下三种途径实现：一是消除了部分贸易壁垒后，我国服务业企业将更容易地进入 SACU 各国市场，通过自身竞争力的增强扩大市场占有率，扩大出口；二是随着投资便利化的逐步实现，我国企业在 SACU 各国的投资不断增加，通过投资拉动服务贸易量的增加；三是随着我国与 SACU 各国之间经济、政治往来的日益紧密，我国对其援助也很可能随之增加，而我国很多服务贸易进入非洲市场都是借助援助这股东风的。援助的增加可能带来服务贸易量的增加。

中国与 SACU 之间发展服务贸易存在着为数不少的障碍，诸如：我国和 SACU 五国的服务贸易结构相似，很多领域是竞争的关系；五国中除了南非服务业相对发达外，其余的都是落后国家，我国服务贸易的发展也相对落后；我国与 SACU 各国都是发展中国家，服务贸易市场开放程度低，自由化程度低，保护主义严重，市场准入严格；双方服务贸易市场都存在着立法不健全、管理滞后等问题；但即使是这样，两者之间仍可能扩大贸易量，这是由于两者之间在以下三方面存在着较大的相互需求的空间：

其一，我国与 SACU 各国之间在很多方面存在着较大的差异，比如地理位置相距遥远，自然风光各具特色，历史、人文风情迥异，消费者需求具有很大不同等等，差异化造成了两者之间多方面的互补性。

其二，我国服务贸易在劳动密集型、资源密集型的行业存在着比较优势，可以概括为消费性服务的提供能力较强。SACU 中服务业最为发达的南非在劳动密集型工、矿行业或者传统优势产业方面具有相对优势，可以概括为生产性服务的能力较强。我国具有相对优势的服务行业有国外工程承包及劳务输出、远洋运输服务、人造卫星发射服务、旅游服务等。据商务部统计，2003 年我国对外工程承包和对外劳务合作全年完成营业额 171.49 亿美元。在旅游业方面，2002 年我国旅游外汇收入 203.9 亿美元（采用 2002 年的而非 2003 年的数据，原因在于 2003 年由于非典的影响，数据不具有代表意义）。另外，我国在一些新兴服务领域存在着巨大的发展潜力及明显的比较优势。按国际服务贸易界定的四种方式来分析，我国服务贸易的优势在于"境外消费"。悠久的历史、人文景观，中医中药等对 SACU 各国颇具吸引力，这使入境旅游、入境医疗、中医教育与培训等"境外消费"呈上升趋势，并已成为中国扩大服务贸易、增加外汇收入的重要途径。同时，南非的采掘技术在世界上是一流的，在旅游、劳务承包、留学教育等方面也具有特定的一些优势，SACU 其他几国在旅游方面对中国都具有相当的吸引力。

其三，我国在 SACU 各国急需发展而又无力发展的一些行业具有明显的比较优势，例如电信业和信息产业中的软件业。SACU 各国的电信产业都比较落后（包括在非洲电信业最为发达的南非），中国与其相比具有较大的产业优势，无论是电信设备还是后续服务都达到了较高的水平。与此同时，世界电信业巨头涉及 SACU 市场的只有阿尔卡特、西门子等为数不多的几家，竞争不是很激烈。与这些电信巨头相比，我国企业虽然在资金、技术、管理等方面处于绝对的劣势，但我国企业具有较大的价格优势，我国的电信产品、服务具有较高的性价比。这是消费能力不强的 SACU 所欢迎的，发展潜力巨大。SACU 各国的信息产业中的软件业都十分落后，我国的软件业虽然也不发达，但仍有相当一部分产品具有比较优势，可将这部分产品打入到 SACU 市场。软件业的服务拓展空间极大，是信息产业中服务贸易的大头，一旦得到发展，潜力无限。

此外，开展经贸合作，我国政府必将顺应形势，出台一系列相应的措施办法，在相应政策的刺激和激励下，我国服务企业将更加积极主动，学习探索如何充分利用国内国外两个市场、两种资源，以实现跨越式和可持续的发展。

（二）有利于我国经济结构的优化和经济效率的提升

1. 有助于我国大力发展一些技术密集度较高的产业

中国目前正处于工业化的中期阶段，急需大力发展一些技术密集度较高的产业。电子、电信、制药等行业的产品技术含量高，利润丰厚，是我国重点发展的行业。在我国向 SACU 出口的商品中，机电产品所占的比例最高。以 2001 中国对南非的出口为例，机电产品占到了出口总值的 35%，整个高技术的中等技术产品占到了总量的 53%，中高技术产品的出口有利于我国经济结构的调整。SACU 对进口机电产品征收的税率较高，开展经贸合作后，随着关税的降低，预期中国对 SACU 的高技术产品出口可以有一个较大的发展。而中国从 SACU 进口的商品中绝大多数是工业原材料或粗加工产品，符合我国产业从初级产品向高附加值产品转换的发展战略。

2. 促进我国服务业的市场化

中国—SACU 开展经贸合作后，双方服务市场必然会有一定程度的开放，适度开放服务市场可以促进我国服务业的市场化。服务业中部分行业的市场准入，将不再仅仅受国内有关部门的控制，而是要执行我国政府对世贸组织的承诺以及与 SACU 的协议，这将有利于打破国内部分服务行业的垄断局面，增强国内服务市场的竞争性，有利于国内行业学习国外先进的技术及管理经验，努力降低成本、提高质量、管理水平和技术水平，从而进一步推动我国服务业的发展和国际竞争力的提高。我国可以在中国—SACU 经贸合作的框架下在金融、电信等敏感行业引入适度的竞争，在风险不大的情况下，逐渐使我国企业适应这种竞争。这一方面可以促进这些行业本身的发展，另一方面有助于降低金融、电信等服务的价格，从而一定程度地提高制造业和整个社会的竞争能力。同时，我国有实力的企业也可以走出国门，参与国际市场竞争，提高国际竞争力。目前，我国的一些企业已经率先走出国门，进入了南部非洲市场，例如南非海信公司，其在2002 年已经占领了南非 15% 的国内市场。

3. 有助于填补我国服务领域的"国内空白"

我国服务业的落后在很大程度上表现为服务种类、品种的缺乏，许多服务领域需要填补"国内空白"。而 SACU 各国尤其是南非，在部分服务行业中可以起到这种作用，例如，南非在矿藏资源的采掘方面拥有全世界最先进的技术，在重装公路运输、互联网等多个行业也相对中国具有一定的比较优势，通过服务市场的开放和外资的进入，将在相当程度上弥补我国服务业发展中的空白。这一方面丰富了国内市场供应，增加了消费者的选择机会，促进了消费需求的升级和转型；另一方面可以刺激国内服务业的发展，促使国内该服务业学习先进，增强竞争力。

（三）在一定程度上扩大我国对外投资，改善我国国内投资环境

1. 开展经贸合作将促使我国对 SACU 的投资在现有的基础上进一步增加

SACU 各国中，南非是我国企业进入南部非洲的桥头堡，是熟悉非洲经济文化的第一站。大多数在南非投资的中国企业对投资的经济环境是比较满意的，但对南非的社会环境不是很满意。根据外经贸部对中国企业进行的问卷调查显示，难以及时得到工作签证是中国企业反映的主要问题。此外，南非的社会治安不佳，也影响到许多企业到南非投资的积极性。通过开展经贸合作，将增加两国企业的相互交流，优先解决双方企业在投资中遇到的突出问题，协助企业解决在投资中遇到的社会问题，必然能够增加双方的相互投资量。同时，由于双方的贸易量增加，本国企业产品在对方市场上的知名度和占有率都会有所提高，也将促使企业在对方国家投资设厂。在技术合作方面，两国合作的前景也很广阔。中国需要适合于发展中国家的先进技术，而南非可以部分地提供这些技术。同时，南非不仅是 SADC 的成员国，也是其中居领导地位的国家，中国在南非投资影响具有显著的扩张性，实力较强的企业在南非投资建厂，可在南部非洲扩大影响，并以较低成本占领南部非洲市场。

SACU 各国中，博茨瓦纳、莱索托、纳米比亚三国近年来一直采取措施大力引进外资发展经济，外资流入逐年保持增长势头。这几个国家发展水平不高，中国很多产业是这几国急需发展而自身又无力发展的，而中国这些产业自身生产能力已经远远超过了国内市场的需求，急需向外寻求新的更为广阔的发展空间。在很多产业上，我国已经具有相当高的技术及管理水平，在价格等方面较之发达国家具有一定的比较优势，很适合在 SACU 各国投资。目前，中国在这几个国家的投资相对较少，通过开展经贸合作，中国向其投资的阻碍减少，在政府推动、企业合作、市场需求召唤的共同作用下，可以预见中国对其投资将有一定的增长空间。

博茨瓦纳是一个值得我们注意的国家。该国为吸引外资制定了大量的优惠政策，投资环境比较好，被世界银行认可为世界上投资风险最小的国家之一。一直以来博茨瓦纳政府鼓励并支持我国在博茨瓦纳投资设立皮革加工厂、油料加工和机电产品装配等实业。除此之外，我国企业可在博茨瓦纳开展的有潜力的加工贸易项目还包括：皮革深加工、小型农机具装配等，潜力较大。

2. 开展经贸合作将一定程度上有利于我国投资环境的改善

现在，投资环境已不仅仅体现于厂房、交通、通信、电力供应等硬件设施的好坏，而越来越多地体现于金融、分销、专业服务等生产性服务的完备与质量等方面。我国服务业在总体上比较落后，生产性服务更为落后。而南非在生产性服务行业具有一定的比较优势，开展经贸合作，将吸引比目前更多的南非外资进入我国服务业，这将促进我国服务业特别是生产性服务业的发展，改善我国投资的软环境，一定程度上增强我国对外资的吸引力。

（四）促进中国 GDP 的增长

按照支出法计算，目前中国出口每增长 1 个百分点可以拉动国民生产总值增长约 0.2 个百分点，出口增长对经济增长的拉动作用显著。虽然目前中国与 SACU 之间的贸易总量还很小，但是由于两者之间经济互补性强，贸易发展的空间较大。根据经济计量模型的测算，在保持现有关税水平的情况下，在 2005 年以前中国与 SACU 各国之间，尤其是与南非之间的对外贸易仍可保持较高的发展速度。从 2003 年到 2008 年，中国对南非出口的年平均增长率可以在 20% 左右。如果双方开展经贸合作进一步降低进口税率，在贸易投资便利化方面必然会有具体措施出台，这会增加中国与 SACU 之间的对外贸易量，从而拉动中国 GDP 的增长。

在国民经济结构分析中，人们通常使用影响力系数来反映一个行业的产出对其他产业的拉动作用，使用感应度系数来反映其他产业对该行业产品的需要程度。一个行业的影响力系数越大，说明对该种产品需求的扩大对社会生产的促进作用也就越大；感应度越大，说明该种产品对其他行业的生产越重要。表 5 – 27 列出了在中国国民经济中影响力系数和感应度系数排前十位的产业。

表 5 – 27　中国不同行业的感应度系数、影响力系数比较

	影 响 力 系 数			感 应 度 系 数	
1	缝纫及皮革制造业	1.18	1	金属矿采选业	1.61
2	交通运输设备制造业	1.17	2	石油天然气采选业	1.48
3	建筑业	1.14	3	电力及蒸气供应业	1.35
4	纺织业	1.13	4	煤炭采选业	1.32
5	电子及通讯设备制造业	1.13	5	金融保险业	1.31

续表 5 – 27

	影 响 力 系 数			感 应 度 系 数	
6	金属冶炼及压延加工业	1.13	6	金属冶炼及压延加工业	1.31
7	电气机械及器材设备制造业	1.12	7	石油加工业	1.30
8	机械工业	1.11	8	化学工业	1.21
9	金属制品业	1.11	9	炼焦煤气及煤制品业	1.17
10	木材加工及家具制造业	1.10	10	其他非金属矿采选业	1.16

表 5 – 28 2003 年我国对南非进出口额排在前十位的产品

单位：万美元

	进　　口			出　　口	
1	钢铁	37389	1	机械产品及设备	52556
2	金属矿砂及金属废料	35524	2	服装及衣着附件	32910
3	非金属矿物制品	28054	3	纺织原料及制品	52840
4	有色金属	23998	4	其他杂项制品	16914
5	化学成品及相关产品	8966	5	鞋靴、护腿等	16392
6	机械产品及设备	5226	6	化学成品及相关产品	13430
7	纸浆及废纸	3045	7	食品	9628
8	纺织纤维及废料	2326	8	矿物燃料及相关原料	7222
9	天然肥料及矿物	2081	9	金属制品	7441
10	车辆、航空器及运输设备	1550	10	车辆、航空器及运输设备	6725

资料来源：2004 年的海关统计年鉴。

表 5 – 29 我国对 SACU 其他各国主要出口商品

国　　家	主要出口商品(由于我国对这几个国家进口极少,故只列出口商品)
莱索托	电器类、纺织品、服装鞋类制品
纳米比亚	五金、玩具、针织品、自行车和电器
博茨瓦纳	轻纺产品、机电产品

资料来源：2004 年的海关统计年鉴。

对照表 5 – 27、表 5 – 28 和表 5 – 29 可以看出中国向 SACU 各国出口的主要是影响力系数较高的产品,这样的出口结构有利于拉动其他产业的发展。而中国从 SACU 主要是南非(从其他几国进口较少)进口的主要是感应度系数较高的产品,是关系到其他行业生产的基础性产品,进口这类产品有利于下游产业的发展。中国与南非的贸易结构有利于中国经济发展。

中国与 SACU 之间开展经贸合作后,双方共同降低关税水平,享受互惠待遇。中国向 SACU 出口的商品价格会降低,在 SACU 各国市场上会有更强的价格竞争力,需求量会有所增加,带动出口量增加;同时,由于关税的降低,SACU 各国对中国的出口也会有所增加,其出口到中国市场上的商品价格也会下降,这将在两个方面起到作用:既扩大了中国最终产品的市场,又降低了中间投入品的平均价格。这一效应会在优化资源配置和经济结构两个方面起到不可低估的作用,从而带动国民生产总值的增长。

中国与 SACU 之间开展经贸合作后,原本两者之间数量较少的服务贸易也将有一定程度的提升。服务贸易量的增加对于两国服务业发展的刺激有着显著的作用,这对于增加国民生产总值的意义是不言而喻的。

(五)有利于减轻我国国内资源的压力

中国正处在工业化的中期阶段,自然资源的大量投入是工业化阶段经济发展不可缺少的条件。随着工业化程度的不断攀高,我国对自然资源的需求量会越来越大。而众所周知,我国资源总量虽然较高,但人口众多,人均占有量低,多种重要的战略性资源数量少,相当一部分矿产的状况是富矿少、贫矿多、单一矿少、共生矿多,我国经济的高速发展和人民生活水平的迅速提高所带来的对资源的更大的需求已经对国内资源的供给造成了巨大的压力,中国资源供给对国际市场的依赖程度已经越来越高,而未来这一状况将越来越严重。据有关机构预测,在未来 10 年内,中国的石油需求有一半以上要靠进口来满足,钢铁工业所需的铁矿石中超过 1/3 的部分要靠进口来满足。如果不能找到可靠的资源供给方,将对我国的经济发展造成巨大的障碍。

而与中国资源状况互补,SACU 各国都是自然资源大国,是世界自然资源开采和出口大国。中国大部分紧缺的矿产在这几国均有丰富的储量。五国中南非是世界上五大矿产国之一,富有中国紧缺的黄金、锰、铬、煤、钻石、铅、铁矿石、铜等矿产;博茨瓦纳富有我国紧缺的钻石、铜、镍、铂、金、锰等矿产;莱索托钻石储量丰富;纳米比亚钻石产值居世界第五,品质为世界最优,还富有铀、铅、锌,素有"战略金属储备库"之称；斯威士兰也有中国急需的铁、金、钻石等矿产。与 SACU 保持长期稳定的贸易关系有助于缓解我国国内资源供给的压力，有利于保障资源供给的稳定性，同时我国还能从采矿技术居于世界前列的南非引进先进高效的采矿技术，增加国内的矿业产量。

（六）有助于缓解我国日益严重的就业压力

目前我国就业形势已经比较严峻。由于新增人口的大量增加，当前城市下岗工人与农村离开土地的农民数量的不断累积，预计未来几年我国的就业形势将更加严峻，就业将成为制约我国经济、社会发展的一个重要因素。

中国—SACU 开展经贸合作将对我国的就业问题产生创造就业机会和提高劳动者素质两方面的正效应。具体体现在：第一，国内企业增产所带来的劳动力需求增加。由于我国扩大了对 SACU 各国的出口，部分目前产量尚不足以满足未来需求的产业由于增产的需要，将扩大劳动力需求，创造部分就业岗位；而产业之间的相互拉动作用，会在增产产业的上下游产业创造一定数量的新增就业岗位，如机电产品、部分成套建材设备、化工产品等生产行业，都将明显地产生这种拉动效应。第二，外企数量增多带来的劳动力需求。由于投资便利化以及服务贸易一定程度的自由化，将有部分 SACU 成员国的生产企业、服务行业进入中国，外企员工一般以本地化为主，这将创造一定数量的就业岗位；国内的服务业由于业务扩大的需要，也会新增不少劳动力需求。第三，劳动力出口数量增加。开展经贸合作后，我国在 SACU 各国的生产企业、服务性企业将有一定数量的增加，这将带动我国劳动力出口的增加。我国是世界上劳动力出口大国，劳动力出口的增加对于缓解我国就业压力有着一定的意义。第四，劳动者素质的提高。服务贸易为输入国带来的人力资本的改善作用是显而易见的。服务贸易中很多内容包含了个人的技术，这会在商业实践中造就一大批具有专门技术的高水平人才。南非的服务行业中有一部分相对我国具有比较优势，比如矿业采掘、部分产业的劳务承包、留学教育产业等等，其企业员工的本地化将为我国培养相当数量的高水平人才。这些服务业所带来的对中国本地该行业的竞争压力，也促使本地企业加快高素质员工的培训。

附录1 中国与南非服务贸易领域分析

中国与南非服务贸易领域具体分析如下：

——教育

目前我国在南非的留学生总人数虽然不多，但增长很快，2001年仅有200人，目前已增至近3000人。到南非留学有如下优势：（1）教育系统先进，全英语教学；（2）学位得到国际认可，有南非学历的人士在英语国家受到欢迎；（3）无须英语考试；（4）费用低廉，留学一年的总费用包括学费和生活费只需2—3万元人民币；（5）留学申请办理快捷，只需15至20个工作日，成功率高。这些条件对于中国学生来说，无疑具有很大的吸引力。不过有些问题值得注意，例如留学生中有50%会进入当地的语言机构学习英语，而这些语言学校都没有经过我国使馆的认证，缺乏政策上的支持，学生的利益不容易得到保证等。这需要双方共同努力来解决。

在我国留学的南非学生人数很少，但是随着双方经贸往来的持续升温，南非将有越来越多的人——包括青年——关注中国，因此我国可以积极开拓南非留学市场。

——工程承包

目前，非洲是仅次于亚洲的中国对外承包劳务的第二大市场。到2002年底，中国公司累计在非洲签订工程承包、劳务合作和设计咨询合同总金额达219.69亿美元，完成合同总金额达159.11亿美元。中国在南非最初的服务贸易即为劳务承包，其始于20世纪70年代，最初的形式是劳务合作。

与我国的劳务承包在非洲的总体发展相比较，中国在南非的劳务承包则处于总量较少、发展较慢的境况。在中国对非承包合同金额1亿美元以上的项目，以及截至2002年中国对非承包营业额累计超过1亿美元的非洲国家等两项重要指标中，均没有南非的身影。其中的原因比较复杂，主要是：第一，最初中国对非的劳务承包是在对非援助之下产生的，南非经济较为发达，对中国的援助需求量较少，由此产生的劳务承包也相应较少。第二，中国的企业科技力量薄弱，大部分中国可以承担的项目南非不需要援手，南非需要外来力量的项目往往是技术含量较高的，而中国企业无力完成，这部分市场被西方发达国家占据。第三，南非的劳务承包具有一定的壁垒，国内保护比较严重，而中南一直没有建立紧密的经济贸易关系，关税以及非关税壁垒的存在对中国发展对南劳务承包是一个不小的阻碍。

南非是非洲经济最为发达的国家，经济发展势头良好，预计未来数年这一发展趋势不会有太大的变化。与此相适应，南非的劳务承包市场也在整个非洲劳务承包市场上占有举足轻重的地位。而在南非承包市场上，美国、法国等西方发达国家的国际承包商和南非本国公司占据着大半壁江山，中国企业涉足较少。加大力度发展在南非的劳务承包无疑是重要的，也是必需的，这对我国的国际贸易以及我国整体国民经济的发展有着极为重要的战略意义。

我国与西方发达国家相比有独特的优势：第一，中国与南非的经济互补性很强。南非拥有丰富的自然资源，而中国在某些领域的成套设备和技术具有较高的技术水平和较强国际竞争力，可以在某些产业上在南非投资建厂，以投资带动承包业务的发展。目前中国企业在南非投资建立了一定数量、具有一定规模的水泥厂，较为成功地开展了劳务承包，为其他产业提供了先例。第二，南非贫富差距较大，全国各个地区贫富不均。在广大的不发达地区，科技含量一般，成本价格较低的基础设施项目或者其他诸如民用住房等等项目需求量较大，而中国在这种领域内具有相当的产业优势和技术优势。第三，中国在设备、管理、劳动力等方面的成本均较低，相比发达国家的企业，具有极大的价格优势。南非广大的欠发达地区消费能力极为有限，对低成本、低价格的项目具有浓厚的兴趣。

如果建立中南自由贸易区，无疑会为投资国际贸易的发展带来极大的便利，会进一步放大中国的种种优势，削弱发达国家的优势。

我国在南非发展劳务承包的困难比优势更显著：第一，南非的劳务承包市场保护主义盛行，近年来在工程承包和劳务合作上采取了不少的保护措施。例如在南非的公开招标中，对当地黑人在投标、评标、授标等方面给予政策倾斜，极大地抵消了中国企业的价格优势。第二，市场竞争极为激烈。南非国内有着为数不少的较有实力的承包公司，同时中国公司无论是在资金实力，还是在技术、管理实力上均远远落后于西方发达国家的同规模企业，在南非市场上有较强实力的国际大承包公司至少在 15 家以上。第三，我国公司自身的一些缺点。我国大部分公司的实力相对较弱，资金短缺，经营领域单一，科技含量不高，同时部分企业经营机制落后，不能适应市场的需要。我国企业缺乏联合经营，做不到优势共享，相反企业之间往往存在着无序竞争，这使得本来就薄弱的实力进一步削减。第四，国

内的政策支持不够，相关的服务体系不健全，导致我国企业在非洲承包劳务缺乏宏观指导，力量较为分散；而金融，保险，外汇等相关服务体系的不健全，导致我国公司面临诸多问题时不能及时妥善地加以解决。第五，南非拥有自己独特的国情，有着与我国迥异的风俗习惯，在南非发展业务拥有一个广泛的"关系网"极为重要，而中国企业普遍公关能力低下，不善于自我推销，坐失很多良机。同时大部分企业缺乏足够的复合型人才，也是发展的一大障碍。

——旅游贸易

中南旅游贸易现状及问题

近年来我国出境旅游出现快速上升势头，赴南非的旅游人次也大大增加，2003 年 4 月 1 日南非正式成为中国公民出国旅游目的地国家，进一步推动了中南旅游贸易，今年 1—7 月到南非的中国游客比去年同期增加47.8％。2003 年中国游客在南非的人均消费为 1915 美元，是除非洲游客外到南非各国游客中最高的，显示出巨大的潜力。

表 5 – 30   近年来中国（含中国香港）赴南非旅游人次

年　　份	2001	2002	2003	2004(1—7 月)
人　次	29681	36957	42822	28014

资料来源：南非旅游战略研究组（SATSRU）年度报告。

但总体而言，目前双方的旅游贸易量很小。南非旅游业在中国市场份额仍然不大，2003 年赴南非旅游人次只占中国全部出境旅游人次的 0.19％（SATSRU 数据）。按人次排名，中国在南非旅游客源国中排第 16 位。而南非尽管近年有数百万人出国旅游，但目的地主要为非洲邻国和欧美国家，到中国旅游人数极少。这主要是由于以下因素：双方建交时间不长，互相缺乏了解，业界人士联系少；交通不方便，中国大陆和南非之间目前尚未开通直航等。

未来两国发展旅游贸易的潜力

南非作为一个旅游资源丰富的国家，旅游基础设施发达，旅游业在国民经济中占重要地位，2003 年吸引外国游客 650 万人次，外国游客直接消费占当年本国 GDP 的 4.5％（数据来源：根据 SATSRU 和 The Economists

Intelligence Unit Limited 2004 数据计算）。我国已成为世界旅游大国，2003 年在受到 SARS 的不利影响下，出境旅游仍达到 2022.19 万人次，比上年增加 21.8%（数据来源：国家旅游局）。进一步开拓中国市场，寻求旅游客源国多元化，对于希望通过旅游业为国内失业人口提供就业机会、减少国际服务贸易逆差的南非来说，极具吸引力。

同时，南非是非洲最富裕的国家，2002 年人均 GDP 为 2255 美元（数据来源：外交部），每年有相当多人次出境旅游，1998 年为 336 万人（数据来源：世行）。对于中国旅游业来说，南非市场值得开拓。

为了推动双方旅游贸易的开展，可以在如下方面采取措施：简化出入境手续，减少乃至取消对对方游客征收的歧视性费用；提高交通运输能力，尽早实现双边直航；适当支持对方企业在本国投资兴建与旅游相关的设施，创办独资旅行社，加强旅游信息的宣传和交流。

——金融服务

南非金融机构在我国的活动

我国的金融市场对外开放已有二十多年的历史。中国银监会最新统计数据显示，2003 年末我国银行业金融机构境内本外币资产总额达到 27.64 万亿元，外资金融机构资产总额 3969 亿元，增长 21.5%。外资金融机构最早进入我国是在 1979 年，目前在华外资金融机构主要来自英国、法国、美国、日本等发达国家。南非进入我国的金融机构是莱利银行。莱利银行在北京设立了莱利银行有限公司北京代表处。

2002 年 7 月两家南非最大的银行——南非混合银行和莱利银行与我国就有关黄金企业一些黄金项目的融资达成共识，这是外资银行首次专门针对我国黄金行业表示投融资意向。这一举动意味着南非银行对我国黄金业的关注。

此外，我国还与南非在金融监管领域展开了合作。2002 年 10 月中国证监会与南非金融服务委员会共同签署了中南《证券期货监管合作谅解备忘录》。通过备忘录，双方可以在信息分享、跨境执法协助和经验交流等方面进行有效的合作，促进了各自市场的健康、健全发展。

我国金融机构在南非的活动

南非的金融机构非常复杂，金融机构和金融活动与西方发达国家相似，既有官方的，也有私人的；既有银行性的，也有非银行性的。官方金融机构主要有南非储备银行、公共存款银行、土地银行、公共投资专业署

等。南非储备银行是国家中央银行，主要为政府机构、私人银行和贴现银行等服务，并对各种私人金融活动进行管理。私人银行有商业银行、商人银行、贴现银行、普通银行等。非银行性机构有房建社团、保险公司、养老和准备基金、互助保险协会、共同投资信托等。南非有较发达的电子银行业务，广泛使用自动提款机和信用卡。约翰内斯堡设有证券交易所，证券交易非常活跃。

截至2001年，南非有58家商业银行（包括15家外国银行分行），此外还有55家外国银行在南非设有代表处。南非最大的几家银行是：南非储备银行；南非混合银行；标准银行投资有限公司；南部非洲第一国民银行；莱利银行。以上几家银行总资产占南非银行总资产的比例从1996年的78%降到2001年的69.5%，控制了南非大部分的金融零售业。外国银行的业务则主要集中在大公司。

从1999年开始，我国陆续进入南非的金融机构有光大银行、中国银行、中国建设银行和中国进出口银行。这些金融机构的目的主要是为具有中南两国经贸往来背景的中资、华资企业及南非当地大中型企业提供服务，并以南非为基地，进一步扩展在周边共同货币区国家和南部非洲，乃至整个非洲大陆的业务。其设立适应了中南建交后两国经贸迅速发展、金融往来不断增加的客观需要，对中南两国的经贸发展及金融往来与合作起到了积极的促进作用，受到中南两国企业界和当地华人华侨的普遍欢迎。中国进出口银行南非约翰内斯堡设立了中南非代表处，其目的是为了积极支持对外承包工程和各类境外投资项目。

我国金融机构在南非发展前景

南非是非洲最富裕的国家，2003年的真实GDP为1601亿美元，人均真实GDP为3503美元，经济发展具有巨大潜力，这是南非金融服务业发展的根本而又有力的推动力量。2002年南非金融服务业占GDP总量的20%左右（数据来源：Country Report June 2004），金融服务业2004年第二季度比2003年同期增长8.1%，规模达到2445.83亿兰特（数据来源：South Africa Reserve Bank公布数据），发展势头强劲。

中国与南非相互投资额逐年增长，在南非投资设厂的中国企业也越来越多，这些企业在发展中必然需要大量资金，是我国金融机构在南非发展的有利条件。

南非政府于2000年10月1日开始实施新的银行法，以使其金融系统更加符合市场竞争机制和国际金融惯例。新银行法取消了1994年制定的对外国银行的一些限制，其中包括取消和放宽对外国银行在存款、外汇兑换和贷款方面的限制。1994 年银行法对外国银行限制过严，外国银行难以进入当地金融市场。

新银行法的实施在短期内不会对南非银行业产生太大的影响，不会使其产生明显的变化，但有助于外国银行包括我国在南非的金融机构通过同当地银行竞争获得一些业务，从而使金融领域的竞争更趋合理，也会有利于我国金融机构在南非的发展。

南非货币兰特是完全可自由兑换货币，其汇率可能有较大幅度波动，因此，我国商业银行在南非要特别注意汇率风险。

——运输业

南非有非洲最完善的交通运输系统，对本国以及邻国的经济发挥着重要作用。南非的交通运输包括空运、海运、铁路和公路以及管道运输。南非在水运和空运方面都很发达，是当今世界海洋运输业最发达的国家之一。与非洲以外国家贸易的 99% 要靠海运来完成。其航空运输业在南非经济建设中也起着十分重要的作用。2001 年运输仓储业从业人员有 48000人，占到 GDP 的 10%。南非政府的主要政策目标是促进基础设施发展以及提高在小型公交车、出租车和铁路运输方面的私人投资。

目前我国的运输业只有中远集团一家公司在南非设立了分公司。1995年 3 月，"中远非洲有限公司"在南非约翰内斯堡成立。面对航运市场激烈竞争的形势，中远非洲公司奋力开拓，先后在南非和西非地区拓建 6 个下属企业。

中南运输业前景展望

随着中国与南非双边贸易的发展以及两国贸易额的飞速增长，对远洋运输的需求量还将继续增长。此外，两国企业相互投资额的上升，双边经济贸易合作的规模和范围不断扩大，也会带动这一行业的发展。

物流走进国际航运业，即航运企业从提供海洋运输服务发展到提供综合物流服务，已是国际性的趋势。我国的航运企业应该在网络建设、信息技术、管理水平和人才储备等方面积累优势。向非洲市场渗透，不但要为我国在南非企业提供运输及物流服务，还要积极与当地生产企业形成较为稳固的物流联盟。

旅游运输也有很好的发展前景。随着我国经济的高速增长，我国公民出境游的人数越来越多。从 2003 年 4 月 1 日起，我国公民可以赴南非旅

游，但中国跟南非之间没有直航，这样不仅飞行时间长，而且旅行的成本较高。南非航空公司已经表示，希望与中国大陆之间开通直航。我国的航空公司应该抓住机会开通直航，以满足我国不断增长的旅游需求，并且可以开拓南非的旅游市场。

——信息产业

信息产业发展现状

2001 年，南非在世界信息通信技术产品和服务市场排列第 20 位，占世界市场总收入的 0.65%。2000 年，南非信息通信技术市场的总收入为 700 亿兰特。近几年南非个人电脑拥有量发展迅速。在信息设备方面，南非大部分计算机硬件依赖进口。用进口零配件组装的计算机占国内机算计总数的 60% 以上，组装成的计算机成品中有 30% 左右出口到周边的非洲国家。

在计算机硬件方面，南非市场上很大一部分都是中国产品，例如显示器、机箱、键盘、电源、鼠标、软驱等等，大部分都是通过中国台湾、香港等地区的代理而进口。计算机软件方面，南非自主开发能力很弱，基本上成套软件都是从国外进口的。近年来，南非大力进行软件业的开发，仅1998 年一年南非投入到软件开发的资金就达 35 亿兰特。

南非的互联网行业较为发达。2001 年，非洲共有 300 万互联网用户，其中 200 万人在南非。2000 年，南非约有 70 家网络服务提供商，总收入约为 7 亿兰特。而电子商务方面，南非 1998 年电子商务总交易额为 2 亿美元，2002 年的预计交易额可达 70 亿美元。

南非的电信产业在非洲是首屈一指的。南非的通信线路和电话拥有量是非洲第一，同时还是非洲最大的电信服务提供方，目前南非是在世界范围内"全球移动通讯系统（GSM）"发展最快的国家之一，年均增长率为50%。1999 年，南非这个领域的总收入达 100 多亿兰特。

我国进入南非电信产业的有利因素

第一，南非政府逐年加大投资力度，以期改善电信基础设施落后的状况。目前在南非建有合资企业的世界大型电信公司向当地提供电话交换设备，包括电信服务，但是价格较高。我国在资金、技术上处于劣势，但却无疑具有相当的价格优势，性价比较高，同时中国产品的质量在南非已经得到初步的认可，为进一步打开市场提供了可能。

第二，我国国产电信设备及后续服务已经具有相当的水平，具有了一定的竞争资本。

第三，南非的电信市场远远没有饱和，但是进入南非市场的企业很少，竞争不是很激烈，市场发育水平不是很高，为中国企业进入提供了便利的条件。

信息产业市场上中国也大有可为

第一，计算机硬件产品中，南非进口的计算机零配件很大一部分是中国的产品，但大多是通过台湾、香港地区代理进口的。我国可以进一步开发并巩固这块市场，并在此基础上拓展产品的售后服务市场，以产品贸易拉动服务贸易的发展。

第二，软件方面，应该认识到南非软件业的薄弱之处。虽然我国的软件业也比较落后，但是有相当一部分产品具有比较优势，可将这部分产品打入到南非市场。软件的拓展服务空间巨大，是信息产业中服务贸易的大头。

第三，互联网行业方面，南非发展较为完善。同时，该产业具有极强的地方特性，不易进入。

我国的不足之处

第一，我国电信业和信息产业本身的发展水平不高，这就应该充分发挥我国的比较优势，在我国现有的产业基础上发展一批专门针对南非市场特点的设备和技术，加强竞争力。

第二，目前我国缺乏开拓南非市场的宏观指导，企业单独行动，力量薄弱。国家给予的政策支持远远不够。电信业、信息业具有投资密集的特点，国家应该在出口信贷方面给予有力的支持。

第三，南非长期为白人所统治，西方国家的文化和技术影响巨大，观念根深蒂固，同时许多西方国家实力雄厚的企业觊觎这一市场，他们雄厚的资金技术实力，对我国企业产生了巨大的威胁。

第四，南非的贸易投资环境还存在着诸多的问题，比如缺乏高素质的技术工人，法律方面有欠完备，许多大城市的治安状况很差等等，这些都给企业造成了不小的风险。

第五，中国企业在进入某一块市场时，常常是一拥而上，往往造成无序竞争。在进入南非市场时，企业应该事先做好各种规划，工会或者政府组织应该发挥效力，加强企业之间的协调配合，以合作促发展。

附录2 南非2003~2007年货物贸易和服务贸易预测

一、预测模型

1. 货物贸易出口预测模型及其性能指标

$$LOG(GEXSA) = 0.04^*LOG(HCSA) + 0.76^*LOG(GDPSA) + 1.82^*OPSA$$
$$+ 0.002^*WTR - 0.002^*LOG(FDIINSA)$$

Variable	Coefficient	Std. Error	t-Statistic	Prob.
LOG(HCSA)	0.035348	0.011805	2.994380	0.0072
LOG(GDPSA)	0.762434	0.013806	55.22327	0.0000
OPSA	1.825076	0.124279	14.68534	0.0000
WTR	0.002367	0.000851	2.779592	0.0116
LOG(FDIINSA)	-0.002048	0.005043	-0.406223	0.6889
R-squared	0.982599	Mean dependent var		10.06045
Adjusted R-squared	0.979118	S. D. dependent var		0.243170
S. E. of regression	0.035139	Akaike info criterion		-3.682140
Sum squared resid	0.024695	Schwarz criterion		-3.438365
Log likelihood	51.02675	Durbin-Watson stat		1.863945

2. 货物贸易进口预测模型及其性能指标

$$LOG(GIMSA) = 0.10^*LOG(HCSA) + 0.46^*LOG(GFCFSA) + 0.65^*LOG(GDPSA)$$
$$+ 2.59^*OPSA + 0.03^*LOG(FDIOUTSA) - 4.72$$

Variable	Coefficient	Std. Error	t-Statistic	Prob.
LOG(HCSA)	0.099785	0.034586	2.885146	0.0095
LOG(GFCFSA)	0.458234	0.116482	3.933953	0.0009
LOG(GDPSA)	0.650133	0.137436	4.730443	0.0001
OPSA	2.590911	0.168038	15.41863	0.0000
LOG(FDIOUTSA)	0.032447	0.009997	3.245614	0.0043
C	-4.720752	0.636598	-7.415589	0.0000
R-squared	0.984325	Mean dependent var		9.832101
Adjusted R-squared	0.980200	S. D. dependent var		0.323350
S. E. of regression	0.045499	Akaike info criterion		-3.136683
Sum squared resid	0.039333	Schwarz criterion		-2.844153
Log likelihood	45.20854	F-statistic		238.6262
Durbin-Watson stat	2.150316	Prob(F-statistic)		0.000000

3. 服务贸易出口预测模型及其性能指标

$$LOG(sEXSA) = 0.72{}^*LOG(GDPSA) + 0.35{}^*LOG(EXSSA(-1)) + 1.06{}^*OPSA$$
$$+ 0.05{}^*LOG(FESA) - 3.85$$

Variable	Coefficient	Std. Error	t-Statistic	Prob.
LOG(GDPSA)	0.714676	0.128475	5.562753	0.0000
LOG(SEXSA(-1))	0.349575	0.094427	3.702045	0.0015
OPSA	1.055772	0.317151	3.328922	0.0035
LOG(FESA)	0.048939	0.028493	1.717588	0.1021
C	-3.854918	1.204251	-3.201091	0.0047
R-squared	0.974336	Mean dependent var		8.062184
Adjusted R-squared	0.968933	S. D. dependent var		0.366844
S. E. of regression	0.064659	Akaike info criterion		-2.456333
Sum squared resid	0.079434	Schwarz criterion		-2.210906
Log likelihood	34.47600	F-statistic		180.3367
Durbin-Watson stat	1.706815	Prob(F-statistic)		0.000000

4. 服务贸易进口预测模型及其性能指标

$$LOG(SIMSA) = 0.98{}^*LOG(GDPSA) + 0.04{}^*FSA + 0.36{}^*LOG(IMSSA(-1))$$
$$+ 0.01{}^*WTSR - 6.37$$

Variable	Coefficient	Std. Error	t-Statistic	Prob.
LOG(GDPSA)	0.983905	0.135042	7.285934	0.0001
FSA	0.043208	0.007401	5.838417	0.0004
LOG(SIMSA(-1))	0.359534	0.085635	4.198444	0.0030
WTSR	0.006764	0.001287	5.255191	0.0008
C	-6.366764	1.027232	-6.197982	0.0003
R-squared	0.989986	Mean dependent var		8.535119
Adjusted R-squared	0.984980	S. D. dependent var		0.161581
S. E. of regression	0.019803	Akaike info criterion		-4.722236
Sum squared resid	0.003137	Schwarz criterion		-4.504948
Log likelihood	35.69453	F-statistic		197.7274
Durbin-Watson stat	2.068617	Prob(F-statistic)		0.000000

二、预测值与实际值对比图

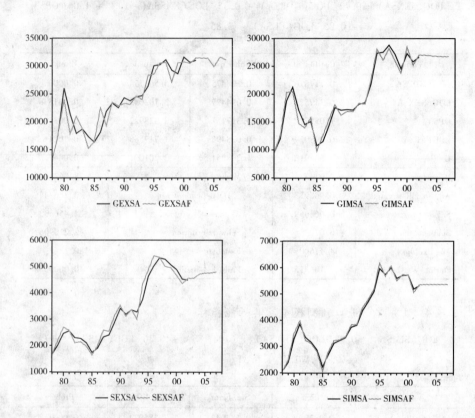

三、所用符号说明

GEXSA——南非当年货物贸易出口量

GEXSAF——南非当年货物贸易出口量预测值

GIMSA——南非当年货物贸易进口量

GIMSAF——南非当年货物贸易进口量预测值

SEXSA——南非当年服务贸易出口量

SEXSAF——南非当年服务贸易出口量预测值

SIMSA——南非当年服务贸易进口量

SIMSAF——南非当年服务贸易进口量预测值

GDPSA——南非当年国内生产总值

HCSA——南非当年人均消费水平

GCSA——南非当年政府消费水平

GFCFSA——南非当年国内固定资产投资额

FESA——南非当年外汇储备

FSA——南非当年市场汇率

OPSA——南非当年开放度指标

FDIINSA——南非当年外商直接投资流入量

FDIOUTSA——南非当年外商直接投资流出量

WTR——世界贸易年增长率

附录3 莱索托2003~2007年货物贸易和服务贸易预测

一、预测模型

1. 货物贸易出口预测模型及其性能指标

$$LOG(GEXLE) = -2.54^*LOG(HCLE) - 0.68^*LOG(GFCFLE)$$
$$+ 4.45^*LOG(GDPLE) + 1.38^*OPLE - 5.17$$

Variable	Coefficient	Std. Error	t-Statistic	Prob.
LOG(HCLE)	- 2.544346	0.245537	- 10.36238	0.0000
LOG(GFCFLE)	- 0.681280	0.115947	- 5.875784	0.0000
LOG(GDPLE)	4.453661	0.180330	24.69724	0.0000
OPLE	1.385834	0.187394	7.395289	0.0000
C	- 5.167536	0.754083	- 6.852742	0.0000
R-squared	0.988994	Mean dependent var		4.387025
Adjusted R-squared	0.986793	S. D. dependent var		0.829215
S. E. of regression	0.095295	Akaike info criterion		- 1.686822
Sum squared resid	0.181623	Schwarz criterion		- 1.443047
Log likelihood	26.08527	F-statistic		449.3023
Durbin-Watson stat	1.928212	Prob(F-statistic)		0.000000

2. 货物贸易进口预测模型及其性能指标

$$\text{LOG}(\text{GIMLE}) = 0.35 \text{*LOG}(\text{HCLE}) + 0.14 \text{*LOG}(\text{GFCFLE})$$
$$+ 0.41 \text{*LOG}(\text{GDPLE}) + 0.52 \text{*OPLE}$$

Variable	Coefficient	Std. Error	t-Statistic	Prob.
LOG(HCLE)	0.352452	0.070392	5.007000	0.0001
LOG(GFCFLE)	0.139560	0.027026	5.163952	0.0000
LOG(GDPLE)	0.408189	0.069477	5.875162	0.0000
OPLE	0.520487	0.069227	7.518601	0.0000
R-squared	0.992960	Mean dependent var		6.382625
Adjusted R-squared	0.991955	S. D. dependent var		0.411039
S. E. of regression	0.036869	Akaike info criterion		− 3.617270
Sum squared resid	0.028545	Schwarz criterion		− 3.422250
Log likelihood	49.21587	Durbin-Watson stat		2.096671

3. 服务贸易出口预测模型及其性能指标

$$\text{LOG}(\text{SEXLE}) = -0.40 \text{*LOG}(\text{IMSLE}(-1)) + 0.85 \text{*LOG}(\text{GDPLE})$$
$$- 0.04 \text{*FLE} - 0.01 \text{*WTR}$$

Variable	Coefficient	Std. Error	t-Statistic	Prob.
LOG(SIMLE(−1))	− 0.401643	0.188994	− 2.125158	0.0462
LOG(GDPLE)	0.848349	0.130359	6.507778	0.0000
FLE	− 0.041719	0.020690	− 2.016393	0.0574
WTR	− 0.011635	0.004227	− 2.752325	0.0123
R-squared	0.819786	Mean dependent var		3.527876
Adjusted R-squared	0.792753	S. D. dependent var		0.340348
S. E. of regression	0.154941	Akaike info criterion		− 0.740530
Sum squared resid	0.480136	Schwarz criterion		− 0.544187
Log likelihood	12.88636	Durbin-Watson stat		2.024566

4. 服务贸易进口预测模型及其性能指标

$$LOG(SIMLE) = -0.54^* LOG(GCLE) + 1.17^* LOG(GDPLE)$$
$$- 0.26^* LOG(FELE) + 0.28^* OPLE$$

Variable	Coefficient	Std. Error	t-Statistic	Prob.
LOG(GCLE)	-0.538579	0.177579	-3.032899	0.0068
LOG(GDPLE)	1.172963	0.122189	9.599576	0.0000
LOG(FELE)	-0.258243	0.044603	-5.789880	0.0000
OPLE	0.277569	0.174051	1.594760	0.1273
R-squared	0.827615	Mean dependent var		4.045308
Adjusted R-squared	0.800397	S. D. dependent var		0.226414
S. E. of regression	0.101155	Akaike info criterion		-1.587558
Sum squared resid	0.194414	Schwarz criterion		-1.390081
Log likelihood	22.25692	Durbin-Watson stat		1.872175

二、预测值与实际值对比图

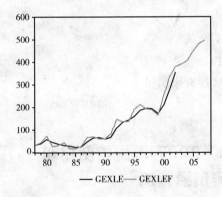

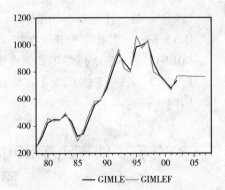

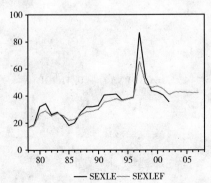

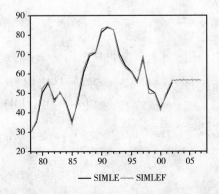

383

三、所用符号说明

GEXLE——莱索托当年货物贸易出口量

GEXLEF——莱索托当年货物贸易出口量预测值

GIMLE——莱索托当年货物贸易进口量

GIMLEF——莱索托当年货物贸易进口量预测值

SEXLE——莱索托当年服务贸易出口量

SEXLEF——莱索托当年服务贸易出口量预测值

SIMLE——莱索托当年服务贸易进口量

SIMLEF——莱索托当年服务贸易进口量预测值

GDPLE——莱索托当年国内生产总值

HCLE——莱索托当年人均消费水平

GCLE——莱索托当年政府消费水平

GFCFLE——莱索托当年国内固定资产投资额

FELE——莱索托当年外汇储备

FLE——莱索托当年市场汇率

OPLE——莱索托当年开放度指标

FDIINLE——莱索托当年外商直接投资流入量

FDIOUTLE——莱索托当年外商直接投资流出量

WTR——世界贸易年增长率

附录4 纳米比亚2003~2007年货物贸易和服务贸易预测

一、预测模型

1. 货物贸易出口预测模型及其性能指标

$$LOG(GEXNA) = -0.35 * LOG(HCNA) + 1.14 * LOG(GDPNA) + 0.41 * OPNA$$
$$+ 0.02 * LOG(FDIINNA)$$

Variable	Coefficient	Std. Error	t-Statistic	Prob.
LOG(HCNA)	− 0. 345702	0. 103975	− 3. 324844	0. 0105
LOG(GDPNA)	1. 142043	0. 114738	9. 953447	0. 0000
OPNA	0. 409708	0. 184876	2. 216125	0. 0575
LOG(FDIINNA)	0. 021822	0. 007079	3. 082731	0. 0151
R-squared	0. 908129	Mean dependent var		7. 147240
Adjusted R-squared	0. 873677	S. D. dependent var		0. 081252
S. E. of regression	0. 028879	Akaike info criterion		− 3. 990236
Sum squared resid	0. 006672	Schwarz criterion		− 3. 828600
Log likelihood	27. 94141	Durbin-Watson stat		2. 153322

2. 货物贸易进口预测模型及其性能指标

$$LOG(GIMNA) = -0.11^* LOG(GFCFNA) + 0.94^* LOG(GDPNA)$$
$$+ 0.37^* OPNA$$

Variable	Coefficient	Std. Error	t-Statistic	Prob.
LOG(GFCFNA)	− 0. 110475	0. 036887	− 2. 994924	0. 0151
LOG(GDPNA)	0. 938451	0. 041349	22. 69572	0. 0000
OPNA	0. 376243	0. 119144	3. 157885	0. 0116
R-squared	0. 953605	Mean dependent var		7. 246044
Adjusted R-squared	0. 943296	S. D. dependent var		0. 084934
S. E. of regression	0. 020225	Akaike info criterion		− 4. 751468
Sum squared resid	0. 003681	Schwarz criterion		− 4. 630241
Log likelihood	31. 50881	Durbin-Watson stat		1. 670805

3. 服务贸易出口预测模型及其性能指标

$$LOG(SEXNA) = 1.21^* LOG(GDPNA) + 0.43^* LOG(FENA)$$
$$+ 3.28^* OPNA - 9.83$$

Variable	Coefficient	Std. Error	t-Statistic	Prob.
LOG(GDPNA)	1. 204986	0. 507653	2. 373642	0. 0552
LOG(FENA)	0. 429100	0. 104275	4. 115084	0. 0063
OPNA	3. 276922	0. 819692	3. 997748	0. 0071
C	− 9. 824597	3. 414729	− 2. 877123	0. 0282
R-squared	0. 938458	Mean dependent var		5. 603901
Adjusted R-squared	0. 907686	S. D. dependent var		0. 252358
S. E. of regression	0. 076674	Akaike info criterion		− 2. 009324
Sum squared resid	0. 035274	Schwarz criterion		− 1. 888289
Log likelihood	14. 04662	F-statistic		30. 49789
Durbin-Watson stat	2. 061365	Prob(F-statistic)		0. 000498

4. 服务贸易进口预测模型及其性能指标

$$LOG(SIMNA) = 0.85^* LOG(GDPNA) - 0.09^* FNA + 2.56^* OPNA$$
$$+ 0.14^* LOG(FENA) - 3.71$$

Variable	Coefficient	Std. Error	t-Statistic	Prob.
LOG(GDPNA)	0.851285	0.227089	3.748683	0.0133
FNA	−0.090462	0.009896	−9.141331	0.0003
OPNA	2.555952	0.429357	5.952976	0.0019
LOG(FENA)	0.134880	0.046998	2.869910	0.0350
C	−3.706191	1.596233	−2.321836	0.0679
R-squared	0.989354	Mean dependent var		6.112748
Adjusted R-squared	0.980837	S. D. dependent var		0.244963
S. E. of regression	0.033911	Akaike info criterion		−3.623318
Sum squared resid	0.005750	Schwarz criterion		−3.472026
Log likelihood	23.11659	F-statistic		116.1613
Durbin-Watson stat	3.338736	Prob(F-statistic)		0.000041

二、预测值与实际值对比图

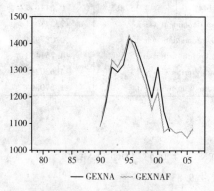

— GEXNA ⋯ GEXNAF

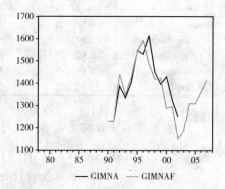

— GIMNA ⋯ GIMNAF

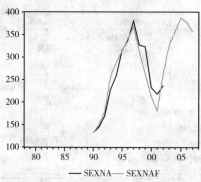

— SEXNA ⋯ SEXNAF

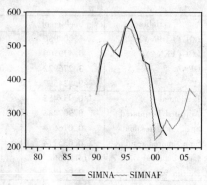

— SIMNA ⋯ SIMNAF

三、所用符号说明

GEXNA——纳米比亚当年货物贸易出口量

GEXNAF——纳米比亚当年货物贸易出口量预测值

GIMNA——纳米比亚当年货物贸易进口量

GIMNAF——纳米比亚当年货物贸易进口量预测值

SEXNA——纳米比亚当年服务贸易出口量

SEXNAF——纳米比亚当年服务贸易出口量预测值

SIMNA——纳米比亚当年服务贸易进口量

SIMNAF——纳米比亚当年服务贸易进口量预测值

GDPNA——纳米比亚当年国内生产总值

HCNA——纳米比亚当年人均消费水平

GCNA——纳米比亚当年政府消费水平

GFCFNA——纳米比亚当年国内固定资产投资额

FENA——纳米比亚当年外汇储备

FNA——纳米比亚当年市场汇率

OPNA——纳米比亚当年开放度指标

FDIINNA——纳米比亚当年外商直接投资流入量

FDIOUTNA——纳米比亚当年外商直接投资流出量

WTR——世界贸易年增长率

附录 5　博茨瓦纳 2003～2007 年货物贸易和 服务贸易预测

一、预测模型

1. 货物贸易出口预测模型及其性能指标

$$LOG(GEXBO) = -0.55 {}^* LOG(EXGBO(-1)) + 0.76 {}^* LOG(GDPBO)$$
$$+ 0.52 {}^* LOG(FEBO) + 1.19 {}^* OPBO$$

Variable	Coefficient	Std. Error	t-Statistic	Prob.
LOG(GEXBO(-1))	-0.547510	0.218355	-2.507426	0.0251
LOG(GDPBO)	0.760363	0.235124	3.233879	0.0060
LOG(FEBO)	0.516419	0.173566	2.975347	0.0100
OPBO	1.189737	0.165509	7.188361	0.0000
R-squared	0.938882	Mean dependent var		7.511390
Adjusted R-squared	0.925785	S. D. dependent var		0.358405
S. E. of regression	0.097638	Akaike info criterion		-1.621974
Sum squared resid	0.133464	Schwarz criterion		-1.424113
Log likelihood	18.59776	Durbin-Watson stat		2.346441

2. 货物贸易进口预测模型及其性能指标

$$LOG(GIMBO) = 0.78 + 0.39 \cdot LOG(GFCFBO) + 0.44 \cdot LOG(GDPBO)$$
$$+ 0.34 \cdot OPBO - 0.06 \cdot FBO + 0.23 \cdot D789$$

Variable	Coefficient	Std. Error	t-Statistic	Prob.
C	0.777564	0.285541	2.723126	0.0135
LOG(GFCFBO)	0.391672	0.071148	5.505045	0.0000
LOG(GDPBO)	0.437966	0.081285	5.388053	0.0000
OPBO	0.337914	0.092426	3.656056	0.0017
FBO	-0.059290	0.009812	-6.042600	0.0000
D789	0.229934	0.028373	8.104087	0.0000
R-squared	0.995313	Mean dependent var		6.920237
Adjusted R-squared	0.994080	S. D. dependent var		0.549066
S. E. of regression	0.042245	Akaike info criterion		-3.285083
Sum squared resid	0.033909	Schwarz criterion		-2.992552
Log likelihood	47.06353	F-statistic		807.0356
Durbin-Watson stat	2.303987	Prob(F-statistic)		0.000000

3. 服务贸易出口预测模型及其性能指标

$$LOG(SEXBO) = 0.49 \cdot LOG(SEXBO(-1)) + 0.34 \cdot LOG(GDPBO)$$

Variable	Coefficient	Std. Error	t-Statistic	Prob.
LOG(SEXBO(-1))	0.492584	0.148777	3.310884	0.0032
LOG(GDPBO)	0.337532	0.096037	3.514593	0.0020
R-squared	0.863635	Mean dependent var		5.097320
Adjusted R-squared	0.857437	S. D. dependent var		0.545913
S. E. of regression	0.206123	Akaike info criterion		-0.241030
Sum squared resid	0.934709	Schwarz criterion		-0.142859
Log likelihood	4.892365	Durbin-Watson stat		1.964636

4. 服务贸易进口预测模型及其性能指标

$$LOG(SIMBO) = 0.38 * LOG(SEXBO) + 0.71 * LOG(GDPBO)$$
$$- 0.23 * LOG(FEBO)$$

Variable	Coefficient	Std. Error	t-Statistic	Prob.
LOG(SEXBO)	0.376645	0.088166	4.272011	0.0003
LOG(GDPBO)	0.705752	0.067653	10.43197	0.0000
LOG(FEBO)	-0.231845	0.035365	-6.555778	0.0000
R-squared	0.954817	Mean dependent var		5.625493
Adjusted R-squared	0.950710	S. D. dependent var		0.473298
S. E. of regression	0.105079	Akaike info criterion		-1.556041
Sum squared resid	0.242915	Schwarz criterion		-1.409776
Log likelihood	22.45052	Durbin-Watson stat		1.590745

二、预测值与实际值对比图

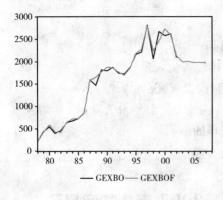
— GEXBO ⋯ GEXBOF

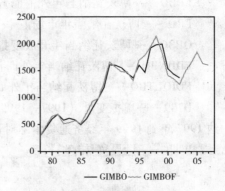
— GIMBO ⋯ GIMBOF

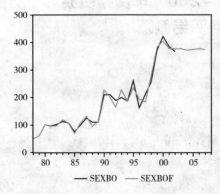
— SEXBO ⋯ SEXBOF

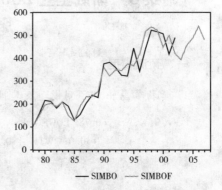
— SIMBO ⋯ SIMBOF

三、所用符号说明

GEXBO——博茨瓦纳当年货物贸易出口量

GEXBOF——博茨瓦纳当年货物贸易出口量预测值

GIMBO——博茨瓦纳当年货物贸易进口量

GIMBOF——博茨瓦纳当年货物贸易进口量预测值

SEXBO——博茨瓦纳当年服务贸易出口量

SEXBOF——博茨瓦纳当年服务贸易出口量预测值

SIMBO——博茨瓦纳当年服务贸易进口量

SIMBOF——博茨瓦纳当年服务贸易进口量预测值

GDPBO——博茨瓦纳当年国内生产总值

HCBO——博茨瓦纳当年人均消费水平

GCBO——博茨瓦纳当年政府消费水平

GFCFBO——博茨瓦纳当年国内固定资产投资额

FEBO——博茨瓦纳当年外汇储备

FBO——博茨瓦纳当年市场汇率

OPBO——博茨瓦纳当年开放度指标

FDIINBO——博茨瓦纳当年外商直接投资流入量

FDIOUTBO——博茨瓦纳当年外商直接投资流出量

D789——虚拟变量（1997—1999 年为 1，其余年份为 0。表示博茨瓦纳 1997 年到 1999 年经济通货紧缩对进口的影响）

WTR——世界贸易年增长率

附录6 斯威士兰2003~2007年货物贸易和服务贸易预测

一、预测模型

1. 货物贸易出口预测模型及其性能指标

$$LOG(GEXSW) = 0.78 \cdot LOG(GDPSW) + 1.57 \cdot OPSW - 0.49 \cdot LOG(GCSW) + 0.01 \cdot WTR + 0.08 \cdot LOG(FDIINSW)$$

Variable	Coefficient	Std. Error	t-Statistic	Prob.
LOG(GDPSW)	0.782109	0.184973	4.228241	0.0006
OPSW	1.567971	0.171616	9.136516	0.0000
LOG(GCSW)	−0.496678	0.199368	−2.491266	0.0241
WTR	0.011312	0.005450	2.075380	0.0544
LOG(FDIINSW)	0.077105	0.042329	1.821570	0.0873
R-squared	0.940852	Mean dependent var		6.300601
Adjusted R-squared	0.926065	S. D. dependent var		0.526237
S. E. of regression	0.143089	Akaike info criterion		−0.846442
Sum squared resid	0.327592	Schwarz criterion		−0.597746
Log likelihood	13.88764	Durbin-Watson stat		1.981001

2. 货物贸易进口预测模型及其性能指标

$$LOG(GIMSW) = 0.12 * LOG(GDPSW) + 0.01 * WTR + 0.82 * OPSW$$
$$+ 0.02 * LOG(FDIINSW) + 0.61 * LOG(GIMSW(-1))$$

Variable	Coefficient	Std. Error	t-Statistic	Prob.
LOG(GDPSW)	0.123082	0.033439	3.680812	0.0020
WTR	0.009638	0.003338	2.887240	0.0107
OPSW	0.822349	0.250757	3.279471	0.0047
LOG(FDIINSW)	0.016230	0.026729	0.607194	0.5522
LOG(IMGSW(-1))	0.604929	0.107200	5.643020	0.0000
R-squared	0.967713	Mean dependent var		6.461006
Adjusted R-squared	0.959641	S. D. dependent var		0.467109
S. E. of regression	0.093840	Akaike info criterion		−1.690195
Sum squared resid	0.140895	Schwarz criterion		−1.441499
Log likelihood	22.74704	Durbin-Watson stat		2.023204

3. 服务贸易出口预测模型及其性能指标

$$LOG(SEXSW) = 0.17 * LOG(GDPSW) + 0.47 * OPSW + 0.02 * WTR$$
$$+ 0.45 * LOG(EXSSW(-1))$$

Variable	Coefficient	Std. Error	t-Statistic	Prob.
LOG(GDPSW)	0.165509	0.070663	2.342212	0.0302
OPSW	0.472981	0.242528	1.950209	0.0661
WTR	0.019188	0.006536	2.935661	0.0085
LOG(SEXSW(-1))	0.454185	0.209384	2.169149	0.0430
R-squared	0.813244	Mean dependent var		4.229786
Adjusted R-squared	0.783756	S. D. dependent var		0.572567
S. E. of regression	0.266256	Akaike info criterion		0.348051
Sum squared resid	1.346948	Schwarz criterion		0.545528
Log likelihood	−0.002581	Durbin-Watson stat		2.151445

4. 服务贸易进口预测模型及其性能指标

$$LOG(SIMSW) = 0.36 \,^*LOG(GDPSW) + 0.11 \,^*LOG(FDIOUTSW)$$
$$+ 1.15 \,^*OPSW - 0.12 \,^*FSW$$

Variable	Coefficient	Std. Error	t-Statistic	Prob.
LOG(GDPSW)	0.361926	0.061494	5.885561	0.0000
LOG(FDIOUTSW)	0.108021	0.062268	1.734773	0.1009
OPSW	1.152603	0.240859	4.785388	0.0002
FSW	− 0.124466	0.065998	− 1.885905	0.0765
R-squared	0.853318	Mean dependent var		4.997549
Adjusted R-squared	0.827433	S. D. dependent var		0.495923
S. E. of regression	0.206012	Akaike info criterion		− 0.152118
Sum squared resid	0.721498	Schwarz criterion		0.046839
Log likelihood	5.597239	Durbin-Watson stat		2.469376

二、预测值与实际值对比图

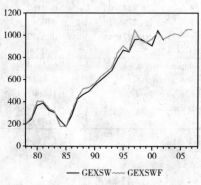

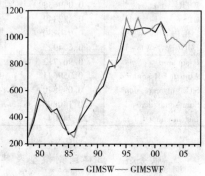

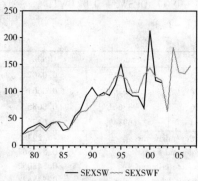

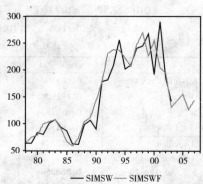

三、所用符号说明

GEXSW——斯威士兰当年货物贸易出口量

GEXSWF——斯威士兰当年货物贸易出口量预测值

GIMSW——斯威士兰当年货物贸易进口量

GIMSWF——斯威士兰当年货物贸易进口量预测值

SEXSW——斯威士兰当年服务贸易出口量

SEXSWF——斯威士兰当年服务贸易出口量预测值

SIMSW——斯威士兰当年服务贸易进口量

SIMSWF——斯威士兰当年服务贸易进口量预测值

GDPSW——斯威士兰当年国内生产总值

HCSW——斯威士兰当年人均消费水平

GCSW——斯威士兰当年政府消费水平

GFCFSW——斯威士兰当年国内固定资产投资额

FESW——斯威士兰当年外汇储备

FSW——斯威士兰当年市场汇率

OPSW——斯威士兰当年开放度指标

FDIINSW——斯威士兰当年外商直接投资流入量

FDIOUTSW——斯威士兰当年外商直接投资流出量

WTR——世界贸易年增长率

附录7 中国与 SACU 各国间 2004~2008 年进出口贸易预测

一、预测模型

1. 中国对博茨瓦纳出口预测模型及其性能指标

$$LOG(CEXBO) = 4.58^* FCBO - 5.59^* LOG(GDPCH)$$
$$+ 4.73^* LOG(GDPBO)$$

Variable	Coefficient	Std. Error	t-Statistic	Prob.
FCBO	4.584884	0.513503	8.928635	0.0000
LOG(GDPCH)	−5.587925	0.855683	−6.530368	0.0000
LOG(GDPBO)	4.734338	0.623629	7.591595	0.0000
R-squared	0.904482	Mean dependent var		7.509523
Adjusted R-squared	0.891747	S. D. dependent var		1.879213
S. E. of regression	0.618296	Akaike info criterion		2.027312
Sum squared resid	5.734347	Schwarz criterion		2.175708
Log likelihood	−15.24581	Durbin-Watson stat		1.863066

2. 中国对博茨瓦纳进口预测模型及其性能指标

$$LOG(CIMBO) = -6.15 \cdot FCBO + 1.52 \cdot LOG(GDPBO)$$

Variable	Coefficient	Std. Error	t-Statistic	Prob.
FCBO	−6.153065	0.785654	−7.831770	0.0000
LOG(GDPBO)	1.516003	0.110798	13.68254	0.0000
R – squared	0.838267	Mean dependent var		5.935936
Adjusted R-squared	0.823564	S. D. dependent var		2.974277
S. E. of regression	1.249323	Akaike info criterion		3.423719
Sum squared resid	17.16889	Schwarz criterion		3.510634
Log likelihood	−20.25417	Durbin-Watson stat		1.742310

3. 中国对莱索托出口预测模型及其性能指标

$$LOG(CEXLE) = 2.08 \cdot LOG(GDPCH) - 1.45 \cdot LOG(GDPLE)$$
$$+ 0.46 \cdot LOG(FDICLOUT)$$

Variable	Coefficient	Std. Error	t-Statistic	Prob.
LOG(GDPCH)	2.084805	0.720054	2.895347	0.0117
LOG(GDPLE)	−1.454401	0.667007	−2.180487	0.0468
LOG(FDICLOUT)	0.457805	0.113394	4.037276	0.0012
R-squared	0.804576	Mean dependent var		7.376827
Adjusted R-squared	0.776658	S. D. dependent var		1.822713
S. E. of regression	0.861397	Akaike info criterion		2.698263
Sum squared resid	10.38807	Schwarz criterion		2.845301
Log likelihood	−19.93523	Durbin-Watson stat		2.236444

4. 中国对莱索托进口预测模型及其性能指标

$$LOG(CIMLE) = 6.46^* FCLE + 70.74 - 12.26^* LOG(GDPCH)$$
$$+ 0.39^* LOG(FDICLOUT)$$

Variable	Coefficient	Std. Error	t-Statistic	Prob.
FECL	6.465142	1.706197	3.789211	0.0043
C	70.73662	16.91616	4.181600	0.0024
LOG(GDPCH)	− 12.26054	3.257129	− 3.764216	0.0045
LOG(FDICLOUT)	0.393652	0.326910	1.204157	0.2592
R-squared	0.707682	Mean dependent var		4.874202
Adjusted R-squared	0.610243	S. D. dependent var		2.192208
S. E. of regression	1.368607	Akaike info criterion		3.713124
Sum squared resid	16.85777	Schwarz criterion		3.886954
Log likelihood	− 20.13530	F-statistic		7.262808
Durbin-Watson stat	1.979883	Prob(F-statistic)		0.008904

5. 中国对纳米比亚出口预测模型及其性能指标

$$LOG(CEXNA) = -0.96^* LOG(FDICNOUT) + 7.42^* LOG(GDPCH)$$
$$+ 4.02^* LOG(GDPNA) - 65.31$$

Variable	Coefficient	Std. Error	t-Statistic	Prob.
LOG(FDICNOUT)	− 0.960882	0.390716	− 2.459285	0.0435
LOG(GDPCH)	7.420237	1.206663	6.149385	0.0005
LOG(GDPNA)	4.019733	1.633660	2.460569	0.0434
C	− 65.30744	15.68190	− 4.164511	0.0042
R-squared	0.964419	Mean dependent var		8.112465
Adjusted R-squared	0.949170	S. D. dependent var		1.602290
S. E. of regression	0.361243	Akaike info criterion		1.076758
Sum squared resid	0.913477	Schwarz criterion		1.221447
Log likelihood	− 1.922167	F-statistic		63.24514
Durbin-Watson stat	2.692232	Prob(F-statistic)		0.000020

6. 中国对纳米比亚进口预测模型及其性能指标

$$LOG(CIMNA) = -4.03^* FCNA + 17.18^* LOG(GDPCH)$$
$$- 13.58^* LOG(GDPNA) + 8.45^* OPNA$$

Variable	Coefficient	Std. Error	t-Statistic	Prob.
FCNA	-4.030395	1.295941	-3.110015	0.0144
LOG(GDPCH)	17.18424	2.399823	7.160628	0.0001
LOG(GDPNA)	-13.57658	1.735001	-7.825112	0.0001
OPNA	8.453159	4.530711	1.865747	0.0991
R-squared	0.939620	Mean dependent var		6.410875
Adjusted R-squared	0.916977	S. D. dependent var		2.759583
S. E. of regression	0.795137	Akaike info criterion		2.640597
Sum squared resid	5.057942	Schwarz criterion		2.802232
Log likelihood	-11.84358	Durbin-Watson stat		1.246698

7. 中国对南非出口预测模型及其性能指标

$$LOG(CEXSA) = -24.19 + 2.67^* LOG(GDPCH) + 1.64^* LOG(GDPSA)$$
$$+ 0.02^* WTR$$

Variable	Coefficient	Std. Error	t-Statistic	Prob.
C	-24.18836	11.25082	-2.149919	0.0686
LOG(GDPCH)	2.673375	0.291041	9.185549	0.0000
LOG(GDPSA)	1.644027	0.861640	1.908020	0.0980
WTR	0.021481	0.012065	1.780377	0.1182
R-squared	0.931362	Mean dependent var		13.28052
Adjusted R-squared	0.901945	S. D. dependent var		0.790564
S. E. of regression	0.247555	Akaike info criterion		0.320919
Sum squared resid	0.428984	Schwarz criterion		0.465608
Log likelihood	2.234946	F-statistic		31.66123
Durbin-Watson stat	1.769392	Prob(F-statistic)		0.000192

8. 中国对南非进口预测模型及其性能指标

$$LOG(CIMSA) = 1.97^* LOG(GDPCH) + 0.03^* WTR$$

Variable	Coefficient	Std. Error	t-Statistic	Prob.
LOG(GDPCH)	1.974667	0.013896	142.1045	0.0000
WTR	0.024501	0.010584	2.314932	0.0459
R-squared	0.850474	Mean dependent var		13.40882
Adjusted R-squared	0.833860	S. D. dependent var		0.585207
S. E. of regression	0.238532	Akaike info criterion		0.134339
Sum squared resid	0.512078	Schwarz criterion		0.206684
Log likelihood	1.261133	Durbin-Watson stat		1.622884

9. 中国对斯威士兰出口预测模型及其性能指标

$$LOG(CEXSW) = 4.86 * FCSW - 13.74 * LOG(GDPC) + 16.06 * LOG(GDPSW)$$
$$- 0.13 * WTR - 23.36$$

Variable	Coefficient	Std. Error	t-Statistic	Prob.
FCSW	4.857578	1.638210	2.965175	0.0180
LOG(GDPCH)	-13.74113	5.960991	-2.305175	0.0501
LOG(GDPSW)	16.05625	4.995517	3.214131	0.0123
WTR	-0.125429	0.055343	-2.266372	0.0532
C	-23.35617	10.22993	-2.283121	0.0518
R-squared	0.887506	Mean dependent var		5.776453
Adjusted R-squared	0.831260	S. D. dependent var		2.535761
S. E. of regression	1.041640	Akaike info criterion		3.203194
Sum squared resid	8.680119	Schwarz criterion		3.420482
Log likelihood	-15.82076	F-statistic		15.77879
Durbin-Watson stat	1.811983	Prob(F-statistic)		0.000729

10. 中国对斯威士兰进口预测模型及其性能指标

$$LOG(CIMSW) = 13.18 * FCSW - 19.54 * LOG(GDPCH)$$
$$+ 16.57 * OPSW + 84.74$$

Variable	Coefficient	Std. Error	t-Statistic	Prob.
FCSW	13.18099	2.874960	4.584757	0.0038
LOG(GDPCH)	-19.54387	4.145121	-4.714909	0.0033
OPSW	16.57152	7.216359	2.296382	0.0614
C	84.74313	20.83759	4.066838	0.0066
R-squared	0.789725	Mean dependent var		5.013078
Adjusted R-squared	0.684588	S. D. dependent var		3.534913
S. E. of regression	1.985261	Akaike info criterion		4.498553
Sum squared resid	23.64758	Schwarz criterion		4.619587
Log likelihood	-18.49276	F-statistic		7.511375
Durbin-Watson stat	1.734891	Prob(F-statistic)		0.018660

二、中国与 SACU 各国间 2004～2008 年进出口贸易预测值与实际值对比图

中国与博茨瓦纳

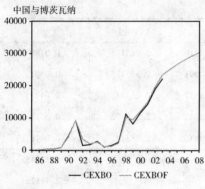

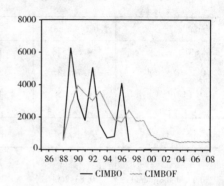

中国与莱索托

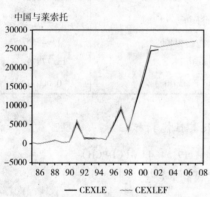

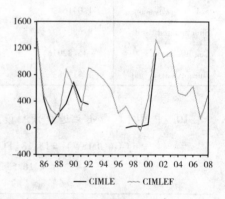

中国与纳米比亚

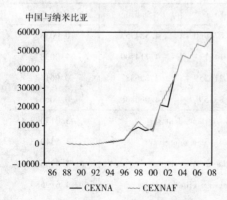

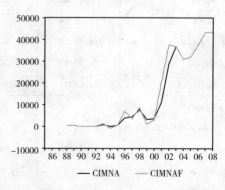

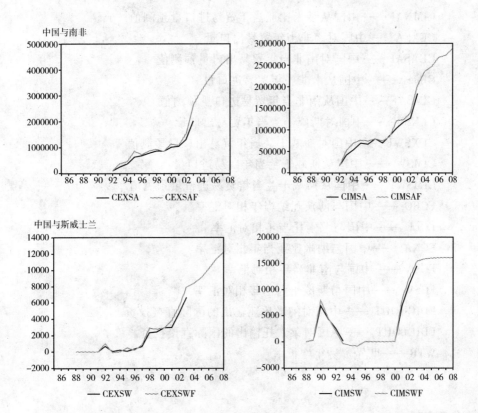

三、本部分所用符号说明

CEXBO——中国对博茨瓦纳当年贸易出口量

CEXBOF——中国对博茨瓦纳当年贸易出口量预测值

CIMBO ——中国从博茨瓦纳当年贸易进口量

CIMBOF——中国从博茨瓦纳当年贸易进口量预测值

CEXLE——中国对莱索托当年贸易出口量

CEXLEF——中国对莱索托当年贸易出口量预测值

CIMLE ——中国从莱索托当年贸易进口量

CIMLEF——中国从莱索托当年贸易进口量预测值

CEXNA——中国对纳米比亚当年贸易出口量

CEXNAF——中国对纳米比亚当年贸易出口量预测值

CIMNA ——中国从纳米比亚当年贸易进口量

CIMNAF——中国从纳米比亚当年贸易进口量预测值

CEXSA——中国对南非当年贸易出口量

CEXSAF——中国对南非当年贸易出口量预测值

CIMSA ——中国从南非当年贸易进口量

CIMSAF——中国从南非当年贸易进口量预测值

CEXSW——中国对斯威士兰当年贸易出口量

CEXSWF——中国对斯威士兰当年贸易出口量预测值

CIMSW ——中国从斯威士兰当年贸易进口量

CIMSWF——中国从斯威士兰当年贸易进口量预测值

FCBO ——中国与博茨瓦纳当年相对汇率

FCLE ——中国与莱索托当年相对汇率

FCNA ——中国与纳米比亚当年相对汇率

FCSA ——中国与南非当年相对汇率

FCSW ——中国与斯威士兰当年相对汇率

FDICNOUT ——中国对纳米比亚输出的国际直接投资

FDICLOUT ——中国对莱索托输出的国际直接投资

WTR——世界贸易年增长率

参考文献

1.《海关统计年鉴 2003》，中国海关出版社。

2. 中华人民共和国商务部规划财务司：《中国对外贸易形势报告（2004 年春季）》。

3. WTO Trade Policy Review SOUTHERN AFRICAN CUSTOMS UNION，Report by the Governments，24 March 2003。

4. WTO International trade statistics 2003。

5. http：//gcs. mofcom. gov. cn/aarticle/ztxx/dwmyxs/200405/20040500221149. html.

课题六 "市场经济条件"问题对我国经济影响研究

课 题 简 介

经过 20 多年的改革,中国经济的市场化进程已经取得了举世瞩目的成就,市场规模明显扩大,市场结构得到延伸,市场主体开始成熟,市场体系逐步健全,市场机制基本形成,市场调控效果明显。与此同时,随着我国对外贸易的不断发展,世界各国针对中国的反倾销投诉此起彼伏,中国已成为反倾销最大的受害国。我国产品屡遭国外反倾销指控的原因是多方面的,但"非市场经济条款"是最重要的因素。

"市场经济条件"问题,有时也称为"非市场经济条款"问题或"市场经济地位"问题,"市场经济条件"是这一问题的正式说法。"市场经济条件"问题是关系公平贸易的一个问题,具体说是在反倾销中如何判断成本与价格真实性和合理性的问题。自 20 世纪 80 年代中期,中国已经成为西方国家反倾销的主要对象,这些国家实行对华反倾销的主要理由是我国经济属于"非市场经济"。随着我国对外经济交往的迅速发展,我国"市场经济条件"问题的解决,对中国与世界各国贸易摩擦数量、强度和解决摩擦方式具有了越来越重要的影响,对国内经济发展与社会稳定也已产生重大影响。我所曾对中国市场经济发展程度进行过分析和测度,但如何分析和测度"市场经济条件"问题对我国经济影响,这还是第一次。本课题立足实证研究,力求对"市场经济条件"影响问题研究有所突破。

一、课题研究背景

2005 年 7 月 22 日,商务部薄熙来部长在京有关研究机构的座谈会上,根据商务部工作的需要,提出了对"市场经济条件"对我国经济的影响进行研究的要求。我所根据这一要求审领了课题,迅速组织研究团队,并对

研究工作进行了部署。本课题的研究人员包括李晓西教授、曾学文博士、李波博士、段瑞君博士。同时，商务部进出口公平贸易局为本课题的完成提供了大量的资料，在此表示感谢！

商务部领导提出这个问题，是经过深思熟虑的。我们的领会是：市场经济条件问题，从反倾销角度看，其对我国的不利影响基本上是清楚的，由反倾销引起的对我国经济的直接影响也是可以统计出来的。随着我国对外贸易的不断发展，世界各国针对中国的反倾销投诉此起彼伏，中国已成为反倾销最大的受害国。我国产品屡遭国外反倾销指控的原因是多方面的，但"非市场经济条款"是最重要的因素。非市场经济问题的直接后果就是导致中国出口企业在反倾销应诉中处于极为不利的地位。此外，由于中国企业在反倾销调查中很难胜诉，客观上又进一步刺激了进口国相关产业更多地提起对我国产品的反倾销申诉。

但若进一步思考：市场经济条件问题的间接影响和连锁影响，并不是很清楚。同时，近来也有人提出涉及反倾销的出口额占我国出口比重不算大，不必要为市场经济地位进行申辩。由此引发的新问题是，为市场经济地位与欧美谈判，会不会使对方借机提出新的不利条件。两相比较，到底应如何应对这个"市场经济条件"问题，显然是亟待进一步研究的。

因此，本课题将站在一个更高的角度来看中国市场经济地位问题，将针对"市场经济条件"问题对我国经济的多方面利弊进行比较分析，并对如何有效应对和解决"非市场经济条款"提出对策建议。

二、课题主要结论

本课题主要通过实证分析，重点研究"市场经济条件"对我国经济影响的量化分析，包括利弊分析。具体分析该条款会对我国的出口、GDP增长和就业造成多大的实际影响以及申请市场经济地位对于我国市场化进程的影响，从而为有效应对"非市场经济条款"提供理论支持。课题的创新点在于定量分析"市场经济条件"对于出口、就业、经济增长和区域经济发展的影响。

本课题得出的主要结论包括：

1. 由于替代国制度的过于灵活与实际操作缺乏规范性，使国外对我国出口产品征收的反倾销税率有直线上升的趋势。对华反倾销产品的指控不仅税率越来越高，且金额越来越大。反倾销对中国出口的一个间接影响是挫伤了国外企业对中国投资的积极性。国外对中国的反倾销使中国的整体出口形势严峻。

2. 2003 年国外对华反倾销给我国整个出口行业造成的可能失业人数超过 20 万人，给我国关联企业造成的就业影响人数超过 60 万人。如果把国外对华反倾销对国内生产同类产品企业就业的影响考虑在内，那么 2003 年国外对华反倾销可能给我国造成的失业人数将达到百万，这将使我国的就业形势更加严峻。

3. 由于东部沿海城市的出口依存度较高，所以国外对我国的反倾销主要影响东部沿海省份，对中西部区域的影响较小。

4. 2003 年国外对华反倾销直接和间接给整体国民经济造成 600 亿元以上的损失，已成为我国经济持续健康发展的一个不容忽视的负面因素。

三、课题的社会影响

本课题的研究产生了重要影响，具有一定的社会意义，为商务部开展市场经济地位谈判提供了良好的理论支持。商务部政研室对本课题的研究成果给以较高评价，认为本课题"按照课题设计方案完成了研究任务。达到了研究目标，已经评审结题。研究所取得的理论成果和提出的政策建议为有关工作决策提供了参考"。

一、"市场经济条件"问题由来及现状

（一）"市场经济条件"问题的由来

WTO《反倾销协定》第 2 条"倾销的确定"规定了计算产品正常价值的 3 种基本方法：（1）正常贸易过程中，该产品在出口国国内的销售价格；（2）如国内无销售或国内市场的特殊情况或销售量较低、无法进行适当比较时，该产品出口至一适当第三国的价格；（3）该产品在国内的生产成本加合理金额的管理、销售和一般费用及利润。同时协定第 2 条第 7 款还规定上述 3 种方法不损害 GATT1994 附件 1 中对第 6 条第 1 款的第 2 项补充规定。该补充规定指出，"进口缔约方可能认为有必要考虑对国内价格进行严格比较不一定适当的可能性"，但同时规定，考虑这种可能性必须符合两个条件：一是国家完全或实质上完全垄断贸易；二是全部国家定价。根据该补充规定，美、欧等国家制定了判定市场经济的标准。美国依据其《1979 年贸易法》第 1316 节中关于非市场经济国家的判定标准以及《1988 年综合贸易与竞争法》中的新规定来判定一国家是否为市场经济国家，具体包括 6 条标准：货币的可兑换程度；劳资双方进行工资谈判的自由程度；设立合资企业或外资企业的自由程度；政府对生产方式的所有和

控制程度；政府对资源分配、企业的产出和价格决策的控制程度以及商业部认为合适的其他判断因素。欧盟也有类似的 5 条标准。

1999 年中美双边市场准入协议中，美国坚持列入非市场经济条款，后由于欧盟等成员的坚持，该条款最终被多边化。在中国《加入 WTO 议定书》第 15 条"确定补贴和倾销时的价格可比性"中规定：成员对中国出口产品进行反倾销调查的过程中，在比较出口价格和正常价值时，如受调查的中国生产者能够明确证明，生产该同类产品的产业在制造、生产和销售该产品方面具备市场经济条件，则应使用受调查产业的中国价格或成本；反之，可使用不依据与中国国内价格或成本进行严格比较的方法。该条款的适用将在自中国加入之日起 15 年后终止（即 2016 年 12 月 10 日）。这一条款的主要特点是：如果认同一国产品的进口来自非市场经济国家，允许在确定倾销或补贴的价格可比性时，采用第三国的替代国价格，而不使用出口国自身的数据。在实践中，由于替代国的选择比较随意，倾销幅度易被高估，倾销判定容易成立，使出口国遭受不公平待遇，蒙受不应有的损失。

具体来说，该条款是从三个层次对市场经济条件进行规定的：在企业层面，如果企业能够明确证明具备市场经济条件，WTO 成员将使用中国国内的价格或成本，否则可不使用中国国内价格或成本；在行业层面，如证实某特定行业或部门具备市场经济条件，则"非市场经济"条款将不再适用；在国家层面，如证实是市场经济，则"非市场经济"规定将终止。目前除美欧外，还有 16 个成员依据我国入世议定书第 15 条制定或修改了市场经济的标准，对我国使用或准备使用非市场经济条款。由于该条款有效期为 15 年，这个问题不能坐视不闻。

（二）"非市场经济条件"问题的现状

自 1979 年欧盟首次对我国糖精、闹钟实施反倾销立案调查以来，各国对华反倾销案件数量呈逐年上升趋势，20 世纪 70 年代总共 2 起，20 世纪 80 年代年均 6 起，到 20 世纪 90 年代年均 29 起。进入 20 世纪 90 年代后，我国遭受反倾销的形势越来越严峻。主要表现在：一是遭受反倾销案件数量急剧增加。二是对华实施反倾销的国家和地区越来越多。到目前已有 28 个国家和地区对我国实施反倾销。三是遭受反倾销的产品范围不断扩大。无论从立案调查还是从最终裁定来看，五矿、化工、轻纺、土畜、机电、医保等成为我国遭受反倾销的主要部门。目前，国外对华反倾销屡屡升级，愈演愈烈，严重威胁着我国出口贸易。我国被美国、欧盟等 20 多个国家地区提起的反倾销诉讼案件已经超过了 500 起。截至 2004 年 7 月底,国外共对我国发起 586 起反倾销调查,涉案金额累计约 170 亿美元。

据统计,在 1995～2001 年全球的 1845 起反倾销案件中,对华反倾销占到了 255 起,比重为 13.82%。对华反倾销占全球反倾销的比重,在 1995 年为 12.74%,2001 年则达到了 14.24%,1996 年更是高达 19.20%(见表 6-1)。可以说,中国已成为世界上反倾销的最大受害国。

表 6-1 中国遭受反倾销指控一览表

项 目 \ 年 份	1995	1996	1997	1998	1999	2000	2001	总 计
对华案件数目(起)	20	43	33	28	41	43	47	255
国际案件数目(起)	157	224	243	254	356	281	330	1845
对华案件占总案件比例	12.74	19.2	13.58	11.02	11.52	15.3	14.24	13.82

资料来源:根据 www.wto.org 和 www.mofcom.gov.cn 以及相关资料整理。

发达国家是对华反倾销累计最多的地区,反倾销的产品主要集中在轻工和化工类。截止 2003 年 6 月,在中国遭遇的 527 件反倾销案中,涉及发达国家 260 件,占对华反倾销的近 50%。而发达国家又主要集中在美国、欧盟、澳大利亚、加拿大等国家(见表 6-2)。其中,美国是对华反倾销最多的国家,占发达国家对华反倾销的 74%。发达国家对华反倾销主要集中在轻工和化工产品。其中,轻工产品数量最多,比重为 38.4%,其次是化工产品,比重为 26.9%。轻工和化工产品在发达国家对华反倾销中所占的比重高达 65.3%。

发达国家对华应用"非市场经济条款"具有明显的示范效应。20 世纪 80 年代对华反倾销的主体是发达国家,其对华反倾销案件高达 64 件,占 97%,发展中国家只有 2 件,占 3%。在发达国家示范效应下,发展中国家对华反倾销的数量激增,在 20 世纪 90 年代,反倾销数量超过了发达国家,达到了 207 件(同期发达国家的数量为 190 件);近期,更是以年均 28.7 件的速度对华反倾销。入世后,在不到 2 年的时间里,发展中国家对华反倾销高达 43 件,而同期的发达国家仅为 21 件。截止 2003 年 6 月,发展中国家对华实施反倾销高达 252 件,占国外对华反倾销的 45%。其中,印度仅次于美国和欧盟居于对华反倾销的第三位,是发展中国家对华反倾销最多的国家。在对华反倾销的前 10 位排名中，发展中国家占到了 6 位（见表 6 - 2 和表 6 - 3）。

表 6 - 2　国外对华反倾销案件情况表（1979 ~ 2003 年底）

排　名	国　家	反倾销案件数	比重（％）	排　名	国　家	反倾销案件数	比重（％）
1	美 国	105	18.75	16	印度尼西亚	4	0.71
2	欧 盟	98	17.5	17	智 利	4	0.71
3	印 度	71	12.68	18	菲律宾	3	0.54
4	阿根廷	40	7.14	19	委内瑞拉	3	0.54
5	澳大利亚	39	6.96	20	泰 国	3	0.54
6	南 非	30	5.36	21	波 兰	2	0.36
7	墨西哥	29	5.18	22	厄瓜多尔	2	0.36
8	加拿大	24	4.29	23	以色列	2	0.36
9	巴 西	20	3.57	25	乌克兰	1	0.18
10	土耳其	23	4.11	24	日 本	1	0.18
11	韩 国	17	3.03	26	牙买加	1	0.18
12	秘 鲁	14	2.5	27	尼日利亚	1	0.18
13	埃 及	9	1.61	28	马来西亚	1	0.18
14	新西兰	9	1.61		合 计	560	100
15	哥伦比亚	4	0.71				

资料来源：根据 www.wto.org 和 www.mofcom.gov.cn 以及相关资料整理。

注：欧盟的数据是根据欧盟成员国对反倾销数据统计。

表 6 - 3　入世前后不同类型国家对华反倾销比较

国　家	入 世 前				入 世 后 2001.12.11 ~ 2003 年底		合 计	
	1979 ~ 1989		1990 ~ 2001.12.11					
	件　数	比重（％）	件　数	比重（％）	件　数	比重（％）	件　数	比重（％）
发达国家	64	96.97	215	54.16	45	46.39	324	57.86
发展中国家	2	3.03	182	45.84	52	53.61	236	42.14
合 计	66	100	397	100	97	100	560	100

资料来源：根据 www.wto.org 和 www.mofcom.gov.cn 以及相关资料整理。

二、"市场经济条件"问题对我国经济影响的框架分析

在近两年的反倾销调查中，由于反倾销起诉方在调研中任意借助成本

高昂的替代国价格来核算我国产品的成本,因此造成了多起企业败诉,出口产品进而被课征高额的反倾销税率,对出口企业甚至对相关企业都产生了不利影响。

图6-1概括了"市场经济条件"问题对我国经济的直接影响和间接影响。下文也将对其中关键部分进行深入分析。

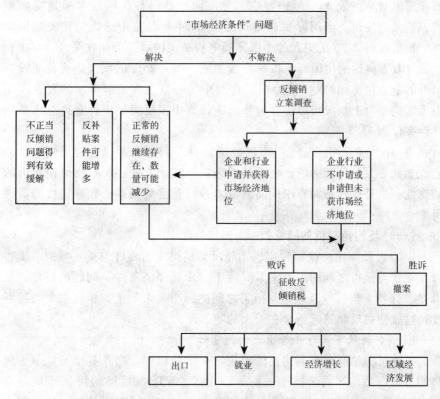

图6-1 "市场经济条件"问题对我国经济影响框架图

三、"市场经济条件"问题对反倾销的影响

入世后中国依然是世界上反倾销的最大受害国。这在很大程度上是由于"非市场经济"这一歧视性条款造成的。虽然该条款允许中国企业提供证据,证明其是在市场经济条件下运作的,但条款中的"明确证明"(clearly show)没有标准,很难判定,调查机关可以轻易地以各种理由拒绝出口企业提供的证据。从多起调查案件的过程看,进口国调查机关在选

择第三国并决定使用第三国的何种数据上拥有很大的自由裁量权，上述原因使得一些正常出口被判定为倾销，从而被征收反倾销税。例如，1993年欧盟对中国彩电进行"反倾销调查"，选择的"参照国"是新加坡，而新加坡的劳动力成本是中国的20倍以上。在这个"不公平"的参照之下，中国彩电被判定为"倾销"，几年后中国彩电在欧盟的市场份额丧失殆尽。而在美国对华的彩电反倾销案中，美国同样是以替代国成本来判定倾销的，这最终使得美国国际贸易委员会在2004年裁定中国彩电在美倾销成立。价值超过2.76亿美元的中国产彩电将被美国商务部征收关税，其中长虹、TCL等应诉的中国彩电厂家将被加征20%—25%的反倾销税，而没有应诉的企业税率则高达78.45%。这对中国彩电业在美国市场的发展产生重大影响。以上情况可以部分解释，为什么中国反倾销应诉案件总体平均胜诉率仅为35.5%。

进一步分析就会发现，"市场经济条件"问题之所以会对反倾销结果造成如此之大的负面影响，主要是因为以下三个方面：一是反倾销起诉的随意性；二是反倾销调查中的高估成本；三是终裁判定征收惩罚性的高关税率。

（一）反倾销起诉的随意性

WTO《反倾销协议》规定，实施反倾销措施的要件包括：倾销、损害以及倾销与损害之间的因果关系。由于"市场经济条件"问题的存在，使得在"倾销、损害以及倾销与损害之间的因果关系"上，存在很大的随意性，这就使得反倾销起诉存在很大的随意性。

1. 确定倾销事实存在着很大的随意性

提出反倾销起诉方利用反倾销规定中的模糊性，把具有市场竞争力优势的进口商品，等同于倾销的商品。比如，WTO《反倾销协议》规定了"如果出口国国内市场在正常贸易过程中不存在该同类产品的销售，或由于出口国国内市场存在特殊情况或销售量较低，不允许对此类销售进行适当比较……"。规定中指出的"国内市场存在特殊情况"一般认为是指该国市场是非竞争性市场，经济运行不能按市场经济来运行，例如计划经济或是计划经济向市场经济过渡的经济。这一规定使竞争对手想当然地把中国经济的"改革"、"转轨"等经济学概念变成了法律用语，轻易地把中国商品视为"国内市场存在特殊情况"下的商品，毫不顾忌地提出起诉。再比如，《反倾销协议》第2条第1款规定，如一项产品从一国出口到另一国的出口价格低于在正常的交易过程中供其本国国内消费的相同产品的可比价格,即以低于其正常价值进入另一国的商业渠道,则该产品将被认为是倾销。一项产品的出口价格低于正常价值的幅度被成为倾销幅度。那什么是出口价格低于正常价值?"价值"这在经济学上是一个非常有争议的概念。"价值"概念从古典经济学到现代经济学,从来是众说纷纭的。西方国家的理解与我们根据马克思主义的理解相差甚远。现在将"正常价值"列为法律用语,就把不同理解的可能性带入了需要具体而明确的法律判断中,为一些国家的厂商提供了随意发挥想象力的空间。

2. 反倾销过程中"损害的确定"存在随意性

按照 WTO 的损害确定规则,实施反倾销措施除了要确定倾销确实存在外,还要确定该倾销对进口国造成的损害。但是,由于国际反倾销规则对损害的确定仅限于原则上的要求,不存在一个客观标准,造成了各进口国当局可行使相当大的自由裁量权,并且体现保护本国工业的倾向。而"市场经济条件"问题的存在,使得反倾销发起国,能够使用替代国的成本来衡量价格,这极易造成反倾销损害的主观确定,也极大地增加了反倾销起诉的随意性。

3. 在判定倾销与损害之间的因果关系上存在主观空间

WTO《反倾销规则》第 3 条第 5 款明确规定:"必须表明由于倾销的结果,倾销的进口产品正在造成本守则所指的损害,表明倾销的进口产品和对国内产业造成损害之间的因果关系,其他的因素与此同时可能也在损害该产业,但是其他因素造成的损害不应归咎于倾销的进口产品。"事实上,证明倾销与损害之间因果关系的证明是困难的。反倾销一方往往忽视了自己产品缺乏竞争力的种种因素,将竞争的失利全部归于商品倾销。由于在国际反倾销规则中因果关系只有笼统说明,没有严格规定,使发起反倾销带有明显的谋求竞争优势而不是公平竞争的动机。据了解,1967 年GATT 肯尼迪回合反倾销规则还要求倾销进口产品必须能够证明是损害的主要原因,但到 1979 年 GATT 东京回合的反倾销规则却只要求证明通过倾销的影响造成了严重损害,倾销产品只需是造成损害的一个原因,甚至只需是最低程度的,即可采取反倾销措施。规则修改中迁就了各国基于本国利益倾向和降低倾销与损害的因果关系联系程度的要求,为各国进行反倾销诉讼又敞开了一扇方便之门。

(二)反倾销调查中的高估成本

把一国定为"非市场经济国家",然后将其生产要素的价格(所谓可比价格)由第三国确定,而第三国由反倾销发起方指定,这必然极大地增加了反倾销起诉和确定损害的随意性。严格地讲，世界上没有真正的可提供可比价格的第三国，或说没有任何国家的厂商能提供另一个国家商品生要成本要素中真实合理、可采纳且有可比性的价格。如果是反倾销一方提供的，作为争议的一方，而不是第三方提供证据，其可靠性就成问题；如果不是反倾销一方提供的，竞争商品的成本本身是商业的秘密，为什么有企业愿意提供出来？作为国际社会的共同竞争者，不排除第三国的竞争者故意提供较高的生产要素价格或者不合作，导致被调查的出口商被征收高额反倾销税。这一点正是在反倾销调查中令诸多律师们所为难的。

替代国方法使得"非市场经济国家"的出口商在反倾销调查中处在非常被动的位置。替代国的选择在调查前是不得而知的，尤其是生产要素的价格是因时、因国甚至因地区而异的。在"替代国"的备选国不止一个时，最后决定权掌握在调查国手中。替代国是在反倾销调查提起后才选定的，出口商在进行交易前，根本无法进行合理的价格比较分析，也就难以推测被认定为倾销的可能性及倾销幅度的大小。被选择的"替代国"的国内销售价格或劳动力成本往往比出口国高得多，特别是对劳动密集型产品，调查国可以通过"替代国"方法轻易地"证明"这些产品存在"倾销"，甚至"高幅度倾销"，而实际上这些产品的价格已经大大高于出口国（以低收入的发展中国家为主）的真实生产成本加上合理的销售成本和利润。采用替代国来计算，则使出口商依靠的本国廉价生产要素的比较优势丧失了。

（三）终裁判定征收惩罚性的高关税率

国外对华反倾销，由于多数都运用"市场经济条件"，因而在反倾销中，通常使用替代国标准，裁定的倾销幅度都很高。这使得最终的反倾销措施实施，并会征收高昂的反倾销税。

在市场经济条件下，按照每个企业的实际情况来判定该企业是否倾销或确定倾销幅度是理所当然的。但"非市场经济国家"的出口企业还必须专门提出申请，充分证明自己在事实上和法律上都独立于政府，才可以获得区别税率。如果不能证明，就要被征收一个无差别的同一税率，这个税率往往是根据最高倾销幅度来确定的，足以将被调查产品逐出进口国市场。反倾销税高达100%以上，事实上就会造成禁止进口的效果。而美国对华征收反倾销税税率超过100%的达17件，最高税率甚至达到了406%。而墨西哥对华鞋类征收反倾销税更是创下了1105%的最高纪录。这是"市场经济条件"问题对反倾销造成的最为严重的影响。

四、"市场经济条件"问题对我国出口的影响

近二十多年来，我国国际贸易发展十分迅速，出口总额迅速增长，出口结构不断优化。但"非市场经济条款"在对我国对外贸易形成阻力，反倾销已成为国际上一些国家进行贸易保护遏制我国出口增长的重要手段。下面从四个方面分析"市场经济条件"问题对我国出口的影响。

（一）对我国出口商品征收关税税率影响

国外对我国产品倾销的确定带有很强的主观性、随意性甚至歧视性。20世纪80年代对华反倾销案简单平均加权的反倾销税率最高不超过63%（如按终裁年计算最高为83.54%）；20世纪90年代除个别年份外，外国对华反倾销案的简单平均加权征税率按起诉年计算，多在80%以上，最高的达209.6%（如按终裁年计算最高为223.1%），远远超过了禁止出口的水平。1993年4月，墨西哥对中国出口产品征收100%以上税率的就有：家电为129%，自行车为144%，玩具为315%，有机化学产品为673%，而鞋类竟高达1105%，创下了反倾销史上的纪录。在如此高的反倾销税率下我国被诉产品已很难再出口了。欧盟理事会2001年7月19日公布的对中国节能灯反倾销案的终裁决定中，多数应诉企业和大量的未应诉企业被课以20%—66%的高额反倾销税，主要原因是欧委会不合理地选用墨西哥为替代国所致。替代国制度的过于灵活与实际操作缺乏规范性，使国外对我国出口产品征收的反倾销税率有直线上升的趋势。表6-4和表6-5分别表明对华反倾销的措施和国外对我国主要商品反倾销税率的情况。

表6-4 对华反倾销措施情况表

年 度	平均加权税率（%）		年 度	平均加权税率（%）	
	起诉年	终裁年		起诉年	终裁年
1981	26.6	—	1987	63	46.9
1982	72.61	26.6	1988	26.58	63
1983	47.17	61.61	1989	50.83	45.4
1984	51.6	49.9	1990	61.34	72.28
1985	50.99	83.54	1991	84.1	63.3
1986	31.23	31.77	1992	82.14	60.58

续表 6 – 4

年　度	平均加权税率(%)		年　度	平均加权税率(%)	
	起诉年	终裁年		起诉年	终裁年
1993	209.6	51.61	1997	42.41	76.96
1994	192	224.1	1998	77.8	58.23
1995	45.73	117.7	1999	85	64.3
1996	161.4	222.6			

资料来源：根据 www.wto.org 和 www.mofcom.gov.cn 以及相关资料整理。

表 6 – 5　以替代国计算对华反倾销税高税率（≥90%）案一览表

单位：%

墨西哥	铅笔刀 145	玩具 351	黄铜挂镜 181	美　国	棉花布 166	铸铁水管 127.28	焊缝管件 182.9
墨西哥	自行车 144	手工工具 312	铅笔 451	美　国	葵二酸 243.4	曲别针 126.9	电焊条 100
墨西哥	鞋 1105	圆形镜 236	呋喃锉铜 117	美　国	小龙虾仁 201.63	过硫酸盐 119	原棉 115
巴　西	碳酸铜 92	普通镜 760	黑铅笔 301.5	秘　鲁	水表 122.2	鞋 903.92	电风扇 96.58

资料来源：根据 www.wto.org 和 www.mofcom.gov.cn 以及相关资料整理。

（二）对我国出口额的影响

对华反倾销产品的指控不仅税率越来越高，且金额越来越大。20 世纪80 年代外国对华反倾销案件的金额（单案）多在几十万美元，百万美元的就是大案，千万美元的属特大案件（共 3 件，占同期总案的 4.8%），超过1 亿美元的根本没有。进入 20 世纪 90 年代以来，对华反倾销案件涉及的金额日趋增大。其中超过 1000 万美元的案件已高达数十起，仅欧盟就占24 起，影响较大的有人造刚玉案 7000 万美元，塑料编织袋案 4884 万美元，圆锥滚子轴承案 1500 万美元等。超过 1 亿美元金额的案件也不断涌现，目前已达 15 起，其中欧盟独占 9 起，美国占 3 起，加拿大、印度和波兰各占 1 起（见表 6 – 6）。

表6-6 金额超过1亿美元的对华反倾销案

国 别	年 份	商 品 名 称	金 额
欧 盟	1991	自行车及配件	1.65 亿 CEU
	1992	大屏幕彩电	1.01 亿 CEU
	1993	棉坯布	1.31 亿 CEU
	1994	鞋 类	3.42 亿 CEU
欧 盟	1995	旅行箱包	6.46 亿 CEU
	1996	手提包/手带	2.74 亿 CEU
	1997	激光唱片	3.03 亿 CEU
	1999	中厚钢板	1.2 亿 CEU
	1999	焦 炭	2.3 亿 CEU
美 国	1990	电风扇	2 亿美元
	1995	自行车	2 亿美元
	1996	定尺炭素钢板	1.5 亿美元
加拿大	1997	炭素钢板	1 亿美元
印 度	1995	冶金及焦炭	1.35 亿美元
墨西哥	1994	4000 余种商品	1.2 亿美元

资料来源：根据 www.wto.org 和 www.mofcom.gov.cn 以及相关资料整理。
注：CEU 为欧元前的欧洲货币单位。

值得指出的是我国许多商品出口被外国首诉反倾销后，往往接着会被其他国家继续指控，这种指控产品约有90余种，共被诉反倾销264次（到2001年底）。另一方面首控国反倾销未能立案却会招致其他国家续控，或出现在首控国应诉胜诉却在续控国败诉。例如，自1989年欧共体对我国麻底鞋反倾销开始，短短的5年时间加拿大、新西兰、墨西哥等国先后对我鞋类大规模反倾销，使我国丧失了大部分出口市场。1991年中国自行车被欧共体反倾销，在欧洲全军覆没，于是赶紧开拓北美市场，不料加拿大还没等中国自行车进口，1992年就开征了反倾销税，接着1993年墨西哥、1994年阿根廷相继对中国自行车反倾销。中国自行车经过一番反倾销的"追打"，海外市场几乎丧失殆尽。由于税率越来越高，金额越来越大，案件越来越频繁，国外对我国反倾销金额的不断扩大以及国外市场的不断丧失，使我国的出口创汇收入损失惨重，严重影响了我国的国际收支平衡。

（三）对我国出口行业整体形势造成的影响

在20世纪80年代，我国被调查的产品大多是低附加值或劳动密集型

的简单加工产品，而现在被调查的产品已涉及到我国各大类出口商品。从遭受反倾销的产品类别看，对华反倾销所涉商品4000余种包括大宗化工产品、钢铁金属制品、轻工产品、机电产品、纺织品、电子产品等等，其中又较明显集中于化工、钢铁、其他金属和纺织产品，而这些商品正是我国出口最多，具有竞争优势的商品（见表6－7）。1992～2000年对华反倾销指控的这四类产品的案件共182件（占57.6%），医药、土畜、食品、鞋产品也是主要被指控产品，占34.5%，其中美国、印度主要指控化工、钢铁、其他金属产品（占68%左右），欧盟、南非则重点指向化工、钢铁、其他金属和纺织产品（共占56.6%），阿根廷重点指控钢铁产品，澳大利亚、巴西、墨西哥和韩国等则主要指控医药、土畜、食品、鞋和化工产品（见表6－8）。其中很多中国拳头产品在反倾销后被逐渐挤出进口国市场。中国自行车对欧盟出口1991年达200多万辆，但1993年被征30.6%的反倾销税，现已基本被挤出欧盟市场。球鞋和皮鞋是中国对欧盟出口的又一拳头产品，1995年立案时有几亿欧元的出口额，过去欧洲几个人中就有一人穿中国鞋，但是1997年和1998年，欧盟对球鞋、皮鞋分别征收49.2%和47%的反倾销税，中国球鞋和皮鞋已很难对欧盟继续出口了。在此起彼伏的反倾销浪潮中，我国一些颇具国际市场竞争实力的产品惨遭封杀，许多拳头产品被完全逐出进口国市场。

表6－7　截至2003年底分行业涉案金额

单位：万美元

商品名称	案件数量	涉案金额	商品名称	案件数量	涉案金额
轻　工	208	277139	纺　织	37	43770
化　工	133	52315.2	食品土畜	20	107955
五　矿	58	99098.7	医　保	20	4984
机　电	56	92143.87	总　计	532	677405.77

资料来源：根据 www.wto.org 和 www.mofcom.gov.cn 以及相关资料整理。

反倾销对中国出口的一个间接影响是挫伤了国外企业对中国投资的积极性。由于中国产品屡遭反倾销，不少投资者不得不抽回资金，转向其他国家。此外，由于大量新兴电子产品刚刚开始出口就遭到反倾销，使得中国新兴工业的发展受到损害。国外对中国的反倾销使中国的整体出口形势严峻。

表6-8 对华反倾销案件行业分布表（1992~2000年）

国　别	A	B	C	D	E	F	G	H	I	合计
欧　盟	11	5	2	4	1	7	7	16		53
美　国	12					10	8	14		44
印　度	19					1	5	13		38
阿根廷	1	1	2	2	2	10	2	8		28
南　非	3	4				6	2	5	2	22
澳大利亚	7	1				3	1	9		21
墨西哥		1				2	2	10	1	18
巴　西	2				1	2	1	7		14
韩　国	5				2	1	2	3		13
其他国家	6	13				13	4	24	5	65
合　计	66	25	4	6	6	55	36	109	8	316

资料来源：根据 www.wto.org 和 www.mofcom.gov.cn 以及相关资料整理。

注：A 为化工产品；B 为纺织品；C 为木材、纸品；D 为电子产品；E 为其他电视产品；F 为钢铁产品；G.为其他金属产品；H 为其他产品（最主要的是医药、食品、鞋）；I 为多种产品。

五、"市场经济条件"问题对我国就业的影响

中国是世界上人口最多的发展中国家，中国政府始终将促进就业作为国民经济和社会发展的战略性任务，将增加就业岗位列入国民经济宏观调控的主要目标。但是由于工业化进程中农村剩余劳动力的转移，国有企业改革人员分流等，中国面临着严峻的就业问题。国外以"市场经济条件"问题对我国反倾销，使我国就业形势更趋严重。

（一）反倾销对我国出口企业就业的影响

对华反倾销直接的后果是限制了我国产品出口，降低甚至丧失了在有关国家的市场份额。即使是反倾销调查，也会因产品进口前途的不确定，影响进口商的预期收益，从而减少进口量。在此期间，进口商要考虑诸如出口商是否会撤回承诺，是否会终裁征收反倾销税等不确定因素，因此多选择降低进口量；若初裁构成倾销，进口商在海关提取货物时，必须向海关预交数额相当于倾销幅度的保证金；若终裁构成倾销，进口商需缴纳反倾销税，加大进口成本，减少了利润，降低了进口量。由于我国出口的产品以劳动密集型产品为主，出口量的减小或丧失，直接的影响就是这些出口企业失业量的增加。

下面通过我国各行业受反倾销情况及各行业的就业系数情况来简单地推算 2003 年国外对华反倾销给出口企业就业造成的影响。

根据 2003 年国外对我国各行业反倾销的金额及就业系数，可以计算出当年反倾销给我国各行业造成的就业影响人数和整个出口行业的就业影响人数，详细结果见表 6 - 9。

表 6 - 9　反倾销影响就业计算表

行　业	案件数（件）	涉案金额（万美元）	涉案金额（万元）	就业系数（人/万元）	就业影响人数（人）
纺　织	3	5011	41591.3	0.3079	12806
化　工	15	11287.605	93687.122	0.1665	15599
机　电	10	50488.85	419057.455	0.1508	7614
轻　工	10	118373.09	982496.647	0.1673	164391
五　矿	9	1423.68	11816.544	0.2069	2445
医　保	2	815	6764.5	0.1264	855
合　计	49	187399.23	1555413.568	—	203710

资料来源：《2003 中国统计年鉴》及 www.wto.org 和 www.mofcom.gov.cn 相关资料。

注：就业系数就是每单位产值所需就业人数，就业系数 = 该产业就业人数/该产业的总产值。

从表 6 - 9 中可以看出：2003 年国外对华反倾销给我国整个出口行业造成的可能失业人数超过 20 万人。

据有关资料介绍，在外资企业工作的中国员工已经超过 2000 万人。据前几年有专家粗略估计：中国每出口或进口 1 亿元工业品，可分别产生 12000 个和 8000 个就业机会。如果考虑到这一方面，那反倾销对在华外资出口企业的影响进而对就业的影响，就远不止以上 20 万的估计数了。

（二）对国内关联企业就业的影响

"市场经济条件"问题不仅直接影响出口企业的就业量，而且也影响这些企业上、下游企业的就业量。下面用投入产出的方法计算 2003 年国外对华反倾销给我国的关联企业就业造成的影响。

关联企业就业所受到的影响主要反映在综合就业系数这个指标上。所谓综合就业系数是指该产业为进行一个单位的生产，在本部门和其他产业部门直接和间接需要的就业人数。

综合就业系数 = 就业系数 × 列昂惕夫逆矩阵中的相应系数。

列昂惕夫逆矩阵 = 完全消耗系数矩阵 + 单位矩阵。

通过对《2003 中国统计年鉴》中的投入产出完全消耗系数表进行分析整理，并对就业系数和列昂惕夫逆矩阵中的相应系数进行计算，得到 2003 年受反倾销影响的各行业的综合就业系数。

根据国外对我国各行业反倾销的金额及综合就业系数，可以计算出 2003 年反倾销给我国各行业关联企业造成的就业影响人数和整个关联企业的就业影响人数。详细结果见表 6 - 10。

表 6 - 10   2003 年反倾销对各行业就业影响计算表

行 业	涉案金额(万美元)	金额(万元)	就业系数(人/万元)	就业影响人数(人)
纺 织	5011	41591.3	0.646354	26883
化 工	11287.605	93687.122	0.387809	36333
机 电	50488.85	419057.455	0.443658	185918
轻 工	118373.09	982496.647	0.381761	375079
五 矿	1423.68	11816.544	0.437262	5167
医 保	815	6764.5	0.255645	1729
合 计	187399.23	1555413.568		631109

资料来源：根据《2003 中国统计年鉴》及 www.wto.org 和 www.mofcom.gov.cn 相关资料整理计算。

从表中可以看出，2003 年国外对华反倾销给我国整个关联企业造成的就业影响人数超过 60 万人。

（三）对国内生产同类产品企业就业的影响

出口产品被征收反倾销税后，原有的国外市场短期内必然缩小甚至丧失，产品需要寻求新的市场，比如向他国转移。开拓新市场，需要投入人力和物力，还需要时间。在新的海外市场拓开之前，出口产品会有部分甚至大部分返销国内市场。在我国，出口产品的质量、性能、包装大都优于内销产品，当返销国内市场后，如果价格近似于原有内销产品，消费者就会选购返销产品而放弃内销产品，这自然损害到内销产品的销售，冲击国内市场，影响供求平衡与物价稳定，甚至会使生产同类产品的企业陷入困境，引起限产、减产甚至倒闭，企业员工面临失业和重新就业的困难，如

果这种情形与整个生产形势萎缩相结合，还会影响社会稳定。如果把国外对华反倾销对国内生产同类产品企业就业的影响考虑在内，那么 2003 年国外对华反倾销可能给我国造成的失业人数将达到百万，这是一个不容忽视的数字，将使我国的就业形势更加严峻。

六、"市场经济条件"问题对我国区域经济发展的影响

"市场经济条件"问题对我国区域经济的影响主要表现在对我国不同区域的影响和对区域内产业的影响两个方面。

（一）对我国不同区域的影响

我国不同地区对外贸易的数量和结构差异很大。2001 年，广东、北京、江苏、浙江、福建、天津、山东和辽宁等 9 个沿海省份出口额占全国的 89.9%，各地区的出口依存度相差悬殊；而在 1998～2000 年较平均，最高的为广东省，达 78.5%，其次是上海和天津，在 36%—40% 左右，北京和福建接近为 25%，江苏和浙江在 20% 左右，辽宁、山东、海南则在 10%—16% 之间，其余省份的 GDP 对出口的依赖度非常低（见图 6 - 2）。不同的出口依存度不但在一定程度上反映出各地区参与国际劳动地域分工的能力和程度，也反映出各地区经济发展对全球贸易条件变化的敏感程度。

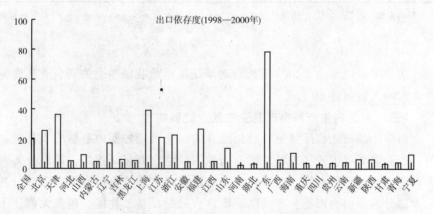

图 6 - 2　我国各省区的出口依赖度

由于东部沿海城市的出口依存度较高，所以国外对我国的反倾销主要影响东部沿海省份，对中西部区域的影响较小。下面简要分析一下反倾销

对东部省份的影响情况。

1. 案件越来越多，涉案金额越来越大，对东部沿海省份的出口造成严重的影响

江苏省在 1994 年以前，仅遭遇 2 起反倾销调查；1994~1998 年，平均每年遭遇 3.6 起；1999~2003 年，遭遇的反倾销调查急剧增加，平均每年被立案数量上升至 8.6 起，尤其是 2003 年，涉及被调查数量已经高达 16 起。浙江省 2003 年的案件数量同比增长了 48.2%。广东省 2002 年的案件有 9 起，2003 年的案件有 14 起。反倾销案件的数量在增加的同时，涉案金额也在增长。江苏省 2003 年涉案金额增长幅度高达 123.7%，1994~1998 年平均为 1823.2 万美元，1999~2003 年平均为 4874.4 万美元。广东省 2003 年的 52 厘米以上彩电反倾销案、木质卧室家具反倾销案和温岭水冷冻虾反倾销案，涉案金额都高达数亿美元。由于案件的不断上升，金额的不断扩大，对东部沿海省份的出口造成了严重的影响。

2. 对东部沿海省份的投资环境造成了一定的影响

广东省加工贸易比重较大，外资企业众多。调查发现，广东省反倾销调查涉案企业中，多数有港台背景，例如木质家具反倾销案中，涉案企业以台资企业为主。江苏、浙江、山东等省的反倾销案中，许多都涉及一些外资企业。对外资企业反倾销数量的增加，在一定程度上影响了外商对沿海省份的投资，对沿海省份的投资环境造成了负面的影响。

（二）"市场经济条件"问题对区域内产业发展的影响

我国各地区国际贸易的结构水平存在差异。尽管我国整体上对外出口的结构水平比较高，工业制成品的比例接近 90%；但不同省份之间存在差异（见表 6-11）。江苏是工业制成品占出口比例最高的省份（94%），其次是上海（96.64%）、广东（96.3%）、重庆（95.8%）和北京（94%）。而中西部地区的能源和农业大省初级产品出口的比例仍高，例如，山西的初级产品占出口总额的 55.86%；其中，47.06% 是煤产品，25.39% 是金属和非金属矿物。吉林的初级产品出口占出口总额的 47.5%，仅玉米就占 27.7%。高新技术产品占出口总额比重的地区差异就更大，这与地方科技力量、外商投资以及高新技术园区发展状况有关。天津是目前我国高新技术产品出口比重最高的地区，达到 22.57%。目前天津经济技术开发区内的高新技术产业占工业总产值的 58%。北京、上海、江苏和广东等高新技术产品出口也较高，而中西部地区的高新技术出口比重都普遍较低。

表 6 – 11　我国各省区的外贸出口结构表

年　份	2000	1997 ~ 1999	年　份	2000	1997 ~ 1999
项　目	工业制成品	高新技术产品	项　目	工业制成品	高新技术产品
全　国	89.8	—	山　东	77.2	3.11
北　京	94	16.76	河　南	85.3	2.09
天　津	84.22	22.57	湖　北	90	6.17
河　北	69.76	2	广　东	96.3	11.41
山　西	44.14	0.29	广　西	84.19	1.14
内蒙古	62.99	0.47	海　南	59.81	2.47
辽　宁	72.4	8.64	重　庆	95.8	7.69
吉　林	52.5	1.36	四　川	83.4	7.54
黑龙江	69.68	3.76	贵　州	75	0.77
上　海	96.64	12.36	云　南	81.3	4.51
江　苏	96.74	13.38	新　疆	70.1	0.42
浙　江	89.94	2.97	陕　西	91	4.63
安　徽	86.6	2.01	甘　肃	88	2.01
福　建	89.4	6.8	青　海	84	0
江　西	81.62	1.77	宁　夏	91.4	0.53

资料来源：根据《中国对外经济贸易年鉴 2003》整理。

　　由于各个省份出口的主导产品不同，反倾销给各个省份产业造成的影响也不同。例如江苏省被反倾销最集中的是化工行业，占 31.7%，其次是五矿行业，比重超过 20%，其余为轻工、机点、食品以及纺织行业。国外反倾销会对这些行业尤其是化工、五矿行业造成一定的影响。1998 年美国对浓缩苹果汁的反倾销，对陕西的震动很大。陕西目前全省果园面积达到 1125 万亩，其中苹果园 602 万亩，产量 462 万吨，浓缩果汁加工能力达到 40 万吨，陕西果业对于推动农业结构调整，带动农村二、三产业的发展，壮大县域经济，促进城乡经济协调发展发挥重要作用。因此，国外的反倾销会对不同省份的产业的发展造成一定的影响。

七、"市场经济条件"问题对我国经济增长的影响

（一）"市场经济条件"问题对当前经济增长的影响

　　"市场经济条件"问题对我国经济增长的影响主要体现在两个方面：一方面通过对出口的影响进而影响经济增长；另一方面，通过影响我国的投资环境尤其是对外资企业的影响而对我国的经济增长产生影响。

　　1. "市场经济条件"问题通过出口影响经济增长

　　出口是我国经济增长的重要推动力，在全球经济迅速一体化的今天，出

口对促进中国经济增长发挥着更重要作用。中国出口的持续快速增长,使其占国内生产总值的比重逐年上升,已由 1980 年的 6.14% 和 1990 年的 16.01% 上升到了 2003 年的 31%(见图 6 - 3)。1981 年 ~2002 年,中国 GDP 年均增长 9.1%,而世界 GDP 年均增长 2.6%,中国比世界高了 6.5 个百分点。2002 年中国国内生产总值超过了 10 亿元人民币,按照当年汇率计算,中国的经济总量已位居世界第 6 位。1981 年 ~2002 年中国商品出口额年均增长率比 GDP 快 4.9 个百分点,而世界出口年均增长率比全球 GDP 增长率仅快 2.65 个百分点,1981 年 ~2002 年世界经济增长率与出口增长率平均为 0.39,而中国的这一比率是 0.71,表明中国商品的出口对经济增长的拉动作用明显大于世界平均水平(见图 6 -4)。粗略估算,1981 年 ~2002 年中国出口增长对经济增长的贡献率达到了 27.27%,即出口增长拉动同期 GDP 增长了 2.48 个百分点。

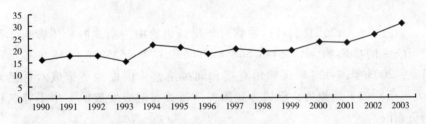

图 6 - 3　我国出口依存度的变化

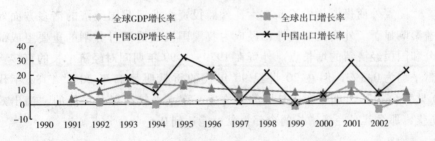

图 6 - 4　中国与世界经济、出口增长率比较

　　虽然国外对华反倾销涉及的金额占出口的比重不大,但是如果考虑到乘数效应,那么它给各个行业及整体经济造成的损失是不容忽视的。下面分析 2003 年国外对华反倾销给我国各个行业及整体经济造成的影响。
　　通过把《2003 中国统计年鉴》中的投入产出完全消耗系数表转换为列昂惕夫逆矩阵,并对列昂惕夫逆矩阵整理计算,可以得到对华反倾销各个行业的简单乘数。

根据国外对我国各行业反倾销的金额及乘数，可以估算出 2003 年反倾销给我国各行业和整个国民经济可能造成的总体损失。详细结果见表 6 – 12。

表 6 – 12 2003 年反倾销给各行业和整个国民经济可能造成总体损失表

行　业	金额(万美元)	金额(万元)	简单乘数	可能的损失额(万元)
纺　织	5011	41591.3	3.5112	146035.373
化　工	11287.605	93687.122	3.2114	300866.824
机　电	50488.85	419057.455	3.4704	1454296.992
轻　工	118373.09	982496.647	2.8907	2840103.057
五　矿	1423.68	11816.544	3.2499	38402.586
医　保	815	6764.5	2.5034	16934.249
合　计	187399.23	1555413.568		4796639.077

资料来源：《2003 中国统计年鉴》及 www.wto.org 和 www.mofcom.gov.cn 相关资料整理计算。

通过表 6 – 12，我们可以看到对华反倾销给中国造成的总体影响 = 直接影响 + 间接影响 = 1555413.568 + 4796639.077 = 6352052.645（万元）。可见，2003 年国外对华反倾销直接和间接给整体国民经济造成六百亿元（人民币）以上的损失，已成为我国经济持续、健康发展的一个不容忽视的负面因素。

2. "市场经济条件" 问题通过投资环境影响经济增长

随着外商投资规模不断扩大，外商投资企业对我国经济的诸多方面效益影响显著。外商投资企业已经成为我国国民经济不可分割的重要组成部分和国民经济新的增长点。外资在 1979 ~ 1999 年期间对经济增长的直接贡献平均为 0.3%，但在 20 世纪 90 年代的贡献明显高于 20 世纪 80 年代（见表 6 – 13）。如果考虑外资的平均生产率水平较高以及可能的 "溢出效应"，那么其对经济增长的全部贡献可能达到 0.6 个百分点。

表 6 – 13 外资对经济增长的贡献

单位：%

年　份	资本增长率	外资对资本增长率的贡献	GDP 增长率	外资对 GDP 增长率的直接贡献
1953 ~ 1978	5.1	0	6.1	0
1979 ~ 1999	10.2	0.6	8.9	0.3
1979 ~ 1990	9.6	0.4	8	0.2
1990 ~ 1999	11	0.7	10.4	0.4

资料来源：根据历年《中国统计年鉴》整理。

因为目前中国出口额的52%来自外资企业,进口额的近一半也是来自外资企业,我国每年都有高达数百亿美元的外资进入。这几个数字说明:外资企业为中国进出口规模的扩大提供了巨大动力和支持。随着近几年国外反倾销案的增加,许多外资企业成为反倾销的受害者,引发外国人不满的许多中国产品往往来自中国的外资公司。随着外商投资企业在我国的不断建立和发展,出口产品所占比重的增加,遭受国外反倾销的案件也在增加,目前我国外商投资企业生产的彩电、打火机、电脑软盘、传真机、自行车、电风扇、鞋、玻璃、录像带、硅铁等都遭受过反倾销调查。国外阻止中国产品出口的做法也经常会损害中国的外资企业。在国外对华反倾销的剧烈冲击下,我国外资企业的经济效益不同程度地受到损害,部分外资企业被迫减产、停产或转产,从而使外商在我国的投资信心受挫,这就会大大影响外商来我国投资的选择。

由于"非市场经济条款"使我国投资环境恶化,进而影响了外商对我国的投资,这在一定程度上影响了我国的经济增长水平。

(二)"市场经济条件"问题对我国未来经济增长的影响

我国从20世纪90年代中期开始加速发展高新技术产业,电子信息产业仅用了8年时间,其产业规模就从1000亿元发展到10000亿元,2002年达到14000亿元,成为国民经济的第一支柱产业。高新技术产业的发展对我国国民经济的增长具有举足轻重的作用。

在满足国内市场需求的同时,以电子信息产业为代表的高新技术产品开始走向国际市场。显示器、手机、激光视盘放录机、硬盘驱动器、激光打印机、光盘驱动器等一大批产品年出口额超过10亿美元。2002年,我国的高新技术产品出口首次超过纺织服装产品出口,达到677.07亿元,机电产品和高新技术产品出口比重分别达到48.2%和20.8%(见表6-14)。高新技术产品已经成为我国经济发展和贸易竞争的重要动力。我国高新技术产品出口对国民经济发展的直接贡献率(高新技术产品出口值/当年国内生产总值)从1995年的1.44%增长到2002年的5.47%。同时,高新技术产品出口还带动了传统产业的改造和就业的增长,促进了产业结构的优化,推动了融资方式的新发展。

表 6－14　高新技术产品出口情况

年　份	金额(亿美元)	比重(%)	年　份	金额(亿美元)	比重(%)
1996	128.2	8.5	1999	247	12.7
1997	164.8	9	2000	370.4	14.9
1998	201.5	11	2002	677.07	20.8

数据来源:《2003 中国对外经济年鉴》。

　　当前，国外以"非市场经济条款"的名义针对我国高新技术产品的反倾销案件呈上升趋势，这不仅影响了我国高新技术的出口，更重要的是对我国未来的产业升级换代造成影响，进而影响我国未来的经济增长。

参考文献

1. 北京师范大学经济与资源管理研究所:《2003 年中国市场经济发展报告》，中国对外经济贸易出版社，2003 年。

2. 北京师范大学经济与资源管理研究所:《2005 年中国市场经济发展报告》，中国对外经济贸易出版社，2005 年。

3. 北京师范大学经济与资源管理研究所:《中国 2002～2003 年市场化新进展》(工作用稿)，2004 年。

4. 北京师范大学经济与资源管理研究所:《中国市场经济补充报告》(工作用稿)，2004 年。

5. 中华人民共和国商务部国际贸易经济合作研究院:《中国对外经济贸易白皮书 2004》，中信出版社，2005 年。

6. 马洪主编:《2004 中国市场发展报告》，中国发展出版社，2004 年。

7. 王梦奎主编:《中国经济转轨 20 年》，外文出版社，1999 年。

8. 卜海:《国际经济中的倾销与反倾销》，中国经济出版社，2001 年。

9. 沈瑶:《倾销与反倾销的经济分析》，浙江大学出版社，1999 年。

10. 杨仕辉:《对华反倾销国际比较》，《管理世界》2000 年第 4 期。

11. 赵楠:《我国对外反倾销对策研究》，《中国软科学》2003 年第 6 期。

12. 宋泓:《非市场经济地位与我国对外贸易的发展》，《世界经济与政治》2004 年第 10 期。

13. 赵瑾:《对华反倾销的扩散效应及其对我国经贸的影响》，《财贸经济》2003 年第 12 期。

区域篇

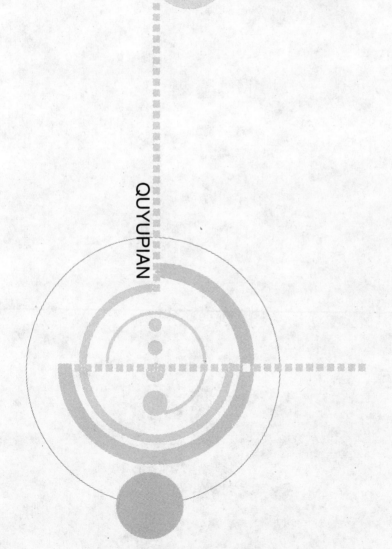

QUYUPIAN

课题七 我国区域间收入差距、趋势及对策研究

课 题 简 介

本研究报告是国家发改委委托中国宏观经济学会的"中国空间结构问题研究"的子课题之一。2004 年 3 月，中国宏观经济学会将"中国区域经济收入差距及趋势研究"这一子课题委托给我所，我所于 2004 年 7 月份完成该课题研究。

本研究针对东、中、西三大地带，省际间等多层次空间区域，以人均 GDP、城镇人均收入和农村人均收入为分析指标，借助绝对差、相对差、基尼系数和变异系数等分析工具进行了收入差距比较，得出了自 1988 年以来我国经济收入区域差异的实证结论，并在此基础上对"十一五"中国区域经济收入差距发展变化趋势进行了预测。本报告提出了我国"十一五"期间缩小区域收入差距的思路和政策建议。

中国宏观经济学会对研究报告的评审意见指出，"报告资料丰富，观点颇具新意，我们已将此成果上报国家发展与改革委员会。据我会所知，国家发展与改革委员会规划司对你们的成果也给予了很好的评价"。

李晓西教授负责课题研究的总体思路、提纲的确定、通审和最后定稿；张琦副教授协助组织并执笔完成了初稿，课题组成员张江雪博士、范丽娜硕士承担数据收集、整理分析、制图表和参与报告的起草。中国宏观经济学会王建秘书长对本课题给予了关心和指导，在此表示感谢。

一、区域经济收入差距及趋势研究的前提

(一) 空间结构的确定

研究中国区域收入差距，首先必须对区域空间结构进行界定。不同的

区域划分，会产生不同的结论。

本文确定的区域划分前提是：其一，以"十五"规划明确的三大地带为第一层次，从东中西大范围上把握收入差距现状和特点。三分法中的东部地区有：辽宁、河北、北京、天津、山东、福建、广东、海南、江苏、上海和浙江。中部地区含河南、安徽、江西、湖北、湖南、黑龙江、吉林和山西。西部地区包括陕西、新疆、西藏、青海、甘肃、宁夏、内蒙古、四川、重庆、贵州、云南和广西。

其二，以李晓西教授提出的六分法①为区域收入差距分析的第二层次，具体比较和分析我国区域收入差距的特点和规律。这里的六分法是：大西北：陕西、新疆、甘肃、青海、宁夏；大西南：重庆、云南、四川、贵州、广西、西藏；东南沿海：江苏、浙江、上海，广东、福建、海南；东北四省：辽宁、吉林、黑龙江、内蒙古；华中地区：河南、湖北、湖南、安徽、江西；华北区：北京、天津、山东、河北、山西。

其三，以世界银行专家采用的以省为单位按收入排序的差距分析为第三层次。在这种分析中，我们还增加了地级市的收入差距分析。

（二）差距比较指标的选定

在区域收入差距分析指标的选择上，目前有多种指标体系可供运用，总量上的指标体系有区域国民收入、社会总产值、GDP、GNP、区域农村居民纯收入、区域城镇居民总收入等等；也有人均指标，如人均国民收入、人均社会总产值、人均GDP、人均GNP、人均农村居民纯收入，人均城镇居民总收入等平均指标。在本报告里我们选择了三个普遍运用的指标，即：人均GDP、人均农村居民纯收入和人均城镇居民可支配收入。人均GDP可以反映区域经济总发展水平和收入的能力，而人均农村居民纯收入和人均城镇居民可支配收入，则可以从城镇和农村来观察区域间收入水平。

（三）差距比较分析方法的确定

分析区域经济收入的常用方法主要有：极值差分析、变异系数分析、基尼系数分析、集中指数和泰尔指数分析等。在以上分析方法中，集中指数一般适用于总量的比较，而收入差距比较用人均指标比总量更合适，因为各区域的数量和人口存在差异。泰尔指数分析不是很常用，所以本报告主要采取的是极值差分析、变异系数分析和基尼系数分析方法。

———————————

① 请见本课题结尾处的附一。

二、我国区域经济收入差距的比较与分析①

在这里我们将从不同空间结构的人均 GDP、城镇人均收入和农村人均收入分别进行分析。

（一）不同空间结构的人均 GDP 比较与分析

1. 不同空间结构人均 GDP 增长速度比较

我们将 1988 年到 2002 年不同空间结构人均 GDP 进行了统计，并按照 1988 年到 1998 年、1998 年到 2002 年及 2001 年到 2002 年分三个阶段计算了其平均增长率变化，如表 7 - 1 所示：

从表 7 - 1 可以明显地看出以下变化特点：

在东部、中部、西部之间：1988 年到 1998 年人均 GDP 东部增速最高 21.1%，西部年均增长最低为 18.77%，中部处于两者之间为 19.15%。1998 年到 2002 年东部地区仍然最高为 9.32%，但中部地区为 7.26%，低于西部地区的 7.35%，说明我国确定的西部大开发战略在推进西部发展中的作用是明显的。这一点也可从 2002 年与 2001 年相比中得到进一步的证实，西部是 9.36%，虽然仍然低于东部的 10.59%，但却高于中部的 9.12%。

在六大区域之间：1988 年到 1998 年，东南沿海增长速度最高为 21.707%，大西北最低，仅 17.58%。1998 年到 2002 年，华北地区最高为 9.54%，西南地区最低为 6.65%。到 2001 到 2002 年，情况则发生了新的变化，华北地区年均增长速度仍然最快，达到 11.04%，东南沿海为 10.765%，最低的地区是西北地区，这说明了 2002 年以来，西南地区的发展已经超过了西北地区。

在省级间：1988 年到 1998 年增长速度最快的分别是：福建为 25.265%，广东省为 22.060%，浙江为 21.989%，山东为 21.715%；最低的省份分别是贵州为 15.02%，甘肃为 16.14%，青海为 16.43%，都分布在西部省份。1998 年到 2002 年，增长最快的前几名是：西藏为 13.16%，北京为 11.39%，天津为 10.88%，浙江为 10.62%，青海为 10.14%，均超过了 10% 以上；增长最慢的几个省份是：云南为 4.43%，广西为 5.76%，山西为 5.09%，均低于 6% 以下。这说明西藏和青海经济发展开始提速，京、津区经济发展加快，浙江依然保持着强劲的发展势头，但

① 本研究中的数据是以现价来进行比较的，包括 GDP、城镇人均收入和农村人均收入。

表7-1 1988年到2002年人均GDP及平均增长速度表

地 区	人均 GDP(当年价)(元)									平均增长率(%)		
	1988	1992	1996	1997	1998	1999	2000	2001	2002	1988-1998	1998-2002	2001-2002
东部地区	1511.87	3008.9	8512.8	9498.2	10256	10936	12221	13245	14647	21.100	9.3192	10.587
中部地区	917.459	1614	4455.4	4984.8	5289.1	5433.4	5929.5	6416.8	7001.9	19.146	7.2647	9.1183
西部地区	743.621	1408.4	3615.3	3958.2	4152.6	4309.5	4659.2	5042.7	5514.6	18.767	7.3489	9.3581
大西北	842.1666	1640	3605.3	4013.5	4253.5	4500.5	5011.7	5432.1	5891.2	17.58	8.484	8.450
大西南	691.854	1295.1	3556.7	3867.1	4027.3	4139.1	4404.2	4763.1	5211.1	19.261	6.655	9.407
东南沿海	1626.31	3299.9	9630.7	10743	11598	12327	13691	14767	16356	21.707	8.975	10.764
东北四省	1388.50	2496.8	6208.8	6838	7337	7749.2	8579	9335.9	10167	18.113	8.498	8.905
华中区	846.490	1466.3	4182.7	4700.5	4997.1	5167.6	5628.1	6069.5	6608.1	19.429	7.236	8.875
华北区	1224.20	2436	6722.4	7514	8075	8524.5	9506.4	10469	11625	20.761	9.537	11.040
北京	3035	6805	15044	16735	18482	19846.3	22459.66	25523	28449	19.800	11.386	11.464
天津	2654	4696	12270	13796	14808	15976.33	17993.2	20154.44	22380	18.757	10.877	11.0425
河北	971	1843	5345	6079	6525	6931.96	7662.76	8362	9115	20.986	8.716	9.005
辽宁	1801	3254	7730	8525	9333	10086.29	11226.4	12040.86	12986	17.883	8.608	7.849
上海	4501	8652	22275	25750	28253	30804.75	34546.98	37382	40646	20.1643	9.519	8.731
江苏	1516	2858	8447	9344	10021	10665.05	11772.97	12922	14391	20.787	9.47	11.368
浙江	1541	2850	9455	10515	11247	12036.57	13460.93	14655	16838	21.989	10.615	14.896
福建	1090	2264	8136	9258	10369	10796.88	11601.27	12362	13497	25.265	6.8132	9.181
山东	1138	2307	6834	7590	8120	8673.47	9555.24	10465	11645	21.7148	9.432	11.275
广东	1518	3575	9513	10428	11143	11728.29	12885.4	13729.93	15030	22.060	7.768	9.469
海南	999	2126	5500	5698	6022	6382.98	6893.95	7135	7803	19.679	6.691	9.362

续表 7-1

地区	人均 GDP（当年价）（元）									平均增长率（%）		
	1988	1992	1996	1997	1998	1999	2000	2001	2002	1988－1998	1998－2002	2001－2002
山西	861	1744	4220	4736	5040	4726.53	5137.05	5460	6146	19.328	5.085	12.564
吉林	1240	2071	5163	5504	5916	6340.83	6847.40	7640.01	8334	16.912	8.944	9.084
黑龙江	1318	2433	6468	7243	7544	7660.04	8561.65	9348.91	10184	19.060	7.7901	8.932
安徽	825	1253	3881	4390	4576	4707.22	4867.41	5220.77	5817	18.687	6.1825	11.420
江西	750	1439	3715	4155	4484	4661.35	4851.26	5221	5829	19.580	6.7780	11.645
河南	752	1377	4032	4430	4712	4893.70	5443.88	5923.55	6436	20.143	8.106	8.651
湖北	1084	1827	5122	5899	6300	6513.97	7188.28	7813.07	8319	19.242	7.197	6.475
湖南	846	1487	4130	4643	4953	5104.73	5639.02	6054	6565	19.330	7.298	8.440
重庆				4452	4684	4826.18	5157.32	5654	6347		7.891	12.256
四川	759	1356	3763	4029	4339	4451.90	4783.77	5250	5766	19.046	7.367	9.828
贵州	578	1009	2093	2215	2342	2475.30	2661.56	2895.29	3153	15.018	7.717	8.901
云南	673	1334	3715	4042	4355	4452.24	4636.65	4866	5179	20.530	4.427	6.432
西藏	746	1486	2732	3194	3716	4261.73	4558.70	5307	6093	17.418	13.159	14.810
陕西	765	1458	3313	3707	3834	4101.49	4549.23	5024	5523	17.489	9.554	9.932
甘肃	774	1314	2901	3137	3456	3667.77	3838.25	4163.36	4493	16.140	6.780	7.918
青海	954	1821	3748	4066	4367	4662.43	5087.14	5734.57	6426	16.429	10.138	12.057
宁夏	845	1635	3731	4025	4270	4472.62	4839.10	5340	5804	17.586	7.975	8.689
新疆	1079	2458	5167	5904	6229	6469.73	7469.81	7913	8382	19.1625	7.7041	5.927
广西	619	1318	4081	4356	4076	4147.95	4318.81	4668	5099	20.740	5.758	9.233
内蒙古	921	1712	4259	4691	5068	5350.15	5871.79	6462.52	7241	18.592	9.330	12.046

资料来源：根据相应年份的《中国统计年鉴》《中国社会统计资料》计算整理。

注：1988年到1998年资料来源国家统计局社会统计司编的《中国社会统计资料》。其中，1988年为人均国民收入。

广西、云南和山西的经济增速在全国比较慢。到 2001 年和 2002 年，浙江为 14.90%，西藏为 14.81%，都超过 14%，北京、天津、江苏、山东、山西、安徽、重庆、江西、青海、内蒙古均超过 11%。而处于增速后几名的省份有：新疆为 5.93%，云南为 6.43%，湖北为 6.48%，增长速度均在 7% 以下。

2. 人均 GDP 绝对差相对差比较

绝对差和相对差是衡量最大区域和最小区域间差距的指标，我们将 1988 年到 2002 年人均 GDP 各年中最高和最小地区数值列到一个表上，可以从中清楚地反映出绝对差与相对差的变化，如表 7 - 2 所示：

表 7 - 2　中国不同区划 1988～2002 年人均 GDP 绝对差相对差比较表

区域划分		人均 GDP 最大区域	指标值 （元/人）	人均 GDP 最小区域	指标值 （元/人）	人均 GDP 绝对差	差距年均 增大值	人均 GDP 相对差（%）
三分法	1988	东部地区	1511.871	西部地区	743.621	768.250		2.0331
	1992	东部地区	3008.932	西部地区	1408.352	1600.579	208.08	2.1364
	1996	东部地区	8512.823	西部地区	3615.261	4897.562	824.24	2.355
	1997	东部地区	9498.174	西部地区	3958.2273	5539.946	642.38	2.399
	1998	东部地区	10255.526	西部地区	4152.636	6102.890	562.94	2.469
	1999	东部地区	10935.903	西部地区	4309.515	6626.387	523.50	2.537
	2000	东部地区	12221.164	西部地区	4659.158	7562.005	935.62	2.6235
	2001	东部地区	13244.605	西部地区	5042.707	8201.897	639.89	2.626
	2002	东部地区	14646.850	西部地区	5514.613	9132.238	930.33	2.656
六分法	1988	东南沿海	1626.316	大西南	691.8542	934.4617		2.350
	1992	东南沿海	3299.930	大西南	1295.147	2004.783	267.58	2.548
	1996	东南沿海	9630.719	大西南	3556.666	6074.053	1017.32	2.708
	1997	东南沿海	10743.443	大西南	3867.133	6876.310	802.25	2.778
	1998	东南沿海	11597.571	大西南	4027.265	7570.306	693.996	2.879
	1999	东南沿海	12326.716	大西南	4139.114	8187.602	617.296	2.978
	2000	东南沿海	13691.217	大西南	4404.184	9287.032	1099.43	3.109
	2001	东南沿海	14766.772	大西南	4763.058	10003.71	716.68	3.100
	2002	东南沿海	16356.351	大西南	5211.131	11145.220	1141.51	3.139

续表 7 - 2

区域划分		人均 GDP 最大区域	指标值（元/人）	人均 GDP 最小区域	指标值（元/人）	人均 GDP 绝对差	差距年均 增大值	人均 GDP 相对差（%）
全国省份	1988	上 海	4501	贵 州	578	3923		7.787
	1992	上 海	8652	贵 州	1009	7643	930	8.575
	1996	上 海	22275	贵 州	2093	20182	3135	10.643
	1997	上 海	25750	贵 州	2215	23535	3353	11.625
	1998	上 海	28253	贵 州	2342	25911	2376	12.064
	1999	上 海	30804.748	贵 州	2475.304	28329.444	2418	12.445
	2000	上 海	34546.979	贵 州	2661.557	31885.422	3556	12.980
	2001	上 海	37382	贵 州	2895.290	34486.709	2601	12.911
	2002	上 海	40646	贵 州	3153	37493	3005	12.891
地级市	1999	克拉玛依	38357	天 水	2226	36131		17.231
	2000	克拉玛依	42498	阜 阳	2299	40199	4068	18.485
	2001	克拉玛依	43926	阜 阳	2269	41657	1458	19.359
	2002	乌鲁木齐	62493	吴 忠	1660	60833	19176	37.646

数据来源：根据 1988 年 ~ 2002 年《中国统计年鉴》整理统计。

从表 7-2 可以看出，1988 年到 2002 年，我国人均 GDP 最大地区和最小地区的分布特点是：在三大地带中，东部地区一直是最高，西部地区一直最低。在六大区域中，东南沿海一直最高，大西南一直最低。在省际之间，最高的一直是上海市，最低的一直是贵州省。在地级市中，1999 年到 2001 年收入最高的是克拉玛依，2002 年是乌鲁木齐，均在西部的新疆，相应年份最低的是甘肃天水、安徽阜阳和宁夏吴忠。

绝对差和相对差在东西部的特点是：东西部的人均 GDP 绝对差由 1988 年的 762.25 元扩大到了 2002 年的 9132.24 元，绝对差距是 1988 年的 11.88 倍，差距年均拉大 597.43 元，其中 2000 年、2002 年分别达到了 935.62 和 930.33 元。也就是说，我国东部与西部人均 GDP 绝对差每年都要在上年差距基础上再增大 900 元左右。这充分说明了东西部地区人均 GDP 绝对差呈现出加速增大的趋势（见表 7-2）。东部与西部相对差从 1988 年的 2.03 增大到 2002 年的 2.66，而且从表格中也可以看出，其数值每年都在扩大。

绝对差和相对差在六大区域的特点是：东南沿海与大西南的绝对差距 1988 年仅为 934.46 元，1992 年就扩大到了 2004.78 元，年均增大差距

267.58 元。但到了 1996 年差距进一步扩大到了 6074.05 元，年均增大差距达到 1017.32 元，到 2001 年和 2002 年，我国东南沿海与大西南的区域差距已经超过了 10000 元以上，分别达到了 10003.71 元和 11145.22 元，年均差距增长达 1141.51 元。可见，绝对差距是呈现加速扩大之势。东南沿海与大西南的相对差从 1988 年 2.35 增大到 2002 年的 3.14，同样从表格中也可以看出其数值呈现每年扩大趋势，且比三大地带的差距大。

绝对差和相对差在省际之间变化的特点是：1988 年到 2002 年，最高的上海市与最低的贵州省，差距由 1988 年的 3923 元扩大到 1992 年的 7643 元，再到 1996 年的 20182 元和 1998 年的 25911 元。截止到 2002 年，差距已经达到了 37493 元。相对差从 1988 年的 7.787 扩大到了 12.891。很显然，省际之间的差距比六大区的差距要大，且扩大之势令人惊叹！

绝对差和相对差在地级市之间的特点是：1999 年最高的克拉玛依为 38357 元，是最低的甘肃天水 3153 元的 12.4 倍；2002 年最高的乌鲁木齐，人均 GDP 为 62493 元，是最低的宁夏吴忠的 53.6 倍。绝对差从 1999 年的 37493 扩大到了 2002 年的 60833 元，相应年份的相对差从 1999 年的 17.231 扩大到了 37.646，增长了 2 倍多。由此可见，我国地级市之间的差距比省际之间的差距又进一步地提高了。

若将不同的区域划分的相对差反映在图中就可以更明显地看出各阶段变化趋势（如图 7 - 1）：

从图 7 - 1 可以看出，全国各省相对差明显高于三大地带和六大区域；

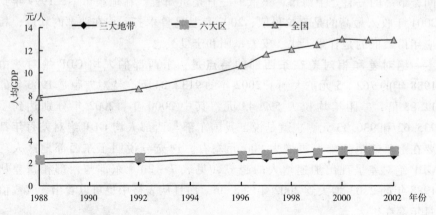

图 7 - 1　不同区域划分的人均 GDP 最大与最小值之比

资料来源：根据 1988 ~ 2002 年中国统计年鉴整理统计。

从动态的变化看，全国各省间相对差在 1988 年到 2000 年这一时期处于上升态势，说明差距扩大速度快；2000 年后趋于稳定，说明差距扩大的速度保持在相对稳定的状态。三大地带和六大区域相对差变化曲线相似，但变化幅度相对小一些。

3. 人均 GDP 变异系数（威廉逊系数）比较

变异系数，是通过将区域内人均 GDP 与全国平均人均 GDP 的绝对差距的标准差乘以该区域人口占总人口的比重为基础计算的指标。通过变异系数，可以测度出区域内相对差异的程度，且可进行两个以上区域比较，因此，它比只是两个区域比较极差即绝对差和相对差更能反映区域间的差距特征。变异系数有两种：一种简单式，一种是加权式，加权式又被称为威廉逊系数。本报告就采用了威廉逊系数，将人口的影响也作为其因素之一，反映的指标更确切。一般来说，威廉逊系数越大，说明各地区收入水平相对差异程度越大，区域的不平衡性就越大。

我们通过计算得出了 1988 年到 2002 年不同区域内人均 GDP 威廉逊系数，如表 7 - 3 所示：

表 7 - 3　人均 GDP 威廉逊系数

地区划分	1988	1992	1996	1997	1998	1999	2000	2001	2002
三大地带	0.312	0.3230	0.391	0.408	0.464	0.459	0.496	0.494	0.523
六大区	0.319	0.341	0.404	0.420	0.476	0.466	0.502	0.498	0.528
全国 31 省市区	0.449	0.501	0.531	0.559	0.627	0.624	0.677	0.677	0.706

资料来源：根据《中国统计年鉴》计算整理。

从表 7 - 3 可以看出，三大地带人均 GDP 威廉逊系数 1988 年、1992 年、1996 年到 2002 年人均 GDP 威廉逊系数分别是 0.312、0.32、0.39、0.41、0.466、0.459、0.496、0.494、0.523，2002 年比 1988 提高 0.211，是 1988 年的 1.7 倍。其中只有 1999 年比 1998 年稍有下降，其余各年都是比上年有所提高，说明了我国三大区域之间差距在加速地扩大。从六大区域的人均 GDP 威廉逊系数来看，1988 年为 0.319，1992 年就增大到 0.34，1996 年进一步提高到 0.404，到 2002 年已经上升到 0.528，比 1988 年上升了 0.209，是 1988 年的

1.55 倍。变异系数的上升态势显示了六大区域的人均 GDP 差距在不断地扩大。从 31 个省市区看，1988 年人均 GDP 威廉逊系数为 0.449，1992 年是 0.501，1996 年是 0.531，到 2002 年就达到了 0.706，是 1998 年的 2.23 倍。

如果以变异系数超过 0.45 即认为差距超过了临界线为标准，那么，三大地带和六大区域从 1998 年，省际间从 1992 年就超过了临界线范围，说明区域差距的不均衡性已相当严重。

若将三种区域划分的威廉逊系数综合在一个图中，如图 7-2 所示。

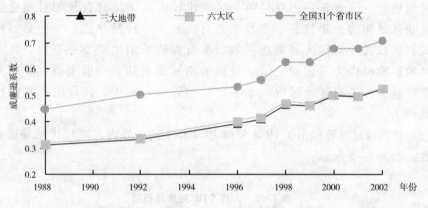

图 7-2　不同区域人均 GDP 威廉逊系数图

资料来源：根据《中国统计年鉴》计算整理后绘制。

从图 7-2 可以看出，三条曲线变化的特点是：31 个省市区在最上方，说明差距最大；三大地带在最下方，说明差距最小；六大区域在中间。六大区域与三大地带的威廉逊系数曲线很靠近，说明这两种区域划分在威廉逊系数的分析中的变化不明显。

4. 人均 GDP 基尼系数比较

基尼系数是各地区按照人均收入水平由低到高排序，计算累计一定百分比收入总量所对应的累计人口百分比。基尼系数值越大，则区域不平衡性越大。

通过将 1988 年到 2002 年我国三大地带、六大区和全国 31 省市区人均 GDP 基尼系数计算，得出表 7-4 数值：

表 7 - 4 人均 GDP 基尼系数表

年份 地区	1988	1992	1996	1997	1998	1999	2000	2001	2002
三大地带	0.160	0.177	0.196	0.199	0.205	0.212	0.219	0.219	0.22
六大区	0.175	0.196	0.210	0.213	0.219	0.225	0.233	0.233	0.24
全国 31 省市区	0.219	0.241	0.245	0.249	0.255	0.263	0.275	0.275	0.28

资料来源：根据相应年份的《中国统计年鉴》计算整理。

表 7 - 4 显示：三大地带人均 GDP 基尼系数 1988 年是 0.16，差距不是很大；但到了 1992 年为 0.177，1996 年为 0.196，比 1992 年上升了 0.018，说明差距有所增大；到 2000 年为 0.218，比 1996 年又有上升；到 2002 年则为 0.222，比 1988 上升了 0.0523。从各年的变化来看，只有 1999 年比 1998 年稍有下降，其余各年都比上年有所提高也说明了我国三大区域之间的差距在加速扩大。六大区域的人均 GDP 基尼系数 1988 年是 0.175，到 1992 年就增大到 0.196，1996 年进一步提高到 0.21，而到 2002 年已经上升到 0.236，是 1988 年的 1.55 倍。变异系数不断地增大，说明六大区域的差距持续上升，而且比三大地带的差距要稍大一些。全国各省市区 1988 年基尼系数为 0.219，1992 年达到了 0.241，1996 年又提高到 0.245，到 2002 年就达到了 0.278，是 1998 年的 1.27 倍，同样呈现出逐年增大的态势。

将 1988 年到 2002 年三大地带、六大区域和全国各省市区人均 GDP 基尼系数变化绘制成曲线，如图 7 - 3 所示：

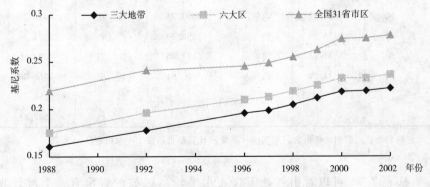

图 7 - 3 不同区域划分人均 GDP 基尼系数变化曲线图

资料来源：根据相应年份的《中国统计年鉴》计算整理后绘制。

从图 7－3 可明显地看出以下特点：其一，三条曲线都是上升态势，说明我国人均 GDP 区域差距在三种区域划分中均呈现不断扩大特点。其二，31 个省市区人均 GDP 基尼系数曲线在最上方，说明差距最大；三大区域在最下方，说明差距最小；六大区域在中间，表明差距处于两者之间，这也说明了区域划分越细，区域间差距越大。我们将此称为"粗小细大"。

5. 全国各省及地级市人均 GDP 收入的比较与分析

（1）全国各省人均 GDP 收入的比较分析

将我国 31 个省市区 1996 年到 2002 年 7 年人均 GDP 进行排序，并按照 1/4 划分法，将高于全国平均水平 25% 的划为最高收入等级地区、在全国平均水平 ±25% 内的划分为中等收入地区，而将低于全国平均水平 75% 以下的划分为最低收入地区。据此，将我国 31 个省市区划分成三个区间，见表 7－5：

表 7－5　我国人均 GDP 收入区域（1996 年到 2002 年平均）等级划分表

单位：元/人

最高收入地区		中等收入地区		最低收入地区	
上　海	31379.68	黑龙江	8144.23	青　海	4870.16
北　京	20934.14	河　北	7145.82	安　徽	4779.91
天　津	16768.28	新　疆	6790.65	江　西	4702.37
浙　江	12601.07	湖　北	6736.47	宁　夏	4640.25
广　东	12065.37	吉　林	6535.04	四　川	4626.10
江　苏	11080.43	海　南	6490.70	云　南	4463.70
福　建	10860.02	内蒙古	5563.35	重　庆	4445.78
辽　宁	10275.36	湖　南	5298.39	广　西	4392.39
山　东	8983.24	河　南	5124.45	陕　西	4293.10
全　国	6734.29	山　西	5066.51	西　藏	4266.06
				甘　肃	3665.20
				贵　州	2547.88

资料来源：根据相应年份的《中国统计年鉴》计算整理后按 1/4 原则划分。

从表 7－5 可以看出：处于收入水平较高区域的省份有：上海、北京、天津、浙江、广东、江苏、福建、辽宁和山东，主要分布在我国东部地区。处于中等收入水平区域的有黑龙江、河北、新疆、湖北、吉林、海南、湖南、内蒙古、河南和山西,西部只有新疆和内蒙古在其中。处于收入水平较低区域除华中的安徽、江西外,全部是西南和西北省份。

据此划分,收入最高的省份基本上分布在东部(除河北),收入处于中等地区的省份主要分布在京广线上(加上新疆和内蒙古),较低的省份主要在西部(加上江西和安徽)。

(2)全国各地级市人均 GDP 收入的比较分析与划分

与以往在研究区域收入差距时不同的是,本报告除了按三大地带、六大区域和省市区进行区域比较分析外,为了使区域收入差距的分析更细致,我们对中国 282 个地级市 1999 年到 2002 年人均 GDP 也进行了整理比较和排序。

在这里我们将各年的前 20 名地级市进行排序,如表 7-6 所示:

表 7-6 我国地级市人均 GDP 前 20 名的排序表(当年价)

单位:元

地级市	1999 年	地级市	2000 年	地级市	2001 年	地级市	2002 年
克拉玛依	38357	克拉玛依	42498	克拉玛依	43926	乌鲁木齐	62493
深 圳	35896	大 庆	41479	深 圳	43355	厦 门	47270
厦 门	34735	深 圳	39745	大 庆	42884	深 圳	46388
上 海	30805	厦 门	38021	厦 门	41111	东 莞	43401
广 州	30265	上 海	34547	广 州	38007	广 州	41884
大 庆	29050	广 州	34292	东 莞	37777	大 庆	40683
东 莞	27561	东 莞	32477	上 海	37382	上 海	40646
无 锡	26294	佛 山	28932	佛 山	31972	无 锡	36151
佛 山	25490	无 锡	27653	无 锡	31248	苏 州	35733
珠 海	23638	东 营	27139	苏 州	30384	佛 山	34850
苏 州	23592	苏 州	26692	珠 海	29306	珠 海	32682
盘 锦	20938	珠 海	26582	东 营	29015	东 营	30966
中 山	20809	盘 锦	24630	中 山	26994	中 山	30693
威 海	20359	海 口	23919	北 京	25523	北 京	28449
杭 州	19961	中 山	23542	威 海	25380	威 海	28433
北 京	19846	威 海	22746	杭 州	25074	杭 州	28150
东 营	19471	北 京	22460	海 口	24782	宁 波	27541
宁 波	19405	杭 州	22342	盘 锦	24558	海 口	26226
大 连	18429	宁 波	21786	宁 波	24213	大 连	25276
海 口	17854	大 连	20255	大 连	22340	盘 锦	24468

资料来源:根据相应年份的《中国区域经济统计年鉴》计算整理。

从上表可以看出：1999 年前 20 名的地级市中，东部地区除了新疆的克拉玛依、乌鲁木齐，东北的大庆、盘锦、大连之外，其他均位于我国的东部和沿海地区。2000 年到 2002 年几乎没有大的变化。而西部的克拉玛依和东北的大庆市由于是我国的石油产地，故其人均 GDP 在全国的地级市排名中不仅在 20 名之列，而且均位于前几名。

我国地级市人均 GDP 后 20 名的分布如表 7 - 7 所示：

表 7 - 7　我国地级市人均 GDP 后 20 名的排序表（当年价）

单位：元

地级市	1999 年	地级市	2000 年	地级市	2001 年	地级市	2002 年
六　安	2743	河　源	2870	上　饶	3106	丽　江	3329
河　源	2730	广　元	2857	丽　江	3026	汉　中	3320
忻　州	2702	六盘水	2853	平　凉	3021	张　掖	3313
平　凉	2669	上　饶	2849	广　元	2902	亳　州	3239
丽　江	2634	忻　州	2847	忻　州	2849	酒　泉	3172
上　饶	2616	丽　江	2811	榆　林	2833	忻　州	3142
朝　阳	2594	平　凉	2795	南　充	2820	广　元	3101
六盘水	2489	眉　山	2678	朝　阳	2776	榆　林	3083
安　康	2485	六　安	2594	安　康	2768	南　充	3077
贵　港	2334	南　充	2492	六　安	2722	朝　阳	3066
巴　中	2304	菏　泽	2473	菏　泽	2647	六　安	2943
菏　泽	2274	朝　阳	2461	贵　港	2618	菏　泽	2904
南　充	2235	巴　中	2438	天　水	2575	白　银	2852
天　水	2226	天　水	2402	安　顺	2503	安　康	2775
庆　阳	2123	贵　港	2396	商　洛	2489	贵　港	2745
商　洛	2120	安　顺	2332	巴　中	2482	安　顺	2724
安　顺	2117	阜　阳	2299	庆　阳	2477	巴　中	2718
昭　通	2080	庆　阳	2278	阜　阳	2269	阜　阳	2342
榆　林	1966	昭　通	2193	昭　通	2165	昭　通	2231
固　原	1206	固　原	1160	固　原	1390	吴　忠	1660

资料来源：根据相应年份的《中国区域经济统计年鉴》计算整理。

注：因个别市缺少资料，未列入其中。

从表 7-7 可以看出，从 1999 年到 2002 年，人均排名在后 20 名的地级市几乎全部分布在西部地区。2002 年，人均 GDP 后 20 位的地级市分别是：丽江、汉中、张掖、亳州、酒泉、忻州、广元、榆林、南充、朝阳、六安、菏泽、白银、安康、贵港、安顺、巴中、阜阳、昭通和吴忠。其中，绝大部分属于西部地区，甘肃、陕西和四川最多，都有三个；中部地区只有亳州、六安、阜阳；东部地区有忻州、朝阳和菏泽。西部地区与东部、中部地区的差距明显地体现出来。（由于部分地级市数据缺失，上表中统计的后 20 名未进行纵向比较。）

（二）不同空间结构的城镇人均收入比较与分析

在区域经济发展中，城市作为产业集群和人口集聚点以及经济活动中心，在整个市场经济中占据着主导作用。城镇人均收入是带动消费和拉动需求的主要因子。因此，城镇人均收入是进行区域收入差距分析的重要指标。

1. 不同空间结构的城镇人均收入增长速度比较

通过对 1988 年到 2002 年不同空间结构城镇人均收入进行统计，并依 1988 年到 1998 年、1998 年到 2002 年和 2001 年到 2002 年三个发展阶段，我们分别计算了城镇人均收入增长速度，结果如表 7-8 所示：

表 7-8 显示：在三大区域中，1988 年到 1998 年东部地区增长最快，为 16.8%，中部和西部分别是 15.93% 和 15.94%，中、西部增长基本持平，西部较快一点。但从 1998 年到 2002 年，中部地区最高为 9.025%，高于东部的 8.905% 和西部的 7.829%，西部仍最低。这主要是由于 2001 到 2002 年这一阶段，中部地区的增长速度达到了 13.056%。可以明显地看出，中部是城镇人均收入增长是最快的地区。

从六大区域来看，1988 年到 1998 年城镇人均收入由高到低分别是：东南沿海为 17.174%，华北地区为 16.934%，大西南为 16.337%，华中区为 15.992%，东北四省为 15.275%，西北地区为 14.885%。而在 1998 年到 2002 年后，大西北、东北四省和华北地区处于前列。从时间序列来看，六大区域在 1988 年到 1998 年要高于 1998 年到 2002 年的增长速度，说明我国城镇人均收入总体增长速度开始下降。而从 2001 到 2002 年的增长速度看，大西北、东北四省和华中地区表现出强劲的增长势头，分别达到了 11.296%、12.923% 和 12.199%。这也说明除东南沿海之外的其他地区，城镇人均收入正在以比东部更高的增长速度缩小着区域之间的差距，但不可否认的是绝对差距仍然在提高，只是提高的速度逐渐下降罢了。

表 7－8　1988～2002 年城镇人均收入变化及平均增长率率表

单位：元/人

地区	城镇人均收入								平均增长率%		
	1988	1996	1997	1998	1999	2000	2001	2002	1988－1998	1998－2002	2001－2002
东部地区	1383.32	5785.60	6331.00	6542.62	7114.87	7876.734	8459.457	9203.3	16.811	8.905	8.793
中部地区	1029.72	4090.09	4369.86	4515.60	4854.92	5164.964	5643.188	6380.10	15.931	9.025	13.056
西部地区	1117.11	4280.87	4603.28	4903.59	5260.54	5611.189	6119.692	6629.08	15.942	7.829	8.324
大西北	1106.94	3989.20	4191.17	4433.51	4833.22	5266.115	5809.252	6465.49	14.885	9.891	11.296
大西南	1167.84	4642.13	4996.25	5303.63	5617.97	5985.734	6428.313	6848.13	16.337	6.598	6.531
东南沿海	1519.46	6585.7	7188.35	7412.91	8140.22	8829.418	9532.918	10326.9	17.174	8.642	8.330
东北四省	1056.78	3867.05	4222.52	4378.82	4694.69	5068.67	5541.02	6257.09	15.275	9.333	12.923
华中区	1064.49	4289.85	4532.55	4693.00	5056.07	5375.45	5789.511	6495.78	15.992	8.466	12.199
华北区	1211.60	5138.84	5529.98	5791.44	6205.26	6838.606	7546.459	8217.35	16.934	9.140	8.890
北京	1532.40	7332.01	7813.16	8471.98	9182.76	10349.69	11577.78	12463.9	18.648	10.132	7.654
天津	1329.72	5967.71	6608.39	7110.54	7649.83	8140.50	8958.70	9337.56	18.253	7.0490	4.229
河北	1153.20	4442.81	4958.67	5084.64	5365.03	5661.16	5984.82	6679.68	15.994	7.0591	11.610
辽宁	1213.92	4207.23	4518.10	4617.24	4898.61	5357.79	5797.01	6524.52	14.292	9.0288	12.549
上海	1734.84	8178.48	8438.89	8773.10		11718.01	12883.46	13249.8	17.595	10.857	2.843
江苏	1336.80	5185.79	5765.20	6017.85	6538.20	6800.23	7375.10	8177.64	16.235	7.968	10.882
浙江	1588.80	6955.79	7358.72	7836.76	8427.95	9279.16	10464.67	11715.6	17.302	10.575	11.954
福建	1302.48	5172.93	6143.64	6485.63	6859.81	7432.26	8313.08	9189.36	17.413	9.102	10.541
山东	1169.88	4890.28	5190.79	5380.08	5808.96	6489.97	7101.08	7614.36	16.483	9.071	7.228
广东	1599.60	8157.81	8561.71	8839.68	9125.92	9761.57	10415.19	11137.2	18.643	5.946	6.9322
海南		4926.43	4849.93	4852.87	5338.31	5358.32	5838.84	6822.72		8.890	16.851

续表 7-8

	城镇人均收入								平均增长率%		
	1988	1996	1997	1998	1999	2000	2001	2002	1988－1998	1998－2002	2001－2002
山 西	919.44	3702.69	3989.92	4098.73	4342.61	4724.11	5391.05	6234.36	16.121	11.054	15.643
吉 林	973.56	3805.53	4190.58	4206.64	4480.01	4810.00	5340.46	6260.16	15.759	10.449	17.221
黑龙江	1004.40	3768.31	4090.72	4268.50	4595.14	4912.88	5425.87	6100.56	15.567	9.338	12.4345
安 徽	1085.64	4512.77	4599.27	4770.47	5064.60	5293.55	5668.80	6032.40	15.954	6.043	6.414
江 西	975.12	3780.20	4071.32	4251.42	4720.58	5103.58	5506.02	6335.64	15.863	10.487	15.067
河 南	949.80	3755.44	4093.62	4219.42	4532.36	4766.26	5267.42	6245.40	16.081	10.300	18.567
湖 北	1136.40	4364.04	4673.15	4826.36	5212.82	5524.54	5855.98	6788.52	15.560	8.902	15.924
湖 南	1150.80	5052.12	5209.74	5434.26	5815.37	6218.73	6780.56	6958.56	16.792	6.376	2.625
重 庆		4482.70	4763.26	5466.57	5895.97	6275.98	6721.09	7238.04		7.2695	7.691
四 川	1148.16	4221.24	4441.91	5127.08	5477.89	5894.27	6360.47	6610.80	16.141	6.560	3.935
贵 州	1068.48			4565.39	4934.02	5122.21	5451.91	5944.08	15.630	6.819	9.027
云 南	1168.80	4977.95	5558.29	6042.78	6178.68	6324.64	6797.71	7240.56	17.855	4.624	6.515
西 藏		6556.28			6908.67	7426.32	7869.16	8079.12			2.668
陕 西	1051.92	3809.64	4001.30	4220.24	4654.06	5124.24	5483.73	6330.84	14.904	10.670	15.448
甘 肃	1153.80	3353.94	3592.43	4009.61	4475.23	4916.25	5382.91	6151.44	13.900	11.293	14.277
青 海	1101.00	3834.21	3999.36	4240.13	4703.44	5169.96	5853.72	6170.52	14.085	9.833	5.412
宁 夏	1160.88	3612.12	3836.54	4112.41	4472.91	4912.40	5544.17	6067.44	15.724	10.211	9.438
新 疆	1292.52	4649.86	4844.72	5000.79	5319.76	5644.86	6395.04	6899.64	15.396	8.379	7.890
广 西		5033.33	5110.29	5412.24	5619.54	5834.43	6665.73	7315.32		7.823	9.745
内蒙古	909.12	3431.81	3944.67	4353.02	4770.53	5129.05	5535.89	6051.00	16.954	8.582	9.305

资料来源：根据相应年份的《中国统计年鉴》和《中国农村统计年鉴》和国家统计局社会统计司国编的《中国社会统计资料》计算整理。
注：1988年1990资料来源于国家统计局社会统计司国编的《中国社会统计资料》。

　　从省份之间比较来看，1988年到1998年，北京、天津和广东的增长率超过18%，超过17%的省份有：上海为17.595%，江苏为17.302%，福建为17.413%，云南为17.855%。剩下的省份除了青海最低为13.9%，陕西为14.9%和宁夏为14.085%外，其他的省份（西藏、重庆、甘肃、海南缺）均处在15%到17%之间。1998年到2002年是我国收入普遍比上一个时期降低的阶段，排名位于前列的省市区分别是：甘肃为11.293%，山西为11.054%，上海为10.857%，浙江为10.575%，吉林为10.449%，江西为10.487%，河南为10.30%，陕西为10.670%和宁夏为10.211%。排名最后的省份有：广东为5.946%，云南为4.624%，安徽为6.043%，四川为6.560%和贵州为6.819%，其他省份处于中间位置。说明在这一阶段，我国西部的西北地区增长加速，而西南地区增长缓慢。而令人奇怪的是广东竟然在这一阶段处于倒数的第二名，仅为5.946%（西藏未计）。

　　2. 城镇人均收入绝对差、相对差比较分析

　　城镇人均收入的增长速度反映的是不同区域收入的动态发展变化，但增长速度并不能反映区域之间的实际差距。而反映收入实际差距的绝对差指标，代表了区域之间实际存在的差距。通过对1988年到2002年不同空间结构城镇人均收入最高和最低地区的分布和绝对差、相对差计算，得出表7-9数值：

表7-9　中国不同区划1988年～2003年人均收入（城镇）绝对差比较

单位：元/人

区域划分		人均收入最大区域	指标值	人均收入最小区域	指标值	人均收入绝对差	人均收入相对差
三分法	1988	东部地区	1383.33	中部地区	1029.72	353.61	1.34
	1992	东部地区	2345.68	中部地区	1729.76	615.92	1.36
	1996	东部地区	5785.61	中部地区	4090.10	1695.51	1.41
	1997	东部地区	6331.01	中部地区	4369.86	1961.14	1.45
	1998	东部地区	6542.63	中部地区	4515.60	2027.02	1.45
	1999	东部地区	7114.88	中部地区	4854.92	2259.96	1.47
	2000	东部地区	7876.73	中部地区	5164.96	2711.77	1.53
	2001	东部地区	8459.46	中部地区	5643.19	2816.27	1.50
	2002	东部地区	9203.30	中部地区	6380.10	2823.20	1.44

区域划分		人均收入最大区域	指标值	人均收入最小区域	指标值	人均收入绝对差	人均收入相对差
六分法	1988	东南沿海	1519.47	东北四省	1056.79	462.68	1.44
	1992	东南沿海	2672.88	东北四省	1716.72	956.16	1.56
	1996	东南沿海	6585.70	东北四省	3867.05	2718.65	1.70
	1997	东南沿海	7188.36	东北四省	4222.52	2965.84	1.70
	1998	东南沿海	7412.92	东北四省	4378.83	3034.09	1.69
	1999	东南沿海	8140.22	东北四省	4694.70	3445.53	1.73
	2000	东南沿海	8829.42	东北四省	5068.67	3760.75	1.74
	2001	东南沿海	9532.92	东北四省	5541.02	3991.90	1.72
	2002	东南沿海	10326.99	东北四省	6257.09	4069.90	1.65
全国省份	1988	上 海	1734.84	内蒙古	910.12	824.72	1.91
	1992	广 东	3476.7	内蒙古	1494.92	1981.78	2.33
	1996	上 海	8178.48	甘 肃	3353.94	4824.54	2.44
	1997	广 东	8561.71	甘 肃	3592.43	4969.28	2.38
	1998	广 东	8839.68	甘 肃	4009.61	4830.07	2.20
	1999	上 海	10931.64	山 西	4342.61	6589.03	2.52
	2000	上 海	11718.01	山 西	4724.11	6993.90	2.48
	2001	上 海	12883.46	河 南	5267.42	7616.04	2.45
	2002	上 海	13249.80	贵 州	5944.08	7305.72	2.23
全国各地市	1999	深 圳	20548	汉 中	3244	17304	6.33
	2000	深 圳	21616	榆 林	3505	18111	6.17
	2001	深 圳	23544	双鸭山	3879	19665	6.07
	2002	深 圳	21914	铜 川	4494	17420	4.88

资料来源：根据相应年份的《中国统计年鉴》和《中国农村统计年鉴》计算整理。

从表7-9可以明显地看出：在三大区域内，1988年到2002年，东部一直是我国城镇人均最高的地区，而中部地区一直是最低的地区，两区域之间的绝对差距从1988年的353.605拉大到1992年的615.915，到1996年进一步拉大到了1695.508元，到2002年则拉大到了2823.196。这说明城镇人均收入的绝对差距在1992年后开始加速。从相对差的变化看，1988年是1.343，1992年提高到1.356，1996年进一步拉大到了1.414，截止到

2002 年则拉大到了 1.442 ，其中，2000 年相对差最高，达到了 1.525。也就是说，相对差在 1988 年到 2000 年之间呈现逐年增加的态势，2000 年开始到 2002 年相对差有所下降，说明城镇人均相对收入差距已经开始下降，反映了中国实行的西部大开发战略在抑制区域非均衡发展中初步显示了效果。

从六大区域的比较看：1988 年到 2002 年东南沿海一直保持最高的排名，东北四省则一直处于最低。在这一时期，收入差距的动态变化与三大区域的变化相似，1988 年差距不是很大，仅为 462.677 元，到 1992 年，4 年时间就扩大到 956.157 元，几乎增长了一倍，1996 年为 2718.649 元，四年又扩大了 2 倍，到 2002 年，两区域的差距已经达到了 4069.898 元，是 1988 年的 8.796 倍，是 1992 年的 4.26 倍，是 1996 年的 1.5 倍。可见，东南沿海与东北四省的绝对差距是很大的，而且是在不断地扩大。但如果从相对差来看，与三大区域的相对差变化相似，1988 年到 1992 年再到 1996 年直至 2000 年，相对差由 1.43、1.556、1.703 到 1.741，处于上升状态，2000 年～2002 年呈现出下降态势，由最高的 1.7419 下降到了 1.650，相当于 1992 年到 1996 年之间的平均差距水平。

从省级最高和最低地区的分布来看：最高的省份一直是广东和上海。1988 年到 2002 年，处于最高的省市有上海和广东，1988 年是上海，1992 年是广东，说明改革开放最早的广东在这一时期的发展最快。所以除了 1996 年是上海外，1997 年和 1998 年均是广东。但到了 1999 年后，上海一直保持排名第一，主要是在这一时期上海的浦东开发带动了整个上海的经济发展，使得该地收入较高。从 1988 年到 2002 年收入排名最低的区域看，1988 年和 1992 年是内蒙古，1996 年到 1998 年是甘肃，1999 年和 2000 年是山西，2001 年和 2002 年是贵州，除了山西外均是西部地区。

从省级收入的绝对差距看：与三大区域、六大区域呈现加速的扩大特点相同。省级收入的绝对差距由 1988 年的 824.72 元扩大到 1992 年的 1981.78 元，进而到 1996 年的 4824.54 元，到了 2002 年，收入差距已经扩大到 7305.72 元，是 1988 年的 8.858 倍。

从省级相对差距看：与三大区域、六大区域收入的相对差距变化不同的是，省市区收入差距呈现三个阶段的变化特点，1988 年到 1996 年相对差从 1.906 到 2.438，处于差距增大阶段，1996 年到 1998 年则从 2.438 到

2.205，处于下降阶段，1999 年突然到了最高 2.517。随后，1999 到 2002
年，呈现下降态势，由最高的 2.517 下降到了 2.229，相当于 1992 年到
1996 年和 1997 年与 1998 年之间的平均水平。

从地级市看：1999 年到 2002 年，深圳市一直保持最高，相应年份最
低的区域分别是汉中、榆林、双鸭山、铜川，除了双鸭山外均分布在陕
西，说明陕西地级市的城镇人均收入水平相当低。从各年绝对差看，1999
年是 17304 元，2000 年是 18111 元，2001 年是 19665 元，呈现逐年增加的
态势，只是到 2002 年为 17420 元，比 2001 年有所下降。从地级市收入的
相对差距动态变化看，是从 1999 年的 6.334 到 2002 年的 4.876，呈现逐年
下降态势，说明 1999 年以来地级市城镇收入相对差距加速扩大的势头在
缩小。

综合以上分析与比较，城镇人均收入最高的地区在东部，东部则主要
是东南沿海，东南沿海分布在上海和广东，广东则在深圳。最低的区域在
中部、东北和西部，不同的年份有所变化，而在地级市最低的区域分布在
陕西。从收入的差距来看，我国城镇人均收入差距在 1988 年不是很大，到
了 1992 年开始拉大并加速，现在区域差距已经极其巨大。这说明了区域不
平衡在加剧，消除不均衡的任务是极其艰巨的。而相对差距从 1999 年和
2000 年开始下降的态势，预示着区域差距加速扩大的非均衡变化开始出现
收敛的迹象。

3. 城镇人均收入变异系数（威廉逊系数）比较分析

以上是对城镇人均收入增长速度、绝对和相对差距进行的分析，但这
种分析的局限性是没有综合衡量区域间收入差距以及各区域差距与全国平
均水平之间差距究竟有多大，威廉逊系数则弥补了这一缺陷。经过我们的
分析整理得出了 1988 年到 2002 年不同空间区域结构威廉逊系数动态变化，
如表 7-10 所示：

表 7-10 城镇人均收入威廉逊系数表

地区划分	1988	1992	1996	1997	1998	1999	2000	2001	2002
三大地带	0.138	0.137	0.165	0.179	0.171	0.177	0.205	0.190	0.175
六大区	0.149	0.168	0.199	0.214	0.204	0.213	0.237	0.219	0.202
全国31省市区	0.185	0.220	0.265	0.268	0.262	0.277	0.307	0.293	0.264

资料来源：根据相应年份的《中国统计年鉴》和《中国农村统计年鉴》计算整理。

从表 7 - 10 可以看出，三大地带城镇人均收入威廉逊系数从 1988 年的 0.138 提高到了 2002 年的 0.175，威廉逊系数增大 30%。六大区域 2002 年为 0.202，是 1988 年 0.149 的 1.4 倍，全国 31 省、市、区 2002 年 (0.2640) 是 1988 年 0.185 的 1.4 倍。其中 2000 年威廉逊系数最大，说明该年区域收入差距达到最大。

将以上的变化数值用图表示就可更明显地观察出动态变化的趋势和规律，如图 7 - 4 所示：

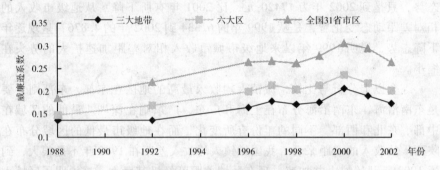

图 7 - 4　不同区域划分的城镇人均收入威廉逊系数曲线图

资料来源：根据相应年份的《中国统计年鉴》和《中国农村统计年鉴》计算整理。

从表 7 - 10 和图 7 - 4 可以发现以下特点：

第一，三大地带、六大区和全国 31 个省市区 1988 年到 1997 年的威廉逊系数曲线都是呈现上升态势，1997 年到 2000 年呈现波动性的上升曲线，并在 2000 年达到峰点，2000 年后开始下降，一直到 2002 年均呈现下降之势，反映了我国区域之间城镇人均收入在相应阶段的动态变化规律。这与我国 1988 年到 2002 年人均 GDP 的威廉逊系数曲线一直呈上升状态是有差异的。

第二，从各阶段差距幅度变化动态看，1988 年到 1992 年的变化幅度较小，1996 年以后变化的幅度开始增大，无论是上升还是下降，都是如此。

第三，从三种曲线的位置发现，全国 31 个省市区威廉逊系数曲线处于上方，三大地带在最下方，六大区域处于中间，说明区域划分越细，差距数值越大。曲线彼此之间没有重合点，反映出几种不同区域划分的差距还是很大的。

4. 城镇人均收入基尼系数比较分析

经过我们的分析整理计算，得出了 1988 年到 2002 年不同空间区域结构基尼系数动态变化数值，如表 7 - 11 所示：

表 7 - 11　1988 年到 2002 年不同空间结构的城镇人均收入基尼系数变化表

	1988	1996	1997	1998	1999	2000	2001	2002
三大地带	0.071	0.084	0.090	0.089	0.089	0.101	0.097	0.089
六大区	0.074	0.106	0.111	0.108	0.111	0.121	0.114	0.105
全国 31 省市区	0.098	0.133	0.135	0.133	0.203	0.225	0.142	0.129

资料来源：根据相应年份的《中国统计年鉴》和《中国农村统计年鉴》计算整理。

将以上数值绘制成动态变化图，则可更加明显地观察 1988 年到 2002 年变化发展特点和规律，如图 7 - 5 所示：

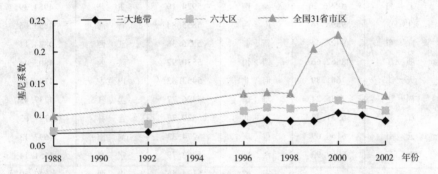

图 7 - 5　1988 年到 2002 年不同空间结构划分的城镇人均收入
基尼系数曲线动态变化图

资料来源：根据相应年份的《中国统计年鉴》和《中国农村统计年鉴》计算绘制。

从表 7 - 11 和图 7 - 5 可以看出，三大地带和六大区域城镇及全国 31 省市区基尼系数变化特点：

第一，三大地带和六大区域城镇人均收入基尼系数变化的曲线比较平滑，反映出三大地带和六大区域城镇人均收入差距的变化幅度相对较小，波动性不强。但全国 31 省市区则与此相反，1988 年到 1998 年城镇人均收入基尼系数变化的曲线还比较平滑，但到了 1998 年以后，变化幅度增大，1998 年到 2000 年上升幅度加大，2000 年后又开

始出现较大的下滑，这说明我国 31 省市区之间的收入呈现严重的不平衡性。

第二，在基尼系数三条曲线中，全国 31 个省、市、区曲线处于上方，三大地带在最下方，六大区域处于中间，说明了区域划分越细，差距数值越大。另外，三大地带和六大区的城镇人均收入基尼系数变化曲线比较靠近，说明这两种划分的区域其差距特征比较接近。

（二）全国各省及地级市城镇人均收入的排序比较

经对全国各省市区 1996 年到 2002 年城镇人均收入进行平均后进行划分（见表 7 - 12）：

表 7 - 12　全国各省城镇人均收入分组

单位：元/人

高收入地区大于（6000）		中等收入地区（5000—6000）		低收入地区（低于5000）	
上　海	10596.20	湖　南	5924.19	贵　州	4954.39
北　京	9598.76	广　西	5855.84	青　海	4853.05
广　东	9428.44	新　疆	5536.38	江　西	4824.11
浙　江	8862.66	四　川	5530.92	陕　西	4803.44
天　津	7681.89	河　北	5453.83	内蒙古	4745.14
福　建	7085.24	海　南	5426.77	黑龙江	4737.43
江　苏	6551.43	湖　北	5320.77	吉　林	4727.63
云　南	6160.09	重　庆	5274.33	河　南	4697.13
山　东	6067.93	西　藏	5262.79	宁　夏	4651.14
		安　徽	5134.55	山　西	4640.50
		辽　宁	5131.50	甘　肃	4554.54

资料来源：根据相应年份的《中国统计年鉴》和《中国农村统计年鉴》计算整理。

从表 7 - 12 可以看出：高于 6000 元的除了云南省外，全部是东部的省份，或者说是东南沿海和华北的北京市、天津市和山东省。在低收入省份中，有华中地区的江西、河南和东北的黑龙江、吉林和内蒙古，其他均是西南和西北省份。中等收入组中，西部地区有广西、新疆、四川、重庆、西藏，华中有湖北、湖南、安徽，东南沿海只有海南，东北有辽宁省。

经过对全国地级市 1999 年到 2002 年城镇人均收入前 20 名和后 20 名进行排序，如表 7 - 13 和表 7 - 14 所示：

XINSHIJI ZHONGGUO JINGJI BAOGAO

表 7 - 13　全国地级市城镇人均收入前 20 名的排序比较表（当年价）

单位：元/人

地级市	1999 年	地级市	2000 年	地级市	2001 年	地级市	2002 年
深　圳	20548	深　圳	21616	深　圳	23544	深　圳	21914
珠　海	14432	珠　海	15110	东　莞	16938	东　莞	16949
东　莞	12954	东　莞	14142	珠　海	15870	珠　海	15320
广　州	12326	广　州	13967	广　州	14694	温　州	14591
佛　山	11060	温　州	12051	佛　山	13600	中　山	14208
上　海	10932	佛　山	11977	温　州	13200	佛　山	13582
温　州	10339	中　山	11876	上　海	12883	广　州	13380
阜　阳	10182	上　海	11718	中　山	12803	上　海	13250
惠　州	9599	宁　波	10921	宁　波	11991	宁　波	12970
宁　波	9492	北　京	10350	北　京	11578	北　京	12464
厦　门	9458	厦　门	10261	厦　门	11365	台　州	12391
北　京	9183	惠　州	9825	嘉　兴	10920	绍　兴	12130
克拉玛依	9139	杭　州	9668	杭　州	10896	杭　州	11778
杭　州	9085	克拉玛依	9617	台　州	10680	厦　门	11768
大　庆	8969	绍　兴	9422	惠　州	10551	湖　州	11388
台　州	8775	嘉　兴	9338	绍　兴	10534	泉　州	11362
汕　头	8583	苏　州	9274	苏　州	10515	金　华	11264
绍　兴	8580	台　州	9225	克拉玛依	10388	舟　山	10985
合　肥	8513	金　华	9223	金　华	10385	嘉　兴	10757

资料来源：根据相应年份的《中国区域经济统计年鉴》计算整理。

表 7 - 14　全国地级市城镇人均收入后 20 名的排序比较表（当年价）

单位：元/人

地级市	1999	地级市	2000	地级市	2001	地级市	2002
榆　林	3911	开　封	4089	松　原	4521	永　州	5189
临　汾	3769	固　原	4082	濮　阳	4512	内　江	5144
淮　南	3725	商　丘	4077	焦　作	4509	庆　阳	5130
鹤　壁	3722	七台河	4056	六　安	4461	武　威	5123

续表 7 - 14

地级市	1999	地级市	2000	地级市	2001	地级市	2002
白 城	3719	信 阳	4037	鹤 壁	4438	安 顺	5100
运 城	3703	朝 阳	4021	佳木斯	4433	宿 迁	5041
阜 新	3682	运 城	4009	商 丘	4406	广 元	5039
辽 源	3672	焦 作	4008	阜 新	4327	汉 中	5026
固 原	3633	晋 中	3964	信 阳	4322	安 康	5019
周 口	3612	鹤 壁	3946	朝 阳	4313	佳木斯	5010
四 平	3602	辽 源	3926	白 城	4309	丹 东	4919
永 州	3552	佳木斯	3837	七台河	4266	榆 林	4872
忻 州	3533	铜 川	3837	四 平	4224	铁 岭	4801
绥 化	3527	四 平	3831	榆 林	4223	六 安	4796
鹤 岗	3516	忻 州	3751	辽 源	4200	七台河	4760
双鸭山	3496	周 口	3646	铜 川	4092	阜 新	4673
渭 南	3491	双鸭山	3564	鹤 岗	4020	朝 阳	4625
铜 川	3478	绥 化	3522	周 口	3946	双鸭山	4584
晋 中	3406	鹤 岗	3520	双鸭山	3879	绥 化	4543
汉 中	3244	榆 林	3505	绥 化	3652	铜 川	4494

资料来源：根据相应年份的《中国区域经济统计年鉴》计算整理。

注：有些地级市因缺少资料未排入其中。

从表 7 - 13 和表 7 - 14 可以看出，在前 20 名中，主要分布在广东省（9 家）、福建省（2 家）、浙江省（7 家）和北京市、上海市，只有新疆的克拉玛依在 1999 年到 2001 年进入了前 20 名之列，但到 2002 年已被排除在外。与此相对应的是，在全国地级市 1999 年到 2002 年城镇人均收入后20 名中，大多都分布在西部的陕西省、甘肃省、四川省和东北的辽宁省和华中的河南省。

（三）农村人均收入差距的比较与分析

农村经济是国民经济的基础，改革开放以来，农村经济得到了长足的发展，但由于区域之间自然社会经济的差异，改革开放推进程度的不同，农村经济在区域之间表现出明显的差异，这也导致区域之间农民收入差距越来越大。

1. 不同空间结构农村人均收入增长速度的比较与分析

改革开放以来，中国农民收入的总体变化是：1978 年是收入高速增长时期，农民人均收入增长大大高于城镇居民的收入增长速度；1984 年以后，随着城市经济体制的改革和国有企业改革进程加快，农民人均收入增长开始减缓，并在 1988 年后开始低于城市居民人均收入增长速度。尤其是 20 世纪 90 年代后，区域之间的严重不平衡性更加明显。从表 7 - 15 就可以看出，1988 年到 1998 年全国农民收入的增长大多在 10% 以上，而1998 年到 2002 年农民收入增长大幅度降低，到了 5% 以下。不同区域之间的表现是：

从三大区域来看，1988 年到 1998 年，东部最高为 15.569%，西部最低为 14.293%。1998 年到 2002 年，仍然是东部最高，但仅为 4.412%，西部最低为 3.109%。但从 2002 年看，西部地区农民人均收入增速最高，达到了 5.578%，高于东部的 5.194% 和中部的 5.051%。这说明西部大开发对西部农民收入提高的作用显著。

从六大区域的比较来看，1988 年到 1998 年，东南沿海最高，为15.719%，最低是大西北 13.511%，其中华中和华北在 15% 以上，东北和大西南均在 14% 以上。1998 年到 2002 年，农民收入处于低速增长期，最高的东南沿海也仅为 4.284%，最低的东北四省年均增长率仅为 1.088%，若从最新的 2001 年到 2002 年的平均增长率来看，大西北和东北四省增速最快，为 6.764% 和 6.267%，增速最慢的是华中区，为 4.596%。

从省、市、区来看，1988 年到 1998 年，福建的平均增速最快，达到16.991%；排名居前的还有河南为 16.599%，广西为 16.602%，湖北为15.873% 等；最低的省份青海为 11.200%，贵州为 12.868%。1998 年到 2002 年，最高的是北京，为 8.107%；最低的是吉林，为负增长－0.877%；广西为 0.512%。

2. 不同空间结构农村人均收入绝对差与相对差的比较与分析

将 1988 年到 2002 年三大地带、六大区域和全国各省、市、区以及地级市农村人均收入最高和最低地区数值进行整理计算，其结果如表 7 - 16 所示。

表7-15 1988~2002年不同空间结构农村人均收入及平均增长率比较表

单位：当年价，元

地区	1988	1996	1997	1998	1999	2000	2001	2002	平均增长率（%）		
									1988~1998	1998~2002	2001~2002
东部地区	710.62	2207.4	2882.3	3020.4	3106.6	3199.8	3377.4	3552.8	15.57	4.14	5.19
中部地区	480.45	1392.7	1940.9	2004.5	2039.4	2070.8	2170.3	2279.9	15.35	3.27	5.05
西部地区	430.56	1132.5	1539.1	1637.7	1673.1	1691	1753.3	1851.1	14.29	3.11	5.58
大西北	407.95	966.74	1294.4	1448.8	1445.5	1483.1	1551.9	1656.8	13.51	3.41	6.76
大西南	432.37	1179.7	1599.9	1673.8	1723.1	1733.7	1802.9	1897.6	14.49	3.19	5.25
东南沿海	802.01	2587.9	3348.5	3453.3	3568.5	3690.3	3875.3	4084.3	15.72	4.28	5.39
东北四省	603.39	1616.2	2174.3	2332.4	2264.2	2169.2	2292	2435.6	14.48	1.09	6.27
华中区	469.12	1369.7	1918.5	1978.1	2041.7	2083	2181.1	2281.3	15.48	3.63	4.60
华北区	570.68	1678.1	2264.4	2407.3	2457.4	2553.2	2687.8	2826.3	15.48	4.09	5.15
北京	1062.55	3223.6	3661.68	3952.3	4226.6	4604.6	5025.5	5398.5	14.04	8.11	7.42
天津	891.16	2406.3	3243.68	3395.7	3411.1	3622.4	30947.7	4278.7	14.31	5.95	8.38
河北	546.62	1668.2	2286.01	2405.3	2441.5	2478.9	2603.6	2685.2	15.97	2.79	3.13
辽宁	699.58	1756.5	2301.48	2579.8	2501	2355.6	2557.9	2751.3	13.94	1.62	7.56
上海	1300.96	4245.6	5277.02	5406.9	5409.1	5596.4	5870.9	6223.6	15.31	3.58	6.01
江苏	796.76	2456.8	3269.85	3376.8	3495.2	3595.1	3784.7	3979.8	15.54	4.19	5.15
浙江	902.36	2966.1	3684.22	3814.6	3948.4	4253.7	4582.3	4940.4	15.51	6.68	7.81
福建	613.41	2048.5	2785.67	2946.4	3091.4	3230.5	3380.7	3538.8	16.99	4.69	4.68
山东	583.74	1715.0	2292.12	2452.8	2549.6	2659.2	2804.5	2947.7	15.44	4.70	5.10
广东	808.7	2699.2	3467.69	3527.1	3628.9	3654.5	3769.8	3911.9	15.87	2.62	3.77

续表 7-15

地区	1988	1996	1997	1998	1999	2000	2001	2002	平均增长率（%）		
									1988~1998	1998~2002	2001~2002
海南	566.6	1519.7	1916.9	2018.3	2087.5	2182.3	2226.5	2423.2	13.55	4.68	8.84
山西	438.73	1208.3	1738.26	1858.6	1772.6	1905.6	1956.1	2149.8	15.53	3.71	9.91
吉林	627.54	1609.6	2186.29	2383.6	2260.6	2022.5	2182.2	2301	14.28	-0.88	5.44
黑龙江	553.26	1766.2	2308.29	2253.1	2165.9	2148.2	2280.3	2405.2	15.08	1.65	5.48
安徽	485.53	1302.8	1808.75	1863.1	1900.3	1934.6	2020	2117.6	14.39	3.25	4.83
江西	488.16	1537.3	2107.28	2048	2129.5	2135.3	2231.6	2306.5	15.42	3.02	3.35
河南	401.32	1231.9	1733.89	1864.1	1948.4	1985.8	2097.9	2215.7	16.60	4.42	5.62
湖北	497.84	1511.2	2102.23	2172.2	2217.1	2268.6	2352.2	2444.1	15.87	2.99	3.91
湖南	515.35	1425.1	2037.06	2064.9	2127.5	2197.2	2299.5	2397.9	14.89	3.81	4.28
重庆	448.85	1158.2	1643.21	1720.5	1736.6	1892.4	1971.2	2097.6	14.83	5.08	6.41
四川	397.74	1086.6	1680.69	1789.2	1843.5	1903.6	1987	2107.6	12.87	4.18	6.07
贵州	427.72	1010.9	1298.54	1334.5	1363.1	1374.2	1411.7	1489.9	12.49	2.79	5.54
云南	374.41	1200.3	1375.5	1387.3	1437.6	1478.6	1533.7	1608.6	12.64	3.77	4.88
西藏	404.14	962.89	1194.51	1231.5	1309.5	1330.8	1404	1462.3	13.27	4.39	4.15
陕西	339.88	880.34	1273.3	1405.6	1455.9	1443.9	1490.8	1596.3	15.15	3.23	7.07
甘肃	492.82	1029.7	1185.07	1393.1	1357.3	1428.7	1508.6	1590.3	11.20	3.37	5.42
青海	472.48	998.75	1320.63	1424.8	1466.7	1490.5	1557.3	1668.9	13.80	4.03	7.17
宁夏	496.49	1136.4	1512.5	1721.2	1754.2	1724.3	1823.1	1917.4	12.42	2.74	5.17
新疆			1504.43	1600.1	1473.2	1618.4	1710.4	1863.3		3.88	8.93
广西	424.43	1446.1	1875.28	1971.9	2048.3	1864.5	1944.3	2012.6	16.60	0.51	3.51
内蒙古	499.79	1208.3	1780.19	1981.5	2002.9	2038.2	1973.4	2086	14.77	1.29	5.71

资料来源：根据相应年份的《中国统计年鉴》和《中国农村统计年鉴》计算整理。资料来源于国家统计局国家统计司编的《中国社会统计资料》。

注：1988年到1990年的资料来源于国家统计局国家统计司编的《中国社会统计资料》。

表 7-16　中国不同区划 1988~2003 年人均收入（农村）绝对差相对差比较表

单位：元/人

区域划分		人均收入 最大区域	指标值	人均收入 最小区域	指标值	人均收入 绝对差	人均收入 相对差
三分法	1988	东部地区	710.62	西部地区	430.56	280.06	1.65
	1992	东部地区	1028.12	西部地区	620.167	407.96	1.657
	1996	东部地区	2207.38	西部地区	1132.46	1074.93	1.949
	1997	东部地区	2882.30	西部地区	1539.11	1343.20	1.872
	1998	东部地区	3020.42	西部地区	1637.73	1382.68	1.844
	1999	东部地区	3106.57	西部地区	1673.11	1433.46	1.856
	2000	东部地区	3199.79	西部地区	1691.05	1508.74	1.892
	2001	东部地区	3377.38	西部地区	1753.34	1624.04	1.926
	2002	东部地区	3552.82	西部地区	1851.14	1701.68	1.919
六分法	1988	东南沿海	802.01	大西北	407.95	394.06	1.965
	1992	东南沿海	1206.477	大西北	566.370	640.11	2.130
	1996	东南沿海	2587.87	大西北	966.74	1621.13	2.676
	1997	东南沿海	3348.46	大西北	1294.41	2054.05	2.586
	1998	东南沿海	3453.32	大西北	1448.83	2004.49	2.383
	1999	东南沿海	3568.46	大西北	1445.50	2122.96	2.468
	2000	东南沿海	3690.32	大西北	1483.14	2207.18	2.488
	2001	东南沿海	3875.34	大西北	1551.86	2323.47	2.497
	2002	东南沿海	4084.32	大西北	1656.83	2427.49	2.465
全国省份	1988	上　海	1300.96	甘　肃	339.88	961.08	3.827
	1992	上　海	2225.87	甘　肃	489.47	1736.40	4.547
	1996	上　海	4245.61	甘　肃	880.34	3365.27	4.822
	1997	上　海	5277.02	甘　肃	1185.07	4091.95	4.453
	1998	上　海	5406.87	西　藏	1231.50	4175.37	4.390
	1999	上　海	5409.11	西　藏	1309.46	4099.65	4.131
	2000	上　海	5596.37	西　藏	1330.81	4265.56	4.205
	2001	上　海	5870.87	西　藏	1404.01	4466.86	4.181
	2002	上　海	6223.55	西　藏	1462.27	4761.28	4.256
全国各地市	1999	深　圳	8131	天　水	1003	7128.00	8.106
	2000	深　圳	9270	朝　阳	1008	8262.00	9.196
	2001	深　圳	9869	榆　林	1071	8798.00	9.214

资料来源：根据相应年份的《中国统计年鉴》和《中国农村统计年鉴》计算整理。

从表7-16可以看出：三大区域中，1988年到2002年，农村人均收入最高的地区一直是东部地区，最低地区一直是西部地区。两者的绝对差从1988年的280.06元，扩大到1992年的407.96元，1996年继续扩大到1074.93元，到2002年差距增加到了1701.68元。相对差的变化特点是：1988年到1996年呈现增大之势，从1.16到1.949，1997年到2000年一直在1.9以下，2001年后到2002年又超过了1.9，分别为1.926和1.919，差距又开始增大。六大区域中，1988年到2002年，农村人均收入最高的地区一直是东南沿海地区，最低地区一直是西北地区。绝对差从394.06元逐年增加，到2002年已经扩大到了2427.49元，是1988年差距的6.16倍。从相对差看，1996年最高为2.676，之后一直到2002年为2.465，呈现下降态势。从省、市、区的变化看，1988年到2002年人均收入最高的区域一直是上海市，最低的区域，1998年到2002年是甘肃省，1999年到2002年是西藏。收入差距从1988年的961.08元逐年增加到2002年的4761.28元，扩大了4.95倍。相对差的变化从1988年的3.827到1996年的4.822，呈现上升态势，而1996年到2002年显示出下降的态势。

3. 不同空间结构农村人均收入变异系数的比较与分析

表7-17 农村人均收入威廉逊系数表

地区划分	1988	1992	1996	1997	1998	1999	2000	2001	2002
三大地带	0.227	0.234	0.290	0.273	0.277	0.282	0.292	0.299	0.300
六大区	0.250	0.281	0.317	0.308	0.305	0.311	0.323	0.326	0.329
全国31省市区	0.289	0.331	0.343	0.337	0.332	0.338	0.351	0.358	0.363

资料来源：根据相应年份的《中国统计年鉴》和《中国农村统计年鉴》计算整理。

若将以上数值绘制在图中，如图7-6所示。

从表7-17的指标和图7-6农村人均收入威廉逊系数曲线可观察到以下动态变化特点和趋势：

第一，三大地带、六大区、全国31省、市、区农村人均收入威廉逊系数呈现逐年上升态势，威廉逊系数曲线是向上伸展延伸的，说明三大地带、六大区、全国31省、市、区内各区域农村人均收入差距在不断地增大。

第二，三大地带、六大区、全国31省、市、区农村人均收入威廉逊系数曲线比较靠近，说明三种区域的划分在威廉逊系数数值上是比较接近的。同样，按照从上到下全国31省、市、区、六大区、三大地带排列，显

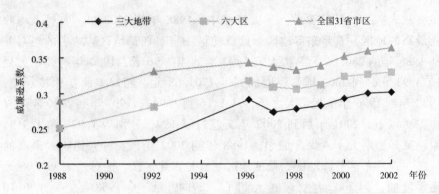

图 7 - 6　不同区域划分的农村人均收入威廉逊系数变化曲线图

资料来源：根据相应年份《中国统计年鉴》和《中国农村统计年鉴》整理计算数据而绘制。

示了区域划分越细，差距越大的规律。

4. 不同空间结构农村人均收入基尼系数的比较与分析

通过对 1988 年到 2002 年不同空间结构农村人均收入基尼系数进行计算，如表 7 - 18 所示：

表 7 - 18　农村人均收入基尼系数表

	1988	1992	1996	1997	1998	1999	2000	2001	2002
三大地带	0.116	0.118	0.151	0.140	0.138	0.140	0.144	0.148	0.147
六大区	0.130	0.140	0.168	0.156	0.153	0.154	0.159	0.162	0.162
全国 31 省市区	0.149	0.166	0.188	0.172	0.167	0.170	0.173	0.177	0.177

资料来源：根据相应年份的《中国统计年鉴》和《中国农村统计年鉴》计算整理。

若将以上数值变化用图来表示，如图 7 - 7 所示：

从表 7 - 18 和图 7 - 7 可以看出，从 1988 年到 2002 年我国不同空间结构农村人均收入基尼系数的动态变化的特点是：

第一，1988 年到 1996 年，三大地带、六大区和全国 31 省市区农村人均收入基尼系数曲线均呈现上升态势，1997 年到 1998 年略有下降，1999 年开始渐渐向上，到 2000 年以后基本在 0.173 与 0.177 范围内波动，说明在这一阶段变化不大，维持着一定的区域差距的变化。

第二，三大地带、六大区和全国 31 省、市、区的农村人均收入基尼系数曲线比较靠近，说明不同区域划分在基尼系数上的相对差距不是很明

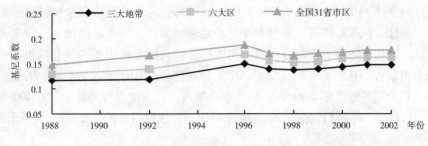

图 7 - 7　按不同区域划分的农村人均收入基尼系数

资料来源：根据相应年份的《中国统计年鉴》和《中国农村统计年鉴》计算整理绘制。

显。三条曲线的间隔一直保持着相对固定的距离间隔，反映了区域划分越细，差距越大。

5. 全国各省及各地级市农村人均收入的比较与分析

将 1996 年到 2002 年我国各省、市、自治区农村人均收入，按照 1/4 划分原则，进行高收入地区（高于平均收入 25% 以上）、中等收入地区（平均收入 ±25% 内）、低收入地区（平均收入 75% 以下）排序并进行区域划分，结果如表 7 - 19 所示：

表 7 - 19　全国各省农村人均收入分组排名

单位：元/人

高收入地区 3000 以上		中等收入地区（1700 ~ 3000）		低收入地区（1700 以下）	
上　海	5432.77	山　东	2488.71	宁　夏	1635.90
北　京	4298.97	辽　宁	2400.52	重　庆	1580.21
浙　江	4027.10	河　北	2367.03	新　疆	1558.00
广　东	3522.74	黑龙江	2189.62	青　海	1422.66
天　津	3472.24	湖　北	2152.51	云　南	1404.62
江　苏	3422.61	吉　林	2135.11	陕　西	1375.51
福　建	3003.15	湖　南	2078.44	贵　州	1336.93
		江　西	2070.78	甘　肃	1334.76
		海　南	2053.47	西　藏	1304.70
		广　西	1880.44		
		河　南	1868.24		
		内蒙古	1867.23		
		安　徽	1849.58		
		山　西	1798.47		
		四　川	1781.41		

资料来源：根据相应年份的《中国统计年鉴》和《中国农村统计年鉴》计算整理。

从表 7–19 可以看出：位于高收入地区的省份主要分布在东南沿海的上海、浙江、广东、江苏、福建和华北的北京和天津，均在东部地区，而划入低收入地区的省份，全部在西部。列入中等收入的省份中西部只有四川、广西和内蒙古，其他均分布在华中、华北、东北及东南沿海的海南省、市区。

将全国各地级市 1999 年到 2001 年农村人均收入进行排名，由于有 200 多个，所以，在此我们仅取前 20 名和后 20 名进行区域的比较，如表7–20 所示：

表 7–20　全国各地级市农村人均收入前 20 名和后 20 名排序表

单位：元/人

全国各地级市农村人均收入前 20 名						全国各地级市农村人均收入后 20 名					
1999		2000		2001		1999		2000		2001	
深圳	8131	深圳	9270	深圳	9869	十堰	1433	平凉	1359	平凉	1443
广州	5834	东莞	6731	东莞	7366	曲靖	1418	巴中	1331	庆阳	1438
上海	5481	中山	6528	中山	6738	铜川	1408	河池	1325	朝阳	1401
佛山	5406	广州	6086	广州	6446	平凉	1400	六盘水	1313	张家口	1388
苏州	5308	佛山	5688	佛山	5988	延安	1381	丽江	1284	河池	1384
无锡	5126	上海	5596	上海	5850	庆阳	1380	承德	1272	安顺	1382
宁波	4798	苏州	5473	苏州	5796	保山	1352	庆阳	1272	广元	1377
绍兴	4681	无锡	5256	无锡	5524	安顺	1337	安康	1248	六盘水	1360
阜阳	4430	绍兴	4982	宁波	5362	汉中	1320	白城	1220	大庆	1329
北京	4316	北京	4687	嘉兴	5350	六盘水	1287	忻州	1207	安康	1324
常州	4314	嘉兴	4584	绍兴	5343	巴中	1254	百色	1183	巴中	1296
汕头	4279	杭州	4496	北京	5099	安康	1181	渭南	1165	百色	1258
杭州	4209	泉州	4440	常州	4896	忻州	1106	商洛	1128	大同	1251
泉州	4209	江门	4431	杭州	4896	大同	1063	大庆	1094	商洛	1172
嘉兴	4160	常州	4430	天津	4825	商洛	1023	榆林	1062	天水	1162
天津	4055	珠海	4417	珠海	4800	固原	1007	阜新	1058	阜新	1122
台州	4029	天津	4370	湖州	4695	天水	1003	天水	1055	忻州	1095
温州	4024	汕头	4343	温州	4683	榆林	960	朝阳	1008	榆林	1071
舟山	4016	湖州	4335	泉州	4643	昭通	872	固原	927	固原	1034
湖州	4011	温州	4298	台州	4631	丽江	826	昭通	922	昭通	945

资料来源：根据相应年份的《中国区域经济统计年鉴》计算整理。

从表 7–20 可以看出，在排名前 20 名中，如 2001 年广东有 8 名，江苏有 4 名，浙江有 5 名，再加上北京、上海和天津，大部分分布在东部尤其是东南沿海，其他年份则基本相同。与此形成鲜明对照的是，在后 20 名中，如 2001 年，位于西部的甘肃有 3 名，贵州 2 名，陕西 3 名，广西 2 名，四川 2 名，除了辽宁阜新、朝阳、山西大同等基本全部位于西部地区。

（四）我国两大流域与"西三角"经济产业带的收入比较

在区域经济发展中，城市集群和产业集群的形成既是经济发展的必然结果，又必然成为带动区域经济发展的主动力。改革开放 26 年以来，我国的长江流域和珠江流域的经济产业带和以此为基础而形成的城市集群，日益成为影响整个国民经济发展的重要力量，并成为带动本区域乃至全国产业发展的主导力量。与此同时，我们也可以观察到一个新的现象，这就是自我国实施西部大开发以来，在西部经济发展中，也初步显露和正在形成相对集中的西部产业经济带和城市集群，并成为带动西部区域经济发展的中心，即以重庆、成都和西安为经济联系相对紧密、实力相对较强和发展潜力相对较大的西部"西三角"经济带和城市集群的形成。尽管"西三角"经济带和城市集群的实力与两大流域相比还有差距，但在我国西部地区，"西三角"经济带正在成为推动我国西部经济发展增长的主动力，开始发挥经济增长发动机的作用。因此，对其进行比较研究，对促进我国区域经济一体化发展大有裨益。在此，我们粗略地对长江流域和珠江流域以及"西三角"经济圈这三大经济带从 1999 年到 2002 年的人均 GDP、城镇人均收入和农村人均收入数据进行了整理和计算，见表 7－21 所示：

表 7－21　1999 年到 2002 年两大流域与西三角收入差距比较表

地　区	人均 GDP(当年价)(元)				城镇人均收入(当年价)(元)				农村人均收入(当年价)(元)			
	1999	2000	2001	2002	1999	2000	2001	2002	1999	2000	2001	2002
长江流域	7488.4	8408.2	9026.8	9926.3	6343.0	6894.9	7323.9	7912.3	2320.2	2390.2	2504.4	2634.0
珠江流域	6941.0	7892.6	8178.7	8959.6	6636.0	7809.2	7772.2	8457.9	2584.7	2585.3	2694.5	2788.0
西三角	5995.1	6476.5	7085.4	7868.3	5394.4	6125.9	6535.3	7260.8	2012.6	2115.9	2213.0	未计
西　部	4309.5	4659.2	5042.7	5514.6	5260.54	5611.19	6119.69	6629.08	1673.1	1691	1753.3	1851.1
全　国	6551	7086	7651	8184	5854.0	6280.0	6859.6	7702.8	2210.3	2253.4	2366.4	2475.6

资料来源：根据《中国区域经济统计年鉴 2000~2002》及中宏网提供的数据整理。

注：长江流域：上海、江苏、安徽、重庆、四川、湖北；珠江流域：江西、湖南、广东、广西；西三角含重庆、成都、德阳、绵阳、遂宁、南充、西安、咸阳。

从表 7 - 21 可以发现，尽管 1999 年到 2002 年西三角人均 GDP、城镇人均收入和农村人均收入各项指标与长江流域和珠江流域的各项指标均要低，也均低于全国的平均水平，但与全国平均水平的差距在逐渐地缩小。如人均 GDP 差距，2000 年是 609.5 元，2001 年差距减少到 566 元，2002 年进一步缩小到了 315.7 元。与此同时，西三角与西部平均水平相比，则各项指标都大大高于西部平均水平，且高出了很多，而且各项指标差距在逐年地扩大，如人均 GDP 差距，1999 年是 1685.6 元，2000 年增加到了 1817.3 元，2001 年又提高到 2042.7 元，到 2002 年则进一步扩大到了 2353.7 元。城镇人均收入也同样如此。1999 年的差距是 133.86 元，到 2002 年则提高到了 631.72 元，三年后相差近 5 倍。农村人均收入差距在 1999 年是 339.5 元，到 2001 年提高到了 459.7 元，同样呈现扩大之势，这说明"西三角"经济带在西部经济发展中最快，领头羊的作用相当明显。

（五）综合判断与评估

综合以上的分析和比较，我们对区域经济收入差距作出以下判断和评估：

第一，我国东部、中部、西部地区人均 GDP 差距总体上仍然呈现继续扩大态势，尚未看到有缩小的迹象，但可喜的是，西部人均 GDP 增长速度最近几年开始超过中部，显示出中西部间差距下降的迹象。虽然城镇人均收入差距在东部、西部、中部之间仍然有，但西部城镇人均收入已经高于中部。从时间的发展看，1988 年到 2000 年处于上升态势，其中 1998 年到 2000 年是差距扩大最快的时期和增幅最大的时期，2000 年后差距扩大速度在降低，这说明我国东部、中部、西部地区城镇人均收入差距的扩大之势在下降。在农村人均收入上，东部与中西部绝对差距同样呈现扩大之势，但东中西差距扩大的速度在 2000 年后有所下降。这主要是由于中西部尤其是西部农村收入增长速度开始加快并开始高于东部。

第二，我国六大区域人均 GDP，从 1988 年到 2002 年一直是东南沿海最高、西南最低，六大区域的差距无论是绝对差距还是相对差距均呈现逐年扩大之势，尤其是 1992 年后扩大速度在加速上升。在城镇人均收入上，从 1988 年到 2002 年东部一直最高，东北四省则一直处于最低的地区。绝对差距逐年已扩大到 8.796 倍，但相对差在 2000 年至 2002 年开始出现下降。农村人均收入从 1988 年到 2002 年，最高的地区一直是东南沿海，最低地区一直是西北。绝对差呈现逐年增大态势，2002 年差距是 1988 年差距的 6.16 倍。但相对差在 1988 年到 2001 年上升后 2002 年开始出现下降。

第三，我国 31 个省市区的人均 GDP，从 1988 年到 2002 年，上海市一直最高，贵州省一直最低，很显然，省际之间人均 GDP 的不平衡性愈益明显。从 1988 年到 2002 年，城镇人均收入最高的省份一直是广东和上海，而最低的是内蒙古、甘肃、贵州，均是西部地区。省市区收入差距呈现三个阶段的变化特点，1988 年到 1996 年是相对差增大阶段，1996 年到 1998 年处于下降阶段，1999 年突然到了最高点，随后，1999 年到 2002 年，呈现下降态势。从 1988 年到 2002 年农村人均收入最高的区域一直是上海市，最低的区域从 1998 年到 2002 年是甘肃省，1999 年到 2002 年是西藏。收入差距从 1988 年的 961.08 元逐年增加到 2002 年的 4761.28 元，扩大了 4.95 倍。相对差从 1988 年的 3.827 元变为 1996 年的 4.822 元，呈现上升态势，1996 年到 2002 年则为 4.256 元，显示出下降的状态。从我国 31 个省市区农村人均收入的变异系数和基尼系数综合看，1988 年到 2002 年变异系数一直处于上升状态，这说明我国 31 个省市区农村人均收入的差距依然在增加。

综上，我们就可以得出以下结论：如果说我国区域之间的经济收入差距在 1988 年到 1992 年或者在 1988 年之前还表现得不是很明显的话，那么，1992 年之后到 2000 年并直到 2002 年，区域收入差距则已呈现不断地扩大甚至加速扩大的趋势。虽然人均 GDP 和城镇及农民人均收入差距增大的数值有所差异，但可以欣慰的是，有些差距指标从 2000 年开始出现了数值下降的现象，而增长指标也出现在西部、中部、西北、西南地区，甚至这些地区的省份地级市收入增长高于东部、东南沿海及上海、广东等而处于区域增长排序的前列。当然，绝对差距目前仍然在提高在增加，即使有个别差距指标下降，也只是说明差距增长的速度在下降，因为实际上从总量上看区域之间的差距仍然是巨大的。

三、"十一五"中国区域经济收入差距发展变化趋势展望

"十一五"时期，随着区域经济协调发展、西部大开发、振兴东北老工业基地等战略的进一步落实，国家对中西部地区的政策支持力度不断加大，这将对遏制地区经济发展差距的扩大起到一定作用。但由于经济增长惯性、运行机制以及发展基础等差异，东部地区得益于可以获取较高的资本和劳动边际效益，将继续在吸引国内外资金、人才、技术等生产要素方面处于优势地位。所以，无论是东部、中部、西部还是省际间的经济发展的绝对差距在今后一段时间内还将继续存在下去。根据 1988 年、1992 年、

XINSHIJI ZHONGGUO JINGJI BAOGAO

1996 年到 2002 年的数据，我们按照东中西三分法，分别运用一元线性回归模型进行了 2005 年到 2010 的预测，如表 7 - 22 所示：

表 7 - 22　"十一五"我国人均 GDP、城镇人均收入和农村人均收入预测表

单位：（当年价）元/人

地区	人均 GDP			城镇人均收入			农村人均收入		
	东部地区	中部地区	西部地区	东部地区	中部地区	西部地区	东部地区	中部地区	西部地区
2003	15169.26	7404.37	5833.22	9617.55	6497.61	6945.69	3906.38	2528.92	2053.38
2004	16143.58	7860.16	6185.96	10199.61	6881.48	7353.92	4130.84	2672.56	2165.84
2005	17117.9	8315.95	6538.7	10781.67	7265.35	7762.15	4355.3	2816.2	2278.3
2006	18092.22	8771.74	6891.44	11363.73	7649.22	8170.38	4579.76	2959.84	2390.76
2007	19066.54	9227.53	7244.18	11945.79	8033.09	8578.61	4804.22	3103.48	2503.22
2008	20040.86	9683.32	7596.92	12527.85	8416.96	8986.84	5028.68	3247.12	2615.68
2009	21015.18	10139.11	7949.66	13109.91	8800.83	9395.07	5253.14	3390.76	2728.14
2010	21989.5	10594.9	8302.4	13691.97	9184.7	9803.3	5477.6	3534.4	2840.6

资料来源：根据相应年份的《中国统计年鉴》和《中国农村统计年鉴》计算整理。

从人均 GDP 预测中，得出的回归方程分别是：东部地区为 $y = 974.32x - 1936393.70$（$R^2 = 0.98$），中部地区为 $y = 455.79x - 905543$（$R^2 = 0.9725$），西部地区为 $y = 352.74x - 700705$（$R^2 = 0.9758$）。其中，y 表示人均 GDP，x 表示时间，R^2 表示拟和优度。对 2005 到 2010 年的时间序列数据的预测，从上表可以看出，预计到 2010 年，我国东部地区的人均 GDP 将达到 21989.50 元/人，中部地区将达到 10594.9 元/人，西部地区 8302.4 元/人。可见，到 2010 年时，西部地区只将达到东部地区 1996 年的水平，中部地区将只达到东部地区 1999 年的水平。中部比东部落后了 12 年，西部比东部落后了 15 年。1992 年，东部地区比中部地区高出 1394.9 元，比西部地区高出 1600.58 元；2010 年，预计东部地区比中部地区高出 11394.6 元，比西部地区高出 13687.1 元。按此推断，"十一五"期间，我国区域间人均 GDP 差距还将是进一步扩大的态势。方程的斜率反映出各地区的增长速度，由其可以看出：东部地区的增长速度最高，中部地区的增长速度其次，西部地区的增长速度最低。

从城镇人均收入看，回归方程分别是：东部地区为 $y = 582.06x - 1156248.63$（$R^2 = 0.98$），中部地区为 $y = 383.87x - 762394$（$R^2 =$

0.9748），西部地区为 $y = 408.23x - 810739$（$R^2 = 0.9823$）。其中，y 表示人均 GDP，x 表示时间，R^2 表示拟和优度。依此预测到 2010 年，我国东部地区的城镇人均收入将达到 13691.97 元，中部地区将达到 9184.70 元，西部地区将达到 9803.30 元。也就是说，到 2010 年，西部地区只达到东部地区 2003 年的水平，中部地区将只达到东部地区 2002 年的水平。中部比东部落后了 8 年，西部比东部落后了 7 年。方程的斜率反映出各地区的增长速度，尤其可以看出：东部地区的增长速度最高，西部地区的增长速度其次，中部地区的增长速度最低。

从农村人均收入看，回归方程为：东部地区 $y = 224.46x - 445687$（$R^2 = 0.9526$），中部地区 $y = 143.64x - 285182$（$R^2 = 0.9335$），西部地区 $y = 112.46x - 223204$（$R^2 = 0.942$）。其中，y 表示人均 GDP，x 表示时间，R^2 表示拟和优度。那么，2005～2010 年，我国东部地区的农村人均收入将达到 5477.60 元，中部地区将达到 3534.40 元，西部地区 2840.60 元。可见，到 2010 年时，西部地区只将达到东部地区 1997 年的水平，中部地区将只达到东部地区 2002 年的水平。中部比东部落后了 8 年，西部比东部落后了 13 年。方程的斜率反映出各地区的增长速度，由其可以看出：东部地区的增长速度最高，中部地区的增长速度其次，西部地区的增长速度最低。

综合以上可以看出：我国人均 GDP 和农村人均收入，呈现东部、中部、西部的排列，东部仍然最高，中部、西部与东部的差距仍呈现扩大之势。但城镇人均收入的排列却呈现出东部、西部、中部排列，西部超过了中部，说明消除东西部差距的重点是提高西部的农民收入和加快西部经济发展速度。

四、"十一五"期间缩小区域收入差距的思路及政策建议

"十一五"期间缩小区域收入差距在很大程度上还是有赖于西部地区大开发所取得的成果。在社会主义市场经济条件下进行的对落后地区开发建设，应有新的思路。

首先，从区域战略角度看，"十一五"期间的区域政策应是区域协调发展的战略（包括西部大开发），这与前些年区域非均衡发展战略还是有很大区别的。协调发展意味着我国区域经济发展已进入一个新的阶段。协调不是等同，也不是平均。协调承认差别，但要求缩小差距，要求配合。区域经济在协调发展若干年后，将可能进入均衡发展的阶段。

　　其次，在社会主义市场经济条件下，区域政策要强调政府支持与借助市场力量相结合，即市场机制对资源配置作用与国家宏观调控作用的结合。比如，在充分发挥政府的引导作用的同时，加快建立统一的公平的国内市场，促进各种要素自由流动，特别是劳动力要素流动。总之，区域政策既不能无为而治，仅靠市场力量，仅靠人口自由迁徙和劳动力自由流动，也不能通过相当长的历史时期逐步地自发地消除区域差别，同时又不能完全靠中央财政按计划经济的办法来调整生产力布局的不均衡。单纯依靠政策的支持进行落后区域的大开发是不够的。比如，西部地域如此辽阔，涉及的省区这么多，靠政府的财力投资从根本上改变面貌是很不现实的，必须要调动起各方面的积极性，要让各种资源自发地向西部投入。应该实现三个转变：第一个转变是由单靠国家财力投资搞建设的模式向国家政策投入与市场基础作用相结合、多元化投资发展经济的方向转变。比如，国家把间接利用外资即政府间信贷多用于西部，政府扩大外商投资西部的诸多领域，鼓励外商西进投资；允许西部城市设立基础设施建设彩票，扩大地方企业发行债券的规模，尝试在西部成立产业投资基金，立足于让西部在政策支持下自己来筹集资金和运营资金。这里的西部，不是单指西部省区的政府，而是指多种投资主体。由此可见，在政策方面就体现着"外部支持"，而不是表现为"直接参与"。第二个转变是由主要靠开发自然资源的模式向综合开发市场、知识、技术、资本与自然资源相结合的方向转变。多少年来，我们对开发西部的理解就是开发西部的自然资源，其实这仅是开发的一个部分，而不是全部。西部不仅需要开发自然资源，更有很多的知识和人才资源需要开发。这种开发不仅是资本的作用或技术的作用，要求的是深化改革和制度创新。西部落后不仅是经济发展水平，而且是思想解放程度，是体制改革和制度创新的不足。因此，开发西部要全面理解，要全面推进。第三个转变是由封闭式、自我开发的模式向全国、全世界、全方位开放的方向转变。开发西部不仅是西部人民自己的事，也是全国人民共同的事业，甚至是吸引全世界的人才和资本共同参与的事业。东部这些年发展的经验充分证明，改革、发展与开放是分不开的。没有开放，改革难以深入，发展也缺乏了强劲的动力。现在中央为西部引进外资提供了很多优惠条件，就是要促进西部把开发与开放结合起来。只有这样，开发才能进行得更快一些，更有成效一些。

　　再次，"十一五"区域政策还需要突出两个结合：中长期开发与解决当前重大问题相结合，加快城市化进程与农村经济稳步发展相结合。不解决好当前面临的问题，就没法去解决未来的问题，否则就是奢谈开发，空谈开发。加快城市化与农村经济发展的结合，对全国而言是重要的战略，对西部更是极为重要的战略。

最后，支持落后地区发展要实行双管齐下的战略。在世界范围内，解决地区差距问题在不同时期有过不同的方式。二十世纪五六十年代偏重于解决收入差距和生活困难问题，政策上偏重于经济救助和投资项目。二十世纪七八十年代偏重于解决教育、卫生问题，使落后地区人民在社会发展上有大的改善。到了 20 世纪 90 年代，则提出二者并重的战略和政策。因为，只利用资金经济投入，由于投入产出率低，落后地区的变化仍是不显著的；只解决教育和卫生问题，对基本生活还存在困难的地区来说，仍难以对付目前的困难。因此，同样的资金如何在这两者间保持一个适当的比例，便成为更值得重视的问题。如果称这种战略为"双管齐下"战略，那么这种战略的好处是显著的：不仅对解决短期经济问题有利，对解决长期经济问题也有利。这方面的资金支出更能得到发达地区人民的支持和理解，也更具有社会意义。

政策建议：

（1）制定欠发达地区省（区）级的人均 GDP 最低标准线

根据我们的预测，在"十一五"期间，区域经济发展和收入差距的扩大已不可避免。靠行政力量完全解决差距问题是困难的，但是，控制区域差距过度拉大又是非常重要的。因此，建议制定"十一五"期间内欠发达地区（以省为单位）的人均 GDP 最低标准线，比如，以排名后 10 名的省（区）人均 GDP 的平均线为最低标准线。凡在标准线以下的省（区），中央政府要根据差距大小相应加大支持力度，以保证区域差距的扩大能维持在最低限度内，维持在落后地区勉强接受的范围内。

（2）制定鼓励区域内形成产业集群的政策措施

国内外的发展实践证明，工业化的发展，区域经济实力的增强，必须依靠产业带的集群形成，只有产业带的规模效应产生，才能在市场经济的竞争中获得优势，才能使区域经济发展较快地由不均衡走向均衡。我国浙江省经济发展快速，城乡居民收入水平高的重要原因之一就是产业化集群的巨大规模效应带来的。

从珠三角和长三角的发展经验看，市场调节的作用在形成有机联系的区域经济圈上有巨大作用，同时，这也是国家投入成本最小的一种区域发展战略。因此，在区域经济发展中，强调借用市场力量形成产业集群，政

府对这种集群的形成不阻挠，不反对，而是乐观其成，并且有具体支持的政策措施。今后，凡是可形成产业集群的区域，凡是几省区交界且形成增长点的区域，凡是外商投资自发进行聚集的区域，政府都要优先考虑予以支持。这与以前优先支持政府规划的区域经济是有区别的。

（3）制定鼓励城市集群或都市圈形成和发展的政策措施

城市集群的形成，将会最大限度地加快我国城市化的发展进程，通过区域内和区域间的城市集群的扩散和辐射效应，从而带动整个区域经济全面发展。"十一五"期间，国家应制定相应的政策，支持城市集群的形成和发展。国家编制"十一五"规划时，需要充分地考虑跨越行政区划界限的区域发展规划。

（4）对中西部经济发展的支持要重点突破，带动一片

三大地带的划分，作为实行区域政策的根据，显得太笼统，太分散，效果太久远。建议要有新的区划作为落实区域政策的依据。一是考虑在西部选择都市圈重点支持；二是考虑按以省为单位的人均收入分类，对其中最低水平的省给予一定支持；三是在三大地带基础上进一步作六大区的划分。就都市圈而言，建议对成都、重庆与西安这一三角地带予以重视。重庆作为西南的带头羊，西安作为西北的带头羊，是关键城市。成都位置居中，条件优越，也是人才集中的地方。西部三角，五年有搞；一都两羊，西部有望。建议在"十一五"规划研究中，重视西三角经济圈，其中包括重视成渝经济圈和陕西关中经济圈的形成及其作用。

（5）振兴东北老工业基地的首要任务是帮助卸包袱

国家支持东北经济区的发展，需要有新思路。这就是国家的财政支持要重点保证东北老工业基地从历史包袱中解脱出来，要对东北多年为国家做贡献而自我积累不足给予补偿，而不是在上新项目和改造老基地上下功夫。只要东北能转变观念，轻松上阵，完全可以自己解决进一步的发展问题，完全可以引进各方资金、人才，重振东北的雄风。现在东北引进外资遇到很大困难的原因在于历史包袱，而不是新项目的可行性。

（6）提高扶贫资金的使用效益

贫困县多在中西部。解决贫困问题，是区域政策中突出的内容。现在扶贫资金划拨上重贫困程度，轻脱贫能力。因此，越穷越能得到支持。这也使一些脱了贫的县区，不愿摘贫困县帽子。这种局面需要改变。一是除将收入水平与脱贫的能力挂钩外，还要将脱贫能力作为扶贫资金发放的重要指标进行考核和评估；二是要把扶贫资金发放的过程变成公开透明的申报过程，使之成为用好贫困资金的预演。当然，国家要进一步严格区分救济与扶贫的界

限，救济资金主要用于绝对贫困的人口和地区，扶贫则主要用于具有一定脱贫能力的地区。否则，有些地区，扶贫资金越多越贫困，而有能力脱贫的地区，却难以获得扶贫资金。

（7）重点消除区域之间农村人均收入差距

虽然区域之间的差距表现在各个方面，如人均GDP增长率和水平、城镇居民收入水平等，但城乡差距是最具影响力的差距。而解决农村收入差距不断扩大的问题，是重中之重。制定全面振兴农村经济的发展计划，是一个关系到我国国民经济持续发展的大局最关键的因素，也是解决区域之间差距问题的重要内容，是与解决农村、农业和农民问题紧密相关的大问题。因此，建议对此给予高度的重视。

（8）改变国家只能作为供给方支持地方发展的传统思想，考虑国家作为需求方刺激落后地方发展的思路

我们现在考虑问题多停留在通过投资促进地方发挥资源优势，进而发展地方经济的思路上。但国家投资力量有限，多年来靠国家投资刺激地方发展的效果现在看来也是有限的，甚至出现了所谓的"东北现象"。因此，能否转换思路，比如，国家可否作为定货方，通过购买来支持地方产业发展，而不是作为供给方，通过投资来扩大和促进地方发展。

附录 关于本报告计算区域差距中采用的六分法

本报告在进行区域差距比较时采用了李晓西教授提出的六分法，即大西北：陕西、新疆、甘肃、青海、宁夏；大西南：重庆、云南、四川、贵州、广西、西藏；东南沿海：江苏、浙江、上海、广东、福建、海南；东北四省：辽宁、吉林、黑龙江、内蒙古；华中地区：河南、湖北、湖南、安徽、江西；华北区：北京、天津、山东、河北、山西。

根据李教授的解释，这种六分法的根据主要是：

首先，体现了区域划分的特点和必要性。每个区至少都有一个核心城市。如东北区有沈阳和大连；大西北有西安；华中有武汉；大西南有成都和重庆；华北区有北京和天津；东南沿海有上海、南京、广州和深圳。这种区划比较简明、习惯，便于使用。大西北、大西南这是通常大家使用的区域概念，已很容易接受并使用。对内蒙古究竟是划在东北、西北还是华北上，考虑到内蒙地处北部况且与东北的联系紧密，相当部分的土地与东北相连，所以我们将内蒙划入了大东北地区。华北区和华中区的划分，历

史上有多次变化，确实不是很确定的。在山东、山西是划入华中还是华北这一问题上，考虑到山东、山西靠近北京，况且近年来与北京的联系相当的紧密，历史上大都在华北地区归辖，所以山东、山西划入华北地区比较合理。广西划入华中还是东南，我们认为，虽然广西历史上大多是划入了东南，但由于广西经济发展相对落后，加上我国实施西部大开发战略是将广西划入了西部，所以，为了能更好地反映其开发的效果和区域经济进行比较，将广西划入西南地区较好。东南沿海也成为使用频率最高的区域名称，六分法再次确认之。

其次，尊重了历史沿革。任美锷教授 1944 年在其《工业区位的理论与中国工业区域》一书中，将中国划为六大工业区：东北区（东三省加热河）；西北区（5 省）；西南区（云贵川广西和西康）；华中区（两湖、安徽和江西）；东南区（江苏、浙江、广东和福建）；华北区（河北、河南、山东山西察哈尔绥远）。我国建国初期就将全国分为六大行政区：即华北区（河北、山西、绥远、察哈尔、平原五省和京津）、东北区（东三省）、西北区（5 省）、华东区（山东、江苏、安徽、浙江、福建、上海和中国台湾）、中南区（两湖、两广、河南、江西）、西南区（云贵川和西康）。1957 年，国家计委传达毛主席指示："协作、联省办法，逐步过渡到经济中心。是否考虑过去的大区，以一个大城市为经济中心结合周围省市考虑通盘的协作规划。如以沈阳为中心的东北地区；以西安、兰州为中心的西北地区；以天津为中心的华北地区；以武汉为中心的中南地区；以广州为中心的华南地区；以重庆为中心的西南地区等协作区域。在此基础上逐渐形成经济区。"这样，从 1957 年到 1961 年，组织了 7 大经济协作区。1961 年后，又改为 6 大行政区（成立中央局）并相应成立了 6 大经济协作区。为东北区、华北区、华东区、中南区、西南区和西北区，与解放初相似，仅江西则由属中南区改为属华东区。1978 年五届人大一次会议通过的国民经济十年纲要中，在总结"文革"经验教训基础上，又提出基本建成西南、西北、中南、华东、华北和东北六个大区的经济体系。

再次，尊重了改革开放以来的现实。改革开放以来，省区间经济协作有很大发展：主要有六大协作区：一是华北经济技术协作区，成立于 1981 年，包括北京、天津、河北、山西、内蒙古；二是上海经济区，成立于 1983 年，包括上海市、江苏、浙江、安徽、福建和江西；三是东北经济区，成立于 1983 年，包括东三省和内蒙古三盟一市（还成立了行业的联席会议）；四是西南的五省区六方经济协调会，成立于 1984 年，包括云、

贵、川、广西、西藏和重庆；五是西北五省区经济技术协作联席会，成立
于1984年，包括西北五省区；中南五省区二市经济技术协作联席会，成立
于1985年，包括河南、两湖、两广和武汉、广州两市。以上证明：大西
南、大西北和东北区划分是有基础的；大经济区的形成，越来越有自愿的
色彩，是各省为自己发展而开拓的有利的周边环境和综合利用资源；同
时，交流各省发展经验也是一个很重要的环节；通过区域性联合，增加在
中央说话的分量，提高一个区域向中央提出的建议的被采纳程度，这也是
各地联合的一个重要因素。

最后，六分法可以弥补和克服三分法提法的不严密。如中国最东部黑
龙江、吉林两个大省不能划入"东部沿海"，也没有再划分"东部内地"
或"东部非沿海"，而是划进中部。内蒙和广西划入西部，与地理常识也
是有矛盾的。

提出六分法区划的目的，就是为在三大地带基础上更进一步搞好区域
政策服务，为编制国民经济计划、开展国土规划和区域规划提供科学依
据，以达到促进区域内经济合作和区域间生产分工的目标。

参考文献

1. 1988至2003年的《中国统计年鉴》，中国统计出版社。

2. 王一鸣：《中国区域经济政策研究》，中国计划出版社，1993年。

3. 刘树成等：《中国地区经济发展研究》，中国统计出版社，1994年。

4. 王梦奎等：《中国地区社会经济发展的平衡问题研究》，商务印书馆，2000年。

5. 胡兆量：《中国区域发展导论》，北京大学出版社，2000年。

6. 蔡都阳：《中国地区经济增长的趋同与差异——对西部大开发的启示》，《经济
研究》2000年第10期。

7. 张可云：《区域经济政策》，中国轻工业出版社，2001年。

8. 陈宗胜等：《再论改革与发展中的收入分配》，经济科学出版社，2002年。

9. 李晓西：《区域经济学》，北京师范大学讲义稿，2004年。

10. 国家统计局课题组：《我国区域发展差距的实证分析》，《中国国情与国力》
2004年第3期。

11. 陈秀山、徐瑛：《中国区域差距影响因素实证研究》，《中国社会科学》2004
年第4期。

课题八　成都中长期科技发展
战略研究报告

课 题 简 介

2004 年 5 月，成都市科技局就制定《成都市中长期科学技术发展规划》委托我所进行顶层设计。我所李晓西所长带领课题组五位教授和博士，6 月初赴成都进行了实地调研，并听取了成都市葛红林市长和郝康理副市长的指导性意见。在成都市科技局门生局长等的精心安排下，经过课题组全体成员的努力，课题组于 2004 年 8 月份完成了《成都中长期科技发展战略研究报告》（以下简称《报告》），并向成都市科技局做了汇报。

《报告》立足于全球经济科技发展新趋势、科技与经济社会融合的新特点，以及国内区域经济发展的新态势，结合国家"十一五"空间发展规划和中长期科技发展规划的内容，从城市化、工业化、国际化等方面分析了成都市未来 5—10 年经济社会发展所处的新阶段和新特征，并将其归纳为"大、智、帅、洋、富、强"六个方面。《报告》科学地评估了成都市科技发展现状和科技竞争力，分析了成都市科技发展存在的长期性、全局性、关键性的问题，提出了成都市科技中长期发展的目标和指导思想。

成都市科技局对课题组的工作和《报告》内容给予了高度评价，认为《报告》的指导思想明确、内容系统完整、数据材料翔实、研究线路和研究方法科学合理，具有较强的适用性和可操作性，研究成果有力地指导和支撑了成都市中长期科技发展规划纲要和"十一五"科技发展规划的编制工作，具有很高的社会效益。

李晓西教授作为课题负责人，对课题研究的框架和进程作了安排，并修改和审定了全稿；金三林博士不仅负责了课题的联系工作，而且撰写了《报告》的初稿。参加调研和讨论的成员包括北京师范大学的高明华教授、李宝元教授、张琦副教授、李泳副教授、张生玲博士、曾学文博士、周波博士、范丽娜硕士、张国会硕士，还有中国社会科学院研究生院的苏旭霞博士、赵少钦博士、成都市科技发展研究中心的陈本燕硕士。

成都市科技局门生局长、唐华副局长、市科技局科技发展研究中心张翼主任、计划处张庆处长等对研究工作给予了大力支持和协助；国务院研究室侯万军副司长和科技部调研室胥和平副主任参加了有关讨论，并对《报告》提出了重要意见，在此一并表示感谢。

一、成都经济社会发展的新阶段及特征

近3年来，成都市在各种重要报告里从不同方面提出了未来成都发展的定位和主要思路，见表8-1。

表8-1 成都发展定位和发展思路总结

序号	提 法	出 处	时 间
1	加快城乡统筹发展步伐，推动城乡一体化进程 加快城市化进程 努力建设中国西部创业环境最优、人居环境最佳、综合实力最强的现代特大中心城市	第十次党代会 第十四次人代会 成都市城市总体规划	2003
2	实施科教兴市战略，建设高科技成都 实施文化强市战略，提升市民素质和城市文明程度	第十次党代会 第十四次人代会	2003
3	实施可持续发展战略，创建最佳人居环境 发展旅游产业，把成都建成中国最佳旅游城市 发展休闲产业，打造休闲之都	第十次党代会 第十四次人代会	2003
4	加快改革开放步伐，推进市场化和国际化	第十四次人代会	2003
5	实现工业新跨越，增创服务业新优势，开拓现代农业新局面	第十次党代会 第十四次人代会	2003
6	实施工业强市战略，坚定不移地走新型工业化道路，努力把成都建成以高新技术产业为先导、现代制造业为基础的新型工业基地	市委市政府出台的《关于加快推进新型工业化实现工业新跨越的意见》	2003
7	为全面建设小康社会而努力奋斗	第十次党代会 第十四次人代会	2003
8	构建西部战略高地，基本实现现代化	成都市第十个五年计划纲要	2003

473

　　以上各种提法为成都市发展提供了重要思想武器。但是，提法很多，不尽相同，相关关系未加说明，也容易造成思想上的不清晰。为了统一思想，更好地落实科学发展观，有必要对上述提法做一归纳提炼，我们受李冰父子"深淘滩，低作堰"六字真经的启发，也从成都的实际出发，对成都未来社会经济发展提出了以下六个字：大、智、洋、帅、富、强。

　　1. 大成都（super city）

　　这是根据成都市第十次党代会和第十四次人代会确定的目标，亦为成都市城市总体规划修编所提出来的。未来5—10年将是成都成为特大型中心城市的集成阶段。大成都的内涵是：

　　超大型城市。成都市第十次党代会提出"创建西部现代化特大中心城市"，第十四次人代会提出"到2007年，国内生产总值年均增长10%以上，人均国内生产总值达到3000美元以上；城市化水平达到42%以上，构筑现代特大中心城市框架"。根据成都市城市总体规划修编（2002~2020）的内容，未来成都市区总面积为3681平方公里，市区内的人口规模将达到800万人。按照现行的城市等级划分标准，未来成都不论是在经济总量还是在人口规模上，都是一个超大型城市。

　　城乡一体化的城市。我国社会主义市场经济将呈现以下两个明显的特点：一是由企业之间的竞争转变为城市之间的竞争，城市成为企业竞争的平台；二是产业结构之间的竞争将转变为城市群之间的大规模全方位的分工协作。城市化作为现代化的主旋律，正在成为中国区域经济增长的动力和源泉。作为超大型城市，人均GDP实现3000美元主要靠"都市圈"（即城区）；人均GDP由3000美元向5000美元跨越时，主要依靠"城市圈"（即城市郊区）；当人均GDP由5000美元向10000美元跨越时，则主要依靠"城市群"。在每一个城市群内，大、中、小城市根据各自功能特点，互相配套与补充。超大城市一般是都市圈的中心，主要功能是政治和行政管理中心，金融、贸易中心，工业与科技产品的开发、设计中心和大公司总部的所在地，而中等城市一般是某一产业或多个产业的生产聚集地，具有专业化城市的特点，小城市则更多体现居住和消费功能。70%以上的物流、人流、信息流和资金流是在城市群内部完成的。在城乡一体化中，要特别注意发掘农民中的人才，尤其是所谓草根性的核心人才。

　　成都现在还处于都市圈的建设阶段，根据成都市的发展规划，2007年人均国内生产总值达到3000美元，将进入城市圈的发展阶段。应该说，成都现在加快城区建设，推进城乡一体化发展，是顺应这一规律的。

西部城市群的中心城市。我们假定 2007 年后，成都的 GDP 增长率为 8%，则再过 7 年，也就是 2015 年成都将进入依靠城市群的发展阶段，而且很可能成为西部唯一城市群的中心城市。国家发改委空间结构课题组近日制定未来我国区域经济发展的规划，提出了 20 个大都市圈的设想，其中包括成渝都市圈。本课题认为，此圈在 2010 年左右可初步成熟。

城市化对资源的要求，除了资本和劳动力以外，平地和水资源是不可或缺的条件。中国平原面积只占 12%，其中 90% 分布在东部沿海地区的三大平原地带，因此在沿海地区可以看到连绵不断的巨大城市带，但在西部地区由于地貌条件却很难看到。在西部可能形成城市群的有成都平原和关中平原。成都平原是西部地区最大的平原，面积虽然只占四川全境的 1%，却集中了全省 92% 的城镇。在成都平原平均每平方公里有 38.5 个城镇、1.8 个城市，是我国城镇最密集的 5 大地区之一，西部地区人口超过 200 万的两个特大城市成都和重庆，就处在四川盆地的中心和边缘。限制西部地区城市化发展的还有水资源问题，这个问题主要在西北地区。以每平方公里平均拥有的地表水计算，西南六省区为 49.5 万立方米，西北六省区仅为 6.8 万立方米，相差七倍以上。以水资源总量计算，西南六省区占全国的 46.4%，西北六省区只占 9.9%。从降雨量看，西南地区年均为 1000—1500 毫米，西北地区只有 100—200 毫米。关中平原属于中国严重缺水的地区，需水量已大大超过当地水资源的承载能力，这将会严重地制约其城市群的推进。

因此，中国西部地区最有可能形成城市群的是成都平原，而成都则是唯一候选的中心城市。未来成都的发展也必须从这三个方面同时去考虑。在城市化建设方面，必须通过规划和政策的手段来实现城市群内的邮电联网、交通联网、客货、金融同城、电力同网、污染同治，构建"三港两路"（国际航空港、国际集装箱枢纽港、信息港、高速铁路、高速公路）为核心的快速、便捷的对外交通体系，打造成都半小时都市圈、一小时城市圈和 3 小时城市群。在产业布局方面，成都要承担起区域经济发展领头羊的作用，率先完成三个重要要素的集中过程，即一批代表着后工业化阶段发展方向的新型产业相对集中、一批国际性高级人才相对集中和一批市场化信息情报处理机构相对集中。鼓励企业、研发机构和销售市场的跨区协作，建设区域性市场体系。

2. 智成都（intelligent city）

成都市第十次党代会和第十四次人代会提出，要"实施科教兴市战

略，建设高科技成都"，要"实施文化强市战略，提升市民素质和城市文明程度"，"到 2007 年，科技进步对经济增长的贡献率达到 55% 以上，全市高等教育毛入学率达到 30%"，形成比较完备的现代国民教育体系、科技创新体系。"成都·高科技行动计划"也提出了建设高科技成都、智能化成都、数字化城市等概念。未来 5—10 年将是智能化成都和高科技成都的奠基和初见成效的阶段。智成都的内涵是：

智能化的城市。实现政府信息化、企业信息化、教育信息化、社会公共服务信息化和家庭信息化，城市综合信息化水平高，覆盖面广。城市基础设施实现了智能化。实现以成都为中心的区域智能交通体系、智能化的城市安全系统、邮电通信智能化监控与管理系统、健康医疗和社区等智能化社会服务系统，实现水电气等公共产品调配管理等的智能化。决策咨询信息系统运行良好。专家咨询已与现代信息技术有机结合，并为"高科技成都"的政府提供了高效、科学的决策支撑。商务信息库和电子商务平台运转正常，现代物流业已常规采用了基于信息化的现代交易方式和方法。现代金融支付系统先进，并在金融、证券等领域普及电子智能交易。

高智力的城市。拥有国内一流、国际知名的大学；在某些领域有顶尖级的科技人才，形成知识集群，是国内的区域性知识中心和全球的知识高地。高等教育毛入学率达到国际中等发达城市的水平，普及高中阶段教育，基本实现基础教育优质化、高等教育大众化、市民教育终身化，成为一座学习型城市。科技氛围浓厚，科普活动发达，科技馆、博物馆和文化馆等科技基础设施完善，公众科学素养在国内领先。"科教兴市"深入人心，科技、教育和知识成为经济发展和社会进步的主要推动力。国际科技交流频繁，成为若干高科技领域的国际学术交流中心城市。

创新型的城市。拥有全国一流的研发水平、科技创新人才、高新技术产业群、创新创业环境，形成可持续创新能力；具有一批国际知名的研究机构、培训机构和咨询机构，以及一批高科技企业研发中心和创新创业型人才的培养基地；科技基础条件平台先进，大型科技设施与基地平台、科学数据共享平台、自然科技资源共享法规平台等运营高效。投资环境完善，创业环境属中国西部最优，投资者及创业者的合法权益和知识产权者的利益得到依法保护。尊重知识、爱护人才。富于创新、勇于冒险、崇尚创新创业，以及干事业和干成事业的社会新风尚蔚然成风，市民的创新意识明显增强。

20 世纪 70~80 年代，发达国家技术进步对经济增长的贡献率为 50%，到 20 世纪 90 年代提高到 70%，可见经济越发达，教育和科技的作用就越大。因此，成都将更加重视科技和教育在中长期区域发展中的作用。加快信息化建设，增加教育和科技投入，培育成都的可持续创新能力，适应更大范围和更高层次竞争的需要。

3. 洋成都（international city）

成都市第十四次人代会提出，要"加快改革开放步伐，推进市场化和国际化"。未来 5—10 年将是成都国际化城市的大发展阶段。

对外开放理论中，有三个观点曾起过较大作用，一是 20 世纪 80 年代"机遇论"，强调和平与发展的国际环境是我国发展的难得机遇；二是 20 世纪 90 年代早期开始的"接轨论"，强调了按国际惯例办事，与国际经济一体化；三是 20 世纪 90 年代末期开始的"安全论"，强调在国际金融和经济一体化中要保护国家的经济安全，当前特别是要防范国际金融危机的冲击。我们认为，现在对外开放是强调"责权论"的时候了。这就是要按照"入世"的协议，按照国际的规则，以一个影响世界经济且负有国际责任的大国来看待和进行进出口和对外开放。成都要顺应这种形势，学会大进大出，融入国际市场，成为全球城市网络中的合格成员。洋成都的内涵是：

成为某些产品的重要制造基地之一。在电子、医药、汽车、食品、石化、航空、核能等产业领域，参与全球产业链分工，利用全球资本制造，为全球制造产品。

成为区域性国际购物天堂。随着中国经济的不断发展，中国不仅是世界工厂，更将成为世界的重要市场。现在的双顺差政策必然要进行调整，做到大进大出。成都已经是西南的市场中心，随着 CEPA 和"10 + 3"合作机制的启动，成都的地缘优势完全可能使自身成为面向东南亚的区域性国际购物天堂。

成为著名的国际旅游城市。三星堆、金沙遗址等跨文明历史遗迹，大熊猫，成都自身以及周边地区丰富的旅游资源，使成都可以成为像罗马、开罗等城市一样的国际性旅游城市，展现跨文明交流的风采、中华文化的历史底蕴和中国西部风情。

在城市化进程中，高度重视发展商业，从单纯的规模扩张向功能再造的方向转变，向国际化的都市型商业发展。促进商业和贸易功能在城市群中的不同城市间进行合理分布和有机组合，发挥商业贸易活动对于促进城市群整体经济功能优化的作用。

4. 帅成都（smart city）

成都市第十次党代会和第十四次人代会都提出，要"实施可持续发展战略，创建最佳人居环境"；要"发展旅游产业，把成都建成中国最佳旅游城市"；要"发展休闲产业，打造休闲之都"。未来5—10年将是人居环境和休闲之都建设的质变阶段。帅成都的内涵是：

布局美。城市布局由单中心圈层式向多中心组团式转变，实现城市功能的多元化和空间布局的分散。城市内部则将实施公交优先的城市公共交通政策，尤其是重点发展城市轨道交通建设。建设具有成都个性的城市景观，追求城市景观的异质化（多元化）。即城市不再是单一的连片铺展开的建筑群，而是建筑群与绿地、水面、广阔的缓冲区镶嵌分布形成的多元城市景观，要建设在城市中夹杂着森林、水面和大面积的自然风光的公园。

环境美。创特色绿化、筑园林景观，形成公共绿化与庭院绿化相结合、水平绿化与垂直绿化相结合、景观道路绿化与小区绿化相结合的城市绿化特色，城市绿化率要超过国家园林城市的要求。加快环境建设，整治水污染、大气、噪声污染治理，保护生态环境，发展循环经济，大幅度提高环境质量。

文化美。发扬成都的古蜀文明、三国都邑、川菜、川剧等独特文化，保护好都江堰、青城山、三星堆、金沙遗址等文化遗产。将传统风貌和现代气息有机结合，在现代化城市建设中继承成都历史文脉，使成都特大城市建设既体现出古蜀国的特有韵味，又具有现代大都市的一般气质。

帅成都要求成都市要加强城市规划管理、交通综合整治、绿化美化、市容市貌整治、生态环境保护和建设、重点文物场所保护等工作。大力发展文化事业和文化产业，发掘城市文化内涵，发挥历史文化名城优势，提升城市文化形象，形成个性鲜明的城市风貌，展现成都魅力。提高成都居家、休闲之都的"城市人居品牌"知名度，建立资源节约、环境友好型社会。

5. 富成都（prosperous city）

富成都就是实现全面小康社会，促进人的全面发展。这不仅是科技和经济发展的根本目标，也是一切产业发展的基础。产业结构升级，从根本上说就是生产出能更好地满足人民生活、工作、健康的产品。未来5—10年将是成都全面建设小康社会的提升阶段。富成都的内涵是：

人民生活显著改善。城乡居民收入持续增加，城镇居民人均可支配收入和农民人均纯收入分别超过18000元和7300元。消费水平明显提高，住房、旅游、教育、信息等消费快速增长，城镇和农村家庭恩格尔系数分别下降到 25% 和 35% 以下，城市居民人均居住面积达到 30 平方米。

公共安全和公共卫生状况良好。城市综合减灾体系完善，建立完善处理突发事件的快速反应机制。刑事犯罪率下降到 0.1% 以下。人口自然增长率控制在 3‰ 以内，公共卫生指标和人口平均预期寿命全国领先。

社会保障体系完善，贫富差距进一步缩小。建立完善的、城乡一体化的基本养老、基本医疗、失业、工伤和生育保险制度。社会救助体系基本形成。市场导向的就业机制已经建成，登记失业率控制在 5% 以内。三农问题、就业问题、贫富差距问题得到有效解决。

富成都要求成都市在未来发展中要突破 GDP 情结，更加重视社会和经济的协调发展，真正体现以人为本。一切工作都要从增加居民收入、改善居民生活、提高居民素质出发。

6. 强成都（powerful city）

现在中西部地区经济发展出现一种倾向，重视创造 GDP 高的工业，力求尽快以工业强省强市。而在东部发达地区，对工业强省强市已开始了反思。如江苏省江阴市委书记王伟成在不久前召开的全国发达县市经济会议上颇有感慨地说，要落实科学发展观，我们江阴有重大调整，过去我们是工业立市，工业占 60%；现在看来这是不够的，要工业立市，三产兴市，统筹发展，富民强市。今后发展高新技术产业，要改招商引资为选商引资。

成都市第十次党代会和第十四次人代会都提出，要"实现工业新跨越，增创服务业新优势，开拓现代农业新局面"；成都市委、市政府出台的《关于加快推进新型工业化，实现工业新跨越的意见》再次提出要"实施工业强市战略，坚定不移地走新型工业化道路，努力把成都建成以高新技术产业为先导、现代制造业为基础的新型工业基地"。未来 5—10 年将是成都全面落实新型工业化的战略决战阶段。强成都的内涵是：

从一柱擎天到双轮起飞：即二、三产业同时起飞。成都的新型工业化，不仅包括超越传统工业自身，还包括发展现代服务业，一产三产化，三次浪潮要同时做。一产是基础，二产是筋骨，三产是门面。成都的企业大体可分为三类，有传统轻工业中的食品工业和制鞋业，可视之为农业的加工业，可称为延伸了的第一产业，因此是第一次浪潮的印记；有传统的制造业，这是主体，是典型的第二次浪潮的标识，也可归为第二产业；有

信息产业，这是少数；还有文化产业，也是少数，这两类可视之为第三次浪潮的组成，暂且归于第三产业。因此，成都工业化过程是带动三次浪潮一起前进的过程，而不仅是传统工业发展的过程，这一点决定着成都的经济发展是否真正能跨越式发展。

工业强市。发展根植于本土的高新技术产业和高加工度化、高开放度化、资源节约化、技术密集化的现代制造业。发展的方式是两条腿走路：对外招商引资，对内培养扶植。

按照产业经济学原理，产业布局指向分为以下几种：燃料动力指向适合于高能耗部门；原材料指向适合于高物耗部门；消费指向适合于终端产品运输成本大的部门，如耐用消费品；劳动力指向适用于劳动密集型产业；高科技指向适用于高技术产业；集聚指向适用于专门化的中小企业。成都要结合自己的优势，迎合全球制造业转移和东部高能耗、占地大的企业外迁的机遇，鼓励发展本地市场优势、终端物流成本低的制造业，大力发展高技术产业和专门化的中小企业。

发展中要处理好招商引资与创新能力的培育问题。招商引资能做大产业但不等于做强产业。如成都引来的丰田汽车项目，据我们听到的反映，引来的只是一个生产车间，不具备任何的技术创新和市场营销功能。外资有很强的排斥性，对本地的技术外溢作用几乎没有。由于配套关系具有较强的资产专用性和规模效益依赖性，它对本地的产业配套带动作用并不是很大。因此，要理性对待招商引资。利用引进外资带动产业发展，进而在竞争中另外培育具有创新能力的龙头企业。

按照国际通用产业标准进行分类，科技产业亦可分为电子信息，软件，航空航天，光机电一体化，生物、医疗、医疗器械，新材料，新能源与高效节能，环境保护，核应用技术，地球、空间与海洋，农业等11个大类。研究证明，一个地区要正确选择、重点扶持和培育具有可持续发展潜力的高新技术产业，必须选择发展同时具有下述优势的产业：有技术教育优势，能输送必需型人才；有大量相关学科的科研机构，而且市场化科研机构的比重较大，创新活动比较活跃；要有相应的中试基地或工程中心，能快速形成生产工艺；有良好的产业基础，能迅速形成产业化能力；有领先的市场需求，创新的产品能得到优先使用，政府往往是创新产品的优先购买者。成都要依据上述标准，有选择地重点发展若干高新技术产业。

三产兴市。城市竞争力与城市中的研究开发能力和物流销售能力密切相关。今后，传统制造业比重大的城市，其竞争力将呈下降趋势；从事研究开发以及金融、商贸、信息、旅游服务的城市竞争力将呈上升趋势。这是培植城市竞争力中必须加以注意的动向。因此，成都在发展制造业同时，必须大力发展现代服务业。对于一个特大的综合型城市来说，没有发达的第二产业就不会有发达的第三产业。成都作为成都平原城市群的中心城市，应该成为高等级、高层次的服务中心，重点发展金融服务业（包括保险业和系列金融衍生产品服务业）、信息产业及信息服务业（包括咨询业、大众传播业、商务中介服务业、航运服务业、展览服务业等）、教育产业及教育服务业和支柱产业、高新技术产业，以进一步强化作为地区发展极的功能。因此，成都必须在推进工业化和城市化进程的过程中来发展服务业。

一产三产化。随着成都城市化的发展，多心、多层、组团式城市形态布局和生产力布局结构的大调整，城乡界线开始模糊，城乡格局发生了深刻变化。特大型城市的强大辐射力，加快了郊区农业与工业的互相渗透和融合，加快了农业产业化、设施化、工厂化的发展；三次产业之间的本质区别开始淡化。随着都市社会经济的发展和市民生活质量的提高，单一为城市提供副食品的郊区农业开始向现代都市农业发展。现代都市农业是为市民供给鲜活、安全、卫生的农畜产品。观光、休闲、体验等新兴的农业项目是农业与旅游业的新的结合，是新型的第三产业。它包括三种主要模式：（1）观光型农业，即设立菜、稻、果、树等田园，吸引游人参观体验，其实质是农业与旅游业的结合；（2）设施型农业，即在一定区域范围内运用现代科技与先进的农艺技术，建设现代化的农业设施，一年四季生产无公害农副产品；（3）特色型农业，即通过有实力的农业集团建设一些有特色的农副产品生产基地，并依托先进的科技进行深层次开发，形成在国际市场具有竞争能力的特色农业。

二、成都经济社会发展对科技的需求

1. 为大成都集成提供科技支持

与一般的大城市相比，特大城市对科技有着更加强烈的需求。从大成都发展的需要来看，在提升城市管理水平和城市交通的信息化水平，促进城乡一体化，推动城市群形成等各方面，都迫切需要科技提供支撑。

（1）提升城市管理水平

现代的城市化具体表现在城市的生产、生活和社会活动以及工厂、住

宅、道路、通讯、生态环境、公共文化设施等各项建设中广泛应用现代科学技术成果，体现现代社会生产力水平和精神文明水平。其中重要的科技措施包括：用新的技术方法检测调控城市化进程，用信息技术管理城市，用区域空间规划引导城市化的健康发展，用科学方法研究制定城镇空间识别系统等。以先进适用技术开发与应用为重点，可以帮助建立起城市空间规划管理的方法和技术支持系统，显著提高城乡空间管理和协调的能力，强化大成都的综合功能。

（2）完善现代化的城市交通系统

从系统工程的观点来看，城市交通运输系统是支撑城市发展的生命线，在城市化的大背景下，综合交通体系的发达程度已经成为大成都发展的有力保障和实力象征。针对成都市城乡一体化的发展趋势和区域联合的需要，交通运输发展对科技的需求体现在以下方面：制定大成都综合交通发展战略与对策，通过交通体系规划方法与关键技术和快速轨道交通与新型交通系统成套技术，实现综合交通决策科学化的需求；通过在规划、基础设施、运输装备、运营管理等领域的科技创新，构建现代综合交通体系，解决大城市交通拥堵、交通安全问题，解决运输需求与能力供应的矛盾；提高交通系统能力与质量的科技需求，为实现大成都交通运输业远期发展目标和中长期发展目标提供科技支持。

（3）开展区域合作

在当前产业链高度扩张和集聚的情况下，一个区域很难容纳全部的经济活动，只有更广阔区域之间的合作，才能提高区域的竞争力，推动经济活动的高效开展。因此，推动成渝、成都平原经济圈的形成，显得尤为必要。区域合作，科技先行。要学习其他区域的做法，携手打造以成都、重庆为核心的区域科技创新体系，共同营造区域合作发展环境，并力争成为我国最重要的高新技术产业基地。

2. 为智成都夯实科技基础

一个地区的经济竞争力在很大程度上取决于其高科技发展的水平和能力。智成都的内涵是，以科技、教育、文化、卫生的全面发展，全面带动智能化和高科技成都战略的全面实施，这是增强成都综合竞争力的根本保证。科学技术的发展将为智成都提供坚实的科技基础。

（1）建设科技人才队伍

从科技人才需求的角度看，在科学技术研究与发展系统中，人才是科学技术发展的决定因素，科技人才利用科学方法与研发工具开发技术手段，传播科技知识，推动科学技术的总体进步。科学技术发展的历史表明，科技人才队伍的整体创新能力决定着科技发展的水平，决定着科技传播的速度和广度。在全面建设小康社会的进程中，要在知识经济、工业经济和农业经济并存的条件下，实现成都的科技竞争力，其核心是加强人力资源开发，将人口优势转化成科技人才的优势。依靠科技发展，建设一支具备强大科技创新能力、适应成都经济社会发展需要、结构合理的科技人才队伍，是实现高科技成都目标的重要途径。

（2）培育城市的创新能力

实现高科技成都的另一个内容，就是培育城市可持续的创新能力，以适应更大范围和更高层次竞争的需要。科学技术的发展在相当程度上依赖于城市创新能力、全社会创新意识和公众科学素质的普遍提高。而构筑成都市技术创新体系、提高市民科学素质，这些都依赖于科技发展提供的基础。通过建立适应的城市创新体系，加强城市的信息化组织体系建设，实现经济的高速增长和社会进步，实现工业化和现代化。

（3）加强教育的普及程度

科学技术的发展在相当程度上依赖于公众科学素质和全社会创新意识的普遍提高。缩小社会阶层之间、城乡之间的知识鸿沟，让科学技术惠及最广大人民群众，是科技发展必须担负的重要使命，也是建设一个高科技成都的基础条件。教育是科技普及的有效手段，只有通过各种教育活动的普及和创新文化建设，创新的价值观念才能深入人心，科技发展才能有良好的环境保障和坚实的公众基础。

（4）构建城市信息化平台

在加大成都信息基础设施建设力度方面，运用科技手段优化城市的空间布局，提升区域信息化整体水平，发挥成都作为国家信息核心枢纽的作用，积极争取设立互联网络的国际出口。运用科技手段打造成都平原地区的区域信息一体化平台，健全政策法规标准体系和安全保障体系，制定信息资源建设规范与标准，实现成都城市群的"城际互联、信息共享"。推进电子政务建设，探索新型城市管理模式。突破基础网络建设瓶颈，建设局域宽带网，为大成都的信息交流共享提供服务。

3. 为洋成都增加吸引力

成都自身的发展及其优越的地理位置，有利于成都发展成为我国西南角的、面向东南亚的区域性国际购物天堂。而要成为国际性城市，科技无疑是重要动力和保障，并且将发挥越来越重要的决定性作用。

（1）开展科技研发的国际合作

加强与国际科技的交流合作，就要利用国内国际两个市场、两种资源，将科技和资源有机结合，实现市场活动为国际接轨服务。推进成都的国际化进程，需要发挥成都的科技资源优势，包括成都与国外城市和地方政府建立科技合作战略伙伴关系，吸引跨国公司在成都建立研究开发中心，鼓励成都的企业在国外建立研究中心；发挥高新技术产业开发区对外开放的"窗口"作用，建设开放型的国际企业孵化器，推动高新技术产业国际化，这些都离不开科技的作用。

（2）提高科技招商能力

随着国际贸易往来的增加，在发挥成都的综合市场优势，以市场化推进国际化的过程中，对技术的需求也必将增加。加入 WTO 后，我们面临的是一个更加开放的世界，我国的比较优势——劳动密集型产品将越来越多地受到其他发展中国家的挑战，更主要的是，我们的出口受到发达国家技术壁垒的限制。因此，无论是保持自己的竞争优势还是规避技术壁垒，都需要通过科技进步，确保在国际贸易中的竞争优势。同时，科技实力的增强，可以增大科技招商引资的力度。

（3）建设国际知名的旅游城市

旅游业的兴起，是成都提升国际知名度的又一优势。在开发旅游资源、建设国际旅游城市过程中，也离不开全面有力的科技支撑。旅游资源的开发规划过程中，需要采用旅游业等关键技术的研究开发和推广应用，强调技术科学、人文社会科学、自然科学交叉融合，强调基础研究、应用研究、软科学研究全面交叉展开。在文物保护、古蜀文化探源的研究过程中，涉及历史文化遗产保护的科学和技术的门类众多，针对历史文化遗产进行的使其不受损害的活动，科技具有相当宽广的领域，包括对保护对象的认定、对各种对象在各种人为与自然因素影响下的各种综合和专门的措施，以及为认定和采取措施而进行的各种专门与综合的科学研究。通过科技参与，发掘城市文化内涵，提升城市形象，增强成都的国际吸引力。

4. 为帅成都提供谋略与手段

科技正在成为促进可持续发展越来越重要的驱动力。发展科学技术，也是为把成都创建成西部投资环境和人居环境最佳城市提供技术手段和智力支持。科技在其中的作用主要体现在以下方面。

（1）开展城市综合规划研究

一个城市的产业竞争力建立在城市环境的基础之上，因而城市的规划与功能分区要合理有序，要营造各类企业愿意来这个城市发展的环境，营造人们愿意来此居住的环境。要有完善的交通体系，要有充足的水电供应，要有完整的市政设施。通过运用科技手段，规划人居环境、城镇住区、水系统循环、节约能源、大城市交通、土地利用、防灾减灾体系等一批重要的科技问题，可以为形成合理的城市空间布局和功能分区服务。

（2）改善城市生态环境

通过科学技术的发展，改善自然生态环境，为缓解资源短缺、改善城市的生态与环境质量、提高生活水平提供更加有效的手段，为生态与环境科学相关法律、政策和国际公约等的制定提供基础。利用环境友好技术可以促进经济增长与环境保护的协调与双赢，有效提高资源利用率，降低污染排放强度，促进经济增长。运用自然生态最优化原理来设计改造城市工农业生产和生活系统的工艺流程，运用系统科学方法对城市生态系统的结构与功能、优势与劣势、问题与潜力等进行识别、模拟和调控，为城市规划、建设和管理提供依据。

（3）美化城市人居环境

在改善城市人居环境方面，要在小城镇建设、城市绿化、空气及水体净化、固体废弃物（垃圾等）处理、清洁能源、城市智能交通等领域开展关键技术的研发与推广应用。在城市灾害的防控方面，运用技术手段构建城市综合减灾和应急系统，包括防灾规划制定和灾害损失评估方法的研究，建立城市灾害应急与救援技术体系，工程、设施的防灾设计方法和标准等，形成城市防灾减灾的基本理论、关键技术、管理信息系统、综合解决方案，为创造优美健康的人居环境奠定基础。

总之，为建设一个环境美好的成都，许多问题的解决将更加依赖于科学技术的发展，新的能源技术、信息技术和生物技术等都将会给成都环境保护带来很好的发展前景。

5. 为富成都改善条件

全面实现小康社会，建立资源节约、环境友好型社会，实现人的全面发展，是建设富成都的内涵，它将对成都市的发展提出更高的要求。全面实现小康社会则需：依靠科技创新，实现统筹发展；建设一个富裕的把资源节约与环境保护放在优先位置的城市；促进人的全面发展，实现从人口大市向人力资本强市的转变。

（1）实现资源和环境的可持续发展

在未来成都的发展中，能源、资源和环境约束是最紧迫、最严峻的问

题。必须把突破能源、资源、环境瓶颈约束放在科技发展的优先位置，紧紧依靠科技进步与创新，实现从资源消耗型向资源节约型经济的转变，从忽视环境的增长向环境友好型增长转变。抓住机遇，利用成都的科技资源优势，大力发展新能源和环保产业，用核科技强大的生产能力、科技优势及丰富的铀资源，建设核电站，发展核能产业。加强可再生能源的开发利用，提高能源转换效率，降低成本。成都的工业、交通运输产生的污染既是城市环境污染的主要因素，又是能源和原材料消耗的大户。因此，开展清洁生产技术和装备方面的研究，研究和开发清洁生产工艺和产品，推广信息技术、先进制造技术、节能降耗技术和环境技术等共用技术，提高应用能源、交通、原材料中的规模生产能力和技术水平。

（2）解决人口与健康问题

健康是人类追求的目标，是实现我国小康社会的核心任务。疾病和卫生事业都面临着双重负担，良好的科技、政策、科技经济环境以及国际经验为人口与健康科技问题的解决和发展提供了基础和保证。在我国普遍存在人口与健康事业和科技发展严重滞后的问题，这使人口与卫生负担已经进入了超负荷阶段，并存在严重的潜在危机。人口与疾病的沉重负担对科技提出了极大需求，先进的科学技术为疾病防治提供了良好的科技环境。运用整体观和系统观进行医学科学研究，顺应环境—社会—心理—生物医学模式。当代医学科学研究必须立足于整体观和系统观，研究生命系统的整体行为、演化规律及生命的本质，了解和预测生命的发生、发展和演变以及疾病的发生、发展和转归。生命科学研究取得重大进展，为认识生命过程和疾病转归、产生新的有效的疾病防治手段提供技术基础。

（3）建立完备的公共安全保障体系

全面建设小康社会，维持经济社会协调发展及地区稳定，迫切需要有完善的公共安全保障体系作为基础，而良好祥和的公共安全环境将是小康社会的重要体现。公共安全领域目前的形势严峻。除了自然灾害、生产安全、食品安全、社会安全、核安全等传统安全外，经济安全、信息安全、生物安全、防恐反恐等非传统安全问题也日益突出。建立更加完备的公共安全保障体系，对科学技术发展提出了迫切的要求，需要依靠信息技术、网络技术、通讯技术等强大的技术创新体系做支撑。同时，科技发展是建立完善的公共安全体系的基础条件，人才、研究及测试基地、仪器、设备及装备等因素是公共安全科技发展的重要支撑平台。通过公共安全科技水平的提高，建立防灾减灾体系，降低经济损失，促进全面小康社会的早日到来。

（4）提高城市公共卫生水平

提高城市公共卫生科技的水平，围绕公共卫生应急系统、重大流行性传染性疾病预防及诊治、食品安全、市民健康、外来有害生物物种入侵等领域，加强技术创新，提高行业技术水平。建立全方位全过程的健康及疾病信息检测系统、公共卫生防御体系；建立和完善疾病与公共卫生预防控制体系；建立和完善传染病与非传染病的预防、控制体系；建立健全公共卫生的突发事件应对体系，提高公共卫生体系信息化管理的水平。

6. 为强成都注入动力

（1）实现传统农业向都市农业转化

世界发达国家和地区的都市农业发展的历程表明，都市农业的出现是农村城市化达到一定程度后必然出现的一种农业形态，是农业摆脱弱质、微利并参与第三产业的有效途径。都市农业在国外尤其是在一些发达国家起步早，发展快。都市农业在强调以高新技术为依托的同时，尤其注重其生态功能和社会功能的培育与发挥，重视农民素质的提高和政府的政策支持与规范化管理。在从专业化农业向农工商一体化发展的同时，农业商品化、国际化不断提高，农产品向多品种、高品质、无公害的方向发展，农业高新技术和可持续发展已成为农业发展的趋势。总体来讲，都市农业的进一步发展还有赖于现代高科技的发展与应用，需要科技为其提供高新技术的科研成果和先进的组装配套技术，重点发展都市农业可持续发展技术和农产品深加工技术，不断开拓新领域，增强新的科技储备，实现城郊型农业向都市农业转变。

（2）提高制造业的技术含量

今后，成都的经济和社会发展及国防安全对制造科技的发展提出了新的战略性需求。资源短缺及生态环境恶化的严重局面，也要求必须依靠科技进步，大力发展资源节约型和环境友好型制造业，用先进适用技术改造传统制造业。制造业对技术的需求主要表现在加大对电子通讯、交通运输设备以及关键材料和零部件的技术投入，改造传统产业和大力发展装备业方面。广泛采用先进制造技术、信息技术和新材料技术，发展高技术含量产品和高技术产业。随着成都经济发展和市场供求关系以及国际竞争态势的变化，通过技术创新提高产业竞争力，积极培育成都产业新的比较优势和竞争优势，已成为成都产业健康发展的关键。促进电子信息、机械汽车、医药、食品四大主导产业链的完善，壮大冶金建材业，培育石化产业等，都离不开科技的有力支撑。特别是依靠成都军工优势带动发展，在军工产品的设计、制造与管理数字化协同技术与快速反应技术，精确打击武器超精密及微细制造技术、质量与综合保障技术、特种制造技术及装备等方面有所突破。

（3）提升服务业的功能和质量

现代服务业的发展本质上来自于社会进步、经济发展、社会分工的专业化等需求。科学技术特别是信息技术对现代服务业有着重要的推动和保障作用。现代服务业必须依靠科学技术特别是信息技术的支撑才能得到长足的发展。成都主要通过发展物流、金融、旅游、数字文化等现代服务业，来提升城市服务功能。为了更好地发挥信息技术的作用，还需要对机构和管理体系进行相应的调整和重组，对人员的素质要求也应提高，从而进一步带动整个服务业的创新。科学技术直接推动经营模式和管理模式的变化。建立在现代信息网络基础上的现代物流与电子商务的出现，会加快传统物流、商业向以协同电子商务支撑下的现代物流与现代商业的转型，为加快经济一体化，发展全球制造业及其他产业价值链的延伸营造了可持续发展的良好环境，因而成为近年来经济贸易发展的新热点。信息技术也成为直接推动和影响市场机制和政府监管方式完善的重要力量。

三、成都经济社会与科技发展中存在的问题

（一）经济社会发展中的主要问题

1. 未来5—10年将是成都成为特大型中心城市的集成阶段。近期城乡一体化规划与实施是关系全局的大问题，未来超大型城市的管理问题将突出。同时，如何加快成渝经济圈建设并进入国家"十一五"规划，是非常急迫要回答的问题。

2. 未来5—10年将是智能化成都和高科技成都奠基和初见成效的阶段。近期突出的问题是信息产业发展和信息产品的普及化问题，即引进和培育一批国际知名的研究机构和形成一批高科技企业研发中心的培养问题；中长期问题将是实现基础教育优质化、高等教育大众化、市民教育终身化，科普活动完善化的问题。

3. 未来5—10年将是人居环境和休闲之都建设的质变阶段。近期问题将是城市规划能否做到便民、美化和具个性化，是如何解决城市超大型化的水污染、大气、噪声污染和垃圾治理。

4. 未来5—10年将是成都国际化城市的大发展阶段。近期问题将是确定打向世界的拳头产品并发展之、着手强大的物流业，中长期问题则是如何利用成都多种优势成为面向东南亚的区域性国际购物天堂的规划。

5. 未来5—10年将是成都全面建设小康社会的提升阶段。近中期成都市重要的任务将是如何建立和完善城乡一体化的基本养老、基本医疗、失业、工伤和生育保险制度。

6. 未来5—10年将是成都全面落实新型工业化的战略决战阶段。近中期关键问题是如何把工业强市与三产兴市结合起来，落实到各个工作环节上，如何把招商引资与培育具有创新能力的龙头企业结合起来；如何解决在推进工业化和城市化进程的过程中发展服务业的综合统筹规划。

（二）科技发展中存在的主要问题

1. 科技服务对象不明确

同全国一样，由于强调以GDP为中心，科技必须为经济发展服务变成了科技必须为创造GDP服务。这一思路造成科技工作中的急于求成，使得科技对于社会事业的关注严重不够。科技部门的眼光虽然从科研机构转向企业，但对环保、资源、公共卫生、公共安全尤其是普通百姓的科技需求重视不够。服务对象的局限性，造成政府科技投入比重偏小，对于非经济领域的公共科技产品提供严重不足。这突出表现为科技基础设施不足，成都至今还没有一家科技馆，郊区县的科技基础设施近乎没有。同教育、卫生、文化领域等相比，政府的投入较少，科技公共产品也相对缺乏。

未来发展中，成都科技除了要引领和支撑新型工业化和新型城市化，促进强成都和大成都的实现外，还要为智成都、帅成都、洋成都和富成都提供支撑。

2. 科技发展中政府越位与缺位并存

在技术创新的中间领域（中试阶段）存在严重的市场失灵，研究机构没实力投入，风险公司不愿意投入，这个环节最需要政府投入，但政府投资很不足；而在产业化阶段，由于技术比较成熟，市场风险较小，社会投资者愿意投资，政府可以退出，但在这个环节的政府投入却较多。科技投入中直接支持项目的多，对科技基础设施、科技共享平台的投入不够。对产业科技重视多，对公共事业科技关注少；对创新过程支持多，对通过政府采购推广高科技产品的工作少。对专利和知识产权保护不够。

政府科技管理体制有待进一步理顺。比如市级财政科技资金多头使用，过于分散；科技局和高新区的科技管理职能没有理顺。部分区县对科技工作不重视，科技经费存在挪用问题。某些基地的管理体制也不顺，影

响到基地公司职能的发挥。

政府的某些行为与发展科技和经济的初衷相背离：在发展模式上，主要还是以低要素成本吸引投资，靠投资驱动、要素驱动，创新驱动的理念未真正建立起来。过于重视行政力量，重视财政资金，忽视了市场化、民间性的力量；过于强调统一，忽视对竞争的推动；过于重视单线条的产业链，忽视中小企业集群的培育；重视城区的发展，忽视郊区的发展和区域科技差距的扩大；重视短期的重大项目，忽视中长期的环境、资源、卫生、教育发展。某些园区的机构迅速官僚化，与科技发展和市场经济要求的民主、平等、服务不能长期相容。

3. 科技市场化程度低

市场主体不发达。成都的民营企业和科技机构还不多，市场化程度总体较低。科技中介机构市场滞后，技术评估机构、技术经纪人严重缺乏，导致前期成果的筛选和评估问题很大，存在严重的信息不对称问题。

市场规则和体系不完善。科技要素市场不发达，突出表现为科技融资难、科技人才流动难。科技成果的交易市场不完善，成果在成都卖不出去，过期便作废，所以科技成果转移到外地，而在本地转化少。科技发展中公共研发平台缺乏，技术转移中心的作用不强。

市场意识不普及。从调研情况来看，成都的企业和科研机构的市场意识还不普及，很多企业没有技术需求，很多科研机构没有成果转化的意识。有需求和意识的企业，很多还不知道有效利用成都的产权交易所等中介市场。

4. 科技资源整合中存在严重的体制性障碍

由于历史原因，成都科技布局多偏重于国家目标，绝大部分科研机构的设立不是源于区域经济发展的自然结果，机构的运行也与地区经济的发展脱节，具有外生性的特点。条块分割严重，科技能力在纵向被分割为科学院系统、企业系统和高教系统，在横向上又被分割为中央、地方两类，加上军工部门，使区域科技系统形成了严重的分离，科技要素之间交互作用少，集而不聚，有优无势。创新资源高度分散，不能形成创新合力。

军工科技资源和军工产业是成都最独特的优势，但军民协作机制不健全，军工产业对成都相关产业的带动作用不明显。在现有体制下，军工机构开发民用产品很难，自己的军品任务紧，也没有动力。有些军工机构开发了民品项目并开始市场化运作，如132厂在成都成立民品公司，拟建立航空工业园；核一院也在积极以市场化方式推动民品项目，但成都市对他们融入本地市场的努力关注、支持不够。

5. 科技发展的人才问题

成都作为一个科技大市，现有各类大专院校近 60 所，中央在蓉科研院所及省市级科研机构达 100 多个，国有大中型骨干企业也为数甚多，科技人才储备丰富，但成都所拥有的科技存量资源和科技潜能与其应该达到的经济实力和社会发展程度很不相称，科技人才开发利用存在以下问题：

一是科技人才资源稳中有降，人才流失比较严重。

以在蓉科研院所为例，近年来在蓉科研院所的人力资源稳中有降，2002 年从业人员 20205 人，比 1996 年减少了 5000 多人，下降了约 30.2%；从事科技活动人员 12128 人，比 1996 年减少了 4000 多人，下降了约 35.5%；科学家和工程师 8300 人，比 1996 年减少了将近 2000 人，下降了约 21.7%。由此可见科技人才流失比较严重。

另一方面，由于成都在科技创新人才的引进、使用、培养等方面的优惠还不明显，促进人才创新的风险投资活动还不太活跃，政府鼓励企业增强对人才投入方面的优惠政策还有待落实。成都高校自己培养出来的大量优秀的科技人才都流向其他城市或地区，造成成都科技人才短缺和断档问题比较严重。

二是"核心人才"缺乏。

核心人才是指重点领域的学科带头人和高素质的科技企业管理者，是科技工作中的"帅才"。它们具有战略眼光，能够较好把握世界科技发展趋势，具有卓越的领导才能，善于组织大规模科技创新活动或承担国家重大科技任务，有崇高的道德风尚和很强的人格魅力，能够团结大批科技创新人才共同奋斗。核心人才在提高一个地区科学发展水平、产品创新能力、凝聚科技人才方面具有举足轻重的作用。成都目前这两类"核心人才"相对于发达地区还是比较缺乏。

现代科学研究对象或工作对象日趋复杂，需要不同知识背景的科技人员互补，越来越成为集团协作的团队活动，这就需要具有很强组织水平和科学研究水平的科学家来统领协调。目前，成都高精尖的科技人才还显不足，就两院院士数为例，上海拥有 152 位，江苏拥有 87 位，广东拥有 46 位，而成都仅为 28 位，和其他城市、地区相比之下要逊色得多。

另一方面，成都通过这几年的发展，销售收入超过 1 亿元的高科技企业有 69 家，占整个高新技术企业的 11.86%，涌现出像地奥、托普、国腾

等大企业集团和一批出色的企业管理者，但缺乏像北大方正、清华同方、青岛海尔这样销售收入过 50 亿元、100 亿元的科技企业和顶尖的企业管理者以及实战型高级科技人才。

三是人才队伍没有实现优化整合，资源缺乏有效配置。

就成都高校科技人员而言，现有 36000 多人，加上在读的理、工、农、医领域的研究生 9000 多人，数量可观。但由于缺乏有效的优化配置机制和手段，高校科技队伍与社会企业间人员合作交流不够。一方面，高校科技资源存在大量闲置，无法充分利用；另一方面，企业中大量科技工作由于人才缺乏无人去做，从而形成人与事不相匹配，无法形成合力，巨大的人才优势潜能无法充分发挥。

在工业国家，在企业中的 R&D 人员比例美国为 75.4%，日本为 64.8%，英国为 68.5%，韩国为 54.9%，而中国仅为 27.5%，成都为 26.1%。

成都市大部分 R&D 活动是在政府部门所属的高校和科研院所中进行的，企业由于科技人员不足，其成果转化的主体地位没有得到充分体现。据统计，全市 2001 年共形成商品化成果 659 项，其中本市仅留下 281 项，其余 378 项被省外企业买走。由于企业拥有的 R&D 人员短缺，企业对科技成果的应用能力受到很大局限。

一些高科技企业往往在创业初期急需人才，但由于风险很大、职业发展路径的不确定因素较多，而且在户口、人事档案管理及职称晋升等方面又没有高校和科研机构那样的政策支持和人事自主权，因此许多企业难以留人，相当数量的科技人员即使短期留了下来，但因为户口、人事档案管理及职称晋升等方面的政策限制而不能专心留下来为企业长期服务。

6. 科技发展的资金投入问题

（1）财政科技投入总量不足且结构不合理

近几年成都的科技投入资金增长还是比较快的。2003 年，全社会 R&D 投入达到 28 亿元，比上年增长 27.3%；科技经费内部支出为 18.93 亿元，比上年增加了 27.4%。初步形成了以政府投入为引导，企业投入为主体，金融机构、社会资金共同参与投入的新的投融资体系，即"政府引导，市场运作，社会参与"的多层次的科技资金投入体系。但仍存在以下问题：

首先，财政科技投入总量不足。

2003 年，成都市财政科技投入总额为 1.58 亿元，占地方财政支出的 1.02%，与国家中长期科技规划中要求的把财政科技投入提高到财政支出的 2%—3% 的目标还有一定的距离，在今后几年内需继续加大财政对科技的投入力度，确保财政科技投入增长率不低于财政支出的增长率，使财政科技投入占整个财政支出的比例逐渐接近国家确定的目标。

其次，成都科技三项费投入相对不足。

近些年，由于成都市政府对科技的重视，成都市科技部门掌握的科技三项费的增长有了很大的提高，由 1997 年的 1200 万元提高到 2003 年的 7597 万元，但在全国 15 个副省级城市中处于第 13 位，大大低于 15 个副省级城市 1.21 亿元的平均水平。今后成都市应加大对科技管理部门的资金支持力度，使科技三项费超过 1.21 亿元的平均水平，科技三项费占 GDP 的比重也提高到平均比例水平 0.078% 以上，以扭转成都市科技三项费用排名落后的局面。

再次，科技投入结构需合理化。

科技活动可分为三个阶段：科学研究阶段、中试和产业化阶段，即科研成果转化为满足人们需求的产品或服务需经过一个中试和产业化的过程。在国外，这三个环节的投资比例通常是 1:10:100，而我国的情况是 1:2.5:10。目前成都每年登记的科研成果有 200 件左右，但真正产业化的科研成果却很少，大量的科研成果被埋没。2003 年，成都科学研究与技术开发机构的 R&D 投入为 4.7 亿元，按比例，中试应投入 47 亿元，但整个科研机构的科技投入总额也只有 23.6 亿元，对中试开发阶段的投资明显偏低，科研——中试——生产三个环节投资比例失调是成都市科技成果转化率低的重要原因。由于产业化中投入中试阶段的风险较大，社会资金不愿进入，在这种市场调节失灵的情况下，成都市应加大政府对中试阶段的投入，并培养和引导社会资金逐渐地进入中试阶段。

（2）成都风险投资业发展滞后

风险投资业对于高科技发展具有重要的促进作用。美国 20 世纪 90 年代后，高新技术产业迅速发展与其遥遥领先的风险投资机制密不可分。英国前首相撒切尔夫人在分析原因时，认为欧洲高科技方面落后于美国，并不是由于欧洲在科学技术方面的落后，而是由于风险投资落后于美国 10 年。目前成都风险投资业在总量、规模、运作机制上还很不成熟，需政府加大引导和扶持力度。

首先，在总量上，成都风险投资协会有 49 家会员，注册的风险投资总额达到 24.92 亿元，但只有 3 家有投资功能，其他都已转变为科技中介机构。目前成都的风险投资市场不够成熟，有些创业企业存在诚信问题，再

加上大家对风险投资的认识还不够，即使有大量剩余资金的机构、个人也不敢轻易进入风险投资业。成都目前成立的风险投资公司基本上都是政府资金，只有一家是民营企业，政府资金的引导和放大作用发挥得还不够。

其次，在规模上，注册资本金过亿元的只有两家。由于风险投资的失败率较高，大约在60%—70%，强调以分散投资来规避风险，往往是同时投资8—10家，只要有2—3家获得成功，就可在整体上取得较好的回报。对于股份制的风险投资公司来讲，可运作的风险投资资金就是其资本金，而一个项目的科技成果转化往往就需几千万甚至上亿，风险投资公司规模过小，一些大的项目就无法投资，另外也很难做到分散投资。由于成都风险投资公司规模较小，无法分散风险，出现了大家只投资科技创业公司的成熟期，而种子期无人愿意投资的情况。

再次，在风险投资的运作上，成都市缺乏专业化风险投资公司。由于科技成果转化的投资风险大，风险投资公司大多是对一两个领域进行深入研究，并专业化地投资于这些自己熟悉的领域，以减少因信息不对称产生的行业风险。缺乏这种对行业技术发展把握较好的风险投资公司，会造成投资公司不敢进行大的投资的情况，影响成都市科技成果的产业化。此外，成都风险投资公司对所投资的创业企业的管理服务不够，一方面是创业企业存在排斥风险投资公司控制的情况，另一方面是风险投资公司还缺乏这方面的意识。实际上，风险投资公司对于科技创业企业所提供的不仅仅是资金支持，还应参与所投资企业的经营管理与咨询服务，参加风险企业的董事会，参与制定企业策略、策划追加投资、监控财务业绩、挑选和更换风险企业的管理层等，在风险企业的治理结构中发挥积极的作用。这也是风险投资公司对科技创业企业进行监督，控制投资风险的措施之一，但目前成都有些风险投资公司的投资面过宽，且对创业公司仅停留在融资服务上，在后续管理服务上还比较欠缺。

最后，成都目前的风险投资公司在组织形式上都是股份公司，缺乏合伙制的风险投资公司。合伙制是国外在风险投资业发展中探索出的一种成熟的组织形式，它有利于对风险投资家形成一种有效的激励和约束机制，而且它本身的再融资能力比较强，不受注册资本金的限制，对创业企业的后续发展融资也比较有利。此外，这种形式还有利于培养和筛选出真正优秀的风险投资家，对整个风险投资业的市场化发展起到促进作用。

总之，目前成都市在发挥政府引导、社会参与的功能，扶持风险投资业发展壮大，规范完善风险投资运行体制方面还有许多工作要做。

四、成都科技中长期发展的目标和指导思想

（一）指导思想

以"加强自主创新，实现重点跨越，支撑和引领'大、智、帅、洋、富、强'成都经济社会协调发展"为指导方针，全面促进成都科学技术的发展。以加强自主创新为科技发展的战略基点，以实现重点跨越作为加快科技发展的战略途径，以支持和引领经济社会协调发展作为科技发展的战略任务；注重原始性创新，不断增强科技持续创新能力；加强集成创新，促进战略产品和产业的跨越发展；以科技进步促进经济社会协调发展，为落实科学发展观提供坚实支撑；整体推进区域创新体系建设，为创新型城市奠定科技发展的制度基础；主动利用内外两种科技资源，有效服务成都发展战略需求；构建西部战略高地，支撑和引领成都经济社会的可持续发展，全面建设小康社会。

——服务总体目标原则：围绕我市国民经济和社会发展的总体目标，根据经济建设和社会发展的重大需求，明确科技服务对象，确定科技发展重点，结合资源优势，形成与特色经济匹配的科技支撑体系，推进科技与经济的快速发展。

——突出重点原则：以电子信息技术、生物技术、现代中医中药技术、能源技术、环保技术、新材料技术、先进制造技术、纳米技术、航空工程技术、农产品生产标准化技术的发展为重点，带动全市高新技术产业发展，促进传统产业技术升级和结构调整，实现跨越式发展。

——发挥市场作用原则：强化市场观念，充分发挥市场在配置科技资源中的基础性作用，运用市场竞争和合作机制提高科技资源使用效能，大力推动经济发展。

——持续创新原则：以体制创新带动技术创新，加强战略性和原始性创新，不断增强技术储备，推动科技和经济社会的持续快速健康发展。

——以人为本原则：充分发挥创新人才在科技发展中的核心作用，创造环境，优化机制，激发科技人员的创新精神和创业潜能。

——政策驱动的原则：加强科技立法和现有科技法规的执行，制定并完善有利于科技创新的各项政策，加强现有政策和科技法规的有效实施，充分发挥集成效应和保障作用。

——可持续发展原则：正确处理经济建设与人口、资源、环境、公共安全之间的关系，加强人口、资源、环境、劳动安全、疾病防治、防灾减

灾等领域重点技术的攻关研究开发和推广应用，改善生活质量，提高生活水平，促进科技、经济与社会的全面协调发展。

（二）目标

总体目标：实现战略调整，全面建设"大、智、洋、帅、富、强"成都，建立和完善区域创新体系，为建设创新型城市奠定制度基础。主要标志为：

——强化自主创新能力，推动经济增长方式的转变。到2010年，全社会研究与开发经费投入占全市国内生产总值的比重达到2%，市级财政科技支出占到全部财政支出的10%以上；对外技术依存度从目前的50%以上降低到35%以下，本市人年度专利授权量达到4000件，专利申请与专利授权量在同类城市中位居前三，成都在《中国城市竞争力报告》中的科技竞争力排位由2003年的第26位上升到前15位。

——以提升企业技术创新为目标，形成以企业为核心、产学研相结合的技术创新体系。到2010年，企业的R&D经费占全市R&D总经费的60%以上。企业科技投入大幅度增加，科研院所改革进一步深化。促进科研院所与高校之间发展各种紧密合作关系，建立以科研院所和高校为主体的科学研究体系。探索军民结合的创新之路。建立由各类科技中介机构组成的社会化创新服务体系。

——以完善宏观调控机制为重点，整合科技资源，形成以市场为基础、政府为主导的科技资源配置体系。建立起独立、客观、科学、公平、公正、公开的科技评价制。促进创新资源的合理流动，最大限度地减少科技资源的低水平重复、浪费，提高科技运行效率。

——以落实科学发展观为契机，转变政府职能，增加公共科技投入。建设以现代化科技馆为代表的一批重大公共科技基础设施，增加对教育、卫生、文化、公共安全领域的科技财政投入，更加重视科普工作。加强对区县政府公共科技投入的监督和支持，确保区县R&D经费占GDP的比重不低于1%。

——完成若干重大科技专项和重点任务的战略部署，启动一批对增强成都市综合实力和经济科技发展具有带动性、标志性的重大科技工程。初步建成与创新型城市相适应的基础条件平台、共享机制和服务体系。完成我市确定的科技优先领域的战略部署，争取在一些领域取得重大突破和跨越发展。

——以高产、优质、高效、生态、安全农业综合技术为重点，集中力

量开展重大农业技术攻关，为保障食物战略安全，解决"三农"问题提供
科技支撑和成果储备。依靠科技创新，明显提高成都市的制造业科技水
平，实现电力、化工、起重、运输、机床等重大装备制造技术的突破并形
成竞争能力，钢铁等优势产业制造技术达到国内领先水平。提高现代服务
业的技术含量，以科学技术支撑我市现代服务业的快速健康发展。

——在工业、建筑、交通等高耗能领域通过大规模应用先进节能技
术实现普遍节能目标。充分利用科技手段，加大生态建设和环境保护力
度，实现 GDP 翻一番而环境质量不继续恶化的目标。初步建成与成都市
经济社会发展水平相适应的公共安全科技体系，大幅降低特大事故的发
生，基本控制外来生物、疫病疫情、有毒有害物质及化学危险品入侵上
升的状况。

——以区域经济社会发展战略为导向，建立起西部区域科技合作机
制，实现西部地区科技资源的优化配置，共同打造西部科技创新基地，显
著提高西部区域科技发展的基本能力。

五、成都中长期科技发展的重点

为了有效解决科技发展中现存的问题，促进"大、智、洋、帅、富、
强"成都的实现，成都科技在未来发展中必须围绕中心，结合成都实际突
出重点，促进成都经济社会的发展。

（一）重点任务

1. 完善区域创新体系

（1）建设技术研发体系

依托在蓉高校和科研机构的重点学科和战略科学家，重点培育信息安
全、数字娱乐、IC 设计、光电子元器件、中医药现代化、生物医药、高分
子材料、轨道交通、民用航空、核技术应用等十大知识集群。

大力发展企业工程技术研究中心、高校和科研院所技术转移中心、跨
国公司和国内大企业研发中心等三类研发机构。

以资金匹配等方式，支持在蓉高校和科研院所参与国家重大科研项
目，鼓励本地科研机构和企业以分包、协作等方式进行合作。

（2）深化科技领域的市场化改革

大力培育市场主体和科技中介市场，发挥市场在科技要素资源配置和
成果转化中的基础性作用。

运用经济杠杆和政策手段，强化企业的科技投入意识，引导各类企

业，尤其是高新技术骨干企业和企业集团增加对科技开发的投入，使企业成为创新主体。

进一步抓好公益类、服务类市属科研院所改制，积极参与中央和省级科研机构、科技企业的改革、改制工作。鼓励航空、核能、电子信息等中央科研机构和企业在蓉建立民品公司。鼓励科技人员自主创业。

鼓励金融创新，大力发展和引进行业风险投资基金、产业投资基金，发展科技人才市场和科技人才中介机构，完善科技要素市场。

提升成都联合产权交易所的服务功能和质量，鼓励民营企业投资建立营利性专业孵化器，大力发展技术评估、技术咨询、技术经纪人等科技中介机构，完善技术成果的发现和转化市场机制。

2. 推进新型工业化进程

（1）提高主导产业竞争能力

加速以成都高新技术产业开发区、成都经济技术开发区为核心的科技园区建设，以重大科技项目的实施推动重点高新技术企业加快发展，围绕电子信息、机械（含汽车）、医药、食品（含烟草）、冶金建材、石油化工的产业链缺失和薄弱环节，通过科技招商和重大产业化项目，促进产业链的完善。

建立六大行业的产业研发平台和行业技术共性平台，加强关键共性技术研发、引进、消化吸收及推广，突破产业技术瓶颈，提升主导产业的创新能力。

发挥科技资源优势，用先进制造技术、信息技术改造传统产业，促进本地配套企业与龙头企业的技术标准对接，提高本地配套能力。

（2）发展先导产业，培育潜导产业

电子信息领域重点发展信息服务业、数字娱乐、信息安全、集成电路和系统集成产业。生物医药领域重点发展中药现代化、抗生素及生物制品、创新药物研发。光机电一体化领域重点发展新型传感器、测试仪器、网络化制造、数控系统及大型成套设备。在新材料领域重点发展电子信息材料、稀土材料、纳米材料、高分子材料。

密切跟踪第三代核反应堆、民用航空飞机、高速轨道交通等可能形成战略产业的重大科研项目，立足本土优势，培育潜导产业。

（3）发展现代都市农业

围绕农村城市化、一产三产化的目标，加大高科技和先进适用技术在农业中的广泛应用，加强农业技术服务，加快农业产业化进程，提高农产品加工深度和商品化程度，优化农业结构，发展生态旅游和观光农业，引导传统农业向现代都市农业转变。

（4）发展现代服务业

利用信息技术，大力提高金融、物流、会展、旅游、咨询、培训等现代服务业技术水平。建立现代服务业信息网络基础设施示范工程、金融服务与金融宏观调控系统、创新协同电子商务服务体系工程、网络教育工程、数字广播影视服务系统工程、数字文化工程、医疗服务系统工程以及政府综合服务支撑平台等。

3. 促进社会可持续发展

（1）提高公众科学素养

加快成都科技馆建设。以科技馆建设为契机，加强对全市科普教育设施的规划与建设工作，通过出台《成都市科普教育设施建设实施意见》，整合科普教育资源，五年内在全市形成 100 项科普设施。整合社会资源，组织开展形式多样、内容丰富、贴近群众生活的科普活动，提高市民的科技素养。

树立现代义务教育的理念，更新义务教育标准，真正普及现代义务教育，尤其是欠发达区县、乡镇的义务教育，给每一个儿童、青少年以步入未来技术社会主流的权利和能力。

（2）优化人居环境

围绕城市绿化、新型建材、空气及水净化、固体废弃物处理、清洁能源、小城镇建设。利用城市环境综合整治的各种手段，对城市环境进行开发、利用、整顿、监测、治理和保护。整治的重点是治理城市大气污染、水体污染、固体废弃物和噪声污染。开展城市智能交通、电子商务、电子政务等领域关键技术的研发和推广应用。鼓励采用清洁生产技术，利用再生资源，更新、替代有害环境的产品，是实现城市经济、社会、环境协调发展的关键环节。

（3）维护公共安全

围绕公共卫生应急系统、重大流行性传染病的预防和诊治、食品安全、市民健康、外来有害生物物种入侵、人口控制及动态管理、城市安全综合防范和治理等领域，加强技术基础工作，建立技术支撑体系。

（4）保护和发掘城市文化

配合"休闲之都"建设，加强数字文化教育、文物保护、大熊猫保护、古蜀文化探源、文化旅游等关键技术，发掘城市内涵，保护成都历史文化。

（5）推进新型城市化

顺应成都城市群的发展趋势，加速城市基础信息设施建设，搭建信息

化公用基础平台。大力推进工业、农业、服务业、交通、城市管理和全社会的信息化进程，建设智能化城市。

按照城乡一体化发展的要求，加大科技对县域经济发展的支持力度，加强农村地区公益型的科技基础设施建设，加强农村信息化建设，逐步缩小城乡之间的知识差距和科技差距。

（二）重点措施

1. 深化科技体制改革，优化政策环境

在转轨经济条件下，地方政府的科技发展职能包括提供公共科技产品、推进科技市场化、组织重大科技项目、扶植中小企业，同时，政府往往还是创新产品的优先用户。科技工作的对象不仅仅是科研机构和企业，首先是辖区内的纳税者、居民。为老百姓尤其是弱势群体提供公益型的科技服务和产品，维护公共安全，应该是政府科技发展的第一职能。因此，要进一步明确政府与市场的关系，明确政府在推进市场化中的作用；创新科技项目的组织方式和中小企业的扶植模式。政府提供不等于政府直接生产，而是通过政府采购，做公益型产品和创新产品的优先用户，发挥政府采购的市场导向作用。立足公共管理和大科技，推动科技园区与市科技管理体制的融合，如市科技局和高新区领导交叉任职。重视区县科技，增加专项扶持。加大对农村技术协会、农业技术机构的支持力度。强化对"一抓一"工作的考核，实施一票否决，市科技局对区（市）县科技工作进行年度全方位检查。改革科技三项费管理制度，实行上挂下拨，由上级财政直接拨下级科技部门。增加对欠发达区县、乡镇的转移支付。推行科技经费统计公告制度。支持区县的科技普及工作，增加相应经费。

2. 推进科技资源整合及科技平台建设

体制壁垒、条块分割使成都的科技资源集而不聚，优而无势，必须突破这些障碍，以"高低结合"的方式，整合当地创新资源，形成创新合力。"高"是指，通过省市与中央部门的合作，推动当地机构的合作；"低"是指鼓励当地机构之间以市场为纽带的互利合作。以高科技产业促进中心为平台，以重大项目为载体，推动院、校、所、企、军的资源组合优化。

建立成都市与在蓉高校科研院所的联席会议制度，破除科技人员创新创业的各类障碍，调动在蓉高校科研院所科技人员的积极性，充分发挥其创造力，推动产学研结合，促进科技成果转化。

根据科技发展重点，联合当地机构建立若干产业促进中心或科技促进中心，各机构以理事会形式参加管理，中心独立运营，成为突破体制壁垒、实现资源整合的重要桥梁。

现在，科研设备重复购置，利用率低的现象很严重。需要在政府指导下，组建一个科研设备共享平台，将有限的科研资源充分利用。建设软件、新材料、生物医药、核能、汽车、航空产业和资源开发、环境保护、公共安全领域的公共技术平台。建设成都科研条件协作网。

3. 增加科技投入

增加财政对科技的投入，保证科技投入增速高于 GDP 增速和财政收入增速。优化政府资金使用方向（分类别、分市场结构、分阶段）。解决政府风险投资的退出问题。积极推动相关金融创新产品在成都的应用。

4. 促进专利、技术标准的产生

通过加大专利扶持和保护，有效促进高新技术知识产权化和高新技术产业化。平台建设的重点，一是完善知识产权管理和保护的地方性法规和规章，营造知识产权保护工作的良好法制环境，规范专利市场行为；二是健全全市知识产权协调机制和工作管理体系；三是加强执法队伍建设，提高行政执法水平；四是大力发展知识产权中介服务机构，形成专利、商标、版权等知识产权服务功能，提供全面的知识产权代理和知识产权资产评估服务。

5. 加强区域科技合作

在产业链高度扩张和集聚的现代市场经济条件下，一个区域很难容纳全部的经济活动，只有更广阔区域之间的合作，才能提高自身的竞争力。例如，如果没有浙江、江苏作为大产业和市场的腹地，上海就不会迅速提升自己的竞争力。因此，成都要积极推动成渝、成都平原经济圈的形成，学习其他区域的做法，携手打造以成都、重庆为核心的区域科技创新体系。运用科技手段，加快"数字城市"建设，打造成都平原地区的区域信息一体化平台。联合建设区域技术创新体系，共同营造区域合作发展环境，共同制定发展规划，协调布局高新技术产业，在核能、航空、医药和汽车产业领域全面合作，实现科技平台共享，鼓励科技资源的自由流动。建立重大科技项目合作机制，针对西南地区经济、社会发展的共性问题开展联合攻关，共同承担国家重大科技项目。

建立区域科技联席会议制度，联席会议由参加各方轮流主持，下设联络办公室。联合共建高性能宽带公共科技信息网，构筑区域科技信息高速公路，实现科技文献信息、大型科学仪器设备、科技专家库、产权交易市

场、人才市场等科技信息资源的共享。联合组织科技对外开放的重大活动，共同搭建科技资源优化配置平台。联合创建科技园、高新技术企业孵化器等科技成果转化基地，共同推进重大科技成果转化和高新技术的产业化。联合建立实验室、股份制工程中心、研发中心、博士后流动站等机构。

6. 优化高新技术产业的空间布局

在政策、科技计划安排等方面全力支持高新区争创"全国一流、西部第一"，支持经济技术开发区打造"西部现代制造业基地"，充分发挥两园区的示范、辐射、带动作用，推动全市高新技术产业发展；积极引导和支持海峡两岸科技产业园、国家中药现代化科技产业园、国家火炬计划成都电子信息产业基地、国家信息安全成果产业化（四川）基地、国家集成电路设计产业化基地、国家软件产业化基地（成都）和国家大学科技园等科技园区（基地）利用科技资源和产业特色加快发展；加强科技资源在高新区聚集和整合，鼓励和引导高新技术企业到高新区、经济技术开发区、海峡两岸科技产业开发园及各类科技园区集中发展，形成高新技术主导产业和特色产业的聚集效应。

解决现有基地建设、运行过程中存在的问题。立足大经济圈，建立核能、航空和汽车三大产业基地，并进入国家火炬计划重大项目。

7. 实施科技计划与重大专项

根据总体规划，组织好各专题规划的编制工作。坚持一手抓科技招商，完善产业链；一手抓本地重大科技项目产业化。集成若干服务于"资源节约、环境友好"社会建设的重大项目。进一步改革科技计划管理体制。

参考文献

1. 《成都21世纪议程》编制委员会：《成都21世纪议程——成都可持续发展白皮书》，四川科学技术出版社，1997年。

2. 成都市科技发展研究中心、成都市科技顾问团办公室、成都市科技实力现状调查及其评价研究课题组：《成都市科技实力现状调查及其评价研究》（内部资料），1999年。

3. 成都市计划委员会：《成都实施中央西部大开发战略研讨会论文集》，1999年。

4. 《成都市党政代表团赴沿海学习考察的几点体会》，中共成都市委工作会议学习材料，2004 年。

5. 成都市人民政府：《关于印发〈关于鼓励成都市集成电路设计产业发展的实施细则〉的通知》，成府发〔2004〕32 号。

6. 葛红林：《在市委工作会议上的讲话》，2004 年 7 月 6 日。

7. 李春城：《在市委工作会议上的讲话》，2004 年 7 月 6 日。

8. 成都市专利工作汇报。

9. 中共成都市委办公厅、成都市人民政府办公厅印发，《成都高科技行动计划纲要（2003～2010）》，成委办〔2003〕5 号。

10. 成都市科学技术局、高新技术产业园区发展情况调研课题组：《聚合资源 优化配置 提升竞争力——成都市科技园区发展情况考察与分析》（修改稿），2003 年。

11. 成都技术产权交易所：《2004 年工作汇报》，2004 年。

12. 《成都市卫生事业发展思路（2005～2010 年）》。

13. 《卫生科技中长期发展思路》。

14. 翁大伟：《以建设"三最"城市为目标努力推进城乡建设事业大发展——在全市经营城市培训暨建设工作会议上的工作报告》，2004 年。

15. 《成都市科技发展十年规划和"八五"计划纲要》，成府发〔1991〕148 号。

16. 成都市劳动和社会保障局、成都市国土资源局、成都市财政局印发《成都市征地农转非人员社会保险办法》，成劳社发〔2004〕74 号。

17. 成都市人民政府印发《成都市征地农转非人员社会保险办法》和《成都市已征地农转非人员社会保险办法》，成府发〔2004〕19 号。

18. 《成都市人民政府关于加强知识产权工作的通知》，成府发〔2002〕54 号。

19. 成都市人民政府令第 104 号《成都市专利保护办法》，2004 年。

20. 成都市知识产权局、成都市科学技术局印发，《成都市专利资助资金管理办法》，成知发〔2003〕10 号。

21. 《高新技术产业现状》。

22. 成都市知识产权局印发《成都市企事业单位专利工作管理制度制定指南》，成知发〔2003〕20 号。

23. 《成都电子信息产业"十五"发展规划》。

24. 《成都市鼓励软件产业发展的暂行办法》（讨论稿），2004 年 3 月 10 日。

25. 《关于大力发展民营科技企业的意见》，成科字〔2000〕027 号。

26. 成都市人民政府办公厅印发《成都市科学技术奖励办法实施细则》，成办发〔2001〕75 号。

27. 《成都市创业资本投资高新技术产业的试行办法》。

28. 成都市人民政府印发《成都市产权交易管理规定》，成府发〔2002〕62 号。

29. 中共成都市委、成都市人民政府《关于加强人才"五支队伍"建设的意见》，成委发〔2004〕32 号。

30. 《成都市促进高新技术成果转化的若干规定》，成府发〔2002〕71 号。

31. 成都市科学技术局调研组：《加快成都人才资源向人才资本转变　促进科技成果转化调研报告》，2003 年。

32. 成都市科学技术局《关于贯彻市第十次党代会精神，全面推进科教兴市　建设高科技成都的实施意见》，成科字〔2003〕69 号。

33. 《成都市重点优势工业企业工程技术研究中心、企业技术中心认定评价与管理办法》，成科计〔2004〕12 号。

34. 《9 个市属科研院所管理体制改革指导意见》，成府发〔2001〕181 号。

35. 《成都市星火计划管理办法（试行）》，成科字〔2000〕071 号。

36. 《成都市专利补助资金管理暂行办法》，成知发〔2002〕15 号。

37. 《成都市技术市场管理条例》，成人发〔1999〕13 号。

38. 国土资源部文件，《国土资源部科技创新人才工程纲要》，国土资发〔2001〕356 号。

39. 科学技术部文件，《国际科技合作发展纲要（2004 ~ 2010 年）》，国科发外字〔2004〕101 号。

40. 重庆市政府中长期科技发展规划办公室：《重庆市中长期科技发展规划编制及战略研究工作方案》。

41. 中共成都市委、成都市人民政府《关于加强技术创新，发展高科技，实现产业化的实施意见》，成委发〔2000〕10 号。

42. 《"成都市中长期科学技术发展规划"工作推进计划》，2004 年。

43. 成都市科学技术情报研究所：《国家主体计划项目执行情况年度统计调查报告》，2004 年。

44. 邓川：《总结经验，坚定信心，扎实深入推进城乡一体化》，2004 年。

45. 《成都市工业发展布局规划纲要（2003 年 ~ 2020 年）》，中共成都市委文件，成委发〔2004〕11 号。

46. 中共成都市委、成都市人民政府《关于加快推进新型工业化　实现工业新跨越的意见》，成委发〔2004〕38 号。

47. 《海特集团公司关于航空科技工程现状及近期发展规划的建议》。

48. 《四川省双流县科技进步示范县建设与发展规划》。

49. 成都市人民政府办公厅：《成都市土地利用总体规划（1997 ~ 2010 年）》（文本摘要）2002 年 12 月。

50. 中共成都市委财经领导小组：《成都、重庆主要经济指标对比与预测》，2003 年。

51. 《成都市 2003 全市科技工作总结》（送审稿）。

52. 《成都市轻工行业协会 2003 年度工作总结及 2004 年工作思路》，成轻发〔2004〕5 号。

53. 葛红林：《关于培育大企业集团的若干思考》，2003 年 1 月 31 日。

54. 葛红林：《紧紧抓住战略机遇期，加快新型工业化建设步伐——在市委理论学习组学习会上的发言》，2002 年 11 月 26 日。

55.《成都市农牧业发展第十个五年计划》。

56.《农业部发布优势农产品区域布局规划（2003～2007年)》。

57.《成都新型工业化道路发展战略研究》。

58. 成都市科技局：《成都市科技优势的整合与国家重点基地建设》，2004年3月。

59. 科学技术部课题组：《高科技城市与区域经济发展》，2003年12月。

60. 成都市科技顾问团：《成都市高新技术产业发展环境分析》，2002年10月。

61. 成都市科技顾问团：《成都市高新技术产业发展环境分析——中药和生物制药篇》，2002年10月。

62. 成都市科技顾问团：《成都市高新技术产业发展环境分析——新材料产业篇》，2002年10月。

63. 成都市科技顾问团：《成都市高新技术产业发展环境分析——光通信产业篇》，2002年10月。

64. 成都市科技顾问团：《成都市高新技术产业发展环境分析——电子信息产业篇》，2002年10月。

65. 成都市政协、成都市科技顾问团：《在蓉科研机构现状及发展对策研究总报告》，2004年1月。

66. 成都市政协、成都市科技顾问团：《在蓉科研机构现状及发展对策研究背景资料》，2004年1月。

67. 成都市科学技术委员会：《西南科技中心建设与发展规划》，2001年5月。

68. 成都市科技顾问团办公室、成都市人民政府参事室、成都市贸易局、成都国际会议展览中心、成都会展经济现状及发展对策研究课题组：《成都会展经济现状及发展对策研究成果汇编》，2003年12月。

69. 郝康理：《成都中医药产业发展研究报告》，四川人民出版社，2003年。

课题九 济南市利用外资
战略研究

课题简介

　　2005年3月初，受商务部投资促进事务局和济南市委托，北师大经济与资源管理研究所承担了"济南市利用外资战略研究"这一课题，课题组经过7个多月的调研和分析，完成并提交了本研究报告。

　　本研究报告对济南市利用外资状况进行了相关的比较分析，通过设计城市和行业的引资能力指标体系，测算出多种能力指数。在分析济南市引进外资的现状、需求、问题、机遇、潜力等基础上，提出了政府与市场、引凤与筑巢、传统文明与建设现代商业文化"三结合"的引进外资思路，提出了利用外资的相关政策建议。

　　商务部投资促进事务局对本研究报告给予了高度评价。评审意见书认为，该报告架构严谨、内容丰富、质量很高，报告理论分析与实证分析相结合，对济南市利用外资现状、需求进行了独到的分析，所提出的建设性意见和建议得到济南市的高度重视，引发了其对如何有效开展利用外资工作的深入研究和探讨，为济南市制定"十一五"规划提供了重要参考，对其招商引资工作的进一步开展具有重要的指导意义。

　　本课题由李晓西教授负责。课题组成员来自北京师范大学经济与资源管理研究所、商务部国际贸研院和山东大学经济学院等，他们是李泳博士后、马宇研究员、汪连海博士、何青松博士、张磊博士、余洁雅硕士和刘科星硕士。李泳和余洁雅承担了本课题的联系组织工作。

　　本课题研究过程中，得到了商务部投资促进事务局和济南市政府有关领导和专家的指导。济南市副市长王天义、商务部投资促进事务局顾杰副局长对本课题提出了很多宝贵的指导意见；济南市对外贸易经济合作局孟祥桓局长、蒋东风总经济师等对课题组实地调研做了周密安排，创造了良好条件；山东大学经济学院臧旭恒教授、黄少安教授对课题研究给予了帮助；商务部投资事务促进局投资咨询中心林若尘副主任负责本课题的联络与协调，做了大量富有成效的工作；该局许丹松处长和闫花女士也为课题做了许多具体细致的工作，在此一并表示感谢！

一、济南市利用外资的现状及问题

（一）济南市近几年利用外资水平处于落后状态

济南市社会经济近几年有了长足的发展。但是，不论是从自身角度，还是从比较的角度看，济南市在利用外资方面还存在着不足。

下面，我们从存量规模、增长速度和利用质量三个方面来考察济南市利用外资的水平，并将其与省内其他城市、国内副省级城市比较，来分析和评估济南市近几年来利用外资的情况。

1. 济南利用外资规模小、增长慢、质量低

根据我们的实地考察和相关数据的整理分析，我们发现济南市利用外资有三个特点，一是规模小，二是增长慢，三是质量低。

规模小：2000～2004年中济南共利用外资15.85亿美元，5年存量只相当于烟台市一年的实际利用外资量，低于青岛2004年实际利用外资量的一半。按新的统计口径，2004年济南市新批投资项目152个，实际使用外资3.17亿美元，仅占当年山东省实际利用外资的3.23%。

增长慢：2000年以来，济南市5年利用外资的平均增长速度为21.9%，增长速度最快的一年仅为33.0%，大部分年份都低于全省平均水平（2000年以来，山东省五年平均增长速度为34.3%，最快的年份增长72.7%）。2004年济南市实际利用外资总额比前一年增长21.5%，同年整个山东省实际利用外资增长率是32.4%。在山东省这样一个经济高速发展的东部开放地区里，济南市利用外资的增长速度是比较慢的。

质量低：济南市目前已经引进的外资，主要集中在电力煤气及水的生产供应业、房地产业、社会服务业、医药业、批发零售和餐饮等产业。这些产业总体上看，技术含量不高，且根据本报告后面的分析，它们基本上不是济南市的优势产业，见表9-1：

表9-1　2003年规模以上外资工业企业主要经济指标比重

比重单位：%

		企业个数（个）	工业总产值（亿元）	工业销售产值（亿元）	工业增加值（亿元）	资产总额（亿元）	利税总额（亿元）	年均从业人数（万人）
济南	外资企业	163	111.75	108.2374	34.65	—	—	3.81
	全市总计	1319	1318.54	1290.087	426.30	—	—	40.37
	外企占全市的比重	12.36	8.48	8.39	8.13	7.87	11.23	9.42
山东	外资企业	2925	2483.24	2433.61	730.01	221.83	2238.73	94.25
	全省总计	16177	15379.5	15061.77	4701.10	1605.74	14461.60	595.42
	外企占全省比重	18.08	16.15	16.16	15.53	13.82	15.48	15.83
全国	外资企业	38581	44358	43546	11600	39260	4190	1259
	全国总计	196222	142271.22	139453.22	41990.23	168807.70	15874.17	5748.57
	外企占全国的比重	19.66	31.18	31.23	27.62	23.26	26.40	21.90

资料来源：《济南统计年鉴2004》、《山东统计年鉴2004》和《中国工业经济统计年鉴2004》。

　　从上表可以看到，2003年，济南市所有外商投资企业的工业总产值为全市工业总产值的8.48%，不仅低于全国平均水平（31.18%），也低于山东省16.15%的水平。并且，济南市外商投资企业的其他主要经济指标占总量的比重，无论与全国平均水平相比，还是与山东省平均水平相比，都偏低。这些经济指标至少从几个侧面反映了济南市外资的运营情况不够理想，对济南的经济发展贡献不足，说明了济南市目前利用外资的质量不够高。

　　2. 济南市利用外资水平在山东省主要城市中相对落后

　　从外商投资在山东省内的分布看，胶东半岛的青岛、烟台和威海龙头带动作用明显。以2004年为例，青岛、烟台、威海实际利用外资规模占全省总数的69.2%，其中青岛为38.17亿美元，烟台为18.57亿美元，威海为11.24亿美元。并且，这三个城市始终在吸引外资上保持稳定的增长势头。2004年青岛实际利用外资额比上年增长33.1%，同年，烟台的增长率为66.8%，威海的增长率为38.8%。

　　与之相比，中、西部城市尽管外商投资总额较少，但增速突出。

其中，潍坊 2003 年实际利用外资额比上年增长 95%，2004 年继续增长 39.6%，当年实际利用外资达 5.47 亿美元；淄博 2003 年比上年增长 72.48%，2004 年继续增长 29.9%，当年实际利用外资 3.62 亿美元；德州 2003 年利用外资增长惊人，增长率达 230%，因此虽然 2004 年德州利用外资规模比前一年下降了 8.5%，其绝对额仍达 3.1 亿美元。

而地处中部的济南市 2004 年实际利用外资 3.17 亿美元，增长率为 21.5%。在山东省这 7 个主要城市中，济南市同期利用外资规模是相对落后的，增长速度也比较慢。

从近五年存量来说，济南利用外资的规模也偏小。见图 9 - 1：

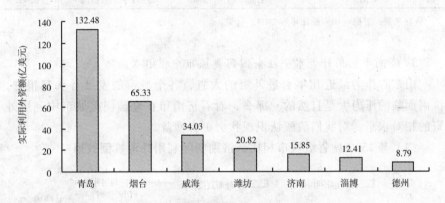

图 9 - 1　2000 ～ 2004 年山东省主要城市实际利用外资总额

资料来源：根据《山东统计年鉴 2004》计算。

可见，山东省的七大主要城市中，胶东半岛的青岛、烟台和威海在吸引和利用外资方面发挥着龙头作用，带动山东省走在全国的前列；而潍坊、淄博、德州后来居上，目前潍坊利用外资存量已经超出济南 5 亿美元。济南市由于基础薄，发展速度慢，利用外资的水平不仅与沿海三大城市有极大的差距，还面临着来自中西部其他城市的巨大压力——如不尽快改变现状，将被中、西部其他中型城市甩到后面。

从 2003 年外资企业主要工业经济指标在相应城市整个工业企业中所占的比重，也可以看出，济南市的外资运营质量低于三个沿海城市和潍坊市，与淄博市和德州市比较也只是水平相当。见表 9 - 2：

表 9 – 2　2003 年规模以上外资工业企业主要经济指标比重

单位：%

主要城市	企业 单位数	工业 总产值	工业 销售产值	工业 增加值	利税总额	进出口 总额	从业 人口数
济　南	12.36	8.48	8.39	8.13	11.23	26.01	9.42
青　岛	45.26	25.34	25.21	27.57	14.75	58.46	42.08
烟　台	29.16	26.93	27.14	26.53	24.47	75.29	22.61
威　海	25.78	18.94	18.86	19.85	17.04	65.59	20.26
潍　坊	14.47	22.73	22.83	225.69	26.01	47.91	19.12
淄　博	9.63	9.10	9.13	8.67	9.17	53.61	8.59
德　州	4.31	9.84	9.83	13.48	22.47	21.84	6.02

资料来源：根据《山东统计年鉴2004》计算。

3. 济南市利用外资水平在全国同类城市中排名靠后

山东省作为最近几年引进外资的大省，各个城市的发展势头都很好，济南面临的压力大是自然的。那么，看看济南市在全国同类城市中利用外资的相对水平，对我们清醒认识现状会更有助益。

（1）与 15 个副省级城市相比，济南实际利用外资量倒数第二

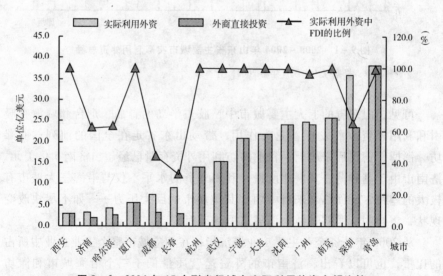

图 9 – 2　2004 年 15 个副省级城市实际利用外资金额比较

资料来源：《济南市国民经济概况2004》，济南市统计局，2005 年。

图 9－2 显示了我国 15 个副省级城市 2004 年实际利用外资的规模，以及其中外商直接投资的情况。2004 年济南利用外资量仅 3.17 亿美元，在副省级城市中的排位仅稍高于西安一个城市，低于其他 13 个城市，与其同省的青岛（38.17 亿美元）差距极大，青岛的外资利用量是济南的 10 倍以上。处于内陆的成都、武汉、沈阳的利用外资能力都明显高于济南市。而且还可以发现，济南的外资利用量中还有将近 40% 不是来自国外直接投资，属于其他外资范畴。

（2）与 15 个副省级城市相比，济南现有外资企业发展落后

2003 年，济南共建立外商投资企业 163 个，总产值为 1117479 万元。济南现有的外资企业数量和生产能力在 15 个副省级城市中都排在落后行列，目前的外资企业数排第 11，而产值仅排第 13，并且与其他东部城市差距很大（详见附录 1）。而从 2002 年到 2003 年外资增长带动的产值增长情况来看，济南市外资增长 1 美元所带来的外资企业工业产值增长为 15.92 元，这个水平在全国 15 个副省级城市中列第 13 位，仅高于西安和哈尔滨（见图 9－3）。仅一年的增长数据不能确切说明外资企业的发展，但是能相对反映出，济南的外资企业发展在当时确实落后于其他的同类城市。这种现状对济南市进一步吸引外资是不利的。

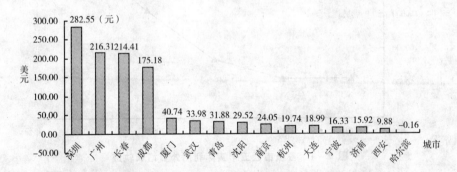

图 9－3　副省级城市 2002～2003 年单位外资带动的产值增长

资料来源：根据 2003 年和 2004 年的《中国城市统计年鉴》计算。

（3）与条件相近城市比较，济南利用外资水平显落后

为了对济南利用外资现状和水平有更直观的认识，我们考虑各城市的地理位置、发展历史、城市特点后，进一步在 15 个副省级城市中选择武汉（中部）、南京（东部）两个城市与济南进行比较，分析这三个条件相似城

市利用外资情况的差异。

　　了解现状要从历史发展中寻找基础和原因，因此，我们首先列出近五年各个城市利用外资与上一年相比的增长率。见表9-3：

表9-3　各城市实际利用外资金额的增长率（同比）

单位：%

城　市	1999 年	2000 年	2001 年	2002 年	2003 年	五年平均增长率
南　京	-1.40	1.50	48.70	82.50	52.50	36.76
武　汉	4.70	58.60	-4.20	19.50	28.80	21.48
济　南	19.40	6.90	33.00	27.40	20.60	21.46

资料来源：《济南统计年鉴2004》，《南京统计年鉴2004》和《武汉统计年鉴2004》。

　　为了更好地体现四个城市利用外资的增长轨迹，我们将1999年～2003年，三个城市实际利用外资额在下图中用增长曲线表示。见图9-4：

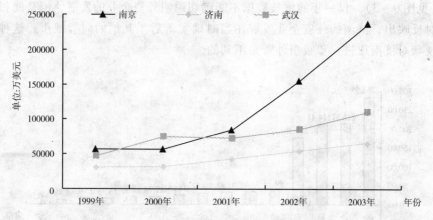

图9-4　各城市近五年实际利用外资增长轨迹

资料来源：《济南统计年鉴2004》，《南京统计年鉴2004》和《武汉统计年鉴2004》。

　　从以上图表可以看出，近五年来南京是所选城市中利用外资绝对量增长最快的城市，主要是2001年以后抓住机遇实现了快速突破。武汉的绝对水平高于济南，但同样也有增长不稳定的问题。与这两城市相比，济南利用外资的增长特点是：基础弱，而增长率一直稳定保持在较低水平，但始终没有找到快速发展的机遇和突破点。

(4) 济南市吸引外资综合能力在 15 个副省级城市中仅高于西安

外商投资区位的选择受多种因素的影响，一个城市的投资环境反映了其吸引外资的综合能力。本报告结合了中国特定的经济发展阶段特点，参考了前人的研究，选取影响外商投资区位选择的六大因素：市场容量，制度因素，集聚因素，基础设施，地区开放水平和劳动力因素为评价指标，并根据六大指标分别给中国 15 个副省级城市的投资环境打分，综合计算出 15 个城市吸引外资综合能力指数。根据综合得分可以评判济南市吸引外资能力在 15 个副省级城市中的优劣地位。(详细计算见附录 1：中国 15 个副省级城市吸引外资综合能力比较)

最后的计算结果见表 9 - 4：济南市吸引外资的综合能力指数为 1.89，在 15 个副省级城市中处于最落后的梯队，仅高于哈尔滨和西安两个城市。

表 9 - 4 当前 15 个副省级城市吸引外资综合能力指数

城 市	广 州	深 圳	青 岛	杭 州	大 连	南 京	宁 波
综合指数	4.89	4.44	4.22	3.78	3.56	3.22	3.22
城 市	厦 门	武 汉	沈 阳	成 都	长 春	济 南	哈尔滨	西 安
综合指数	3.11	2.89	2.89	2.67	2.00	1.89	1.33	1.11

该指数反映出一个城市对外商投资的相对吸引力及本区域的资本利用能力。较低的吸引外资综合能力指数说明济南在引进外资的策略和利用外资的实际工作中还有很多工作要做。

(二) 济南引进外资进展缓慢的原因分析

济南作为山东省省会，近些年整体经济水平取得了较快发展，但利用外资水平进展不大，情况不容乐观，分析出现这种情形的原因是必要的。

在调研中，有同志反映，论济南市引进外资，不是领导不重视，不是政策没放开，不是工作不努力。比如，10 年前济南市就提出加紧引资，市里早就成立了招商局，招商工作也很努力，但为什么仍然赶不上周边？经过调研分析，我们认为，有以下几方面的原因：

1. 从历史沿革看，错失了两次引进外资的机遇

尽管济南是沿海省份的省会城市，但和省内沿海城市相比，由于客观和主观的一些原因，济南市引进外资相对落后了。青岛、烟台和威海先后在上世纪八十年代获准建立了国家级经济技术开发区，争取到国家的优惠政策，并较早确立了将引进外资作为推动本市经济发展重要一环的发展战

略。因此，它们紧紧抓住了二十世纪八十年代中期和1992年邓小平同志南巡讲话后的两次发展机遇，大力发展外向型经济，吸引外资投资建厂参与本市的经济发展。可以说，现在每年大量的外资流入是对它们十多年来逐步创造的良好投资环境和发展外向型经济的必然回应。反观济南，由于多种原因，在那两次大好机遇中没有吸引到充分的外资，并且也没有在那两个时期奠定良好的引资基础，直到现在济南依然没有国家级经济技术开发区，多种优惠政策无法享受，引资能力受到抑制，从而陷入了"一步慢、步步慢"的恶性循环。

2. 对引进外资中企业作用估计和发挥不足

企业是市场的主体，也是引进外资的主体。企业没有积极性，政府的引资积极性就无法真正落实。企业在引资中要发挥作用，就涉及多种所有制企业的健康发展，涉及国有企业的市场化改革，涉及市场中介组织的培育和发展。济南市国有经济比重相对较大，民营经济发展相对慢于其他城市，国有企业在引资方面也相对迟缓，因此，出现了引进外资中政府有积极性而引资效果不理想的格局。

3. 对市场运行的文化环境重视不够

济南市地处齐鲁文化交汇之处，作为历史名城，有着深厚的文化底蕴；济南人讲义气，重亲情，有着根深蒂固的"乡土情结"。但是以儒家思想为主体的农耕文明，也使济南形成一种"重官轻商"的观念；"乡土情结"发展到另一个极端，就容易产生"顾本排外"的心态。可以说，济南市开放的文化氛围是不够的。在当今改革开放、发展市场经济的大环境下，这些观念认识和文化氛围，难免存在一些不利于市场机制正常运行的负面影响，比如在招商引资中反映为观念难以统一，各个环节难以协调。济南曾经流行一句"招商招商，招来就伤"的口头禅。一些部门受利益驱动，视外商为摇钱树，用各种方法收取各种费用，或本土企业联合起来为难外商，就是一种典型的表现。

4. 投资环境不佳影响了济南引资的竞争力

投资环境是决定外资进入与否的重要因素。投资环境的优劣不仅包括工作、生活环境是否舒适、方便，更重要的是指，是否具备有利于促进和开展商务活动的商务环境，后者往往起到决定性作用。但是，济南市政府在过去的工作中，将引进外资的积极性多集中在招商引资环节，而没能转化为改善投资环境的强大动力。反映在利用外资工作方式上，就是下达引资金额的硬指标，并以此来考核相关部门工作，而不够重视对投资环境改善的考核。

其结果是，济南市的工作、生活环境一般，与青岛、烟台、大连这样的沿海城市比，或者和北京、上海这样的大都市比，都还有不小的差距。根据调研，济南市在交通、外商购房、买车、居住环境国际化、子女入学等方面，离外商满意尚有一定差距。例如，济南没有一所标准的国际化教育机构，外商子女教育的问题很难解决；济南至今才开通三条国际航空线，甚至连外资来源较多的日本都没有实现与济南的通航；符合外商要求的娱乐设施更是寥寥可数，至今没有一个高尔夫球场。更致命的是，济南的商务环境很难让外商满意，不但不能促进外商的经营，反而影响正常的商务活动，一家外资超市记录在案的各种检查一年有 49 次，乱收费等扰商事件时有发生，甚至还有将外商扫地出门也无人问津的情况。因此，外商投资企业难以在济南扎下根，落下户。

5. 引资载体的功能无法充分发挥，限制了吸纳外资的能力

开发区是引进外资最主要的载体，在引资先进城市中开发区实际利用外资的金额占全市引资金额的比重相当高，如苏州、南京超过了 60%，青岛也接近 30%，而济南最大的开发区——高新技术开发区截止 2004 年底，实际利用外资仅 9077 万元，仅占全市的 2.9%。问题的原因主要有两个：

一是开发区面积小，吸纳外资企业的能力有限。济南拟保留的 12 个开发区规划总面积为 67.1 平方公里，高新技术开发区只有 15.9 平方公里，而青岛、烟台经济开发区的面积都在 200 平方公里以上。面积小限制了吸纳外资进入的能力，尤其限制了占地面积大的资本密集型企业的进入，而这类企业正是目前产业转移的主流。

二是开发区的软硬件条件与先进的开发区相比还有相当的差距。表现在基础设施、公共设施的完整配套不足，优惠政策落实不力，管理不规范等方面，这些不足进一步阻碍了开发区引资功能的有效发挥。一般来说，开发区引进的外资占当地引进外资的 60%—70%，因此，开发区利用外资的减少，会对当地引进外资规模产生很大影响。

6. 优势产业在引资过程中的龙头带动作用没有充分发挥

近几年，抓住国际产业转移的契机，充分发挥优势产业和重点项目的带动作用，通过拉伸、整合产业链，发挥集聚效应是我国吸引外资大幅增加的重要原因。东莞、苏州、青岛等城市正是较好地做到了这一点，在利用外资上取得了明显成效。济南在机床制造、钢铁、汽车制造等产业领域已经具备了发挥带动作用的龙头企业，但缺乏主动积极的引资谋略，没有

取得突破性的进展，使济南在本次利用产业转移的有利时机吸引外资上，与其他先进城市相比又慢了半拍。

二、济南市吸引外资面临新机遇

制定一个城市利用外资的战略规划，离不开对它所面临的外部环境的分析。随着世界经济一体化趋势加强，支配全球经济技术发展的跨国公司力量不断壮大，经济区域集团化进一步形成。国际资本流动展现出一些新的特点，各国外商直接投资的趋向也在发生变化。国内国际市场的全面接轨也使引资国家和城市吸收的外资在投资领域、投资方式、投资热点区域等方面出现新的特点。下面我们从国际、国内以及山东省三个层面上分析济南市引进外资所面临的新形势、新阶段和新机遇。

（一）我国吸收外资整体面临良好的发展机遇

1. 当前国际资本流动的主要特点

第一，跨国直接投资从 2004 年出现恢复性增长。2000 年，全球跨国投资达 1.4 万亿美元，2003 年跌至 5600 亿美元，创近年新低，2004 年回暖，达 6112 亿美元，增长 9%。据联合国贸发会议预测，2004～2007 年国际资本流动仍处在上升阶段。

第二，亚洲仍是跨国直接投资的热点地区。2003 年，国际资本流入亚太地区 1070 亿美元，增长 14%。据联合国贸发会议调查显示，2004～2007 年，亚洲仍是最有吸引力的跨国直接投资地区，中国仍是最受青睐的国家之一。2004 年中国成为全球实际吸收外资第二大国。

第三，服务贸易发展迅猛。1980 至 2004 年，全球服务贸易规模已经从 3600 亿美元扩大到 21000 亿美元，其间增长 5.8 倍，而同期货物贸易增加了 4.7 倍。国际服务贸易结构正在走向高级化。2004 年，通信服务、建筑服务、保险服务、金融服务、计算机和信息服务，以及特许权使用和许可、专业服务等现代服务的贸易已占到整个服务贸易的将近一半。服务贸易发展的一个重要特征是跨国公司内部服务离岸外包方式愈来愈盛行且空间巨大。目前国际间外包业务只占全部业务流程的 1%—2%。据弗里斯特公司预测，到 2015 年美国可能有 340 万个白领岗位迁往中低收入国家。

2. 我国成为跨国直接投资最青睐的地区之一

第一，未来几年我国吸收外资仍具增长空间。1990～2004 年全球跨国直接投资年均增长 7.9%，中国年均增长 22.6%，中国吸收外资增速超过全球平均水平 14.7 个百分点。由于未来几年全球跨国直接投资呈现恢复性增长势头，同时我国经济持续快速增长，对外开放稳步扩大，市场潜力进一步释放，外商来华投资信心明显增强，预计我国吸收外资仍将保持持续稳定增长。波士顿咨询公司调查认为，73%在华跨国公司计划 2005 年增加对华投资，较上年增长近 12 个百分点。道琼斯公司调查显示，1/3 受访公司认为中国经济增长是公司未来 5 年发展的最积极因素，1/4 认为未来其在中国市场的收益将赶上美国。德勤公司调查表明，45%的大型跨国公司期待中国业务占其总营业额的比重升至 10%以上。

第二，近年来，我国的汽车、手机、个人电脑、住房等领域成为消费热点，也是外商投资的重点领域。2004 年汽车销售达 507 万辆，增长 15.5%；手机销售近 2.3 亿部，增长 27%。2004 年通用设备制造业、专用设备制造业、电子及通信设备制造业、房地产业实际吸收外资分别增长 39.1%、54.9%、11.2%和 9%；2005 年一季度，通用设备制造业、专用设备制造业、电子及通信设备制造业实际吸收外资又分别增长 29.1%、40.1%和 25%，零售业、房地产业合同吸收外资分别增长 360.1%、36.4%。今后一个时期，我国处于工业化加速发展、产业结构急剧变动时期，汽车、机械电子、装备制造业、房地产、零售业等先进制造业和现代服务业将继续成为外资争相进入的重点领域。

第三，服务贸易逐步成为我国利用外资的一大亮点。1982 年，中国服务贸易只有 46 亿美元，占世界服务贸易的比重还不足 0.6%，居世界第 34 位，而 2004 年已上升到 1286 亿美元，年均增长率为 16.3%，占世界服务贸易的比重提高到 2.8%，居世界第 9 位。同时，我国承接服务外包的能力不断增强，通过推动服务外包业务发展可进一步拓宽吸收外资领域，提高吸收外资质量和水平。目前印度最大的几家软件和服务外包公司如 TCS、Infosys、Wipro、Satyam、NIIT 等已经或正在大举进入我国，对我国高速成长的服务外包市场充满信心。

第四，跨国并购日益成为我国吸收外资的重要方式。近年来，我国重视对跨国并购的管理和规范，2003 年出台并实施了《外国投资者并购国内企业暂行规定》，收效良好，外资以跨国并购方式进入我国已越来越多。据商务部初步统计，2004 年外资在华并购项目金额占我国实际吸收外资的比重在 10%左右。随着国有企业改革逐步深化，相关法律法规进一步完善，股权分置改革试点稳步推进，预计今后跨国并购在我国吸收外资中将占有更加重要的地位。

以上分析说明，中国大陆已经并将继续成为跨国直接投资最青睐的地区之一，这样良好的大环境为济南市提供了新一轮的吸引外资的机遇。在已经错过前两次发展机会后，济南应该及时抓住这一次机遇，制定战略规划，调整战术，取得突破。

（二）跨国公司区位选择趋势变化为济南市扩大引资提供了机遇

由于全球跨国投资企业在投资动机上的市场型投资倾向增强，近年来，国际直接投资在中国的区位选择上呈现出新特征，为济南引进外资提供了机遇。

1. 跨国公司"北上"趋势对济南引进外资是个契机

跨国公司直接投资对区位要素需求逐步升级，在东部沿海地区中，外商投资从传统的珠江三角洲向长江三角洲及华北地区转移的趋势将会逐步强化。我国加入 WTO 后，全国范围利用外资政策将逐步走向均等，但是中西部与东部地区的差距仍存在，所以在未来一段时间内，跨国公司在我国直接投资的空间分布仍无法避免"东高西低"的格局。不过，在东部地区，外商投资的区位格局却正发生变化。珠江三角洲对外资的传统优惠政策效应正在弱化，与此同时该地区土地、劳动力成本等基本要素价格不断上升，加上高素质人才的相对匮乏，跨国公司在该区域直接投资的比较优势不断消失。因此，劳动密集型制造业、劳动技术密集型产业正在显示出"北上"的趋势。

而地处华北地区与华东地区结合部的济南，南北承接沪宁、京津两大都市圈，是环渤海经济圈和黄河经济带的交汇点。其周边 500 公里的范围内，涵盖了近 3 亿人口的经济发达区域，京沪、胶济铁路，京沪、京福、济青高速公路等多条交通干线在此穿过，是我国目前唯一一个与全省所有城市实现高速公路联网的省会城市，具备了相当强的市场辐射潜力。济南市还拥有快速增长的经济、低成本高素质的劳动力，加上发达的货运系统，对"北上"的跨国公司有着吸引力（见图 9 - 5）。

2. "局部集聚效应"为济南吸引外资提供新机会

跨国公司在华设立的地区总部及研发中心开始出现集聚的趋势。随着跨国公司规模的扩大，就必将在业务比较集中的地区设立当地管理中心，即地区总部，这是适应国际业务扩展需要，加强地区内协调并促进整体竞争力提高的一个有利途径。UNCTAD 认为跨国公司做出设立地区性总部及研发中心的决定通常需要经过缜密的研究和比较，是一个较长的决策过程，尤其在选择地址上，主要考虑所在区域的以下指标：良好的交通条

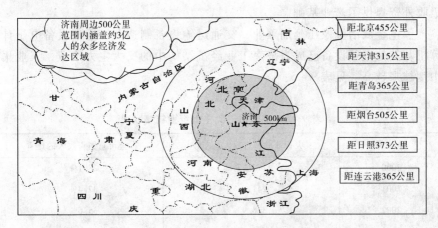

图9-5 济南市区位优势图（市场辐射范围）

资料来源：济南市高新技术开发区提供。

件；精通和掌握多种语言的技术队伍；吸引国际职员的高品质生活环境；优惠的公司和个人税收等等。另据清华大学所作的一份调查资料显示，跨国公司在华研发中心的地理分布与地区总部基本一致。这一集中的地理分布反映了跨国公司对这些地区总体经营条件及研发条件的认可，有助于增强这些地区对外资的吸引力。

济南在山东具有的区位优势和正在形成的产业集聚为外资的进入提供了良好的条件。济南综合经济实力发展迅速，具备了较好的产业基础、城市基础和相当的辐射能力，以济南为中心的都市圈初步成形。济南周边环绕着淄博、泰安、聊城、德州、滨州、莱芜等地级城市，相互之间交通方便。企业投资济南，有利于开拓山东市场，这对欲进军山东的国内企业、国际企业以及位于山东中西部的大型企业来说具有一定的吸引力。济南市科技教育力量雄厚。山东大学等一大批高等学府和众多的职业技术学校，为济南培养了大量的通讯、电子、计算机、外语等行业的人才。2003年济南普通高校在校学生26.76万人，占全省35.15%。所以，济南相对于周边地区而言，技术人才也具备一定优势。

3. 跨国公司产业"集群化"趋势推动济南主力产业吸引外资

随着外资的大量进入，外资企业出现了"集群化"趋势。而济南主力产业的迅速发展和产业集群程度的不断提高正迎合了这一趋势，为进一步

吸收外资提供了产业基础。

黑色金属冶炼及压延加工业、交通运输设备制造业、通信设备电子计算机及其他电子设备已成为济南工业经济结构中的三大主力产业,工业集中度越来越高。见表9-5:

表9-5 济南市三大主力行业销售状况

年 份	三大行业的销售收入(亿元)	占全市总销售收入的比重
2000	177.47	28.1%
2001	241.8	32.4%
2002	326.93	35.6%
2003	435.78	35.6%

数据来源:《济南统计年鉴(2000~2004)》。

由上表可见,三大主力行业销售收入占全市总销售收入的比重逐年提高,从2000年的28.1%稳步增加到2003年的35.6%。特别是通信设备电子计算机及其他电子设备制造业,以平均每年28%的速度递增,其发展速度高居各产业之首。而且,济南骨干企业已经初具规模。济钢集团迅速发展,在国内八大钢铁企业中正向前五位迈进,预计2005年将跨越1000万吨台阶。重汽集团经过改革重组,重新焕发生机,市场份额达到12%以上。中石化济南分公司已经基本具备年加工原油500万吨的生产能力,将进入全国二类石化企业的行列。可见,济南的装备制造、汽车、钢铁等行业,在全省乃至全国都有具备一定优势或特长的企业,如能以这些行业为突破口,利用龙头企业和重点项目,通过请进来、走出去的方式,延伸产业链条,整合产业,发挥集聚效应,一定能够为济南的引进外资工作带来新的局面。

(三) 济南市新一轮的发展为外资进入提供了机遇

本报告已分析过济南市前些年在引进外资方面相对落后的原因,但我们也看到,近几年,济南市制定了新一轮城市发展规划。首先,市政府确定了"东拓、西进、南控、北跨、中疏"的发展战略和"新区开发、老区提升、两翼展开、整体推进"的基本思路,在省委省政府的直接支持下,相继完成了经十路综合改造、玉绣河整治、济南机场扩建等一批重点工程,城市面貌实现了质的飞跃。同时,济南在外界的知名度和美誉度正不断上升。2004 年，台湾地区电机电子工业同业公会，在发布评价大陆投资环境与风险调查报告时，把济南市列入 14 个"综合城市实力"A 级城市。2005 年，该会在发布"2005 中国大陆地区投资环境与风险调查"报告时，把济南列为 18 个"极力推荐城市"之一。2005 年 6 月在杭州召开的"浙商论坛 2005 年峰会"上，济南市被评为山东省唯一的"浙商最佳投资城市"。美国最具影响力的商业杂志《福布斯》中文版根据经营成本、劳动力素质和货运便利程度三项指标，评选 2005 年中国最适宜开设工厂的 20 个城市，济南名列第 8 位。

最近，济南市又提出"城市化、工业化、国际化"的城市规划和"提升老城区、做强近郊区、突破远郊区"的发展计划。为了实现"大规模的城市化"，计划将城区从现在的 200 多万人口扩大到 400 万人口，这里就蕴涵巨大的商机，比如房地产、城市设施建设和相关产业；为了实现"新型工业化"，济南市已经逐渐形成新的产业链，包括钢铁、汽车、IT 产业等，需要利用外资进一步促进产业发展；而实现"国际化"，本身就是一个对外开放、吸收和利用外资的问题。"提升老城区、做强近郊区、突破远郊区"同样也得靠加强对外开放、利用外资来实现。

可见，济南市自身正面临一轮新的发展机遇，对外资有着更强烈的需求，对外商的吸引力也逐渐增加。同时，因为省、市领导在对济南市的新规划中，越来越重视利用对外开放引进外资。这对本市招商引资工作是巨大的鼓舞，将有助于相关工作的展开和政策的落实，为外资进入济南创造出前所未有的有利条件。

三、济南市经济发展对外资的战略需求

（一）现有外资企业对济南市各行业发展的贡献

为了分析现有外资企业对济南市各行业发展的贡献，我们对具有代表性的 26 个行业的 2000～2003 年的数据资料，选择了反映行业规模、行业经济效益、技术投入水平等方面的 14 个经济指标，进行测算。人均产值指标（X_1）反映了该行业劳动力投入的经济效益及产出效率。人均利税指标（X_2）反映行业的生产经营成果。人均销售收入指标（X_3）反映行业销售效率的高低，销售效率高的公司总是在市场变化时处于相对有利的位置。人均管理费用指标（X_4）反映行业管理水平。总资产贡献率指标（X_5）反映企业全部资产的获利能力，是企业管理水平和经营业绩的集中体现，是评价和考核企业盈利能力的核心指标。资金利税率指标（X_6）则

反映着行业资金占用及运营效果。上面这六项指标能综合体现行业的经济效益。技术资金投入比例 指标（X_7）和技术人员比例指标（X_8）则重点反映各行业的技术投入水平。固定资产（X_9）、流动资产（X_{10}）、职工人数（X_{11}）则反映着各行业的规模。最后 3 个指标三资企业人均利税（X_{12}）、三资企业从业人数（X_{13}）、三资企业资产总额（X_{14}）反映三资企业的效益和规模（详见附录 2：行业经济发展水平的主要因素分析）。

通过主因素分析进行计算，得到三个主轴综合贡献率为 71.61%。第 1、2、3 主轴对应的特征向量的计算结果见表 9-6，它反映了第 1、2、3 主轴与各变量之间的相关关系，据此可以较清楚地分析出主轴的经济含义。

表 9-6　主轴特征向量

变量	X_1	X_2	X_3	X_4	X_5	X_6	X_7
主轴 1	0.288	0.863	0.706	0.752	0.864	0.855	-0.047
主轴 2	0.255	-0.142	-0.151	-0.012	-0.123	-0.08	0.105
主轴 3	0.723	0.2	0.482	0.333	-0.141	-0.146	-0.017

变量	X_8	X_9	X_{10}	X_{11}	X_{12}	X_{13}	X_{14}
主轴 1	-0.059	-0.12	0.155	-0.16	-0.012	-0.186	-0.095
主轴 2	0.011	0.256	0.18	0.623	0.87	0.844	0.944
主轴 3	0.137	0.856	0.868	0.475	0.156	0.193	0.132

注：X_1 代表人均产值，X_2 代表人均利税，X_3 代表人均销售，X_4 代表人均管理费，X_5 代表总资产贡献率，X_6 代表资金利税率，X_7 代表技术资金比例，X_8 代表技术工人比例，X_9 代表固定资产合计，X_{10} 代表流动资产合计，X_{11} 代表规模以上工业行业从业人数，X_{12} 代表三资企业人均利税，X_{13} 代表三资企业从业人数，X_{14} 代表三资企业资产总额。

由上表看出，主轴 1 的经济表达是行业的经济效益，因其与人均销售收入、人均产值、人均利税、人均管理费用、总资产贡献率及资金利税率 6 个指标高度正相关。主轴 3 的经济表达是行业的规模水平，因其与职工人数、固定资产、流动资产这 3 个指标强正相关。

需要特别指出的是：主轴 2 的经济表达是三资企业的贡献度，因其与三资企业人均利税、三资企业从业人数、三资企业资产总额 3 个指标强正相关。由于主轴 2 与反映行业经济效益水平的人均利税、人均销售、人均管理费、总资产贡献率、资金利税率指标均不相关，这说明从整体上看，外资企业的进入对行业的发展作用很弱。外资的进入只是对行业的产值增加、人员增加和固定资产的增加等规模方面有一定贡献。这样的外资技术含量不高，没有技术外溢效应。这是当前济南市引进外资工作中面临的一个严重问题。

可进一步采用聚类分析的方法，对行业按照三个主轴标准进行分类，分析外资企业在各类行业经济发展的贡献度，分析结果见表9-7：

表9-7 行业分类结果及状态判断

类别		行业	行业经济效益	行业规模	外资贡献度
一	第1类	黑色金属冶炼及压延加工业	好	大	显著
	第2类	石油加工及炼焦业,烟草加工业	好	大	不显著
二	第3类	电子及通信设备制造业,医药制造业,食品制造业	好	小	显著
	第4类	煤炭采选业,金属制品业	好	小	不显著
三	第5类	交通运输制造业,普通机械制造业,非金属矿物制品业,电气机械及器材制造业,化学原料及化学制品制造业	差	大	显著
	第6类	电力、蒸汽、热水的生产和供应业,自来水的生产和供应业	差	大	不显著
四	第7类	纺织业,饮料制造业,塑料制品业	差	小	显著
	第8类	皮革、毛皮、羽绒及其制品业,造纸及纸制品业,文教体育用品制造业,化学纤维制造业,橡胶制品业,有色金属冶炼及压延加工业,专用设备制造业,仪器仪表及文化办公用机械制造业	差	小	不显著

26个行业被划分为四大类，每一大类里按外资企业贡献度的显著与否进一步划分为两个子类，这样共有8个子类。

表中的"外资贡献度"一栏结果反映出，济南市外资在推动行业经济向前发展的同时，对不同类型行业发展的贡献有较大的非均衡性。

第一类是黑色金属冶炼及压延加工、石油加工及炼焦和烟草加工行业。该类行业的行业规模高于所选样本行业的平均水平，有较雄厚的物质基础，其固定资产、流动资产比最接近的第3类行业高出约50%。同时，这类行业也有着很好的经济效益，其人均产值、人均销售收入及人均利税

均位于各类行业之首。在这类行业中，只有黑色金属冶炼及压延加工业能看出外资企业的贡献，而石油加工及炼焦业和烟草加工业中，外资企业的贡献度不显著。

第二类行业是以电子及通信设备制造业、医药制造业等为代表的行业。该类行业特点是行业规模不大，其固定资产均值为 91947 万元，仅为第一类行业固定资产均值的 26%；同时，流动资产也远低于第一和第三类行业，平均为 170707 万元，仅为第一类行业的 17.69%。但它们的行业效益却很好，其人均利税、人均销售收入、人均管理费等指标均仅略次于第一类行业，而远高于其他类行业。该类行业是济南市经济的生力军，并有着良好的发展前景。其中，外资企业对电子及通信设备制造业、医药制造业、食品制造业的推动作用比较明显。

第三类行业是以普通机械制造业、化学原料及化学制品业等为代表的行业。该类行业的特点是：行业基础较好，有着一定的经济实力和较大的规模。但劳动生产率低下，技术力量不强，其行业经济效益与行业规模极不相称。这类行业的职工人数平均为 2.1 万人，为各类行业之冠，但人均利税为 2.23 万元/人，总资产贡献率 7.2% 和人均利税率 7.32% 远低于前述两大类行业。这类行业属于劳动密集型的传统行业，薄弱的技术力量和较低的劳动生产率严重束缚着该类行业的经济发展。但是，在交通运输制造业、普通机械制造业、非金属矿物制品业、电气机械及器材制造业、化学原料及化学制品制造业的外资投入已显现作用。

第四类行业是以纺织业、造纸及纸制品业等为代表的行业。该类行业多为传统行业，原有的技术水平已很难适应经济发展，是属于经济效益很差的一类行业。引入外资对该类行业来说，将是扭转其目前的经济状况，促进其经济发展的必然选择。

为了比较分析不同类型行业外资的影响情况，更好地把握各类行业的经济特征，特列出各大类的经济指标的平均值，详见表 9-8：

通过表 9-8 可以清楚地看到，外资企业只是在从业人员和资产总额上对行业发展有积极作用，但在人均利税方面作用不大，尤其是在黑色金属冶炼及压延加工业，三资企业的人均利税为负。这主要因为外资企业规模比较小，科技含量比较低，大多属于劳动密集型企业。

（二）重点行业引进外资的战略需求

《2006～2010年济南工业发展规划纲要》指出，"十一五"期间工业

表9-8　各大类指标的平均值

指标名称	第1类	第2类	第3类	第4类	第5类	第6类	第7类	第8类
人均产值(万元/人)	95.17	135.09	46.95	17.69	86.23	27.56	19.55	24.70
人均利税(千元/人)	10.50	44.83	4.01	2.42	1.99	2.46	1.70	1.52
人均销售收入(万元/人)	83.02	130.90	41.86	16.54	27.17	19.16	18.49	23.01
人均管理费用(万元/人)	7.29	7.15	3.23	0.91	1.39	2.01	1.28	1.13
总资产贡献率(%)	13.36	30.33	13.06	33.08	8.68	5.71	8.45	9.99
资金利税率(%)	18.79	36.89	17.85	43.76	9.77	4.87	9.31	10.98
技术资金比例(%)	116.88	7.79	85.77	0.16	30.41	1.12	7.44	56.84
技术工人比例(%)	160.96	67.91	109.99	0.95	53.36	24.11	14.32	79.55
固定资产(万元)	528769	172085	123407	60486	350427	348539	99358	30422
流动资产(万元)	978215	950928	259046	82368	585335	141811	92814	45615
职工人数(人)	20868	4963	12062	16710	34236	7748	13989	5333
三资企业人均利税(万元)	-0.27	0	6.86	0	4.87	0	1.18	0
三资企业从业人员(人)	1209	0	1852	0	2460	0	2848	0
三资企业资产总额(万元)	16105	0	81719	0	67168	0	76027	0

发展的总体目标是：以装备制造业为主体、电子信息产业为主导、相关产业协调发展；完善六大产业链配套协作，支持钢铁、汽车、石化化纤、电子信息四大产业链的延伸，培育机械装备、食品、药品三大产业链。从以上分析，济南市现有的产业发展状况与"十一五"规划的要求还有一定差距，都对吸引外资以促进产业发展有迫切需求。

1. 装备制造业需要外资

根据外资企业在各行业经济发展的贡献度分析和对济南市引进外资重点行业的测算发现，装备制造业的发展还比较落后，与工业发达地区仍存在阶段性差距。表现为：（1）技术创新能力不够强。引进技术处于消化吸收过程，尚未掌握系统设计与核心技术。如豪华大客车/轿车、大型乙烯成套设备等，主要依赖购买国外的产品，国内基本未开发。再如大型飞机、半导体和集成电路专用设备、光纤制造设备、大型科学仪器及大型医疗设备等。（2）制造技术基础薄弱。设计技术、可靠性技术、制造工艺流程、基础材料、基础机械零部件和电子元器件、基础制造装备、仪器仪表及标准体系等发展滞后，制约了制造业的发展。如液压元件、密封件等。（3）技术创新体系尚未形成。绝大多数企业技术开发能力薄弱，尚未成为技术创新的主体。缺乏一支精干、相对稳定的力量从事产业共性技术的研究与开发。科技中介服务体系尚不健全，没有充分发挥作用。而该行业仅仅依靠济南市本地的力量是很难迅速发展起来的，所以对外资有强烈的战略需求。

2. 电子信息产业需要外资

2003 年，济南企业家信心指数统计结果表明，电子信息产业在济南各行业中位居榜首，成为济南令人信心最足、发展最快的产业，但是产业规模尚小，还不能成为主导产业。在山东这个信息产业算不上发达的地区，济南电子信息产业排名仍然靠后，与青岛、烟台、威海还存在很大差距。首先，济南电子信息产业的产业链条短，配套能力差。长三角、珠三角地区的信息产业之所以发展那么快，关键是零部件聚集度比较高，采购方便，成本低，人才素质高。而济南电子信息产品在山东省内配套率目前不到 25%，在济南本地的配套率就更低。配套产品上不去，企业物流成本高，就会直接削弱市场竞争力。其次，济南电子信息产业外资利用质量也不高。该产业的外资企业大多属于成本导向型，在全球产业链中处于附加值较低的生产环节，它们与当地关联度低，缺乏区内的联系或网络，很难发展与当地文化的亲和力，与当地企业和其他机构之间也难以建立起信任，外资融入当地的文化氛围更无从谈起。因此，外资在投资地也主要利用原来所固有的配套网络。当地民营经济参与度很低，这一方面不利于当地民营经济获取技术溢出效应，降低了外资对于当地产业的带动效应。另一方面不利于外资企业对价值链的管理，约束了外资企业在本地的发展，使外资企业难以在本地扎根，形成网络化发展态势。当生产成本变化或者其他条件有变时，外资可能会出现再度整体迁移的现象。所以，济南要加大招商引资的力度，争取更多的世界最新技术成果尤其是核心专利技术在济南落户，同时，还要鼓励和引导外资企业的本土化发展，增强外资的根植性。

3. 汽车产业需要外资

汽车产业是山东支柱产业之一，尤其是重型汽车保持全国领先地位，特种车以及改装车产量位居全国第二，有济南考格尔、一汽山东改装厂等。济南汽车行业综合实力在山东省排第一名，主要汽车生产企业有 26 家，济南的汽车工业以重型汽车、改装车、专用车、零部件制造为主，其中中国重汽是济南汽车行业的龙头企业。但是，与我国其他的汽车集群区域相比，济南汽车工业的产业规模偏小，零部件配套能力较差，影响汽车产业集群的竞争力，因此，需要大力引进外资。

4. 产业链形成需要外资

济南市工业生产素来以门类齐全自称，结果产业比较分散，集中度不高，没有形成在国内外知名的主导产业，缺乏一批领先的骨干企业，缺少产业集群优势和产业链之间的配套协作。工业企业增长的基础还不牢固，尚未建立起从根本上支撑竞争力的系统保证。在企业核心竞争能力、研发能力、市场营销网络以及企业家队伍建设等事关企业发展的根本问题上还存在不足。2002 年，济南的 5 家上市公司——济南轻骑、山东金泰、济南百货、渤海集团和小鸭电器由于连续亏损，无一例外被冠以 ST，被财经界称为"ST 济南现象"。虽然经过重组拯救，中国重汽（前身是 ST 小鸭）和银座股份（前身是 ST 渤海）成功摘掉了"ST 帽子"，ST 轻骑和 ST 渤海也已经恢复上市，但事实上，只有中国重汽的经营确实有所起色，其他企业距离真正的振兴还有很长的距离要走。这些企业主营业务的发展前景仍然很严峻。所以，利用外资打造龙头企业是产业链形成和进一步延伸以及产业链配套协作的必要条件。

（三）济南引进外资优势行业的确定

本部分我们对济南市引进外资的优势产业进行测度，从外商的角度考察济南各行业在全国水平上所处的位置，是否对外商投资具有吸引力。我们从市场容量、产业创新能力、科技投入水平、进出口水平等方面，选用

了产业集群度、产值、科技投入、新产品、出口、进口等多项指标并得到综合指数，对高新技术产业、外需性制造业、内需型制造业3种大的产业类型，进行国内水平比较，请看表9-9：

表9-9　济南市引进外资优势行业测算结果

行业	高科技行业			外需型制造业			
	医药制造业	电子及通信设备制造业	仪器仪表及文化办公用机械制造业	食品制造业	纺织业	皮革、毛皮、羽绒及其制品业	黑色金属冶炼及压延加工业
综合指数	1.61	4.83	1.53	0.95	0.74	0.47	60.45

行业	内需型制造业												
	非金属矿物制品业	饮料制造业	烟草加工业	造纸及纸制品业	化学原料及化学制品制造业	橡胶制品业	塑料制品业	有色金属冶炼及压延加工业	普通机械制造业	专用设备制造业	化学纤维制造业	石油加工及炼焦业	交通运输制造业
综合指数	1.65	18.54	1.54	0.77	1.32	1.67	1.81	1.16	0.87	0.65	46.92	1.83	17.82

注：本表计算过程，可以看附录3。其中，有关的权重确定采用的是专家打分法。

上表表明，从客观条件上看，与全国水平相比，济南特别具有引进外资优势的产业是黑色金属冶炼及压延加工业、化学纤维制造业、饮料制造业和交通运输制造业，其综合竞争优势指数分别是60.45、46.92、18.54和17.82；具有外资一般竞争优势的行业有：医药制造业、电子及通信设备制造业、仪器仪表及文化办公用机械制造业、非金属矿物制品业、烟草加工业、化学原料及化学制品制造业、橡胶制品业、塑料制品业、有色金属冶炼及压延加工业、石油加工及炼焦业，其综合竞争优势比全国各行业水平略高；不具有外资竞争优势的产业有食品制造业、纺织业、皮革、毛皮、羽绒及其制品业、普通机械制造业、专用设备制造业、造纸及纸制品业，其综合竞争优势低于全国行业的平均水平。

由此，我们可以说，济南的大部分行业都具有引进外资的良好的客观条件，只要从主观上进行努力，充分发挥现有产业的引进外资的优势，加强软环境建设，彻底转变旧观念，特别是"官本位"观念或者"只要企业能活就不愿与别人分一杯羹"的观念,树立"企业要做大做强,要走向国际市场"的理念,济南的引进外资工作一定能上一个新台阶。

(四) 济南市引进外资目标国家的选择

从我国总体引进外资看,我国引进外资主要集中在十个国家/地区(见表9-10)。截至2003年底,对华投资前十位国家/地区对华实际投资额占全国实际使用外资的85%,依次为:中国香港(2225亿美元)、美国(441亿美元)、日本(414亿美元)、中国台湾省(365亿美元)、维尔京群岛(302亿美元)、新加坡(235亿美元)、韩国(197亿美元)、英国(114亿美元)、德国(89亿美元)和法国(61亿美元),分别占全国累计实际吸收外资总额的比重为44.4%、8.8%、8.3%、7.3%、6.0%、4.7%、3.9%、2.3%、1.8%、1.2%。

表9-10 截止2003年对华投资前15位国家 (按实际利用外资额排序)

单位:亿美元

国别/地区	项目数	比重%	合同外资金额	比重%	实际利用外资金额	比重%
总　　计	465277	100.00	9431.30	100.00	5014.71	100.00
中国香港	224509	48.25	4145.14	43.95	2225.75	44.38
美　　国	41340	8.89	864.43	9.17	440.88	8.89
日　　本	28401	6.10	574.87	6.10	413.94	8.25
中国台湾省	60186	12.94	700.29	7.43	364.88	7.28
维尔京群岛	8877	1.91	620.12	6.58	301.65	6.01
新加坡	11871	2.55	435.68	4.62	235.31	4.69
韩　　国	27128	5.83	366.53	3.89	196.88	3.93
英　　国	3856	0.83	208.42	2.21	114.38	2.28
德　　国	3504	0.75	157.13	1.67	88.51	1.76
法　　国	2302	0.49	79.15	0.84	61.48	1.23
澳　门	8407	1.81	120.87	1.28	51.90	1.03
荷　兰	1254	0.27	99.26	1.05	50.64	1.01
开曼群岛	923	0.2	111.75	1.18	46.69	0.93
加拿大	6941	1.49	119.87	1.27	39.21	0.78
澳大利亚	6073	1.31	99.93	1.06	34.21	0.68
其　他	29705	6.38	728.30	7.72	348.71	6.95

数据来源:《商务部外资统计2004》。

从上表看到，我国引进外资主要集中在中国香港、美国、日本、中国台湾、新加坡、韩国以及英德法等国和地区，因此，一般而言，济南市吸收外资的重点仍要重视这些国家和地区。从近期外资流向动态和济南市本身的产业优势来看，济南市吸收外资有所侧重。比如，吸引高科技制造业外资的重点要放在中国香港、美国、欧盟、中国台湾、日本等国家和地区，吸收外需型制造业的重点要放在中国香港、欧盟、美国和德国等，吸收内需制造业的重点要放在美国、欧盟、日本、中国台湾等国家和地区。

（五）济南市"十一五"引进外资目标简析

《济南市利用外资"十一五"规划基本思路》中提出济南"十一五"利用外资的目标为：在 2005 年实际使用外资 5.7 亿美元的基础上，2010年达到 14.2 亿美元，年均递增 20%。在《吸收外商投资"十一五"规划》中，济南"十一五"发展计划目标是：在 2005 年实际使用外资 4.5 亿美元的基础上，2010 年达到 16.7 亿美元，年均递增 30%。综合这两个报告，"十一五"济南市引进外资年均增长在 20% 至 30% 之间。这个目标可否达到？

本研究报告在对国际跨国直接投资的趋势分析基础上，认为：从定性角度看，未来 5 年内，外商在中国、山东乃至济南的直接投资无论在数量上还是规模和结构上都会发生较大的变化，济南与全国各地一样，面临着外商在中国投资加大的大好形势。济南具备了吸收更多外商投资的有利主客观条件。经过战略思路的调整以及招商引资措施的改进，加大引资力度，济南市引进外资的增长速度有望加大，增长率预计会高于历史水平。从历史数据角度看：济南市实际利用外资由 1997 年的 2.2 亿美元上升到2004 年的 3.17 亿美元，尽管期间波动很大，但 8 年的平均增长率还是达到了 23% 的水平，这表明济南市具有引进外资的较大潜力。

通过多种计量方法分别对济南"十一五"期间引进外商直接投资和实际利用外资两个指标进行预测，结果显示：对 FDI 采用 Cubic 预测法[1]，对FC 采用 Quadratic 预测法[2]，和各自的历史数据拟合程度最佳，标准差分别是 22.1 与 25.3。因此，本报告最终选用这两种方式对济南市"十一五"期间引进外商直接投资和国际资本进行预测，结果见表 9－11：

---

[1] Cubic 预测法是一种趋势模型预测方法，它是根据时间序列自身发展变化的基本规律和特点即趋势，选取三次方程趋势模型进行的预测。

[2] Quadratic 预测法是选取二次方程趋势模型进行的预测。

表 9－11 济南"十一五"引进外资预测

单位：万美元

	FDI	FC	23％增长		25％增长	
	Cubic 预测值	Quadratic 预测值	FDI	FC	FDI	FC
2005	27581.5	72413.3	38991	81795	39625	83125
2006	33803.4	89060.7	47958.9	100607.9	49531.2	103906.
2007	44423.2	108957.8	58989.4	123747.7	61914.0	129882.8
2008	60460.1	132104.6	72557.0	152209.6	77392.5	162353.5
2009	82933.4	158501.1	89245.1	187217.8	96740.7	202941.9
2010	112862.6	188147.4	109771.6	230277.9	120925.9	253677.4

注：FC 指实际利用外资；FDI 指外商直接投资。

在过去 5 年引资成效基础上，我们做出如下的预测结果：2005 年以后，济南年均吸引外商直接投资将在 6 亿—7.5 亿美元，年均利用外资水平将达到 12 亿—15 亿美元，到 2010 年济南外商直接投资约达到 11 亿—12 亿美元，利用外资约达到 19 亿—25 亿美元。同时，我们根据济南 1997 年到 2004 年的外商直接投资时间序列数据及其数据特征，应用曲线拟合，预测济南市今后 5 年引进外商投资平均增长率最低能达到 25％。

显然，我们这个预测结果是在济南市五年规划目标区间之内的，是介于高与低之间的一个目标。如果再考虑济南市近来引资力度加大的种种影响，估计今后 5 年引进外商投资平均增长率在 25％至 30％之间。我们这个判断，一方面表明我们基本同意济南市"十一五"规划的目标，同时也表明我们对济南未来 5 年引资前景较为乐观。

众所周知，一个计划的实现是需要多方因素配合的，尤其是引进外资规划的目标。但是对利用条件的机遇和方式掌握得恰当与否，结果也是会有巨大的差异的。外商投资的决定权还是在外方，作为引进者，济南市如果能准确及时地抓住良好的机遇，制定正确有效的引进外资战略和策略，切实改善本市投资环境，把各方面的资源都充分调动和合理支配，那么达到这个预测目标就有很大可能性，并且还可能出现超规划目标的大幅度提升。

四、济南市引进外资的战略定位和思路

未来 10 年，全球化进程将会加速，跨国的直接投资将有新的增长，在

华的跨国公司北上趋势将会加快，引进外资将面临重要机遇期。2004 年，济南市实现地区生产总值 1618.9 亿元，人均生产总值达到 27610 元（按户籍年平均人口数计算），合 3300 美元，已经迈入人均 GDP3000 美元的新阶段，产业结构调整将进入变动加速的新时期。在新的形势下，实现济南市引进外资的赶超，需要有新的定位和思路。

（一）济南市利用外资的战略定位

更加积极有效利用外资，以外资带动并促进改革、开放和发展。充分认识利用外资对全市国民经济发展不可替代的重要作用，把利用外资作为全市对外开放的核心工作，使外资成为建设省会经济和打造制造业基地的主要力量之一。紧紧抓住全国全省进一步扩大开放的机遇，努力完善投资环境，迅速扩大利用外资规模，切实提高利用外资质量和水平，推动全市产业结构优化升级，促进全市经济社会快速健康协调发展。

（二）济南市利用外资的战略思路

根据调研，我们认为济南市利用外资需要"三结合"：

1. 政府与市场相结合，发挥政府与企业引资两个积极性

政府虽然在招商政策、招商人才、招商宣传等方面具有明显优势，在招商引资上创造了产业链招商、园区招商、驻点招商、亲缘招商、网上招商等多种形式，但是如果政府职能定位有偏差，如果企业自身没有引资的积极性，一个城市的引资效果仍然会成问题。因此，需要政府与市场结合，政府引资的积极性与市场主体企业引资的积极性结合。必须认识到，除了开发区以外，企业也是招商引资的一个重要载体。

据我们调研，当前济南一个突出问题是国有企业引资积极性不够。济南计划经济成分和国有经济比重较大。国有企业有几十年历史，问题不少，困难不少，对引资合资担心很多。有的是企业领导担心引资合资会失去领导权，因此引资不积极；有的是担心与国资委关系尚不清楚，国有资产存量处理尚没有章程，引进外资企业可能要吃亏；有的则自认为不需要资金，技术也够用，招商引资自找麻烦；有的是不了解引进外资外商的必要性，不愿进行收购、合并。市里有积极性，但外商引到厂里后，企业主要领导不出面，不做决策。有同志说得好："小伙子强，自有姑娘来。否则，媒人再多也没用。"政府如何激活国有企业招商引资积极性和主动性，是非常重要的。

在招商引资中，政府与市场主体结合的另一方面，是要发挥非国有企业的引资积极性。非国有企业的发展对承接外资有非常重要的作用。事实

上，我们已经看到，非国有企业在济南市有了一定的基础。比如，截止
2004 年底，济南市引进的实际外资额中 35％ 来自市辖各县区，各县区的企
业多为非国有企业或小国有企业，它们在引资招商中已具有了相当的分
量。非国有经济在济南正在较快增长。它们有更多的自主权和灵活性，今
后逐步成为利用外资的主体是必然的趋势。因此，政府关心非国有企业的
健康成长，就是在培育引进外资的载体，就是在做扩大招商引资的基础
工作。

招商引资中政府与市场的结合，还体现在对市场中介机构作用的重
视。由于招商引资是专业性很强的经济活动，非常耗费时间和精力。因
此，政府人员不可能全熟悉和全程参与，也没必要去把握所有的技术环
节。在这方面，招商引资的中介机构就具有了一定优势。我们可期待走出
一条以政府为指导，以企业为主体，社会中介机构积极参与，市场化、专
业化招商的路子。

反思济南市的招商引资工作，今后要更加注重于了解企业需求并为企
业自愿引进外资提供各种服务，而不是迫使企业签订各种并购或合资的协
议；要更加注重于正常的招商活动，而不是满足于政府各单位分配招商指
标的运动式招商；要更加注重于招商引资的长期效果，而不是过于追求政
府的短期招商业绩。

2. 引凤与筑巢相结合，完善从引进到运营的整体环境

引凤与筑巢是同等重要的，不能分开；在一定意义上，筑巢更为重
要。凤引来了，巢没筑好，凤就会飞走；巢筑好了，凤引来就能留住，凤
还会招来同伴，形成良性循环。这就是大家常说的，城市管理好了，就能
以商引商，就能后方变前方，就能把优良的投资环境延伸为良好的企业运
营环境。环境出形象，环境出效益，环境也是生产力。济南市建设"省城
优势、省会经济"，将为引进外资提供良好的大环境。

投资环境包括多方面的内容，主要有政府环境、商务环境和生活环
境。政府环境就是政府能否为商务活动提供好的服务，提供好的外部条
件。政府环境好了，商务环境和生活环境就都可以改进和完善。

政府环境好，首先体现在引进外资阶段提供高效的服务。引进阶段的
政府环境，主要是为外商投资提供落地条件。这涉及到用土地、用能源、
要贷款等实际问题，涉及到一系列需要审批的手续，需要一项项解决，没
有政策和热情是做不好的。济南市成立行政审批中心，取消一批行政审批
和收费项目，为引进外商投资提供方便；成立经济发展环境投诉中心，建

立外商投诉 24 小时服务热线；市财政列支专项奖励资金，出台招商引资奖励政策。这些都会在引资阶段发挥作用。另外，公共设施条件在外资引进和运营阶段都是重要的，但在引进阶段更为突出。外资进入，就要考察公共设施条件，没有良好的交通设施和通讯条件等，就不会来投资。据了解，有的开发区多年了自来水都不能提供，这样的条件当然要改进。济南市一些基础公用设施也需要改善和提升。大家反映，济南这几年硬环境建设明显在加快。

政府环境好，更体现在企业投资建厂后的运营阶段，同样需要有良好的硬、软环境。据中国社会科学院财贸经济研究所的《中国城市竞争力报告》评估，济南市内基础设施建设，排名前 10 位，但软件基础设施列第 30 位。报告认为，济南在私人产权保护、企业融资等方面，对外资进入有很大的限制。这些方面可能都需要改进。现各方已形成一个共识：商务环境是个大概念，包括为外商创造良好的工作生活环境，提高城市综合功能，提供国际化环境等，例如提供外语电视、国际化学校、医院等以方便外商的生活、孩子上学、就医。济南市已经在努力做好这方面工作，通过选址建外商公寓，向外商提供集中的服务。

改善投资环境，是一个综合性很强的工程。其中，从经济管理体制上找潜力是重要的一环。济南市"十一五"规划设想中提出的"政府提速"，切实转变政府职能，健全完善涉外政务公开制度，真正实行"一个窗口"对外，"一站式"服务，形成规范、透明的政策环境，这些对形成良好投资环境，关系重大。管理体制改一下，成本不高收益大。比如，能否与招商指标配套，也提出投资环境改善的指标，解决引资工作重招商、轻环境的偏向；能否减少对企业的行政干预，减少企业报表的工作量，各管理部门搞联合检查，为企业的运营提供宽松的环境；能否协调好各部门关系，让外商承担基础设施的建设；能否为重点项目提供一定的优惠政策等等。当然也要强调指出，利用政策优惠招商引资不能过于偏离要素的市场价格，不能付出过高的环境成本，否则将不利于社会经济进一步发展，也不利于企业在国际竞争中免除倾销的指控。

我们相信，只要形成一个具有特色和良好发展前景的环境，符合市场竞争和投资选择的规律，自然会驱使越来越多的外商投资济南。

3. 继承传统文明与建设现代商业文化相结合，提升济南市对外吸引力

传统文明是城市的宝贵遗产。济南人具有善良、质朴等优秀品质，良好的业务作风是商业经营活动的保障。其中，吃苦耐劳的精神、热情周到

的服务，为商人走向成功铺平了道路。善于处理上下关系，充分调动部下的积极性，精诚团结获得经营成功，是济南传统商业的一大特点。但是，由于近半个世纪以来长期受计划经济意识影响，轻视商业和服务业的思想比较普遍，济南优良传统的商业文化及其意识，越来越淡漠了。现在，到了建设济南现代商业文化的时候了。首先，要树立重商意识，要为商业发展提供条件，做好服务。济南要发展成为国际化大都市，就要成为能向外商、消费者提供购物、餐饮、休闲、娱乐、旅游等一站式服务，要建设功能完备、配套设施齐全、环境分区合理、停车位充足的综合功能现代化城市。但是，我们也看到了城市综合功能非整合的苗头，大多数区域购物商业比例偏大，功能较少，环境拥挤，停车位不足，未来发展空间小。其次，树立诚信意识。在外商现实的经营和管理中，除了对合作商家自身的诚信、守法要求以外，对地方政府的公平、透明、诚信也要求较高。例如在济南泉城路的商业街招商过程中，出现了迎合大客户的要求，在拍卖完成后单方面改动拍卖约定条款的事件，相关部门已被承租方告上法庭。这种有失诚信的事件损害了泉城济南的诚信基础。还要树立平等竞争、公平贸易意识。在现代市场经济条件下，公平对待各类市场主体，平等对待中外客商，是国民待遇的基本要求，也是发展济南经济的重要软环境条件。比如，济南利用外资水平的差距不仅是差在外资进入的数量上，而且是差在思想解放程度上。不把外商当做平等合作的伙伴，而只当做无可奈何的选择。很多企业只要还有一口气，就不愿合资合作。最后，要树立法制观念。热情服务与依法办事要统一起来。国家对外商投资有三个法规做保障，我们要落实。我们招商引资有热情，但必须依法办事才能让外商放心。要丢掉计划经济条件下官本位的思想，要相信大多数外商都能遵纪守法，合法经营。要重视外商企业反映合法权益受侵犯的问题，依法处理，绝不护短。

五、济南市引进外资的八条政策建议

为使济南市加快引进外资的步伐，我们提出如下建议：

（一）完善政府招商引资的管理机构和管理方法

政府招商引资机构需要适应扩大招商新形势而更加合理化。具体工作包括：（1）完善引进外资的管理办法。比如，是否可以考虑把招商引资指标由强制性变为指导性指标。（2）成立和完善专业化招商队伍，专家负责，企业拍板，专家与企业紧密结合。政府管理机构的作用是，针对专家确定的重点招商对象制定相关优惠政策，以激活企业的招商热情，提高引资谈判的成功率。做到招商引资"专业化、科学化、有针对性"。（3）考虑建立招商项目负责人制度。在招商引资的管理机构里实行"行业分类，专人负责"制度。重要行业的招商引资工作，一定要专人专管，设立"重点行业招商联络人"，为其提供尽可能方便的工作条件，例如提供足够资金鼓励其实地考察，加强培训提高其业务水平，为他们配备便于国际沟通的办公设备。此事也可与行业协会的工作结合起来。（4）遵照国际习惯，将市外经贸局的"招商促进处"改为"投资促进处"，不仅与商务部相关上级单位对接，更有利于该机构更好把握政府职能，在对外宣传和与外商洽谈的时候，便于沟通和交流。（5）培养和完善招商引资中介组织，在外商和国内企业之间搭起顺畅的信息沟通渠道，为国内企业收集和提供丰富及时的外商信息，同时在国外和外商中举办吸引外商的各类活动，将外商带进济南，让外商了解并接触济南的企业，按照市场模式运作，可以采取有偿服务。（6）建立官员问责制。地方官员招商政绩的考核，不光看引进外资数量，还要注重考核对外资企业运行和发展提供后续服务的情况，健全官员分期问责制度。

（二）国有企业引资要有新思路

济南市国有企业大多对引进外资不甚积极，外商对国有企业的效益也不看好，国企和外商合资成功率不高。外资企业在资金和技术上有相对优势，在市场竞争方面也有突出表现，因此，济南市国有企业要做大做强，必须在引进外资方面有新思路。首先，引资观念要更新。效益好的国企要居安思危，不要因为现有技术不错，又不缺钱就不愿引资。只要条件允许并且有必要引进外资的国有企业，都应从企业长远利益出发，通过引进外资，提高市场竞争力。效益差的国企则要居危思进，要树立信心，充分挖掘和利用自身优势，只要条件允许并可以通过引进外资实现扭亏增盈的企业，应积极选择最适合自己的合作伙伴，进行企业改造和制度创新。在这方面，政府要发挥有效的引导作用。其次，引资方式要从单一化转为多元化。国企引进外资可以采取并购、合作、合资、国外上市等多种方式。国有企业应分别不同类型，根据国家政策，选择不同的引资方式，进行合作和合资。比如，有的支柱企业可实行国有控股、外资参股，有的国有企业可并购或被并购，有的国有企业则可以采取要素入股联合等。为能使国有企业选择适宜合资方式，需要加强国企领导干部的引资理论与操作技巧的培训，让他们在多种招商引资的方式中，善于谋划，勇于决策，保护利益，达到双赢。三要盘活土地存量，借助级差地租，脱困搞活谋发展。国有企业对原有所占土地有完全的使用权，但相当国有企业对自己所占土地的利用，没能充分发挥效益。比如，有的企业在城市中心区搞加工业，所获利益大大低于在城市中心区做服务业的企业。在城市规划与发展的过程中，国有企业有一个盘活土地存量的大好机会，这也是利用土地收益解决下岗、吸引外资的大好机会。

（三）重视工业领域重点行业引进外资

济南装备制造、汽车、钢铁、水泥、软件等行业，在全省乃至全国都具备一定优势或特长，以这些行业为突破口，利用龙头企业和重点项目，通过请进来、走出去的方式，延伸产业链条，整合产业、发挥集聚效应。

尤其是，在软件业的招商引资上依托齐鲁软件园，推动和提升软件产业走向国际化。要积极利用全球出现的软件业务外包的趋势，通过接纳外包业务，加强本地软件行业与外资的联系。通过这些联系，培训、引进通晓世界软件开发标准的软件人才，营造符合国际标准的软件开发环境。

（四）注重外资的产业布局

在改革开放过程中，济南市的第一产业和第三产业开放程度还相对较低，因此需要加快产业结构升级，引导外资进入农业、服务业以及部分条件成熟的公共设施建设领域，形成良好的产业布局。

山东本来就是一个农产品大省，农产品产值全国第一，优势农产品在国际上有一定地位，出口能力很强。而我国在农业招商引资方面还比较欠缺，济南可以在农产品深加工和流通方面实现引进外资突破，抢占优势。

在服务业方面，根据对济南的优势条件分析，建议将引资重点放在物流服务业和金融业。首先，济南拥有铁路、航空、高速公路等多元立体交通体系，尤其是铁路和公路运输系统发达，是联通沿海开放与内陆开发的区域中心城市，是国家第一批运输主枢纽城市之一，拥有巨大的物流需求市场和发展物流的良好条件。因此，济南市物流服务业在引资方面具有很强的竞争力和极大的优势，可以将自身定位为一个二级的内陆物流中心，引进海外物流公司进行合作，尤其侧重集装箱运输或者公路运输的外商。其次，2006年后，我国金融进入的门槛会放低，很多业务会放开，将有大量的中小外资银行和其他金融机构进入。济南作为山东省的政治、经济中心，在本省金融业引进外资中具有较大的优势。应该抓紧机遇，考虑地方金融机构与外资合作的问题。

最近几年，济南在水、气、煤、交通等公共基础设施方面的新建和改

造力度很大，许多外商对这一领域很感兴趣。建议济南市政府抓住时机，围绕新的城市规划，依托城建项目，加大招商力度，从部分条件成熟的公共设施建设入手，吸引外资参与城市化建设。

（五）进一步办好各类开发区和工业园区

现有的开发区和工业园区在吸收外资进行运营过程中，暴露出不少问题。为进一步办好开发区和工业园区，我们建议：一要进一步落实开发区和工业园区的管理权限，完善开发区的制度建设，落实市政府规定的支持措施。据了解，现在市政府文件已赋予开发区和工业园区有关经济管理权，但落实中有很多困难需要协调解决。二要在开发区和工业园区实行有效的考核和激励机制，落实市政府18号文件对人才的支持。三是建议市政府采取特别措施支持开发区建设，重点是近三年增加对开发区和工业园区的投入，各级政府财政每年安排一定资金，支持开发区和工业园区的基础设施建设。

（六）结合产业需求做好引进外资目标国家的选择

从外资重点来源国别区域来看，济南市吸收外资的重点主要在三大版块：一是港澳台地区，二是日韩地区，三是欧美地区。这三个版块对华投资的重点不同，主要的产业也不同。首先，港澳台地区是济南市利用外资的主战场。对香港、澳门地区，应当以城市基础设施、地产投资、金融保险、物流、商业服务业等第三产业为重点；对台湾地区，应当以高新技术产业、IT产业和纺织、电子、机械、食品等制造业为重点。其次是日韩地区，主要的目的是承接其制造业转移。对日本，应当瞄准其机械电子、汽车及零部件、纺织服装业、钢铁产业、化工医药等产业中的跨国公司和大制造业企业，一个产业一个产业地研究，对接，落实；对韩国，应当重点吸引其机械电子、纺织、医药、食品和轻工制造业资本，瞄准其中小企业，开发建设不同产业重点的"韩国工业园区"，提高对韩国投资项目的产业集聚度和产品配套能力，努力营造吸引韩国投资的"凹地效应"。最后对欧美招商与对日韩等亚洲国家的招商有一个最明显的差异，就是欧美外商要求在中国的投资实现本土化。因此，济南市要对其实施"差异化引资战略"。欧洲重点是瞄准德国的汽车及部件制造业、环保产业，法国基础设施产业、精细化工产业，荷兰的农业，英国的金融上市、制造业等，要对它们进行深入研究；对美国应当瞄准其高新技术产业，生物新材料、新能源、IT产业和境外上市等，推进济南市企业开展跨国并购。

（七）营造开放的商业文化氛围

要进一步转变传统观念，解放思想。政府首先要树立与市场机制相适应的经济观念，积极鼓励本地企业和外地企业、内资和外资公平竞争，和谐发展，培育优良的商业氛围。其次，各有关部门要继续增强信用意识，信守承诺，取信于外来投资者，出台的政策必须要确保贯彻，承诺的服务必须要兑现。再者，要加强企业"重合同、守信用"的宣传、教育，提倡诚信和守法经营。积极推进金融安全区建设，严肃查处逃废金融债务行为，维护债权人的合法权益。最后，要推进企业和个人的信用登记制度建设，逐步建立覆盖全社会的诚信体系。全面加强政风建设，搞好政风评议，定期征求投资者对行政执法和管理部门的服务质量、工作效率、执法行为及政策落实情况的意见，并作为对单位目标考核的一项重要依据。建立举报、投诉受理、督办、处理、反馈各环节的有效工作机制，重点查处故意刁难投资者、吃拿卡要并勒索企业等违法乱纪行为，对迫使外商离开济南的有关责任人进行严惩，切实保护投资者的合法权益。

（八）深入挖掘和充分利用济南特色文化扩大招商引资

济南市有着深厚的文化底蕴和特色，是进行招商引资和组织产业的宝贵资源。首先，建议利用泉城的品牌优势，扩大招商引资。济南是中外有名的泉城，现在趵突泉等一批名泉已恢复到历史上水量最丰沛的时候。大量的国内外游客，慕名前来观泉赏水。水在当今世界是最重要的资源，也形成了最大的产业之一。充分利用好济南的水资源和泉文化，对引进外资和拉动济南经济发展有重大意义。实际上，世界著名的饮料制造商对济南丰富而洁净的水资源有着相当的了解，百事可乐在济南的成功发展已经表明济南的泉水蕴藏丰富商机。济南有着中国最大的"饮用水生产基地"开发潜力，必要时可策划组织和运作全球性的"泉水"文化节庆活动。其次，儒家文化可成为济南扩大招商引资的重要品牌。济南地处儒家文化的发源地，其城市文化特征中有深深的儒家烙印，在国际上有很大影响。比如，儒家文化在东南亚各国现代化的过程中扮演了积极的角色，亚洲企业家往往以作为儒商而自豪。济南应抓住这一文化与商业交汇的亮点，召开类似"儒家文化对现代商业影响"等主题的国际研讨会，让更多的国际投资者了解济南，喜爱济南。再次，济南泉城与女性的特殊历史联系也可以成为一种有价值的外宣品牌。济南之泉水，在中华文化中就有代表女性纯洁和柔美的意境。而济南的"一代词宗"李清照等古今文化名人，又将女性与济南更紧密地联系在一起。这本身具有极大的商机，需要济南的企业和外商联手来共同开发。

附录1 中国15个副省级城市吸引外资综合能力比较
——基于外商投资区位选择影响因素的分析

本部分将确定影响外商投资区位选择的几大指标，并根据几大指标分别给中国的15个副省级城市进行吸引外资的能力打分，根据综合得分评判济南市吸引外资能力在15个副省级城市中的优劣地位。

（一）指标选择

结合中国特定的经济发展情况，吸收前人的研究成果，本部分将根据以下影响外资投向区位选择的六大因素确定城市综合引资能力指标体系：

（1）市场容量。对于跨国公司的区位选择来说，东道主的总收入越大说明潜在市场容量就越大，实证研究检验了收入和增长之间的关系，并且发现他们在统计上是显著的，同FDI流入基本上成正比。因此选择各个城市的GDP来说明市场容量。

（2）制度因素。对外商投资企业的优惠政策是中国改革开放20年来吸引外资的重要条件。中国在对外商投资的优惠政策方面主要集中体现在税收优惠、信贷放宽、优先获得进出口权以及外汇使用的优惠政策等方面。一般研究中都用虚拟变量来反映制度因素的影响，本文也一样。

（3）集聚因素。如某一区域的外商资本控制的厂商越多，新的外商将更倾向于投资该区域。因为对于外商投资的决策过程来说，信息的获取很重要，外资集中的地方对于跨国公司来说信息收集成本会低很多。其次，集聚经济对外资制造业工厂的区位选择也有着重要的正面影响。所以集聚效应在吸引外资能力评价中非常重要，于是选取城市"实际利用外资存量"、"外商投资企业个数"和"外商投资企业产值"三个指标共同来说明集聚因素。

（4）基础设施。基础设施状况是另一个吸引外商直接投资的重要因素，包括一个城市的交通运输、城市水电供应、通讯业和金融服务业，这些都是第三产业的重要组成部分。因此，我们用"第三产业产值"来衡量一个城市金融、信息等服务行业的发展水平，同时用"货运量"来表示一个城市的交通运输能力和货物流通速度。

（5）城市开放水平。一个地区的开放程度决定了该地区的经济社会管理是否接近国际管理水平，以及该地区的产品是否有可靠有效的国际销售渠道，也能反映该城市政府和居民对外资的接受程度，还影响一个城市是否能够较快引进国外先进技术和设备。用"进出口总值"来替代衡量一个地区的开放水平是常用方式，本文也采用这一方法。

（6）劳动力因素。劳动力因素即劳动力的投入成本是我国吸引外资的一个有利条件。于是选择"平均工资与人均产值之比"来衡量一个城市的劳动力成本。

综合以上六大影响因素，最终确定的衡量一个城市综合吸引外资能力的指标共 10 个，分别是：国民生产总值（GDP）、制度因素虚拟变量（POL）、实际利用外资额存量（FI）、外商投资（含港、澳、台投资）企业个数（NUM）和外商投资（含港、澳、台投资）企业产值（FIC）、第三产业产值（SER）、城市货运量（TRAN）、进出口总额（OPEN）、职工平均工资（SAL）。

（二）指标值确定

以下各表分别列出目前我国 15 个副省级城市的各指标水平（2003年），并按照对吸引外资的影响从优到劣排序：

1. 国民生产总值（GDP）

表 9 - 12   2004 年 15 个副省级城市的 GDP

单位：亿元

排序（按 GDP）	城　市	GDP（当年价格）	排序（按 GDP）	城　市	GDP（当年价格）
1	广　州	4115.8	9	南　京	1910
2	深　圳	3422.8	10	沈　阳	1900.7
3	杭　州	2515	11	哈尔滨	1680.5
4	成　都	2185.7	12	济　南	1618.9
5	青　岛	2163.8	13	长　春	1535
6	宁　波	2158	14	西　安	1095.4
7	大　连	1961.8	15	厦　门	883.2
8	武　汉	1956			

资料来源：济南市统计局：《济南市国民经济概况 2004》，2005 年。

从上表可以看出：济南的国民生产总值在所有的副省级城市中排在第12 位，高于长春、厦门和西安，与哈尔滨、南京、武汉的水平比较接近，与广州、深圳、杭州、宁波甚至青岛这些东南沿海城市还是有比较大的差距。这说明济南的内部市场容量小，自身市场潜力有限。

2. 国家优惠政策

我国在逐步推进的开放政策过程中，先后建立了经济特区、沿海开放城市、经济技术开发区等政策有差异的地区。根据不同类型开放地区的政

策特点，我们给这些地区赋予不同的政策级别：经济特区的优惠政策最大，其级别得分定为4；其次是沿海开放城市，级别得分为3；国家级经济技术开发区、高新技术产业开发区和沿海经济开放区，级别得分为2。每个城市享有政策类别得分累加的结果为该城市的制度因素虚拟变量值。

表 9 - 13　15 个副省级城市的吸引外资优惠政策等级

排序(按最后得分)	城　市	城市开放政策	得　分	最后分值
1	厦　门	经济特区、国家级工业园区、沿海经济开放区、高新技术产业开发区	4+2+2+2	10
2	大　连	沿海开放城市、国家经济技术开发区、沿海经济开放区、高新技术产业开发区	3+2+2+2	9
3	青　岛	沿海开放城市、国家级经济技术开发区、沿海经济开放区、高新技术产业开发区	3+2+2+2	9
4	广　州	沿海开放城市、国家级经济技术开发区、沿海经济开放区、高新技术产业开发区	3+2+2+2	9
5	深　圳	经济特区、沿海经济开放区、高新技术产业开发区	4+2+2	8
6	宁　波	沿海开放城市、国家级经济技术开发区、沿海经济开放区	3+2+2	7
7	南　京	国家级经济技术开发区、沿海经济开放区、高新技术产业开发区	2+2+2	6
8	杭　州	国家级经济技术开发区、沿海经济开放区、高新技术产业开发区	2+2+2	6
9	沈　阳	国家级经济技术开发区、高新技术产业开发区	2+2	4
10	长　春	国家级经济技术开发区、高新技术产业开发区	2+2	4
11	武　汉	国家级经济技术开发区、高新技术产业开发区	2+2	4
12	济　南	沿海经济开放区、高新技术产业开发区	2+2	4
13	西　安	中西部国家级经济技术开发区、高新技术产业开发区	2+2	4
14	成　都	中西部国家级经济技术开发区、高新技术产业开发区	2+2	4
15	哈尔滨	国家级经济技术开发区	2	2

资料来源：《中国开发区年鉴 2004》。

从上表来看，济南在该指标下仅因为"沿海经济开放区"和"高新技术产业开发区"而获得4分，但到目前还没有一个国家级经济技术开发区，在副省级城市中是落后的。因此，济南的政策环境还需尽快改善，尤其是开发区的建设要加快，地理位置上的弱势则需要通过税收优惠等条件来弥补。

3. 集聚因素

集聚效应可以说是一个"恶性循环"或者"良性循环"的过程，以下三张表都反映了我国15个副省级城市目前在吸引外资过程中的前期基础：

表9－14　2004年15个副省级城市实际利用外资情况[①]

单位：亿美元

排序（按实际利用外资额）	城　市	实际利用外资额	外商直接投资	实际利用外资中FDI的比例
1	青　岛	38.2	38.0	99.5%
2	深　圳	36.0	23.5	65.3%
3	南　京	25.7	25.7	100.0%
4	广　州	24.8	24.0	96.8%
5	沈　阳	24.2	24.2	100.0%
6	大　连	22.0	22.0	100.0%
7	宁　波	21.0	21.0	100.0%
8	武　汉	15.2	15.2	100.0%
9	杭　州	14.1	14.1	100.0%
10	长　春	9.0	3.0	33.3%
11	成　都	7.5	3.3	44.0%
12	厦　门	5.7	5.7	100.0%
13	哈尔滨	4.1	2.6	63.4%
14	济　南	3.2	2.0	62.5%
15	西　安	2.8	2.8	100.0%

资料来源：济南统计局：《济南市国民经济概况2004》，2005年。

注：① 原来应该反映15个副省级城市截止到最近的实际利用外资存量水平，但是由于数据收集的困难，故此处用了2004年各城市实际利用外资额来代替存量水平。

上表清楚地说明，济南利用外资量仅3.2亿美元，在副省级城市中的排位仅稍高于西安一个城市，低于其他13个城市。处于内陆的成都、武汉、沈阳的利用外资能力都明显高于济南市。而且还可看出，济南的外资利用量中有将近40%不是来自国外直接投资，属于其他外资范畴。

表9-15 2003年15个副省级城市的外商投资企业单位数和产值

排序（按产值）	城　市	外资企业单位数（个）	外资企业产值（万元）
1	深　圳	1829	40570114
2	广　州	1891	25210396
3	厦　门	657	11165400
4	杭　州	790	8451027
5	长　春	84	7107203
6	南　京	508	6991942
7	宁　波	1067	6847164
8	青　岛	1083	6483010
9	大　连	655	6459313
10	沈　阳	333	4972470
11	武　汉	154	3057797
12	成　都	188	1852555
13	济　南	163	1117479
14	哈尔滨	69	977696
15	西　安	82	956784

资料来源：《中国城市统计年鉴2004》。

从现有外商投资企业的规模看，济南在15个副省级城市中也排在落后行列，目前的外资企业数排第11，而产值仅排第13，并且与其他东部城市差距很大。

4. 基础设施

城市基础设施的建设对于外商来说也是与企业发展息息相关的因素，下表通过第三产业产值来近似地体现一个城市的基础服务水平：

表9-16 2004年15个副省级城市第三产业产值

单位：亿元

排序（按产值）	城　市	第三产业	
		产　值	占GDP比重
1	广　州	2182.6	46.81%
2	深　圳	1300.5	44.87%
3	杭　州	1043	42.07%
4	成　都	995.7	40.72%
5	武　汉	950	45.34%
6	沈　阳	852.9	43.72%

续表 9 - 16

排序(按产值)	城 市	第 三 产 业	
		产 值	占 GDP 比重
7	南 京	835	41.47%
8	青 岛	830.6	37.27%
9	大 连	825.4	38.43%
10	宁 波	804.3	38.39%
11	哈尔滨	761.9	48.57%
12	济 南	757.8	53.03%
13	长 春	625	38.00%
14	西 安	540.2	45.56%
15	厦 门	339.4	49.32%

资料来源：济南统计局：《济南市国民经济概况 2004》，2005 年。

接着，我们选择 2003 年铁路、公路、水路和航空货运量对城市货运量
进行比较：

表 9 - 17　2003 年 15 个副省级城市货运量

单位：万吨

排序 (按货运总量)	城 市	货运总量	铁路货运量	公路货运量	水运货运量	民用航空货运邮量 (单位：吨)
1	青 岛	30553	535	27241	2773	36026
2	广 州	28859	4852	14693	9292	224519
3	成 都	28798	4977	23724	85	122000
4	大 连	21081	1651	16116	3309	54688
5	杭 州	16815	438	12118	4253	62000
6	武 汉	16610	5824	7786	2995	53406
7	南 京	14805	872	9266	4657	96800
8	沈 阳	14636	481	14150	0	47410
9	济 南	14354	6887	7466	0	14000
10	宁 波	13797	1158	9070	3568	13812
11	长 春	10892	2022	8869	0	9766
12	哈尔滨	9518	1353	7790	373	18000
13	西 安	9392	3662	5726	0	40000
14	深 圳	6793	316	5433	1003	406600
15	厦 门	3055	322	1673	1052	78200

资料来源：《中国城市统计年鉴 2004》。

上表显示在运输和物流方面，济南的劣势和优势并存：济南的民用航空货运量在全国同类城市中处于很落后的水平，货运量仅高于长春和宁波而排倒数第三位；济南处于铁路交通网的枢纽位置，铁路运输能力是同类城市中最强的。

5. 城市开放水平

将 2004 年 15 个副省级城市的进出口总额和进口总额、出口总额分别整理如下：

表 9 - 18　2004 年 15 个副省级城市进出口贸易额

单位：亿美元

排序（按进出口总额）	城　　市	进出口总额	进口总额	出口总额
1	深　圳	1473.12	694.56	778.56
2	广　州	447.96	233.23	214.73
3	青　岛	269.88	112.06	157.82
4	宁　波	261.12	94.22	166.90
5	杭　州	244.96	93.21	151.75
6	厦　门	241.10	101.64	139.46
7	大　连	207.29	98.74	108.55
8	南　京	206.39	101.79	104.60
9	长　春	53.20	44.90	8.30
10	沈　阳	52.51	28.50	24.01
11	武　汉	42.98	23.67	19.30
12	成　都	33.65	14.97	18.68
13	西　安	30.93	10.85	20.35
14	济　南	30.47	16.74	13.73
15	哈尔滨	21.00	12.20	8.80

资料来源：济南统计局：《济南市国民经济概况 2004》，2005 年。

上表清楚地显示了 15 个副省级城市进出口贸易水平，济南的进出口总额排在第 14 位，仅高于哈尔滨，和沈阳、长春、武汉、成都、西安这几个东北及中西部城市内陆城市的水平接近；相比于沿海城市来说，差距非常大。这说明济南的开放程度及在国际经济中的地位是落后的。

6. 劳动力成本

劳动力成本低是中国的一个显著特征，也是中国吸引外商投资的重要原因。人均工资与产值之比能体现劳动力成本的水平，见表 9 - 19：

表 9 - 19 2003 年 15 个副省级城市职工平均工资与人均产值之比

排序(按比值)	城 市	职工平均工资(元)	人均产值(元)	平均工资与人均产值之比
1	厦 门	19023.57	35009	0.5434
2	深 圳	31052.58	54545	0.5693
3	广 州	28804.83	48372	0.5955
4	大 连	17560.15	29206	0.6013
5	武 汉	13729.79	21457	0.6399
6	沈 阳	14961.14	23271	0.6429
7	青 岛	15335.29	23398	0.6554
8	济 南	16026.54	23590	0.6794
9	宁 波	23691.3	32639	0.7259
10	长 春	13870.31	18705	0.7415
11	杭 州	24666.88	32819	0.7516
12	南 京	22190.22	27307	0.8126
13	成 都	15274.5	18051	0.8462
14	哈尔滨	13870.31	14872	0.9326
15	西 安	13504.76	12233	1.1040

资料来源:《中国城市统计年鉴 2004》。

从排序来看,济南的职工工资水平处于 15 个城市的中间水平。相对开放程度比较高的沿海城市,济南的劳动力成本较低,具有一定竞争优势。而且,济南高校集中,在劳动力素质的培养和提高上具有优势。

(三) 各项指标打分结果和综合指数

1. 各项指标打分结果

在每个指标下,将 15 个城市按照对于吸引外资来说由优到劣的顺序,分为 5 组,每组 3 个城市,(制度因素除外,其虚拟变量的值有 7 个水平,因此制度因素影响下的分组按照虚拟变量的值,变量值为 9—10 的城市打分为 5,7—8 的打分为 4,如此 2 分一档依次递减,变量值为 1—2 的打分仅得 1):第一组为最容易吸引外资的城市,该指标得分为 5;第二组为次之,该指标得分为 4;第三组为吸引外资难易程度居中的城市,该指标得分为 3;第四组为吸引外资较为困难的城市,该指标得分为 4;第五组为吸引外资最困难的城市,该指标得分为 5。按照这个打分规则,对每个指标所衡量的一个城市影响外资利用水平的因素进行打分,得到结果如下。5分表示该因素使城市吸引外资能力提高,是该城市的优势因素;1 分则表示该因素使城市吸引外资能力弱化,是该城市的劣势因素;得分越高则吸引外资的优势越明显。

表 9 – 20   15 个副省级城市各项指标打分结果

城 市	GDP(当年价格)	城市开放政策	实际利用外资额	外资企业总数	外资企业产值	三产产值	货运量	进出口额	劳动力成本
长 春	1	2	2	1	4	1	2	3	2
成 都	4	2	2	2	2	4	5	2	1
大 连	3	5	4	3	3	3	4	3	4
广 州	5	5	4	5	5	5	5	5	5
哈尔滨	2	1	1	1	1	2	2	1	1
杭 州	5	3	3	4	4	5	4	4	2
济 南	2	1	1	1	2	2	3	1	3
南 京	3	3	5	3	3	3	3	3	3
宁 波	4	4	3	4	3	2	2	4	3
青 岛	4	5	5	5	5	3	3	5	3
深 圳	5	4	5	5	5	5	1	5	3
沈 阳	2	2	4	3	2	4	3	2	4
武 汉	3	2	3	2	2	4	4	2	4
西 安	1	2	1	2	1	1	1	1	2
厦 门	1	5	2	4	4	1	1	4	5

　　从打分结果来看，影响济南市吸引外资的各个因素为：市场容量得分为 2，处于较低水平；制度因素也就是城市开放政策的得分为 1，是国家优惠政策享受最少的几个城市之一；实际利用外资水平、外资企业数及产值所体现的集聚效应，在济南表现得很弱，两项指标得分为 1，一项得分为 2，情况仅仅比西安和哈尔滨好一点，说明济南的外资利用水平低是有其历史原因的；三产产值和货运量所表现的城市基础设施建设相对较好，三产产值得分为 2，说明金融、通讯等服务行业还需大大加强，济南的货运量得分为 3，在同类城市中处于中等水平，是济南相对具有优势的因素；职工工资水平的得分是 3，其劳动力使用成本和青岛、大连的水平相当。

　　2. 计算得出各城市吸引外资综合能力指数

　　本部分的目的在于考察济南和其他副省级城市吸引外资能力的相对差异，指标基于排名定值，并不体现各城市吸引外资的绝对能力。因此，假设各因素对城市吸引外资能力的贡献无差别，采用简单平均方法，并不对各个指标设定权重。指数的计算是近似而非精确的。

　　最后的计算结果是：济南市吸引外资的综合能力指数为 1.89，在 15 个副省级城市中处于最落后的梯队，仅高于哈尔滨和西安两个城市。

附录2 行业经济发展水平的主要因素分析

一、指标选择

为了分析济南市各行业的发展状况，我们选择了反映行业规模、行业经济效益、技术投入水平等方面的 14 个经济指标：

1. "人均产值" 指标 (X_1)：反映了该行业劳动力投入的经济效益及产出效率。

2. "人均利税" 指标 (X_2)：反映行业的生产经营成果。

3. "人均销售收入" 指标 (X_3)：反映行业销售效率的高低。销售效率高的公司总是在市场变化时处于相对有利的位置。

4. "人均管理费用" 指标 (X_4)：反映行业管理水平。

5. "总资产贡献率" 指标 (X_5)：反映了企业全部资产的获利能力，是企业管理水平和经营业绩的集中体现，是评价和考核企业盈利能力的核心指标。

6. "资金利税率" 指标 (X_6)：反映行业资金占用及运营效果。

上面这六项指标能综合体现行业的经济效益。

7. "技术资金投入比例" 指标 (X_7) =项目经费支出/固定资产总值。

8. "技术人员比例" 指标 (X_8) =技术人员数/全部从业人员数。

这两个指标则重点反映出了各行业的技术投入水平。

9. "固定资产" 指标 (X_9)。

10. "流动资产" 指标 (X_{10})。

11. "职工人数" 指标 (X_{11})：反映各行业的规模。

12. "三资企业人均利税" 指标 (X_{12})。

13. "三资企业从业人数" 指标 (X_{13})。

14. "三资企业资产总额" 指标 (X_{14})：反映三资企业的效益和规模。

二、数据来源

下面是具有代表性的 23 个行业的 2000 ~ 2003 年的数据资料，构成了一个 26 × 14 维的数据表，见表 9 – 21。

数据都来自《济南统计年鉴 (2001 ~ 2004)》，或者根据相关数据计算所得。

表 9 – 21　变量和指标名称（2003 年）

序号	行　业	X_1	X_2	X_3	X_4	X_5	X_6	X_7	X_8	X_9	X_{10}	X_{11}	X_{12}	X_{13}	X_{14}
1	煤炭采选业	11.21	2.10	10.30	0.79	45.99	60.50	0.00	0.00	35451	33546	16551	0.00	0	0
2	食品制造业	27.15	2.96	26.39	1.04	15.13	22.16	5.04	2.84	87922	58173	8096	2.86	1121	34659
3	饮料制造业	18.51	2.39	17.91	1.85	7.71	10.17	14.24	22.63	79067	79932	5215	2.69	2661	105249
4	烟草加工业	154.45	77.20	147.81	11.52	39.82	48.95	8.54	16.59	114180	364956	2713	0.00	0	0
5	纺织业	11.35	0.65	10.58	0.69	7.36	7.04	2.40	2.64	143909	137343	30254	0.42	3596	68217
6	皮革、毛皮、羽绒及其制品业	28.33	0.69	23.73	0.74	6.36	5.72	3.51	11.38	15678	21635	2460	0.00	0	0
7	造纸及纸制品业	21.46	1.79	20.59	0.69	9.71	13.26	0.00	0.00	52977	80500	9782	0.00	0	0
8	文教体育用品制造业	15.70	1.51	15.26	1.02	13.90	15.00	10.49	11.52	8199	10394	1650	0.00	0	0
9	石油加工及炼焦业	115.75	12.48	113.99	2.79	20.85	24.83	7.05	119.23	229990	1536900	7213	0.00	0	0
10	化学原料及化学制品制造业	31.72	2.26	27.45	1.41	9.84	10.80	12.85	26.02	397683	316660	31556	5.40	1716	47003
11	医药制造业	27.97	4.63	24.45	3.07	14.13	19.65	47.41	73.88	134304	235710	13035	9.50	1950	120088
12	化学纤维制造业	54.54	1.89	52.43	1.53	3.79	4.35	206.33	384.62	25808	21761	962	0.00	0	0
13	橡胶制品业	16.45	1.13	17.25	0.97	7.28	8.71	22.37	27.89	16718	18414	2582	0.00	0	0
14	塑料制品业	28.80	2.06	27.01	1.30	10.30	10.71	5.69	17.70	75098	61168	6498	0.43	2287	54617
15	非金属矿物制品业	22.62	2.60	22.68	1.19	13.72	15.97	16.16	6.08	294476	369381	36347	3.54	2380	40821

续表 9 - 21

序号	行业	X_1	X_2	X_3	X_4	X_5	X_6	X_7	X_8	X_9	X_{10}	X_{11}	X_{12}	X_{13}	X_{14}
16	黑色金属冶炼及压延加工业	95.17	10.50	83.02	7.30	13.36	18.79	116.89	160.96	528769	978215	20868	-0.27	1209	16105
17	有色金属冶炼及压延加工业	29.32	1.85	25.10	1.42	14.05	11.38	42.93	70.64	32841	36995	4176	0.00	0	0
18	金属制品业	24.18	2.74	22.79	1.02	20.18	27.02	0.32	1.90	85522	131190	16870	0.00	0	0
19	普通机械制造业	23.57	2.22	21.46	0.15	11.28	13.26	0.00	0.00	271246	471238	40232	5.76	1646	55341
20	专用设备制造业	18.35	1.93	16.61	1.26	14.57	16.82	34.09	29.97	60719	119423	13746	0.00	0	0
21	交通运输设备制造业	323.97	1.84	35.76	2.04	4.13	5.10	51.43	90.27	528369	1294078	41929	8.88	3173	132713
22	电气机械及器材制造业	29.31	1.08	28.55	2.18	4.46	3.75	37.51	114.50	260363	475319	21118	0.78	3389	59965
23	电子及通信设备制造业	85.75	4.42	74.77	5.58	9.93	11.75	204.88	253.25	147996	483256	15056	8.22	2486	90409
24	仪器仪表及文化办公用机械制造业	13.48	1.39	13.11	1.42	10.26	12.67	135.01	100.42	30442	55801	7309	0.00	0	0
25	电力、蒸汽、热水的生产和供应业	44.44	4.45	30.94	1.90	8.76	9.04	2.24	44.30	487549	216543	11918	0.00	0	0
26	自来水的生产和供应业	10.68	0.49	7.40	2.11	2.65	0.71	0.00	3.91	209530	67079	3579	0.00	0	0

注：X_1代表人均产值，X_2代表人均利税，X_3代表人均利润，X_4代表人均销售，X_5代表规模以上工业行业从业人数，X_6代表资金利税率，X_7代表技术资金比例，X_8代表技术工人比例，X_9代表固定资产合计，X_{10}代表流动资产合计，X_{11}代表三资行业从业人数，X_{12}代表三资企业人均利税，X_{13}代表三资企业从业人数，X_{14}代表三资企业人均利税，X_{15}代表三资企业资产总额。

附录3　济南市引进外资的优势产业测算

1. 指数选择和计算

我们认为外商在进行投资决策时主要会考察本地行业在国内市场发展状况、行业科技开发和投入情况、产业的相互关联情况，以及在国际市场的竞争力等方面，所以拟定以下几个指数进行外资竞争力的侧度分析：

（1）产业集群度：反映当地产业集群是否形成以及成熟程度。指标采用"综合区位商"。

（2）行业重要程度指数：计算公式为产值指数＝济南市某行业产值占全市总产值的比重/全国该行业产值占全国总产值的比重，表示行业在经济发展中的重要程度，还可以反映市场的需求程度和市场需求空间的大小。

（3）科技投入指数：计算公式为科技投入指数＝济南市某行业科技投入占全市总科技投入的比重/全国该行业科技投入占全国总科技投入的比重，表示行业科技投入方面的相对水平。

（4）新产品产值比：计算公式为新产品产值＝济南市某行业新产品产值占全市的比重/全国该行业新产品产值的比重，表示行业的新产品开发能力。

（5）出口指数：计算公式为出口指数＝济南市某行业出口比重/全国该行业的出口比重，表示行业出口能力。

（6）进口指数：计算公式为进口指数＝济南市某行业进口比重/全国该行业的进口比重，表示行业进口能力。

2. 数据来源

"综合区位商"数据来自《中国城市竞争力报告2004》。济南市各个行业产值比重、科技投入比重、新产品产值比重、出口比重和进口比重都是根据《济南统计年鉴2004》相关数据计算所得。全国各个行业的数据则是根据《中国统计年鉴2004》、《中国工业经济统计年鉴2004》、《中国科技统计年鉴2002》相关数据计算所得。

3. 综合指数计算和权重的确定

"综合指数"是根据各个行业"综合区位商"、"产值指数"、"科技投入指数"、"新产品指数"、"出口指数"、"进口指数"加权所得。

根据行业特点，将行业分为三大类：高科技行业、内需型制造业和外需型制造业。不同类型行业的综合指数在计算时所选取的比重不同。

根据专家评定法，拟定权重选择如下：

（1）高科技行业。高科技行业以科技含量高为特点和优势，新产品开发和生产能力很重要，所以"新产品产值指数"相对最重要，权重为0.5；行业在国内市场的重要性及发展情况，以及科技投入也比较重要，所以"产值指数"、"科技投入指数"权重都为0.2；而产业集群程度的重要性相对低一些，"综合区位商值"权重为0.1；由于高科技行业主要面对国内市场，所以这里暂忽略进出口方面的因素。

（2）内需型行业。内需型行业主要针对国内市场，所以产业集群程度和行业在国内市场发展情况相对最为重要，"综合区位商值"、"产值指数"的权重都取0.3；另外，"进口指数"在一定程度上也反映了国内市场的需求状况，所以确定权重为0.25；而科技投入、新产品开发生产和国际市场竞争力对内需型行业来说，重要性相对较小，所以"科技投入指数"、"新产品指数"、"出口指数"的权重都确定为0.05。

（3）外需型行业。由于主要面向国际市场，所以对于外需型行业来说，行业在国际市场的竞争能力很重要，这里拟定"出口指数"的权重为0.3；同时由于外需型行业多为传统的生产产业，产业关联度的影响很大，所以"综合区位商值"的权重也确定为0.3；产值的权重为0.25；而科技投入、新产品生产、进口方面的重要性相对较小，所以"科技投入指数"、"新产品指数"、"进口指数"的比重确定为0.05。

表9-22　济南市引进外资的优势产业测算结果表

	行业名称	综合区位商值	产值指数	科技投入指数	新产品指数	出口指数	进口指数	综合指数
高科技行业	医药制造业	1.61	1.08	6.29	0.88			1.61
	电子及通信设备制造业	0.97	0.70	35.65	1.87			4.83
	仪器仪表及文化办公用机械制造业	1.1	0.52	8.92	0.62			1.53
外需型制造业	食品制造业	1.14	0.85	1.87	0.00	0.92	0.86	0.95
	纺织业	0.66	0.86	1.25	0.22	1.14	0.63	0.74
	皮革、毛皮、羽绒及其制品业	0.31	0.26	3.88	1.42	0.36	0.05	0.47
	黑色金属冶炼及压延加工业	1.25	16.93	1089.70	0.06	9.33	0.18	60.45
	非金属矿物制品业	1.35	1.25	16.98	0.41	0.00	0.00	1.65
内需型制造业	饮料制造业	0.7	0.37	181.96	0.14	0.16	0.34	18.54
	烟草加工业	1.88	0.47	7.09	0.00	0.12	1.86	1.54
	造纸及纸制品业	1.07	0.71	0.00	0.03	0.59	1.93	0.77
	化学原料及化学制品制造业	1.27	0.93	2.68	0.17	1.62	0.79	1.32
	橡胶制品业	0.56	0.28	13.31	0.18	0.31	0.26	1.67
	塑料制品业	0.74	0.52	9.67	0.71	1.16	1.53	1.81

续表 9 - 22

	行业名称	综合区位商值	产值指数	科技投入指数	新产品指数	出口指数	进口指数	综合指数
内需制造业	有色金属冶炼及压延加工业	0.51	0.29	9.07	0.14	0.13	0.13	1.16
	普通机械制造业	1.87	1.43	0.00	0.00	0.36	0.56	0.87
	专用设备制造业	0.99	0.57	1.31	0.41	0.15	0.84	0.65
	化学纤维制造业	0.75	0.31	462.41	2.49	0.30	0.80	46.92
	石油加工及炼焦业	1.13	0.11	12.30	2.30	0.05	0.03	1.83
	交通运输制造业	1.56	10.40	154.17	0.76	2.22	1.53	17.82

参考文献

1.《2003 年全市外经贸工作情况和今年工作安排意见》（济南市外经贸局提供）。

2.《济南市利用外资概况》（济南市外经贸局提供）。

3.《2004 年济南市吸收外商投资情况》（济南市外经贸局提供）。

4.《吸收外商投资"十一五"规划》（济南市外经贸局提供）。

5.《引进外资优化产业结构的意见》（济南市外经贸局提供）。

6. 济南市外经贸局提供的近年来部分外商投资企业反映的主要问题。

7. 济南市外经贸局提供的 2002 ~ 2004 年新批外商投资企业等数据。

8.《济南市服务贸易领域对外开放情况》（济南市外经贸局提供）。

9.《关于我市经济开发区发展现状调查及建议》（济南市外经贸局提供）。

10.《山东省经济开发区 2004 年主要经济指标完成情况统计表》（济南市外经贸局提供）。

11.《济南市利用外资"十一五"规划基本思路》（济南市经委提供）。

12.《济南市利用外资存在问题分析》（济南市经委提供）。

13.《2006 ~ 2010 年济南工业发展规划纲要》（济南市经委提供）。

14.《济南市"一带三区"规划图》（济南市经委提供）。

15.《2010 年济南工业布局规划说明》（济南市经委提供）。

16.《济南市国资委关于济南市利用外资的情况汇报》（济南市国资委提供）。

17.《济南市高新区利用外资情况汇报》（济南高新区管委会提供）。

18.《济南市鼓励软件产业发展若干政策规定》（济南高新区管委会提供）。

19.《济南市利用外资战略规划企业调查表》(55 份)（企业填报）。

20.《投资济南高新开发区》（济南高新区管委会提供）。

21.《中国济南高新技术产业开发区》（济南高新区管委会提供）。

22.《济南高新区部门、园区工作职责》（济南高新区管委会提供）。

23.《济南市出口商品目录》（济南市对外经贸局提供）。

24.《投资济南（中文版/英文版）》（济南市外经贸局提供）。

25.《济南市国民经济概况 2004》（济南市统计局提供）。

26.《济南统计月报 2005 年第 4 期》（济南市统计局提供）。

27.《山东统计年鉴 2004》（济南市统计局提供）。

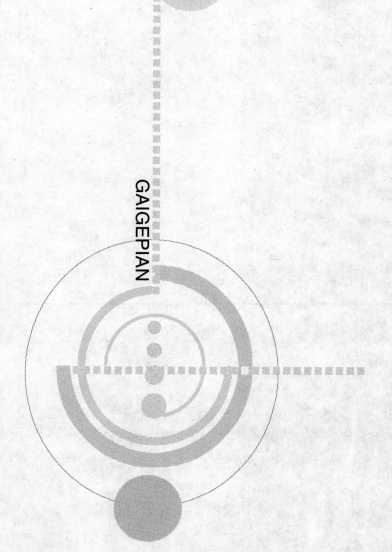

改革篇

GAIGEPIAN

课题十　我国资源和要素价格的形成机制及国际比较研究

课题简介

　　资源和要素价格形成机制是一个复杂的课题，即使在市场经济比较成熟的发达国家，真正确立比较完善的资源和要素价格形成机制也是近几十年的事。国家发展和改革委员会对资源和要素价格的形成机制高度关注，并提出要进行深入研究。

　　2005 年 4 月，我所受国家发展和改革委员会价格司和中国价格学会的委托，承担了《资源和要素价格形成机制的国际比较》课题研究。经过 3 个月的努力，按时完成了这项研究报告。本研究报告重点探讨的资源是石油、天然气、煤炭、水和土地等资源；要素则包括土地、资本、劳动力和技术等要素。本研究报告通过分别对各种资源和要素的价格形成机制进行国际比较，对我国资源和要素价格形成机制的历史和现状进行分析研究，提出了改革资源和要素价格形成机制的政策建议。

　　中国价格学会的评审意见认为："本课题逻辑严密、思路清晰、重点突出、观点新颖，是一篇高质量的研究报告。本课题提出的观点受到国家有关部门的肯定和重视，在国家有关改革政策的制定中，被作为重要的参考意见。"

　　本课题组组长为李晓西教授，负责本报告的审定。课题组副组长金三林博士，负责本课题的组织和起草工作。课题组其他成员均来自北京师范大学经济与资源管理研究所，他们是陈玉京博士、魏媛媛硕士、孙英硕士。

　　在研究过程中，中国价格学会副会长侯嘉给予了大力支持。报告还参考了许多相关资料和文章，在此要向这些文献的作者们表示谢意，没有他们的先期研究成果，课题组不可能在短时间里完成这份报告。

一、资源价格形成机制的国际比较

（一）资源价格决定的理论基础

与一般产品不同，资源产品的价格形成机制有其自身的特殊性。这种特殊性主要是源于自然资源储量具有递减性或恒定性，以及资源产品市场非完全竞争性的特点。

1. 完全竞争条件下资源价格的决定

对于一般商品而言，价格由供给和需求共同决定。如图 10－1 所示，向上倾斜的供给曲线 S 和向下倾斜的需求曲线 D（即边际收益曲线）共同决定了均衡价格 P_0 和产量 Q_0。其中，市场供给曲线是单个厂商供给曲线的加总，而单个厂商的供给曲线就是其边际成本（也等于边际生产成本）曲线。

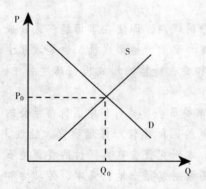

图 10－1　一般产品的价格决定

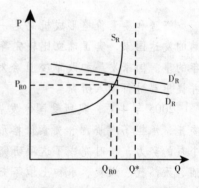

图 10－2　资源产品的价格决定

但对于资源产品而言，边际成本不仅包括边际生产（开采）成本，还包括边际社会成本（弥补资源生产过程中的负外部性，即环境成本）和边际机会成本（由于总储量的限制，现在使用将导致后代使用量的减少，故存在机会成本，即稀缺性租金）。由于边际成本的增加，资源产品的价格供给弹性很低，供给曲线比一般产品的供给曲线更陡峭。同时，资源产品的价格需求弹性也很低，其需求曲线比一般产品的需求曲线平坦。

更加陡峭的供给曲线 S_R 和更加平坦的需求曲线 D_R 决定了资源产品的均衡价格和产量，如图 10－2 所示（Q^* 表示储量对产量的约束）。从图中还可以看出，当资源产品的需求增加，需求曲线从 D_R 移动到 D'_R 时，产量增加较少，而价格上升较多。这一点也是资源约束的微观机理。

2. 垄断性市场结构对资源价格的影响

资源产品市场具有垄断竞争的性质。这一点是由于自然资源的初始产权往往为国家所有，资源勘探具有公共产品的性质，资源开发需要有规模经济，某些资源的生产环节具有自然垄断特征等因素。

在存在垄断的情况下，厂商的边际收益曲线和需求曲线分离，如图 10 - 3 所示。厂商根据边际收益等于边际成本的原则决定产量 Q'_{R0}，小于完全竞争条件下的 Q_{R0}；并根据需求曲线决定价格为 P'_{R0}，高于完全竞争条件下的 P_{R0}。也就是说，由于垄断的存在，厂商可以以更高的价格生产更少的资源产品。对于某些重要的战略性资源如石油等，由于其未来的价格会更高，边际机会成本很大，垄断情况下的供给曲线是向后倾斜的，如图 10 - 4 所示。当边际收益曲线和供给曲线相交于向后弯曲段时，决定了更低的均衡产量和更高的均衡价格。

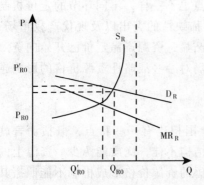

图 10 - 3　垄断情况下资源产品的
价格决定

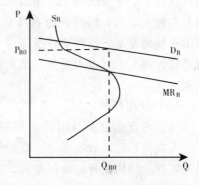

图 10 - 4　垄断情况下战略性资源
产品的价格决定

3. 政府对资源价格的干预

由于资源产品自身的特性决定了其具有较低的价格需求弹性和供给弹性，其价格更容易波动，而垄断竞争性市场结构又会进一步放大这种波动，并使实际价格偏离均衡水平。所以，资源产品价格的决定存在着市场失灵，需要政府进行干预。政府干预的重点在于两个方面：一个是施加约束，确保生产者的社会成本内部化，并使资源价格反映出其稀缺程度；另一个是鼓励竞争，或者对垄断厂商的价格进行合理管制，维护公众利益并使厂商的产量不至于降低。

（二）我国资源价格的影响因素及改革原则

1. 我国资源价格的影响因素

本研究讨论的是石油、天然气、煤炭、水、土地等战略性资源。战略性资源具备三个特点或者说存在三个基本矛盾：一是资源需求的基础性或刚性（人们的吃穿住行离不开它们）与资源供给的难以永续的矛盾；二是巨大且不断扩张的资源需求量与资源稀缺性的矛盾；三是因其使用者的普遍化而导致的资源产品价格的低预期值与保护、开发资源的边际成本递增的矛盾。石油、天然气、煤炭、水和土地等都具有这样的特点，因此它们很难做到完全由市场来定价，它们的价格形成机制至少应考虑以下几个方面的因素：

（1）资源的自然属性和资产属性

不同种类资源的自然属性不同，生产、流通的技术和组织体系特征差别较大，各自的价格形成机制也不相同。即使对同一种资源，其上中下游的产业技术、产业组织和市场需求的特点也不一样，不同环节的定价机制也存在较大差别。同时，随着自然资源稀缺性的突出以及现代产权市场、资本市场的发展，资源的资产属性日益凸显，资源产品定价已开始向资源资产定价转变。资本市场尤其是期货市场对一些战略性资源价格的影响越来越大。

（2）资源禀赋

我国的资源禀赋与国际上的资源大国相比有一些特点，概括而言就是：人均值很低，分布不均，能源储量结构不佳，优质能源少。资源上的总量差异、结构差异、地区差异，使我国的资源价格形成机制不能照搬其他国家的模式。

我国石油、天然气、煤炭、水电等能源总量约占世界的 10%，但人均能源可采储量远低于世界平均水平。2000 年人均石油可开采储量 2.6 吨，人均天然气可采储量 1074 立方米，人均煤炭可采储量 90 吨，分别占世界平均水平的 11.1%、4.3% 和 55.4%。煤炭资源 60% 分布在华北，南方除贵州外均为贫煤省。在尚未利用的经济精查储量中，86% 分布在干旱缺水、远离消费中心的地区。石油资源主要分布在东部和西部，天然气、水电资源主要分布在西南、西北。我国的人均水资源量 2200 立方米，约占世界平均水平的 25%，黄淮海流域人均水资源量 460 立方米，京津两市所在海河流域人均水资源只有 293 立方米。不同年份、不同季节降水量变化比较大，水资源分布与土地、矿产资源分布及生产力布局等不相适应，使一些地区水资源供需矛盾更为尖锐。城市缺水矛盾突出，北方地区、沿海城市普遍严重缺水。人均值低、分布不均的现状，要求中央政府必须在资源价格形成机制上保持强有力的主导作用，否则难以实现资源的集中利用和节约利用。

长期以来，煤炭在我国一次能源生产和消费结构的比例都在 70% 左右，2002 年分别占 70.7% 和 66.1%。在已探明的煤炭储量中，烟煤占 75%；95% 的石油储量是蜡状重质原油。多煤少油（气）的能源结构和优质能源少的现状，一方面要求利用价格和税收杠杆对油（气）的使用进行限制，一方面也要求在勘探开发上增加投入，同时积极向外寻求能源支持。这一问题还与能源的消费结构（总体趋势是减少煤炭或者增加洁净煤的消费，增加石油特别是天然气、水电等所谓清洁能源的消费）、水资源保护、大气质量等问题联系在一起。国家必须通盘考虑资源的使用，因此必须在各种资源的利用上考虑一个价格均衡的问题，从而使居民和企业在自己能够承受的价格范围内自愿选择较清洁的能源。

（3）开发利用资源的成本

开发利用资源的成本包括生产成本、运输成本、社会成本（国有资源资产应得的收益与地区、部门、私人利益之间的矛盾）等。一个原则必须严格把握，就是国家不能在资源开发利用上有过多的额外投入，相反还应有所收益。也就是说，国家资源的资产负债表上，资产和负债应大致平衡，还有适量的所有者权益。以往由于计划经济及其惯性的影响，资源富集地区反而成了国家投资或补贴多的地区，这种情况必须逐渐改变。在这里，资源税的合理税率及其收取、分配和使用方式是关键。合理的资源税才能有合理的资源价格的实现。

（4）环境税

资源的无度消费引发的严重环境问题，使我国近年来逐渐开始重视环境税的征收。这里所说的环境税是狭义的（因为前面已经涉及资源税的问题，广义的环境税包括资源税），即是指同环境污染控制相关的税收手段，包括排污税、产品税（消费税）、税收差别、税收减免等。就一般意义而言，环境税的征收应反映市场价格与边际机会成本的差额部分，即在市场价格已能充分反映边际生产成本和边际耗竭成本（与资源税相关联）的前提下，对边际环境成本进行征收，以体现国家对环境资源使用中的价格扭曲现象进行的干预和纠正。目前，我国若干既具有法律基础，又具有环境、资源意义的税收政策渠道已经存在，但是与国外相比、与环境保护的

迫切要求差距甚大。主要问题是：没有把煤炭消费纳入征收范围，石油产品的总体税负低（仅占总价格的25%以下），超标排污收费明显偏低，收费项目不全，收费覆盖面不够等。环境税征收体系的完善，对资源价格的合理确定具有重要影响，并进而对资源的节约、资源消费品种的选择都产生重要影响。

（5）资源在国际上的可获得性

我国经济的迅猛增长加快了资源相对缺乏问题的暴露，资源在国际上的可获得性日益成为决策层、大企业乃至普通百姓关注的问题。这种可获得性与外汇储备、资源的国际价格以及地缘政治、国家外交能力等相关。对我国来说，当前的最大难点在于"后来者"对资源的国际价格缺乏影响力。自然资源的消费和供给都具有较大的集中性，这种集中性使发达国家、资源输出国家和组织、跨国公司以及国际投资基金对国际资源的价格具有重大影响。少数发达国家，利用自身的需求规模和综合实力优势，积极干预国际价格，并且越来越重视国际期货市场的作用。而我国在战略资源的储备和期货交易上极端落后，导致了在国际资源价格变动时的完全被动。在短期内，除了厉行节约，在国际资源价格上涨期尽量少进口外，恐怕没有别的好办法。这在某种意义上说也是一件好事，必将促进国内价格形成机制的改革，而且从长期来看，与国际适度对接的资源价格形成机制是不可避免的。如何处理好短期和长期的矛盾，是价格机制改革中的一个难点。

（6）资源之间的相互转换和替代

资源的相对稀缺性以及各国资源禀赋的差异决定了资源之间的相互转换和替代是必然选择。在未来相当长的时间内，我国一次能源消费将依然以煤炭为主，这一思路必须坚持。但是从中长期看，必须在能源多元化上做出更大的努力。发展天然气和水电是可行的选择。就天然气而言，一是因为随着全球LNG（液化天然气）贸易的迅速发展，天然气将在各国能源消费结构中占据重要地位。美国能源信息署预测，到2030年，世界一次能源消费中，天然气的比重将由2000年的20.89%上升到27.2%，石油的比重将由37.26%下降到26.25%，而煤炭的比重将由25.38%下降到21.18%。二是因为我国周边国家，如俄罗斯、中亚三国（土库曼斯坦、哈萨克斯坦、乌兹别克斯坦）、澳大利亚、印尼等拥有充足的天然气资源。三是我国自身的天然气现有探明储量和开发前景也比较乐观。截至2001年底，累计探明储量约3万亿立方米，累计探明可采储量2万亿立方米，剩余可采储量 1.7 万亿立方米。预计未来 20 年可增加探明储量 3.7—4.6 万亿立方米，2020 年我国天然气产量可达到 1300—1500 亿立方米，需求将达 1600 亿立方米，是目前消费水平的 5 倍。就水电而言，我国水能资源居世界第一，理论蕴藏量达 67605 千瓦，可装机容量 37853 千瓦，年发电量 19200 亿千瓦时。据测算，中国每开发 1% 的水电资源，就有 4500MW（百万瓦）的容量，相当于开采 10MT（百万吨）的标准燃料。目前发达国家水电资源开发已经达到了 80%—90%，而我国开发率只有 15%。其中西部水电开发率只有 8%，水电开发特别是农村地区小水电的开发前景广阔。由于历史遗留、技术水平、转换成本等因素的制约，其他可再生能源的开发利用虽然要坚持进行，但作为国家战略要让位于天然气和水电。天然气、水电的开发遇到的困难也很多，主要是：天然气管网、农村电网的建设和维护费用相当高，小水电初期建设投入大，民用天然气价格偏高等。但如果从国家战略的高度来看待这个问题，是能够作出果断决策的，如西气东输、西电东送工程的建设就是好的开端。与这样的能源转换和替代决策相配套，石油、天然气、煤炭、电的价格形成机制必须做相应的改变，比如征收燃油税、提高成品油价格，对天然气用户进行补贴代替对天然气企业的补贴，提高火电上网的价格起点，增强水电竞争力等等。

2. 我国资源价格改革的原则

如此复杂的影响因素，决定了资源价格形成机制的复杂性和不完全合理性，决定了对这些机制进行改革的渐进性，但渐进性的改革也必须有方向、有原则，否则头痛医头、脚痛医脚，必然导致改革的整体滞后，引发资源危机，影响国计民生甚至危及国家安全。本研究认为，资源价格形成机制的改革应坚持以下原则：

（1）市场化方向

市场机制是优化资源配置的有效机制，市场化是各国资源定价的大趋势。之所以如此，一个重要原因是资源配置的国际化，一些资源对外依存度很高的国家在资源定价方面不可避免地受到资源国际价格的严重影响。目前，无论是市场竞争形成价格还是政府制定价格的国家，其原油和成品油的价格大都是参考国际市场价格制定的。与建立和完善社会主义市场经济的总体要求相一致，必须进一步加大资源价格形成机制市场化的程度，以利于发挥市场配置资源的作用。市场化要与政府的主导作用做到并行不悖，就必须加强专家调研、强调群众参与，使改革政策与市场经济的要求大体上相吻合。

（2）既能维持百姓基本生活，又能加强公民节约资源意识培养

要充分考虑改革对市场物价可能产生的影响，在保持总供求基本平衡的情况下实施改革，以便于保持物价的基本稳定，维持百姓的正常生活。但同时也必须考虑到资源稀缺性、代际和代内公平等问题，保持总体上的资源价格上升趋势，使公民强化节约资源意识。

（3）维护国家安全和适度的经济增长

之所以强调适度的经济增长，是因为每次的经济高速增长都带来资源的短缺和浪费。在国家军事能力尚无明显提高的情况下，资源需求的迅速国际化带来的风险是显而易见的。目前我国资源生产和消费大致平衡，就已经出现了许多针对中国资源需求威胁全球的声音，这就要求我们必须提高警惕、有所自律，一方面要稳妥地支持资源企业"走出去"，一方面又要运用价格和税收机制使资源企业产生的高额利润有一个正确的流向，那就是加强国内资源的保护和勘探，加强可再生资源的开发利用。很显然，某些资源企业在国外资产并购中以高价取胜并不值得赞赏。相反，他们的行为值得我们对资源企业的高利润进行反思。

（三）石油价格形成机制国际比较

1. 国际石油定价机制总体现状

近30年来，世界石油价格形成机制经历了从西方石油公司定价到OPEC定价再到由期货交易所以石油期货价格作为定价基准的自由市场定价模式的转变，已经形成了较为完整的现货市场和期货市场体系，石油的定价机制也日趋成熟。

目前全球范围主要的5个石油现货市场是西北欧市场、地中海市场、加勒比海市场、新加坡市场、美国市场。如西北欧市场分布在ARA（阿姆斯特丹、鹿特丹、安特卫普）地区，主要为德、法、英、荷等国服务，核心在鹿特丹。新加坡市场的出现尽管只有10多年时间，但因地理位置优越，发展极为迅速，现已成为南亚和东南亚的石油交易中心。美国年消费石油9亿吨左右，约占全球总量的1/4，其中6亿吨左右需要进口，于是在美国濒临墨西哥湾的休斯敦及大西洋的波特兰港和纽约港形成了一个庞大市场。

全球范围主要的石油期货市场有纽约商品交易所、伦敦国际石油交易所以及最近两年兴起的东京工业品交易所。2003年纽约商品交易所能源期货和期权交易量超过1亿手，占到三大能源交易所总量的60%，其上市交易的西得克萨斯中质原油（WTI）是全球交易量最大的商品期货，也是全球石油市场最重要的定价基准之一。伦敦国际石油交易所交易的北海布伦特原油也是全球最重要的定价基准之一，全球原油贸易的 50% 左右都参照布伦特原油定价。日本的石油期货市场虽然历史很短，但交易量增长很快，在本地区的影响力也不断增强。

世界石油市场的格局决定了其定价机制。目前，国际市场原油贸易大多以各主要地区的基准油为定价参考，以基准油在交货或提单日前后某一段时间的现货交易或期货交易价格加上升贴水作为原油贸易的最终结算价格。期货市场价格在国际石油定价中扮演了主要角色。以地域划分，所有在北美生产或销往北美的原油都以 WTI 原油作为基准来作价；从原苏联、非洲以及中东销往欧洲的原油则以布伦特原油作为基准来作价；中东产油国生产或从中东销往亚洲的原油以前多以阿联酋迪拜原油为基准油作价；远东市场参照的油品主要是马来西亚塔皮斯轻质原油（TAPIS）和印度尼西亚的米纳斯原油（MINAS）。中国大庆出口的原油就是以印度尼西亚的米纳斯原油作为定价基准的。

特别需要指出的是，在纽约、伦敦、新加坡全球三大石油市场中，纽约商品交易所的 WTI 价格是其他两个市场的风向标，OPEC 的油价实际上也与 WTI 同向浮动。

2. 主要国家石油价格形成机制概况

目前，世界各国国内市场成品油价格的形成机制主要是市场竞争形成价格和国家定价两种。一般来说，经济比较发达，市场机制、竞争机制完善的国家多采用市场竞争的方式；而许多发展中国家及一些市场经济尚不完善的国家则多采用国家定价的形式。但总的趋势是不断向开放、竞争的市场形成价格机制靠拢。无论是市场竞争形成价格还是政府制定价格的国家，其原油和成品油的价格大都是参考国际市场价格制定的。

（1）美国

1959 年，美国政府曾以确保国家能源安全的名义对石油进口实行了严格的配额制度。1973 年欧佩克大幅度提高出口原油价格，美国政府为使本国消费者免受高油价的影响，曾经冻结油价 60 天。20 世纪 70 年代后期，国际石油市场发生了较大的变化，美国政府直接干预价格的效果也不理想，导致价格信号严重滞后，政府定价既不反映石油公司的实际成本，也不反映市场供求关系。1981 年，里根政府解除了对石油的管制。现在美国炼油厂所生产的成品油在国内外市场的售价完全由市场决定。

美国国内有两个具有代表性的成品油现货市场：一个是墨西哥湾和得

克萨斯州地区；另一个是东海岸的油品消费地区。这两个市场的油品价格由供求关系决定，并随着国际市场油价的波动而波动。

由于流通环节和销售对象不同，美国国内成品油销售价格又可以划分为三种情况：一是各石油公司通过自己建立的加油站以零售价格在国内市场销售；二是少部分油品以批发价格直接卖给农场、工厂、中间经销商和最终消费者；三是一部分产品直接以国际市场价格出口。但是，无论以哪种方式销售，最终价格都是由市场来决定的。其国内成品油零售价视地区和季节的不同而有所不同。

美国政府一直将维护石油安全作为国家战略，除了通过政治军事手段保障石油的稳定供给和安全运输、建立石油价格风险勘探基金和石油战略储备等措施以外，还通过发布消息、调动国际资本等手段控制 WTI 价格，从而使得国际能源价格按照美国希望的方向浮动。

（2）韩国

韩国石油价格市场化进程和我国很类似，经历了政府定价、与国际市场接轨和价格开放三个阶段。

第一阶段：1993 年以前，政府定价时期。这个时期政府定价时通常遵循以下 4 个原则：（1）根据成本定价；（2）要监管炼厂利润；（3）为控制消费指数，政府对工业和居民影响较大的油品实行低油价政策；（4）实行价格公告制度。

第二阶段：1994 年 1 月至 1996 年 12 月，与国际市场价格接轨时期。这一阶段又分为两步：第一步，先是建立与国际市场原油价格联动机制（1994 年 1 月）。政府根据上个月进口原油的价格情况来调整当月的国内成品油（包括汽油、煤油、柴油和重油）价格。定价公式为：本月销售价格 = 上月销售价格 ×（1 + 本月调整率），调整率主要反映原油价格和汇率的变化，以便使每月的销售收入与生产成本相适应。第二步，于 1994 年 11 月建立与国际市场成品油价格联动机制，即根据国际成品油市场价格来确定价格结构，价格根据前两个月的 26 日至前一个月的 25 日的数据调整。

第三阶段：1997 年 1 月以后，石油价格完全市场化。

（3）其他国家

墨西哥成品油价格由国家制定。政府对成品油的定价分为两种情况：一种是对汽油、柴油的零售价格，无论是进口还是国产，在国内销售，都实行统一定价。具体价格由能源部、财政部、国家石油公司组成价格委员会，参照国际市场价格，同时考虑国内市场供求、汇率变化、政治经济状况和社会各方面的承受能力等因素后确定。政府定价每月调整并公布一次，各地所有的加油站必须按照此价格执行。对汽、柴油以外的其他油品实行市场调节价，国家石油公司只负责收集、汇总市场成交价格信息，并每周向社会公布一次。

日本的石油市场放开比较晚。日本的石油价格和石油工业在1996年以前基本上由政府严格控制，1996年后随着"特石法"的废除，石油市场逐渐放开，目前成品油价格主要由市场竞争形成，日本政府不再采取行政手段来控制市场价格。

3. 我国石油价格形成机制现状及改革方向

1998年，为配合石油、石化集团公司的改革和重组，国家对原油、成品油价格形成机制进行了重大改革，改变了单一政府定价的模式。改革的主要内容是：石油、石化集团公司之间购销的原油价格由双方按照国内陆上原油运达炼厂的成本与进口原油到厂成本基本相当的原则协商确定。购销双方结算价格由原油基准价和贴水两部分构成，其中原油基准价根据国际市场相近品质原油上月平均价格确定（新加坡市场油价），贴水由购销双方根据原油运杂费负担和国内外油种的质量差价以及市场供求等情况协商确定。汽、柴油零售价实行政府指导价，由原国家计委按进到岸口完税成本为基础加国内合理流通费用制定各地零售中准价，石油、石化集团公司在此基础上在上下5%浮动的幅度内确定具体零售价格。通过这次改革，国内原油价格实现了与国际市场的接轨，成品油价格确立了与国际油价变化相适应，在政府调控下以市场形成为主的价格机制。

2001年，随着我国成为石油净进口国以及适应成品油市场发展的要求，原国家计委对成品油价格形成机制进一步改革，主要内容是由单纯依照新加坡市场油价确定国内成品油价格改为参照新加坡、鹿特丹、纽约三地市场加权平均价格调整国内成品油价格，并扩大汽、柴油零售价格的浮动幅度，浮动幅度由5%扩大到8%。这个机制一直沿用至今。

可以看出，上述改革解决了石油价格与国际市场的基本接轨，但没有实现定价机制与国际接轨。而且，随着全球化进程的加快和能源供需情况的日趋复杂，现行的"定价机制"已不能适应我国油品市场发展的需要，主要表现在以下几个方面：

一是调价时间滞后。现行国家确定的成品油零售中准价，是要在国际市场三地价格加权平均变动超过一定幅度时才作调整，每次调整至少也在一个月以上，有时则更长，所以调整价格时往往已时过境迁。价格调整的

时滞容易引发市场投机行为，影响正常流通秩序。

二是机械接轨。原油完全按照国际油价变动情况，而成品油价格调整则有一个稳定的区间。这既忽视了世界各地成品油销售消费结构、习惯、季节变化及需求与国内市场不尽相同的事实，难以反映国内石油市场的供求变化，也使原油进价与成品油销价不匹配，难以反映国内炼油企业的生产成本，不利于产销衔接。在国际石油价格呈总体上涨趋势的情况下，石油、石化各个行业之间利益分配不均，即使是在石油大公司内部，也会导致勘探、开采、炼制、输送、销售等环节企业的苦乐不均，利益矛盾的冲突影响整体竞争力的提高。

三是税价衔接不够。目前我国的石油对外依存度只有30%—40%左右，国内自产原油及成品油仍占大头，石油价格与国际接轨却往往"随涨不随落"，这就使得，虽然国内油价低于多数国家的水平（从这一角度看，"随涨不随落"是合理的），却使消费者感到石油企业得到了不合理的高额利润（中国石化股份有限公司2004年度报告称，油气勘探开采毛利率49.98%，炼油3.41%，油品销售11.39%，化工20.57%），而且国家也没有从石油企业的利润中得到相应的"级差收益"。主要原因是：石油企业的税费（资源税、增值税、企业所得税等）主要是在生产环节征收，而且税费偏低（我国汽、柴油总税负占总价格的25%以下，低于世界平均水平，OECD国家此类负担比例平均在50%以上）。

更重要的是，由于中国资本市场尚未完全开放，可以参与海外石油期货交易的四大公司仍受证监会的严格监管（目前，四大公司只能做套期保值，不能从事期货投机），国内石油期货市场刚刚开始建设，我国在国际石油定价体系中几乎没有发言权。

我们认为，随着中国进入重工业化时期的经济高速增长阶段，以及对能源需求的与日俱增，中国石油产品价格融入全球定价体系不仅迫在眉睫，而且是大势所趋。必须尽快建立石油战略储备和勘探风险基金，建立石油期货市场，在较短的时期内争取掌握大宗商品的国际定价权。要探索实施弹性资源税收、征收燃油税等制度，让消费者乐于承担石油价格波动所带来的必要的代价，同时也让国家得到该得的所有者收益。要探索石油企业各个环节的内部运行机制的市场化改革，协调各方面利益关系，增强企业的整体竞争力。从长远看，还要允许非国有经济进入石油生产和销售各个环节，推进整个石油市场运行机制的市场化，最终实现政府在价格形成机制中角色的根本转变，从价格制定者转向价格监管者。

（四） 天然气价格形成机制国际比较

1. 国外天然气定价机制总体现状

国外天然气的定价机制与天然气市场的体制密切相关。目前，国外天然气市场可分为垄断性市场和竞争性市场两种类型，它们在天然气链中的定价方式和采用的经济原则也截然不同。其主要差别是：在竞争状态下，天然气在某一地区永远只有一种通行的市场结构价格；而在垄断状态下，却可以根据每个终端用户的需求特点，采用不同的方法制定其消费价格。

总的来说，在世界范围内，天然气的定价政策主要仍采用与替代燃料挂钩，以市场净回值定价（市场净回值＝供给用户最便宜的替代燃料价格－输气成本－储气成本－税负；在欧洲，市场净回值定价法是整个天然气链的定价基础）为主的垄断性定价。竞争性定价只在美国、加拿大、澳大利亚、新西兰、阿根廷、英国等实行，但目前许多国家在不断采取措施，放开市场，引入竞争。改革的进程还要取决于各国的天然气市场的成熟程度。表 10－1 给出了不同市场体制下的天然气定价方式。

表 10－1　不同市场体制下的天然气定价方式

市场结构	垄断型	竞争型		
	纯粹垄断	只有管道与管道之间的竞争	强制性的第三方准入（TPA）	
			(1)批发市场的竞争（第三方进入高压输气管道）	(2)零售业全部竞争（第三方进入全部输配气系统）
定价方式	用户之间有价格差异；市场净回值定价、成本加利润定价或兼而有之	根据竞争程度采取有限的不同市场净回值	与替代燃料竞争和气与气的竞争	与批发市场的竞争相同
典型例子	法国、比利时、荷兰、西班牙、意大利、日本及大多数发展中国家	德　国	美国、加拿大	英　国

2. 主要国家天然气价格形成机制概况

（1）美国

在不同的天然气工业发展阶段，美国政府制定有不同的天然气价格政策。1978 年以前联邦政府对天然气价格进行直接控制，20 世纪 50 年代至 70 年代，联邦政府对天然气井口价进行低价控制，打击了天然气生产商，使美国的天然气产量长期在低水平徘徊，导致了 1976～1977 年冬天美国中

西部和东北部的天然气危机。1978 年美国国会通过《发电厂和工业燃料使用法案》，禁止在工业锅炉和发电厂使用天然气作燃料，限制天然气需求。之后美国国会通过《天然气政策条例》，宣布逐步解除对天然气价格的控制；同时在经营体制上，管道公司销售天然气的权利被取消，而只经营运输业务。20 世纪 80 年代以后，美国天然气市场发生转型，垄断经营被取消，天然气市场完全放开，市场对天然气工业的调控作用得以充分发挥，天然气工业又获得了新的发展。

（2）加拿大

在天然气价格方面，加拿大政府于 1975 年颁布了加拿大国家天然气价格协定，将天然气价格划归政府管理。1985 年后，政府认为石油市场机制已经发育成熟，相继解除了石油和天然气价格的管制，允许国内价格随国际市场波动。在加拿大，油气管道公司是垄断性企业，管输费标准由政府管理，其计价原则是管输公司还本付息的能力和社会平均利润率，利润率水平由国家资源局确定。

（3）西欧国家

大部分西欧国家对天然气价格仍然实行政府管制，但政府对天然气的定价以市场为导向，价格制定紧紧围绕天然气的实际经济价值。制定具体的定价方式，主要是考虑两方面因素：一是天然气的实际供应成本的经济价格，二是使天然气在整个市场上具有竞争力。欧洲大部分国家是根据热值当量比照成品油价格来制定天然气价格的。

在天然气价格调节手段上，各国主要采用消费税等税收形式来调节价格。目前西欧各国正在逐步实现天然气经营活动的完全市场化，逐步放宽直到最终解除政府的管制。欧洲天然气利用程度很高的国家，如英国、法国、德国等都在准备或正在开始解除天然气市场控制。

（4）俄罗斯

俄罗斯对天然气价格实行分级管理，联邦能源委员会负责制定天然气批发价和指导性零售价，各联邦主体的能源委员会根据指导性零售价规定本地区的实际销售价格。批发价和零售价均分为工业用、发电用和居民用三种，居民用气价格最低，工业用气价格最高，不同地区价格也不同。出口天然气价格由长期合同或由国际市场价格确定。

3. 我国天然气价格形成机制及改革方向

我国天然气价格一直由政府定价，目前天然气价格实行结构气价。2001 年，原国家计委已经制定出新的天然气价格体系，考虑天然气井口价和净化费用，并为此制定一个统一的价格，生产者可以根据实际情况对该价上下调整 5%—10%。同时，该价格体系也允许新管道的操作者根据距离和天然气输送量来确定管道运输费。目前，天然气井口价有所谓"计划气"与"自销气"之别。计划气井口价在 0.48—0.925 元/立方米之间，对化肥生产商、家庭用户、其他工业用户、商业用户分别实施不同的价格。自销气天然气井口价为 0.98 元/立方米，但天然气生产商可以上下调整 10%，输送费则根据输送的距离而定。2002 年"西气东输"工程实施后，国家对"西气东输"项目的天然气价格采取政府管制与供需双方协商相结合的定价方式。这样，天然气交易价格往往取决于买卖双方的谈判能力，不同地区、不同行业获得的天然气价格差异很大。近年来，关于天然气价格的争论很多，有的说偏高，有的说偏低，实际上站在各自不同的立场上，并没有从整个国家能源发展的高度来提出看法。

与国外天然气价格结构和定价机制相比，我国的天然气价格较低且结构不合理，定价机制确实需要改革或完善。目前，我国的天然气价格是综合性的天然气结构价，终端用户价格中包含了井口价、管输费和净化费，由城市天然气公司供气的用户还有配送气服务费。在这种价格结构下，模糊的天然气综合价掩盖了天然气生产、运输等不同环节的成本。特别是计划气与自销气的"双轨制"价格差距很大，造成用户之间负担的显著不公平，化肥行业用气的低价格使大量小化肥厂得以生存，从长远看对农业的发展其实并不利。这种天然气定价机制，既未考虑到国际市场上天然气价格的变化，又未与竞争燃料的市场价格挂钩，更未体现出天然气的热值、环保、便利等社会经济优势。

天然气价格形成机制今后改革的方向应充分考虑鼓励天然气发展的能源大趋势，在市场成熟以前不宜放弃政府对天然气价格的主导作用，但必须改变政府定价的方式。比如，可以考虑从分不同用途定价的价格歧视政策，改变为统一价格，对用量大和需要特殊扶持政策的用户（如大型化肥企业）实行价格折扣。可以考虑实行天然气生产、净化、输送、配送分开核算成本，单独计价收费，必要时可采取税收优惠等政策，改变天然气生产企业长期亏损的现状。要顺应市场经济发展要求和国际化趋势，逐步实现井口价格与竞争燃料的价格相关联，国内价格与国外价格相关联。

（五）煤炭价格形成机制国际比较

1. 国外煤炭价格形成机制现状概况

市场经济国家中，煤炭企业与其他行业企业一样，享有充分的自主经

营权力,煤炭完全由市场机制配制,价格完全由市场来决定。美国、加拿大、澳大利亚等主要产煤国真正实现了政企分开,政府对煤炭公司的人财物、产供销不干预,完全由企业自主决策,同时自担风险、自负盈亏。政府依法对煤炭工业进行宏观调控,一般情况下不干预市场价格和企业的定价行为。

同时,世界上大多数国家都采取了煤价支持制度,有的规定不准低于国际市场价格和政府公布的指导价格,如加拿大、澳大利亚、南非、俄罗斯等;有的规定按供需双方合同中规定的价格支付,国产煤价低于进口煤价的差价由政府补贴,如英国、德国等采取这种制度。这一方面促进了本国煤炭工业发展,加强了在国际市场上的竞争力;另一方面,支持本国煤炭工业摆脱困境,满足国内煤炭的正常充分供应。

为了保证本国煤炭工业的持续、健康发展,许多国家如德国、南非、英国等实行了销售保证制度或稳定供应制度。为了合理地衔接供需双方,保证煤炭供应和销售过程顺畅,各国无一例外地实行煤炭供销合同制度,有的由政府出面协调签订,有的由政府进行市场调查和备案,以确保合同能够兑现。这些政策的实施也有助于维护市场煤炭价格的基本稳定。在美国、加拿大、澳大利亚等典型的市场经济产煤国,为了保护和扶持煤炭工业的稳定发展,还通过立法来确立和完善煤炭销售管理制度,如实行销售主体资格认证制度、经营许可证制度、供销合同制度等有序地对煤炭的销售、加工、使用等经营活动加强管理。国外实践证明,市场经济中搞好煤炭运销,立法工作要先行。

2. 我国煤炭价格形成机制及改革方向

我国煤炭价格形成机制按照时间顺序大体分为三个阶段。

第一阶段(1949~1985年):国家制定煤炭价格,价格单轨制。

第二阶段(1985~1992年):国家控制大部分煤价,价格双轨制。从1985年前后,国家一方面支持小煤矿发展,小煤矿价格开始随行就市;另一方面对国有煤矿进行总承包,允许煤矿超产煤和超能力煤加价,开始对煤炭价格实行松动政策。

第三阶段(1993年以后):1993年以后国家逐步放开煤价,到2002年决定全部放开电煤价格,历时10年。这一时期电煤仍然执行的是政府指导价,煤炭价格实际上放而未开。即使是政府决定全部放开电煤价格后,重点合同电煤价格与市场煤价格的差距仍非常大。

2004年以来,全国煤电油运继续全面紧张,2004年6月中旬国务院针对煤炭供需形势决定，"电价调整后，电煤价格不分重点合同内外，均由供需双方协商决定"，表明了政府彻底放开电煤价格的决心。然而，2005年国家发展和改革委员会又重申了对电煤价格的调控措施，要求2005年电煤价格以2004年9月底实际结算的车板价为基础，由煤电企业在8%的浮动幅度内协商确定。

我国煤炭行业的特点和转型期诸多因素的困扰，使我国煤炭价格形成机制的改革出现了多次反复，市场调节与政府调控的矛盾仍然比较突出，问题主要在于：

（1）运输能力对市场价格的制约

煤炭属于大宗货物，而且我国煤炭主产地和主要消费地区空间距离远，因此，运输能力和价格直接关系到煤炭的可得性、煤炭产品的中间成本和终端价格。在经济高速增长期，运力明显不足，2003年煤炭运输8.81亿吨，占铁路全部运输货物的44.3%。大部分铁路运力只好由国家统一分配，少部分由市场调节，这就直接增强了掌握运力的用户的价格谈判能力。而掌握不了运力的用户，即使出价较高，煤炭生产企业也不可能卖给它。

（2）电力价格对煤炭价格的制约

我国煤炭消费电力行业占大头，2002年发电用煤7.3亿吨，占总产量的50.3%，2003年发电用煤8.5亿吨，占总产量的51%。煤、电的相互依存度高，而电价受国家管制，企业不能随意调整，这就使煤炭的销售价格上升空间受到挤压。由于煤、电企业众多，各地的煤炭产量、电厂及电网布局各不相同，地方政府为了本地经济发展也对煤、电企业提要求，所以经常出现煤、电之争，电煤价格成为老大难问题，每年的煤炭订货会争得不可开交，甚至出现今年上半年贵州"煤乡缺电煤"（中财网2005年7月12日）之类的尴尬局面，直接影响电力生产。

（3）差价过大导致投机和不履约行为

由于历史的惯性、部分地方政府的干预和发电企业集中采购的优势，目前真正意义上的相互协商确定煤炭价格的机制并未形成，销售到消费用户的煤炭价格仍然存在较大的地区差别和用户性质差别。从地区差别看，2003年全国分地区平均售价最高的是华东地区，为211元/吨；最低的是西北地区，只有115元/吨，两者差价为96元/吨。原中央财政煤炭企业商品煤售价为174元/吨，而电煤价格只有160元/吨，由于电煤政策管理供销影响等因素，其中还有20元/吨的差价付给了中间商。"倒煤"的巨额

利润，是煤炭生产、流通环节秩序混乱的重要根源，滥开滥采、争抢铁路运力、公路超载等问题都与此相关，一些电力企业还把超出自己需要的电煤指标转手倒卖，从中赚取差价。

（4）利润率的所有制差异十分明显

2003年煤炭行业平均资产利润率是7.41%，其中集体企业最高，27.63%；其次是股份合作制企业，22.03%；以下依次是私营企业22.91%，其他企业16.11%，股份制企业12.61%，国有企业只有4.17%。成本利润率也类似，集体企业11.59%，股份合作制企业6.89%，私营企业9.58%，其他企业11.51%，股份制企业10.33%，国有企业3.84%。而2003年国有大型煤矿采掘机械化的程度已经达到了75%以上。乡镇煤矿和私人小煤窑的利润率大大高于国有大型煤矿，其中的原因令人深思。至少有两点是必须考虑的：一是国有煤矿除了企业自身的历史负担外，还背负着沉重的社会负担，如电煤价格和数量、各级政府的指令等；二是乡镇煤矿和私人小煤窑应负担的资源成本、环境成本、社会成本（安全生产成本、企业减员和关闭成本等）太少，在市场竞争中处于显著有利地位。

煤炭价格形成机制改革非一日之功可以完成，从短期看，重点应放在建设和完善煤价支持制度和市场体系，改变煤炭生产、流通秩序混乱的局面，要进一步放开电煤价格、搞好煤电联动，高度重视和搞好煤炭运销，培育煤炭销售龙头企业，探索建立煤炭补贴基金等。从长期看，必须统一管理煤炭资源一级探矿权市场，实行二级探矿权和开采权的市场化转让，进而实现煤炭的成本核算中计入资源成本、环境成本、社会成本等，使煤炭与其他能源的价格比趋于合理，为煤炭安全生产、煤炭资源提高回采率、洁净煤的推广等打下基础。煤炭的安全、高效、清洁利用，对我国这样一个具有以煤为主的能源资源特点的国家来说，其意义之重大不言而喻，煤炭价格形成机制的改革目标是应该遵从这个总体目标的。

（六）水资源价格形成机制国际比较

1. 国外水资源定价机制总体现状

市场经济国家都注重在水资源中引入市场定价机制。美国是实行市场经济模式的典型国家，美国没有专门从事综合经济规划的机构，也不制定任何产业政策，其资源配置主要通过市场分散进行。美国水权作为私有财产，可以自由转让，但在转让程序上类似于不动产的转让，一般需要有一个公告期。加拿大供水企业按工商企业经营与管理，政府建立可交易的水权制度，并准许用市场机制分配水权。英国英格兰和威尔士水工业私有，水务公司按水务管理办公室规定的水价上限范围制定水价标准，政府对水价标准进行宏观调控。法国水价管理中市镇可将供水管理交给私人公司并签订长期合同进行管理。目前水市场建立与水权交易在发达国家受到不同程度的重视，许多发展中国家也在探索建立水市场，允许水权交易，建立市场定价机制。

根据对不同国家水价情况的研究，可以将各国的水价体系大致分为以下三类：补贴型、成本型（亦称非营利型）、营利型。

（1）补贴型

加拿大、日本为补贴型水价体系的典型代表。

加拿大长期以来都是依靠政府补贴维持低价和充足的供水。现行水价只与提供供水服务的成本有关，即只包含供水工程的运行管理费，没有考虑水本身的价值和整个供水系统的兴建、维护、更新改造等费用。由于水资源丰富，水价政策和管理一直集中在供水管理而不是需求管理上，故其水价是发达国家中最低的。也就是说，加拿大现行水价中只包含成本要素，而且是提供供水服务的直接成本，与供水的完全成本相去甚远。

日本将水利事业视为公益性或准公益性事业，政府的出资、补贴无处不在。如水利投入、公益型水利工程等均由政府投资；综合利用工程，公益部分由国家出钱，其他由受益者承担；效益型工程，虽由受益者分摊费用，但政府仍提供一定的补助。在投资方式上，采取国家出大头或先行垫付的方法，不论什么类型，建设费用统一由国家现行垫付，待工程完工发挥效益后，由各受益者分年或一次偿还，对某些工程还有一定宽限期。在供水上，无论是城市用水、农业用水，还是中水利用，供水成本均高于供水价格，不足部分由政府补贴。

（2）成本型

美国是成本型水价体系的典型代表，这是由联邦法律规定的。联邦法律规定，供水服务部门不以营利为目的，但须自负盈亏。尽管美国从事地表水和地下水分配和销售的机构繁多，各供水公司采用的水价结构、水费等级和种类也不尽相同，但均在市场调节下，保持其收支平衡、自负盈亏。

（3）营利型

英国是营利型水价体系的典型代表。英国将公共供水服务和水处理划归工商业范畴，实行企业化管理。水价完全按市场经济条件下投入/产出模式运作，确保回收成本，并有适度盈余。其水价的调整是通过公式PRI－X＋Q确定的，政府仅负责水价的宏观调控。

2. 主要国家水资源价格形成机制概况

（1）美国

美国制定水价的总原则是：供水单位不以营利为目的，但要保证水利工程投资的回收和运行维护管理、更新改造所需费用的开支。

美国实行水资源分级管理体制，管理职权明晰；水价由市场调节，没有统一的水价审批机构；政府制定水价以回收成本为原则；按单一工程制定水价，不同工程不同地区水价制定模式不同；开采地下水征收水资源费；水费中包括排污费；农业灌溉水费考虑到农民的承担能力，政府给予补偿；水价调整公开透明。

（2）加拿大

加拿大联邦水价制定的基本原则是用水户支付能力原则，即在考虑水资源开发利用可持续发展原则的基础上，将水的综合成本与用水户的支付能力与意愿综合考虑，最大程度地谋求用水户的理解与合作。

加拿大水资源管理体制和水价管理体制事权划分与管理责任明晰，水价政策和管理主要关注水资源的可持续利用；水价制度主要体现公共需要，实行的是政府补贴的低水价；对排污收费，促进节约用水和保护水资源；政府对供水系统适当给予补偿，保证供水系统的正常运转。

（3）英国

英国制定水价注重成本原则，征收的水费应能反映供水及排污的成本；兼顾公平原则，对各类用水户无歧视和偏向；同时，对不同用途、不同地区及不同标准的用水区别对待，实行不同的收费结构和水价。英国是一个发育成熟的市场经济国家，具有较完善的法制体系，水价的确定与供水单位的经济运行目标直接相关。供水单位的经济运行、财务收支状况，每年除要向主管部门上报外，还要向社会用户公布。

英国实行水价宏观调控管理，国家只是对水价制定一个价格上限，约束和规范水价，并充分考虑用户的承受能力，又鼓励投资，确保供水单位充分履行其法定职能和正常运行；采用全成本定价模型，其水费由水资源费和供水系统的服务费构成，后者包括供水水费、排污费、地面排水费和环境服务费；重视污染防治和环保，排污费作为水费组成部分，统一由水务公司收取，并明确规定排污收费必须用于污水处理和环境保护，为实行污水处理和环境保护目标提供资金保证。

（4）法国

法国制定水价的原则主要有两条：收支平衡和依责权利定价。

法国水资源按流域实行统一管理，对水价实行灵活的水价及税费相结合的制度，实际上也采用了"全成本＋承受能力"的定价模式，水价必须保证成本回收，一般均有盈余；政府充分考虑社会经济发展对水资源的最基本需求及用户承受能力，对水资源的供需平衡及水价体系进行宏观调控，并根据财力，对各类供水进行合理的补贴；水价的制定过程民主，供水工程财务透明。用户共同参与是制定水价标准和水价制度实施的重要保证。

（5）印度

长期以来，印度遵循的灌溉水价政策的基本原则主要从社会和政治方面考虑，很少涉及工程的成本回收和经济效益问题。灌溉水费结构各邦不同，甚至邦内各地区也不同，其主要原因是各邦制定的水价政策和确定水费时考虑的因素不同。研究表明，目前的水价结构存在明显的缺陷，如确定水费方法程式化；水费的多样性；低水价与日益上涨的商品和服务价格不协调；水费与灌溉工程的财政状况不协调。灌溉水费低、水费结构不合理、灌溉工程财政状况呈日益恶化的趋势，引起广泛关注。印度非常重视灌溉水价制度的改革，为使水价政策和水费结构合理化，印度计划委员会专门成立了灌溉水价委员会，对全国的水价进行调查和评价，并提出改进水价制度的计划。

3. 我国水资源价格形成机制现状及改革方向

我国现行水价制度框架源于1985年国务院颁布的《水利工程水费核定、计收和管理办法》。主要有：供水成本是核定水价的基础；按用途实行分类定价，如农业、工业、生活及水力发电分别确定水价标准。水利工程供水价格管理权限是：国务院统一制定水价办法，确定水价的核定原则，具体价格水平按分级管理的原则确定。

2000年8月国家计委、财政部、农业部联合发文（财规〔2000〕10号）才在文件中正式将水费明确为营利性收费，使水价在宏观上具有了市场经济体制下的价格概念。

2003年6月，国家发展和改革委员会和水利部发布了《关于印发〈水利工程供水价格管理办法〉的通知》（4号令），自2004年1月1日起实施。同时废止《水利工程水费核定、计收和管理办法》。

《水利工程供水价格管理办法》其核心是建立科学合理的水利工程供水价格形成机制和管理体制，促进水资源的优化配置和节约用水。办法明确了水利工程供水的商品属性，改变长期将水利工程水费作为行政事业性

收费管理的模式，从法规层面将水利工程供水价格纳入了商品价格范畴进行管理。但水价构成范围仍采用一般商品价格的核定方式。水价标准是政府批准定价，其出发点主要围绕补偿供水成本，改善供水单位财务收支状况，没有体现水资源本身价格和污水排放对环境造成损失的补偿。

水价主要由资源水价、工程（成本）水价和环境水价三部分构成。同发达市场经济国家相比，我国现行的水价形成机制还不够合理，水价制定和执行过程中很少考虑当地的水资源稀缺程度、开发利用条件以及社会发展、社会进步和环境保护的要求。从水利工程供水价格来看，水价长期低于供水成本，只有成本的一半左右，供水单位普遍亏损。现行水价只简单地划分农业用水、工业用水和城镇用水，大部分地区仍然实行单一的水价标准，即相同用途的供水采用统一的水价，不受季节、时段的影响，也不分水质优劣和供水保证率的高低。但实际上，这三类用水不仅可以细分，而且不同用途对水质的要求也有所区别，应实行相应不同的价格。各地水资源费征收标准普遍偏低，水资源费、污水处理费、农业水费征收机制不健全，征收困难，有的地方又乱收费。水资源价格形成机制的不完善，是造成我国水资源利用效率偏低的重要原因，2003 年我国万元工业增加值用水量为 222 立方米，是发达国家的 5—10 倍，万元 GDP 用水量 448 立方米，是世界平均水平的 4 倍。我国城市人均日综合用水量为 447 升，高于东京的 415 升、香港的 384 升。

今后，要建立科学的水价体系，实行灵活的定价机制。一是水价必须反映水商品的价值、水的供给与需求等多种因素的作用，强化成本约束，尽快调整到补偿成本、合理营利的水平。二是各种水的比价、差价必须合理，要做到不同的水量、质量、用途、地区、季节、峰谷乃至不同的供水工程等形成不同的水价。三是实行不同的计价办法，如试行基本水价和计量水价相结合的两部水价，丰枯季节浮动水价、区域差价等等。水价制定与调整中实行民主协商制度，由政府、供水企业和消费者三方组成流域和城市的水务委员会，进行民主协商，增加水价制定的透明度。

二、要素价格形成机制的国际比较

由于我国正处于由计划经济体制向市场经济体制发展的转轨时期，形成了计划与市场共同调节经济运行的局面，由此也使我国的要素价格形成机制，尤其是资本及劳动力的定价机制存在着由市场调节与政府行政管制共同作用的双轨制特征。这说明我国在不断推进要素价格市场化改革的同时，在很大程度上仍然受到传统经济体制的影响和制约。同时，由于我国技术市场的起步较晚，并无较多历史经验可谈，对于技术产品价格的确定也基本上来自于国际经验，对技术产品的定价及技术市场运行的研究基本上处于起步阶段。

（一）资本价格（利率）形成机制国际比较

1. 发达市场经济国家利率定价机制总体概况

美国、日本、欧洲国家等发达的市场经济国家，实行没有政府管制的利率自由化机制，即政府不直接干预市场利率的波动，只由中央银行制定基准利率，各商业银行及金融机构以基准利率为基础，依据资金的市场供求状况、社会平均利润率等，自行决定利率的高低。

由于这些国家市场机制发育完善，且金融市场都比较发达，市场具有良好的传导机制，所以中央银行可以通过对基准利率的调节来影响货币市场和资本市场利率，进而影响到居民和企业的消费、投资行为，从而对整个经济进行有效调控，起到牵一发而动全身的效果。同时这些国家的中央银行具有较高的政策独立性，作为整个金融系统的核心，中央银行对基准利率的调控主要是出于经济发展的需要，其决策相对较少受政府的制约。

2. 我国利率定价机制现状

我国主要实行利率管制政策，政府通过中央银行对整个金融体系进行管制，规定商业银行的全部存贷款利率及相应的浮动范围。1993年国家明确利率市场化改革的目标以来，经过十几年的改革进程，我国部分利率已经实现了市场化，目前管制利率与市场化利率并存，呈现出"双轨制"特征。

按管制程度的不同我国利率主要可分为以下三类：（1）被严格管制的利率，主要是针对居民和企业的人民币存款利率、美元小额存款利率；（2）正在市场化的利率，主要是银行的贷款利率和企业债券的发行利率；（3）基本市场化的利率，包括除企业债券发行利率以外的各种金融市场利率、人民币协议存款利率、以美元为主的外币大额存款利率和外币贷款利率等。同时，央行还掌控着作为货币政策操作工具的利率体系，即：法定准备金利率、超额准备金利率、再贷款利率、再贴现利率和央行票据利率等。按照一些市场经济国家的概念，央行利率具有非市场化的特征。

这种利率的"双轨制"不仅使得被管制的利率难以发挥配置资源的作用，而且制约了已经市场化的各种利率正常发挥作用。一方面由于我国利率种类繁多，且各种利率之间缺乏内在联系和联动机制，使得国家对利率

的管理极其复杂，缺乏灵活性；另一方面，由于目前我国金融机构及各经济主体不具备完全的市场主体身份，它们对于市场调节机制缺乏敏感性，这使我国利率政策的效力往往大打折扣。

3. 我国利率定价机制改革的方向

我国利率形成机制的改革，一是要形成中央银行的基准利率，二是要完善央行基准利率与商业银行定价之间的传导机制。

建立以中央银行基准利率为基础，由货币市场供求决定资本价格的利率体系，是发达国家普遍采用的利率机制，也是我国利率市场化的改革方向。那么，对于我国目前的利率体系而言，应该如何选择基准利率呢？国内普遍认为目前以同业拆借利率作为基准利率较佳。原因在于：首先，同业拆借利率能够由央行直接有效控制；其次，同业拆借利率最能够反映银行流动资金头寸，进而反映资金市场的供求状况；再次，与其他短期市场利率相比，同业拆借利率比较稳定，最满足基准利率的条件。

利率机制的有效发挥必须以完善的市场机制为基础。只有整个经济体系的各个组成部分形成紧密的联系，形成良好的联动体系，经济主体具有充分的市场决策权，从而对市场信号反应敏感，才能真正发挥利率政策的调节机制，使利率成为配置资金资源的有效工具。而这些正是我国利率机制中急需解决的问题。

从发达国家和发展中国家利率市场化的经验教训来看，宏观经济形势决定着改革的时机选择，金融市场的发达程度制约着改革的实践速度。因此，我国利率定价机制的市场化改革，必须采取渐进式改革，有序开放，在开放的同时完善法规体系和监管体系。

（二）劳动力价格形成机制国际比较

1. 发达市场经济国家劳动力工资制度概况

（1）美国的工资制度

美国、英国都是以市场调节为主的资本主义国家。尽管与欧洲许多国家相比，它们的工资福利水平不是最好的，但美国工资水平的决定主要靠市场机制自发调节，具有明显的市场经济特征。

美国社会是高度市场化的社会，劳动力的频繁流动产生了劳动力价值由市场决定的机制，主要工资形式是职务工资。在美国，工资的形成在企业等非政府部门和联邦政府部门是不同的，前者的工资水平主要由市场形成，后者则是参照前者由联邦政府统一规定。

美国企业的工资决定主要根据劳动力再生产费用和劳动力市场供求关

系形成劳动力价格，在劳资双方进行谈判的基础上最终确定的。（在德国，企业工资的决定被看作纯粹是劳资集体谈判范畴的事。谈判的主要依据是通货膨胀率、企业的劳动生产率和企业利润再分配等因素。）

　　在政府的管理方面，政府一般不直接干预企业薪酬管理，而是通过对最低工资、工资支付、同工同酬、加班工资、休假权益等拟定法律，并监督实施，以此来规范企业的分配行为，并以税收手段对收入分配加以调节、引导。美国的最低工资立法最早是在1938年通过的"公平劳动标准法"（Fair Labor Standards Act）中对全国的工资水平设定最低标准，同时各个州又可根据自己的情况制定适合本地的最低工资标准。政府根据经济运行情况需经常对最低工资水平进行调整。美国的个人所得税实行累进制，是国家调节个人收入分配的主要税种。（德国联邦政府对企业工资决定采取不干预、不介入的态度，但也通过以下形式对其产生间接影响：一是通过政府发言的形式，运用舆论导向对企业工资产生影响；二是中央银行通过利率调整，影响企业成本，从而影响工资；三是通过个人收入调节税形式，调整收入差距。德国目前不实行全国统一的最低工资标准，它的最低工资主要是由行业的集体合同规定的。）

　　美国同欧洲许多国家一样，工会组织在调节劳资双方关系上发挥重要作用。虽然在北美，工会的势力远不及欧洲国家那么强大，也不是每个企业都有工会，但是工会组织在企业薪酬的形成过程中仍有着很大的影响。工会的主要作用有：通过集体谈判要求雇主改变薪酬、福利，改善工作环境，甚至要求参与公司经营管理等；具有组织、领导工人罢工的权力。尽管工会谈判的结果无法惠及每个企业，但其谈判的结果将起到强烈的示范作用，使那些没有工会活动的企业也不得不适当提高雇员待遇，以期降低员工寻求工会帮助的可能性，及防止员工流失。（德国工会力量较强，工会在劳资关系中往往起决定性的作用。劳资谈判大多是行业的谈判。在企业不景气时，工会可以同雇主协商，雇主不解雇工人，而采取职业分享的办法，即缩短时间，降低工资。联邦和地方政府对企业劳资谈判不干预、不介入。）

　　（2）日本的工资制度

　　尽管日本企业的工资也是由劳动力市场供求来调节，但日本的工资决定机制不如美国的那样灵活。日本工资制度与美国相比，一个突出的特点是，美国实行以职务工资为主的能力工资制，而日本则实行以年功序列工资制为主的"混合工资制"。这种混合工资制是指年功序列工资制与西方

的职务工资制相结合的职能资格工资制。

以年功序列工资制为主的混合工资制，可以吸收各种工资制度的长处，既能发挥资历因素的作用，又能发挥能力因素的作用。年功序列工资制度虽然在刺激能力方面存在不足，但在终身雇佣制还存在的情况下，这种工资制度能增强职工对企业的忠诚。职务工资和职能工资的作用主要在于它能刺激职工提高技术水平、业务能力和劳动强度。

日本企业在工资管理上还有一个特点是工资总额的增长绝不能影响利润的增长，即先确定企业的利润目标，然后根据利润额确定工资总额。在确定职工工资水平时，除考虑国家有关法律（如劳动基本法，最低工资法）外，还考虑劳动力的供需、生活费上涨、劳动生产率等，最后由劳资双方共同确定。

对于最低工资保障，国家立法只规定最低工资标准的原则办法，而标准的确定、调整则由劳资谈判提出建议数额，提交设在劳动省的最低工资审议会，以决定地区的最低工资标准。

日本公司与职工的关系基本上是建立在内部劳动力市场基础之上，由于实行终身雇佣制、年功序列工资制、内部教育制、内部福利制等，职工与企业融成一个命运共同体，工会与经营者并不对立，工会具有一种组织和激励职工参与企业经营活动的意识。日本职工与公司的关系比美国要稳定。

2. 我国劳动力工资制度现状

我国目前劳动力市场的定价呈现"双轨制"特征，即计划与市场共同决定的工资分配原则与分配方式：一种是以劳动力价值为依据，通过劳动力市场来完成；一种是仍以劳动为依据，通过政府或行政的力量来完成。

党政机关、事业单位以及国有企业职工，其工资收入主要是政府分配，但也渗入了市场因素。以市场为主体的分配范围，主要是非国有制经济领域，诸如私营经济、涉外经济、乡镇企业等。这部分劳动者的收入水平和工资高低，主要取决于劳动力价值以及劳动力市场的供求状况。当然，在市场分配的过程中也渗入了政府管理的因素。

此外，我国劳动力价格低廉，且长期保持不变，尤其是在非正规业劳动力市场上情况尤为严重。除归因于劳动力市场供应充分外，在很大程度上也说明了我国对劳动者权益保护及劳动者最低生活保障等方面的立法缺失或执行力度不够。由于这一原因，在很多地区劳动者成为弱势群体，因此劳动力价格合理化目前急需制度保护。

总的来看，我国工资制度在微观的决定机制、宏观调控机制和工会作用等方面和美、日等国家都有显著的差别，如表 10 - 2 所示。

表 10 - 2　我国工资制度与美国、日本的比较

工资	美　国	日　本	中　国
决定机制	* 企业依据市场劳动力供需状况和与之相联系的市场价格,通过劳资谈判决定工资 * 联邦政府部门参照市场工资由联邦政府统一规定 * 主要工资形式是职务工资	* 由企业依据劳动力市场供求、公司利润水平及物价等为基础,通过劳资双方共同确定工资水平 * "混合型工资": 以资历为核心的"年功序列"工资与按职务、等级和能力为标准的职务工资混合的工资形式	* 市场型工资生成方式(非公有部门) * 国家机关、事业单位:国家统一的工资管理体制 * 准市场的二元分配方式:国有企业中政府干预与效益工资结合
调控机制	基本上不直接干预企业的工资制定。设置劳工部和国家劳资关系委员会,通过立法等间接影响企业,征收个人所得税调节收入差距	不直接干预企业的工资制定	政府对国有企业的工资总量进行直接管理,而对其他所有制企业的工资欠缺管理;所得税调控作用不能充分发挥
工资保障	实行最低工资保障制度(1938年),并定期调整,与物价及一般工资水平联动,法律强制执行	国家立法规定最低工资标准的原则办法,而标准的确定、调整,则由劳资谈判提出建议数额,提交各省的最低工资审议会决定。各地区之间、各产业之间根据实际情况而有所差别,每年调整	1995 年《劳动法》始试行最低工资办法,实际执行困难重重
工会作用	有独立的组织系统,在企业工资决定、整个劳资关系的协调中起重要作用:可代表全体工人同资方集体协商,并签订集体合同,目标多集中在要求资方提高工资和改善劳动条件上	工会与经营者并不对立,工会具有一种组织和激励职工参与企业经营活动的意识,因此职工与公司的关系比美国要稳定。	工会在国有企业进行集体谈判时流于形式,而非国有企业绝大多数没有建立工会,即使有工会,其组织力量较弱,不具备集体协商的能力和水平

3. 我国劳动力工资制度改革的方向

结合我国的实际情况来看，我国劳动力工资制度改革的重点在于两个方面：

一是推行劳动力的市场定价机制及协议工资制度。在市场经济条件下，工资作为劳动力的价格，应由劳动力市场上供求双方来共同决定，以

有效地配置劳动力流动。为适应实行协议工资制度的需要，一要抓紧培育产权清晰、制度规范、管理科学的现代企业制度，使企业真正成为独立的利益主体；二要推动企业的竞争就业、合同用工制度以及工资自主分配和社会化养老、失业保险制度的改革，使企业内部的劳动、工资管理更加制度化、规范化和科学化。

二是完善和确保落实最低工资保障制度。最低工资制度具有改善低工资、扩大有效需求、削弱雇主对工资的控制、稳定社会秩序的正面功能。我国在实行最低工资过程中遇到的障碍和问题：一是企业经济效益不景气，使实行最低工资保障制度的外部条件恶化；二是在最低工资保障制度实施过程中，一些政策界限不清，存在空当。规定中的一些内容含糊，弹性过大。如目前由于对"双停"企业的界定和职工工资的支付，各地政策不一，执行标准参差不齐，使得不少职工既拿不到最低工资，又拿不到规范的基本生活费或失业金。

（三）土地价格形成机制国际比较

土地作为重要的生产要素，具有自然供给的有限性、区位固定性和永续利用性的特点。对土地的买卖实质是对土地产权的转让，土地价格也就是土地产权的价格（土地产权是一组权利束，包括土地所有权、使用权、收益权、处分权等，根据各项权利大小、完整程度和构造差异，可以进行自由分离组合交易）。

市场配置和计划配置是土地产权进行分配的两种方式。按照用途可以将土地分为经营性用地和非经营用地两种：经营性用地是指用于商业、旅游、娱乐和开发商品住宅等高收益用途的土地；非经营用地主要指用于公共服务的交通、能源、水利、环境保护等基础设施用地。尽管世界各国对于非经营性用地的具体范围规定有所不同，但从实践经验来看，都倾向于对经营性用地采取市场定价配置，而对于非经营性用地实行政府划拨的计划分配方式。

尽管多数资本主义国家主张土地私有，并推行完全的市场经济体制，但对于土地的使用，他们都会进行不同程度的管制，可以说，市场和政府的有效协调已经成为一种世界公认的优化土地配置的方式。

1. 美国的土地价格机制及土地管理

美国的土地实行私人所有制，同时政府可以通过法律或经济手段对私有土地进行收购来获得土地的产权。

私有制使土地所有者对于土地具有充分的所有权和支配权，从而可以在政府规定的范围内对土地进行自由交易，这促进了美国土地市场的成熟发展，也形成了由市场供求决定的土地价格机制。在这种市场机制下，买卖双方在经济和法律地位上是平等的，双方通过谈判协商确定土地的交换价格；多个购买者和多个出卖者的竞争，也使土地价格达到均衡和合理的水平，从而实现土地资源的有效配置。

在市场调节的基础上，美国政府也对土地的利用进行调控和管理，主要是为防止土地滥用、保护某些基本农用地及满足公用利益的土地使用。美国主要是通过立法和经济手段对土地的使用进行管理，并且在政府管理的过程中注重对土地所有者的经济利益的补偿。美国对于土地的管理措施主要有：

（1）依法运用土地征用权

是指"最高统治者国家在没有土地所有者同意的情况下，将其土地财产征用于公共需要的目的"。美国法律规定土地征用权的使用，一是必须限于"公共用途"和"适量征用"；二是必须对所征用的财产给予"公平补偿"，即以"合理的市场价值"或"买者乐意支付卖者乐意接受的价格"予以补偿。当政府的一项行动需要扩大公共财产时（如公路的修筑、公园的建设），通常政府会使用土地征用权来获得产权。

（2）可转移土地开发权系统

这一政策允许土地使用受限制的土地所有者将其土地开发权出卖给土地使用不受限制的土地所有者进行额外土地开发。它有两种做法：一种是设立一个私人开发权市场，让开发权在市场上公平交易；另一种是公共权力购买土地开发权。通常国家会为保护某些农业用地，而对部分土地开发权进行收购。政府买进开发权后，除非经公众投票表决，否则不得出售或转让。这种情况下，土地持有者仍然保有土地的其他权利，并且可以少纳农田税。这样既保护了农田，也保障了农民在农田上作长期投入的回报。政府购买土地开发权的资金主要来自两方面：一是公债，通过对不动产销售征收15%转让税来偿还公债；二是联邦与州联合拨款计划，如水土保持基金项目下的联合拨款。由于这一政策既不剥夺土地所有者的所有权，又不像土地征用权政策那样需要给土地所有者以补偿，而且实际操作起来简单，成本低，因此在美国推广较快。

（3）土地税收控制

包括美国在内的许多发达国家都很重视税收，并通过征税来影响土地资源的利用。如采用地价税和土地增值税来消除不劳而获，抑制土地投

机；空地税、荒地税可以促使城市用地和农地的充分利用；开征农地变更使用税，有利于农地用途管制和保护耕地等。为了鼓励农业生产的积极性，美国还实行农田税金减免政策，包括：（1）农田"特惠估税值"，此税种是不带任何条件的纯粹的农田减税；（2）区别征税，根据农田非农业开发时间来征收不同比例税金；（3）限制性合同和协议，土地持有者同意在某些限制条件下（如没有保持农田免受非农化）归还减免的农田税金。在一些州，当农地转化为非农地时，政府会要求开发者补交5—10年的农地减免税。

2. 我国土地价格机制及土地管理

我国《宪法》规定了目前土地的国有和集体所有两种所有制形式，即城市的土地属于国家所有，土地的所有权由国务院代表国家行使；农村和城市郊区的土地，除由法律规定属于国家所有的以外，均属于集体所有。

国家拥有高度集中分配土地资源的权力。国有土地使用权可以交易，但是用途转变要受到严格管制，而农民集体所有的土地只能用于农业用途，如果转为非农业用地，必须先征为国有，再进行转让。

我国现行的土地供应方式主要有两种：有偿出让和行政划拨方式。同时，对于存量划拨土地，可以通过补办出让手续，补交出让金的方式，将划拨土地变为有偿使用。有偿出让的具体操作方式是：商业、服务、金融、旅游等建设用地，属于经营性用地，实行"招标、拍卖或挂牌方式出让"（简称"招拍挂"）；工业、仓储、交通等属于非经营性用地，实行"协议出让"，且协议出让的价格不能低于按国家规定的土地最低价，协议出让结果应公布并接受社会监督。而且，国土资源部在2001年出台了《划拨用地目录》，明确规定了只对"国家重点扶持的能源、交通、水利等基础设施用地项目"实行土地划拨。因此，我国目前的土地市场也就形成了以"招拍挂"为主要形式的市场定价与行政划拨、协议出让的计划定价并存的双轨定价机制。

此外，我国在20世纪90年代初就基本建立了以基准地价为基础的土地价格评估体系。基准地价是一种法定的土地价格基础，各地区根据土地区位条件、样本地价等综合因素计算出基准地价，并经常性地进行基准地价的修订，为政府部门的土地价格管理提供依据。尽管这种地价评估方法在一定时期对我国的城市地价管理起到了积极的作用，但与完全市场条件下的地价评估方法相比，基准地价的评估、计算显得相对复杂，带有较强的主观性，且信息不可避免地具有滞后性，因此不能充分发挥土地价格的调控作用。

在我国土地管理中，关注度最高的是农地的转让问题。如前所述，目前我国农业集体所有土地必须先通过政府征用，改变所有权后才能进行交易。在征地的过程中，政府是唯一的征用者，农民必须把土地交给政府，而不能以土地所有者的身份进入土地市场交易，农民既无权平等地与用地者谈判，也得不到"地价"，而只是获得"补偿"。按照1998年修订的《土地管理法》第四十七条规定，征用耕地的补偿费用包括：土地补偿费、安置补助费以及地上附着物和青苗的补偿费。征用耕地的土地补偿费，为该耕地被征用前三年平均年产值的6—10倍；其余由各地自行规定。也就是说，农民究竟得到多少补偿，最终要由地方政府部门具体决定。实际情况是，农民的征地补偿价格通常都会被压低，结果是政府以很低的补偿费从农民手中征得土地，又以高价向土地开发商出让土地使用权。于是，同一宗土地可能出现三种价格——农地征用价；工业用地价格（协议价格）；商业用地价格。这三种价格都不是市场形成的，都需要政府参与才能定价，政府也顺理成章地享有和支配这三种价格之间的差价。在这样的利益导向下，很容易滋生腐败，导致土地的乱占滥用现象，而且失地农民生活无保障也会导致社会隐患。

3. 我国土地价格机制存在的问题及改革建议

（1）市场机制不完善，土地价格机制的调节作用受到限制

在我国，土地的交易权完全掌握在政府手中，政府直接干预的做法抑制了市场机制作用的发挥。除"招拍挂"的出让方式体现了市场竞争的价格机制外，政府基本上代替了市场对土地进行定价，形成了低价征地、低效使用的土地市场。由于土地定价机制混乱，不仅损害了农民的利益，更导致了土地资源配置产生扭曲。也就是说，政府垄断土地不仅没有缓解稀缺，反而造成了土地资源的低效使用。土地要素配置时间长、效率低、交易成本过高，并且形成了土地闲置、浪费和稀缺并存的现象。

（2）土地产权不明晰，影响土地市场的规范

土地产权界定不清，使得规范土地市场缺乏先决条件。土地市场客观上要求土地产权清晰，因为土地市场上交易的实际上是关于土地的权利束，当土地产权模糊时，土地市场的交易对象则无法界定。在我国，土地

市场上交易的对象是土地使用权，但是土地使用权空间包括哪些权利，关于土地的投资收益、土地处分、土地转让等问题没有专门的法律来加以规范；由于土地资源的稀缺，土地利用更加充分，土地上方、下方的空间得到完全的利用，土地的他项权利问题也随之而来，这些问题如果不能解决，与之相关的土地交易和土地市场也无法得到规范。

我国的土地价格形成机制改革的重点在于两个方面：一是进一步明晰土地的产权和产权主体，尤其是农村集体用地的产权问题；二是大力推广招标、拍卖、挂牌的交易制度，并允许集体所有土地直接进行交易。同时，要重新构建适合我国发展需要的土地租税费体系，重点是对现行与土地有关的税费收益项目进行梳理，根据建立社会主义市场经济的发展需要，按照取得、保有、流转三个阶段重新设置土地租税费体系，减少土地价格的扭曲。

（四）技术价格形成机制国际比较

1. 国外技术定价制度概况

技术不同于一般的商品，它具有垄断性、利润增值性、非实物性等特性，因此其成本耗费、价值量具有一定的模糊性，这样定价就有了很大的"弹性"空间。技术商品的定价机制相对较复杂，不能简单地套用劳动价值理论来解释技术商品的价值构成。由于对技术价格的制定涉及多种因素且大多难以量化，因此技术商品的定价方式多种多样，国外较常用的定价方法包括以下几种：

（1）成本加成法

指以研制技术成果的成本耗费为基础，由买卖双方商定加成率，按加成比例增加计算的定价法。加成率一般为50%—20%不等，适用于研制期短，成本明确，但效益又不易确定的技术成果。其优点是简单、方便，但比较粗放，不准确。

（2）市场法

通过搜寻类似技术的交易价格信息，作为确定目标技术价格的参照基准，通过比较来定价。这种方法简便易操作，但只适用于技术市场中已有类似技术的产品。

（3）利润或销售额分成法

指按技术受让方在一定时期内的利润或销售额的一定比例分成计算的定价法。利润分成率一般为5%—30%，销售额分成率一般为3%—7%，分成期一般为1—5年，这种方法较注重技术商品的使用价值即经济效益，使转让后转让双方的协作关系更加密切。但技术价格易受企业经营状况影响，一般适用于产品生产稳定、市场潜力大、标准化管理水平高的企业及新办企业。

（4）定性分析法

由技术和市场方面的专家，根据各种技术指标和标准，对成本和未来的市场潜力进行定性估价，通过集体协商讨论来决定技术的价格，类似于古董鉴定。它适用于独创性技术，尤其是产品市场尚未形成，难以预测未来收入流的技术。

（5）招标定价法

即由成果研制者向使用者招标，通过使用者之间的竞价，以最终竞价决定技术产品的价格，一般适用于卖方市场、使用范围较广的技术产品，也可由使用者向研制者招标，由于使用者直接接触生产及市场，容易发现需要解决的技术问题，因此研究与生产、市场联系密切，以需定研。在实行招标时，可用减价招标或增价招标法。

2. 我国技术定价制度现状及改革方向

在计划经济体制下，我国主要以技术研制开发中所投入的成本核算来确定技术价格，甚至大部分科研成果是被国家无偿使用的。这造成了我国长期以来对技术商品价值的低估，不利于促进科学技术向现实生产力的转化。引入市场经济以后，随着技术商品越来越多地进入市场，国内的技术交易日益繁荣，为促进技术交易的顺利进行，对于技术商品的合理评估定价成了技术市场关注的焦点。从实践来看，国内技术定价主要有两类：一类是无形资产评估定价，主要方法有成本加成法、利润或销售额分成法等；另一类是市场交易定价，由交易双方在评估价格的基础上，通过类比分析、定性分析、招标定价等方法确定最终的交易价格。

从具体的定价方法来看，我国已经基本与国际接轨，今后完善技术定价机制的重点应放在促进技术市场发展方面。一是要创造良好的知识产权保护环境，建立完善的技术转让法制体系，通过间接参与扶持技术中介组织的发展，规范中介及技术市场的各种交易行为，完善中介立法；二是要大力发展多层次、综合化的技术中介服务体系；建立竞争有序的技术中介组织模式；发挥政府在技术中介组织发展中的支持与规范作用；三是要继续完善"官产学研体系"，鼓励大学、国有科研机构和各类企业之间开展技术交易。

参考文献

1. （美）Ariel Dinar 编，石海峰等译：《水价改革与政治经济——世界银行水价改革理论与政策》，中国水利水电出版社，2003 年。

2. （美）汤姆·泰坦伯格：《环境与自然资源经济学（第 5 版）》，经济科学出版社，2003 年。

3. 武亚军、宣晓伟：《环境税经济理论及对中国的应用分析》，经济科学出版社，2002 年。

4. 周大地，韩文科主编：《中国能源问题研究 2003》，中国环境科学出版社，2005 年。

5. 中国现代国际关系研究院经济安全研究中心：《全球能源大棋局》，时事出版社，2005 年。

6. 清华大学核能与新能源技术研究院《中国能源展望》编写组：《中国能源展望 2004》清华大学出版社，2004 年。

7. 国家高技术发展计划能源技术领域专家委员会：《能源发展战略研究》，化学工业出版社，2004 年。

8. 国务院发展研究中心：《中国能源发展战略与政策研究》，经济科学出版社，2004 年。

9. 中国能源发展报告编委会：《2003 中国能源发展报告》，中国计量出版社，2003 年。

10. 岳福斌主编：《煤炭价格与煤炭经济可持续发展》，社会科学文献出版社，2005 年。

11. 国家信息中心中国经济信息网：《中国行业发展报告（煤炭业）》，中国经济出版社，2005 年。

12. 李晶等：《水权与水价——国外经验研究与中国改革方向探讨》，中国发展出版社，2003 年。

13. 刘书楷，曲福田：《土地经济学》（第二版），中国农业出版社，2004 年。

14. 王卫国：《中国土地权利研究》，中国政法大学出版社，1997 年。

15. 国家发展和改革委员会价格司：《价格情况》（资源与要素改革专刊），2005 年。

16. 李晓西：《我国的战略性资源问题》，《学习时报》2001 年 2 月 26 日。

17. 吕薇：《石油立法需要耐心》，《中国石油瞭望》2004 年第 5 期。

18. 周若洪：《关于石油价格形成机制的几点思考》，《当代石油石化》2001 年第 4 期。

19. 陈淮，邓郁松：《对我国石油价格形成机制改革的建议》，国际石油经济 2001 年第 2 期。

20. 杨纪镛，任相春：《我国石油、成品油价格改革历程与思考》，《中国物价》2000 年第 12 期。

21. 杨凤玲：《对四个发达国家的天然气工业发展的几点认识》，《城市燃气》2004 年第 12 期。

22. 李文摘编：《对中国天然气市场开发的主要观点与政策建议——来自国际能源署（IEA）的报告》，《国际石油经济》2003 年第 8 期。

23. 胡奥林：《国外天然气价格与定价机制》，《国际石油经济》2002年第4期。

24. 涂彬，葛家理，张宏民：《世界天然气行业中的政府行为及启示》，《天然气工业》2002年第3期。

25. 宦国渝，何晓明，李晓东：《关于天然气行业发展与监管的若干政策建议》，《国际石油经济》2001年第6期。

26. 谢晓霞：《我国天然气价格管理体制及定价模式研究》，《西安石油学院学报（社会科学版）》2001年第3期。

27. 姜文芹：《国外煤炭运营管理经验及对我国的启示》，《中国煤炭》2000年第4期。

28. 赵海林，赵敏，郑垂勇：《关于完善我国水价机制的研究和思考》，《水利发展研究》2004年第3期。

29. 袁汝华，胡维松，黄秋洪：《国外水价管理制度比较与分析》，《水利经济》1999年第2期。

30. 李扬，殷剑峰：《理顺利率体系健全利率形成机制》，《中国证券报》2004年6月30日。

31. 刘芳：《利率市场化改革的制度分析和国际经验借鉴》，《中央财经大学学报》2002年第6期。

32. 汪办兴：《利率市场化的国际经验及借鉴》，《云南财贸学院学报》2001年第5期。

33. 邹运：《中国开放过程中的利率政策》，《世界经济》2000年第1期。

34. 周天明：《日本企业的"工资制度革命"》，《江苏改革》2002年第6期。

35. 董奕：《美、日工资制度的比较分析及对我国启示》，《劳动世界》2000年第2期。

36. 王化成，陈咏英：《美日企业分配制度变革的比较研究》，《国际财务与会计》2000年第3期。

37. 杨子春：《我国现阶段企业工资运作机制及其与市场经济发达国家的比较》，《上海改革》1999年第2期。

38. 黄泰岩：《美国劳动力市场的运行机制》，《中国人民大学学报》1997年第2期。

39. 戴双兴：《我国土地征用制度的改革与农民权益的保护》，《内蒙古社会科学》2004年第3期。

40. 杨冰：《城市土地配置：产权、市场与政府》，《南京社会科学》1998年第9期。

41. 冯长春，杨志威：《欧美城市土地利用理论研究述评》，《国外城市规划》1998年第1期。

42. 程森成：《技术市场的政策研究》，《江汉论坛》2004年第1期。

43. 张锴，穆荣平，李扉南：《影响技术市场规模的关键因素研究》，《科学学与科学技术管理》2003年第4期。

44. 安玉琮：《国外技术市场运行机制研究》，《科学管理研究》2000年第6期。

45. 叶培华，林朝熙：《技术商品价格的特点及定价方法》，《科技管理研究》1999年第5期。

46. 龚春兰：《技术商品价格理论模型探讨》，《海南大学学报（社科版）》1995年第 1 期。

47. 韩冬炎：《中国石油价格形成机理及调控机制的研究》，哈尔滨工程大学博士论文，2004 年。

48. 周颖：《原油成品油定价机制及石化集团公司效益测算价格研究（硕士论文）》，中国人民大学，2004 年。

49. 张文东：《我国天然气价格政策及定价模式研究》，中国人民大学硕士论文，2004 年。

50. 徐凤：《水价问题研究》，辽宁大学博士论文，1999 年。

课题十一　关于中国市场经济 31 个问题的答复

课题简介

2003 年 8 月,中国商务部正式向欧盟申请市场经济地位,并提交了相关资料。2004 年 2 月,欧盟专家委员会在阅研了中国商务部提交的《2003 中国市场经济发展报告》(英文本,该报告委托我所完成)后,形成了"初步评估意见",并提出了 31 个具体问题。同月,商务部进出口公平贸易局委托我所就这些问题在一个月内做出答复。

课题组在认真回答欧盟专家组提出的全部问题的基础上,按时形成了《中国市场经济发展补充报告——答欧盟专家问》,为中欧双方提供了中国市场经济大量的、真实的、最新的数据和事实。为了方便欧盟专家组的分析工作,"补充报告"完全是根据"初步评估意见"的结构,按照 5 条标准和欧盟专家对 31 个问题在 5 条标准中的分类,构建了"补充报告"的框架。在 31 个问题之外,凡"初步评估意见"中涉及的问题,我们也做了力所能及的回应。

本课题负责人为李晓西教授,他对所有的回答进行了审定。课题组成员来自北京师范大学、中国社会科学院、中国人民银行、商务部、国家统计局等机构。他们是:高明华、董礼华、施发启、余明、李文锋、苏旭霞、张琦、曾学文、董念清、李波、王诺、金三林、周波、赵少钦、屈艳芳、和晋予、王雪磊、余洁雅、张国会、徐薇薇等。商务部进出口公平贸易局王世春局长、余本林处长等对本课题提出了有益的意见,在此表示感谢!

欧盟专家组在"初步评估意见"中提出了市场经济五条标准所覆盖的范围，列出了要求我们回答的 31 个问题。现依次予以答复。

第 1 条标准　关于政府干预企业

政府对资源分配和企业决策的影响程度，是直接还是间接的（通过公共机构），例如政府定价的运用，或在税收、贸易和货币政策上的歧视。[Degree of government influence over the allocation of resources and decisions of enterprises, whether directly or indirectly (e. g. public bodies), for example through the use of State-fixed prices, or discrimination in the tax, trade or currency regimes.]

1. 中国不同所有制和不同规模企业中的破产数量，包括大、中、小型企业的定义。[Figures on the number of companies operating in China broken down according to ownership distribution and size, including a definition of large, small and medium-sized firms.]

（1）企业破产问题

以下分别介绍 2001 年和 2002 年不同所有制和规模企业的破产情况。

2001 年，全国共计拥有企业法人单位 3025862 个，其中停业 188170 个、破产、撤销及其他 75034 个，分别占全部企业的 6.2% 和 2.5%。在全部企业法人单位中，国有企业有 354230 个，其中停业 35159 个、破产、撤销及其他 8755 个，分别占全部国有企业法人单位的 9.9% 和 2.5%；国有独资公司有 10217 个，其中停业 487 个、破产、撤销及其他 197 个，分别占全部国有独资公司的 4.8% 和 1.9%（参见表 11 - 1）。

表 11 - 1　2001 年按登记注册类型和营业状态分组的企业单位数

单位：个

登记注册类型	企业法人单位数	营　业	停　业	筹　建	破产、撤销及其他
全国总计	3025862	2694863	188170	67795	75034
内资	2887403	2575458	182228	57967	71750
国有	354230	308587	35159	1729	8755
集体	703197	613526	67634	3035	19002
股份合作	144248	132467	7407	2576	1798
联营	26685	23538	2047	385	715

续表 11 – 1

登记注册类型	企业法人单位数	营 业	停 业	筹 建	破产、撤销及其他
有限责任公司	258174	234150	9358	8988	5678
其中:国有独资公司	10217	9298	487	235	197
股份有限公司	51872	47738	1940	1672	522
私营	1323057	1192062	57466	39121	34409
其他内资	25940	23390	1217	461	872
港澳台商投资	81689	71088	3971	4975	1655
外商投资	56770	48317	1971	4853	1629

资料来源:国家统计局普查中心:《中国第二次基本单位普查资料汇编》,中国统计出版社,2003 年。

注:(1)表中,联营包括国有联营、集体联营、国有与集体联营、其他联营;有限责任公司包括国有独资公司和其他有限责任公司;私营包括私营独资、私营合伙、私营有限责任公司和私营股份有限公司;港澳台商投资包括与港澳台商合资经营、与港澳台商合作经营、港澳台商独资和港澳台商投资股份有限公司;外商投资包括中外合资经营、中外合作经营、外资企业和外商投资股份有限公司。(2)国家统计局提供的数据中没有独立的"破产"数据,而是"破产、撤销及其他"的合并数据。(3)企业法人单位是指:a. 依法成立,有自己的名称、组织机构和场所,能够独立承担民事责任;b. 独立拥有和使用(或授权使用)资产,承担负债,有权与其他单位签订合同;c. 会计上独立核算,能够编制资产负债表。

2002 年,全国限额以上企业共计 283748 个,其中停业 7655 个,破产及其他 2115 个,分别占全部限额以上企业的 2.7% 和 0.7%。在全部限额以上企业中,国有企业有 59233 个,其中停业 5139 个,破产及其他 633 个,分别占全部国有企业的 8.7% 和 1.1%;国有独资公司有 2220 个,其中停业 33 个,破产及其他 14 个,分别占全部国有独资公司的 1.5% 和 0.6%(参见表 11 – 2)。需要注意的是,由于统计数据不包括限额以下企业,而破产企业中的较大部分属于限额以下企业,因此破产等数据有低估问题。

表 11 – 2 2002 年按登记注册类型和营业状态分组的限额以上企业单位数

单位:个

登记注册类型	企业法人单位数	营 业	停 业	当年撤销	破产及其他
全国总计	283748	272774	7655	1204	2115
内资	245997	235419	7465	1161	1842
国有	59233	52884	5139	577	633

续表 11 - 2

登记注册类型	企业法人单位数	营 业	停 业	当年撤销	破产及其他
集体	47175	45708	1075	246	146
股份合作	13243	13026	124	36	57
联营	2838	2755	49	14	20
有限责任公司	41039	40304	341	80	314
其中:国有独资公司	2220	2164	33	9	14
股份有限公司	11273	11061	108	23	81
私营	70488	69107	622	176	583
其他内资	598	574	7	9	8
港澳台商投资	22217	21929	125	27	136
外商投资	15644	15426	65	16	137

资料来源:国家统计局普查中心:《中国基本单位统计年鉴2003》,中国统计出版社,2003 年。
注:(1)限额以上企业范围分别是:工业企业指全部国有工业企业法人及年销售收入 500 万元以上的非国有工业企业法人;建筑业企业指资质等级四级及以上的建筑业企业法人;批发业企业指年销售额2000 万元及以上,且年末从业人员为 20 人及以上的批发业企业法人;零售业企业指年销售额 500 万元以上,且年末从业人员为 60 人及以上的零售业企业法人;餐饮业企业指年销售额 200万元及以上,且年末从业人员为 40 人及以上的餐饮业企业法人。(2)表中的"破产及其他"一栏中的数据大部分都是"破产数据",如国有企业"破产及其他"的数据为 633 个,其中破产为 533 个。(3)表中的联营、有限责任公司、私营、港澳台商投资和外商投资的含义见表 11 - 3。

(2)大、中、小型企业的定义问题

中国大、中、小型企业的划分以从业人员数、销售额和资产总额三项指标为依据。三类企业的具体划分标准(参见表 11 - 3)。

表 11 - 3　大、中、小型企业划分标准

行业名称	指标名称	计算单位	大 型	中 型	小 型
工业企业	从业人员数	人	2000 及以上	300—2000	300 以下
	销售额	万元	30000 及以上	3000—30000	3000 以下
	资产总额	万元	40000 及以上	4000—40000	4000 以下
建筑业企业	从业人员数	人	3000 及以上	600—3000	600 以下
	销售额	万元	30000 及以上	3000—30000	3000 以下
	资产总额	万元	40000 及以上	4000—40000	4000 以下
批发业企业	从业人员数	人	200 及以上	100—200	100 以下
	销售额	万元	30000 及以上	3000—30000	3000 以下

续表 11 - 3

行业名称	指标名称	计算单位	大　型	中　型	小　型
零售业企业	从业人员数 销售额	人 万元	500 及以上 15000 及以上	100—500 1000—15000	100 以下 1000 以下
交通运输业企业	从业人员数 销售额	人 万元	3000 及以上 30000 及以上	500—3000 3000—30000	500 以下 3000 以下
邮政业企业	从业人员数 销售额	人 万元	1000 及以上 30000 及以上	400—1000 3000—30000	400 以下 3000 以下
住宿和餐馆业企业	从业人员数 销售额	人 万元	800 及以上 15000 及以上	400—800 3000—15000	400 以下 3000 以下

资料来源：国家统计局。

注：（1）表中的"工业企业"包括采矿业、制造业以及电力、燃气及水的生产和供应业三个行业的企业。（2）工业企业的销售额以现行统计制度中的年产品销售收入代替；建筑业企业的销售额以现行统计制度中的年工程结算收入代替；批发和零售业的销售额以现行报表制度中的年销售额代替；交通运输和邮政业、住宿和餐饮业企业的销售额以现行统计制度中的年营业收入代替；资产总额以现行统计制度中的资产合计代替。（3）大型和中型企业须同时满足所列各项条件的下限指标，否则下划一档。

2001 年至 2002 年，全国工业企业单位从 171256 个增至 181557 个。其中大、中型企业数目尽管有所增加，但比重却分别下降了 0.2 和 0.4 个百分点；小型企业所占比重提高了 0.6 个百分点（参见表 11 - 4）。

表 11 - 4　中国不同规模工业企业单位数及比重

	2001 年		2002 年	
	企业单位数（个）	比重（%）	企业单位数（个）	比重（%）
全国总计	171256	100	181557	100
大型企业	8589	5.0	8752	4.8
中型企业	14398	8.4	14571	8.0
小型企业	148269	86.6	158234	87.2

资料来源：国家统计局：《中国工业经济统计年鉴2003》，中国统计出版社，2003 年。

2. 最近为改善私有企业运营条件，保证私有企业与国有企业平等待遇的立法（包括执行）和采取的其他措施。［Legislative (including implementation) and other steps recently undertaken to improve operating conditions of private companies and to ensure equal treatment with state-owned ones.］

改革开放以来，特别是 1992 年以来，我国私有企业得到迅速发展。1992～2002 年，非国有经济增加值占 GDP 的比重从 53.6% 增加到 66.3%。

　　这一巨大变化既来自私有企业自身的发展，同时也来自国家立法机关和政府管理部门对私有企业法律和制度的重大改善，目前，国有企业和非国有企业在市场准入、运营和市场退出方面的政策基本统一。

　　1993年，中国颁布了《中华人民共和国公司法》，并于1999年进行了修订。《公司法》明确规范了各类公司的组织和行为，保护公司、股东和债权人的合法权益，除国有独资公司外，其他公司在设立和运营上实行统一管理。公司法实施以后，中国国务院先后颁布了《公司登记管理条例》、《关于股份有限公司境外募集股份及上市的特别规定》、《关于股份有限公司境内上市外资股的规定》、《关于原有限责任公司和股份有限公司依照〈中华人民共和国公司法〉进行规范的通知》等法规，逐步完善了公司法体系。

　　近年来，保证私营经济平等合法地位的政策法规得到最高立法机关的确认。1988年，第七届全国人民代表大会第一次会议通过的《中华人民共和国宪法修正案》第11条增加了一条规定，即"国家允许私营经济在法律规定的范围内存在和发展，私营经济是社会主义公有制经济的补充"。同年6月3日，国务院第4号令发布《中华人民共和国私营企业暂行条例》，规定"个体经济、私营经济等非公有制经济是社会主义市场经济的重要组成部分"。

　　1999年3月，九届全国人大二次会议通过了宪法修正案，修正案中备受关注的是对非公有制经济的表述，特别是将原宪法中"在法律规定范围内的城乡劳动者个体经济，是社会主义公有制经济的补充，国家保护个体经济的合法权利和利益。"修正为"在法律规定范围内的个体经济、私营经济等非公有制经济，是社会主义市场经济的重要组成部分。"这是对非公有制经济正式在宪法中予以承认。2004年3月14日，十届全国人大第二次会议通过了《中华人民共和国宪法修正案》，对原第11条第2款进行了修改。原条文是："国家保护个体经济、私营经济的合法的权利和利益。国家对个体经济、私营经济实行引导、监督和管理。"修改为："国家保护个体经济、私营经济等非公有制经济的合法的权利和利益。国家鼓励、支持和引导非公有制经济的发展，并对非公有制经济依法实行监督和管理。"

　　政府管理部门为私营企业发展制定了一系列的制度。如2000年8月，国务院转发《国家经贸委关于鼓励和扶持中小企业发展的若干政策意见》；中国人民银行、国家经贸委、财政部等相继发布了中小企业信用担保体系方面的扶持政策；财政部和外贸部制定了《中小企业国际市场开拓资金管理（试行）办法》。2002年6月29日，第九届全国人民代表大会常务委员会第二十八次会议通过了《中华人民共和国中小企业促进法》，为包括私营企业在内的中小企业的健康发展，提供了强有力的法律保障。

2003 年 8 月 27 日全国人大常委会通过了《行政许可法》，该法律于 2004 年 7 月 1 日起施行，这将进一步改善私营企业发展与运营的环境。目前，中国各省、市均在改革行政审批制度。

3. 创建私有企业的基本要求，包括最近的新建私营企业的数字和申请被拒绝的数字。[Information on the basic requirements to set up a private company, including recent figures on the number of private companies established vs the number of rejected applications.]

关于创建私有企业的基本要求，中国相关法律都有明确的规定。

对于个人独资企业，《中华人民共和国个人独资企业法》（2000 年 1 月 1 日实施）第 8 条规定，设立个人独资企业应当具备下列条件：（1）投资人为一个自然人；（2）有合法的企业名称；（3）有投资人申报的出资；（4）有固定的生产经营场所和必要的生产经营条件；（5）有必要的从业人员。第 9 条规定，个人独资企业不得从事法律、行政法规禁止经营的业务；从事法律、行政法规规定须报经有关部门审批的业务，应当在申请设立登记时提交有关部门的批准文件。

对于合伙企业，《中华人民共和国合伙企业法》（1997 年 8 月 1 日实施）第 8 条规定，设立合伙企业应当具备下列条件：（1）有二个以上合伙人，并且都是依法承担无限责任者；（2）有书面合伙协议；（3）有各合伙人实际缴付的出资；（4）有合伙企业的名称；（5）有经营场所和从事合伙经营的必要条件。第 10 条规定，法律、行政法规禁止从事营利性活动的人，不得成为合伙企业的合伙人。

对于外商投资企业，《中华人民共和国外资企业法实施细则（2001 年修订本）》第 3 条规定，设立外资企业，必须有利于中国国民经济的发展，能够取得显著的经济效益。国家鼓励外资企业采用先进技术和设备，从事新产品开发，实现产品升级换代，节约能源和原材料，并鼓励举办产品出口的外资企业。第四条规定，禁止或者限制设立外资企业的行业，按照国家指导外商投资方向的规定及外商投资产业指导目录执行。另外，合资企业法和合作企业法对企业创建也有类似的政策。

对于有限责任公司，1999 年修正的《中华人民共和国公司法》第 19 条规定，设立有限责任公司应当具备下列条件：（1）股东符合法定人数；

（2）股东出资达到法定资本最低限额；（3）股东共同制定公司章程；（4）有公司名称，建立符合有限责任公司要求的组织机构；（5）有固定的生产经营场所和必要的生产经营条件。第 20 条规定，有限责任公司由 2 个以上 50 个以下股东共同出资设立。

对于股份有限公司，1999 年修正的《中华人民共和国公司法》第 73 条规定，设立股份有限公司应当具备下列条件：（1）发起人符合法定人数；（2）发起人认缴和社会公开募集的股本达到法定资本最低限额；（3）股份发行、筹办事项符合法律规定；（4）发起人制订公司章程，并经创立大会通过；（5）有公司名称，建立符合股份有限公司要求的组织机构；（6）有固定的生产经营场所和必要的生产经营条件。第 75 条规定，设立股份有限公司，应当有 5 人以上为发起人，其中须有过半数的发起人在中国境内有住所。

从上述法律规定可知，中国对私有企业的设立并没有特殊的限制，近年中国的私有企业发展迅速足以说明这一点。2001 年到 2002 年，当年设立的私有企业（非国有、非集体）从 98718 户增至 111762 户，其中新设立的内资私有企业从 74127 户增至 80699 户，外资企业从 24591 户增至 31063 户。至于有多少设立私有企业的申请未被批准，并无这方面的统计。但据调查，因为是私有企业性质而不被批准的是罕见的。未被批准的原因主要在于申请者不符合相关的法规要求，尤其是不符合环保要求。

4. 现有的对私有企业经营的主要限制（例如对进入特定行业或活动的禁止或限制）。[Information on any existing major limitations to private companies' operations (such as a prohibition or restriction on operations in specific sectors or activities).]

1992 年以来，中国政府通过政策法律，在市场准入方面对私有企业（包括外商及港澳台商投资企业）采取了更为积极、开放的政策。尤其是 2002 年 11 月，中共十六大提出："必须毫不动摇地鼓励、支持和引导非公有制经济发展"；"放宽国内民间资本的市场准入领域，在投融资、税收、土地使用和对外贸易等方面采取措施，实现公平竞争"；"完善保护私人财产的法律制度"；"改善投资环境，对外商投资实行国民待遇，提高法规和政策透明度"。这些政策的出台加大了对非国有尤其是对私有企业的支持力度。

十六大以后，一些符合国际惯例、有利于促进私有企业发展的法规进一步完善。最值得提及的是，2004 年 3 月 14 日结束的十届人大第二次会议通过了新的《宪法修正案》，其中关于私有经济的修改是：公民的合法私有财产不受侵犯；国家保护公民的私有财产权和继承权。这是保护私有经济发展的宪法性宣言。另外，那些不利于私有经济发展的歧视性政策和法规已经或正在得到清理和废止。

中国作为 WTO 成员国，根据 WTO 的市场准入和国民待遇这两个基本准则，对包括外商投资企业在内的中国境内企业，在交通运输、能源、基础电信、生产的其他设施和要素等领域，保证非歧视待遇。

目前，国家法规除对必须垄断的少数行业（如武器制造、黄金生产）明令禁止非国有经济进入和对部分行业有一些前置审批的限制规定外，对非国有经济没有特殊的限制性规定。

由于政策法规的支持，中国的非国有经济发展异常迅速。2002 年，非国有经济产值占中国 GDP 的份额已经达到 66%，而其中由私营企业完成的份额占 50% 以上。

这里仅举 3 例：

例 1：2004 年 2 月，中国内地首家民营航空公司——鹰联航空有限公司落户成都，计划在年内开飞。中国民航总局表示，民航将鼓励竞争、打破垄断，除三大航空运输集团和省会机场、重点旅游城市机场要保持国有资本控股外，小机场和小型民航企业对民营资本将"大幅放开"。

例 2：2004 年 2 月，中国银行业监督管理委员会发布题为"实施审慎的市场准入鼓励民间资本和外资入股现有商业银行"的公告，明确阐明了监管部门对民营资本进入银行业的态度。根据统计，在中国目前 11 家股份制商业银行中，中国民生银行总股本中的民营股本比例达到 70.03%，深圳发展银行总股本中社会公众持股比例达到 72.43%；112 家城市商业银行中的绝大部分都有民营企业参股，参股比例已占到城市商业银行总股本的 30% 以上。

例 3：各地区纷纷出台相关政策和法规，降低私有企业市场准入的门槛。如北京市 2004 年 2 月 15 日开始实施《改革市场准入制度优化经济发展环境若干意见》，其中规定：企业名称的登记注册实行预先核准和即时办理制；注册资金可实施分期缴付制；除法规禁止和需经审批的经营外，"经营范围"由企业自己说了算；企业章程不再逐条审查等等。

当然，同发达市场经济国家一样，受市场本身的约束，在某些领域个体和私有企业进入还存在一定困难。如对个体和私有企业进入保险、信托、担保、药品生产和批发、一级房地产等领域。但是，需要指出，从政策法律上，私有企业进入上述领域的障碍已相当小，这些行业入门要求高

如高额注册资金，现在能达到这些要求的私营企业还是不多。

5. 对私有企业注册资本数量的修订。［Revision of figures concerning the registered capital of private companies.］

对于公司制企业，《中华人民共和国公司法》（1999 年修订）对有限责任公司和股份有限公司有最低限额的规定。

有限责任公司的注册资本不得少于下列最低限额：

（1）以生产经营为主的公司人民币 50 万元；

（2）以商品批发为主的公司人民币 50 万元；

（3）以商业零售为主的公司人民币 30 万元；

（4）科技开发、咨询、服务性公司人民币 10 万元。

特定行业的有限责任公司注册资本最低限额需高于前款所定限额的，由法律、行政法规另行规定。

股份有限公司注册资本的最低限额为人民币 1000 万元。股份有限公司注册资本最低限额需高于上述所定限额的，由法律、行政法规另行规定。

对于中外合资企业，《关于中外合资经营企业注册资本与投资总额比例的暂行规定》（1987 年颁布）中有如下规定：

（1）中外合资经营企业的投资总额在 300 万美元以下（含 300 万美元）的，其注册资本至少应占投资总额的 7/10。

（2）中外合资经营企业的投资总额在 300 万美元以上至 1000 万美元（含 1000 万美元）的，其注册资本至少应占投资总额的 1/2，其中投资总额在 420 万美元以下的，注册资本不得低于 210 万美元。

（3）中外合资经营企业的投资总额在 1000 万美元以上至 3000 万美元（含 3000 万美元）的，其注册资本至少应占投资总额的 2/5，其中投资总额在 1250 万美元以下的，注册资本不得低于 500 万美元。

（4）中外合资经营企业的投资总额在 3000 万美元以上的，其注册资本至少应占投资总额的 1/3，其中投资总额在 3600 万美元以上的，注册资本不得低于 1200 万美元。

对于中外合营商业企业，《外商投资商业企业试点办法》（1999 年颁布）的规定是：从事零售业务的合营商业企业的注册资本不低于 5000 万元人民币，中西部地区不低于 3000 万元人民币；从事批发业务的合营商业企业的注册资本不低于 8000 万元人民币，中西部地区不低于 6000 万元人民币。

以上是国家出台的公司制企业和外资企业注册资本金的要求，但是各地的规定又有所不同。

深圳市关于公司最低注册资本的规定是：

内资有限公司最低注册资本是：以生产经营为主的 50 万元；以商品批发为主的 50 万元；科技开发、咨询、服务性公司的 10 万元；发起式股份有限公司 1000 万元；募集式设立的 5000 万元。

外商投资企业最低注册资本是：有限公司注册资本不能低于 100 万元，其中外方至少占 25%；股份有限公司不低于 3000 万元，其中外方至少占 25%；外资银行深圳分行至少 4000 万元；投资性公司的注册资本为 1000 万美元。

其他类型公司的最低注册资本是：投资性公司 1000 万元；集团有限公司核心企业 5000 万元，其中固定资产不少于 3500 万元；建筑房地产业公司 500 万元；仓储业公司 200 万元；从事交通运输、邮电、饮食业的公司 100 万元。

上海市关于公司最低注册资本的规定是：

咨询服务类公司 10 万元；投资管理咨询公司 10 万元；贸易类零售 30 万元，贸易类批零 50 万元；工贸公司 50 万元以上（必须是加工生产型）；实业公司 500 万元（必须跨 5 个行业）；企业发展公司 500 万元（必须跨 5 个行业）；科技投资管理公司 1000 万元；投资管理公司 3000 万元；投资公司 3000 万元；股份有限公司 5000 万元（必须 5 个股东以上）。

对于其他私有企业的注册资本额，各地区的规定不同，但额度都不是很高，部分地区甚至出台了 1 元人民币注册一家企业的政策。以北京为例，自 2004 年 2 月 15 日，北京开始推行《改革市场准入制度优化经济发展环境若干意见》。根据新规定，内资企业注册资金可实施分期缴付制，投资人可先缴付法律、法规规定的最低注册资本（金）数额，注册服务性公司企业最低为 10 万元，注册一般法人非公司性企业最低为 3 万元，其余部分在规定期限缴清。工商部门规定，投资人可以选择在一年内缴清余款和三年内分两次缴清余款。

6. 适用于木材、天然气的指令计划的详细情况，以及有关农业生产的"指令计划"的确切性质和范围。[Details of the mandatory planning system applicable to timber and natural gas and on the exact nature and extent of the "directive planning" to which agricultural production is subject.]

我国政府对食盐、木材、烟草、天然气、黄金等五种商品的生产和流

通实行指令性计划。

食盐： 关系到老百姓的日常生活，中国千百年来均实行政府专营。现在，国家只控制原盐产销的 1/4 左右。例如，2002 年国家调拨的食盐只占整个原盐产量的 27.3%。具体形式是每年由国家发改委下达国家调拨计划，具体由中国盐业总公司来管理和运营。

烟草： 烟草关系到老百姓的身体健康，需要有所控制。现每年由国家发改委向各地区烟草厂家下达烟草生产计划，烟草的销售由国家烟草专卖局负责。

木材： 木材关系到生态、环境保护以及经济可持续发展，是一种多年生的植物，需要政府有长期的产销计划加以控制。现每年由国家发改委下达木材生产限额，具体由国家林业局负责监督执行。

黄金： 黄金不仅是一种稀缺资源，而且是一种国际通用的硬通货，直接关系到国家的外汇储备和经济安全。每年由国家发改委下达生产计划，具体由国家黄金局负责监督执行。目前，中国拥有黄金生产、加工、批发资格的企业 450 家。

天然气： 天然气属于自然垄断产品，且供不应求。每年由国家发改委下达生产指标，具体由中国石油天然气总公司、中国石油化工总公司和中国海洋石油总公司负责生产。

上述五种产品的销售额在各类商品销售总额中占比例很小，在国民经济中所占份额更小，但由于是特殊商品，在可预见的未来，对这些产品的指令性计划不可能取消。同时要说明，这些指令性产品中也不是在生产和流通的各个环节上都是指令性的，有的环节是允许按市场规则生产或交换的。比如天然气：其流通环节不是指令性的。2002 年 12 月 27 日建设部印发的《关于加快市政公用行业市场化进程的意见》规定，"鼓励社会资金、外国资本采取独资、合资、合作等多种形式，参与市政公用设施的建设，形成多元化的投资结构"；"采用公开向社会招标的形式选择供水、供气、供热、公共交通、污水处理、垃圾处理等市政公用企业的经营单位，由政府授权特许经营"。"特许经营"就是政府授予企业在一定时间和范围对某项市政公用产品或服务进行经营，经营就要允许企业考虑成本和盈利，而不能在企业经营方面搞指令性限制。

在农业生产方面，指令性计划已全部取消。现唯一还有指令性生产的是紧压茶（又称砖茶），这是因为该茶是一种少数民族专用的一种助消化的茶叶，为了维护少数民族的利益和团结，国家对其生产和销售采取指令性计划。

7. 价格法文本以及实施政府指导价的产品和服务的清单，包括这些价格的成本根据。[Text of the Price Law and list of products and services whose price is government-guided, including information on the cost basis for these prices.]

目前，不适宜在市场竞争中形成价格或者尚未形成竞争的极少数商品和服务项目实行政府指导价。政府指导价是由政府价格主管部门或者其他有关部门，按照定价权限和范围规定基准价及其浮动幅度，指导经营者制定的价格。这是一种具有双重定价主体的价格形式，政府制定基准价和浮动幅度，经营者可以在政府规定的基准价和浮动幅度内灵活地制定调整价格。经国务院批准，原国家发展计划委员会 2001 年 7 月 4 日公布了《国家计委和国务院有关部门定价目录》（简称《中央定价目录》），放开大多数原由中央政府制定的商品和服务价格，将国务院价格主管部门及有关部门定价的商品和服务项目由 1992 年定价目录颁布时管理的 141 种（类）减少为 13 种（类），这 13 种（类）项目包括：重要的中央储备物资、国家专营的产品、部分化肥、部分重要药品、教材、天然气、中央直属及跨省水利工程供水、电力、军品、重要交通运输、邮政基本业务、电信基本业务、专业服务等。同时还规定了这些项目的定价部门和价格的制定方法。其中，实行指导价的商品与服务共 6 种（参见表 11 - 5）。

表 11 - 5　国家指导价商品和服务目录

	品　名	定价内容	定价部门	备　注
1	国家专营的烟叶、食盐和民爆器材	烟叶收购价格,食盐出厂价格、批发价格,民爆器材出厂基准价格及浮动幅度	国家计委会同有关部门	烟叶中准级收购价格由国家计委会同国家烟草专卖局制定,其他具体品种等级收购价格由国家烟草专卖局会同国家计委制定。食盐定价范围包括食盐定点生产企业和批发企业;民爆器材定价范围包括民爆行业所有生产企业
2	部分化肥	出厂基准价格及浮动幅度,港口结算价格	国家计委	定价范围为合成氨年生产能力 30 万吨以上的大型氮肥企业生产的尿素、硝酸铵出厂基准价格及浮动幅度;有经营资格的企业按照中央进口配额进口的化肥港口结算价格

续表 11 - 5

	品　名	定价内容	定价部门	备　注
3	教材	印张单价及浮动幅度	国家计委	定价范围为中小学和大中专教材。国家计委制定印张中准价及浮动幅度,各省级价格主管部门制定中小学课本印张单价和零售价格
4	金融结算和交易服务	基准价格及浮动幅度	国家计委	定价范围包括各商业银行和非银行金融机构结算手续费,全国性证券交易机构的交易手续费、席位费,中国外汇交易中心席位费等。不包括利率、汇率
5	工程勘察设计服务	基准价格及浮动幅度	国家计委会同有关部门	定价范围为工程勘察设计单位承担的投资建设项目的勘察、设计及相关技术服务
6	部分中介服务	收费标准	国家计委	中介服务中的评估、代理、认证、招投标等竞争不充分的服务实行政府指导价。具体按《中介服务收费管理办法》(计价格[1999]2255号)执行

(第4、5、6行左侧纵向合并单元格标注:重要专业服务)

资料来源:2001年7月4日公布的《国家计委和国务院有关部门定价目录》。

　　地方政府根据《价格法》第19条和《中央定价目录》制定本地需要实行政府指导价的商品和服务的目录,下面以《广东省定价目录》为例说明政府指导价的实施情况(参见表11-6)。

表 11 - 6　广东省实行政府指导价的商品和服务目录

分　类	政府指导价的内容	确定价格的部门
国家专营的部分商品及特殊商品	烟叶收购价格,食盐出厂、批发价格,民爆器材出厂基准价格及浮动幅度	国家计委会同有关部门
	食盐零售价格,两碱外工业盐供应中准价及浮动幅度	省物价局
部分化肥	部分化肥出厂基准价格及浮动幅度,港口结算价格	国家计委
	部分化肥出厂基准价格及浮动幅度,调拨价格	省物价局
重要药品和医疗服务	医疗机构的医疗服务基准价格及浮动幅度	省物价局
教　育	教材印张单价及浮动幅度	国家计委
交通运输	汽车客运基准价格及浮动幅度	省物价局
重要专业服务	金融结算和交易服务	金融结算和交易服务基准价格及浮动幅度	国家计委
	工程勘察设计服务	工程勘察设计服务基准价格及浮动幅度	国家计委会同有关部门

资料来源:《广东省定价目录》,广东省价格信息网。

　　根据原国家发展计划委员会 2002 年 2 月 1 日起试行的《政府制定价格行为规则（试行）》第五条的规定，制定指导价格的依据主要有 4 个因素：一是应当依据有关商品和服务的社会平均成本；二是要看市场供求状况；三是要参考国民经济与社会发展要求；四是看社会承受能力。最后，如果与国际市场联系紧密的商品，还应当参考国际市场价格。这里指出的 4 条，核心是同类商品和服务的平均的生产成本和国内外市场供求，即是市场经济的价格形成原则。

　　作为指导价格商品和服务的成本要素，根据国家计委公布并于 2003 年 6 月 1 日起施行《重要商品和服务价格成本监审暂行办法》第 12 条的规定，价格成本应依据同种商品或服务的所有经营者持续、正常的生产经营活动过程中发生的，符合《中华人民共和国会计法》等有关法律、法规和财务会计制度规定的成本（费用）数据进行核算。下列费用不得列入价格成本：（1）经营者非持续、非正常生产经营活动造成的不合理费用；（2）不符合《中华人民共和国会计法》等有关法律、法规和财务会计制度规定的费用；（3）法律、法规和规章明确不得计入成本的费用；（4）经营者在经营活动过程中发生的其他不合理费用。第 14 条特别规定：经营者应当建立、健全成本核算制度，准确记录和核实商品或服务的生产经营成本（费用）数据，依法核算商品或服务的成本，不得弄虚作假。第 22 条则要求，成本监审机构要审核成本数据的真实性和成本核算方法和成本（费用）分摊的方法。

　　案例：中国民航国内航空运输价格实行指导价

　　2003 年 4 月 16 日，国家发展和改革委员会公布《民航国内航空运输价格改革方案》，该方案的核心内容是对国内航空运输价格实行政府指导价，政府价格主管部门由核定航线具体票价的直接管理，改为对航空运输基准价和浮动幅度的间接管理。同时，政府要加强对航空运输业的市场监管。政府将根据航空运输的社会平均成本、市场供求状况、社会承受能力、确定国内航空运输基准价和浮动幅度；航空运输企业可以在政府规定的幅度内，自主制定具体的票价种类、水平及适用条件，运用价格手段，开展灵活的市场营销活动。

　　政府对民航国内航空运输实行政府指导价的原因在于，航空运输业具有资金、技术密集的特点，新经营者进入的难度较大，容易形成垄断价格。政府对市场进行必要的监管，可以防止垄断的形成，有利于维护公平竞争和正常的市场价格秩序。

　　民航国内旅客运输基准价水平，主要依据国内航空运输客公里平均成本水平制定。根据听证会代表的意见，国家发改委对近年来的民航国内航空运输社会平均成本进行了认真分析，认为自 1999 年以来，航空运输企业国内旅客运输社会平均成本为每客公里 0.68 元，因此维持现行航空运输企业在境内销售执行的国内航线票价水平（平均每客公里 0.75 元）作为基准价，是比较合理的。这样处理，主要是考虑了以下因素：一是《改革方案》出台后，航空运输企业将根据市场状况和营销需要，实行灵活的价格政策。在当前航空运输市场总体上供大于求的情况下，折扣销售的情况会比较普遍，预计实际执行的平均票价水平将低于基准价。基准价水平略高于成本，部分承受能力较强的旅客按基准价全价购票时，航空运输企业有一定的盈利空间，可以为折扣销售创造条件，最终受益的是大多数按折扣价购票的旅客。二是与现行价格政策相比，《改革方案》确定的基准价取消了燃油附加，实际票价水平有所降低，有利于减轻旅客负担，开拓航空运输市场。

　　8. 地方税收体制是否为某些类型的企业提供不同的待遇，包括地方政府对非国有企业征收的地方税和国家税的详细情况。[Information on whether regional tax regimes provide for differential treatment of certain types of companies, including details on any taxes and other state levies imposed on non-state firms by regional authorities.]

　　中央政府对地方税种采取统一的立法和税收政策。税收法律由全国人民代表大会制定。中央税和全国统一实行的地方税立法权集中在中央。根据中国法律的规定，省、自治区、直辖市人民代表大会及其常务委员会、民族自治地方人民代表大会和省级人民政府，在不与国家的税收法律、法规相抵触的前提下，可以制定某些地方性的税收法规和规章。省一级政府拥有的立法权包括：（1）在一定的幅度内可以自行确定营业税中娱乐业的适用税率；（2）对因自然灾害或意外事故而造成损失的企业可以酌情减免其应缴纳的资源税；（3）对未在资源税税目上列明的原矿可以确定开征或减缓征收；（4）在民族自治区，政府有对区内企业实行定期减免企业所得税的权力；（5）地方政府对个人所得税也具有一定限度的减免权力。此外，屠宰税和筵席税的开征停征权在地方。

　　地方政府对国有企业和非国有企业实行统一的税收政策。一般来说，工业、商业企业应当缴纳增值税，交通运输、建筑安装、金融保险、服务等企业类型应当缴纳营业税，农业生产者应当缴纳农业税，盈利的企业应当缴纳企业所得税。此外，生产应税消费品的企业应当缴纳消费税，采矿企业应当缴纳资源税，转让房地产的企业应当缴纳土地增值税，企业的生产、经营账册和签订的各类合同应当缴纳印花税，拥有房产、车辆、船舶的企业应当缴纳房产税和车船使用税。

地方税收体制对企业提供不同待遇，近些年主要体现在对外商投资企业和外国企业的税收优惠上。各地政府对内地企业的 3% 的地方所得税，对外商投资企业予以免征，以吸引外资。对在经济特区、国家高新技术产业区、国家级经济技术开发区设立的企业按 15% 的税率征收企业所得税，对在沿海开放地带和各省的省会城市设立的企业按 24% 的税率征收企业所得税，对设在中西部地区生产鼓励类产品的外商投资企业、出口型外资企业等实行减免税政策，这些税率，均大大低于国内企业 33% 的所得税率。

地方政府税收，除对外商投资有优惠，对一些种类的非国有企业也有适当的照顾。以北京为例，北京中关村科技园区内的高新技术企业（不分所有制）享受一定的优惠。如新技术企业自开办之日起，三年内免征企业所得税；北京市高新技术企业购买国内外先进技术、专利所发生的费用，允许加速折旧，经税务部门批准，可在两年内在成本中摊销，以此减少企业上缴的所得税；对安置"四残"（盲、聋、哑、肢体残疾、智残、弱视）人员占生产人员总数 35% 以上的私营企业，暂免征收企业所得税；凡安置"四残"人员占生产人员总数的比例超过 10% 未达到 35% 的，减半征收企业所得税。

9. 是否存在非国有制企业员工的工资必须高于同一行业国有企业员工的要求（是否存在任何形式的要求非国有企业支付高于国有企业薪酬的规定以及详细情况）。[Any information on the existence of any requirements for non-State owned companies to pay employees higher salaries than State-owned companies operating in the same sector.]

我国非国有经济是市场经济发展的产物，其工资决定是在国家劳动法的指导下自主决定的。目前，没有法律法规要求非国有企业员工的工资必须高于同一行业国有企业员工工资的要求。

在对非国有企业的工资宏观调控中，20 世纪 90 年代针对外资企业的平均工资水平制定曾有过一些规定。为维护外商投资企业中方员工的利益，1990 年 8 月，原国家劳动部印发《关于进一步加强外商投资企业中方职工工资管理的意见》，规定中外合资（合作）经营企业中方职工的平均工资水平在筹建期间参照所在地区同行业国营企业职工平均工资水平确定，外商独资企业职工的工资水平按照不低于所在地区同行业国营企业职工工资水平120%的原则确定；正式进入正常经营以后，工资水平随企业效益等因素变化进行相应的调整。这一法律于1994年被废止，取而代之的是1994年劳动部发布的《外商投资企业劳动管理规定》，其中规定中华人民共和国境内设立的中外合资经营企业、中外合作经营企业、外资企业、中外股份有限公司按照国家有关法律、行政法规，自主决定招聘职工的时间、条件、方式、数量。劳动合同由职工个人同企业以书面形式订立。工会组织（没有工会组织的应选举工人代表）可以代表职工与企业就劳动报酬、工时休假、劳动安全卫生、保险福利等事项，通过协商谈判，订立集体合同。企业的工资分配，应实行同工同酬的原则。企业职工的工资水平由企业根据当地人民政府或劳动行政部门发布的工资指导线，通过集体谈判确定。

针对外资企业迅速发展的新形势，1997年原劳动部根据劳动法的要求制定并颁布了《外商投资企业工资收入管理暂行办法》，明确了外商投资企业根据本企业的实际情况，自主确定企业内部工资分配制度。外商投资企业成立时的平均工资水平，由董事会按照不低于当地同行业职工平均工资水平予以确定；外商投资企业平均工资水平的增长，应根据本企业的经济效益、劳动生产率并参考当地城镇居民消费价格指数和工资指导线等，由董事会确定或通过企业集体协商确定。这一办法的目的是为更好地指导和规范中外合资经营企业、中外合作经营企业、外资企业合理确定职工工资收入水平，保障员工的合理利益。

目前，对各类企业工资进行宏观调控的法律性文件是1995年实施的《中华人民共和国劳动法》，它是推进企业劳动与工资改革和管理的一个基本依据，适合我国境内的一切企业和个体经济组织。该法律要求工资分配应当遵循按劳分配原则，实行同工同酬；用人单位根据本单位的生产经营特点和经济效益，依法自主确定本单位的工资分配方式和工资水平，这标志着国家已从法律制度层面上保证了各类企业的用工和工资政策一视同仁，劳动者的合法合理利益得到保护。

为适应我国劳动力市场建设和发展的需要，1997年1月原劳动部印发了《试点地区工资指导线制度试行办法》，进一步完善了政府对企业工资宏观调控的办法，在部分地区进行工资指导线制度试点。1999年10月，劳动和社会保障部又下发了《关于建立劳动力市场工资指导价位制度的通知》，要求各类企业充分利用劳动力市场价格信号指导企业合理确定工资水平，根据社会平均工资水平和本企业经济效益等因素自主决定工资水平，以充分发挥劳动力市场对企业工资分配的基础性调节作用。2002 年年底，29 个省、自治区和直辖市建立了工资指导线制度，118 家大中城市发布了劳动力市场工资指导价位。

为推动各类企业工资决定的国际化接轨，2000 年 11 月，劳动和社会保障部制定并下发了《工资集体协商试行办法》，要求在我国境内的各类企业推行工资集体协商制度，职工代表与企业代表依法就企业内部工资分配制度、工资分配形式、工资收入水平等事项进行平等协商，在协商一致的基础上签订工资协议的行为。2002 年，制定并下发《关于进一步推行平等协商、集体合同制度的通知》，要求大力推进工资协商制度。截止 2003 年 8 月，平等协商、集体合同制度覆盖的基层单位达 127 万家，覆盖职工达 9500 万人。

10. 非正式失业的统计数据（提供关于非正式失业的统计资料）。[Any statistical data available on the extent of informal unemployment.]

按照国际劳工组织的统计标准（1987），失业是指没有工作，目前可以工作，且正在积极寻找工作的人。国际劳工组织没有"非正式失业"的概念和统计，中国也没有。但在中国，国有企业有一种特殊的失业现象，就是下岗，它符合失业的条件，但没有纳入失业的统计对象，因此可以理解为一种特定的"非正式失业"。

在原来计划经济体制下，国家对国有企业职工是按行政和地域安排工作，基本没有显性失业，但隐性失业比较大。1992 年后，我国国有企业逐步建立适应市场经济要求的现代劳动用工制度，面对激烈的市场竞争，企业必须把以往积存的隐性失业人员分离出去，但这部分员工大部分是在劳动法颁布前就已经在国有单位就业的劳动者，直接解聘这部分员工受到法律、制度等因素的限制。作为一项重要的制度安排，国有企业普遍采用下岗的方式来取得事实上的用工自由权。这些下岗职工不是被企业正式解聘，在企业业务扩大或者繁忙时还有可能重新被企业招回，因此没有统计到失业人员中。为此，各地区为了安置这些下岗职工，纷纷建立失业人员保障制度，保障下岗人员的基本生活；设立再就业服务中心，帮助下岗职工实现再就业。

从 20 世纪 90 年代中期开始，我国的下岗职工数量有了显著的增加，

1997 年末国有企业下岗职工达 692 万人。政府对此给予了高度重视，采取了诸如加快劳动力市场建设、鼓励下岗职工自谋出路和自主创业、加大下岗职工培训、改善有利于就业的财政政策和货币政策等一系列有效措施，下岗职工再就业增加，国有下岗职工存量明显减少。到 2003 年 9 月末，国有企业下岗职工人数为 310 万人，各年度的国有企业下岗职工数据请见表 11 - 7。

表 11 - 7   国有单位下岗人员统计表

单位：万人

年　份	1997	1998	1999	2000	2001	2002	2003.09
年末实有下岗人员	692	594.8	652.5	657.2	515.4	409.9	310

资料来源：各年度《中国劳动统计年鉴》。

中共"十六大"后，明确提出完善社会主义市场经济体制。为全面推进国有企业用工机制的市场化，保证全社会失业的统一规范管理，2003 年 9 月，劳动和社会就业保障部发出通知，要求尽快实现国有企业下岗和失业的并轨，国有企业不再建立新的再就业服务中心，企业新的减员原则上不再进入再就业服务中心。也就是说以后离开国有企业的员工，不再称为下岗，如果没有实现再就业，直接成为失业人员。对目前仍在中心和协议期满的下岗职工，在保障基本生活的前提下，要通过政策引导扶持，加强就业服务和培训，帮助他们尽快实现再就业。到 2003 年 12 月底，全国已有北京、天津、辽宁、上海、浙江、福建、广东等七个省、市撤销了再就业服务中心，实现了下岗和失业的并轨。

11. 进出口配额或其他限制下产品的清单，并对"自愿进口许可证管理"作出解释。［List of products under export or import quotas or other restrictions as well as clarification of the concept of "voluntary import license control"］

中国加入 WTO 后，根据双边达成的协议不断减少进出口的限制，目前的进出口配额或其他限制下产品比原来已有了显著减少。据国家商务部和海关总署于 2003 年 12 月公布的《2004 年进口许可证管理商品目录》和《2004 年出口许可证管理商品目录》（自 2004 年 1 月 1 日起实行），进出口配额或其他限制的产品情况如下：

进口配额及其他限制：

（1）实行进口配额许可证管理的商品有：汽车及其关键件。

（2）实行进口许可证管理的商品有：光盘生产设备、监控化学品、易制毒化学品和消耗臭氧层物质。

（3）取消成品油、天然橡胶、汽车轮胎的进口配额许可证管理；取消部分税号汽车及其关键件的进口配额许可证管理。

（4）增列 2 种消耗臭氧层物质实行进口许可证管理。

出口配额及其他限制：

（1）实行出口配额许可证管理的商品是：玉米、大米、小麦、棉花、茶叶、锯材、活牛（对港澳）、活猪（对港澳）、活鸡（对港澳）、蚕丝类、坯绸、煤炭、焦炭、原油、成品油、稀土、锑砂、锑（包括锑合金）及锑制品、氧化锑、钨砂、仲钨酸铵及偏钨酸铵、三氧化钨及蓝色氧化钨、钨酸及其盐类、钨粉及其制品、锌矿砂、锌及锌基合金、锡矿砂、锡及锡基合金、白银、石蜡。

（2）实行出口配额招标的商品是：蔺草及蔺草制品、碳化硅、氟石块（粉）、滑石块（粉）、轻（重）烧镁。

（3）实行出口配额有偿使用的商品是：矾土、人造刚玉、甘草及甘草制品。

（4）实行出口配额无偿招标管理的商品是：电风扇、自行车、摩托车及摩托车发动机。

（5）实行出口许可证管理的商品是：活牛（对港澳以外市场）、活猪（对港澳以外市场）、活鸡（对港澳以外市场）、牛肉、猪肉、鸡肉、重水、消耗臭氧层物质、监控化学品、易制毒化学品、铂金（以加工贸易方式出口）、电子计算机。

（6）对玉米、大米、煤炭、原油、成品油、棉花、锑砂、锑（包括锑合金）及锑制品、氧化锑、钨砂、仲钨酸铵及偏钨酸铵、三氧化钨及蓝色氧化钨、钨酸及其盐类、钨粉及其制品、白银、蚕丝类实行国营贸易管理。对茶叶（绿茶、乌龙茶）实行指定经营管理。

对"自愿进口许可证管理"的澄清：

在《2003 中国市场经济发展报告》英文本中，"voluntary import license control"（自愿进口许可证管理）属于翻译失误，应为"Automatic Import Licensing Administration"（自动进口许可管理）。根据世贸组织的《进口许可程序协议》，自动许可证管理是指任何情况下，对申请一律予以批准签

发的进口许可制度，这种制度不得采用对进口产品产生限制作用的方式进行。该管理措施简化了行政管理程序手续，符合国际贸易惯例。依据世贸组织的协议，中国政府于 2001 年公布了《货物自动进口许可管理办法》，自 2002 年 1 月 1 日起施行。该办法取消了对原油、钢材、农药、石棉、胶合板、烟草、二醋酸纤维丝束、氰化钠、聚酯切片、腈纶、涤纶即部分机电产品的进口数量限制，改为实行自动进口许可管理。

12. 任何对于私营企业从事进出口的约束，例如定价和交易数量。
［Any importing or exporting restrictions (concerning for example pricing or quantities) applicable to private companies］

20 世纪 80 年代以来，我国私有企业得到了较为快速的发展，但在 1999 年以前，由于受进出口政策的限制，私有企业不能独立地从事进出口活动，只能借助国有外贸公司开展外贸进出口业务，导致了私营企业进出口大多变通成为隐性或间接进出口，规模也局限在一定范围以内。

1999 年 1 月开始，对符合一定条件的私营生产企业可申请自营进出口权。但进出口活动仍然存在较大的限制：一是能申请自营进出口的私有企业只限于生产性企业；二是注册资本和净资产及销售规模要求太高。

2001 年 9 月开始，我国将进出口企业分为流通企业和生产企业进行管理，允许私营非生产企业进入外贸领域，并与公有制企业进出口经营资格实行统一的标准和管理办法。但仍存在较高的注册资本金和成立时间一年以上的限制。

2003 年 9 月，我国对申请进出口经营资格的所有内资企业注册资本金的限制要求再次降低，并取消了成立时间的限制。目前对私有企业的进出口范围限制仅限于一些特殊的商品，根据《2004 年出口许可证管理商品目录》，对玉米、大米、煤炭、原油、成品油、棉花、锑砂、锑（包括锑合金）及锑制品、氧化锑、钨砂、仲钨酸铵及偏钨酸铵、三氧化钨及蓝色氧化钨、钨酸及其盐类、钨粉及其制品、白银、蚕丝类实行国营贸易管理，而这种管理是符合国际惯例的。

13. 放宽私有企业参与对外贸易正在采取的或将要被采取的具体措施。
［The concrete steps under way or to be undertaken in order to liberalise private companies' participation in foreign trade.］

放开外贸经营权，促进和规范包括私有企业在内的各类企业平等自主

地从事进出口业务，推动对外贸易发展，一直是我国外贸体制改革中的
重点。

1999 年 1 月 1 日，我国正式实施《关于赋予私营生产企业和科研院所
自营进出口权的暂行规定》，明确了具备条件的私营生产企业可申请自营
进出口权，主要条件是注册资本和净资产均在 850 万元人民币以上；连续
两年年销售收入及出口供货额分别在 5000 万元人民币和 100 万美元（机电
产品生产企业年销售收入及出口供货额分别为 3000 万元人民币和 50 万美
元）以上。随着越来越多的私有企业获得进出口贸易权，私有企业在我国
对外贸易中的作用会越来越重要。

2001 年 9 月，我国颁布实施《关于进出口经营资格管理的有关规定》，
将进出口企业分为流通企业和生产企业进行管理，允许私营非生产企业进
入外贸领域，并与公有制企业进出口经营资格实行统一的标准和管理办
法。根据规定，对进出口经营资格进行分类管理，申请外贸流通经营权的
企业注册资本金沿海地区不低于 500 万元，中西部地区不低于 300 万元；
生产企业注册资本金沿海地区不低于 300 万元，中西部地区、少数民族地
区不低于 200 万元。

2001 年 12 月 11 日，中国正式成为世贸组织成员。按照中国入世谈判
中的承诺，入世后，经过 3 年过渡期，对外贸易将全面推行登记制，企业
只需到主管部门登记，即可从事各类商品和技术的进出口业务。为履行入
世承诺，外贸主管部门将管理的重心放到加强宏观监管、维护市场秩序上
来；同时改善技术手段，实现管理的网络化；加强与相关部门的协调与合
作，对进出口企业实行统一的代码管理，实现各部门的联网；建立全国统
一的进出口企业网络监管系统，对有不良记录企业的经营活动实施预防性
的管理。

2003 年 7 月，国家商务部发出《关于调整进出口经营资格标准和核准
程序的通知》。通知对在中国境内注册的所有内资企业，包括国有企业和
私营企业，在进出口经营资格管理方面实行统一政策。按照加入世界贸易
组织有关经营权放开的时间表，中国提前履行了承诺。政策规定，从 2003
年 9 月 1 日起，申请进出口经营资格的外贸流通企业注册资本要求不低于
100 万元人民币（中西部不低于 50 万元），并取消原来成立时间须 1 年以
上的要求；申请自营进出口经营资格的生产企业的注册资本要不低于 50 万
元人民币。在放宽对企业注册资本金要求的同时，有关核准登记的权限也
下放到了地方。全面放开进出口经营权，实行登记备案制，经营主体将进

一步增加，越来越多的私有企业享有进出口经营权，成为对外贸易新的经济增长点。

正在修订中的《中华人民共和国对外贸易法》（草案）根据中国加入世贸组织议定书等有关承诺，对外贸经营者的范围、货物贸易和技术贸易的外贸经营权、国营贸易、自动进出口许可等做出新的规定。修改后的法律提出，外贸经营者包括自然人、法人和其他组织，外贸经营者依法登记后可以从事货物进出口和技术进出口。

第 2 条标准　关于企业产权

在与私有化相关的企业运作中没有国家导致的扭曲（即旧体制的"结转"）。没有使用非市场的贸易或补偿制度（例如易货贸易）。[Absence of State-induced distortions in the operation of enterprises linked to privatisation (i. e. "carry over" from the old system). Absence of use of non-market trading or compensation systems (such as barter trade).]

14. 2000 ~ 2001 年，大型国有企业尽管有私有化现象，但其数量仍保持在同一水平，对这一情况给予解释。[Details on the reasons behind the fact the fact that the number of large state-owned enterprises remained at the same level from 2000 to 2001 despite the large number of privatizations.]

《2003 年中国市场经济发展报告》提供了国有大型企业集团 2000 年和 2001 年的数据。两年的国有大型企业集团总数分别是 1725 个和 1772 个，2001 年比 2000 年增加 47 个。其中改造为公司制的企业集团分别为 1265 个和 1269 个。这是否意味着在一些国有企业公司化的同时，又有一些新的国有企业正在建立？

必须明确，《2003 年中国市场经济发展报告》提供的数据是国有大型企业集团，而从国有大型企业集团的公司化可以窥见中国所有国有企业集团的公司化进程。既然国有大型企业集团已经实现 70% 以上的公司化，那么其他国有企业的公司化进程不会低于这个比例，尤其是改造为非国有独资的公司化企业，其比例会更高。

对于国有大型企业集团来说，不存在新建的情况。2001 年的国有大型企业集团数目之所以比 2000 年略有增加，原因主要有两个方面：一是国有企业的改制和重组，部分改制重组后的企业成为大型企业集团；二是 2000 年没有达到"大型"标准（营业收入和资产均达 5 亿元）的企业集团，

2001 年由于业务和资产的增长，已经达到标准。

我们不妨再对 2000 年至 2002 年大型企业集团的结构变化作一比较。由于重组、撤并以及公司业务和资产的变化，三年中大型企业集团的总数和所有制结构都在变化。其中有一个趋势特别明显，即母公司登记为国有企业的大型企业集团数和比重都在下降，集团数从 2000 年的 460 个和 2001 年的 503 个，下降为 2002 年的 433 个；其占全部大型企业集团的比重则从 2000 年的 17.3% 和 2001 年的 18.6%，下降为 2002 年的 16.5%。相反，公司制企业却在增长，尤其是非国有独资的有限责任公司。非国有独资的有限责任公司数从 2000 年的 688 个和 2001 年的 774 个，增加到 2002 年的 827 个；其占全部大型企业集团的比重则从 2000 年的 25.9% 和 2001 年 28.6% 提高到 2002 年的 31.5%（参见表 11 - 8）。

表 11 - 8　按母公司登记注册类型划分的企业集团单位数及比重

	2000 年		2001 年		2002 年	
	单位数	比重%	单位数	比重%	单位数	比重%
全国总计	2655	100	2710	100	2627	100
国有企业	460	17.3	503	18.6	433	16.5
国有独资公司	758	28.5	801	29.6	788	30.0
其他有限责任公司	688	25.9	774	28.6	827	31.5
股份有限公司	439	16.5	379	14.0	375	14.3
中外合资企业	30	1.1	19	0.7	9	0.3
港澳台合资企业	28	1.1	21	0.8	20	0.8
其　他	252	9.5	213	7.9	175	6.7

资料来源：国家统计局：《中国大企业集团 2002》，中国统计出版社，2003 年。

从国有企业整体来看，随着国有企业的改制和股权多元化，国有企业的数量呈逐年递减趋势，从 1997 年的 26.2 万户减少到 2001 年的 17.4 万户，年均减少 10.8%（参见表 11 - 9）。

表 11 - 9　国有企业数量的变化

单位：万户

年　份	1997	1998	1999	2000	2001
国有企业数量	26.2	23.8	21.7	19.1	17.4

资料来源：国家财政部：《中国财政年鉴 2002》，中国财经出版社，2002 年。

15. 在电信、航空、铁路和电子行业中国有企业和私有企业的市场份额。[Information on the State's and private companies' market shares in the telecommunications, airlines, railways and electricity sectors.]

20世纪90年代，铁路、民航、电信业务绝大部分属于国有，非国有份额极少。但进入21世纪后，随着市场准入限制不断放松，非国有经济在其中的份额正在扩大。2001年，非国有及国有控股企业法人单位数、从业人数、实收资本和全年营业收入的比重，在铁路运输业中分别是40.5%、2%、0.7%和1.5%，在航空运输业中分别是52.9%、12.2%、27.6%和8.6%，在邮电通讯业中分别是29.5%、12.6%、21.2%和30.2%（参见表11-10、表11-11和表11-12）。根据初步调查的资料，2002年以来，非国有及国有控股企业的份额进一步加大。

表 11-10   2001年铁路运输业不同所有制企业所占份额

单位：%

登记注册类型	法人单位数比重	从业人数比重	实收资本比重	全年营业收入比重
全国总计	100	100	100	100
内资	99.19	99.88	99.90	99.88
国有	49.19	95.04	93.33	94.17
（国有及国有控股）	(59.5)	(98.0)	(99.3)	(98.5)
集体	22.06	1.24	0.09	0.44
股份合作	2.43	0.39	0.45	0.56
联营	1.72	0.11	0.36	0.14
有限责任公司	13.13	2.16	4.34	2.82
股份有限公司	1.93	0.83	1.29	1.67
私营	8.47	0.11	0.03	0.08
其他内资	0.25	0.005	0.00	0.00
港澳台商投资	0.51	0.11	0.08	0.11
外商投资	0.30	0.009	0.02	0.01

注：表中的联营、有限责任公司、私营、港澳台商投资和外商投资以及企业法人单位的含义见表11-1。

资料来源：根据《中国第二次基本单位普查资料汇编》有关数据计算。

表 11 - 11 2001 年航空运输业不同所有制企业所占份额

单位：%

登记注册类型	法人单位数比重	从业人数比重	实收资本比重	全年营业收入比重
全国总计	100	100	100	100
内资	93.13	90.42	93.56	83.11
国有	33.54	58.28	47.33	59.63
（国有及国有控股）	(47.1)	(87.8)	(72.4)	(91.4)
集体	3.54	0.17	0.03	0.04
股份合作	1.88	0.17	0.05	0.01
联营	2.71	5.08	1.43	4.76
有限责任公司	19.38	6.99	11.94	5.18
股份有限公司	8.75	18.23	32.47	13.28
私营	22.29	1.50	0.03	0.18
其他内资	1.04	0.08	0.01	0.03
港澳台商投资	3.33	7.16	6.16	15.31
外商投资	3.54	2.50	0.28	1.58

注：表中的联营、有限责任公司、私营、港澳台商投资和外商投资以及企业法人单位的含义见表 11 - 1。

资料来源：根据《中国第二次基本单位普查资料汇编》有关数据计算。

表 11 - 12 2001 年邮电通讯业不同所有制企业所占份额

单位：%

登记注册类型	法人单位数比重	从业人数比重	实收资本比重	全年营业收入比重
全国总计	100	100	100	100
内资	93.47	94.79	80.99	72.20
国有	63.01	77.19	66.38	61.56
（国有及国有控股）	(70.5)	(87.4)	(78.8)	(69.8)
集体	3.96	1.27	1.16	1.51
股份合作	1.45	0.87	3.64	0.24
联营	0.53	0.42	0.09	0.13
有限责任公司	10.73	11.46	7.95	6.92
股份有限公司	3.11	1.81	1.09	1.08
私营	9.95	1.71	0.67	0.74
其他内资	0.73	0.07	0.01	0.01
港澳台商投资	5.04	3.63	10.41	19.81
外商投资	1.49	1.58	8.61	7.99

注：表中的联营、有限责任公司、私营、港澳台商投资和外商投资，以及企业法人单位的含义见表 11 - 2。

资料来源：根据《中国第二次基本单位普查资料汇编》有关数据计算。

在电子行业，非国有份额已经远远超过国有份额。2001 年，非国有及国有控股企业法人单位数、从业人数、实收资本和全年营业收入在电子及通讯设备制造业中的比重分别是 90.4%、76.3%、67.2% 和 73.7%（参见表 11 - 13）。2002 年，在该行业中，尽管企业法人单位数所占比重并没有多少变化，但国家资本占实收资本的比重只有 15.1%，而集体资本、法人资本、个人资本、港澳台商资本和外商资本所占比重则高达 84.9%（参见表 11 - 14）。即使考虑到法人资本（所占比重为 24.2%）中有国有成分，非国有资本所占份额也会超过 2001 年 5 个百分点以上。

表 11 - 13 2001 年电子及通讯设备制造业不同所有制企业所占份额

单位：%

登记注册类型	法人单位数比重	从业人数比重	实收资本比重	全年营业收入比重
全国总计	100	100	100	100
内资	73.8	50.4	38.6	28.9
国有	4.7	9.2	8.4	4.1
（国有及国有控股）	(9.6)	(23.7)	(32.8)	(26.3)
集体	10.6	9.1	1.8	1.6
股份合作	5.8	1.7	0.7	0.6
联营	1.0	1.0	1.2	0.7
有限责任公司	9.4	10.6	11.3	8.3
股份有限公司	1.7	7.4	10.7	9.9
私营	40.3	11.2	4.4	3.6
其他内资	0.3	0.2	0.2	0.1
港澳台商投资	16.2	26.8	23.4	22.4
外商投资	10.0	22.8	38.0	48.7

注：表中的联营、有限责任公司、私营、港澳台商投资和外商投资以及企业法人单位的含义见表 11 - 1。

资料来源：根据《中国第二次基本单位普查资料汇编》有关数据计算。

16. 在电力供应、冶金工业和基础化工方面私有化的数据。[Quantitative data on the privatization in the sectors of electricity supply, metal-working industry and basic chemicals.]

冶金和基础化工行业中的非公有比重继续增加。2001 年和 2002 年，

表 11 - 14　2002 年电子及通讯设备制造业不同所有制限额以上企业所占份额

单位：%

登记注册类型	企业单位数比重	实收资本来源	实收资本比重
全国总计	100	全国总计	100
内资	53.0	国家资本	15.1
国有	10.4	集体资本	1.8
集体	4.3	法人资本	24.2
股份合作	2.7	个人资本	7.1
联营	1.0	港澳台商资本	18.4
国有独资公司	0.8	外商资本	33.4
其他内资	33.8		
港澳台商投资	26.3		
外商投资	20.7		

注：（1）电子及通讯设备制造业限额以上企业范围是：全部国有企业法人及年销售收入 500 万元以上的非国有企业法人；（2）本表与表 11 - 12 不可比。由于非国有企业数据不包括限额以下，因此，非国有企业的份额存在低估成分。（3）表中"联营"的含义见表 11 - 1。

资料来源：根据《2003 中国基本单位统计年鉴》有关数据计算。

　　非公有企业增加值占行业全部增加值的比重，在冶金工业分别为 31.6% 和 38%，在基础化工行业分别为 31.5% 和 36.2%。两个行业 2002 年比 2001 年分别增加 6.4 个和 4.7 个百分点（参见表 11 - 14）。电力生产和供应业中的国有比重下降趋势明显。2001 年，该行业中国有及国有控股企业增加值所占比重为 88.7%，非公有（非国有、非集体）企业增加值所占比重为 10.6%。2002 年，非公有企业增加值所占比重增至 13.9%，增加 3.3 个百分点，而国有及国有控股企业增加值所占比重则下降了 3.5 个百分点（参见表 11 - 15）。

　　需要注意的是，由于国有控股中包括了由其控股的外商、股份制、联营等企业，因此国有及国有控股企业增加值所占比重存在高估成分，而非国有企业增加值所占比重则存在低估成分。

表 11 – 15   电力、冶金和基础化工行业中不同所有制企业增加值所占比重

单位：%

	2001 年			2002 年		
	国有及国有控股	集 体	非国有、非集体	国有及国有控股	集 体	非国有、非集体
电力生产和供应业	88.7	0.7	10.6	85.2	0.9	13.9
（1）电力生产	83.5	1.0	15.5	77.5	1.2	21.3
（2）电力供应	99.1	0.3	0.6	99.1	0.4	0.5
冶金工业	56.5	11.9	31.6	52.1	9.9	38.0
（1）黑色金属冶炼及压延加工	77.1	7.5	15.4	72.5	6.2	21.3
（2）有色金属冶炼及压延加工	56.2	14.4	29.4	49.7	13.1	37.2
（3）金属制品业	12.6	19.4	68.0	10.4	15.4	74.2
基础化工行业	60.6	7.9	31.5	56.6	7.2	36.2
（1）石油加工炼焦业	87.4	3.4	9.2	84.2	3.7	12.1
（2）化学原料及化学制品制造业	45.9	10.4	43.7	41.7	9.1	49.2

注：（1）本表统计范围包括全部国有工业企业及年产品销售收入 500 万元以上非国有工业企业；（2）国有控股企业包括国有绝对控股和相对控股的所有企业；（3）国有控股中包括了由其控股的外商、股份制、联营等企业。

资料来源：国家统计局。

17. 非市场交易或补偿体制，例如易货贸易的情况。［Information on the existence of any non-market trading or compensation systems such as barter trade.］

中国在计划经济时期，与原苏东国家有较大的易货贸易，现在越来越少。易货贸易在中国外贸中的比重一直很小，而且呈下降趋势。易货贸易占中国全部进出口的比重从 2000 年的 0.021% 下降到 2002 年的 0.013%（参见表 11 – 16）。

表 11 – 16   2000 年与 2002 年易货贸易、补偿贸易、边境贸易总额及占比的比较

年 份	易货贸易		补偿贸易		边境小额贸易	
	金额（万美元）	占全部进出口比重（%）	金额（万美元）	占全部进出口比重（%）	金额（万美元）	占全部进出口比重（%）
2000	9854	0.021	3908	0.008	456583	0.963
2002	8164	0.013	1836	0.003	569366	0.917

资料来源：《2000 中国对外经济贸易白皮书》，《中华人民共和国海关统计年鉴 2002》。

同时，补偿贸易和边境小额贸易占全部进出口比重也出现下降的趋势，二者分别从2000年的0.008%、0.963%下降到2002年的0.003%、0.917%。

与传统的易货贸易比重下降相比较，现代易货贸易在中国一些大中城市也有了一些发展，但还处于起步阶段。

从易货贸易的国际发展看，现代易货交易重新兴起于20世纪50年代的美国，从20世纪80年代初起，现代易货交易公司在美国、加拿大、澳大利亚等国普遍兴起，成为这些国家减少现金用量、增加销售、减少库存、开发新客户、开辟新市场、促进经济发展的重要产业。现代易货交易在全球商业交易总量中已占相当的份额，有相当多企业在从事易货贸易。仅在美国，就有30多万家公司在积极参与易货贸易。

目前，中国提供易货贸易的机构仅有大连易货交易中心、金贸网络中心、华夏物行等几家，但却有较大的发展潜力。1998年成立的华夏物行，以北京为中心，拥有全国83个分支机构，3年来已实现各种商品的易货交易上百亿元。2001年年底，华夏物行与美国TIMCO易货贸易公司达成协议建立全球电子商务易货贸易体系，标志着我国易货贸易行业与国外同行的合作迈出了第一步。双方还将注册成立合资公司，在美国和中国发行"TIMCO华夏物行卡"，持卡成员可使用易货额度在对方国家或该公司成员单位购买产品和服务。从总体来说，中国当前的易货贸易覆盖面小，还没有形成统一的易货贸易市场，没有形成专门的易货经纪商。

第3条标准 关于公司治理

透明和非歧视的公司法，保证公司较好的内部治理（采用国际会计标准，保护持股人，公司业绩的真实信息对公众的可获得性）。[Existence and implementation of a transparent and non-discriminatory company law which ensures adequate corporate governance (application of international accounting standards, protection of shareholders, public availability of accurate company information).]

18.会计法的实际实施，尤其是公司遵守该法程度的详细情况。[Details on the practical application of the Accounting Law, in particular on the degree by which companies comply with it.]

中国于1985年就制定了《会计法》（1993年、1999年两次修订），

1992 年发布了《企业财务通则》和《企业会计准则》以及 13 项行业会计制度和 10 项行业财务制度。2000 年 6 月又发布了《企业财务会计报告条例》，2000 年 12 月发布了《企业会计制度》。至此，基本上形成了以《会计法》为核心的会计法规体系，并在许多方面与国际会计准则取得一致或协调。

上述法规制度中，2000 年 12 月财政部公布的《企业会计制度》所规定的会计核算与国际会计准则基本一致，并打破了所有制和行业界限，建立了国家统一的会计核算制度。新制度从 2001 年 1 月 1 日起在股份有限公司范围内执行，外商投资企业从 2002 年 1 月 1 日执行，国有企业从 2002 年逐步开始推行。

企业在以下四方面贯彻执行《会计法》：一是完善记账规则，规范会计信息的生成和披露，严格执行财政部印发的《会计基础操作规范》，使证、账、表的业务处理及会计档案管理的每一个环节都达到标准规范的要求。二是确立了单位负责人为本单位会计责任主体的责任制度，强化企业负责人的法律意识。三是努力提高会计人员的业务素质，为贯彻落实《会计法》提供人员保障；建立健全了会计人员的岗位责任制。四是加快会计电算化和会计网络建设，提高会计信息质量。通过在微观层面上贯彻落实《会计法》，保证会计信息的真实性和完整性。

政府加强了对各经济主体执行《会计法》的检查：2001 年财政部制定了《关于贯彻实施〈会计法〉加强会计监督的意见》。从 2001 年起每年组织开展全国性的《会计法》执法检查，检查内容包括各单位会计信息的合法性、真实性，从事会计工作的人员是否具备从业资格，内部会计监督和内部控制制度的建立、执行情况等。对于违反《会计法》的单位及有关责任人员依法进行处理，并把一些典型案例公布于众，以形成巨大威慑和警示力量。

除财政部外，中国证券监管、银行监管、保险监管、审计、税务等部门也依照有关法律、行政法规规定的职责，对有关单位的会计资料实施定期和不定期的监督检查，这种政府多方面的协同监管有力地促进了中国《会计法》的贯彻实施。

保证《会计法》执行的一个重要方面，是加强对会计执业人员和中介机构的监督。为更好地发挥会计师事务所、注册会计师的社会监督功能，提高会计师事务所、注册会计师的职业素质和执业质量，财政部门按照《注册会计师法》的规定，进一步加强和规范了对注册会计师行业的监管，并认真开展年检工作，清理不符合条件的机构和人员；同时，中国注册会计师协会建立了业务报备制度、谈话提醒制度、诚信档案制度、自律惩戒制度、执业质量检查制度在内的行业自律监管体系。财政部还分别会同中国人民银行、中国证券监督管理委员会对从事金融相关审计业务和执行证券、期货相关业务的会计师事务所实行许可证管理。

为不断提高会计行业的国际化水平，中国政府多年来坚持在此领域扩大对外开放力度。2002 年有近 20 个国家和地区的 1 万多境外考生参加了中国注册会计师资格考试，其中 405 人通过考试，已申请成为中国注册会计师协会会员。同时，中国政府还允许设立境外会计师事务所常驻代表机构，设立国际会计师事务所中国成员所，或设立中外合作会计师事务所。没有中国注册会计师资格的外籍会计人士，可以在这些机构工作。根据中国会计服务贸易的承诺，中国政府允许外籍中国注册会计师以合伙制或有限责任制形式在华设立执业机构。目前，有关部门正在研究允许获得中国执业注册会计师资格的外籍会计师与内地执业注册会计师设立合伙制会计师事务所，允许完全由境外职业人员控制的独资会计师事务所的规定也有望在近期出台。

19. 有关保护股票持有者以及公众获得公司准确信息方面的立法（以及实施）的情况。[Information on the legislation (and its application) governing the protection of shareholders and the public availability of accurate company information.]

保护股东权益是中国整体市场经济立法的宗旨之一，为此中国先后出台了一些相关的法律及政策。

中国于 1993 年颁布了《中华人民共和国公司法》（1999 年修订）于 1998 年颁布了《中华人民共和国证券法》。2001 年 3 月 17 日，中国证监会颁布并实施了《上市公司新股发行管理办法》，建立并实施证券发行上市的核准制，发行过程的透明度大大提高，中介机构的作用开始得以发挥，股票的发行价格由市场决定，中小投资者与上市公司之间的信息不对称局面得到了极大改变。2003 年 12 月 28 日，中国证监会颁布了《证券发行上市保荐制度暂行办法》，设立了对保荐机构和保荐代表人的注册登记制度，保荐制度的实施将进一步提高上市公司的信息披露质量，促进上市公司规范运作和可持续发展，推动市场诚信建设。实施保荐制度将为我国证券发行制度最终向注册制的过渡奠定基础。

2002年，中国证监会制定了信息披露规范体系：《公开发行证券的公司信息披露内容与格式准则》；《公开发行证券的公司信息披露编报规则》；《公开发行证券的公司信息披露规范问答》；《公开发行证券的公司信息披露个案意见及案例分析》。这些措施进一步增强了证券市场的透明度，保护了投资者的合法权益。

2003年5月13日，中国颁布并实施了《企业国有资产监督管理暂行条例》，强调国有资产监督管理机构要切实履行出资人职责，维护所有者权益，要支持企业依法自主经营，不干预企业的生产经营活动，使企业成为真正的市场主体和法人实体。这些基本制度的确立和施行，为实现市场经济的公平竞争，维护持股人的利益等提供了法律依据。

2004年1月8日，中国颁布了《企业国有产权转让管理暂行办法》，它的主要目的就是规范企业国有产权转让行为，它为产权交易各方公开、公平、公正交易提供了一项制度保障，从而能有力地促进国有产权的流转，更好地通过市场机制，加快国有经济"有进有退"的战略调整，提高全社会资源配置的效率。

2002年12月1日，中国实施了《上市公司收购管理办法》，充分保护被收购公司中小股东权益被列为整个重组的前提与基础，从信息披露到规范控股股东行为等，均强调了在并购重组中要平衡包括中小股东在内的各方利益，尤其是在程序上保证所有投资者得到公平的对待，这明显有助于改变中小股东在以往并购重组中的地位。

2002年1月15日，最高人民法院正式下发《关于受理证券市场因虚假陈述引发的民事侵权纠纷案件有关问题的通知》，这意味着我国已经逐步建立和完善证券市场的侵权民事责任制度。

在上述法律的实施方面，截至2001年年底，各级人民法院已经审结了46起损害股东权益的刑事犯罪案件。同时，还审结了47011件因合同产生的证券民事纠纷案件，既依法维护了当事人的合法权益，又维护了证券市场秩序和社会稳定。中国证监会和证券交易所也加大了行政执法和行业监管力度，维护股东权益，保障信息披露公开透明。2001年中国证监会共查处与虚假披露相关的案件33起，处罚上市公司8家、高管人员80多人、涉案会计师事务所3家以及注册会计师12人。

最高人民法院颁布的《关于审理证券市场虚假陈述的民事赔偿案件的规定》，使证券民事赔偿案件的审理有了实质性的突破。它对现有的原则性证券法律规定进行了细化，填补了司法实践适用法律的空白，其积极作用是不可被低估的。在规定颁布后，上海、哈尔滨、济南及成都等地中级人民法院已经受理 200 余件上市公司的虚假陈述民事赔偿案件。

上述有关法律、法规、政策的制定及实施充分体现了中国在市场化过程中维护持股人利益方面的努力；公开透明的信息披露制度、公平有效的竞争规则，充分说明了中国的市场化进程在明显加快并趋于成熟。

表 11-17 是中国颁布的有关保护持股人及公众利益的主要法律法规和政策的一览表，供参考。

表 11-17　有关保护持股人及公众利益的主要法律法规和政策

法律名称	颁布单位	颁布时间
《股票发行与交易管理暂行条例》	国务院	1993.04.22
《中华人民共和国公司法》	全国人大	1993.12.29
《中华人民共和国证券法》	全国人大	1998.12.29
《上市公司新股发行管理办法》	证监会	2001.03.17
《公开发行证券的公司信息披露编报规则》	证监会	2001.12.23
《关于受理证券市场因虚假陈述引发的民事侵权纠纷案件有关问题的通知》	最高人民法院	2002.01.05
《上市公司收购管理办法》	证监会	2002.10.08
《企业国有资产监督管理暂行条例》	国务院	2003.05.27
《证券发行上市保荐制度暂行办法》	证监会	2003.12.08
《企业国有产权转让管理暂行办法》	国务院	2004.01.08

第 4 条标准　关于财产法和破产法

存在并实施一致、有效和透明的、能够保证对产权的尊重和有效的破产制度的运作的法律体系。〔Existence and implementation of a coherent, effective and transparent set of laws which ensure the respect of property rights and the operation of a functioning bankruptcy regime.〕

20. 提供以下法律文本：民事诉讼法，刑事诉讼法，行政诉讼法和国家赔偿法。〔The texts of the Civil Procedure Law, Criminal Procedure Law, Administrative Procedure Law and the Law on State Compensation.〕

相关法律文本请看我国颁布的相关法律。

21. 对合资或外资企业实行征收或国有化的理由，此前3年中这类案例发生的数量。［Information on the grounds for requisition or nationalisation of joint-venture or foreign-capital enterprises and the number of such cases during the last three years.］

关于对合资或外资企业实行征收或国有化的问题，早在1986年第六届全国人大第四次会议通过的《中华人民共和国外资企业法》第五条就明确规定，国家对外资企业不实行国有化和征收。在特殊情况下，根据社会公共利益的需要，对外资企业可以依照法律程序实行征收，并给予相应的补偿。2000年该法律的修正本对这一条没有做任何修改。

这就意味着，中国不存在对合资或外资企业实行征收或国有化的现象，征收只有在非常特殊的情况下（如生产违禁产品）才可能发生，而这种特殊情况尚未发生。

相反，中国鼓励外资企业积极参与国有企业的股份制改造。2002年11月，中国出台了《关于向外商转让上市公司国有股和法人股有关问题的通知》和《利用外资改组国有企业暂行规定》（2003年1月1日起施行）两个政策法律文件。其具体做法有：（1）收购国有企业全部产权，使该企业成为其子公司；（2）收购国有企业51%以上的股权，使该企业成为其控股企业；（3）在合资经营过程中外方增资扩股，稀释中方股权，由参股变成扩股。为了鼓励外资购并国有企业，除了关系国家安全和经济命脉的重要行业或企业必须由国家控股外，中国政府取消了对其他企业的股权比例限制。

22. 为加强知识产权而实际采取的步骤。［Information on the practical steps undertaken in order to enforce intellectual property rights.］

从20世纪80年代开始的二十多年来，中国在知识产权保护方面作了许多工作，取得了长足发展，主要表现在以下四个方面：知识产权保护的法律法规体系基本完善；强化了知识产权的司法保护；建立保护知识产权的行政机关，加强行政执法；积极参与国际合作。

完善知识产权保护的法律体系。中国从2000年起先后修改了《专利法》、《商标法》、《著作权法》、《计算机软件保护条例》以及相应的实施细则，并制定了《集成电路布图设计保护条例》、《奥林匹克标志保护条例》、《驰名商标认定和保护规定》、《集体商标、证明商标注册和管理办法》、《专利实施强制许可办法》（2002年）等法律法规，已经建立了比较完备的知识产权法律制度，完全符合 TRIPS 协议，甚至在某些方面超过了其保护水平，使我国逐步成为世界上保护知识产权最有力的国家之一。中国落实知识产权方面的承诺的工作已在 WTO 过渡审议机制中得到各成员国的肯定。

强化知识产权的司法保护。在知识产权的司法保护方面，中国的《专利法》、《商标法》、《著作权法》等几部主要的法律规定了知识产权保护的内容、权利取得的程序和民事、行政救济手段，中国《刑法》1997 年修订后专门设立了一节规定侵犯知识产权罪，最高刑期为 7 年。

中国司法机构加强了知识产权案件的审理，保护先进文化成果，促进科技进步。中国各级法院已经建立起专门的知识产权审判庭，相继开展涉及植物新品种、商业秘密、计算机软件、网络环境下侵犯著作权、商标权、专利权等案件的审判工作。在诉讼中，法院可以采取财产保全和证据保全的临时措施。中国法院五年来（1998～2002 年），共审结知识产权案件 23636 件，比前五年上升 40%。

建立保护知识产权的行政机关，加强行政执法。中国的知识产权执法保护有行政和司法两个平行的渠道。对于侵犯知识产权的行为，权利人可以向行政主管机关申诉，行政机关也可以依职权进行查处。知识产权行政主管机关可以采取的救济手段包括停止侵权的禁令、罚款等。

机构设置上，在原有的国家版权局、国家工商行政管理总局的基础上，又成立了国家知识产权局，分别负责著作权、商标权和专利权的规章制定和行政执法工作。同时，公安机关、海关总署、新闻出版总署也承担着相应的执法职能。各执法部门还注意加强相互间的协调配合，有力打击了假冒侵权行为。

中国各级地方政府也积极采取跨地区的行动对假冒侵权行为进行打击。环淮海经济区、华东三省一市、东北三省都建立了商标执法网络，这些网络对行政执法行为的跨地区协调和配合发挥了一定作用。

近年来，中国政府不断加大对知识产权保护的执法力度。2002 年，全国共查处商标侵权假冒案件 39105 件，罚款总额达 2.14 亿元，移送司法机关追究刑事责任 59 件共 78 人；全国各级版权行政管理机关共受理案件 5000 件，收缴各类盗版品 6790 万余件；全国知识产权局共受理专利纠纷案件 1442 件，结案 1291 件，分别比 2001 年上升了 33% 和 31%；全国海关共查处进口或者出口侵权货物案件 518 起，比 2001 年全年查获的案件数

XINSHIJI ZHONGGUO JINGJI BAOGAO

量增长 57%，有力地打击了侵害知识产权的行为。

积极参与国际合作。中国相继参加了一些主要的知识产权保护国际公约、条约和协定（如《保护工业产权巴黎公约》、《商标国际注册马德里协定》、《保护文学和艺术作品伯尔尼公约》、《世界版权公约》、《专利合作条约》等），并与一些国家签定了双边保护知识产权的协议（如 1992 年 6 月 30 日，中欧双方签订了有关保护知识产权的会谈纪要；1998 年 9 月 24 日与法国签订的《中华人民共和国政府和法兰西共和国政府关于知识产权的合作协定》）。

中国政府高度重视保护外国知识产权权利人的合法权利，在知识产权保护上给予外国权利人国民待遇。

23. 实施新破产法的信息。[Any information available on the implementation of the new bankruptcy law.]

1986 年 12 月，中国人大常委会通过了《企业破产法（试行）》。这一法律对于规范企业破产、推动中国市场经济发展起到了积极作用。但在执行中，其条文和程序均暴露出不能适应中国市场经济快速发展的问题。因此，从九十年代初，中国人大就开始了对原破产法的补充和修订工作。

1991 年，中国人大在当年修改的《民事诉讼法》中增加了第 19 章，规定了企业法人破产还债程序。1994 年修改破产法正式列入全国人大议事日程，并先后被列入八届和九届全国人大常委会立法规划。为规范企业破产案件的审理工作，中国最高人民法院根据中国市场经济的发展，适时地对《企业破产法（试行）》做出司法解释。1991 年颁布了《关于贯彻执行〈中华人民共和国企业破产法（试行）〉若干问题的意见》；2002 年 8 月又发布了《关于审理企业破产案件若干问题的规定》，在企业破产案件的受理、破产财产分配方式、提高破产清算工作的专业性和中立性、企业职工的合法权益维护等方面做出了更明确的规定。

《破产法》的修订工作在稳步推进。2003 年 8 月 21 日，全国人大财经委员会成立了新一届破产法草案起草小组，11 月新《破产法》草案完成，并有望于 2004 年 6 月之前实现一读。从草案内容来看，新《破产法》就建立统一破产制度、强化债权人参与、对所有债权人一视同仁、减少企业不规范破产等方面做出了详细的规定，还吸收了国际流行的破产重组制度、破产监管与善后管理制度等。新《破产法》不仅适用于所有企业，而且还适用于商事自然人。

企业破产总体情况和特点。在 1998~2002 年的 5 年中，中国法院共受理破产案件 38342 件，审结 30837 件，年平均结案 6167 件，结案率为 80.4%。其中，受理国有企业破产案件 20622 件，占全部受案的 53.8%，审结 16277 件，占全部审结案件的 52.8%。随着中国市场经济和法制化的发展，中国企业破产呈现出以下特点：

（1）非公企业比例上升。在近年的破产案件中，非公企业比例上升。以上海市为例，2003 年该市法院受理的破产案件中，非国有企业的破产案件比上年上升 24%。

（2）立案审查透明度加大。如法院邀请债权人参加破产案件立案前的破产预案审查论证，如债权人对破产立案有异议，法院会组织认真的审查。

（3）破产的程序更加规范化。企业破产必须遵循以下法定程序：①债务人或债权人提出破产申请；②法院立案受理并公告；③重整和解；④破产宣告；⑤破产清算；⑥破产终结和注销登记。国有企业的破产也必须遵循上述程序。

24. 近期的大型国有企业破产程序的实例。[Recent examples of bankruptcy proceedings of large state-owned companies.]

王麻子剪刀厂破产——中国国有企业破产的一个案例

王麻子剪刀厂是中国著名的老字号国有企业，于 2003 年 7 月被北京市昌平区法院依法宣告破产。这一破产案是近年中国国有企业破产的典型代表，分析其破产过程就可以对中国国有企业的破产程序有一个基本了解。

北京"王麻子"剪刀是中国著名品牌，它始创于清朝顺治八年（1651年），在全国市场享有较高声誉，数百年来生产的刀剪产品以刃口锋利、经久耐用而享誉民间，市场占有率一度在 50% 以上。凭着 300 多年的品牌积淀，"王麻子"成为北京剪刀业的象征。王麻子剪刀厂是 1956 年公私合营，1959 年正式命名挂牌成立的。其后，王麻子剪刀获奖无数，其中 1980 年、1988 年王麻子剪刀分别获国家银质奖，在刀剪业，"王麻子"三字无疑是金字招牌。1980 年，在政府政策扶持等因素下，王麻子剪刀厂生产经营活动稳定运行，20 世纪 80 年代末 90 年代初，企业产品产量、经济效益创历史最高水平，年上交利润近 200 万元，企业累计创利税相当于国家建

厂投资的 4 倍以上。1985 年，王麻子剪刀厂被当时的内贸部批准为"中华老字号"。

但 20 世纪 90 年代后，王麻子剪刀厂设备已经严重老化，生产与市场脱节。自 1995 年开始，剪刀厂就处于断断续续停产的不正常状态，2001 年彻底停产。根据相关审计资料，截至 2002 年 5 月 31 日，北京王麻子剪刀厂资产总额 12836690 元，负债总额为 27799846 元，所有者权益为 -14963157 元，资产负债率为 216.6%。自 1995 年起，就连年不能清偿到期债务。

根据中国《企业破产法（试行）》和中国最高人民法院《关于审理企业破产案件若干问题的规定》的相关规定：企业因经营管理不善造成严重亏损，不能清偿到期债务者可依法申请破产。王麻子剪刀厂不能清偿到期债务，是因经营管理不善造成严重亏损所致。符合法定的破产原因，可以依法申请破产。

破产申请和受理。按中国《破产法》和最高人民法院司法解释的有关规定，债权人提出破产申请，应当向人民法院提供下列材料：（1）债权发生事实及有关证据；（2）债权性质、数额；（3）债权有无财产担保，有财产担保的，应当提供证据；（4）债务人不能清偿到期债务的有关证据。债务人提出破产申请，应当向人民法院提供下列材料：（1）企业亏损情况的说明；（2）会计报表；（3）企业财产状况明细表和有形财产的处所；（4）债权清册和债务清册；（5）破产企业上级主管部门或者政府授权部门同意其申请破产的意见；（6）人民法院认为依法应当提供的其他材料。提出破产申请，应当采用书面形式。

依据上述规定，王麻子剪刀厂于 2003 年 1 月以债务人身份正式向北京市昌平区法院提出破产申请，并提交了以下资料：（1）企业亏损情况说明书；（2）企业会计报表；（3）企业财产状况明细表；（4）企业债权和债务清单；（5）上级主管部门——昌平区政府同意其申请破产的意见。

昌平区法院于 2003 年 1 月 30 日正式立案受理王麻子剪刀厂的破产申请，并于 2 月 1 日发布公告，要求债权人在 3 个月内申报债权、财产担保等情况，并提交相关资料。

破产宣告。按中国《破产法》和最高人民法院司法解释的有关规定，如果债务人和债权人就债务问题和企业重整达成和解协议，可向法院申请避免破产。和解与重整的基本前提是，债务人有经过一定期限的重整而恢复偿债能力的可能。在程序上则要有两个不可缺少的环节：一是债务人须和债权人会议达成和解的协议；二是法院对和解协议做出认可裁定。如果债务人不能与债权人会议达成和解协议，或和解重整协议未得到法院的认可裁定，或在和解与重整期满后，企业仍不能按照和解协议清偿债务时，法院应做出破产宣告。

2003 年 6 月初，在公告期结束后，昌平区法院依法组织召开了第一次债权人会议，进入了和解与重整程序。但在几次债权人会议中，王麻子剪刀厂和债权人会议未就债务和企业重整问题达成和解协议，也就没有提出避免破产申请，而是直接进入讨论破产财产的处理和分配问题，并通过了破产财产的处理和分配方案。

据此，昌平区法院认定，北京王麻子剪刀厂经营管理不善，不能清偿到期债务且已呈连续状态，符合法定破产条件，遂依照《中华人民共和国企业破产法（试行）》、《民事诉讼法》第 19 章以及最高人民法院司法解释的有关规定，裁定北京王麻子剪刀厂破产，并于 7 月 21 日正式发布破产宣告。

破产清算。按中国《破产法》和最高人民法院司法解释的有关规定，人民法院应当自宣告企业破产之日起十五日内成立清算组，接管破产企业。清算工作主要有：（1）全面接管破产企业，负责保管破产企业的全部财产、账册、文书、资料和印章；（2）负责破产财产的清理、估价、变卖和分配；（3）在破产程序的范围内，依法进行必要的民事活动；（4）对破产企业未履行的合同，清算组可以决定解除或继续履行。如果清算组决定解除合同，另一方当事人因合同解除受到的损害，受损害赔偿额作为破产债权；（5）接受破产企业的债务人和财产持有人清偿债务或交付财产；（6）破产终止后，由清算组向破产企业原登记机关办理注册登记。

在宣告破产后，昌平区法院马上主持成立了北京王麻子剪刀厂破产清算组，该清算组由昌平区工商、税务、审计等政府部门和会计师事务所组成。清算组全面接管企业，并在法院的指导和监督下主持破产财产的保管、清理、估价、处理和分配工作。

截至 2003 年年底，破产清算工作已接近尾声。经债权人会议讨论通过的破产财产分配方案，已报请昌平区法院裁定执行。在政府部门的支持下，剪刀厂职工也做了安置。王麻子剪刀厂这个拥有百年品牌的国有企业依法破产了。这充分说明，在当今的中国，企业退出机制已经形成，中国

市场经济的竞争性和法制化已步入成熟。

25. 现行的或将被采取的在竞争领域的法律文本，以及现有的或拟议中的保护竞争的机构的情况。[The text of the legislation in force or to be adopted in the field of competition and information on the existing or envisaged organisational structure of the competition enforcing agency.]

我国早在 1993 年就制定了《反不正当竞争法》，于同年 12 月 1 日起施行。十年来，我国反不正当竞争立法步入了新的发展时期，初步形成了以反不正当竞争法为基本法律、行政法规和地方法规及行政规章相配套的反不正当竞争法律体系。反不正当竞争法的修订工作已列入国务院 2003 年立法工作计划和全国人大常委会 5 年立法规划。

我国目前尚无一部专门的反垄断法，但是，现行法律法规中已有一系列反垄断法律规范，分布在不同的法律之中。这些法律主要有下列三个方面：一是《反不正当竞争法》有反垄断规范。该法规定 6 种行为属于纯粹的不正当竞争行为和 5 种行为属于垄断行为；二是有关法律规定的反垄断行为。《价格法》规定的不正当竞争行为中，有三种属于垄断行为，既相互串通操纵市场价格的行为、低价倾销行为以及价格歧视行为。《招标投标法》除在相关条款中详细规定了串通招标投标行为外，还规定禁止招标人对潜在的投标人的歧视待遇和其他限制投标人竞争的行为；三是地方性法规规定的反垄断行为。目前已经有 20 余个享有立法权的地方立法机关制定了《反不正当竞争法》的实施条例或实施办法。这些地方性法规除了细化《反不正当竞争法》的规定以外，还做出一些补充规定，特别是规定了一些联合操纵市场的卡特尔行为。虽然这些规定是不系统的，但也表明中国的反垄断规范已具雏形，或者说已经形成。

反垄断法的制定已经列入十届全国人大的立法规划。

目前已经设立的保护竞争的机构有：在国家工商行政管理总局内部设立了公平交易局、市场规范管理司和消费者权益保护局。公平交易局的主要职能是：研究拟定制止垄断和反不正当竞争的规章制度及具体措施、办法并组织实施；组织查处市场交易中的垄断、不正当竞争、走私贩私、传销和变相传销及其他经济违法违章案件。市场规范管理司的主要职能是：研究拟定规范市场秩序的规章制度和具体措施、办法；依法组织各类市场经营秩序的规范管理，组织实施合同行政监管，组织管理动产抵押登记，组织监管拍卖行为，组织查处合同欺诈等违法行为；组织指导对市场进行专项治理。消费者权益保护局的主要职能是：研究拟定保护消费者权益的规章制度及具体措施、办法并组织实施；组织查处严重侵犯消费者合法权益案件；组织监督流通领域商品质量，查处假冒伪劣等违法行为。

第 5 条标准　关于金融

存在真正独立于政府运作，并在法律及实践中被置于充分保障和监督之下的金融业。[Existence of a genuine financial sector which operates independently from the State and which in law and practice is subject to sufficient guarantee provisions and adequate supervision.]

26. 决定非国有企业的贷款份额的监管环境的情况。[Information on the regulatory environment that determines the share of loans that can be provided to the non-state sector.]

随着 20 世纪 90 年代中期《中华人民共和国中国人民银行法》和《中华人民共和国商业银行法》的颁布，对非国有企业贷款的金融环境不断改善。

从 1998 年起，中国人民银行取消了对国有商业银行的贷款限额管理，对国有商业银行不再下达指令性贷款计划，给商业银行充分的贷款自主权。这样，商业银行贷与不贷，贷给谁，贷多少，何时贷，均由各商业银行按照贷款条件独立地自主评估决定。1998 年以来，国有商业银行改革了信贷资金管理模式，开始普遍关注市场风险，注重资金使用效率。

目前，中国调整贷款关系涉及的法律、法规和规章较多。其中，《贷款通则》是中国人民银行依法发布的有关贷款业务的专门性金融规章，是金融机构开展贷款业务的基本依据。所涉及的法律、法规和规章均未对商业银行向非国有企业贷款做出任何限制。如《贷款通则》规定，借款人借款的资格条件是：（1）借款人应当是经工商行政管理机关（或主管机关）核准登记的企（事）业法人、其他经济组织、个体工商户或具有完全民事行为能力的自然人；（2）借款人申请贷款，应当具备产品有市场、生产经营有效益、不挤占挪用信贷资金、恪守信用等基本条件。

客观地说，商业银行贷款对非国有企业贷款比例没有限制性条件，但包括非国有企业在内的中小企业贷款难问题是客观存在的，一是来自商业银行改革信贷资金管理模式、严格授信管理方面的原因。二是中小企业自

身发展方面的原因。为解决中小企业融资难这个在国际上具有共性的问题，近几年，金融业进行了多方面的探索。一是进一步完善了中小企业金融服务体系，商业银行成立了中小企业信贷部，利用其在营业网点、资金、技术、管理和信息等方面的优势，加强和改善对中小企业的金融服务。二是调整信贷投向，扩大对中小企业的贷款范围，积极支持科技型中小企业、新兴领域中小企业的发展。三是各金融机构针对中小企业经营的特点及时完善授权授信制度，合理确定基层行贷款审批权限，减少审批环节，提高工作效率。四是积极运用货币政策工具，促进商业银行向中小企业贷款。在利率管理方面，为鼓励商业银行对中小企业贷款的积极性，扩大了对中小企业贷款的利率上浮幅度。对经营状况良好的中小金融机构，中国人民银行在再贷款、再贴现和发行金融债券等方面予以支持。

27. 金融行业的法律实施情况，特别是有关政府干预的条件和模式以及现有的监管机构和其行为。[Information on the implementation of laws concerning the financial sector, especially on the conditions and modalities of any state intervention in this sector and on existing supervision bodies and their activities.]

20 世纪 90 年代中期以来，中国金融法制建设取得了重大的进展，相继颁布了大量的金融规章和规范性文件，逐步建立了以《中国人民银行法》、《银行业监督管理法》、《商业银行法》、《保险法》以及《证券法》为基本法律，其他法律、行政法规和规章为主体的多层次的金融法律体系。2002 年以来，中国制定或修订了一系列的重大金融法规，清理了一批与世界贸易原则和入世承诺不相符的法律法规。

随着金融体系的发展和金融法制的逐步完善，中国人民银行作为中央银行其独立性有了很大提高。根据《中国人民银行法》，中国人民银行相对独立性的立法保证主要体现在三个方面：一是政策制定的独立性。《中国人民银行法》第 7 条规定："中国人民银行在国务院领导下依法独立执行货币政策，履行职责，开展业务，不受地方政府、各级政府部门、社会团体和个人的干涉。"中国人民银行行长由全国人民代表大会决定，行长领导中国人民银行的工作，法定权限内依法独立执行货币政策和履行其他职责。二是资金关系上的独立性。《中国人民银行法》第 29 条规定："中国人民银行不得对政府财政透支，不得直接认购、包销国债和其他政府债券。"这是解决中国人民银行与财政融通资金关系的法律依据。从而使中国人民银行彻底摆脱了作为财政附属物的地位,独立地执行国家金融政策。三是财务独立性。《中国人民银行法》第 29 条规定:"中国人民银行实行独立的财务预算管理制度"。

2003 年 12 月通过了《银行业监督管理法》,并以此建立起一个有效的银行业监管体系。第 5 条规定:"银行业监督管理机构及其从事监督管理工作的人员依法履行监督管理职责,受法律保护。地方政府、各级政府部门、社会团体和个人不得干预。"中国银监会独立于其他国家机关包括国家行政机关,独立于地方政府和社会团体,依法独立履行监管银行等金融机构及其业务活动。地方政府、各级政府部门、社会团体和个人不得干涉工期人履行职责的义务。中国银监会明确提出四个监管理念:一是管法人,将银行机构作为一个法人整体进行监管;二是管风险,增强银行机构识别、监测和控制风险的能力;三是管内控,严格监管银行机构内控制度建设和执行情况,培养银行防范风险的自律意识;四是提高透明度,通过真实披露信息,约束经营者的行为。

证券和保险的监管机构早已经建立,证监会对证券市场的监管,从依靠政府管理转变为倡导市场自律,从强化审批权转变为向市场"放权让利"。中国保监会"以偿付能力为中心"的监管思路已清晰。保险业监管部门开始强调由管制型监管向服务型监管转变,为保险公司服务,切实保护被保险人利益,以保证保险业高速、健康发展。

金融业的法律实施过程中,一个重要问题是,如何处理好金融管理部门与国有银行的关系,处理好金融监管和金融运行的关系。在 2003 年报告中,已提供了这方面的进展情况。这里强调指出一个事实:就是中国国有银行虽然在金融市场上份额仍为首位,但情况已有很大变化。一是国有商业银行在贷款上已没有了所有制歧视,是以效益为导向的。因此,近几年对私有企业贷款大幅上升。二是非国有银行或民营银行成长很快。现已有 11 家股份制银行(其中包括民营的中国民生银行)资本规模增长速度远远高于国有商业银行。中国民生银行总股本中的民营股本占比为 70.03%,深圳发展银行总股本中社会公众持股比例占比为 72.43%。112 家城市商业银行中绝大部分有民营企业参股,参股比例已占到城市商业银行总股本的 30% 以上。目前,渤海银行正在筹建中,浙江商业银行也在重组过程中。而上万家农村信用社在改制中也开始承担市场信贷的重担。三是中国国有独资商业银行股份制改革进程加快,目前选择了中国银行、中国建设银行

进行股份制改革试点，创造条件并选择有利时机在境内外上市。

28. 存留的对私有银行或外国银行运营的限制。［Details concerning any remaining restrictions on the operations of privately owned or foreign banks. ］

中国将股份制商业银行作为中国银行业未来发展的主要方向，因此，鼓励民间资本和外资入股现有商业银行，参与重组、改造和化解风险。股份制银行和外资银行得到较快发展，2002 年以来，中国共批准 28 家外资银行代表处设立；受理了 14 家外资银行设立分行的申请，批准 12 家外资银行分行设立，批准 6 家外资银行支行设立；批准 48 家外资银行机构经营人民币业务，使经营人民币业务的外资银行机构总数达到 84 家；批准 12 家外资银行在华开办网上银行业务；批准 5 家外国银行分行开办合格境外机构投资者境内证券投资托管业务。

近年来，银行监管部门对外资银行的限制在逐渐减少。第一，自 2001 年 12 月 11 日起，中国取消了对外资金融机构外汇业务服务对象的限制。外资金融机构外汇业务服务对象，可以扩大到中国境内的所有单位和个人。第二，2002 年 2 月 1 日起，《外资金融机构管理条例》正式实施，随后又公布了《外资金融机构管理条例实施细则》，由此加快了外资金融机构进入中国市场的步伐。2003 年 12 月，银监监管当局决定将外国银行分行营运资金最高一档的要求，从 6 亿元人民币下降到 5 亿元人民币，将第五档原来的 4 亿元人民币下降到 3 亿元人民币，并且将在华注册的独资银行、合资银行运营资金的要求，从原来 6 个档次压缩成 3 个档次，并且分别降低要求到 1 亿元人民币、2 亿元人民币和 3 亿元人民币，一共三个档次，把 6 个档次简化为 3 个档次，并且相应降低了要求。并进一步简化外资银行市场准入程序。据此，中国银监会正在修改《外资金融机构管理条例实施细则》。第三，逐步取消外资银行经营人民币业务的地域限制。2003 年 12 月，允许外资银行将经营人民币业务的地域扩大到包括上海、深圳等 13 个城市。自 2003 年 12 月起，允许符合法定条件的外资银行在上述已经开放人民币业务的地域里，向各类中国企业提供各种人民币服务。第四，2003 年 12 月，银监会发布了《境外金融机构投资入股中资金融机构管理办法》。《办法》允许境外金融机构按照自愿和商业的原则，参与中资银行业金融机构的重组与改造。将单个的外资机构入股中国银行业金融机构的比例由原来规定的 15% 提高到 20%，如果外资投资的总量占比低于 25% 的，被入股的国内金融机构的性质和所有业务范围不发生改变。

目前，中国现有的监管框架除对外资银行的某些方面如市场准入、资本金、中高级管理人员任职资格、分支机构的设立等作了一些特别规定外，基本上依类型性质纳入本国同样的监管法律如《商业银行法》等进行管理。

29. 利率自由化的现状。[Information on the state of play regarding the liberalisation of interest rates.]

中国金融体制改革中，利率市场化取得重要进展。近年来，中国先后放开了同业拆借利率、债券回购利率、转贴现利率、国债和政策性金融债券发行利率；三次扩大贷款利率浮动幅度和范围，提高贷款利率市场化程度；积极探索存款利率市场化改革，批准银行开办协议存款业务，利率由双方协商确定；推行农村信用社利率市场化改革试点，为农村利率市场化改革积累经验；改革境内外币利率管理体制，放开外币贷款利率和大额外币存款利率，并统一境内中、外资金融机构的外币存、贷款利率管理政策；运用公开市场操作，加强市场利率调控，引导货币市场利率走势等。中国利率市场化进程具体见表 11 - 18。

表 11 - 18　中国利率市场化进程

时　间	利率市场化措施
1996 年 6 月	放开银行间同业拆借市场利率。
1997 年 6 月	放开银行间债券市场债券回购和现券交易利率。
1998 年 3 月	改革再贴现利率及贴现利率的生成机制。
1998 年 9 月	放开了政策性银行发行金融债券的利率。
1999 年 9 月	成功实现国债在银行间债券市场利率招标发行。
1999 年 10 月	对保险公司 3000 万元以上、5 年期以上的大额定期存款,实行保险公司与商业银行双方协商利率的办法。
1998 年 10 月	扩大了金融机构对小企业的贷款利率的最高上浮幅度,由 10% 扩大到 20%;扩大了农村信用社的贷款利率的最高上浮幅度,由 40% 扩大到 50%。
1999 年 4 月	允许县以下金融机构贷款利率最高可上浮 30%。
1999 年 9 月	将对小企业贷款利率的最高可上浮 30% 的规定扩大到所有中型企业。
2000 年 9 月	进一步放开了外币贷款利率;对 300 万美元以上的大额外币存款利率由金融机构与客户协商确定,并报中央银行备案。
2002 年 3 月	在全国 8 个县农村信用社进行利率市场化改革试点,贷款利率浮动幅度由 50% 扩大到 100%,存款利率最高可上浮 50%。
2002 年 9 月	改革试点进一步扩大到直辖市以外的每个省、自治区,温州利率改革开始实施。

续表 11 – 18

时　　间	利率市场化措施
2003 年 3 月	人民银行统一了中外资金融机构外币利率管理政策。将境内外资金融机构对境内中国居民的小额外币存款,纳入人民银行现行小额外币存款利率管理范围。
2003 年 12 月	从 2004 年 1 月 1 日起扩大金融机构贷款利率浮动区间,不再根据企业所有制性质、规模大小分别确定贷款利率浮动区间。

资料来源:中国人民银行网站。

　　这些改革措施,不仅大大提高了中国利率市场化程度,使市场在更大程度上发挥了资金配置的基础性作用,也促进了金融机构加强经营管理,完善内部定价机制和风险防范机制,健全了中央银行间接调控机制。

　　目前中国人民银行正在以下几个方面稳步推进利率市场化:

　　首先,进一步扩大贷款利率的浮动范围。目前,在中央银行的基准贷款利率基础上,区别不同情况,划分了五种贷款浮动幅度:试点地区的农村信用社贷款利率可以在中央银行基准贷款利率的 0.9—2 倍区间浮动,其他农村信用社可在 0.9—1.5 倍区间浮动;商业银行对中小企业的贷款率可在中央银行基准贷款利率的 0.9—1.3 倍区间浮动,对大企业可在 0.9—1.1 倍区间浮动,还有少数大企业不上浮、只下浮。现在,这已不能满足资金供求关系和银行风险管理的需要,也导致一些中小企业在得不到担保抵押的情况下贷不到款。下一步改革的方向是逐步放宽贷款利率浮动区间,主要是扩大向上浮动的范围,使银行有更大的利率管理自主权(参见表 11 – 19)。

表 11 – 19　　五种贷款利率的浮动幅度变动表

	试点地区的农村信用社	其他农村信用社	商业银行对中小企业贷款	商业银行对大企业贷款	商业银行对少数大企业贷款
2003 年底前	0.9—2 倍	0.9—1.5 倍	0.9—1.3 倍	0.9—1.1 倍	不上浮、只下浮,最低下浮系数为 0.9。
2004 年 1 月 1 日起	0.9—2 倍			0.9—1.7 倍	

注:建立在中央银行基准贷款利率的基础上。
资料来源:中国人民银行网站。

第二，允许存款利率向下浮动。中央银行将严格执行资本充足率监管，对商业银行将加大资产负债管理的力度，允许商业银行利率下浮的要求。

第三，进一步增加利率放开的品种，逐步建立有效的基准收益曲线。要逐步健全现在的利率品种结构。下一步将要使短、中、长期债券都有好的品种，为金融市场提供利率基准。

存款利率市场化也在进行中。首先是从大额长期存款入手，发展大额存单业务，并先放开大额存单利率；同时，在条件成熟时允许商业银行对存款利率向下浮动，人民银行统一制定和管理存款利率上限；最后再逐渐过渡到完全放开由市场决定。

30. 任何中国政府认为有用的有关 2002 和 2003 年的信息。[Any other updates concerning the situation in 2002 and 2003 which the Chinese government considers useful, in addition to the specific ones mentioned in the points above.]

2004 年 2 月 18 日提交的《中国 2002～2003 年中国市场化新进展》和此次提交的《中国市场经济补充报告》，已提供了 2002 年和 2003 年中国市场化新信息。

31. 在地方和中央政府之间，特别是在对待私营企业方面在立法管理方面和实施上的不一致的实际情况。[Any available information on existing discrepancies between local and central legislation and rules, including their application, in particular as regards the operations of private companies (autonomy from the government and equality of treatment with State companies).]

我国中央和地方在立法程序和实施程序上明确地规定：《中华人民共和国宪法》赋予了地方政府在立法方面的权利和义务，《中华人民共和国立法法》对中央和地方在立法方面的关系作了进一步明确，各地方人民代表大会根据本行政区域的具体情况和实际需要，在不同宪法、法律、行政法规相抵触的前提下，可以制定地方性法规。全国人民代表大会常务委员会有权撤销同宪法和法律相抵触的行政法规，有权撤销同宪法、法律和行政法规相抵触的地方性法规，有权撤销地方的人民代表大会常务委员会批准的违背宪法和本法规定的自治条例和单行条例；国务院有权改变或者撤销不适当的部门规章和地方政府规章；授权机关有权撤销被授权机关制定

的超越授权范围或者违背授权目的的法规，必要时可以撤销授权。上述法律从制度上保证了中央与地方之间立法与执行的统一性和严肃性。

近年来，随着私有企业的迅速发展，全国立法机关和中央政府制定并颁布了一系列法律的法规鼓励、支持和规范私营企业的发展。如1988颁布了《私营企业暂行条例》，1997年颁布了《合伙企业法》，1999年修正了《公司法》，2000年颁布了《个人独资企业法》，2002年颁布了《中小企业促进法》等，这些法律保证了私有企业在除了法律禁止的范围外，同公有制经济平等的法律地位，保证对私有企业在市场准入、运营和进出口等方面与国有企业平等的待遇。

为贯彻全国立法机关和中央政府制定并颁布的一系列法规和制度，地方立法机构也颁布了一大批法规，全国31省、市、区都制定和公布了支持私营经济发展的法规。近年这些法规在不断完善，支持私有经济的力度越来越大。如《河北省支持和鼓励个体工商户私营企业发展条例》，《安徽省个体工商户和私营企业权益保护条例》（2000年7月29日安徽省第九届人民代表大会常务委员会第十七次会议通过，自2000年10月1日起施行）、《福建省个体工商户和私营企业权益保护条例》（福建省第九届人民代表大会常务委员会2001年1月11日通过，自公布之日起施行）。同时，地方政府也制定了一系列的政策，支持私有经济的平等竞争与发展。

总体来说，在地方和中央政府之间，在对待私营企业方面在立法管理方面和实施上没有冲突的地方，只是各地方政府在贯彻中央政府的政策的进度和力度上有所差别。地方的法规，更有利于市场经济发展，更为宽松。可以说，地方政府为了发展地方经济，对私营经济发展提供了更宽松的政策环境。地方成功的做法，将会上升为全国的法规、法律。

责任编辑：何 奎 王 珏
装帧设计：肖 辉

图书在版编目(CIP)数据

新世纪中国经济报告/李晓西等编著．－北京：人民出版
社,2006.5
ISBN 7－01－005588－2

Ⅰ.新... Ⅱ.李... Ⅲ.经济发展—研究报告—中
国—2001~2006 Ⅳ.F12

中国版本图书馆 CIP 数据核字(2006)第 049884 号

新世纪中国经济报告
XINSHIJI ZHONGGUO JINGJI BAOGAO
李晓西等 编著

人民出版社 出版发行
(100706 北京朝阳门内大街 166 号)

北京中文天地文化艺术有限公司排版
北京市双桥印刷厂印刷 新华书店经销

2006 年 5 月第 1 版 2006 年 5 月北京第 1 次印刷
开本：787 毫米×1092 毫米 1/16 印张：40.75
字数：700 千字 印数：1—3000 册

ISBN 7－01－005588－2 定价：62.00 元